학문의 진보

대우고전총서

Daewoo Classical Library

004

학문의 진보

The Advancement of Learning

프랜시스 베이컨 / 이종흡 옮김

아카넷

베이컨의 사생활은 동시대에도 거의 베일에 가려져 있었다. 그래서인지 몇몇 전기 작가는 그를 장미십자회나 프리메이슨 단의 지도자로 추정하기도 한다. 이 그림은 가장 잘 알려진 베이컨 초상 중 하나로, 베이컨이 대법관에 오른 시점(1618)에 제작되었다. 그림 속의 베이컨은 대법관의 법복을 입고 있다. 화가는 미상이지만, 제임스 1세 시대의 섬세하고도 화려한 세련된 화풍을 보여준다.

『학문의 진보』(1605)는 1623년에 라틴어로 증보 출판되었고, 라틴어판은 다시 영어로 번역 출판되었다. 왼쪽의 목판화는 그 영어 번역판(1640)의 제목 페이지에 수록된 그림이다. 원래 『신 기관』(1620)의 제목 페이지에 수록되었던 사이먼 패스Simon Pass의 목판화를 조금 변형한 것으로, 의미상의 변화는 거의 없다. 지식의 한계를 뜻하는 〈헤라클레스의 두 기둥〉을 넘어서 망망대해로 나아가는 범선은 지식의 진보를 상징한다.

오른쪽의 목판화도 영어 번역판(1640)에 표지화로 수록된 것이다. 서재 안에 있는 베이컨을 그린 것으로, 목판은 윌리엄 마샬William Mashall에 의해 제작되었다.

왕정복고(1660)와 함께 세계 최초의 과학자 단체인 〈왕립학회Royal Society〉가 런던에 설립되었다. 1667년에 토마스 스프랫Thomas Sprat은 〈왕립학회〉의 강령을 담은 『왕립학회의 역사』를 썼다. 이 그림은 그 책의 표지화로 수록된 것이다. 왼쪽에는 왕립학회의 의장(William Brouncker)이, 오른쪽에는 베이컨이, 중앙에는 찰스 2세의 흉상이 자리잡고 있다. 흉상 기단에는 〈왕립학회의 저자이자 후원자〉라는 명구가, 베이컨 상 밑에는 〈학예의 개혁자〉라는 명구가 새겨져 있다. 베이컨의 가르침에 따라 지식을 후원하면 국왕이 면류관을 얻을 수 있다는, 베이컨 특유의 수사학이 잘 표현된 그림이다.

베이컨은 사람의 잘못된 믿음을 〈우상idola〉이라 불렀다. 네 종류의 우상을 언급하면서, 그는 특히 〈시장의 우상〉을 가장 고질적인 질병으로 지목하였다. 그것은 사람들이 실제로 존재하는 세계를 향하기보다 남의 말에 귀를 기울일 때 발생하는 질병이다. 정치판에서든 과학에서든 말이 지배할 때, 사람들은 땀흘려 현실을 가꾸라는 신의 명령을 거역하는 죄를 범하게 된다. 본서 『학문의 진보』(1605)는 〈말의 우상〉을 파괴하는 데 심혈을 기울이고 있다.

역자 서문

베이컨은 〈주석의 학문〉을 가리켜, 대가 다음 자리를 차지하여 〈2인자가 되려는 욕망〉의 산물이요, 그 대가의 〈독재〉를 정당화하는 우매함이라고 힐난하였다. 그럼에도 정작 번역에서 큰 부담이 된 것은, 그의 주석가적 〈박식함〉이었다. 본서를 가득 채우고 있는 성서와 고전의 인용 출처를 일일이 확인해 준 영국 고전학자들의 도움이 컸다. 1870년대에 『베이컨 전집』을 편집한 제임스 스페딩, 로버트 엘리스, 더글라스 히스, 그리고 1915년에 새로운 단락 구분을 도입하고 인용 출처를 상세히 밝힌 G. W. 키친으로부터 큰 도움을 받았다. 본 역서에서 단락 구분과 각주의 인용 출처는 거의 키친의 것을 따랐다. 인용 출처의 확인에 머무르지 않고 인용 맥락을 꼼꼼하게 재검토한 제리 윈버거의 주석본도 애매한 원문을 명료하게 파악하는 데 도움을 주었다.[1)] 그 밖에도 역자는 베이컨이 사용한 개념, 인명, 사건, 저작 등에 대한 간단한 해

1) J. Spedding, R. L. Ellis, and D. D. Heath(eds.), *The Works of Francis Bacon* (7 vols., London : Longman et al., 1857–9); G. W. Kitchen(ed.), *Francis Bacon. The Advancement of Learning* (London : Aldine House, 1915); Jerry Weinberger, *Science, Faith and Politics: Francis Bacon and the Utopian Roots of the Modern Age. A Commentary on Bacon' s Advancement of Learning* (Cornell Unversity Press, 1985).

설, 그리고 베이컨 당시의 지적, 정치적 흐름을 이해하는 데 도움이 될 만한 지식을 모두 각주로 엮었다. 천 개가 조금 못 되는 각주에는 역자 나름의 해석도 곁들여졌다.

베이컨은 셰익스피어와 함께 〈근대 영어의 시조〉로도 유명한 인물이다. 그의 〈문체〉가 중시되는 것은 이 때문이다. 주어와 술어가 멀리 떨어져 있고 그 사이에 여러 수사구가 삽입된 만연체도 번역을 힘들게 하였지만, 무엇보다 큰 애로점은 〈아무리 새로운 착상이라도 옛 어휘로 표현되어야 한다〉는 그의 반신조어(反新造語) 취향이었다. 17세기 초의 영어 용례와 베이컨의 특유한 용법을 두루 살펴가면서 적절한 번역어를 고르는 작업은『옥스퍼드 영어대사전』의 도움이 없었더라면, 시도하기조차 어려웠을 것이다.[2] 역자는 베이컨 시대와 베이컨의 특이한 용례를 모두 우리말로 옮기는 것을 원칙으로 삼았지만, 일부 용례에 대해서는 원어를 소리나는 대로 한글로 표기하였다.

〈번역은 창작〉이라는 듣기 좋은 말이 있지만, 이를 거꾸로 풀면, 〈번역을 통해 원(原) 의미를 복원하려는 헛된 꿈〉을 질타하는 목소리와 통한다. 4세기 전에 베이컨이 골몰하였던 현안과 그의 진정한 의도를, 그것도 〈옛 어휘 속에 숨어 있는 새로운 의미〉와 함께, 완벽하게 복원한다는 것은 불가능한 일이다. 얼마나 복원되었는지를 확인할 길 그 자체가 존재하지 않는다. 그럼에도 불구하고, 특히 고전 번역에서는 〈번역〉과 〈창작〉의 균형을 잡는 자세가 꼭 필요하다. 어려움을 무릅쓰고 〈원 의미〉에 접근하려는 역

---

2) *The Oxford English Dictionary* (20 vols., Oxford University Press, 1989).

사학의 묵은 미덕이 퇴색하면, 〈낯선 것〉을 경험할 기회도 그만큼 줄어든다. 〈번역〉이 우리에게 친숙하고 편리한 의미로 타자를 회칠하는 자의적 〈창작〉으로 남아 있는 한, 〈공감할 수 있으되 낯선 타자〉와의 만남을 통해, 우리 사고지평의 문턱을 자각하고 이를 넓히려는 노력도 설 자리를 잃을 수밖에 없다.

번역은 공감하고 친숙화하는 행위인 것 못지 않게, 낯설음에 대한 인정이요 설렘이요 경외이기도 하다. 〈서양 근대의 열조〉를 모신 사당에서 새삼스레 『학문의 진보』를 꺼내 그 빛바랜 초상을 감상한다는 것은 더 이상 〈근대〉를 예찬하거나 정당화하기 위함이 아니다. 셰익스피어로부터 총체성이며 균형이며 조화 같은 고전적 이상을 읽기보다, 계급적 · 성적 · 인종적 차별이며 정치음모로 얼룩진 시대를 읽는 것이 오늘날 역사학의 대세라면, 베이컨에 대해서도 비슷하게 말할 수 있다. 아직은 경직되지 않았기에 어수룩한 근대, 갖가지 갈등과 가능성과 고뇌가 함께 교차하던 근대, 그래서 〈공감할 수 있으되 여전히 낯선 근대〉를 새롭게 읽을 기회. 이것은 〈근대〉를 거대 환원의 잣대로 매끈하게 재단해 놓고는 이를 찬미하거나 비난하는 사람들에게 〈여러분이 말하는 근대가 정말 있었던가요?〉를 되묻는 기회요, 복잡하지만 더욱 풍요로운 〈다원적 근대〉를 그릴 기회이기도 하다.

끝으로, 본서를 대우고전총서로 기획하신 한국학술협의회 관계자 여러분, 그리고 본서의 출판을 위해 애쓰신 아카넷 출판사의 관계자 여러분께 깊은 감사를 드린다.

【차례】

신적 · 인간적 학문의 번영과 진보에 관한
프란시스 베이컨의 제 1 권

국왕 폐하 전상서

1. 영명한 국왕이시여, 율법의 시대[1]라고 해서 일상적인 제사만이 있었던 것은 아닙니다. 자유의지에 따른 봉헌도 함께 수행되었습니다. 하나가 일상적인 의무감에서 나온 것이었다면, 다른 하나는 마음에서 우러난 것이었습니다. 마찬가지로 신하가 국왕께 바치는 것에는 의무의 조공도 있지만, 충성의 선물도 있게 마련입니다. 전자의 경우 저로서는 제게 주어진 작은 의무에 어울리게, 그리고 폐하께서 맡기신 일을 수행한다는 즐거움으로, 조금도 부족함이 없이 살아갈 것을 희망합니다. 후자의 경우에는 봉헌의 종류를 선택하는 것이 좋겠다고 생각하였습니다. 제가 선택한 것은 폐하의 왕권과 국가에 관한 것이라기보다는 폐하 개인의 고매한 인품과 영명하심에 관한 것입니다.

2. 그래서 저는 폐하를 수도 없이 제 마음에 떠올려보았고 꾸준하게 살펴보았습니다. 성서가 헤아리지 말라 명한 것[2]을 읽으려는 뻔뻔한 호기심의 눈inquisitive eye으로 훔쳐본 것이 아니라, 의무와 흠모에서 나온 관찰의 눈으로 바라보았던 것입니다. 당신

---

1) 〈율법의 시대〉는 모세 율법의 시대, 즉 구약시대를 말한다.

2) 잠언, 25장 3절. 〈하늘의 높음과 땅의 깊음같이 왕의 마음은 헤아릴 수 없느니라.〉

의 덕이며 운명에서 다른 부분들은 차치하더라도, 저는 당신의—철학자들이 지성적이라 부르는—덕들과 능력들만을 살펴보았으며, 이에 당연히 더할 나위 없는 경외감을 품게 되었습니다. 당신의 능력은 넓디넓고 기억력은 정확하며 이해력은 민첩하며 판단력은 예리합니다. 당신의 화술은 능숙하고도 정연합니다. 제가 알고 있는 생존 인물 중에서 폐하야말로 플라톤이 개진한 인간상의 부활을 보여주는 최상의 실례라고 생각됩니다. 지식이란 곧 상기(想起)인바, 인간 정신은 자연적으로 만물을 인식하며 인간 정신에는 천연의 본원적인 관념들이 들어 있다는, 그러나 육체라는 이 낯설고도 어두운 장막에 의해 감금되어 있다는 견해 말입니다.[3] 저는 폐하에게서 바로 그 같은 자연의 빛을 관찰하였습니다. 최소한의 단서만이 주어져도, 혹은 다른 사람의 지식이 최소한의 불씨만을 제공해도 손쉽게 불꽃을 일으킬 수 있는 능력을 폐하에게서 발견할 수 있었습니다. 성서는 가장 현명한 왕에 대해 〈그의 마음이 바닷가의 모래알 같다〉고 전합니다.[4] 해변의 백사장은 가장 거대한 몸집을 가진 것이지만 가장 작고 미세한 모래알로 구성된 것이기도 합니다. 하나님께서 폐하께 내리신 경이로운 이해력이 바로 그와 같아서, 당신께서는 문제가 아무리 커도 헤아려 이해할 수 있을 뿐만 아니라 아무리 작은 문제라도 꼼꼼하게 배려하고 파악하실 수 있는 것입니다. 물론 큰 일과 작

3) 플라톤, 『파이돈』, 1. 72. 천연의 본원적인 관념들notions은 1605년 판본에는 〈motions〉로, 1629년과 1633년 판본에는 〈notions〉로 되어 있다. 문맥상 전자가 옳다.

4) 열왕기상, 4장 29절.

은 일을 동일한 수단으로 해결한다는 것은 그 본성상 불가능한 것으로 사료되지만 말입니다. 당신의 말솜씨에 관해서는, 저는 코르넬리우스 타키투스가 아우구스투스 케사르에 관해 언급한 바를 연상하게 됩니다. 〈군주답고도 샘물이 솟듯이 유창한, 그러면서도 자연의 질서를 거스르지 않는〉 말솜씨가 그것입니다.[5] 각고의 노력을 들여가면서 어렵사리 수행되는 연설, 혹은 기교와 인위적 규칙의 적용에 매달리는 연설, 혹은 (그리 뛰어나지도 않은) 수사의 패턴을 모방하여 작성되는 연설로 말할 것 같으면, 이런 연설은 마치 노예의 노동처럼 연설자를 구속하게 마련입니다. 그러나 폐하께서 연설하는 방식은 실로 군주다운 것으로, 마치 샘물이 솟듯이 유창하지만 그럼에도 자연의 질서에로 흘러 들어가면서 가지를 칩니다. 당신의 연설은 설득력과 탁월한 표현들 felicities로 충만한바, 어느 누구를 모방한 것도 아니요, 어느 누구도 모방할 수 없는 것입니다. 공무civil estate에서도 폐하의 덕과 폐하의 운명은 서로를 경쟁적으로 모방하고 있는 듯이 보입니다.[6] 이를테면 덕스러운 성품은 행운의 통치와 어우러지고, 보다 큰 행운에 대한 덕스러운 기대는 적절한 시기에 순조롭게 성사되었으며, 결혼법에 대한 덕스러운 준수는 대단히 축복스럽고 행복한

---

5) 로마의 역사가 타키투스(Cornelius Tacitus, 55–120)가 로마 초대 황제 아우구스투스(Augustus Caesar, 기원전 63–기원후 14)의 웅변술을 평가한 대목이다. 인용은 타키투스, 『연보*Annals*』, 13. 3.

6) 상대방을 예찬하기 위해 〈덕〉과 〈운명〉의 조화를 주장하는 것은, 고전수사학의 추모적epideictic 장르에서 사용되는 상투어이다. 마키아벨리는 그 모범을 보여준다. 베이컨이 제임스 1세를 두고 〈덕〉과 〈운명〉의 경쟁적 모방emulation을 언급한 것은 이 상투어를 변형한 것으로 볼 수 있다.

결혼의 결실로 이어졌으며, 평화에 대한 덕스럽고도 매우 기독교적인 열망은 운 좋게도 이웃 군주들의 같은 취향과 맞아떨어졌던 것입니다. 지적인 문제들에 있어서도 마찬가지입니다. 폐하의 탁월한 천부적 재능과 폐하의 보편적이고 완벽한 학문 사이에는 비슷한 경쟁관계가 있는 듯이 보입니다. 제가 이렇게 말하고 있는 것은 결코 과장이 아니라 실증적이고도 적절한 진리라고 저는 확신합니다. 기독교 시대 이래로 신적 · 인간적 책들과 학식에 제아무리 정통한 국왕이나 세속 군주도 이런 말을 들을 자격은 없었습니다. 로마 황제들의 계보를 신중하고도 근면하게 살펴보면 알 일입니다. 예수 탄생보다 조금 앞서 살았던 독재관 케사르와 마르쿠스 안토니우스는 최상급 학자였습니다. 조금 더 밑으로 내려와 그리스 혹은 서방의 황제들을 살펴보고, 다음에는 프랑스며 스페인이며 잉글랜드며 스코틀랜드 등의 계보를 살펴보아도 마찬가지일 것입니다. 결국 제 판단이 진리임을 알게 될 것입니다. 그 이유는 간단합니다. 한 국왕이 다른 사람들의 판단들과 작품들의 정수를 포착하여 학문의 피상적 장식들이며 과시들을 분별할 수 있고, 그가 학문과 학식 있는 사람들을 후원하고 좋아하기까지 한다면, 이것만으로도 대단해 보일 수 있겠지만, 핏줄부터 국왕인 한 인물로부터 학문의 참된 샘물을 마실 수 있다는 것, 아니, 그 자신 안에 그 같은 학문의 샘이 내재해 있다는 것은 거의 기적에 가까운 일이기 때문입니다. 더욱이 폐하께서는 신성하고 종교적인 지식과 인간적이고 세속적인 지식이 적절히 배합된 보기 드문 예를 보여주고 계십니다. 따라서 태고적의 헤르메스에게 큰 경외심에서 주어졌던 세 가지 직분[7)]은 폐하께서도 당연히 받을 만한 것입니다. 즉 왕으로서의 권력과 운명, 사제로서의 지식과 계시, 철학자로서의 학식과 보편적 관점universality 말입니다. 폐하의 이러한 내재적 속성이며 개인적 품성은 현재의 평판과 칭송으로 표현되거나 뒷시대의 역사와 전승으로 표현되는 것도 필요하겠지만, 어떤 견실한 작품이나 고정 기념물이나 불멸의 기념비로 표현되는 것이 더욱 마땅할 것입니다. 어떤 국왕의 권력에 대해서만이 아니라 그 국왕의 차별적 특성과 완벽성에 대해서도 불후의 표지를 담을 수 있는 견실한 작품 말입니다.

3. 이러한 목적에서 저는 한 편의 논고를 쓰는 것보다 좋은 봉헌은 없을 것이라고 스스로 결론을 내렸습니다. 제 논고는 두 부분으로 구성될 것입니다. 제1부는 학문과 지식의 탁월함에 관한 것이요, 학문과 지식을 논증하고 선전함으로써 얻을 수 있는 장점과 참된 영예의 탁월함에 관한 것입니다. 제2부는 지금까지 학문의 진보를 위해 수행되어 온 특정한 성취들 및 작품들에 관한 것이요, 이 같은 개별 성취들에서 엿볼 수 있는 결점들이며 무가치한 점들에 관한 것입니다. 저로서는 감히 폐하께 이러한 목적을 위해서 단호하게 조언을 드릴 수도 없으며, 개별 성취들을 골격을 갖추어서 해설해 드릴 수도 없습니다. 다만 저는 폐하께서 당신의 정신이라는 탁월한 보물창고로 찾아가, 당신의 위엄과 지

7) 여기서 언급된 헤르메스는 이집트의 헤르메스 트리스메기스토스Hermes Trismegistos이다. 〈트리스메기스토스〉는 〈세 배나 위대한〉이라는 뜻으로, 이집트의 헤르메스가 왕이자 사제이자 철학자로서 가지고 있었던 세 가지 직분triplicity을 지칭한다.

혜에 어울리는 특수한 것들을 추출할 수 있도록, 당신의 군주다운 사고력을 자극하고 싶을 뿐입니다.

제1장

1. 제1부를 시작함에 있어서, 학문의 존엄에 관한 참된 증언들이 소리 없는 반론들의 방해를 받지 않은 채 더욱 잘 들릴 수 있도록 하기 위해서는, 즉 장애물들을 청소하여 고요함을 되찾기 위해서는, 나는 학문이 지금까지 받아온 불신과 불명예부터 이야기하는 것이 좋겠다고 생각한다. 이러한 불신과 불명예는 모두가 무지로부터 나온 것이다. 그러나 무지는 갖가지 가면을 쓰곤 한다. 때로는 성직자들의 광신이며 질시로, 때로는 정치가들의 가혹함과 무례함으로, 때로는 학자들의 오류와 불완전함으로 등장하는 것이다.

2. 나는 첫번째 부류인 성직자들로부터는 이런 이야기를 듣는다. 지식은 매우 제한적이고 조심스럽게 받아들여져야 할 것들 중 하나라는 것, 과도한 지식에 대한 열망은 실락원을 야기한 최초의 시험이요 원죄라는 것, 지식에는 독사의 독이 들어 있기 때문에 그것이 사람에게 침투하면 그를 부풀어오르게 만든다는 것, 즉 〈지식은 교만하게 한다〉는 것이다.[1] 또한 솔로몬은 〈여러 책을 짓는 것은 끝이 없고 너무 많이 읽는 것은 육신을 피로케 하느니

1) 고린도전서, 8장 1절.

라〉, 그리고 〈지식이 많으면 번뇌도 많으니 지식을 더하는 자는 근심을 더하느니라〉라고 경고하였다는 것이다.[2] 사도 바울도 〈우리가 헛된 철학으로 인해 타락하지 않도록〉 훈계하였다는 것이다.[3] 얼마나 많은 학자들이 이단의 원흉이었는지, 얼마나 많은 연구 시간들이 무신론을 위해 할애되었는지, 이차적 원인들에 대한 명상이 우리를 일차적 원인이신 하나님으로부터 얼마나 멀어지도록 만들었는지 등은 경험을 통해 증명된다는 것이다.

3. 이러한 견해의 무지와 오류, 그리고 그 토대에 있어서의 오해를 들추어내면, 이들 성직자들이 다음과 같은 사실을 관찰하거나 고려하지 않았다는 것이 명백해진다. 실락원을 야기한 것은 자연과 만물에 대한 순수한 지식이 아니라 선과 악에 대한 교만한 지식이었다는 사실이 그것이다. 오히려 전자의 순수한 지식은 아담이 자기 앞에 주어진 에덴 동산의 다른 피조물들에게 각 피조물의 본성에 어울리게 이름을 부여하는 데 사용한 것이었다.[4] 반면에 선 · 악에 대한 교만한 지식은 시험의 형식을 취한 하나님의 명령에 더 이상 의존하지 않고 인간이 스스로에게 법을 부여하려는 의도를 가진 것이었다. 또한 인간의 정신을 부풀리는 것은 결코 지식의 양이 아니다. 지식의 양이 아무리 크더라도 그렇

---

2) 전도서, 12장 12절; 1장 18절.

3) 골로새서, 2장 8절.

4) 창세기, 2장과 3장. 베이컨의 해석에 의하면, 아담이 각 피조물을 명명하여 그 주인이 될 수 있었던 것은, 아담이 자연과 만물에 대한 순수한 지식을 가지고 있었던 덕택이었다. 베이컨의 〈위대한 부흥great instauration〉의 계획은 바로 아담이 원래 가지고 있었던 〈지식〉을 복원하는 것이었고, 이 같은 〈지식〉의 복원에 의해 인류를 다시금 자연의 주인으로 거듭나게 하는 것이었다.

다. 하나님과 하나님에 대한 명상 외에는 그 어떤 것도 인간의 영혼을 충족시킬 수 없거니와, 부풀릴 수는 더 더욱 없기 때문이다. 이러한 문맥에서 솔로몬은 눈과 귀라는 호기심 많은 두 감각기관에 관해 언급하면서, 눈은 보는 것으로 만족하지 않고 귀는 듣는 것으로 만족하지 않음을 적시한다.[5] 이처럼 채워질 수 없다면, 이는 담는 그릇continent이 담기는 내용content보다 크기 때문일 것인즉, 솔로몬은 (감각기관들이 전달자로 봉사하는) 인간 정신과 지식에 관해서도 이와 비슷하게 정의한다. 솔로몬은 모든 일들과 모든 목적들에 저마다 합당한 다양한 시(時)와 때가 있음을 언급한 천체력[6] 바로 뒤에서 다음과 같이 결론을 내린다. 〈하나님이 모든 것을 지으시되 때를 따라 아름답게 하셨고, 또 사람의 마음에 세상을 두었으되 하나님의 하시는 일의 시종을 사람이 측량할 수 없도록 하셨도다.〉[7] 솔로몬의 이야기는 애매하지 않다. 하나님은 인간의 정신을 마치 거울처럼 만들어, 세상 전체의 이미지를 떠올릴 수 있게 하였고, 그 인상을 받음으로써 마치 눈이 빛을 받으면 즐거워하듯이 즐거워하게 하였다는 뜻이다. 인간의 정신은 사물의 다양함과 시간의 변화무쌍함을 바라보는 데서 기쁨을 느낄 뿐 아니라, 이 모든 변화들로부터 확연하게 관찰되는 질서며 단계를 식별할 수 있으리만치 높은 위치에 있다는 뜻이다. 솔로몬은 비록 그가 〈하나님이 하시는 일의 시종(始終)〉이라고 부른 지

---

5) 전도서, 1장 8절.

6) 여기서 말하는 〈천체력(天體曆, Kalendar or Ephemerides)〉은, 성(聖) · 속(俗)의 주요 일들을 천체(12궁(宮))의 위치에 맞추어 배열한 전통 천체력으로 보인다.

7) 전도서, 3장 11절.

고한 자연법칙을 사람이 측량할 수는 없다고 말하지만, 이 말은 인간의 능력을 폄하하는 것이라기보다는 인간적 장애들, 즉 인간의 조건을 지배하는 장애들을 언급한 것으로 볼 수 있다. 수명이 짧다는 것, 노력들이 제대로 결집되지 못한다는 것, 지식이 손에서 손으로 잘못 전달된다는 것 등, 여러 가지 인간적 부족함을 언급한 것이라는 말이다. 실제로 솔로몬은 세상의 어느 한 구석도 사람이 연구하고 발견하지 못할 것이 없음을 단정적으로 표현하고 있다. 〈사람의 영혼은 여호와의 등불과도 같아서 모든 비밀의 깊은 속을 살피느니라.〉[8] 인간 정신의 능력과 수용 범위가 이러하다면, 지식의 정도나 양은 제아무리 크고 넓더라도 전혀 위험하지 않음이 분명하다. 지식이 인간 정신의 능력을 부풀리지만 않는다면, 즉 그것이 적절한 한계를 벗어나게out-compass 만들지만 않는다면 말이다. 아니, 문제는 지식의 양이 아니라 지식의 질이다. 지식의 질에는 독액 같은 사악한 본성이 있기 때문에, 그 양이 많든 적든, 만일 적절한 치료제가 없이 섭취된다면, 뱀 독처럼 인간 정신을 부풀려 교만케 하는 것이다. 이 적절한 치료제에 해당하는 것이 바로 사랑[9]이다. 이 치료의 과즙이 투여될 때 비로소 지식은 지고한sovereign 것이 된다. 이런 맥락에서 사도 바울은 앞서 인용된 〈지식은 교만하게 한다〉는 구절에 뒤이어 사랑을 언급한다. 〈지식은 교만하게 하며 사랑은 덕을 세운다〉는 것이다.[10] 그가 다른 구절에서 언급한 내용도 이와 다르지 않다. 〈내

8) 잠언, 20장 7절.

9) 〈사랑charity〉의 개념을 가지고, 베이컨은 과학의 사회적 정당화를 시도하고 있다. 이 경우 사랑은 자선이나 자비에 가까운 개념이다.

가 사람의 방언과 천사의 말을 할지라도 사랑이 없으면 울리는 꽹과리에 지나지 않는다〉는 것이다.[11] 인간의 언어와 천사의 언어로 말한다는 것만으로는 결코 뛰어나다고 할 수 없다. 그것이 사랑과 단절된다면, 그리하여 인간이며 인류의 유익을 향하지 않는다면, 그것은 유익하고 실질적인 미덕이라기보다 헛되이 울리는 허영에 지나지 않는다는 뜻이다. 솔로몬은 책을 너무 많이 쓰거나 읽는 것과 지식에서 비롯되는 영혼의 불안을 질책하였으며, 사도 바울은 〈우리가 헛된 철학으로 인해 타락하지 않도록〉 훈계하였다. 그러나 그들의 이야기는 정확하게 이해되어야 한다. 사실상 그들의 탁월함은 인간 지식의 울타리가 될 만한 참된 경계와 한계를 규정한 데 있기 때문이다. 이와 같은 한정이나 제한은 아직 제대로 이루어지지 못하고 있지만, 그것에 의해서만 사물의 보편적 본성이 모두 파악될 수 있을 것이다. 인간 지식에 가할 수 있는 제한은 세 가지이다. 첫째는 우리가 죽을 운명의 유한한 존재임을 망각할 정도로 지식에 탐닉해서는 안 된다는 것이다. 둘째, 우리는 불신이나 불평을 위해서가 아니라 인정이나 동의를 위해서 지식을 응용해야 한다는 것이다. 셋째는 우리가 자연에 대한 명상에 의해 하나님의 신비에 도달할 수 있다고 생각해서는 안 된다는 것이다. 우선 첫번째 제한에 관해서는 솔로몬이 앞의 인용문과 같은 책의 다른 구절[12]에서 탁월하게 해설하고 있다. 〈내가 보건대 지혜가 우매보다 뛰어남이 빛이 어둠보다 뛰어

10) 고린도전서, 8장 1절.
11) 고린도전서, 13장 1절.
12) 전도서, 2장 13-14절.

남 같도다. 지혜자는 눈이 밝고 우매자는 어둠 속을 떠돌거니와, 그럼에도 이들이 당하는 일이 똑같은 줄을 내가 깨닫고.〉 두번째 제한에 관해서는, 지식이 정신의 괴로움이나 불안을 야기하는 경우는 우연을 제외하고는 있을 수 없다는 점을 지적할 필요가 있다. 왜냐하면 모든 지식, 그리고 지식의 씨앗인 경탄은 본질적으로 즐거움에서 비롯된 인상이기 때문이다. 그러나 사람들이 각자의 지식을 특수한 사례에 적용하여 결론을 내리고, 그럼으로써 두려움을 줄이고 욕망을 늘리고자 하는 경우에는, 위에서 언급된 정신의 근심과 괴로움은 커지게 마련이다. 이 경우에 지식은 심오한 인물 헤라클레이토스가 〈건조한 빛은 최상의 영혼〉이라고 말하였을 때의 〈건조한 빛〉이 더 이상 아니기 때문이다. 이 경우에 지식은 감정과 편견으로 물든 〈습한 빛〉이 된다.[13] 세번째 제한에 관해서는, 가볍게 넘어가지 말고 좀더 숙고할 필요가 있다. 만일 어떤 사람이 이 감각 가능한 물질적인 것에 대한 검토와 연구에 의해 하나님의 본성이나 의지를 자신에게 드러낼 수 있는 빛을 얻었다고 생각한다면, 사실상 그는 헛된 철학에 의해 망친 자라 아니할 수 없다. 하나님의 피조물이나 작품에 대한 명상은 (그 피조물이나 작품에 대해서는) 지식을 낳지만, 하나님에 관해서는 결코 완전한 지식이 있을 수 없다. 하나님에 대해서는 오직 경탄할 수 있을 뿐인즉, 경탄은 파편적 지식이다.[14] 이러한 맥락에

13) 〈건조한 빛 lumen siccum〉이란, 헤라클레이토스Heraclitus에게서 유래하는 구절로, 개인적인 편애나 편견이나 상상에 물들지 않은, 영혼의 공정하고 냉정한 상태를 뜻한다. 이와 반대되는 상태는 〈습한 빛 lumen madidum〉이다.

14) 〈파편적 지식 broken knowledge〉이 〈경탄〉이라는 베이컨의 정의는 과학에 대한 논의에서도 사용된다. 이 경우에 〈파편적 지식〉은 경탄을 야기하여 과학

서 플라톤 학파의 한 인물[15]은 적절하게도 다음과 같이 언급하였다. 〈인간의 감각은 태양과 비슷한 면을 가지고 있다. 우리가 알다시피 태양은 지상계의 모든 것을 비추고 드러내지만 동시에 별들과 천체계를 어둡게 하여 은폐한다. 마찬가지로 감각은 자연의 일들을 발견하지만 동시에 신의 일들을 어둡게 하여 은폐하기도 한다.〉 이런 연유로, 수많은 위대한 학자들이 양초로 붙인 날개처럼[16] 허술한 감각에 의지하여 신의 비밀을 향해 날아오르려 노력하다가 결국 이단의 늪에 빠지게 되는 불상사가 발생하곤 하였던 것이다. 그러나 지식이 지나치면 무신론에 빠지게 된다는 생각 혹은 이차적 원인에 무지해야만 일차적 원인이신 하나님에 더욱 독실하게 의지하게 된다는 생각에 관해서는, 우선 욥이 친구들에게 던졌던 질문을 제기해 보는 편이 좋을 것이다. 〈너희가 사람을 속임같이 하나님을 속이려느냐?〉[17] 확실히 하나님은 이차적 원인을 통해서가 아니면 자연에서 아무 일도 행하지 않는다. 따라서 사람들이 그렇지 않다고 믿는다면, 이는 하나님에 대한 협잡이

에의 입문을 유도하는 단서인 동시에, 〈전체적 지식〉에 도달하였다는 망상을 버리고 성실하게 지식을 축적하라는 경구적 의미로 사용된다.

15) 필론Philo Judaeus을 말한다. 그는 대략 기원전 20년-기원후 50년 사이에 알렉산드리아에서 활동한 유태교 신학자로, 헬레니즘 시대의 신플라톤주의를 대표하는 인물이다.

16) 〈양초 날개waxen wings〉는 이카로스Icarus의 신화에서 빌려온 구절이다. 이카로스는 인조 날개를 달고 있었는데 태양이 양초를 녹여서 그 날개들을 붙여 주었기 때문에 높이 날아올라 크레테Crete를 빠져나갈 수 있었지만, 금방 날개가 떨어져 바다에 빠지고 말았다. 따라서 이 구절은 운만 믿고 야심차게 행동하다가 종국에는 실패하고 마는 인물을 비유하는 데 사용된다.

17) 욥기, 13장 9절.

요, 진리의 저자이신 하나님께 거짓 제물을 드리는 짓과 다를 바 없을 것이다. 그렇지만 초보적이고 피상적인 철학 지식은 인간 정신을 무신론으로 향하게 할지 몰라도, 보다 심원한 탐구는 인간 정신을 다시금 종교로 되돌려놓게 마련이다. 이것은 확실한 진리요 경험적인 결론이다. 그 이치를 설명하자면 다음과 같다. 철학의 입문 단계에서는 감각 다음으로 이차적 원인들이 정신에 제공되는바, 이 단계에 머물러 있는 동안에는 정신은 최고의 원인에 대한 망각을 초래할 수 있다. 그러나 어떤 사람이 한 걸음 더 나아가서 이차적 원인들의 종속되어 있음을 파악하고 섭리의 작용을 깨달을 때, 시인들의 알레고리에서 표현되고 있듯이,[18] 그는 자연의 사슬에서 가장 높은 고리가 주피터의 권좌와 연결될 필요가 있음을 손쉽게 믿을 수 있을 것이다. 결론적으로 말하자면, 어느 누구도 부정적 의미의 절제에 입각하여 혹은 제한을 잘못 적용하여, 어떤 인간이 하나님이 쓰신 말씀의 책이나 작품의 책,[19] 즉 신학이나 철학을 너무 깊이 연구할 수 있다든지 너무 잘 연구할 수 있다는 식으로는 생각하거나 주장하지 말아야겠다는 것이다. 그 반대로 사람들은 신학과 철학의 끝없는 진보나 번영을 위해 헌신하여야겠다. 신학과 철학을 모두 자랑이 아닌 사랑을 위해 사용해야 한다는 것, 그렇지만 현명치 못하게도 신학과 철학을 뒤섞거나 합성하는 따위의 일은 하지 말아야 한다는 것을 깨닫도록 하여야겠다.

---

18) 호메로스, 『일리아드』, 8. 19.

19) 〈하나님이 쓰신 말씀의 책〉은 성서를, 〈작품의 책〉은 자연을 뜻한다. 전자에 대한 연구가 신학이라면 후자에 대한 연구는 자연철학이다.

제2장

1. 다음으로 학문이 정치가들로부터 받은 모욕을 논의해 보자. 정치가들은 주로 다음과 같은 이유를 제시한다. 우선 학문은 인간 정신을 연약하게 만들어, 명예를 추구하거나 권력을 행사하는 데는 그만큼 부적합하게 만든다는 것이다. 또한 학문은 통치며 정책결정에 요구되는 인간적 기질을 방해하거나 왜곡하는바, 너무 다양하게 읽은 탓에 호기심만 많지 결단력은 부족하게 만들거나, 역으로 규칙과 공리의 엄격성에 치우친 탓에 지나치게 적극적이거나 교만하게 만들기 때문이요, 아는 실례들이 풍부한 탓에 지나치게 무절제하고 자신만만하게 만들거나, 실례들의 상반됨으로 인해 모순을 범하고 갈팡질팡하게 만들기 때문이라는 것이다. 아니면 적어도 학문은 인간의 노력을 행동과 그의 할 일에 대한 사랑으로 향하게 하기보다는 여가와 사생활을 사랑하도록 만들며, 모든 사람이 복종하고 따르기보다는 저마다 주장하기를 좋아하게 됨으로써 기강의 와해를 초래한다는 것이다. 이러한 생각에서, 지금까지 알려진 최상급 현자 중 한 명인 감찰관 카토는 철학자 카르네아데스가 대사로 로마에 부임하였을 때 로마의 청년들이 그의 달콤하면서도 장중한 웅변과 학문에 현혹되어 그 주위에 운집하는 것을 보고는, 원로원에 다음과 같이 조언하였다고

한다. 카르네아데스가 청년들의 정신과 관심을 빼앗아 은밀하게 국가의 예절과 관습에 변화를 야기하지 못하도록 하려면, 원로원이 그를 신속하게 추방해야 한다는 조언이었다.[1] 이와 동일한 생각을 가지고 시인 베르길리우스는 그의 펜을 자신의 직업에는 불리하지만 조국을 위해서는 유익한 방향으로 바꾸었다. 즉 그는 유명한 시편에서 정책과 통치, 그리고 기예와 과학을 구분하면서, 정책과 통치를 로마인들에게 할애하였으며, 기예와 과학은 그리스인들에게 남겨주었다.

> 오, 당신들 로마인이여, 제 민족을 통치하는 기예가 당신들과 함께 하고 있음을 기억하라.[2]

이와 마찬가지로 소크라테스를 기소한 아니토스Anytus는 그를 다음과 같은 죄목으로 기소하였다. 소크라테스는 그의 많은 글과 논쟁을 통해 얻은 힘으로 청년들이 조국의 법률이며 관습에 대해 마땅히 가져야 할 존경심을 등지도록 하였으며, 더 나쁜 것

1) 카토(Marcus Porcius Cato, 기원전 234-149)는 기원전 184년부터 로마 감찰관 Censor으로 봉직한 인물로, 〈감찰관 카토〉 혹은 〈연로 카토Elder Cato〉라 불린다. 카르네아데스(Carneades, 기원전 215-129)는 그리스 키레네Cyrene에서 활동한 회의주의 철학자이자 수사학자이다. 인용은 플루타르코스, 『영웅전』, 카토 편, 22.

2) 푸블리우스 베르길리우스 마로(Publius Vergilius Maro, 기원전 70-19)는 전기 라틴 문학의 최고봉으로 알려진 시인이다. 특히 그의 『아에네이드*Aeneid*』는 주인공 아에네아스Aeneas의 모험을 통해 로마인들이 숭상한 미덕인, 가문과 국가에 대한 충성과 경건함을 아름다운 시로 표현하여 사랑을 받았다. 인용은, 『아에네이드』, 6. 852.

을 더 좋아 보이게 만들고 수사와 웅변의 위력에 편승하여 진리를 억누르는 위험하고도 사악한 지식을 전파하였다는 것이다.[3)]

2. 그러나 이러한 평가들은 권위 있는 겉모습을 지닐 뿐 공평한 근거를 가진 것은 못 된다. 경험이 입증하듯이, 여러 인물과 여러 시대에서 학문과 무용(武勇)은 함께 하였거니와, 양자가 같은 인물과 같은 시대에 번창하고 발전한 예도 적지 않기 때문이다. 인물의 경우를 보자면 알렉산더 대왕과 독재관 율리우스 케사르는 쌍벽을 이루는 예로, 이들보다 더 좋은 예는 찾기 힘들다. 이 중 알렉산더는 철학에서 아리스토텔레스의 제자였으며, 케사르는 웅변에서 키케로의 경쟁자였다. 혹시 누군가가 위대한 학자이면서 장군인 인물보다, 위대한 장군이면서 학자였던 인물을 구하려 한다면, 그는 테베의 장군 에파미논다스나 아테네의 장군 크세노폰을 참조하면 될 것이다.[4)] 전자는 스파르타 세력을 격퇴한 최초의 인물이었으며, 후자는 페르시아 왕정의 정복을 위해 원정한 최초의 인물이었다. 그러나 인물의 경우보다는 시대의 경우에 학문과 무용의 결합을 더 쉽게 찾을 수 있다. 시대가 인물보다는 광범위한 대상을 포괄하기 때문이다. 이집트, 앗시리아, 페르시아, 그리스, 로마 등 여러 나라에 있어서, 무용으로 유명한 시대는 바로 학문에서 가장 존경받는 시대이기도 하였다. 가장 위대한 저자들과 학자들이 가장 위대한 지휘관들이며 장군들과 같은 시대

---

3) 플라톤, 『소크라테스의 변명』, 1. 19. 24.

4) 에파미논다스(Epaminondas, 기원전 약 418-362)는 테베Thebe의 정치가이자 학자이며, 크세노폰(Xenophon, 기원전 약 434-355)은 아테네의 정치가이자 역사가이다.

에 살았던 것이다. 그렇지 않을 수 없다. 왜냐하면 인간에 있어서 육체와 정신이 강인해지고 성숙해지는 시기가 비슷하듯이(비록 육체의 강인함이 좀더 일찍 찾아오는 예외적인 경우도 있지만),[5] 국가에 있어서도 인간 육체에 해당하는 무력과 인간 영혼에 해당하는 학문은 시기적으로 함께 발생하거나 거의 연속적으로 발생하기 때문이다.

3. 정책과 통치의 문제에 있어, 학문이 도움을 주기보다 해를 끼친다는 것도 믿을 수 없는 주장이다. 우리는 육신을 임상 의사[6]에게 맡기는 것이 잘못임을 잘 알고 있다. 비록 임상 의사들도 수긍할 만한 처방전을 몇 개는 가지고 있으며 이에 의지하여 자신만만하고 과감하게 치료를 시도하지만, 그들은 결코 질병의 원인도, 환자의 상태도, 우발적으로 발생하는 위험도, 참된 치료법도 알지 못하기 때문이다. 법 서적에 정통하지 않고 오직 소송 경험이 풍부할 뿐인 변호사나 법률가에 의지하는 것도 이와 비슷한 오류라고 할 수 있다. 이런 법률가는 자신이 취급하는 소송사건에 대한 편견으로 인해, 자신이 경험해 보지 못한 사태가 벌어지면 금방 당황하게 된다. 마찬가지로 국가도 경험만 풍부한 정치가들, 학자들과 교류하지 않는 정치가들에 의해 관리된다면, 그

5) 아리스토텔레스의 『수사학』, 2. 14. 4 참조. 여기서 아리스토텔레스는 육체는 35세(7×5)에, 정신은 49세(7×7)에 완전에 도달한다고 주장한다.

6) 베이컨 시대에 정식 내과의사physician는 의과대학을 졸업하고 정식 의사면허를 취득한 자였다. 이에 반하여 이론적 지식은 부족한 채 경험에만 의존하는 민간 요법사들, 외과의, 접골사, 떠돌이 약장수, 산파 등도 왕성하게 활동하였다. 〈임상 의사 empiric physician〉란 이러한 민간 요법사들 중 정식 내과의사의 기능을 대신한 부류를 지칭한다.

결과는 처참하기 짝이 없을 것이다. 반면에 정부가 깊은 학식을 가진 통치자의 수중에 있을 경우에 비참한 결과를 맞이하는 사례는 찾아보기 힘들다. 흔히 정치가들은 학자를 〈현학자〉라는 이름으로 헐뜯어 그들을 무기력하게 만들곤 한다. 그렇지만 여러 시대의 기록들을 두루 살펴보면, 어린 군주의 통치가—이러한 국가는 불리한 점이 너무 많음에도 불구하고—성년 군주의 통치보다 훨씬 탁월하였던 특수한 사례가 많이 등장한다. 그 이유는 당시의 국가가 정치가들이 헐뜯은 바로 그 〈현학자〉의 수중에 있었다는 데 있다. 네로 황제가 미성년이던 처음 5년의 치세 동안 로마가 그토록 번영하였던 것은 〈현학자〉인 세네카 덕분이었다.[7) 마찬가지로 고르디아누스 3세도 미성년인 10여 년 동안 〈현학자〉인 미시테우스의 도움으로 폭넓은 지지와 동의를 이끌어낼 수 있었다.[8) 이보다 조금 앞선 세베루스 알렉산더 황제도 유년 시절 동안 비슷한 도움으로 비슷한 행복을 누릴 수 있었으니, 이는 여러 스승들의 자문을 받은 여인들이 섭정한 덕택이었다.[9) 그뿐만이

---

7) 네로(Nero Claudius Caesar Drusus Germanicus, 37-68)는 기원후 54년에 황제에 등극하였고, 치세 초기에는 철학자 세네카Seneca며 부루스Burrus 등의 조언을 받아서 원로원과 조화롭게 통치하였다. 네로가 〈악명〉을 얻게 된 것은, 그가 성년이 된 50년대 말부터였다.

8) 원문의 미스테우스Mistheus는 미시테우스Misitheus로 표기되는 것이 옳다. 미시테우스는 고르디아누스 3세(Marcus Antonius Gordianus, 225-244)의 장인이었다. 또한 고르디아누스는 부친이 전사한 238년에 13세의 나이로 황제가 되었다. 실제 치세 기간은 6년에 불과하였지만, 베이컨이 〈10여 년〉이라고 표현한 것은 원로원이 그를 황제로 승인할 만큼 높은 평판을 쌓았던 그의 유년기를 계산에 넣었기 때문인 것 같다.

9) 세베루스 황제(Severus Alexander, 208-235)는 222년에 14세의 나이로 황제에 등극하였는데, 치세 기간 동안 여러 여인들 특히 그의 모친 마메아Julia

아니다. 누군가에게 로마 교황들, 굳이 이름을 거론하자면 우리 시대의 피우스 5세며 식스투스 5세처럼, 등극할 때 현학적인 탁발수도사로서의 명성밖에는 없던 교황들의 통치를 검토해 보라고 하자.[10] 그러면 그는 이들 두 교황이야말로 궁정에서 통치실무 affairs of estate에 관한 교육을 풍부하게 받으면서 성장하여 교황직에 오른 다른 교황들에 비해, 훨씬 참된 통치 원리에 입각하여 더욱 위대한 일들을 수행하였다는 점을 깨닫게 될 것이다. 물론, 학식이 깊은 사람이라고 해서 이탈리아인들이 〈국가 이성〉이라 부르는 편법과 임기응변에 능하지 못할 이유가 없겠지만,[11] 피우스 5세는 이에 관한 이야기를 참을성 있게 경청하지 않았으며, 이를 종교며 윤리적 미덕에서 파생된 발명품으로 간주하였다. 그러나 다른 한편으로, 그는 〈국가 이성〉이 종교며 정의며 명예며 윤리적 미덕과 동일한 이유에서 완전한 것이라는 주장으로 자신의 입장을 보충하였다. 즉 국가 이성은 그것이 적절하고 주도면밀하게 추진되기만 한다면, 건강하거나 섭생이 잘 된well-dieted 육

Mamaea의 섭정을 받았다.

10) 피우스 5세(Pius Quintus, 1504-1572)와 식스투스 5세(Sixtus Quintus, 1521-1590)는 모두 이탈리아 출신의 탁발수도사로, 전자는 교황재위기간(1566-1572)에 터키와의 해전을 승리로 이끌었으며, 후자(재위 1585-1590)는 로마 교황청을 개편하고 바티칸 도서관을 설립하는 등 많은 치적을 남겼다.

11) 〈국가 이성ragioni di stato〉이라는 이탈리아어는 1547년경에 조반니 델라 카사Giovanni della Casa가 처음 사용하였고, 1580년대에 이르면 특히 보테로Giovanni Botero의 정치학에 힘입어 유럽 전역으로 확산되었다. 이 용어는 다양한 의미로 통용되었기 때문에 정확한 의미를 제시하기는 힘들다. 베이컨 시대의 영국에서는 이 용어가 이탈리아어로 그대로 사용되거나 〈정책policy〉으로 번역되었다. 베이컨은 임기응변이나 편법을 넘어선, 윤리적 덕이라는 견지에서 〈국가 이성〉을 평가하고 있다.

체에 의사가 필요 없듯이, 다른 어떤 것의 사용도 필요로 하지 않는다는 점에서 완벽하다는 것이다. 더욱이, 어떤 사람의 인생 경험이 그 인생의 모든 사건들에 대해 귀감이나 선례가 될 수는 없는 법이다. 왜냐하면 어떤 노인의 아들보다 손자나 증손자가 그 노인을 빼닮는 경우가 종종 있듯이, 현재에 발생하고 있는 많은 일들이 그 직전이나 직후에 발생하는 일들보다는 옛날의 실례들과 더 잘 어울릴 수 있기 때문이다. 마지막으로, 한 사람의 재능으로는 학문 전체에 필적할 수 없는데, 이는 한 사람의 재산을 가지고 국고를 채울 수 없는 것과도 같다고 하겠다.

4. 정책이며 통치에 대해 인간 정신은 쉽게 선동되거나 마지못해 따르는 경향이 있으며, 이러한 태도를 학문이 은밀하게 부추긴다는 주장에 관해 살펴보기로 하자. 이 같은 주장을 당연시하는 사람이 반드시 기억하여야 할 점이 있다. 학문은 마지못해 따르거나 갈팡질팡하는 태도의 원인을 제공하기보다는 오히려 이를 치료하는 강력한 치료제나 치료법을 전해 준다는 점이 그것이다. 비록 학문은 은밀하게 작용하여 사람들을 갈팡질팡하게 만들고 우유부단하게 만드는 것이기도 하지만, 사람들에게 언제 어떤 근거에서 결정할 것인지를 알려주고, 아직 결정되지 않은 문제들을 그것들이 결정될 때까지 편견 없이 다루는 방법을 가르쳐주는 것이기도 하다. 비록 학문은 사람들을 지나치게 엄밀하고 엄격하게 만드는 것이기도 하지만, 그 본성상 무엇이 명증한 것이고 무엇이 추정적인 것인지를 가르쳐주며, 원리며 규칙이 적용되는 범위뿐만 아니라 차이와 예외의 사용법을 가르쳐주는 것이기도 하다. 비록 학문은 실례들 사이의 부조화나 비일관성으로 인해 오

도되기도 하지만, 정황적인 간접 증거들circumstances의 위력을 가르치고 실례들의 잘못된 비교를 깨우쳐주며 올바르게 적용하도록 주의를 환기시켜 주기도 하는 것이다. 이 모든 면을 고려할 때, 학문이 왜곡하는 면보다는 학문이 효과적으로 치료하는 면이 더 많다고 하겠다. 이처럼 학문이 인간 정신에 제공하는 치료제들은 실례들의 생생함과 예리함에 의해 더욱 강력한 약효를 발휘할 수 있을 것이다. 교황 클레멘트 7세의 실수가 바로 이러한 실례에 해당하는바, 이에 관해서는 그에게 봉직하였던 기치아르디니가 실감나게 묘사한 바 있다.[12] 키케로가 아티쿠스Atticus에게 보낸 서한들에서 스스로 자인한 실수들도 마찬가지이다. 누군가가 이러한 실수들을 검토한다면, 그는 그들이 실수한 원인인 우유부단함으로부터 그만큼 빨리 벗어날 수 있을 것이다. 포시온의 실수를 검토한 사람은 포시온이 얼마나 고집 세고 경직된 인물이었는지를 깨닫게 될 것이다.[13] 익시온의 신화만을 읽어보아도 그는 환상이며 상상으로부터 그만큼 멀어질 수 있을 것이다.[14] 연소

---

12) 클레멘트Clement 7세는 피렌체 군주 로렌초 디 메디치Lorenzo di Medici의 조카로 1523-34년까지 교황직을 수행하였다. 기치아르디니(Francesco Guicciardini, 1483-1540)는 피렌체의 유명한 인문주의 역사가이자 정치가로서, 1516-1534년 사이에 교황청 파견 총독으로 일하였다. 기치아르디니는 『이탈리아의 역사』(16. 5)에서 클레멘트의 우유부단한 성격을 논하고 있다.

13) 포시온(Phocion, 기원전 397-317)은 아테네의 장군이자 정치가로, 데모스테네스Demosthenes가 주도하는 반(反)마케도니아 노선의 민주주의 세력에 맞서, 친마케도니아적인 과두제 당파를 편들었다. 마케도니아의 필리포스 2세 및 알렉산더 대왕의 정책을 일관되게 지지하였던 것이다. 그 결과 그는 반역죄로 기소되어 아네네 민회에 의해 처형되었다.

14) 익시온Ixion은 제우스의 부인 헤라를 사랑한 죄로, 끝없이 회전하는 타르타로스의 수레바퀴에 묶이는 가혹한 형벌을 받은 라피트Lapith의 왕이다.

카토의 실수를 검토한 사람이라면, 현실 세계의 반대편에 사는 대척지인들을 닮은 자가 되지는 않으려 할 것이다.[15)]

5. 학문이 인간을 여가와 사생활로 향하도록 하며 그리하여 인간을 나태하게 만든다는 생각을 살펴보기로 하자. 학문이야말로 인간 정신을 쉴새없이 움직이고 모색하도록 하는 것임에도, 학문이 나태를 조장한다고 주장한다면 그것은 참으로 이상한 말이다. 진실은 그 반대이다. 학자 외에는 어떤 부류의 사람도 일을 그 자체로서 사랑하지는 않는다. 어떤 사람은 돈을 바라고 싸우는 용병처럼 이익을 위해 일을 사랑한다. 명예를 위해 일을 사랑하는 사람도 있다. 일이 자신을 다른 사람의 눈에 높게 보이도록 해주고, 자칫하면 시들어버릴 자신의 명성을 되찾아주기 때문이다. 혹자는 일이 자신의 운명에 전념하도록 해주고 기뻐하고 슬퍼할 기회를 주기 때문에 일을 사랑한다. 혹자는 일이 자부심을 가질 수 있게 해주며 그리하여 자기자신에 대한 만족감과 장밋빛 환상으로 즐거워할 수 있기 때문에 일을 사랑한다. 그 밖에 다른 목적도 여러 가지가 있을 수 있다. 바로 이런 이유로 해서, 어떤 사람의 용기가 이를 경멸하는 다른 사람의 눈에는 거짓 용기로 보일 수 있듯이, 어떤 사람의 근면함도 다른 사람의 눈에는 거짓 근면함으로 보일 수 있다. 적어도 그 근면한 자의 의중에 비추어보면 그러할 것이다. 오직 학자만이 천성적 활동으로서 일을 사랑한

---

15) 연소 카토(Cato the Younger, 기원전 95-46)는 연로 카토의 증손자로, 케사르에 적대하여 폼페이우스의 편을 들었다가 케사르의 승리가 확정되었을 때 자살한 인물이다. 베이컨은 연소 카토의 사례를 현실 세계의 정반대편에 사는 대척지인antipodes, 즉 비현실적인 인물과 닮은 것으로 묘사한다.

다. 운동이 육체의 건강에 좋듯이, 학자는 정신의 건강에 좋은 활동으로서 일을 사랑하며, 어떤 대가 때문에 기뻐하는 것이 아니라 그 같은 활동 자체에서 기쁨을 얻는다. 만일 모든 사람의 활동이 이처럼 그들의 정신을 붙들어둘 수 있는 일을 향하고 있다면, 그들도 전혀 피곤한 줄 모를 것이다.

6. 혹시 어떤 사람이 독서와 연구에서는 근면하면서도 그의 할 일과 활동에서는 태만하다면, 이는 세네카가 말하듯이 육체가 허약하거나 영혼이 연약하기 때문일 뿐이다.[16] 그의 태만함이 학문에서 연유하는 것은 결코 아니다. 인간이 연약한 본성에도 불구하고 학문에 헌신할 수는 있어도, 학문이 그의 본성의 연약함을 키우지는 않기 때문이다.

7. 학문이 너무 많은 시간이나 여가를 빼앗는다는 주장에 대해서는, 나는 다음과 같이 답하고자 한다. 언제를 가릴 것 없이 너무 바쁘거나 최선을 다해 활동하는 사람은 (싫증이 나든지, 신속히 처리할 일이 없든지, 아무나 할 수 있는 일에 쓸데없이 매달려 있을 때를 제외하고는) 늘 일할 시간과 보답만을 염두에 두지만, 이런 사람에게조차도 여유 시간은 많은 법이다. 그렇다면 문제는 이 공백과 여유 시간을 어떻게 채우면서 보낼 것인가 하는 점이다. 쾌락을 추구하며 보낼 것인가 아니면 연구로 보낼 것인가? 데모스테네스는 쾌락에 탐닉하는 그의 숙적 아이스키네스Aeschines를 향해

---

16) 역자는 베이컨이 세네카로부터 인용하고 있는 문장은 문맥과 그다지 어울리는 것이 못 된다고 판단하여, 이를 각주에 옮긴다. 원문, 〈Quidam tam sunt umbratiles, ut putent in turbido esse quicquid in luce est〉를 번역하면, 〈어떤 사람들은 그늘을 좋아하는 나머지, 밝은 곳에 있을 때에는 그들이 곤경에 빠졌다고 생각한다〉이다.

다음과 같이 적절하게 답하였다. 그 숙적의 웅변에서도 램프의 냄새가 나기는 하지만, 〈램프 불빛 밑에서 당신이 행하는 일과 내가 행하는 일 사이에는 실로 엄청난 차이가 있다〉는 것이다.[17] 따라서 학문 때문에 해야 할 일을 못하지나 않을까 의심할 필요는 없다. 오히려 학문은 정신이 나태며 쾌락에 빠지는 것을 막아주는바, 그렇지 않다면 정신은 자기도 모르는 사이에 나태와 쾌락의 상처를 입게 될 것이다.

8. 학문이 법과 정부에 대한 존경심을 파괴한다는 또 다른 주장에 관해서는, 중상모략에 불과하며 일고의 가치도 없는 것이라고 단언할 수 있다. 배워서 이해되는 의무보다 맹목적인 복종이 더욱 확실한 충성이라는 주장은, 눈 좋은 사람이 빛에 의해 인도되는 것보다 장님이 안내자에 의해 인도되는 것이 더욱 확실하다고 주장하는 격이기 때문이다. 학문이 인간 정신을 정부에 대해 유순하고 너그럽고 관리되기 쉽고maniable 적응하기 쉽게 만든다는 것은 논란의 여지가 없다. 반면에 무지는 인간 정신을 폭력적이고 고집스럽고 반항적으로 만든다. 이러한 명제는, 가장 야만적이고 조야하고 무식한 시대가 폭동이며 선동이며 변화에 가장 빈번하게 휘말리곤 하였다는 사실을 고려할 때, 역사적 증거에 의해 명백하게 입증된다고 하겠다.

9. 감찰관 카토의 검열에 관해 말하자면, 그는 결국 학문을 모

17) 데모스테네스(Demosthenes, 기원전 384-322)는 그리스 아티카 지방 출신의 웅변가이자 정치지도자이다. 데모스테네스가 실제로 겨냥한 인물은 아이스키네스가 아니라 피티아스Pytheas였다고 한다. Kitchen(ed.), *The Advance of Learning* (London: J. M. Dent & Sons Ltd, 1973), p. 13, n. 2 참조. 앞으로는 이 책을 『키친의 판본』으로 표시하기로 하겠다.

독한 죄로, 그가 모독한 만큼의 벌을 받게 되었다. 60세도 넘은 늙은 나이에 다시 학교를 다니면서 그리스어를 배워 그리스 저자들을 직접 정독해 보겠다는 강렬한 욕망에 사로잡히게 된 것이 그 벌이었다. 이러한 사실로 미루어볼 때, 그가 예전에 수행한 그리스 학문에 대한 검열은 신중함을 가장하였을 뿐, 그 자신의 의견에 대한 내면적 성찰을 따른 것이 아니었음을 알 수 있다. 베르길리우스의 시편들을 어떠한가? 비록 그는 세상의 비난을 무릅쓰면서까지 로마 민족에게는 제국 통치의 기예를 선물하고 나머지 민족에게는 복종의 기예를 남겼지만, 사실상 로마 민족은 다른 기예들에서도 절정으로 상승하기 전에는 제국 통치의 절정에 이르지 못하였다. 말하자면 케사르 부자(율리우스 케사르와 아우구스투스 케사르)의 시대에 이르러서야 통치의 기예는 위대한 완성에 도달하였던바, 이때에는 다른 기예들도 이미 절정에 도달하여 있었던 것이다. 최상의 시인 베르길리우스, 최대 역사가 티투스 리비우스, 최상급 고전학자 마르쿠스 바로 등이 활동하였으며, 세인의 뇌리에 최상의 웅변가나 그에 버금가는 웅변가로 각인된 마르쿠스 키케로가 활동하였다.[18] 소크라테스에 대한 비난은 어떠

18) 티투스 리비우스(Titus Livius, 기원전 약 59-기원후 17)는 로마가 공화정으로부터 제정으로 이행하던 시기에 공화주의자의 입장에서 역사를 서술한 역사가이다. 마르쿠스 바로(Marcus Varro, 기원전 116-27)는 시, 문학사, 수사학, 언어학, 철학, 역사학, 지리학, 법학, 농학 등 다양한 분야에서 그리스-라틴적 기원을 두루 섭렵한 위대한 고전학자였으며, 처음에는 폼페이우스의 편을 들어 율리우스 케사르에 대항하였으나, 케사르와 화해하고 케사르의 편에서 로마의 공공 도서관을 체계화한 인물이다. 마르쿠스 키케로(Marcus Tulius Cicero, 기원전 106-43)는 로마의 공화주의적 정치가이자 웅변가로서, 폼페이우스의 편을 들어 케사르에 대항하였으며 케사르의 승리(기원전 47년)로

한가? 당시는 너무도 비열하고 폭력적이고 탐욕스러운 30인 참주가 통치한 박해의 시대였다.[19] 그러나 이들에 의한 국가 전복은 평정되었던 반면에 이들이 범죄자로 처형한 소크라테스는 영웅적 인물로 부상되었다. 소크라테스를 추모하기 위해 갖가지 신적 · 인간적 명예들이 부여되었다. 참주정 시절에는 풍기를 문란케 한다는 낙인이 찍혔던 그의 이야기들이 이제는 정신과 예절의 특효약으로 인정받게 되었으며, 그 후 오늘날까지 이 같은 평판은 변함없이 이어지고 있다. 이상과 같은 사실들은 정치가들에게 답하는 데 도움을 줄 수 있을 것이다. 정치가들은 기분 내키는 대로 비난하든 신중함을 가장하든, 학문에 오명을 씌우려 하였지만, (우리의 노력이 과연 다른 시대들로 이어질 수 있을지를 확신하지 못하는 경우를 제외한다면) 그들의 비난은 학문에 대한 오늘날의 사랑이며 존경에 비추어볼 때 아무런 필요가 없어졌다. 이는 특히 엘리자베스 여왕과 현 국왕 폐하 등 두 분의 위대한 군주가 몸소 보여준 시범과 지원 덕택이다. 가장 밝은 빛과 가장 온유한 영향을 뿌리는 쌍둥이자리의 두 별, 캐스토르Castor와 폴룩스Pollux처럼, 두 분의 시범과 지원은 우리가 어떤 위치, 어떤 권좌에 있

정치계에서 은퇴하였다. 케사르의 암살 뒤에 그는 공화주의자로서 활동을 재개하였으나, 제2차 3두 정치체계가 정립되면서 다시 몰락하였다.

19) 〈30인 참주thirty tyrants〉의 정치는 기원전 404년 4월부터 12월까지 아테네의 권력을 장악한 과두체제를 말한다. 아네테가 펠로폰네소스 전쟁(기원전 431-404)에서 패한 뒤에 점증하던 스파르타의 압력 아래에서 아테네 민회는 30인의 참주를 선출하였는데, 이들은 그 지도자인 크리티아스를 중심으로 반민주적 정책을 실시하여 1,500여 명을 처형하고 재산을 압류하였다. 이에 대해 망명한 민주주의자들을 중심으로 시민이 항거하여 크리티아스를 죽이고 민주정을 회복하였다.

든 간에, 우리 모두에게, 학문에 대한 사랑과 존경을 뿌리내리게 해주었다는 말이다.

제3장

1. 이제 학문에 대한 세번째 종류의 불신 내지 신용의 위축을 살펴보기로 하자. 이것은 학자들 자신으로부터 자라나고 있는 학문에 대한 불신이다. 이를 간단히 구분해 보자면, 학자들의 운명으로부터 나오는 불신이 있고, 학자들의 태도로부터 나오는 불신도 있으며, 학자들이 수행하는 연구의 본성으로부터 나오는 불신도 있다. 첫째는 학자들의 힘으로는 어쩔 수 없는 것이며 둘째는 우연적인 것인바, 오직 셋째만이 다루기에 적합할 것이다. 그러나 우리의 수중에는 정확한 척도가 없고 단지 세인의 평판과 여론에 의존할 수 있을 뿐이므로, 첫번째 불신과 두번째 불신에 관해서도 전혀 언급하지 않고 넘어갈 수는 없는 일이다. 우선 첫번째 불신부터 살펴보자. 학자들의 운명이나 처지에 비추어서 커지고 있는 학문에 대한 폄하는, 그들의 궁핍함에서 비롯된 것이든지, 아니면 그들의 사생활과 낮은 일자리에서 비롯된 것이다.

2. 먼저 가난에 관해 말하자면, 대체로 학자들은 거의 가진 것이 없이 경력을 시작하며 그나마 다른 부류의 사람들처럼 빨리 부유해지지도 못한다. 그 이유는 그들의 노력이 돈을 벌거나 늘리는 쪽으로 투입되지 않기 때문이다. 어쩌면 가난을 예찬하는 상투어는 탁발수도사에게나 위임하는 편이 좋을지도 모르겠다.

이런 맥락에서 마키아벨리는 탁발수도사의 빈곤에 큰 의미를 부여한 적이 있었다. 〈만일 빈곤에 대한 탁발수도사들의 존중이 주교들과 고위 성직자들의 허세며 과욕에 대한 풍문을 잠재우지 않았더라면, 성직자 왕국은 오래전에 끝장났을 것이다〉라고 말이다.[1)] 그러나 이와 비슷한 맥락에서, 혹자는 다음과 같이 말할 수도 있을 것이다. 만일 학문의 청빈함으로부터 배워서 명예롭고 절도 있는 삶을 유지하지 못하였더라면, 군주들과 고관대작들의 풍요며 사치도 오래전에 무도하고 야만적인 형태로 변해 버렸을 것이라고 말이다. 설령 이 정도로 유익한 것까지는 아니라고 하더라도, 로마에서 그토록 오랫동안 빈곤이 얼마나 존중되고 명예롭게 여겨졌는지, 그럼에도 불구하고 로마가 얼마나 갈등 없는 국가였는지를 살펴보는 것은 충분히 가치 있는 일이다. 이 점에 관해 리비우스는 그의 책 서문에서 다음과 같이 전한다. 만일 자신의 연구 주제에 대한 애착이 그를 기만하지 않았다면,[2)] 로마는 그 선한 귀감들에 있어서 세상의 그 어떤 국가보다도 위대하거나 순수하거나 풍부하였고, 그 어느 국가보다도 뒤늦게 탐욕이며 사치에 물들었으며, 그 어느 국가보다도 오랫동안 청빈과 절약을 명예롭게 유지하였다는 것이다. 우리가 알다시피, 로마가 원래의

1) 마키아벨리가 언급하고 있는 것은 프란체스코 교단과 도미니크 교단이다. 그는 이 교단들의 수도원 운동이 타락한 교회를 원래의 청빈한 상태로 되돌려 준 것으로 평가한다. 마키아벨리, 『티투스 리비우스의 첫 10권에 관한 논평』(1531), 3. 1.

2) 학자가 자신이 연구하는 주제에 대한 애착 때문에 의식적이든 무의식적이든 시대착오의 오류를 범한다는 생각은, 리비우스로부터 베이컨을 경유하여, 비코Giambattista Vico에 이르면 〈학자들의 허세conceit of scholars〉로 개념화된다.

모습을 잃고 타락하였을 때에도 이와 비슷하게 말한 인물이 있었다.[3] 율리우스 케사르의 자문관을 자청하였던 그는, 케사르가 승리한 뒤에 로마의 부흥이 무엇부터 시작되어야 할 것인지에 관해 조언하였는데, 조언의 요점은 부가 높이 평가되어서는 안 된다는 것이었다. 그는 이렇게 말하였다고 한다. 〈부에 대한 숭배를 그치게 되면 다른 모든 죄악들도 곧 사라질 것입니다. 그러기 위해서는, 관직들은 물론 대중이 열망하는 다른 모든 대상들도 더 이상 돈에 의해 얻어질 수 없어야 할 것입니다.〉[4] 〈얼굴의 홍조는 미덕의 색채〉라는 이야기가 있듯이, 결론적으로 말해 〈가난은 미덕의 운명〉이라고 이야기할 수 있을 것이다. 수치심이 악덕에 연유한다든지 가난이 잘못된 행동과 우연에 연유하는 사례가 없는 것은 아니지만 말이다. 솔로몬은 이러한 사실을 적시하여, 한번은 〈악한 눈이 있는 자는 재물을 얻기에만 급급하도다〉라고 힐난하였으며, 다른 한번은 〈진리를 사고서 팔지 말며 지혜와 지식도 그러할지니라〉라고 훈계하였다.[5]

(대중들의 평판이 그러하듯이) 명상적인 인간의 삶은 고립적이고 은둔적이라는 주장을 살펴보기로 하자. 육욕과 나태에 빠지지 않은 사생활을 사회활동에서 받을 수 있는 불이익과 비교해 가면서

---

3) 이 인물은 로마의 역사가 살루스티우스(Caius Sallustius Crispus, 기원전 약 86-34)를 말한다. 그는 케사르의 휘하에서 누미디아의 총독을 지내기도 하였다. 카틸리나의 음모에 관한 작품 *Bellum Catilinae*과 유구르트 전쟁에 관한 작품 *Bellum Jugurthinum* 외에도, 그가 케사르에게 보낸 두 통의 편지가 남아 있다.

4) 살루스트의 「케사르에게 보낸 국가의 질서에 관한 편지」의 일부라고 한다. 『키친의 판본』, p. 16, n. 2 참조.

5) 잠언, 28장 22절; 23장 23절.

예찬하는 것은, 평범하고도 흔한 이야기 주제이다. 그 이유는 사생활이 안전이며 자유며 즐거움이며 자존심을 주기 때문이요, 적어도 모욕을 피할 수 있게 해주기 때문이다(어느 누구도 모욕을 당하지 않을 수야 없겠지만, 이런 방식으로 잘 처리한다). 따라서 사생활은 사람들이 무엇인가를 표현할 때 정말로 염두에 두고 있는 것과도 잘 어울리며, 사람들이 무엇인가를 승인할 때 정말로 동의하고 있는 것과도 잘 어울린다고 하겠다.[6] 다만 나는 여기에 덧붙여, 국가에서 잊혀지고 세인의 눈 밖에 난 학자들은 유니아의 장례행렬에서 배제되어 버린 카시우스며 브루투스의 초상과도 같다고 말하고 싶다.[7] 비록 이들의 초상은 다른 사람의 초상처럼 눈

6) 원문은 〈such an consonancy it hath to men' s conceits in the expressing, and to men' s consents in the allowing〉이다. 이 애매한 문장에서, 우리는 르네상스 인문주의로부터 이탈을 읽을 수 있다. 16세기 인문주의자들은 〈명상적 삶〉을 비난하면서 〈능동적 삶〉 즉 시민으로서의 활동civil life에 높은 가치를 부여하였다. 이에 비해 베이컨은 능동적 삶의 태도가 글쓰기나 정치 종교적 논쟁에서 사람을 위험에 빠뜨릴 수 있음을 계산하면서, 사생활 혹은 명상적 삶이 이러한 위험으로부터 빠져나갈 수 있도록 해준다고 주장하고 있는 것이다. 베이컨의 이러한 태도는 종교개혁 이후로 공적 담론의 영역이 점차 위축되고 있는 역사적 상황을 반영하는 것으로 볼 수 있다.

7) 유니아Junia는 연소 카토의 조카이다. 카시우스Caius Cassius와 브루투스Marus Brutus는 율리우스 케사르를 암살하고(기원전 44년), 케사르의 아들 옥타비아누스와 레피두스와 안토니우스 등이 세력을 재결집하자(2차 3두 정치), 이에 대항하여 공화파 군대를 일으켰다가 패하자 자살하였다. 타키투스에 따르면, 카시우스와 브루투스의 초상이 유니아의 장례 행렬에서 빠지게 된 것은, 황제를 계승한 티베리우스Tiberius Claudius Nero가 유니아의 유언장에서 무시된 데 모욕을 느껴 앙갚음하였기 때문이라고 한다. 베이컨은 사람들이 카시우스와 브루투스의 초상을 볼 수 없었음에도 그들로부터 더욱 큰 영향을 받았다는 이야기를 통해, 정치권이나 여론에서 무시되는 학문이라도 더욱 큰 빛을 발할 수 있는 가능성이 있음을 암시하고 있다.

에 보이지는 않지만, 타키투스가 평하듯이, 〈그들은 보이지 않는다는 바로 그 덕택에 빛을 발하게 되었다〉고 할 수 있는 것이다.[8)]

3. 낮은 일자리에 관해 살펴보자. 청년들에게 정부가 제공하는 일자리는 경멸거리가 되는 것이 보통이다. 청년기는 권력에 있어 가장 낮은 시기이기 때문에, 청년들이 고용되어 몰두하는 일자리에 대해서도 가장 낮은 평판이 주어지는 것이다. 그러나 이와 같은 경멸은 (만일 당신이 여론의 평판에 따르지 않고 이성의 척도에 따른다면) 너무도 불공평하다. 우리가 알다시피, 사람들은 낡은 그릇에 오래전부터 들어 있는 것보다는 새 그릇에 새롭게 들어온 것에 더욱 큰 호기심을 가지며, 무성하게 자란 식물 주변의 토양보다는 새로 심은 식물 주변의 토양에 더욱 큰 주의를 기울이지 않는가? 만물의 이치가 그러하니, 무엇이든 그것이 가장 연약할 때에 가장 큰 배려와 최선의 도움을 받는 것이 당연하다. 히브리 랍비들의 말을 경청해 보자. 〈너희 늙은이는 꿈을 꿀 것이며 너의 젊은이는 이상(理想)을 볼 것이다.〉[9)] 랍비들이 청년기가 더 가치 있는 시기라고 말한 데는 그만한 이유가 있었다. 청년의 이상이 노인의 꿈보다는 하나님의 현신(現身)에 더욱 가깝기 때문이라는 것이었다. 비록 극장의 연극에서는 〈현학자들〉의 생활 자세가 독재자의 닮은꼴로 풍자되기 일쑤이고,[10)] 더욱이 오늘날에는 학교

---

8) 타키투스, 『연대기』, 3. 76.

9) 요엘, 2장 28절.

10) 〈현학자pedant〉의 어원은 확실치는 않지만 〈선생peda-gogue〉과 같다고 한다. 따라서 이 문장에서 현학자는 우리의 옛 〈훈장〉 정도로 바꾸는 편이 나을 수도 있겠으나, 번역어의 일관성을 유지하기 위해 〈현학자〉라는 용어를 그대로 사용하였다.

선생이나 가정교사의 선발에 마땅히 주어져야 할 관심이 소홀하거나 느슨하게 취급되는 실정이지만, 우리는 황금 시대의 태고적 지혜로부터 전해지는 불만에 주목할 필요가 있다. 이 불만은 참으로 적절하게도, 국가가 법 문제에는 너무 바쁘고 교육 문제에는 너무 소홀하다는 점을 지적하고 있는 것이다. 이 같은 태고적 교훈의 중요한 일부는 최근 들어 예수회가 세운 대학들에 의해 크게 부활되고 있다.[11] 비록 나는 예수회 회원들의 미신에 관해서는 그들이 〈잘하면 잘할수록 그만큼 더 나빠진다〉라고 말하고 싶지만,[12] 학문 및 윤리 문제와 관련된 측면에 있어서는 스파르타 왕 아게실라오스 2세가 적장인 파르나바초스에게 말하였듯이 〈당신의 진면목을 보니, 당신을 내 편으로 삼고 싶소〉라 말하고 싶다.[13] 지금까지 다룬 것은 학자들의 처지로부터 비롯된 불신에 관

---

11) 〈예수회Jesuits〉는 1533년 로욜라Ignatius Loyola에 의해 창립되어 1540년에 로마 교황청의 승인을 받은 가톨릭 교단이다. 이 교단은 17세기 말까지 20여 개의 대학을 포함한 약 800여 개의 교육기관을 설립하여 유럽의 친 가톨릭 여론을 선도하였다. 베이컨은 이 교단의 교육열에 관해서는 긍정적으로 평하지만, 그들의 교의를 〈미신〉이라 부름으로써 프로테스탄트적 영국국교회의 가톨릭 교회에 대한 반감을 보여주고 있다.

12) 〈Quo meliores, eo deteriores.〉 이 구절은 이 책의 라틴어 번역판(*De Augmentis*, 1623)에서는 생략되었다. 이는 국왕 제임스 1세를 위시한 친 가톨릭 세력을 자극하지 않기 위해서였다. 곧이어 나오는 아게실라오스의 〈적〉이라는 표현도 생략되었다. Spedding et al.(eds.), *The Works of Francis Bacon* (London: 1870), vol. 3, p. 277, n. 1 참조. 앞으로 이 책은 『스페딩의 판본』이라 표시하기로 하겠다.

13) 아게실라오스 2세(Agesilaus II, 기원전 약 444-360)는 펠로폰네소스 전쟁 후에 소아시아의 그리스 도시들이 스파르타와의 약속에도 불구하고 페르시아로 양도되지 않자, 기원전 396년에 소아시아로 원정하여 페르시아 총독인 티사페르네스Tissaphernes와 파르나바초스Pharnabazus를 공격하였다. 이때 있

한 내용이다.

4. 그러면 학자들의 태도와 관련된 문제를 살펴보기로 하자. 어쩌면 이것은 사적이고 개인적인 문제요, 다른 직업에서도 그러하듯이 학자의 경우에도, 기질은 개인마다 다르게 마련이다. 그렇지만 〈학문이 정신에 침투하여 정신을 빼앗는다〉는 말도 있지 않은가.[14] 이 말이 전혀 틀린 것이라 할 수 없다면, 연구는 그 연구에 종사하는 사람의 태도에 작용하여 어느 정도 영향을 미친다고 보아야 옳을 것이다.

5. 그러나 내가 주의 깊고 냉정하게 반추해 보건대, 학문에 대한 어떠한 비난도 학자 본연의 태도에서 기인하지는 않는다. 학자가 학자인 탓에 가지게 마련인 태도에서 연유하지는 않는다는 뜻이다. 다만, 학자들의 태도에서 몇 가지 우연적인 오류가 지적될 수 있을 뿐이다. 우선 데모스테네스, 키케로, 연소 카토, 세네카 등 다수의 학자가 범하였다고 가정되는 오류가 있다. 그들은 그들이 책에서 배운 시대가 그들이 살고 있는 시대보다 탁월하고, 여기서 배운 의무가 현실의 의무보다 훌륭하다고 믿었으며, 이런 믿음에서 세상을 완전한 상태로 만들겠다느니, 혹은 예의범절의 타락을 매우 고상한 교훈이나 귀감의 정직함에 비추어 교정하겠다는 지나친 주장으로 빠져들곤 하였다는 것이다. 그러나 비록 이렇듯 잘못된 주장을 통해서이기는 하지만, 그들은 그들 나름

었던 일화가 소개되고 있다.

14) 원문 〈abeunt studia in mores〉는 오비디우스, 『여걸들로부터 온 편지*Epistulae heroidum*』, 15. 83으로부터 생략 형태로 인용된 것이다. 문장 전체를 번역하면 다음과 같다. 〈학문이 정신에 침투하여 정신을 빼앗아버리지만 않는다면, 학문은 자연적 기질을 교정하여 더 나은 방향으로 바꾸어준다.〉

대로 〔그들의 잘못을 교정할〕 충분한 단서를 제공한 셈이었다.[15] 예컨대 솔론은 그가 시민들에게 제공한 법이 최상의 것이냐는 질문을 받았을 때, 현명하게도 〈그들이 받아들일 수 있는 법으로서는 최상의 것이지요〉라고 대답하였다고 한다.[16] 또한 플라톤은 조국의 타락한 예의범절에 실망한 나머지 그 어떤 직위나 관직도 거부한 인물이었지만, 〈누군가의 조국은 그 사람의 부모와도 같아서, 그와 논쟁을 벌이기보다는 그를 적절히 타일러 설득해야 한다〉고 말하였다고 한다. 이와 비슷한 맥락에서, 케사르의 자문관은 〈이제 예의범절이 타락하여 옛날의 단순함과 순수함이 경멸거리로 전락한 실정이니, 세상을 원래의 모습으로 되돌리려 하지 말 것〉을 충고하였다고 한다.[17] 키케로가 연소 카토에게서 찾아낸 오류도 이와 동일하다. 친구인 아티쿠스에게 보낸 서한에서 키케로는 이렇게 전한다. 〈카토의 의도는 훌륭하지만 그는 국가에 해를 입히곤 합니다. 그는 마치 우리가 로물루스의 추악한 잔재 속에 살고 있는 것이 아니라 플라톤의 국가에서 살고 있는 듯이 말하기 때문입니다.〉[18] 동시에 키케로는 철학자들이 비현실적인 교

15) 〈그들 나름대로 충분한 단서를 제공하고 있다have caveats enough in their walks〉는 말은, 다음과 같이 해석될 수 있다. 비록 이 학자들이 제공한 교훈은 현실과 동떨어진 너무 숭고한 것이기는 하지만, 그들의 잘못된 교훈을 치료할 수 있는 단서를 제공하였다는 점에서는 〈반면교사(反面教師)〉로서의 가치를 지닌다는 뜻이다. 현실적으로 수용될 수 있는(상황과 어울리는 적절한) 교훈을 제공하려는 르네상스 인문주의의 일반적인 성향이 반영된 구절이다.

16) 플루타르코스, 『영웅전』, 솔론 편.

17) 살루스티우스, 「케사르에게 보낸 국가 질서에 관한 편지」, 2.

18) 로물루스Romulus는 기원전 753년에 로마를 건설한 시조로 전해지는 전설적 왕이다. 쌍둥이 형제인 레무스Remus와 함께 버려져 늑대의 젖으로 살았으

시나 너무 엄밀한 교시를 제공하려 하는 태도를 지목하여 다음과 같이 해설하고 있다. 〈덕의 스승들과 교사들은 인간의 천성이 견딜 수 있는 수준보다 조금 높게 목표를 설정하여 이에 미치지 못함을 허용하였으니, 비록 우리는 그 목표를 향해 노력하지만, 그 아래의 적당한 수준에 머물 수밖에 없다〉는 것이다.[19] 차라리 키케로는 〈나로서도 나의 훈계를 감당하기 힘들다〉라고 고백하는 편이 좋았을지도 모르겠다. 이러한 종류의 잘못은, 지나친 정도는 아니었지만, 키케로 자신이 범한 오류이기도 하였기 때문이다.

6. 이와 비슷하게, 학자들에게 늘 붙어다니는 또 하나의 오명이 있다. 학자들이 그들 자신의 운명이나 안전보다는 조국이나 주군의 안녕이며 유익이며 명예를 더 존중해 온 것이 잘못이라는 비난이 그것이다. 아테네 시민들을 위한 데모스테네스의 조언은 좋은 실례를 보여준다. 〈저로서는 여러분께서 다음과 같은 점을 유념하여 주셨으면 좋겠습니다. 제가 드리는 조언은 여러분의 인기를 얻어 제 입지를 강화하기 위한 것이 아니며, 아테네 시민 여러분의 입지를 다른 그리스인들에 비해 약화시키기 위한 것도 아닙니다. 제 조언은 조언하는 저 자신에게는 유익하지 못할 때도 있지만, 따르는 자에게는 늘 유익한 것입니다.〉[20] 세네카도 비슷한

며, 훗날 레무스가 그의 로마 축성을 비웃자 그를 살해하였다. 이런 맥락에서 〈로물루스의 잔재faece Romuli〉는 건국부터 유산으로 이어진 로마의 추악하고 비정한 정치 현실을 뜻하는 것으로 해석된다. 인용은, 키케로, 『아티쿠스에게 보낸 편지』, 2. 1.

19) 키케로, 『무레나 찬론』, 31. 65. 철학자들은 사람들이 따르기에 너무 높은 목표를 설정한다는 뜻으로 줄일 수 있겠다.

20) 데모스테네스, 「케르소네세Chersonese에 관하여」, 187.

예를 보여준다. 〈네로의 5년〉[21] 동안 그가 수행한 보좌 역은, 귀한 가문의 자제를 맡아 가르치는 박식한 선생governor이라면 누구나 영원한 자랑거리로 삼을 만큼 충실한 것이었거니와, 그는 네로의 통치가 극도로 타락한 이후에도 정직하고 충직한 노선을 견지하여 마음껏 유익한 조언을 제공하였다. 데모스테네스나 세네카가 그런 태도를 유지하게 된 데는 그만한 이유가 있다. 학문은 인간의 연약함, 운명의 우연성, 영혼과 천직의 존엄성 등에 대한 참된 감각을 사람들의 마음속에 키워주기 때문이다. 학문 덕택에, 사람들은 각자의 운명이 아무리 위대할지라도, 이를 각자의 존재며 소명ordainment에 필적할 만큼 참되고 가치 있는 목표로는 존중할 필요가 없어진다. 이런 맥락에서 사람들은 하나님을 향해, 혹은 하나님 밑에 있는 (그들이 봉사하는 국왕이나 국가 같은) 주인을 향해, 〈주인이시여, 저는 저 자신을 위해 얻은 것이 아니라 당신을 위해 얻었나이다〉라는 투로 즐겨 말하게 된다.[22] 오히려 학자들과 뚜렷한 대조를 이루는 것은 한층 타락한 정치가들의 부류이다. 이들은 의무를 사랑하고 인식함에 있어 학문적 견지에서 생각을 정립한 적도 없으며, 보편적인 관점에서 두루 헤아릴 줄도 모른다. 그들은 만사를 자기 중심으로 판단하며 자신을 세상의 중심에 놓는다. 마치 모든 사람의 운명이 자신과 자신의 운명에 달려 있기나 한 듯이 생각하는 것이다. 그들은 국가라는 배가 심한 폭풍우를 어떻게 헤치고 나아갈 것인가에 대해서는 전혀

---

21) 〈네로의 5년Quinquennium Neronis〉은 네로의 치세 초 5년(기원후 54-59)을 말한다. 이 기간에 세네카는 어린 네로의 섭정 역으로 정치를 주도하였다.

22) 마태복음, 25장 20절 참조.

관심이 없다. 오직 각자의 운명을 실은 작은 배에서 홀로 살아남을 수 있을 뿐이다. 반면에, 의무의 중압감에 시달리고 자기애(自己愛)의 한계를 인식하는 사람은 아무리 위험한 상황에 처해도 자신의 직분과 의무를 다한다. 이런 사람은 선동과 폭력으로 얼룩진 격변의 시기에도 자신의 의무를 다한다. 그 이유는 이런 처신이 변화무쌍한 상황에서도 이익을 줄 수 있다고 계산하기 때문이 아니라, 어느 편이 정권을 잡든 정직함을 존중해 주기 때문이다. 이렇듯 의무를 사랑하고 철저히 준수하는 태도는, 학문이 정신에 배양해 주는 것이다. 이런 태도는 설령 운명이 그것을 거역하고, 타락한 자들이 그것을 제아무리 경멸한다 하더라도, 반박될 이유는 물론 변명될 필요도 없다.

7. 학자들에게 늘 붙어다니는 또 다른 비난이 있다. 학자들은 특정한 개인을 위해 헌신하지 못할 때가 많다는 비난이다. 이것은 철저하게 부정하기는 힘들고, 적절하게 변호하는 편이 오히려 어울리는 비난이다. 이렇듯 철저한 헌신을 결핍하게 되는 데는 두 원인이 있다. 첫째는 특정 개인의 본성과 습관을 면밀히 관찰하고 헤아리는 일에만 몰두하기에는 학자들의 정신이 너무 광대하다는 것이다. 〈우리는 서로에 대해 넓디넓은 극장〉[23]이라는 말은 연인끼리나 할 말이지 현자가 할 말은 아니다. 그렇지만 어떤 학자가 정신의 시선을 한 사람에게 집중시키지 못하는 것은 그렇다 치더라도, 여러 사람에게 분산시키거나 넓힐 줄도 모른다면, 나로서도 그의 무능함을 인정하지 않을 수 없다. 이와 대조적으

---

23) 이것은 에피쿠로스Epicurus의 금언이다.

로, 두번째 원인은 학자가 개인에게 관심을 집중시킬 수 없음과 관련된 것이 아니라, 학자 자신이 개인에게 몰두할 범위를 스스로 알아서 판단하는 것이다. 한 개인이 다른 개인을 정직하고도 정당하게 관찰할 수 있는 범위는 한정되어 있는 법이다. 그 범위는 그를 충실하게 이해하되 그를 성나지 않게 하는 것, 그리하여 충직한 조언을 제공하고 그의 천성에 맞추어 합리적으로 보위(保衛)하고 경계함을 게을리하지 않는 일로 한정된다. 혹시 어떤 개인의 마음을 움직이거나 환심을 사거나 그를 지배하는 법을 알기 위해서 면밀히 살핀다면, 이는 온전하고 정직한 항심(恒心)에서 나오는 것이 아니라, 교활한 이중 심보에서 나온다. 이런 태도는 친구에게는 성실성의 결핍으로 나타나지만, 군주나 주인에게는 의무감의 결핍으로 나타난다. 레반트Levant에는 백성들이 군주를 정면으로 뚫어지게 쳐다보는 것을 금하는 관습이 있는데, 겉으로는 야만적 풍습처럼 보이지만, 그 도덕적 교훈만은 유익하다. 이것은 교활함과 흑심에서 국왕의 마음을 꿰뚫어보아서는 안된다는 교훈인즉, 성서 역시 왕의 마음은 헤아릴 수 없음을 천명하고 있다.[24]

8. 학자들에 대해 흔히 지적되는 잘못은 한 가지가 더 남아 있다(이에 관한 논의로 이 장을 마무리하기로 하자). 학자들은 사리분별없이 행동하고 처신할 때가 많고, 따라서 사소한 일상 행동에서 종종 오류를 범한다는 것이다. 범인들은 이처럼 사소한 문제에서의 학자들의 결함을 기준으로 삼아서, 큰 문제에서의 학자들의

24) 잠언, 25장 3절.

역량을 재단하는 경향이 있다. 그렇지만 이러한 재단은 기만에 불과한바, 이와 관련하여 나는 그들에게 테미스토클레스의 이야기를 들려주고 싶다. 비록 테미스토클레스가 한 말은 자신의 입으로 스스로를 치켜세운 점에서는 뻔뻔하고 무례한 것이었지만, 지금 우리가 논의하고 있는 문제의 일반적 조건에 적용한다면 적절하고도 공평한 것으로 보인다. 피리를 연주해 달라는 청을 받았을 때, 그는 〈내가 피리를 연주할 수는 없지만, 조그만 도시를 큰 국가로 만들 수는 있다〉라고 답하였다고 한다.[25] 이처럼 사소하고 일시적인 문제에서는 무능한 사람이 통치나 정책 수행에서는 뛰어난 경우가 많이 있을 수 있다. 나는 플라톤이 스승 소크라테스에 관해 전하는 이야기도 들려주고 싶다. 플라톤은 소크라테스를 약장사의 약 항아리에 비유한 적이 있다. 약 항아리의 표면에는 원숭이며 올빼미 같은 진부한 것만 잔뜩 그려져 있지만 내부에는 뛰어나고 진귀한 물약과 알약이 들어 있듯이, 소크라테스도 세간에서는 경솔하고 추하다는 평을 듣지만 그의 내면은 탁월한 덕과 권능으로 충만하다는 이야기였다.[26] 지금까지 학자들의 태도와 관련된 문제를 다루었다.

9. 그러나 이 문제를 논의하는 가운데, 나는 일부러 그런 것은 아니지만, 사소하고 별로 가치 없는 것으로 판단되는 몇 조건과 과정을 생략하였다. 즉 많은 학자들이 잘못을 범한 몇 가지 조건,

---

25) 테미스토클레스(Themistocles, 기원전 525-460)는 아테네의 민주주의 정치가로 살라미스 해전(480년)에서 페르시아 군을 격파하여 페르시아 전쟁을 승리로 이끌었다. 인용은 플루타르코스, 『영웅전』, 테미스토클레스 편.

26) 플라톤, 『향연』, 3. 215.

그리고 학자들이 그런 조건 아래에서 심각한 지경에까지 도달하게 되는 과정에 대한 논의를 생략하였다는 말이다. 로마제국 말기에 고관의 저택에 붙어살면서 심각한 얼굴의 식객 노릇밖에는 하지 못한 기생충 철학자들trencher philosophers이 그 실례에 해당한다. 루키아누스는 이런 부류의 철학자를 재미나게 묘사하고 있다.[27] 어떤 귀부인이 마차에 그 철학자를 태우고 가던 중에, 그에게 그녀의 강아지를 돌보아달라고 부탁하자, 그는 꼴불견스럽게도 그 일을 지나칠 정도로 심각하게 수행하였는데, 이를 보다못한 시동(侍童) 하나가 그를 비웃어 〈스토아 철학자이던 분이 강아지 철학자(견유학파)로 변하신 것이나 아닌지 의심스럽네요〉라고 말하였다 한다.[28] 그런가 하면 너무 천박해서 금방 알아챌 수 있는 아첨도 있다. 실로, 학자가 아니라고 하기는 힘든 많은 자들이 각자의 재주와 펜을 헐값에 팔아먹고 남용하여 학문의 가치와 평판을 훼손해 왔다. 뒤 바르타스가 전하듯이, 헤쿠바를 헬레나로, 파우스티나를 루크레티나로 바꾸어버린 자들이 그러하다.[29] 책이

---

27) 루키아누스(Lucianus, 기원후 약 120-180)는 아테네에서 활동한 작가로, 엥겔스가 〈고대의 볼테르〉라고 칭송하였을 정도로 사회 풍자와 위트에 뛰어났다.

28) 〈강아지 철학자〉는 〈Cynic〉을 어원에 따라 번역한 것이다(Cynic은 그리스 어원에서부터 〈개〉와 관련이 있는 단어이다). Cynic은 보통 견유학파의 철학자로 번역된다.

29) 뒤 바르타스(Du Bartas, 1544-1590)는 프랑스의 유명한 시인으로, 프로테스탄트(위그노) 편에서 나바르의 앙리를 위해 싸웠고 그가 앙리 4세로 즉위한 뒤에는 여러 지역의 외교관으로 활동하였다. 베이컨의 인용은 *Bartas, Bethulian' s Rescue*, 5권에 등장하는 내용이다. 헤쿠바Hecuba는 트로이 왕인 프리아모스의 늙고 흉한 아내인 반면에, 헬레나Helena는 로마 황제 콘스탄티누스 1세의 모친으로 성녀이다. 또한 파우스티나Faustina는 마르쿠스 안토

며 저술의 관습적인[30] 헌정도 추천할 만한 것이 못 된다. 책이나 저술은 후견인에게 헌정되는 것이 보통이지만, 책이라는 이름을 가질 자격이 있는 책이라면 진리와 이성 외에는 다른 어떤 후견인도 있을 수 없기 때문이다. 고대의 관습에서는 책을 오직 동년배 친구들에게만 헌정하는 일도 있었고, 책제목에다가 친구의 이름을 붙이는 일까지 있었다. 국왕과 고관에게 헌정되는 경우에는, 그 책의 주장이 적합하고 어울리는 사람에게만 헌정되었다. 그러나 이런 관습은 고수되기보다는 비난받아야 마땅한 것일지도 모르겠다.

10. 그렇다고 해서, 내가 학자들이 성공한 사람에게 복종하거나 굴신(屈身)하는 것application을 나무라거나 비난하려는 것은 아니다. 누군가로부터 조롱어린 질문을 받았을 때 디오게네스가 행한 응수는 참으로 걸작이었다. 〈철학자는 부자를 추종하지만 부자는 철학자를 추종하지 않는데, 일이 어째 이 모양이지요?〉라고 묻자, 디오게네스는 〈철학자는 자신이 무엇을 필요로 하는지를 알지만 부자는 그렇지 못하기 때문〉이라 대답하였다고 한다. 참으로 정중하면서도 예리한 응수였다.[31] 아리스티포스의 일화도 이와 비슷한 성격의 것이다. 그는 디오니시오스에게 무언가를 청

니우스의 부인으로 부정한 여인이었던 반면에, 루크레티나Lurcetina는 정숙함으로 유명한 미녀였다.

30) 〈관습적인〉은 〈moral〉을 번역한 것이다. 『스페딩의 판본』, p. 281과 『키친의 판본』, p. 21은 공히 이 단어를 〈customary〉의 의미로 해석하고 있다.

31) 여기서 말하는 디오게네스는, 기원후 3세기경에 활동한 그리스 철학자 디오게네스 라에르티오스Diogenes Laertius이다. 그의 『뛰어난 철학자들의 생애』, 2권, 「아리스티포스Aristippus 전기」로부터 인용되었다.

원하던 참이었는데, 그가 모른 체 지나치자 그의 발 아래 엎드렸고 그제야 디오니시오스는 멈추어 청원을 들었다고 한다. 이 일을 두고, 철학을 걱정하는 어떤 사람이 아리스티포스를 겨냥하여, 사적인 부탁 때문에 독재자의 발 아래 엎드린 것은 철학계 전체를 모욕한 것이 아니냐고 비난하였다. 이에 아리스티포스는 〈디오니시오스의 귀가 발에 달려 있는 것은 자신의 잘못이 아니라 디오니시오스의 잘못〉이라 응수하였다고 한다.[32] 또한 어떤 사람이 아드리아누스 황제와 최선을 다해 논쟁을 벌이지 않은 것은 그가 나약하였기 때문이 아니라 분별력이 있었기 때문인데, 그는 스스로를 변명하여 〈30개 군단을 지휘하는 사람에게 양보하는 것은 이치에 맞는 일이지〉라 말하였다고 한다.[33] 이와 같은 굴

32) 아리스티포스(Aristippus the elder, 기원전 약 435-355)와 시라큐스의 독재자 디오니시오스(Dionysius the Elder, 기원전 약 431-367) 사이의 일화도 디오게네스의 같은 책에 수록된 내용이다. 이 일화는 베이컨의 상황윤리학 casuistry을 반영한다. 아리스티포스는 쾌락의 선함을 추구한 소피스트로서, 육신의 쾌락이 정신의 쾌락보다 우월하며 도둑질조차도 상황에 따라서는 (그 본성상 비열하지 않은 것이라면) 허용될 수 있다고 주장한 인물이었다. 이 극단적인 예를 그대로 추종한 것은 아니지만, 베이컨 역시 초시간적인 원칙보다는 상황에 어울리는 판단을 강조하고 있다. 이 단락의 나머지 내용도 같은 맥락에서 이해된다.

33) 로마의 아드리아누스 황제(Hardianus Caesar, 재위 117-138)와 논쟁을 벌이면서 최선을 다하지 않은 인물은 파보리누스Favorinus이다. 실제로 파보리누스는 논쟁에서 양보한 데 그친 것이 아니라, 아드리아누스가 음악가, 비극·희극 작가, 문법학자, 수사학자 등에 명예를 부여하였다는 이유를 들어 그를 최상급 학자로 칭송하였다. 파보리누스의 이름을 감춤으로써 베이컨은 자신과 파보리누스를 동일시하고 있으며, 나아가서는 제임스 1세에게 학문의 진흥을 청원하고 있는 것으로 보인다. 인용은 스프라티아누스Spratianus, 『역대 황제 업적록』, 아드리아누스 편, 15.

신, 즉 필요와 상황에 따라 몸을 낮추는 것은 허용되지 못할 이유가 없다. 이러한 태도는 비록 외관상으로는 비굴해 보이겠지만, 진실에 입각해 판단하건대, 그것은 인간에 대한 굴복이 아니라 때와 상황에 대한 굴복이기 때문이다.

제4장

1. 이제 학자들의 과오에 관한 나의 논의에서 가장 핵심적인 문제를 다룰 차례이다. 이 문제는 학자들의 연구에 끼여들어 지장을 초래해 온 오류들이며 헛수고들vanities과 관련된다. 여기서 내 의도는 이런 오류들을 통째로 정당화하는 일이 아니다. 그 오류들을 면밀히 검토하고 분류하여, 유익하고 건전한 오류에 대해서는 정당화를 시도하고, 그리하여 정당한 오류를 그렇지 못한 오류의 악영향으로부터 구제하는 것이 나의 목적이다. 우리가 알다시피, 대개 사람들은 부패하고 타락하게 된 상태에 비추어서, 원래의 순수한 조건과 미덕[1]을 유지하고 있는 상태를 비방하고 중상 모략하는 경향이 있기 때문이다. 초대 교회에 다니던 이교도들이 〔그들이 이미 물들어 있던〕 이단의 과오와 부패로 기독교인들까지 물들여서 얼룩지게 하였던 것은 그 실례라고 할 수 있

1) 원문은 〈the state and virtue〉인데, 『키친의 판본』(p. 22, n. 4)에 따르면 〈its pure and right condition〉을 의미하는 것으로 해석될 수 있다. 역자는 이를 〈원래의 순수한 조건과 미덕〉으로 번역하였다. 이 구절에서 우리는 르네상스 인문주의의 역사주의historism를 읽을 수 있다. 르네상스 인문주의는 원래의 순수한 상태와 이후의 타락한 상태를 대조하는 과정에서, 고대와 현대의 차이를 인식하였고 이런 관점에서 시대착오를 경계하였는데, 베이컨은 바로 이러한 역사의식을 공유하고 있다.

다. 그렇지만 나로서는 지금 당장 학문의 문제에서의 모든 오류와 장애를 일일이 검토할 의도가 없다. 이 문제는 한층 비밀스러운 것이요, 대중의 여론과 동떨어진 것이기 때문이다. 다만, 여기서는 대중도 관찰할 수 있거나, 대중의 관찰과 아주 가까운 문제만을 언급하기로 하겠다.

2. 학문이 비난의 대상이 되어온 것은 주로 세 가지의 헛된 짓들 때문이다. 우리가 헛되다 여기는 사물은, 거짓 아니면 근거 없는 것이다. 즉 진리를 가지고 있지 못한 것, 아니면 효용이 없는 것을 우리는 헛되다 여긴다. 우리가 헛되다 여기는 사람은 너무 쉽게 믿어버리는 사람이든지 아니면 너무 호기심이 많은 사람이다(여기서 호기심은 내용에 대한 것도 있지만 말에 대한 것도 있다[2)]). 이와 같은 사물과 사람으로부터, 굳이 이름을 붙이자면 학문의 세 가지 질병이 발생한다. 우리는 이를 경험적으로든 이성적으로든 확인할 수 있는바, 첫째는 환상적인 학문이고 둘째는 논쟁적인 학문이며 셋째는 사치스러운delicate 학문이다. 첫번째 질병은 헛된 상상력에 기인하고, 두번째 질병은 헛된 호승심에 기인하며, 세번째 질병은 헛된 과시욕에 기인한다. 마지막 세번째 것부터 먼저 검토해 보기로 하자. 마르틴 루터는 비록 높으신 섭리에 의해 인도된 면이 없는 것은 아니지만, 그가 로마 주교단 및 교회의 타락한 전통에 대항하여 무슨 일을 할 것인가를 발견한

---

2) 〈호기심curiosity〉은 아우구스티누스 이래로 기독교 전통에서 실락원을 초래한 원죄의 일부로 간주되었다. 그러나 르네상스 시대에 〈박학erudition〉이 존중되면서 호기심 역시 박학을 가능케 하는 미덕으로 존중되었다. 베이컨은 기독교적 의미에서 호기심을 비판하고 있는 것이 아니라, 르네상스 시대의 박학 전통을 겨냥하여 호기심을 비판하고 있다.

것은 이성적 추론 과정[3]에서였다. 그는 비슷한 이성적 추론을 통해 그 자신이 동시대의 여론으로부터 지지를 얻지 못한 고립무원의 처지에 있음을 알았다. 따라서 루터는 고대에 의존할 수밖에 없었으며, 옛 시대를 자기편으로 삼아 동시대의 여론에 맞서지 않을 수 없었다. 이런 연고로, 신학 및 인문학 분야에서 도서관에 파묻혀 긴 잠을 자고 있던 고대의 저자들은 널리 읽혀지고 정밀 검토되기 시작하였다. 그 결과 고대 저자들이 사용하던 원어들을 더욱 공들여 연구할 필요성이 제기되었다. 이는 고대의 저자들을 잘 이해하기 위한 것일 뿐 아니라, 그들의 말을 더욱 손쉽게 차용하기 위한 것이기도 하였다. 그리하여 사람들은 날이 갈수록 고대 저자들의 문체며 어구에서 더 큰 즐거움을 구하게 되었으며, 그들의 글솜씨에 점점 더 경탄하기에 이르렀다. 이러한 존경을 더욱 심화하고 촉진한 것은 스콜라주의 학자들에 대한 반감과 적대감이었다. (겉보기에는 새롭지만 실제로는 고루한) 이 여론 주도층은, 자신들의 반대편에서 전혀 다른 문체와 형식으로 저술하던 스콜라주의 학자들에 대해 반감과 적대감을 가지고 있었던 것이다. 스콜라주의 용어를 기피한 이들 여론 주도층은 자신들의 뜻을 표현하기 위해 새로운 전문 용어를 제멋대로 만들어냈고, 완

---

3) 원문은 〈discourse of reason〉인데, 『키친의 판본』(p. 23, n. 1)을 따라 〈이성적 추론 과정〉으로 번역하였다. 독일 종교개혁가 마르틴 루터(Martin Luther, 1438-1546)에 대한 베이컨의 입장은 이중적이다. 원문에서 〈높으신 섭리에 의해 인도되었다〉는 표현은 프로테스탄트 교회의 역사적 필연성을 인정한 것으로 해석되지만, 뒤에서는 루터로부터 비롯된 〈인문학〉을 비판하고 있다. 베이컨이 비판하고 있는 것은 인문주의자로서의 루터였다. 이 책의 라틴어 번역판에서는 〈높으신 섭리〉나 〈타락한 교회〉 같은 표현이 모두 생략되었다. 가톨릭 교회로부터의 비난을 피하기 위한 것으로 추정된다.

곡어법circuit을 피해 직설적으로 표현하였으며, 어구나 어휘의 순수함이며 즐거움이며 (내 식으로 말하자면) 적절성을 별로 고려하지 않았다. 더욱이, 당시에는 대중(즉 율법을 모르는 가증스런 무리라고 바리새인들이 비난한 자들[4])을 설득하여 자기편으로 만드는 일에 엄청난 노력이 경주되고 있었기 때문에, 수사와 잡다한 말솜씨가 최상의 가격과 최대의 수요를 얻을 수밖에 없었다. 대중의 천박한 능력에 가장 잘 어울리고 가장 강력하게 호소하는 수단으로 수사며 말솜씨가 중시되었던 것이다. 이상과 같이 고대 저자에 대한 존경, 스콜라주의 학자들에 대한 증오, 고대 언어들에 대한 세심한 연구, 설교의 영향력 등 네 원인이 합류하여, 수사며 유창한 연설copie of speech에 대한 열성적인 연구를 초래하였다. 이때부터 번성하기 시작한 이런 종류의 연구는 급속도로 확산되어 곧 과도한 지경에 이르렀다. 사람들은 내용보다는 말 자체를 추구하기 시작하게 되었던 것이다. 이제 사람들은 어구의 적절한 선택, 문장의 직설적round이고도 명료한 구성, 마침표의 듣기 좋은 사용,[5] 비유적인 글이나 그림으로 예시하여 작품에 변화를 주는 기법 등을 왕성하게 추구할 뿐, 내용의 무게나 주제의 가치나 논증의 견실함이나 발견의 생생함[6]이나 판단의 깊이[7]를

---

4) 요한복음, 7장 47절. 〈바리새인들이 대답하되 (……) 율법을 알지 못하는 이 무리는 저주받은 자로다.〉

5) 원문 〈sweet falling of the clauses〉는, 청중이나 독자가 듣거나 읽기 좋도록 문장을 끝맺는 것을 말한다.

6) 〈발견의 생생함life of invention〉에서, 〈발견〉은 논의될 화제나 사용될 논거를 발견하거나 선택하는 것을 뜻한다. 원래 발견법은 수사학의 5가지 기법(발견, 배열, 표현, 기억, 연술)의 하나였으나, 베이컨은 라무스(Petrus Ramus, 1515–

모두 등한시하기에 이르렀다. 그 결과, 이를테면 포르투갈의 주교 오소리우스의 마치 물 흐르듯 유창한 문체vein[8]는 날이 갈수록 높은 평판을 얻을 수 있었다. 독일의 스투르미우스는 완벽한 문장구성과 모방에 관해 작품을 쓰기도 하였지만,[9] 그가 가장 공을 들인 것은 웅변가 키케로와 수사학자 헤르모게네스를 연구하는 일이었다.[10] 케임브리지의 카와 애스컴[11]은 강의와 저술을 통해 키케로와 데모스테네스를 거의 신격화하였으며, 열심히 공부하는 학생들을 현혹하여 사치스럽고 현란한 종류의 학문으로 이끌었다. 바로 이런 상황에서 에라스무스는 장난꾸러기 요정 에코Echo를 등장시킬 기회를 잡았다. 〈저는 키케로를 읽는 데 10년을 보냈는데요〉라는 어떤 청년의 말에 요정 에코는 그리스어로 〈바보!〉라는 메아리를 보냈던 것이다.[12] 이와 함께 스콜라주의 학문

1572)의 영향을 받아 발견과 배열disposition을 논리학에 귀속시켰다. 베이컨의 발견법은 두 영역(1. invention of arts and sciences, 2. invention of arguments)을 포괄한다.

7) 베이컨은 〈판단judgement〉 역시 논리학에 귀속시켰다.

8) 오소리우스(Osorius, ?-1580)는 남포르투갈 소재 실베스Silves의 주교로, 반복강조법에 능한 설교로 명성을 누렸다.

9) 스투르미우스(Johannes Sturmius, 1507-1589)는 독일 스트라스부르크 대학의 수사학 교수로, 독일의 키케로라는 명성을 누렸다. 〈완벽한 문장구성periods〉이란, 아리스토텔레스 수사학에서 문법적으로 서로 연결된 여러 개의 절을 하나의 완벽한 문장으로 유려하게 엮는 작업을 말한다.

10) 헤르모게네스Hermogenes는 기원후 2세기에 활동한 그리스 타르소스Tarsos 출신의 수사학자이다.

11) 카(Nicholas Car, 1523-1567)는 케임브리지 대학의 고전학 교수로 특히 그리스 원전을 영역하는 데 공헌하였으며, 애스컴(Roger Ascham, 1515-1568)은 같은 대학 수사학 교수로 영어 산문의 발전에 크게 기여하였고 엘리자베스의 개인 교수로도 활동하였다.

이 야만적이라는 경멸 역시 강도를 더해 가고 있었다. 요컨대 이 시기의 전반적인 추세는 내용의 무게보다 말의 유창함을 지향하였다고 하겠다.

3. 바로 여기에서 학문의 첫번째 질병이 발생한다. 사람들이 말은 연구하되 내용은 연구하지 않을 때 발생하는 질병이 그것이다. 내가 방금 제시한 예는 최근의 것이지만, 이런 질병은 더 심각하든 덜 심각하든 어느 시대에나 있었고 앞으로도 있을 것이다. 더욱이, 이 질병으로 인해 범속한 능력을 가진 사람들도 학문에 가담하여 학문의 신망을 훼손하게 된다. 대중이 학자의 작품을 읽을 때면 마치 (아무리 화려하게 치장되어 있어도 기록에 불과한) 칙서나 그림책 겉표지 같은 것처럼 읽을진대, 어찌 그렇지 않을 수 있겠는가?[13] 피그말리온의 미친 사랑놀음은 이런 종류의 헛됨을 보여주는 좋은 상징이요 귀감이라 생각된다.[14] 말이란 내용의 이미지에 불과하다. 추론과 발견의 생명력을 결핍한 말을 사랑한다는 것은, 그림만 보고 사랑에 빠지는 것과 다를 바 없다고 하겠다.[15]

---

12) 이 이야기는 에라스무스의 『에코』, Halkin et al.(eds.), *Opera omnia*, pp. 99–100에 수록되어 있다. 〈바보!〉의 원문은 〈one, Asine〉인데, 이는 먼저 그리스어 ὄυε을 영어 음으로 표기하고 다시 라틴어로 번역한 것이다. 에라스무스(Desiderius Erasmus, 1466–1536)는 네덜란드 로테르담 출신으로 16세기 회의론적 인문주의를 대변하는 인물이다.

13) 겉만 번지르르한 그림책이나 칙서를 보듯 학자의 작품을 보는 대중들의 버릇으로 인해, 학자의 작품도 내용보다는 장식에 더욱 치중하게 되었다는 뜻이다.

14) 피그말리온Pygmalion은 시녀의 상아 조각상을 만든 뒤에 그 조각상과 사랑에 빠져버린 키프로스의 조각가이자 국왕이다.

4. 그렇다고 해서, 감각에 호소하는 설득력 있는 표현법[16]에 의해 철학의 애매한 구석을 가리고 장식하는 일을 그리 성급하게 비난만 할 것은 아니다. 그 위대한 실례 중에는 크세노폰이며 키케로며 세네카며 플루타르코스 등이 있으며, 플라톤조차도 어느 정도는 그런 실례에 해당한다. 더욱이 표현법은 그 자체로서 매우 유용한 것이기도 하다. 물론 진리를 엄밀하게 탐구하거나 철학을 깊이 있게 천착하는 데에는, 이런 장식이 장애가 된다. 그것은 인간의 정신을 너무 일찍 만족시킴으로써, 우리가 마땅히 도달해야 할 결과에 도달하기도 전에, 연구를 진척시키려는 우리의 욕망을 잠재워 버리기 때문이다. 그러나 누군가가 회의며 조언이며 설득이며 대화 같은 사회활동에서 진리나 철학을 응용하고자 한다면, 그는 위에서 언급한 저자들이 저술한 문체를 모방함으로써 큰 배움을 쉽게 얻을 수 있을 것이다. 문제는 이 기예를 과도하게 사용하는 데 있다. 이는 경멸받아 마땅한 일이다. 헤라클레스가 어떤 성전에 안치된 비너스의 연하 애인 아도니스의 화려한 조각상을 보고는, 〈당신에게는 신성함이 전혀 없다〉라고 경멸하였듯이, 학문에서 헤라클레스를 추종하는 사람, 즉 보다 엄격하고 근면하게 진리를 천착하는 부류의 사람이라면, 그런 치장과 과시를 경멸하여야 마땅할 것이다. 신성함의 가능성조차 없는 것이라고 말이다. 학문의 첫번째 질병에 관해서는 이쯤에서 마무리

15) 〈추론reason〉과 〈발견invention〉은 베이컨 논리학의 핵심 구성요소이다. 이 문장에서 베이컨은 논리가 배제된 수사를 비난하고 있지만, 그가 이상으로 여긴 것은 논리와 수사의 조화로운 결합이다.

16) 〈표현법elocution〉은 고전수사학의 다섯 가지 기법(발견, 배열, 표현, 기억, 연술) 중에서 베이컨이 수사학의 본령으로 삼은 기법이다.

하기로 한다.

5. 두번째 질병은 첫번째 질병보다 본성상 더 심각하다. 헛된 내용은 헛된 말보다 나쁘기 때문이다. 실제의 내용이 아름다운 말보다 중요하다는 이치를 거꾸로 생각하면 쉽게 알 수 있는 일이다. 이 질병에 대한 사도 바울의 질책은 그의 시대에 적절한 것이었을 뿐만 아니라 뒷시대에도 예언적 본성을 유지한 것이었고, 신학에만 관련된 이야기가 아니라 모든 지식에 폭넓게 적용될 수 있는 이야기였다. 〈거짓되게 지식이라 불리는 지식에서 불경스럽게도 낯선 어휘와 반론을 피하라.〉[17] 여기서 바울은 의심스러운 거짓 지식에 대해 두 가지 특징을 부여하고 있다. 하나는 어휘의 생경함과 낯설음이요, 다른 하나는 (필연적으로 반론과 의심과 격한 논쟁을 유발하는) 주장의 완강함이다. 자연에서도 견고한 실체가 분해되어 흐물흐물한 구더기떼로 퇴화하듯이,[18] 유익하고 견실한 지식도 분해되어 수많은 의문들로 퇴화해 버리기 일쑤이다. 이렇듯 가볍고 헛되고 자질구레한, (내 식으로 말하자면) 구더기떼처럼 우글거리는 의문들에도 영혼의 민첩함이며 활기 같은 것이 작용하고는 있지만, 그런 곳에는 더 이상 견실한 내용이나 유익한 성질이 존재하지 않는다. 이러한 부류의 타락한 학문은 스콜라주의 학자들 사이에서 가히 지배적이었다. 그들에게는 예리하고 강한

---

17) 디모데전서, 6장 20절. 원문은 〈Devita profanas vocum novitates, et oppositiones falsi nominis scientiae〉인데, 성서의 번역, 〈거짓되이 일컫는 지식의 망령되고 헛된 말과 반론을 피하라〉는 문맥상 어색하여, 원문을 직역하였다.

18) 이 구절은 베이컨이 생기론자vitalist라는 주장의 근거로 인용되곤 한다. 베이컨은 전통적 생기론의 견지에서, 자연물이 부패하여 형성된 진흙창으로부터 구더기가 자생한다고 믿었다.

기지가 있었고, 여가시간은 풍부한 대신 읽을거리는 많지 않았지만, 그들의 기지는 극소수의 권위 있는 저자, 특히 독재자 아리스토텔레스라는 골방에 갇혀 있었다. 그들의 육신이 수도원과 대학의 골방에 갇혀 있었듯이 말이다. 이로 인해 그들은 자연사든 시대사든 역사에 대해서는 문외한이었다. 얼마 되지 않는 내용에다가 그들의 기지를 무한정 쏟아부어 공든 거미집을 지은 것이 그들이 일한 전부였다. 그들의 책을 채우고 있는 것은 그런 거미집뿐이다. 무릇 인간의 기지며 정신은, 내용에 의존하여 일할 때, 즉 하나님의 피조물에 대한 명상을 향할 때, 비로소 대상물stuff에 맞추어 작업할 수도 있고 대상물에 의해 제한될 수도 있는 법이다.[19] 반면에 인간의 기지와 정신이 마치 거미가 집 짓듯이 스스로에만 의지하여 작업한다면, 여기에는 결실이 있을 수 없다. 단지 학문의 거미집을 지을 수 있을 뿐인즉, 그 실과 작품의 세련됨은 경탄할 만한 것이지만, 실질이나 유익을 기대할 수는 없다.

6. 이처럼 무익한 재주나 호기심에는 두 종류가 있다. 하나는 스콜라주의 학자들이 다루는 주제와 관련된다. 결실 없는 사색이나 논쟁이 여기에 속하는바, 신학과 철학에서 적지 않은 예를 찾을 수 있다. 다른 하나는 그들이 지식을 다루는 태도나 방법과 관련된다. 그들의 방법은 먼저 각각의 명제나 주장에 대해 반론을

---

19) 베이컨이 말하는 〈하나님의 피조물〉은 간단히 말해 〈세상world〉이다. 아리스토텔레스의 몇 권 안 되는 책에 의지하지 말고 세상을 향하라는 것은 16세기 인문주의자들의 상투어였다. 학문이 연구 주체의 정신을 따르기보다 연구 대상(세상)의 속성에 따라야 한다는 주장은, 르네상스 인문주의자로부터 베이컨을 거쳐 비코와 마르크스 등으로 이어지면서 서구사상의 큰 줄기를 형성하였다.

설정한 뒤에, 각각의 반론에 대해 답변을 제공하는 형식을 취한다. 여기서 답변은 반론을 논박하는 것이 아니라, 반론을 원래 명제와 구분해 주는 것이다.[20] 그러나 지식이란 노인의 장작 다발이 발휘하는 힘처럼,[21] 다발로 엮어져야 제 힘을 발휘하게 마련이다. 만일 어떤 지식의 각 부분이 서로를 지탱해 주면서 조화롭게 엮여 있다면, 사소한 반론은 실로 간단히 논박되고 진압될 것이요, 그리 되지 않을 수 없을 것이다.[22] 이와 반대로, 만일 당신이 장작 다발로부터 한 개비씩 뽑아내듯이 공리를 하나씩 끄집어낸다면, 당신은 편리한 대로 각 공리의 시시비비를 따지고 폄하하여 파괴할 수 있을지 모른다. 바로 이런 맥락에서, 세네카를 두고 〈그는 말의 세밀함에 의해 내용의 무게를 파괴하였다〉는 이야기가 전해지는바,[23] 스콜라주의 학자들에 대해서도 〈그들은 작은 문제를 제기하여 지식의 견고함을 파괴하였다〉라고 솔직하게 평할 수도 있을 것이다. 그러나 넓은 실내에서는, 조그만 비상용 촛불을 들고 구석구석을 돌아다니는 것보다, 한 개의 큰 등불을 세우거나 여러 줄기로 갈라진 촛대를 세우는 편이 낫지 않을까?

20) 이 문장은 〈명제 제시→가설적 반론 설정→답변〉의 순서로 진행되는 스콜라주의 논증절차를 겨냥한 것이다. 베이컨이 지적한 문제점은, 답변이 반론에 대한 실질적인 논박의 형식을 취하고 있는 것이 아니라, 원래 명제와 제기된 반론이 서로 무관하다는 우회적인 구분의 형식을 취하고 있다는 점이다.

21) 이솝우화에 등장하는 이야기이다. 어떤 노인이 자식들에게 준 교훈으로, 한 개비의 장작불은 약하지만 다발로 태우면 강해진다는 뜻이다.

22) 이 구절은 베이컨이 〈보편과학〉의 이상을 유지하였고, 그의 〈보편과학〉은 사소한 반론을 쉽게 진압할 수 있는 강제력을 가진 것이었다는 해석을 가능케 한다.

23) 퀸틸리아누스Quintilianus, 『웅변술 개요 *Institutio oratoria*』, 10. 1.

이렇듯 스콜라주의 학자들의 방법은 논증, 권위, 유추, 실례 등에 의해 증명된 참된 증거에 의존하기보다는, 사소한 의심이나 트집이나 이의가 제기될 때마다 일일이 반박하고 답변하는 형식에 의존한다. 그런 까닭에 한 문제를 해결하자마자 곧 다른 문제가 발생할 수밖에 없다. 아마도 괴물로 변한 바다의 요정 스킬라 Scylla에 얽힌 전설은 이러한 종류의 철학이나 지식을 실감나게 보여주는 이미지가 될 수 있을 것이다. 그녀의 상체는 아름다운 처녀로 변하였으나, 〈그녀의 허리 둘레는 마구 짖어대는 괴물들로 온통 채워졌다〉고 한다.[24] 이와 마찬가지로, 스콜라주의 학자들의 보편 원리들generalities도 상부(上部)에서는 잠시 동안 유익하고 동의할 만한 것이지만, 더 밑으로 내려가 그 원리들로부터 태어난 갖가지 구분들과 결론들decisions을 살펴보면 추악하기 짝이 없는 것들로 변하고 만다. 그들의 보편 원리는 인간의 삶에 유용하고 유익한 것을 잉태하는 자궁이기는커녕, 결국 괴물처럼 난폭한 논쟁과 마구 짖어대는 의문으로 귀결되고 있을 뿐이다. 이러한 성질을 가진 지식이 어찌 대중의 경멸을 받지 않을 수 있겠는가. 대중은 논쟁, 특히 난폭한 논쟁이 벌어질 때 진리를 경멸하기 쉽다. 대중은 자신이 감당하기 힘든 문제라면 벗어나는 것이 상책이라고 생각하기 쉽다. 그렇기 때문에 대중은 아무 쓸모도, 아무 중요성도 없는 사소한 문제를 놓고 심한 말다툼을 벌이는 광경을 보면, 〈그것은 아무 할일 없는 늙은이의 말이다〉라는 시라큐스의 독재자 디오니시오스의 판결문을 연상하게 되는 것

24) 베르길리우스, 『전원시 *Eclogues*』, 6. 75.

이다.[25)]

7. 그럼에도 불구하고, 스콜라주의 학자들이 각자의 재능을 십분 발휘하여 진리를 추구하였다는 것만은 틀림없는 사실이다. 여기에 다양하고 폭넓은 독서와 명상을 덧붙였더라면, 그들은 학문과 지식의 거대한 진보를 위해 빛나는 등불이 될 수도 있었을 것이다. 그들이 어둠 속에 갇힌 탓에 사나워진 것이 문제이기는 하지만,[26)] 그들도 위대한 학자였음은 분명하다는 말이다. 그러나 그들은 하나님의 진리를 추구하는 일에서는 너무도 교만하여, 말씀을 통한 하나님의 계시를 뒷전에 둔 채 자신들이 만든 것만을 탐닉하는 경향이 있었다. 마찬가지로 자연에 대한 탐구에서도, 그들은 작품을 통한 하나님의 계시를 등진 채 기만적인 기형의 이미지를 숭배하는 경향이 있었다. 이와 같은 기형의 이미지를 그들에게 떠올리게 만든 것은, 고르지 못한 거울 같은 그들 자신의 정신이었든지, 아니면 그들이 금과옥조로 여기는 극소수의 저자나 원리였다.[27)] 이쯤으로 학문의 두번째 질병에 관한 논의를 마치기로 한다.

8. 학문의 세번째 질병 내지 악덕에 관해 말하자면, 그것은 기만이나 거짓과 관련되며, 모든 질병 중에서도 가장 추악한 것이

---

25) 시라큐스의 디오니시오스Dionysius of Syracuse는 기원전 405-367 사이에 시라큐스를 무력으로 통치한 독재자이다. 인용은 디오게네스 라에르티우스, 『뛰어난 철학자들의 전기』, 플라톤 편, 3. 18.

26) 〈어둠 속에 갇힌 탓에 사나워진〉에 해당하는 원문은 〈fierce with dark keeping〉이지만, 『스페딩의 판본』(p. 287, n. 1)에 따르면, 이것은 〈fierce from being kept in the dark〉으로 해석되어야 한다. 어둠 속에서 동물이 난폭해지는 현상으로부터 유추된 구절이다.

27) 전자가 〈종족의 우상〉이라면, 후자는 〈극장의 우상〉이다.

다. 그것은 지식의 본질적 형상[28]을 파괴하기 때문이다. 무릇 지식이란 진리의 표상인바, 진리가 진리로서 존재한다는 것과 진리로서 인식된다는 것은 결국 같은 뜻이다. 입사 광선과 반사 광선이 서로 다를 수 없는 것과도 같은 이치라고 하겠다. 이런 이치에 비추어볼 때, 세번째 악덕은 두 종류로 나뉠 수 있다. 하나는 기만을 즐기는 것이요, 다른 하나는 쉽게 기만당하는 것이다. 전자가 협잡이라면, 후자는 쉽게 믿어버리는 경신(輕信)이다. 양자는 서로 다른 성질로 보일지 모른다. 협잡은 재능으로부터 나오고, 경신은 무지로부터 나오는 것처럼 보일 수 있다는 말이다. 그러나 아래의 시구(詩句)가 적시하고 있듯이, 사실상 양자는 거의 일치한다.

> 캐묻기를 즐기는 자를 피하라. 그는 떠벌리고 다니는 자니까.[29]

캐묻기 좋아하는 자가 떠벌리기 좋아하는 자인 것처럼, 쉽게 믿는 사람은 쉽게 속이는 사람이기도 하다. 소문이 퍼지는 이치가 그렇듯이, 루머를 쉽게 믿는 사람은 루머를 쉽게 부풀리고, 자기가 꾸민 루머를 덧붙이기까지 한다. 타키투스는 현명하게도 이런 이치를 간파하여, 〈꾸며지고 나면 곧 믿어지게 된다〉라고 말하였다.[30] 그만큼 허구와 믿음은 가까운 사이라고 하겠다.

---

28) 〈형상form〉은 베이컨의 핵심적 용어들 중 하나로, 〈어떤 감각 가능한 성질이나 물체가 존재하기 위해서는 의존할 수밖에 없는 실제 조건이나 원리〉이다. 이런 의미에서 〈지식의 본질적 형상〉이란 지식을 가능하게 하는 본질적 조건 내지 원리를 뜻한다.

29) 호라티우스Quintus Horatius Flaccus, 『서간집 *Epistulae*』, 1. 18. 69.

9. 이처럼 권위도 없고 보증되기도 힘든 것을 쉽게 믿고 인정해 버리는 성질은, 무엇을 믿느냐에 따라 두 종류로 나뉜다. 하나는 역사에서 (혹은 법률가가 말하는 사실의 문제에서) 발생하는 경신이요, 다른 하나는 기예 및 의견의 문제에서 발생하는 경신이다.[31] 전자부터 논하자면, 우리는 이러한 오류의 흔적과 부적절함을 교회사에서 엿볼 수 있다. 교회사는 순교자며 은자며 사막 수도승 등 여러 부류의 성자들이 일으킨 갖가지 기적에 대한 보고나 이야기를—그들의 유물, 그들을 모신 사당과 예배당, 그들의 초상과 함께—너무 쉽게 받아들여 기록해 놓았다. 물론 이 같은 교회사 기록도 일정한 기간 동안에는 통용된다. 이는 주로 대중의 무지에 편승한 덕택이지만, 미신에 빠진 일부 인사의 어리석음, 그리고 기적을 하나님의 시(詩)로 존중하는 일부 인사의 정치적 관용도 한몫을 하기 때문이다. 그러나 그 기간이 지나가고 안개가 걷히기 시작하면, 교회사의 기록은 점차 허황된 미신이요 성직자의 협잡이요 영적 환상이요 적그리스도Antichrist의 표지에 지나지 않는 것으로 간주되기에 이른다.[32] 그리하여 종교에 크나큰 환란과 막대한 손실이 발생하는 것이다.

---

30) 사람들은 그들 스스로 꾸며낸 것을 금방 믿어버린다는 뜻이다. 인용은, 타키투스, 『연대기』, 5. 10.

31) 법학에서 〈사실의 문제matter of fact〉는 판결된 사실이 참이냐 거짓이냐를 심리하는 절차와 관련된다. 즉 그것은 의견이나 가능성이나 추론이 배제된, 오직 사실의 영역에 속하는 문제를 뜻한다. 이런 맥락에서 베이컨은 〈사실의 문제〉를 〈의견의 문제〉와 대조하고 있다.

32) 〈허황된 미신〉, 〈성직자의 협잡〉, 〈영적 환상〉, 〈적그리스도Antichrist의 표지〉 같은 구절들은 프로테스탄트 진영의 교회사가들이 가톨릭 교회사를 비판하면서 사용한 상투어였다.

10. 마찬가지로 자연사 분야에서도, 마땅히 수행되어야만 할 선택과 판단이 제대로 수행되지 못하였다는 것을 알 수 있다. 플리니우스, 카르다노, 알베르투스, 그 밖의 여러 아랍 작가로부터 명백히 알 수 있듯이,[33] 그들의 저술은 신화나 전설로부터 취한 내용으로 가득 차 있다. 그 대부분은 검증되지 않은 것일 뿐만 아니라, 진실치 못하다는 악평을 듣는 것이기도 하다. 자연철학[34]이 보다 신중하고 성실한 부류의 학자들 사이에서 신용을 잃은 것은 바로 이 때문이라고 하겠다. 이런 상황에서는 차라리 아리스토텔레스의 지혜와 성실성이 돋보인다. 그는 살아 있는 피조물들의 역사를 근면하고도 신중하게 기술하였으며, 이 과정에서 허황하고 거짓된 내용을 뒤범벅하는 우를 범하지 않았기 때문이다. 그럼에도 다른 한편으로, 그는 기록해 둘 가치가 있다고 여긴 기담(奇譚, prodigious narrations)들을 별도의 책으로 엮어두었다.[35] 말

33) 여기서 베이컨은 고대와 중세, 그리고 베이컨 동시대의 대표적 자연사가들을 거명하고 있다. 플리니우스(Caius Plinius Sencundus, 기원후 23-79)는 고대의 자연지식을 집대성하여 『자연사』를 집필한 로마의 자연사가이다. 알베르투스(Albertus Magnus, 1193-1280)는 토마스 아퀴나스의 스승으로, 로저 베이컨Roger Bacon과 함께 자연지식을 〈금단의 지식〉으로부터 해방한 예외적인 스콜라주의 학자이다. 아랍 작가들은 8세기경에 아리스토텔레스의 이름을 도용하여 집필한 자비르Zabir ibn Hayyan 등의 인물을 지칭하는데, 이들의 작품은 13세기 중반에 라틴어로 번역되어 진짜 아리스토텔레스 작품보다도 더 큰 인기를 누렸다. 카르다노(Girolamo Cardano, 1501-1576)는 르네상스 후기의 이탈리아 자연철학을 대표하는 인물이다.

34) 〈자연철학natural philosophy〉은 자연에 대한 이론적 연구를 총칭하는 용어이다. 오늘날 어법으로는 자연과학이라는 번역이 옳을 수도 있다. 그러나 19세기 이전에 자연과학이라는 용어를 사용한 예는 거의 찾아보기 힘들다.

35) 베이컨이 언급한 책은 *De mirabilibus auscultationibus*이다. 이 책은 가짜 아리스토텔레스의 위서(僞書)였지만, 베이컨 시대에는 아리스토텔레스의 진본으로

하자면 명백히 참된 내용, 즉 관찰과 규칙의 토대가 될 수 있는 내용을 지혜롭게 분별하여, 그것이 의심스러운 내용과 뒤섞이거나 의심스러운 내용으로 인해 타락하지 않도록 배려하는 동시에, 진귀한 기록이나 믿기 힘든 기록이 사람들의 기억에서 영원히 배제되거나 사라지지 않도록 배려하였던 것이다.[36)]

11. 기예며 의견에 대한 경신 역시 두 종류이다. 하나는 기예 자체에 지나친 믿음을 주는 경우이며, 다른 하나는 어떤 기예를 사용한 저자에게 지나친 믿음을 주는 경우이다. 특히 이성보다 상상력과 은밀하게 교통하고 공모해 온 기예로 꼽을 수 있는 것은, 점성술 · 자연마술 · 연금술 등 세 가지이다. 물론 이 세 기예가 내세운 목표나 구실은 고상하다. 점성술은 높은 세계와 낮은 세계 사이를 잇는 상응관계나 연결고리를 발견하겠다는 목표를 앞세우고,[37)] 자연마술은 자연철학을 잡다한 사색으로부터 건져내

간주되었다.

36) 이 단락은 베이컨의 자연사에 대해 전반적인 윤곽을 드러내고 있다. 16세기의 자연사는, 이전 시대의 풍부한 자연사 문헌들, 신대륙 발견에서 얻은 새로운 자연사적 경험, 드물고 진귀한 것rarities에 대한 귀족층과 부유층의 취향 등으로 뒤범벅된 상태였다. 베이컨이 아리스토텔레스를 칭송하고 있는 요점은, 아리스토텔레스가 자연의 일상적normal 경로와 비일상적 경로를 구분하는 동시에, 두 경로를 모두 배려하였다는 것이다. 그러나 정작 아리스토텔레스 자신은 자연의 비일상적 경로에는 관심이 없었다. 아리스토텔레스에 대한 베이컨의 이해는 위서(僞書)를 진본으로 오해한 데 기인하지만, 베이컨의 자연사 계획에서 큰 윤곽을 결정해 주었다.

37) 점성술에서 〈높은 세계superior globe〉는 〈달 위의 세계〉 즉 천체계와 천상계를 가리키며, 〈낮은 세계inferior globe〉는 〈달 아래의 세계〉 즉 지상계를 말한다. 점성술은 이 두 세계 사이의 〈상응관계correspondence〉나 〈연결고리concatenation〉를 발견하여, 하늘의 영향(운명)을 점치고 이에 순응하는 법을 가르친다.

서 피조물의 위대함을 향하도록 만들겠다는 목표를 내세우며,[38] 연금술은 자연의 다양한 혼합물 속에 들어 있는 서로 다른 부위를 모두 분리하겠다는 목표를 제시한다.[39] 그러나 이런 목표를 추진하는 수단과 과정은, 이론에서든 실제에서든 오류와 허황한 내용으로 점철되어 있다. 이 같은 오류와 허황함을 감추기 위해 이 분야의 위대한 스승들[40]은 수수께끼 같은 서술방식을 취하기도 하였으며, 그들의 협잡이 신용을 유지할 수 있도록 구두 전달 같은 잔꾀에 의지하기도 하였다.[41] 그럼에도, 어쩌면 연금술에서는 이런 요구가 적절한 것일 수도 있다. 이솝우화에 등장하는 한 농부는 좋은 비유거리를 제공한다. 그는 임종시에 자식들을 모아놓고 포도밭 땅 밑에 금을 묻어두었다고 유언하였는데, 자식들이

---

38) 〈자연마술natural magic〉이란 다양한 자연물 속에 숨은occult 성질을 발견하여 이용하는 전근대의 과학이다. 이런 맥락에서 〈피조물의 위대함〉이란 각 피조물에 내재하는 비범한 성질 혹은 〈덕virtue〉을 뜻한다.

39) 연금술은 우리가 일상에서 접하는 모든 물체가 〈혼합물〉이며, 이 혼합물로부터 〈비천한 부위〉를 제거하면 만물이 공유하는 〈한 가지 본질〉 혹은 〈정수〉를 추출할 수 있다고 가정한다. 금속을 예로 들면, 그 정수와 비천한 부위들이 혼합되어 금, 은, 동, 철 등 다양한 금속들을 낳는다는 것이다. 연금술은 이 금속들로부터 비천한 부위를 제거하여 〈연금액〉이라는 본질을 찾는 작업이다.

40) 〈위대한 스승들great professors〉이란 비학(秘學)의 대가들을 가리킨다. 가르초니(Thomaso Garzoni, 1549-1589)가 동시대의 점성술, 연금술, 자연마술의 대가들을 가리켜 〈비밀의 스승들i professori de' segreti〉이라 부른 이래, 이 용어는 유럽 전역으로 확산되었다. 베이컨도 이러한 의미에서 〈위대한 스승들〉이라는 구절을 사용한 것으로 보인다.

41) 자연마술, 점성술, 연금술의 대가들은 출판을 꺼렸고, 소수의 입문자에게만 구두로 교육하는 방식을 선호하였다. 베이컨은 이를 〈그들의 협잡이 신용을 유지할 수 있도록〉 하기 위한 잔꾀로 보았지만, 이런 관행은 길드의 폐쇄적인 도제 교육과 관련된 것으로도 해석될 수 있다.

아무리 밭을 파보아도 금을 발견할 수는 없었다. 하지만 그들이 포도나무 뿌리 둘레의 흙을 부지런히 파고 일군 덕택에, 이듬해에 풍성한 수확을 거둘 수 있었다고 한다. 이와 마찬가지로 금을 만들려는 연금술의 노력도, 인간 생활의 쓰임새를 위해서든 자연의 해명을 위해서든, 유익하고 쓸모 있는 발명과 실험결과를 무수히 제시해 왔던 것이다.[42]

12. 어떤 기예나 과학의 저자들에게 지나친 신뢰가 주어지면, 그들을 독재자로 만들어 그들의 말이 마치 불변의 진리인 것처럼 유지되도록 한다. 그들은 더 이상 조언을 행하는 자문관일 수 없게 된다. 이런 폐해로부터 과학은 막심한 손해를 입었다. 과학이 성장하거나 진보하지 못한 채 낮은 수준에 머물러 있게 만든 일차적 원인이 바로 그것이었다. 기계기술[43]의 경우에는, 최초의 기계발명자에게 부족한 면이 가장 많지만 시간이 흐르면서 조금씩 개선되어 완성으로 나아가는 반면에, 과학에서는 최초의 저자가 가장 심오한 업적을 이룩하며 시간이 흐를수록 차츰 퇴보하다가 결국에는 타락하고 만다. 우리가 알다시피, 총포술이며 항해술이

---

42) 연금술사들의 지침은 모호하기 때문에 그 지침에 의존해서 금을 만들 수는 없지만, 사람들은 금을 만들려고 노력하는 과정에서 의외의 풍성한 결실을 얻게 되었다는 뜻이다. 여기서 우리는 연금술에 대한 베이컨의 양면적(부정하는 동시에 긍정하는) 문체를 이해할 수 있으며, 나아가서는 베이컨 자신이 구사한 이중적(겉뜻과 속뜻을 구분하는) 문체에 대한 힌트를 얻을 수 있다. 베이컨은 『신 기관』, 1. 85에서도 위에 인용된 이솝우화와 연금술에 대한 생각을 반복하고 있다.

43) 베이컨 시대에 기계기술자(예: 시계공), 예술가(예: 조각가), 공예가(예: 목판화제작자) 등이 구분되지 않았다는 점을 감안하면, 원문 〈mechanical arts〉는 기계기술보다 〈기계기예(技藝)〉로 번역되는 편이 더 적합할 수도 있다.

며 인쇄술은 처음에는 엉성하게 조작되다가 시간이 지날수록 개량되고 세련되어 갔지만, 철학과 과학은 그 반대의 경로를 밟았다. 아리스토텔레스, 플라톤, 데모크리토스, 히포크라테스, 유클리드, 아르키메데스 등의 철학과 과학[44]은 처음에 가장 권위가 있었으며 시간이 흐를수록 타락하고 훼손되었던 것이다. 그 이유는 자명하다. 기계기술의 경우에는 많은 사람들의 재능과 근면이 협동하여 한곳으로 집중되어 왔던 반면에, 철학과 과학의 경우에는 많은 사람들의 재주와 근면이 특정한 저자의 재능을 향해 탕진되어 버렸거니와, 그나마 그 저자를 제대로 조명하기보다는 훼손하기 일쑤였기 때문이다. 그 이유 또한 간단하다. 마치 최초의 발원지로부터 흘러내리는 물줄기가 그 발원지보다 높은 곳으로 올라갈 수 없듯이, 아리스토텔레스로부터 흘러 내려온—게다가 〈심문의 자유〉[45]로부터 면책되기까지 한—지식도 아리스토텔레스의 지식보다 높은 단계로 거슬러 올라갈 수는 없었던 것이다. 비록 〈배우는 자는 그가 들은 것을 신뢰해야만 한다〉는 명제를 틀렸

---

44) 열거된 고대의 저자들은 베이컨 시대에 철학과 과학 분과들에서 시조로 거명되었던 인물들이다. 플라톤과 아리스토텔레스는 철학의 시조, 데모크리토스는 원자론의 시조, 히포크라테스는 의학의 시조, 유클리데스는 메가라 학파 Megarian school 수학의 시조, 아르키메데스는 역학의 시조로 각각 거명되었다. 따라서 역자는 이 단락에서는 〈science〉를 〈체계적인 분과 지식〉이라는 의미에서 〈과학〉으로 번역하였지만, 대다수의 문맥에서는 일반적인 〈지식〉으로 번역하였다.

45) 〈심문의 자유liberty of examination〉는 영국 법제도상의 변화로부터 채용된 용어로 보인다. 영국의 관습법 전통에서는 죄수에 대한 법관의 심문 절차가 없었으나, 16세기 이후로는 죄수를 재판에 회부하기 전에 법관이 심문하는 제도가 채택되었다. 따라서 이 용어는 〈법관이 죄수를 심문하는 자유〉를 뜻하는 것으로 해석된다.

다고까지 할 수는 없겠지만, 그 명제는 〈뭔가를 배우고 나서는 판단력을 발휘하여 신뢰할 만한 것인지를 판단해야 한다〉라는 명제와 짝을 이루어야만 할 것이다.[46] 왜냐하면 학생은 충분한 교육을 받을 때까지, 잠정적으로 스승을 믿고 자신의 판단을 중지할 뿐이지, 결코 학생 자신의 판단을 완전히 포기하거나 스승에게 영원히 포로로 남는 것은 아니기 때문이다. 그러므로 나의 결론은 다음과 같다. 위대한 저자들이 그들의 정당한 권리due를 유지하도록 하는 것도 중요한 일이지만, 그 저자들을 있게 만든 진정한 저자인 시간으로부터 그것의 마땅한 권리를 박탈하여서는 안 된다. 시간이야말로 진리의 발견을 진척시켜 가는 진정한 저자이기 때문이다.

지금까지 나는 학문의 세 가지 질병을 살펴보았다. 셋 외에도 질병을 일으키는 다른 병원(病源)들이 더 있다. 이것들 역시 비밀스럽고 숨어 있는 병원이 아니라, 대중의 주목과 비난을 받고 있는 병원이므로, 그냥 지나칠 수는 없는 일이다.

---

46) 이상의 두 명제는, 『스페딩의 판본』(p. 290)의 의역을 따른 것이다.

제5장

1. 이처럼 학문의 질병을 야기하는 기질 중에서 첫째는, 옛것과 새것이라는 양극단 중 하나만을 지나치게 편애하는 일이다. 이런 기질에서는 시간의 자식이 아버지의 천성과 악의를 빼닮는 것 같다. 아버지가 자식을 잡아먹는가 하면, 다시 자식은 아버지를 잡아먹고 굴복시키려 한다는 말이다.[1] 마찬가지로, 옛것을 편애하는 자는 새것의 첨가를 질투하며, 새것을 편애하는 자는 새것을 더해 옛것을 모두 지워버리기 전까지 만족하는 법이 없다. 물론, 이 문제에 대한 한 선지자의 충고는 참된 방향을 제시하고 있음이 분명하다. 〈너희는 옛길에 서서 선한 길이 어디인지 알아보고 그리로 향하라〉는 것이다.[2] 옛것은 사람들이 그 위에서 최상의 길이 무엇인지를 찾을 수 있다는 점에서 존중되어야 마땅하다. 그렇지만 최상의 길을 일단 찾고 나면, 사람들은 오직 그 방향으로 나아가 진보를 이루게 된다. 따라서 〈고대는 세상의 청년기〉라

1) 여기서 〈시간〉의 의미는 그리스 신화에 등장하는 크로노스Kronos로부터 연상된 것으로 보인다. 크로노스는 아버지를 죽이고 세상을 지배하였고 자신이 비슷한 운명에 처하지 않기 위해 제우스를 제외한 모든 자식을 잡아먹었다. 훗날 성장한 제우스는 부친을 권좌에서 몰아내고 타르타로스Tartaros에 가둔다.

2) 예레미야, 6장 16절.

고 말하는 편이 옳을 것이다. 세상이 오래되었다는 점에서는 오히려 오늘날이야말로 진정한 고대이다. 우리가 현재로부터 역으로 계산해서ordine retrogrado 고대라고 말하는 그런 시대는 진정한 의미에서는 고대가 아니라는 뜻이다.[3)]

2. 고대를 편애하는 기질로부터 나오는 또 다른 오류가 있다. 세상이 그토록 오랫동안 발견하지 못한 채 지나쳐온 어떤 것을, 지금에서야 발견하는 일은 일어날 리 없다는 불신이 그것이다. 이런 불신은 루키아누스가 주피터를 위시한 이교(異敎) 신에 대해 유명한 반론을 제기하면서, 시간을 계산하여 자신의 반론을 뒷받침하였던 것과도 같다. 루키아누스는 신들이 옛날에는 그토록 많은 자식을 낳았건만 오늘날에는 하나도 낳지 못한다는 사실에 짐짓 놀라는 체하면서, 신들이 〔자식을 낳지 못하는〕 70 나이에 접어든 탓인가, 아니면 신들도 노인의 결혼에 부담을 가한 파피아 법[4)]에 구속된 탓인가를 물은 적이 있었다. 이와 비슷하게,

---

3) 이 단락은 대략 16세기부터 18세기까지 두 세기 동안 줄기차게 벌어진 〈고대파와 현대파의 논쟁controversies between Ancients and Moderns〉에서 베이컨이 현대파의 승리에 얼마나 크게 기여하였는지를 가늠할 수 있는 단서를 제공한다. 〈고대는 세상의 청년기Antiquitas saeculi juventus mundi〉라는 표현은 옛것을 맹종하는 〈고대파〉를 겨냥한 비판이다(비슷한 주장이 『신 기관』, 1. 84에서도 반복되고 있다). 고대는 출발점으로서 의의를 가질 뿐이다. 같은 맥락에서 현대는 많은 경험을 축적하고 있는 노인과도 같다는 점에서 진정한 고대이다. 여기서 현대가 고대라는 베이컨의 주장은 종말론을 함축한다. 베이컨 시대에 사람들은 세상에 주어진 수명이 대략 5,000여 년 정도라고 생각하였고, 세상이 거의 소진되어 버렸다고 믿었다. 〈현대가 진정한 고대〉라는 명제를 통해, 베이컨은 종말까지의 시간 동안 〈위대한 부흥〉을 계획하였다. 즉 아담이 실낙원 이전에 가지고 있었던 피조물에 대한 권력을 인류가 되찾는 계획을 세웠던 것이다.

사람들은 자신들의 시간(시대)도 생식과 출산의 적령기를 놓친 것이 아닌가 하는 의심에 빠져 있는 듯하다. 그러나 우리는 이러한 의심에서 오히려 인간적 판단의 경박함과 변덕스러움을 엿볼 수 있다. 대체로 사람들은 어떤 일이 완수될 때까지는 과연 그 일이 수행될 수 있을까 의심하면서 놀라지만, 일단 완수되고 나면 그 일이 그렇게 빨리 완수되었다는 데 다시 한번 놀라곤 한다. 알렉산더 대왕의 아시아 원정은 좋은 실례를 보여준다. 그의 원정은 처음에는 너무 방대하여 불가능한 사업이라는 선입견을 무릅쓰고 결정되었지만, 일단 성공하자 리비우스는 들뜬 어조로 이렇게 말하였다고 한다. 〈헛된 판단을 경멸하는 일에 비견될 만한 만용은 없다.〉[5] 콜럼버스의 서방 항해도 비슷한 사례로 볼 수 있을 것이다. 그러나 이런 역전이 가장 빈번하게 발생하는 것은 지적 영역에서이다. 유클리드의 기하학 명제들이 바로 그러하다. 그 명제들은 처음에는 너무 낯설어서 동의하기 힘들지만, 일단 증명되고 나면 우리의 정신은 (법률가들이 말하는) 일종의 소추작용 relation에 의해 그것들을 마치 오래전부터 알고 있었던 것처럼 받아들이게 된다.[6]

---

4) 〈파피아 법the law Papia〉은 로마 제정 초기에 청년의 결혼을 장려한 법이었지만, 그렇다고 해서 노인의 결혼을 금지한 법은 아니었다.

5) 리비우스, 『로마사』, 9. 17.

6) 유클리드(Euclid of Alexandria, 기원전 300년경의 인물)는 기하학의 시조이다. 영국에서 유클리드의 『기하학 원론』은 1571년에 번역되었고, 그 이후 기하학적 추론은 많은 영국 학자들에게 매력을 발휘하였다. 매력의 포인트는, 번역편 서문에서 존 디John Dee가 적시하고 있듯이, 기하학적 명제들의 〈확실한〉 설득력이었다. 기하학적 명제들이 〈처음에는 낯설지만 일단 증명되고 나면 사람들에게 달리 생각할 수 없도록 만드는〉 매력이 있다는 것은 당시의 상투어였

3. 새로운 발견에 대한 불신과 유사한, 또 다른 오류가 있다. 과거의 모든 의견들이나 사조(思潮)들은, 이런저런 변화와 검증을 거치는 동안, 그 중 최상의 의견이나 유파만이 승리하여, 나머지 의견이나 사조를 지배하게 된다는 생각이 그것이다. 이런 관점에서면, 누군가 새로운 연구에 착수할 때, 그의 노력은 예전에 이미 거부되었고 거부된 즉시 잊혀져 버린 무언가를 새삼스레 재조명하려 애쓰는 짓에 불과해 보일 수 있다. 더욱이 이런 관점에서는, 대중이나 적어도 그들 중 가장 현명한 무리가 대중적이고 피상적인 것을 거부하고 오직 실질적이고 심오한 것만을 인정할 수 있는 것처럼 가정된다. 그러나 진실은 그 반대이다. 시간은 마치 흐르는 강물과도 같은 성질을 지닌 것이어서, 가벼운 것이나 조각난 파편을 우리에게 전해 줄 뿐, 무겁거나 온전한 것은 도중에 가라앉히기 때문이다.[7)]

4. 지금까지 논의된 오류와는 이질적인 오류도 있다. 지식을 미성숙한 상태에서 너무 성급하게 기예나 방법으로 환원하는 오류가 그것이다. 이처럼 성급한 환원이 이루어지고 나면, 그때부터 지식에 더해지는 것은 거의 없거나 전혀 없다. 반면에, 청년이 골격과 체형을 완벽하게 갖출 때까지 꾸준히 성장하다가 성장을 멈추는 것처럼, 지식도 아포리즘과 관찰로 진행되는 동안에는 꾸준

다. 베이컨은 기하학적 추론의 확실성에는 감탄하고 있지만, 그 자신이 기하학적 체계화를 도모하지는 않았다.

7) 이 단락에서 베이컨은 〈현대파Moderns〉의 막연한 낙관주의, 즉 현대는 고대로부터 최상의 것만을 물려받았기 때문에 고대인에 비해 유리한 고지를 점하고 있다는 생각을 경계하고 있다. 적절한 방법과 그 방법에 따른 일관된 노력이 수반되지 않는 한, 〈시간〉 자체는 진보에 큰 의미가 없다는 뜻으로 해석된다.

히 성장한다.[8)] 그러다가 지식이 정확한 방법에 편입될 때, 비로소 지식은 그 윤기와 풍부한 실례를 더하며, 쓰임새와 실천에 맞추어질 수 있을 것이다. 지식의 크기와 실체는 더 이상 증가하지 않겠지만 말이다.

5. 우리가 방금 언급한 오류를 뒤좇아 또 다른 오류가 발생한다. 특정 기예들 및 과학들로의 분할이 이루어진 뒤에는, 보편학 혹은 〈제1철학〉을 포기해 온 오류가 그것이다.[9)] 이러한 오류에 빠지면 학문의 진보는 중단될 수밖에 없다. 평평한 지면이나 지평에서는 완전한 발견을 이룩할 수 없기 때문이다. 어떠한 과학에서든, 만일 우리가 오직 그 특정 과학의 지평에만 머문 채 보다 높은 과학으로 상승하지 못한다면, 그 과학의 보다 넓고 깊은 수준에 도달하는 일은 아예 불가능하다고 하겠다.[10)]

---

8) 아포리즘aphorism은 원래 의학에서 히포크라테스의 간결한 문체를 지칭하다가 모든 형식의 〈과학의 원리에 대한 명료한 진술〉로 확장되었다. 베이컨에 있어, 그것은 〈어떤 원리나 관찰결과에 대한 압축 진술 혹은 명료한 정의(定義)〉라는 의미로 사용된다. 『신 기관』에서도 그는 아포리즘이 〈적당한 양의 관찰들〉로만 구성되고, 〈실용을 위한 지침〉을 제공하며, 〈지식의 아주 작은 부분〉만을 표상하여 사람들이 〈그들 나름대로 어떤 것을 첨가하고 덧붙이도록 권유한다〉고 주장한다. 그의 아포리즘적 문체가 반(反)체계론적 함축을 지닌 것이라는 주장도 있지만, 체계론자로서의 베이컨과 아포리즘 및 관찰을 권유하는 베이컨 사이에는 모순이 없다는 주장도 있다.

9) 베이컨에 있어서 특정 기예들 및 과학들과 〈제1철학philosophia prima〉 사이의 관계는 이 책의 제2권 8장 이하에서 상세하게 논의되고 있으므로, 그 대목에서 재론하기로 한다. 다만 여기서 베이컨이 염두에 둔 것은 아리스토텔레스의 학문 분류체계와 형이상학이라는 점만을 기억해 두기로 한다.

10) 베이컨은 과학의 우월점advantage point을 상정하고 있다. 즉 특정 과학의 한계를 인식하고 그 과학의 넓이와 깊이를 증진하기 위해서는 그 과학보다 높은 지점에서 아래를 내려다볼 필요가 있다는 것이다.

6. 인간 정신과 인간의 이해력을 지나치게 높이 평가한 나머지 발생하는 오류도 있다. 인간 정신과 이해력을 숭배에 가깝게 대접하는 이런 과오로 인하여, 인간은 그만큼 자연에 대한 명상으로부터 멀어지고 경험적 관찰을 등한시하게 되었으며, 각자 자신의 추론과 착상에 갇혀 유아독존식으로 사고하는 우를 범하게 되었던 것이다. 그럼에도 불구하고 세상 사람들은 이러한 지성만능주의자 부류[11)]를 가장 숭고하고 신성한 철학자로 대우하고 있는 바, 이런 부류에 대한 헤라클리토스의 판결은 실로 정당한 것이었다.[12)] 〈사람들은 각자의 작은 세상 안에서만 진리를 추구하지 거대한 만인의 세상에서는 진리를 구하려 하지 않는다〉는 것이었다.[13)] 지성만능주의자는 하나님의 작품들로 기록된 두꺼운 책〔자연〕을 한 글자씩 꼼꼼하게 읽고 그 의미를 낱낱이 해독하는 고된 과정을 경멸한다. 반대로 그는 정신의 끊임없는 명상과 고민만으로도 영적 예언이며 계시의 능력에 도달할 수 있을 것을 간절히 염원하며, 종국에는 자신이 정말 그런 능력을 가지고 있다는 망상에 사로잡히게 된다.

---

11) 〈지성만능주의자〉는 〈intellecualist〉를 번역한 것이다. 이는 지식이 지성 곧 순수이성의 활동으로부터만 나올 수 있다고 주장하는 학자를 일컫는 것으로, 베이컨에 특유한 용법이다.

12) 헤라클레이토스(Heraclitus of Ephesus, 기원전 약 540–480)는 소크라테스 이전의 그리스 철학을 대표하는 인물이다. 그는 당시에 현자로 칭송되던 철학자들의 규범적인 학설을 비판하였다. 그는 〈만물은 유전한다〉고 주장하여, 만물의 불변적 근본원리에 대한 주장을 논파하였지만, 동시에 〈만물은 하나〉라고 주장하여 사물의 차이와 다양성을 포괄하는 통일적 원리를 추구하였다.

13) 인용은, 엠피리코스Sextus Empiricus, 『반(反)독단론*Adversus dogmaticos*』, 1. 133.

7. 이런 오류와 긴밀하게 연관된 또 다른 오류가 있다. 사람들은 각자가 제일 흠모하는 견해나 각자가 가장 정통한 지식을 가지고, 자신의 모든 명상, 모든 의견, 모든 학설을 물들이는 경향이 있다. 이렇듯 각자가 존경하는 견해나 정통한 지식을 물감으로 삼아 나머지 모든 지식을 색칠하는 것은 진실치 못하며 부적절하다. 플라톤이 철학을 신학으로 채색한 것, 아리스토텔레스가 철학을 논리학으로 채색한 것, 프로클로스를 위시한 제2차 플라톤 학파가 철학을 수학으로 채색한 것[14)]은 이러한 오류의 실례이다. 플라톤에 있어서 신학, 아리스토텔레스에 있어서 논리학, 프로클로스에 있어서 수학은 모두 맏아들 같은 존재였다. 비슷한 예로, 연금술사들은 용광로에서 몇 번 실험을 수행하고는 곧바로 철학을 구성하였으며, 우리의 동포 길버트는 자석에 대한 몇 가지 관찰에 의존하여 철학을 구성하였다.[15)] 바로 이런 오류를 놓고, 언젠가 키케로가 한 말이 있다. 영혼의 본성에 관한 여러 의

---

14) 〈제2차 플라톤 학파the second school of Plato〉는 신플라톤주의를 지칭한다. 프로클로스(Proclus, 기원후 411-485)는 플라톤, 아리스토텔레스, 피타고라스, 플로티누스, 헤르메스 트리스메기스토스, 오르페우스 등 서방과 동방의 여러 학설을 뒤섞은 제설절충syncretism의 형태로 신플라톤주의를 체계화한 인물이다. 신플라톤주의는 그리스 고대 철학의 마지막 개화기인 기원후 3세기경부터 형성되었고, 로마 제국의 팽창에 편승해서 지중해 연안에 광범위하게 확산되었다가 6세기 이후 침체하였는데, 르네상스 시대에는 헤르메스주의와 결합되어 다시 광범위하게 확산되었다. 베이컨이 신플라톤주의의 〈수학〉을 비판한 것은, 헤르메스주의의 수비학(數秘學, numerology) 및 이에 입각한 종말론적인 예언을 경계하였기 때문이라는 해석도 있다.

15) 길버트(William Gilbert, 1540-1603)는 엘리자베스 궁정의 시의(侍醫)였고 오늘날 전기학의 아버지로 불린다. 베이컨은 길버트 자연철학의 정수인 『자석론 *De magnete*』(1600)이 너무 성급하게 체계화된 것임을 지적하고 있다.

견을 참조하던 터에, 키케로는 한 음악가가 영혼이란 음의 조화 harmony라 단정하는 것을 보고는, 〈이 사람은 자기 예술밖에 모르는가보다〉라고 우스개로 답하였던 것이다.[16] 하지만 이런 태도에 관해 누구보다 신중하고 현명하게 정곡을 찌른 인물은 아리스토텔레스였다. 〈단지 몇 가지만 고려하는 사람이 가장 손쉽게 의견을 개진하는 법〉이라는 지적이었다.[17]

8. 또 다른 오류로는, 의문을 견디지 못하는 조급증, 아니면 당연하고도 성숙한 자세로 판단을 유보하지 않고 서둘러 단정하는 태도이다. 명상에서 이 두 가지 태도는, 고대인들이 자주 언급한 바 있는 두 가지 행보와 다르지 않다.[18] 처음에는 평범하고 순탄하지만 끝에 가서 막다른 골목에 처하는 길이 있는가 하면, 초입에서는 험하고 장애가 많지만 조금 지나고 나면 순탄해지는 길도 있는 법이다. 누군가 확실성에서 출발하면 의심으로 귀결될 수밖에 없겠지만, 기꺼이 의심에서 출발한다면 결국 확실성에 안착할 것이라는 뜻이다.[19]

---

16) 인용은, 키케로, 『투스쿨룸의 토론 *Tusculanae disputationes*』, 1. 10. 20.

17) 무식한 사람이 가장 과감하고 독단적이라는 뜻이다. 인용은, 아리스토텔레스, 『생성과 소멸에 관하여 *De generatione et corruptione*』, 1. 2.

18) 베이컨이 염두에 둔 〈고대인들〉의 저작은, 크세노폰(Xenophon, *Memorabilia*, 2. 1. 20)의 것과 헤시오도스(Hesiodus, *Opera et dies*, 287-292)의 것이다.

19) 〈확실성 certainty〉에 대한 태도에 있어서, 베이컨은 16세기 회의론적 인문주의자들과 17세기 데카르트적 이성주의자들 사이에 위치한다. 미셸 드 몽테뉴 Michel de Montaigne 같은 회의론적 인문주의자는 인간이 확실성에 도달할 수 없다고 믿었다면, 데카르트 같은 이성주의자는 학문이 〈명석 판명한〉 확실성으로부터 출발하여야 한다고 주장하였다. 베이컨은 확실성을 부정하지는 않지만 그것을 〈미래의 일〉로 유예한다. 이러한 입장은 다음 단락에서, 에피쿠로스파와 소크라테스와의 대비를 통해 좀더 분명해진다.

9. 또 다른 오류는 지식을 전승하고 전달하는 자세에 관한 것이다. 지금까지 지식은 대체로 교시적이고 단호한[20] 자세로 전승되고 전달되어 왔는바, 여기에는 열린 마음과 충실한 자세가 결핍되어 있다. 그런 까닭에 지식은 전달되자마자 신봉될 뿐, 철저하게 검토될 기회를 잃는다. 물론 간단한 실천 지침을 제시하는 논고[21]에서는 이런 형식을 허용하지 못할 것도 없다. 그러나 지식을 진실하게 취급하기 위해서는, 양극단 중 어느 편을 들어서도 안 된다. 에피쿠로스파의 벨레이우스처럼 〈무엇이든 의심스러워 보이는 것을 가장 두려워한〉 자의 편을 들어서도 안 되겠지만,[22] 무엇에 대해서든 아이러니의 견지에서 의심한 소크라테스의 편을 들어서도 안 될 일이다. 자신의 판단력으로 어떤 사안을 얼마간 다룰 능력이 있는 자라면, 그 능력에 맞는 자신감을 가지고 그 사안을 진지하게 해설하는 편이 온당할 것이다.

10. 사람들이 각자의 목표를 설정하고 거기에 매달리는 동안,

---

20) 〈교시적이고 단호한magistral and peremptory〉이란 지식을 전달함에 있어 독단적인 스승이 제자에게 가르치듯, 반론을 허용하지 않는 방식을 취한다는 뜻이다. 『신 기관』에서는, 〈교시적〉 전달방식이 〈입문적initiative〉 전달방식과 대비된다. 전자는 〈학설 전체〉를 확실성을 가장하여 전달하는 것이요, 후자는 〈지식의 단서들〉만을 아포리즘 형태로 전달하는 것이다.

21) 〈간단한 실천 지침을 제공하는 논고compendious treatises for practice〉란 인쇄술의 발전에 힘입어 베이컨 시대에 널리 유포된 의학용, 기술용, 가사용 레시피나 매뉴얼을 뜻한다.

22) 벨레이우스(Velleius Paterculus, 기원전 약 19-기원후 약 31)는 제1차 삼두정치에서는 크라수스의 편을 들었지만, 로마제국의 성립 이후로는 황제의 업적 전기 서술에 능한 역사가로 변신하였다. 티베리우스 황제 치하에서 작성한 『로마사 *Historiae Romanae*』로 유명하다. 인용은, 키케로, 『신들의 본성에 관하여 *De natura deorum*』, 1. 8. 18.

그 밖에도 많은 오류가 발생한다. 스승이라면 당연히 자신이 헌신하는 지식을 조금이나마 증진하는 것을 목표로 삼아야 하건만, 많은 스승들이 2등상을 타려는 욕심에서 노력을 허비한다. 심오한 해석가나 주석자가 되려 하는 것, 예리한 옹호자나 변론가가 되려 하는 것, 요령 있는 해설자나 요약자가 되려 하는 것이 그러하다. 지식이 가끔씩 개선된 적은 있어도, 거의 증진되지 못한 것은 바로 이런 오류 때문이라고 하겠다.[23)]

11. 그러나 무엇보다 심각한 오류는, 지식의 최종 목표, 혹은 지식의 가장 심원한 목표를 오해하거나 그릇되게 설정하는 일이다. 사람들이 학문과 지식을 추구하려는 욕망에 빠져든 데에는 여러 이유가 있었다. 때로는 천성적 호기심과 캐묻기 좋아하는 기질 탓이었고, 때로는 색다른 것, 즐거움을 주는 것으로 그들의 정신을 위로하기 위해서였으며, 때로는 과시와 명성을 얻기 위해서였다. 지식과 학문이 그들로 하여금 기지를 발휘하고 반론을 제기하여 승리를 얻을 수 있게 해주기 때문이기도 하였다. 가장 흔하게는 사람들은 돈벌이와 전문직을 위해 학문과 지식에 대한 욕망에 빠져들었다.[24)] 인류 전체의 보편적 이익과 효용을 위해 이

23) 이 단락은 중세 스콜라주의 학문의 〈주석〉 전통에 대한 비판이다. 『신 기관』(I. 67)에서도, 베이컨은 아리스토텔레스 체계의 독단론을 비판하면서, 이 같은 독단론의 전통에서는 주석이나 요약만이 판칠 뿐 새로운 것이 첨가되는 일은 없다고 주장한다.

24) 호기심이나 과시나 정신의 쾌락을 위한 학문은 르네상스 시대에 궁정 주변에서 성행하였던 박학적 혹은 골동품 취향적 인문주의를 겨냥하며, 논쟁의 승리를 위한 학문은 대학의 스콜라주의적 학문 전통을 겨냥하고 있다. 세번째인 〈돈벌이와 전문직lucre and profession〉을 위한 학문과 지식은 르네상스 시대에 급속하게 팽창한 〈기술 교육〉, 즉 공예나 기계기술, 항해술이나 인쇄

성이라는 선물을 참되게 발휘한 사례는 거의 찾기 힘들다. 사람들은 마치 정처 없이 떠돌던 영혼이 편히 쉴 침대라도 되는 듯이 지식을 추구하였다. 아니면 어떤 변덕쟁이가 전망 좋은 자리를 찾으려고 분주히 오가는 테라스라도 되는 듯이, 아니면 어떤 교만한 자가 높이 올라가기 위한 고층탑이라도 되는 듯이, 아니면 경쟁이나 논쟁에서 선점해야 할 요새나 지휘소라도 되는 듯이, 아니면 돈벌이나 판매를 위한 점포라도 되는 듯이 지식을 추구하였다. 지식이 창조주의 영광을 위해, 동시에 인간 삶의 조건을 개선하기 위해 풍부한 창고를 제공한다는 이유에서 지식을 추구한 사람은 거의 없었던 셈이다. 그러나, 만일 명상과 행동이 예전보다 훨씬 더 가깝게 직선으로 회합(會合)하여, 마치 가장 높이 떠 있는 행성이자 휴식과 명상의 행성인 토성Saturn이 사회생활과 실천의 행성인 목성Jupiter과 회합하는 모습으로 결합되기만 한다면, 이런 목표야말로 지식을 위엄 있게 하고 고양하기에 적합한 것이다.[25)] 여기서 내가 말하는 효용과 행동은, 앞서 언급된 돈벌이와 전문직을 위해 지식을 사용하는 것이 결코 아니다. 오히려 이처럼 그릇된 지식의 사용은, 지식의 추구와 진보를 샛길로 빠지게 하는 장애물에 불과하다. 그것은 아탈란타 앞에 던져진

술처럼 실용성과 금전적 이익을 우선하는 학문과 지식의 전통을 겨냥하고 있는 듯하다. 베이컨 당시에 〈lucre and profession〉은, 오늘날 〈전문직〉이라는 단어의 긍정적인 의미와는 달리, 〈arts and sciences〉의 고상한 본령을 벗어난, 천한 기술 직종을 지칭하는 용어로 널리 사용되었다.

25) 육안으로 행성 운동을 볼 때, 행성들이 일직선으로 겹치는 현상을 〈회합 conjunction〉이라고 한다. 베이컨은 점성술에 대해 비판적이었지만, 점성술의 원리를 비유거리로 자주 사용하였다.

금 사과와도 같아서,

> 그녀는 옆으로 빠져 금 사과를 주워들었고……[26]

그렇다. 그녀는 옆길로 빠져 금 사과를 줍다가 달리기 경주에서 지고 말았지 않은가.

12. 소크라테스는 철학을 하늘로부터 끌어내려 지상에 머물게 하였다는 평을 듣곤 하는데, 나의 의도는 그의 의도와 다르다. 자연철학은 도외시한 채 예절과 정치에만 지식을 응용하려는 의도를 전혀 가지고 있지 않다. 오히려 하늘과 땅이 협력하여 인간의 효용과 유익에 함께 기여하듯이, 추구되어야 할 목표도 두 가지요, 둘은 동시적이다. 말하자면, 헛된 사색, 헛되고 공허한 모든 것을 철학으로부터 분리해서 제거하는 동시에, 견실하고 결실 있는 것은 모두 철학 안에 유지하는 일이다. 지식은 궁정의 여인네[27]처럼 쾌락과 허영을 추구하기 위한 것이어서는 안 된다. 비천한 하녀처럼 주인이 이용하기 위해 구입하는 것이어서도 안 된다. 지식은 현모양처처럼 출산이며 결실이며 안락함을 위한 것이

---

26) 인용은, 오비디우스Publius Ovidius Naso, 『변신*Metamorphoses*』, 10. 667. 아탈란타Atalanta는 그리스 신화에 등장하는 처녀사냥꾼으로, 발이 빨랐던 그녀는 뜀박질에서 자신을 이긴 남자와 결혼하겠다고 약속하였다. 히포메네스Hippomenes는 아프로디테로부터 얻은 세 알의 금 사과를 그녀 앞에 떨어뜨려 그녀가 그것들을 줍느라 한눈 파는 사이에 그녀에게 승리하였다.

27) 〈궁정의 여인네〉는 〈curtesan〉(즉 courtezan)을 어원적으로 번역한 것이다. 이 단어는 이탈리아어 여성명사 〈cortigiano〉의 변형으로, 대략 16세기 중반부터 영어로 쓰이기 시작하였다. 〈매춘부〉로 번역되기도 하지만, 베이컨은 궁정에 살면서 연회를 사로잡는 화려한 치장의 여인을 언급하고 있다.

라야만 한다.

지금까지 나는 일종의 해부학을 사용하여 학문의 질병을 야기하는 여러 기질을 (중요한 것만 골라서) 해설하였다. 이 모든 기질은 학문의 번영에 장애가 되어왔을 뿐만 아니라, 학문에 대한 비난의 기회를 제공하기도 하였다. 혹시 내가 이런 질병을 너무 직설적으로 표현하였는지도 모르겠다. 그렇지만 〈친구의 꾸짖음은 충정에서 말미암은 것이나 원수의 자주 입맞춤은 거짓에서 난다〉는 점을 유념해 주기 바란다.[28] 이 말로 내가 추구해 온 바를 대신하고 싶다. 즉 학문의 질병에 대한 비난에서 특히 거침없이 의견을 개진한 만큼, 나의 권고는 그만큼 더 신뢰를 얻을 수 있을 것이라고 믿어 의심치 않는다.[29] 그렇다고 해서 학문을 찬양한다든지 뮤즈의 요정들을 찬미하는 것이 나의 의도는 아니다.[30] (물론 뮤즈의 제사가 오래전부터 거행되어 온 것이 적절치 않다고는 생각하지 않는다.) 나의 진정한 의도는 지식의 위엄을 다른 것과의 균형을 고려해 가면서, 한 치의 가감도 없이 저울질하는 데 있으며, 신적 · 인간적 증언들과 논거들을 총동원하여[31] 학문의 진정한 가치

---

28) 잠언, 27장 6절.

29) 비난이 우정의 증거이기 때문에 비난하는 사람의 권고야말로 믿을 만한 것이라는 베이컨의 표현은 고전수사학의 추모적(칭송과 비난을 위한) 장르에서 빈번하게 사용된 상투어이다.

30) 뮤즈의 요정들(Muses 혹은 Musae)은 제우스의 딸들로, 올림포스 신전에 거주하면서 각자가 가진 기예로 신들을 즐겁게 하였다. 뒤에 아폴론은 각각의 뮤즈에게 전문적인 기예와 과학을 부여하였다. 이런 의미에서 뮤즈들은 〈기예들과 과학들arts and sciences〉의 다른 이름이다.

31) 베이컨은 〈신적 · 인간적divine and human〉이라는 구절을, 신학과 세속 학

를 포착하는 데 있다.

문, 성사(聖事)와 세속사, 성서와 인간의 작품 등 대조적인 두 영역을 포괄하기 위해 사용한다. 따라서 〈신적 · 인간적 증언들과 논거들〉은 〈동원 가능한 모든 증언들과 논거들〉로 바꿀 수 있다.

제6장

1. 우선 지식의 위엄을 그 원형archetype이나 태초의 설계에서 찾아보기로 하자. 이 원형은 하나님의 속성이며 행위에 해당하는 것이므로, 인간에게 계시되는 한에서의, 그리고 겸손하게 관찰될 수 있는 한에서의 하나님의 속성이며 행위라고 하겠다. 따라서 우리는 그 원형을 학문이라는 이름으로 구하려 해서는 안 될 것이다. 사람의 학문은 나중에 획득되는 지식이지만, 하나님 안에서의 지식은 맨 처음의 근원적인 지식이기 때문이다.[1] 그러므로 우리는 그 원형을 다른 이름으로, 즉 성서에서 말하는 지혜sapience의 이름으로 구해야 할 것이다.

2. 이런 견지에서, 우리는 하나님이 세상을 창조하실 때 덕Virtue이 이중으로 흘러나왔음을 파악할 수 있다. 보다 적절한 이름을 붙이자면, 덕의 한쪽은 권력이며 다른 한쪽은 지혜이다. 하나님의 권력이 물질의 창조에서 표현된다면, 하나님의 지혜는 형상의 아름다움을 부과함에서 표현된다. 이렇게 가정함으로써, 우리는 하늘과 땅의 무질서한 물질 덩어리는 (비록 창조의 기록에 명시되지는 않았지만)[2] 한순간에 창조된 반면에, 그 혼돈과 무질서한

1) 잠언, 8장 22-31절 참조.

덩어리를 질서 짓고 정돈하는 데는 6일이 걸렸다는 데 주목하게 된다. 이렇듯 하나님은 권력이 하는 일과 지혜가 하는 일을 구분할 수 있도록 차이의 표지를 두었다. 성서의 기록도 이를 뒷받침한다. 권력의 행사에서 〈하늘과 땅아 있으라〉고 말씀하셨다는 기록은 없다. 단지 〈하나님이 하늘과 땅을 만드셨다〉고만 적혀 있는데, 이는 뒤이어 기록된 하나님의 지혜의 작업과 뚜렷한 차이를 보여준다.[3] 하나님의 권력이 하시는 일을 손으로 하는 일manufacture에 비유한다면, 하나님의 지혜가 하시는 일은 법을 제정하거나 자문을 수행하는 일에 비유될 수 있겠다.

3. 하나님 다음으로 살펴볼 것은 영적 존재들Spirits이다. 아테네의 디오니시오스 아레오파기테가 생각한 천체의 위계가 믿을 수 있는 것이라면,[4] 영적 존재들 중 최고 지위는 세라핌이라 불리는 사랑의 천사에게, 둘째 자리는 케루빔이라 불리는 빛의 천사에게 주어진다. 좌품천사며 권품천사 등 권력과 직무를 행사하는 천사들은 세번째 이하의 자리를 차지하고 있을 뿐이다.[5] 말하자

---

2) 여기서 베이컨이 말하는, 〈창조의 기록〔창세기〕에 명시되지 않은〉 내용은, 『헤르메스 전서 *Corpus Hermeticum*』의 내용과 유사하다. 베이컨이 동시대 비학의 영향을 받았을 것이라는 추정을 가능케 하는 대목이다.

3) 창세기, 1장 1-9절 참조. 창세기(1장 1절)에는 〈하나님이 하늘과 땅을 창조하셨다〉라고 적혀 있을 뿐인데, 이는 〈빛이 있으라〉, 〈물과 뭍로 나뉘게 하라〉 같은 이후의 명령과 차이가 있다는 뜻이다.

4) 디오니시우스 아레오파기테Dionysius the Areopagite는 기원후 1세기경에 아테네에서 활동하였고, 사도 바울에 의해 기독교로 개종한 것으로 알려진 인물이다. 천체의 위계Celestial Hierarchy에 관한 그의 작품은 르네상스 시대의 헤르메스주의 비학, 특히 카발리즘Cabbalism에 지대한 영향을 미쳤다.

5) 천사는 보통 Seraphim, Cherubim, Troni, Dominationes, Virtutes, Potestate,

면 지식이며 계시와 관련된 천사들이, 직무며 지배와 관련된 천사들보다 윗자리를 차지하고 있는 것이다.[6)]

4. 영적 존재들과 영적 형상들[7)]로부터 밑으로 내려가 감각 가능한 물질적 형상들을 고려해 보기로 하자. 우리가 읽은 바로는, 최초로 창조된 형상은 빛이었다.[8)] 빛이 자연과 물질계에서 차지하는 위치는, 지식이 영적 존재와 비물질계에서 차지하는 위치에 상응한다.

5. 우리는 날의 배분에서도 비슷한 이치를 엿볼 수 있다. 하나님께서 휴식을 취하시며 당신의 작품을 명상하신 날은, 하나님이 작품을 힘써 완성하신 여섯 날보다 복된 날이 아니었던가.

6. 우리에게 전해지는 바로는, 인간은 창조가 완결된 후 에덴동산에 살면서 일하도록 안배되었다고 한다.[9)] 그런데 인간에게 맡겨진 일이란 명상하는 일이 전부였다. 필요를 충족시키기 위한

Principatus, Archangeli, Angeli 등 9위계로 분류된다. 이 중 권품천사는 Troni(Thrones)를 말하며, 좌품천사는 Principatus(Principalities)를 말한다.

6) 베이컨이 천사의 위계를 논한 것은, 지식(학자)의 역할이 권력(교회와 국가)의 역할보다 중요함을 논증하기 위해서였다. 세번째(Thrones) 이하의 천사들은 인류에게 〈보상과 처벌〉의 기능을 수행하는바, 이로부터 최후의 심판에서 〈보상과 처벌〉이라는 교회 통치의 정통 원리가 정립되었으며, 17세기에 교회 통치의 원리는 다시 국가의 목자적(牧者的) 통치원리로 세속화되고 있었다.

7) 〈영적 형상들Intellectual Forms〉은 〈Intelligences〉와 유사한 의미로 사용되었다. 르네상스 시대에 〈Intelligences〉는 기독교에서 말하는 천사나 이교(異教)에서 말하는 정령demon을 총칭하는 집합명사로 빈번하게 사용되었다. 마찬가지로 〈Intellecual Forms〉도 지성에 의해서만 파악될 수 있는 비물질적이고 영적인 형상을 뜻한다.

8) 창세기, 1장 3절.

9) 창세기, 2장 8절.

일은 없었으며, 시험해 보고 실험해 보기 위한 일이 전부였다는 말이다. 당시에는 다른 피조물이 거역하지도 않았고 이마의 땀도 없었기 때문에, 인간이 할 일은 실험에서 기쁨을 얻는 일밖에는 없었다. 효용을 위한 노동 같은 것은 없었다. 다시 말해, 에덴 동산에서 인간이 행한 최초의 행위는 지식의 중요한 두 부분으로 구성되었는데, 하나는 피조물을 낱낱이 살펴보는 행위였고 다른 하나는 피조물에 이름을 부여하는 행위였다.[10] 반면에 (앞에서도 언급한 바 있지만) 실락원을 야기한 지식은 피조물의 본성에 대한 지식이 아니라, 선과 악에 대한 윤리적 지식이었다. 이러한 사실로부터, 선과 악을 낳은 싹은 하나님의 계율이나 금지령이 아니라는 가정이 성립된다. 선과 악에는 다른 싹이 있었으니, 인간이 하나님의 품을 벗어나 오직 자신에게만 의지할 목적으로 선과 악을 알려 하였다는 것이 바로 그 싹이었다.

7. 이야기를 계속해 보자. 인간이 낙원에서 추방된 후 발생한 최초의 사건에서, 우리는 아벨과 카인을 통해 두 종류의 인간 조건이 비유적으로 표현되고 있음을 본다(비록 성서는 무한한 신비로 채워져 있지만, 그 신비가 기록의 진리를 가리고 침해하는 것은 아니다). 여기서 두 종류란 명상적 조건과 능동적 조건을 말하는바, 인류 최초의 가장 단순한 두 가지 생활 방식, 즉 양치기의 생활 방식과 농부의 생활 방식에 의해 비유되고 있는 것이다.[11] (양치기는 시간

10) 창세기, 2장 19절. 아담이 피조물을 낱낱이 살펴보고 이름을 부여한 것은, 에덴 동산에서 인간이 누리고 있었던 주인의 위치를 보여줄 뿐만 아니라, 아담이 자연에 대해 가지고 있던 〈완전한 지식〉을 보여주는 것이기도 하다. 베이컨은 이러한 지식의 〈회복〉을 학문의 종국적 목표로 설정하고 있다.

적 여유도 많았고 한곳에 머물면서 하늘을 명상하였다는 점에서 명상적 삶의 생생한 이미지를 보여준다.) 이 비유에서도 우리는 하나님의 선택과 총애가 양치기편으로 쏠렸지 밭을 경작하는 자를 편들지는 않았다는 점을 재삼 확인하게 된다.

8. 마찬가지로 대홍수 이전 시대를 전하면서, 성서의 기록은, 음악이며 금속기술의 시조 및 창시자를 일일이 거론해 가면서 영예를 부여하였다. 비록 족보를 회고하는 도중에 잠시 삽입되어 짧게 기록된 내용이기는 하지만 말이다.[12] 대홍수 이후의 시대에도, 인간의 야망에 대한 하나님의 첫 심판은 언어의 혼란으로 나타났으며, 이로 인해 학문과 지식의 자유로운 교환과 소통은 크게 훼손되었다.[13]

9. 하나님께서 지명하신 최초의 대필자(代筆者)요 입법자인 모세로 내려가보자. 성서는 모세를 다음과 같은 말로 형용하여 칭송하고 있다. 〈그는 이집트인들의 모든 학문에 정통하였다〉는 것이다.[14] 우리가 알다시피, 이집트는 세계에서 가장 오래된 학교라

---

11) 창세기, 4장 2절. 〈아벨은 양치는 자이었고 카인은 농사하는 자이었더라.〉

12) 창세기, 4장 21-22절.

13) 창세기, 11장 1-9절. 〈언어의 혼란〉은 인간 야망의 상징인 바벨탑의 붕괴를 초래한다. 이 단락에서 베이컨은 대홍수 이전에는 아담으로부터 전승된 〈기예와 과학〉의 잔재가 남아 있었으나, 대홍수 이후로는 언어의 혼란으로 인해 〈기예와 과학〉이 거의 단절되었음을 암시하고 있다. 따라서 〈기예와 과학〉을 증진하는 작업은 언어의 혼란을 종식시키는 작업과 병행되어야만 할 것이다. 바로 이런 맥락에서 베이컨은 물론 동시대의 많은 학자들도 〈보편언어 universal language〉를 추구하였다. 투명하고 자유로운 의사소통을 가능케 하는 〈보편언어〉는 아담이 원래 가지고 있었을 것이라고 상상된 언어 Adam's language를 모델로 삼았다.

14) 사도행전, 7장 22절.

고 할 수 있는 나라였다. 그러기에 플라톤 같은 인물도 이집트 신관이 솔론에게 한 말을 인용하여, 〈당신네 그리스인은 늘 어린아이 같아서, 옛날을 알지 못할 뿐만 아니라 오래된 지식도 가지고 있지 않다〉라고 적었을 것이다.[15] 어쨌든 모세가 정한 율법을 검토해 보면, 예수 그리스도의 출현이 예고되고 있다는 것[16] 외에도, 선민(選民)을 구별해 주는 표지와 특징,[17] 관습적 복종과 강제적 복종 등 여러 쓸모 있고 결실 있는 내용이 들어 있다. 또한 일부 박식한 유태교 랍비들은 모세의 율법을 깊이 연구하여, 자연 문제와 윤리 문제에 두루 걸쳐 유익을 얻었으며, 여러 제례와 법령을 개혁하기도 하였다. 문둥병에 관한 모세의 법은 좋은 사례이다. 〈흰 반점이 전신에 다 퍼져버리면 그 환자는 정(淨)하므로 풀려날 것이요, 육신의 어느 한곳이라도 온전하게 남아 있으면 그는 부정(不淨)한 자이므로 구속될 것이다.〉[18] 어떤 랍비는 이 법에서 자연의 원리에 주목하였고, 어떤 랍비는 도덕철학적 명제를 파악하였다. 전자는 〈부패한 것은 완전히 썩은 뒤보다는 그 전에 더 전염성이 강하다〉는 원리를 파악하였으며, 후자는 〈악

15) 플라톤, 『티마이오스』, 3. 22.

16) 예수의 출현은 모세의 기록보다는, 베이컨 당시에 헤르메스의 것으로 알려졌던 기록, 즉 『헤르메스 전서』에서 상세히 예언되고 있다. 베이컨은 『헤르메스 전서』를 직접 언급하기보다는, 모세가 이집트 현자들로부터 학문과 율법을 배웠다는 성서의 기록을 빌려, 헤르메스의 영향을 간접적으로 암시하고 있는 듯하다. 이런 형식의 간접적 암시는, 16세기 유럽 지성계의 〈이집트 열풍〉에 대한 종교 당국의 경계를 피하기 위한 것으로 볼 수도 있다.

17) 이를테면, 유태인을 다른 민족과 구분해 주는 〈할례 의식〉 같은 것이 이에 해당한다.

18) 레위기, 13장 12-15절.

에 철저히 물든 자보다는 절반만 선하고 절반은 악한 자가 도덕적으로 더 타락한 자〉라는 원리를 파악하였다. 이 사례가 예시하듯이, 모세 율법의 다른 많은 구절에서도, 우리는 신학적 의미 외에, 샘솟아 넘쳐흐르는 철학을 찾을 수 있을 것이다.

10. 욥이 기록한 저 위대한 『욥기』도 비슷하다. 『욥기』를 근면하고 꼼꼼하게 읽어보면, 자연철학으로 충만함을 알 수 있다. 우주구조론cosmography, 즉 우주를 묘사하여 둥글다고 한 것을 그 실례로 볼 수 있다. 〈그는 북편 하늘을 허공으로 펴시며 땅을 공간에 다셨도다〉라는 구절은, 허공에 매달린 지구, 북극의 존재, 하늘의 유한성 혹은 밀폐된 구형(球形) 등을 명시하고 있는 것이다.[19] 천문학의 문제도 다루어진다. 〈그의 영으로 하늘을 단장하시고 손으로는 감긴 뱀을 낳으셨다.〉 그리고 〈네가 플레이아다스 성단(星團)의 빛나는 별들을 엮을 수 있겠느냐 대각성의 띠를 풀 수 있겠느냐?〉[20] 이 두 구절에서는 별이 항상 같은 거리에 고정되어 있다는 사실이 매우 우아하게 표현되고 있다.[21] 〈그는 대각성과 오리온자리와 히아데스 성단, 그리고 남방의 밀실을 만드셨도다〉라는 구절[22]에는 남극의 우묵 패인 모습에 대한 지식이 들어

---

19) 욥기, 26장 7절. 베이컨의 우주론은 코페르니쿠스 이전의 아리스토텔레스-프톨레마이오스적 견해를 거의 그대로 답습하고 있다. 우주는 둥근 천장 같은 것에 덮여 있으므로 유한하다는 생각이 그러하다.

20) 욥기, 26장 13절; 38장 31절. 성서 번역보다는 원문에 충실하게 번역하였다. 플레이아다스 성단Pleiadas은 황소자리의 7별이며, 대각성Arcturus은 목자자리를 이끄는 가장 큰 별이다.

21) 이 구절 역시 베이컨이 프톨레마이오스 체계에 따라 항성 천구를 가정하였음을 보여준다.

22) 욥기, 9장 9절. 히아데스 성단Hyades은 황소자리를 이끄는 별무리이다. 이

있다. 남극의 우묵 패인 형상을 남방의 밀실이라 부른 것은, 그런 지형에서는 별을 볼 수 없기 때문이었다. 생식의 문제에 관해서는, 〈주께서 나를 젖과 같이 쏟으셨으며 엉긴 젖처럼 엉기게 하지 않으셨나이까?〉라는 식으로 표현된다.[23] 광물의 문제에서는 한 장(章)에 걸쳐 〈은(銀)은 나는 광이 있고, 연단하는 금은 나는 곳이 있으며, 철은 흙에서 취하고 동은 돌에서 녹여 얻느니라〉 등 여러 구절이 등장한다.[24]

11. 이와 비슷하게, 우리는 솔로몬 왕에게서도 지혜며 학문의 영예를 발견한다. 솔로몬의 영예는, 그가 다른 모든 세속적이고 일시적인 행복에 우선하여 하나님을 찾았고 이에 하나님이 화답하여 얻은 것이었다.[25] 하나님께서 주신 그 축복의 선물 덕택으로, 솔로몬은 신학 및 도덕철학에 관해 뛰어난 잠언parables과 아포리즘을 작성하였고, 나아가서는 방대한 자연사를 편찬할 수 있었다. 그의 자연사는 산 위의 삼나무에서부터 담장의 이끼에 이르는—이끼는 부패 상태로부터 식물로 성장하는 과정에서 그 사이에 끼어 있는 불완전한 형상에 불과하지만[26]—모든 식물군(植物群)뿐만 아니라, 숨쉬고 움직이는 모든 동물군(動物群)도 포괄한 것이었다.[27] 이뿐만이 아니다. 비록 솔로몬 왕은 재물과 장

성단은 플레이아다스 성단 근처에 있으며 그 중 가장 밝은 붉은 별을 가리켜 알데바란Aldebaran이라고 부른다.

23) 욥기, 10장 10절.

24) 욥기, 28장 1절. 이 장에는 그 밖에도 여러 귀금속 및 광물이 언급되고 있다.

25) 열왕기상, 3장 5절 이하.

26) 베이컨은 식물의 순환성(발생→성장→부패→발생)을 상정하였고, 이끼를 식물의 부패와 발생 사이에 끼어 있는 단계로 보았다.

중한 건물, 선박건조와 항해, 추진력과 용인술(用人術), 평판과 명성 등 모든 면에서 높은 명예를 얻었지만, 정작 그 자신은 그런 명예를 한번도 요구한 적이 없었다. 그가 요구한 것은 진리 탐구의 명예가 전부였다. 이런 맥락에서 솔로몬은, 〈일을 숨기는 것은 하나님의 명예요, 일을 살피는 것은 왕의 명예〉임을 명시하였다.[28] 아이들의 보물찾기 놀이처럼, 하나님께서도 당신의 작품들을 숨겨놓았다가 결국 발견되는 것을 즐기시는데, 여기서 하나님의 놀이 상대가 되는 것보다 국왕에게 더 큰 명예는 없다는 뜻이다. 또한 국왕에게는 모든 학자와 수단을 동원할 수 있는 지고한 명령권이 있기 때문에, 국왕에게 숨겨질 만한 것은 전혀 없다.[29]

12. 우리의 구세주 예수께서 탄생하신 이후로도 하나님의 뜻에는 변함이 없었다. 예수께서는 먼저 여러 사제들 및 법률선생들과 토론을 벌여 사람의 무지를 다스리시는 권력을 보여주셨고, 그런 다음에야 기적을 일으키어 자연을 다스리시는 권력을 드러내셨기 때문이다.[30] 그리고 성령께서 도래하실 때에도 주로 언어

---

27) 베이컨의 방대한 자연사 계획은, 열왕기상(4장 33절)에 간단하게 기록되어 있는 솔로몬의 자연사적 업적을 모델로 삼고 있다.

28) 잠언, 25장 2절.

29) 이 단락에서 베이컨은 지식과 학문에 대한 종교적 · 세속적 정당화를 시도한다. 우선 그는 솔로몬을 빌려, 인간사에서든 자연사에서든 지식은 하나님께서 예정하신 것(일을 숨기는 것은 하나님의 일이요 일을 살피는 것은 왕의 일)이기 때문에 정당하다고 주장한다. 다음에는, 〈왕에게 숨겨질 만한 것은 전혀 없다〉는 주장을 통해, 지식과 학문이 세속 권력에 위협이 되기는커녕, 오히려 유익하다는 세속적 정당화를 시도한다.

30) 〈하나님의 뜻〉은 하나님께서 무엇보다 학문을 우선시하였다는 것을 말한다.

적인 비유나 그 밖의 다른 언어재능[31]을 사용하였는데, 〔이는 지식의 전달을 중시하셨기 때문이요〕 언어 외에는 〈지식의 운반자 vehicula scientiae〉가 될 만한 것이 없었기 때문이다.

13. 하나님께서는 신앙을 전파하기 위해 사용할 수단을 선택하심에 있어서도, 처음에는 무지한 사람을 고르시든지 아니면 직접 성령으로 임하시는 방식을 취하셨다. 당신이 직접 하신 일을 아주 적나라하게 보여주시기 위해서였다. 이렇듯 처음에는 인간의 지혜며 지식을 등한시하셨으나, 일단 당신의 계획이 의도하신 대로 실현되자마자, 당신의 신성한 진리를, 이를 학수고대하던 세상에 내려보내셨다. 이때 다른 학문들도 마치 시종처럼 따라 내려왔으니, 이런 연유로, 예수의 열두 제자 중 유일하게 학문에 정통한 사도 바울이 신약성서의 가장 많은 분량을 그의 펜으로 기록하게 되었던 것이다.[32]

14. 다른 예를 들자면, 우리가 알다시피, 초대 교회에서 대다수의 주교 및 교부는 이교(異教) 학문을 뛰어나게 해석하고 연구하였다. 율리아누스 황제의 칙령은 기독교인이 학교에 다니거나 학문적 강의와 실습에 참여하는 것을 금지한 점에서,[33] 이전 황제들

나사렛 예수가 사제들 및 법률선생들과 토론을 벌인 것은 12살 때의 일이다(누가복음, 2장 46절).

31) 여기서 〈그 밖의 다른 언어재능〉이란 방언을 지칭하는 것 같다. 사도행전, 2장 참조.

32) 베이컨은 사도 바울이 개종하기 전에 이미 이교 학문에 정통한 학자였음을 상기시키고 있는 것으로 보인다.

33) 율리아누스 황제(Flavius Claudius Julianus Apostata, 331–363)는 기독교를 공인한 콘스탄티누스 황제의 조카로, 그의 지명을 받아 황제로 등극하였다. 2년(361–363)의 재위기간 동안 신플라톤주의에 기초하여 이교의 부활을 시도

의 유혈 박해보다도 기독교 신앙에 막대한 해를 끼친 사악한 음모라는 평가를 받았다. 반대로 로마 교황 그레고리우스 1세는 이교세계의 태고적 저자들과 유산을 말살하려 하였는데, 이 같은 경쟁과 질시의 태도 역시 경건하거나 독실하다는 여론을 얻기는 커녕, 오히려 성직자들 사이에서조차 변덕스럽고 악의적이고 비겁한 결정이었다는 평을 받았다.[34] 실제로 이교 학문의 귀중한 유산을 보존한 것은 바로 기독교 교회였다. 북서부에서는 스키타이인들이 쇄도하고 동방에서는 사라센인들이 세력을 넓혀가는 와중에서, 실로 기독교 교회는 그 신성한 품 안에 이교 학문의 유산을 유지하였으니, 그렇지 않았더라면 이교 학문은 언제 있었냐는 듯이 사라지고 말았을 것이다.

15. 이제 우리 부모가 살았고 우리가 살아가고 있는 시대를 살펴볼 차례이다. 우리 시대에 하나님께서는 로마 교회를 소환하시어, 저들의 타락한 관행과 제례를 책망하셨으며, 그 타락한 상태를 고수하기 위해 고안된, 비난받아 마땅한 교의를 추궁하셨다. 동시에 하나님의 섭리는 기존의 지식이 혁신되고 새로운 지식이

하는 한편, 두 차례의 칙령을 반포하여 기독교도를 탄압하였다. 그의 반기독교적 칙령들은 차기 황제 요비아누스Jovianus에 의해 철회되었고 기독교 박해도 종결되었다.

34) 그레고리우스 1세(Gregorius the Great, 약 540–604)는 590년에 로마 교황에 등극하였고, 이후 교황권과 로마 교회의 위세를 강화하는 데 크게 기여한 인물이다. 『키친의 판본』(p. 40, n. 4)에 따르면, 베이컨이 염두에 둔 것은 교황이 팔란틴 도서관을 파괴한 사건이었다. 이 사건은 에드워드 기번Edward Gibbon의 『로마제국 흥망사』에 기록된 것인데, 사실이 아닌 것으로 판명되었다. 그렇지만 그레고리우스가 이교 학문을 억압하고 많은 이교 서적을 불태운 것은 틀림없는 사실이다.

샘솟도록 안배하셨다. 그 반대편에는 예수회가 포진하고 있는바, 우리가 알다시피, 예수회 회원들은 그들 스스로 학문의 조건을 개선하고 강화하였을 뿐만 아니라, 그들의 예를 보고 자극받아 경쟁적으로 노력하는 사람들 사이에서도 학문의 조건을 개선하고 강화하는 데 크게 기여하고 있다. 그들이 로마 교황Roman see을 위해 얼마나 두드러진 봉사를 수행하였고, 그 세력의 복원에 얼마나 크게 기여하였는지를 우리는 잘 안다.[35)]

16. 이 장의 결론으로, 철학을 위시한 인간적 학문이 신앙과 종교를 위해 수행하는 의무와 봉사는, 장식하고 계도하는 일을 제외하면, 두 가지로 대별된다는 점에 주목하고자 한다. 첫째, 학문은 하나님의 영광을 찬양하도록 이끄는 효과적인 유인책이다. 이는 시편을 비롯한 성서의 여러 기록이 하나님의 위대하고 경이로운 작품을 살펴보고 찬양하도록 이끄는 것과도 같은 이치라 하겠다.[36)] 그러나 만일 우리가 하나님의 작품을 우리 감각에 처음 지각된 그대로—즉 그 외양만을—명상하는 데 머문다면, 우리는 하나님의 전능하심을 모독하는 꼴이 된다. 마치 어떤 유명 보석상의 상점을, 단지 길가를 향해 진열된 보석만을 가지고 평가하는 것처럼 말이다. 둘째로, 학문은 불신앙이며 과오에 대한 유일의 치료제help요 예방책preservative이다. 구세주 예수께서는

35) 이 단락은 르네상스, 종교개혁, 반동종교개혁 등 동시대의 굵직한 사건들에 대한 베이컨의 낙관적인 입장을 보여주고 있다. 예수회의 활동조차 학문의 진보라는 관점에서는 일관되게 호감을 표시하고 있다는 것도 주목할 만하다. 앞 단락과 이 단락에서 로마 교황청에 대한 비난조의 언급은 라틴어 번역판에서는 모두 생략되었다.

36) 예컨대, 시편, 29편과 104편.

〈너희가 성경도, 하나님의 능력도 알지 못하는 고로 오해하였다〉라는 말씀을 통해,[37] 우리가 그런 과오를 범하지 않도록 두 권의 책을 우리 앞에 놓으셨다. 하나는 성서로서 하나님의 의지가 계시된 책이다. 다른 하나는 피조물의 세계로서 하나님의 권능이 표현된 책이다.[38] 여기서 후자의 책은 전자의 책을 해명하는 열쇠이다. 다시 말해, 자연의 피조물은 우리의 오성을 깨우쳐서, 추론의 보편 개념과 표현의 보편 규칙에 의해, 성서의 참된 의미를 이해할 수 있도록 해주는 것이요,[39] 나아가서는, 우리를 하나님의 작품 속에 새겨진 하나님의 전능하심에 대한 마땅한 명상으로 이끌어, 우리의 신앙심을 열어주는 것이기도 하다. 학문의 진정한 위엄과 가치를 뒷받침하는 신적 증언과 증거에 대해서는 이쯤에서 마무리하기로 한다.

---

37) 마태복음, 22장 29절.

38) 〈두 권의 책〉은 기독교 세계의 상투어로, 〈성서〉와 〈자연세계〉를 뜻한다. 르네상스 시대 이후로, 〈성서scriptures〉는 기독교 성서뿐만 아니라 이교 경전들과 고대의 〈지혜 문학〉을 두루 포괄하는 개념으로 사용되었는데, 종교적 갈등이 심화된 17세기에는 〈기독교 성서〉로 그 범주가 축소되는 경향이 있었다.

39) 베이컨은 유명론nominalism의 입장에서, 아리스토텔레스주의의 보편 개념과 문법(표현의 보편 규칙들)이 모두 실재에 근거하지 않은 〈추상〉에 불과하다고 비판한다. 그는 오성이 〈자연의 참된 구획선〉을 따라야만, 이러한 추상성을 극복할 수 있다고 주장한다.

제7장

1. 이제 인간적 증거를 검토해 보기로 하자. 인간적 증거의 범위는 너무 방대하기 때문에, 이 글처럼 짧은 글에서는 다양한 관련 증거를 모두 포괄하기보다는, 몇몇 증거를 선택적으로 다루는 편이 적합할 것이다. 우리가 선택적으로 다룰 증거에서 첫번째 것은, 이교도 세계에서 인간적 명예 중 최상의 명예는 신으로 추앙되고 숭배되는 일이었다는 점이다. 물론, 기독교도는 이렇듯 신으로 추앙되는 것을 금단의 과실로 여긴다. 그러나, 지금 우리는 인간적 증언을 따로 떼어내서 논의하고 있는 참이다.[1] 인간적 증언에 따르면, 그리스인들이 〈아포테오시스〉라 부른 것, 혹은 라틴인들이 〈신들 사이에 속함〉이라 부른 것은,[2] 실제로는 인간이 인간에게 부여할 수 있는 최상의 명예였다. 이러한 호칭은 (로마

---

1) 여기서 베이컨은 이교세계에서 추앙되던 반신반인(半神半人)들을, 그들의 신적 · 종교적 의미에서 인정하기보다는, 그들의 인간적 · 정치적 의미에서 인정하고 있다. 다시 말해, 베이컨의 관심사는 그들이 진정으로 신성한 존재냐 아니냐 하는 문제가 아니라, 그들이 어떤 기능이나 역할을 수행하였고 어떻게 그럴 수 있었느냐 하는 문제에 있었다. 이러한 관심은 마키아벨리 전통에 속한 것으로, 고대 세계의 신정(神政) 통치구조를 이해하기 위한 밑거름이 되었다.

2) 〈아포테오시스 apotheosis〉는 신들의 서열에 끼게 되는 것 혹은 신격화(神格化, deification)를 뜻한다. 이 용어를 라틴어로 풀어쓰면, 〈신들 사이에 속함 relatio inter divos〉이 된다.

황제에게 주어졌던 것처럼) 국가의 공식 법령이나 칙령에 의해 주어지지 않고, 내면의 암묵적 동의나 신뢰에 의해 주어질 때, 특히 명예로운 것이었다.[3] 이렇게 주어지는 명예는 지극히 높은 것이기는 하였지만, 그에 합당한 호칭이 없었던 것은 아니다. 인간적 명예를 넘어서 신적 명예와 영웅적 명예가 고려되었다는 말이다. 신적 명예와 영웅적 명예를 부여하고 전파함에 있어 고대인들은 다음과 같은 차별을 두었다. 우선 국가와 도시를 건설하고 통일한 자, 국법을 만든 자, 폭군을 물리친 자, 민족의 시조 등, 시민사회에 뛰어난 공훈을 남긴 자는 단지 높은 지위나 반신(半神)의 명예밖에는 얻지 못하였다. 헤라클레스, 테세오스, 미노스, 로물루스 같은 영웅이 그러하였다.[4] 반면에 인간의 삶을 위하여 새로운 기술, 새로운 선물, 새로운 물품을 착상하여 만든 자들은 신들의 반열에서 추앙을 받았다. 케레스, 바쿠스, 메르쿠리우스, 아폴론 등이 그러하였다.[5] 이러한 차별은 정당하다. 그도 그럴 것이,

3) 조금 전에 언급된 〈신들 사이에 속함〉이라는 구절은, 자식을 후계자로 남긴 황제를 신격화하는 로마 전통에서 나온 것이다. 그러나 베이컨은 로마 황제에 대한 공식적 신격화보다는, 〈내면의 암묵적 동의와 신뢰〉에 의한 비공식적 신격화에 더욱 큰 명예를 부여함으로써, 〈기예와 과학〉의 저자들도 신의 반열에 들 수 있는 가능성을 열어놓는다.

4) 헤라클레스Hercules는 상업과 무역의 시조로서, 테세오스Theseus는 괴물 미노타우로스Minotauros를 물리치고 에게 바다를 평정한 그리스의 민족 영웅으로서, 미노스Minos는 크레타의 건국 시조로서, 로물루스Romulus는 로마의 건국 시조로서, 반신(半神) 영웅의 반열에 자리매김된다.

5) 케레스Ceres는 농업의 여신으로, 바쿠스Bacchus는 풍요와 포도주의 신으로, 메르쿠리우스Mercurius는 상업과 산업의 신으로 신들의 반열에 자리매김된다. 아폴론Apollo은 목축의 신, 농업의 신, 의술의 신일 뿐만 아니라, 모든 신탁을 주재하는 신이기도 하다.

전자의 공훈은 한 시대나 한 나라에 한정될 뿐이기 때문이다. 그것은 곡식을 키워주는 빗줄기와도 같아서, 비록 유익하기는 하지만 곡식이 성장하는 계절과 비가 내린 밭에 대해서만 도움을 준다. 이와는 대조적으로, 후자의 위업은 하늘의 은총처럼 영원하고 보편적이다. 한마디로, 영웅적 명예는 분쟁이나 소요와 뒤섞인 것이지만, 신적 명예는 아무 잡음이나 소란 없이 부드러운 숨결arua leni로 임하시는 주님의 현전(現前)과도 같은 참된 특징을 갖는 것이라고 하겠다.[6]

2. 뿐만 아니라 학문은 사람들 사이에서 자라나는 반목과 불화를 진정시키는 측면에서도 장점이 있다. 이것은 천성적으로 일어나는 욕구를 충족시키는 학문의 공적에 비해, 결코 열등하다고 할 수 없는 학문의 공적이다. 고대인들은 학문의 이런 장점을 오르페우스의 극장에 관한 우화로 포장하여 실감나게 전하고 있다. 이 극장에는 온갖 짐승과 새가 몰려왔다고 한다. 그들은 하프의 선율과 화음에 귀를 기울이는 동안에는, 잡아먹거나 놀거나 싸우는 등 잡다한 욕망을 잠시 잊은 채, 모두 사이좋게 머물러 있었다고 한다. 그러다가 하프 소리가 끊기거나 시끄러운 소음이 그 음악을 압도해 버리면, 모든 짐승은 곧장 각자의 천성으로 되돌아갔다는 것이다. 이 이야기는 인간의 본성과 조건을 적절하게 묘사한 것이기도 하다. 무릇 인간은 이윤이나 정욕이나 복수심 같은 야만적이고 동물적인 욕망으로 가득 찬 존재이다. 사람들이 책이며 설교며 강연에서 수사와 설득력으로 향기롭게 채색된 계

---

6) 열왕기상, 19장 12절 참조.

율이나 법이나 종교에 귀기울이는 동안에는 사회와 평화가 유지되겠지만, 그 악기들이 소리를 내지 못한다든지 소동이나 소란 때문에 들을 수 없게 된다면, 세상은 무질서와 혼란으로 와해되어 버리고 만다.

3. 이런 측면이 가장 잘 드러나는 것은, 국왕 자신이나 국왕 밑의 권력자들, 혹은 여타 공화국과 민주국popular estate의 통치자들이 학문을 갖추고 있을 때이다. 〈국왕이 철학자이든지 철학자가 국왕이든지 둘 중 하나일 때, 백성과 국가는 모두 행복을 누린다〉는 말이 있다.[7] 이 말이 자기 직업을 편애한 자의 이야기로 들릴 수도 있겠지만, 학식 있는 군주며 통치자가 다스릴 때 늘 최상의 시대를 맞이하였다는 경험은, 그 이야기가 참임을 입증한다. 국왕도 감정이며 습관에서 결점이 없을 수는 없다. 그러나 학문에 의해 계도된다면, 국왕은 종교며 정책이며 윤리에 관한 원리적 통찰력을 갖추게 될 것이요, 그 통찰력 덕택에 스스로를 지킬 수 있을 뿐만 아니라 자신을 파멸로 이끄는 결정적인 과오나 과욕을 삼갈 수 있을 것이다. 심지어 측근의 고문들과 충복들이 벙어리처럼 침묵할 때조차도, 늘 내면의 통찰력의 속삭임을 들을 수 있을 것이다. 이러한 이치는 조언자들이나 고문관들에게도 적용된다. 학식이 있는 고문은 단지 경험만 풍부한 고문보다 훨씬 안전하고 실질적인 원리에 입각해서 조언을 수행할 수 있다. 학식 있는 고문은 위험을 멀리 두는 법을 알지만, 경험만 풍부한 고문은 위험이 가까이 다가와야 겨우 알아채고, 민첩한 기지를 발

7) 플라톤, 『국가』, 5. 473.

휘하지만, 가까스로 위험을 피하는 것이 고작이다.

4. 학식 있는 군주가 다스리는 시대가 얼마나 행복하였는지, 예를 들어보자(여기서도 가장 유명하고 엄선된 실례만을 사용하여, 〈선별의 법칙〉을 준수하기로 하겠다[8]). 최상의 사례는 도미티아누스 황제 사후부터 코모두스 황제 치세에 이르는 시대에서 엿볼 수 있다. 이 기간 동안 6명의 황제가 계승하였는데, 그들은 한결같이 학식이 높았거니와, 학문의 비길 데 없는 후원자요 촉진자이기도 하였다. 세속적 관점에서 볼 때 그들의 시대는 (당시 세계의 모델이었던) 로마 제국이 가장 행복과 번영을 누린 시대였다. 이러한 사실은 도미티아누스가 살해되기 전날 밤에 꾼 꿈에서 미리 계시되고 전조(前兆)된 것이었다. 그는 어깨 위로 황금 목과 머리가 자라난 꿈을 꾸었으니, 그의 꿈은 뒤이어 계속된 황금 시대에 실현되었던 것이다. 이 군주들에 대한 기억을 되살려보기로 하자. 물론 이야기의 내용이 대체로 잘 알려진 것이어서, 이 책 같은 논고에 포함되기보다는 대중 연설에 더 적합한 것으로 여겨질지도 모르겠다. 그러나, 그 이야기는 내가 지금 논의하고 있는 주제에 잘 어울리는 것이려니와, 〈아폴론이라고 해서 언제나 활시위를 팽팽하게 당기고 있는 것만은 아니다〉라는 말도 있지 않은가.[9] 어쨌든 이 군주들을 이름만 적고 넘어간다면 너무 싱겁고 성급한 일이

---

8) 베이컨은 독자를 효과적으로 설득할 수 있는 〈실례〉의 선택을 중시하였다. 〈선별의 법칙 law of brevity〉은 이를 일컫는 것인바, 그는 자연연구에서도 〈특권적인 사례 prerogative example〉를 빈번하게 언급하였다. 독자에게 감흥을 주기 위한 〈실례〉의 발견은 고전수사학의 다섯 기예 중 발견법의 주요 기능이다.

9) 때로는 여담도 필요하다는 뜻이다. 인용은, 호라티우스, 『시편 *Odes*』, 2. 10. 19.

되겠기에, 나는 가급적 이야기를 하나도 빠뜨리지 않으려 한다. 첫번째 군주는 네르바이다. 그의 통치의 탁월한 면은 코르넬리우스 타키투스의 예리한 통찰력을 통해 생명을 부여받았다.[10] 〈그는 이전에는 조화를 이루지 못하였던 두 요소, 즉 통치와 자유를 결합하여 조화롭게 하였다〉는 것이다.[11] 그의 학식을 입증하는 것으로 후세에 길이 기억된 편지 한 통이 남아 있다. 그의 짧은 통치 기간에서 최후 조치인 그 편지는 양자 트라야누스에게 보낸 것인데, 그의 시대의 감사를 모르는 태도에 대한 내심의 불만을, 호메로스의 시구로 압축하여 표현하고 있다. 〈오, 포이보스여! 당신의 화살로 우리의 눈물을 복수해 주십시오.〉[12]

5. 네르바를 계승한 트라야누스는 그 개인으로 말하자면 학식이 없는 인물이었다. 그러나 우리가 〈선지자의 이름으로 선지자를 영접하는 자는 선지자의 상을 받을 것〉이라는 구세주 예수의 말씀에 귀기울인다면, 그는 가장 박식한 군주들 사이에 끼어도 전혀 부족함이 없을 것이다.[13] 학문을 숭상하고 후원함에서 그보다 더 위대한 군주는 없었다. 그는 유명한 도서관을 여러 곳에 설립하였고, 학자들을 지속적으로 관직에 등용하였다. 그는 학식 있는 교수들과 선생들을 늘 곁에 두고 대화를 나누었으며, 그들은 그의 궁정에서 최고의 신망을 누렸다고 한다. 다른 한편, 트라

---

10) 네르바(Marcus Cocceius Nerva, 35-98)는 96-98년 사이에 로마를 통치하였다.

11) 타키투스, 『아그리콜라 전기 *De vita Julii Agricolae*』, 100. 3.

12) 호메로스, 『일리아드』, 1. 42. 〈포이보스Phoebe〉는 아폴론의 다른 이름이다.

13) 트라야누스(Marcus Ulpius Traianus, 53-117)는 네르바의 뒤를 이어 98-117년 사이에 통치하였다. 인용은, 마태복음, 10장 41절.

야누스는 덕성과 통치력의 측면에서도 존경과 명성을 누렸다. 이 점에 관해, 로마 주교 그레고리우스 마그누스의 전설적인 이야기는, 다른 어떤 이야기보다 엄숙하고도 충실한 역사의 증언을 생생하게 전해 준다.[14] 그레고리우스는 이교 세계의 뛰어난 장점에 대해 극도의 질투심을 보인 인물로 알려져 있지만, 트라야누스의 도덕적 품격에 대해서만은 사랑과 흠모로 일관하였고, 하나님께 그 황제의 영혼을 지옥에서 구해 달라고 간절하고도 열성적으로 기도를 드렸다고 한다. 결국 그레고리우스는 더 이상 그런 부탁을 하지 말라는 경고와 함께 소원을 달성하였던 것으로 전한다. 뿐만 아니라, 트라야누스의 시대에는 기독교도에 대한 박해가 잠시 중단되었는데, 이러한 사실은 그 군주가 발탁한 뛰어난 학자 연소(年少) 플리니우스의 증언을 통해 확인된다.[15]

6. 그 뒤를 이은 아드리아누스는 매우 호기심이 강하고 더할 나위 없이 폭넓게 연구한 인물이었다. 무엇이든 알려고 하며, 자신에게 가장 가치 있는 일은 조금도 미룰 줄 모른다는 것이 그의 결점으로 간주될 정도였다. 이는 먼 옛날 마케도니아의 필리포스 대왕에게서나 발견되는 것과 유사한 기질이었다.[16] 어느 날 필리

---

14) 그레고리우스 마그누스(Gregorius Magnus, 540-604)는 590-604년에 로마 교황을 지냈으며, 로마 가톨릭 교회의 〈세계 지배〉에 초석을 마련하였다. 트라야누스에 대한 그의 평가는, 단테, 『신곡』, 「연옥편」, 10으로부터 인용된 것이다.

15) 연소 플리니우스(Gaius Plinius Caecilius Secundus, 61/62-114)는 로마의 유명한 작가이자 정치가로, 10권짜리 서간집과 트라야누스를 칭송한 웅변집이 남아 있다. 인용은, 연소 플리니우스, 『서간집 *Epistulae*』, 10. 97.

16) 아드리아누스(Publius Aelius Hadrianus, 76-138)는 117-138년 사이에 로마 황제를 지냈다. 마케도니아의 필리포스(Philip of Macedon, 기원전 약 382-

포스는 한 유명 음악가와 논쟁하여 이기겠다는 마음을 먹었고, 결국 승리하였는데, 이에 대해 음악가는 재치 있게도 다음과 같이 답하였다고 한다. 〈폐하, 참으로 너무하십니다. 이런 일까지 저보다 더 잘 아시는 것을 보니, 폐하의 운수도 그리 좋은 것은 아니군요.〉 뿐만 아니라, 그의 치세 동안 하나님께서는 그의 호기심을 이용해서 당신의 교회를 평화로 이끌 수 있었다. 말하자면, 필리포스는 예수 그리스도가 하나님이나 구세주로서가 아니라 일종의 기적적인 존재로서 존경받을 수 있도록 조치하였으며, 이런 의도에서 궁정 화랑에 예수의 초상을 아폴로니우스의 초상과 함께 걸어두었던 것이다. (황제는 헛되게도 자신이 아폴로니우스를 닮은 점이 있다고 상상하였다.)[17] 이러한 조치는 예수의 이름에 대한 당시의 극심한 증오심을 진정시키는 데 도움이 되었으며, 그만큼 교회는 그의 치세 동안 평화를 누릴 수 있었다. 아드리아누스의 시민 통치에 관해 말하자면, 비록 무훈(武勳)을 세우거나 사법제도를 완성한 면에서는 트라야누스에 미치지 못하였으나, 백성의 복지를 이룩한 점에서는 그를 능가하였다고 단언할 수 있다. 사실, 트라야누스는 유명한 기념비와 기념관을 너무 많이 지었다. 콘스탄티누스 대제 정도가 그에 필적할 만큼의 기념물을 남겼는데, 콘스탄티누스조차도 너무 많은 건물 벽에 트라야누스의 이름이 새겨진 것을 보고는, 그를 〈벽의 꽃Parietaria〉으로 불렀다고 한다. 하지만 그가 세운 여러 건물과 작품은 효용과 필요

---

336)는 기원전 359년에 마케도니아를 통일한 필리포스 2세를 말한다.

17) 아폴로니우스Apllonius는 기원전 3세기에 활동한 알렉산드리아 로데스Rhodes 출신의 시인을 말하는 것 같다.

를 충족하기 위한 것이라기보다는, 영예와 승리를 구가하기 위한 것이었다. 그와 대조적으로, 아드리아누스는 평화를 구가하던 로마 제국의 구석구석을 탐사하고 답사하면서, 혼신의 힘을 다하여 통치하였다. 그리고 방문한 곳마다 적절히 명령하거나 명령을 위임하여, 도시며 마을이며 요새의 훼손된 부분을 복구하였고, 운하와 수로를 개척하였고, 다리와 도로를 건설하였다. 새로운 조례와 법을 제정하여 특정 도시와 공동체를 규제하기도 하였으며,[18] 새로운 특권과 자치incorporation를 허용하기도 하였다. 그리하여 앞선 시대의 불찰과 과오를 그의 치세 기간 동안 모두 만회할 수 있었다.[19]

7. 그를 계승한 안토니누스 피우스는 뛰어난 학식을 갖춘 군주였다. 그는 스콜라주의 학자 수준의 인내심과 꼼꼼함을 갖추고 있었다. 어떠한 미덕에 대해서든 트집을 잡지 않고는 못 견디는 세상 사람들의 입에서, 그가 제일 작은 씨앗인 〈커민의 씨앗마저 쪼개는 사람Cymini Sector〉이라 불려진 것은 이 때문이었다.[20]

---

18) 〈규제한다〉는 〈policing〉의 번역어이다. 이 용어는 1605년과 1629년의 판본에서는 〈pollicing〉으로, 1633년 판본에서는 〈pollishing〉으로 각각 표기되었다. 번역자는 이 용어를 〈국가의 질서를 바로잡거나 규제하는 것〉이라는 의미로 해석하였다.

19) 베이컨이 논의하고 있는 여섯 황제들 중, 아드리아누스는 베이컨의 이상적 군주상, 즉 〈위대한 부흥〉을 주도해야 할 군주의 소명에 가장 어울리는 인물이다. 나머지 황제들은 아드리아누스를 부각시키기 위한 장식으로 이용되었다고 해도 과언이 아니다. 네르바의 고전적 지식, 트라야누스의 영예와 무훈, 피우스의 논리 정연한 스콜라주의 학풍, 마르쿠스 아울렐리우스의 명성 등 모든 미덕은 〈효용과 필요〉를 충족시키기 위해 〈제국의 구석구석을 탐사하고 답사한〉 아드리아누스의 미덕으로 수렴된다.

20) 안토니누스 피우스(Antoninus Pius, 86-161)는 138-161년 사이에 황제를 지

실제로 그는 그만큼의 인내심을 지녔으며, 갖가지 원인들에 대해 가장 미세한 차이를 파악할 수 있을 때까지 정신을 집중하였다. 이것은 침착하고 밝고 조용한 정신의 소유자에게만 있을 수 있는 결실이었음이 분명하다. 그의 정신은 공포나 회한이나 주저 따위로 인해 흔들리거나 침해받는 일이 없었기에, 그는 지금까지 통치한 어느 누구보다도 지고지순하게 선한 인간이라는 평판을 얻을 수 있었다. 그의 선함은 결코 가식이나 편견에 따라 흔들리지 않았으며, 그의 정신을 늘 한결같고 온전한 채로 유지해 주었다. 뿐만 아니라 그는 기독교를 향하여 한 걸음 더 가까이 접근하였으며, 그리하여 아그리파 왕이 사도 바울에게 말한 것처럼 반쯤은 기독교인이 되어 있었다.[21] 그는 기독교와 기독교 율법을 존중하였고, 박해를 가하기는커녕 오히려 기독교 세력의 성장을 도왔다.

8. 안토니누스를 계승한 것은 그의 두 양아들, 즉 최초의 〈신성형제Divi fratres〉였다. 한 명은 루키우스 코모두스 베루스이다. 그는 엘리우스 베루스의 아들로, 본디 가벼운 학문을 좋아하여 시인 마르티알리스를 〈나의 베르길리우스〉라는 이름으로 즐겨 불렀다고 한다. 다른 한 명은 마르쿠스 아울렐리우스 안토니누스이다.[22] 철학자로서의 마르쿠스의 높은 명성이 동료 황제 코모두스

냈다. 베이컨이 논의하고 있는 네르바부터 코모두스에 이르는 96-192년의 로마 왕조는 그의 이름을 따서 〈안토니니 Antonini〉 혹은 〈안토니누스 왕조Antonine Dynasty〉로 불려진다. 〈커민 cumin〉은 회향초fennel를 닮은 미나리과 풀로, 로마인들은 그 열매를 향료로 사용하였다.

21) 사도행전, 26장 28절 참조. 아그리파Agrippa는 헤롯 아그리파 1세의 아들이며, 로마의 분봉왕으로 유태인을 통치한 헤롯 왕가(48-100)의 마지막 왕이다.

를 가리운 점은 있지만, 코모두스가 길이 기억될 수 있었던 것은 마르쿠스 덕택이었다. 마르쿠스는 학문에서 나머지 모든 황제들보다 뛰어났던 것만큼, 국왕이 갖추어야 할 모든 덕을 완벽하게 갖춘 점에서도 그들을 능가하였다. 훗날 율리아누스 황제는 『황제 열전 *Caesares*』이라는 책을 썼는데, 이것은 선왕들을 모두 풍자하여 능멸한 작품이었다.[23] 이 작품에서 선대 황제들은 모두 신들의 연회에 초청되며, 실레누스Silenus라는 광대가 연회석의 말석에 앉아 황제가 한 사람씩 들어올 때마다 조롱을 퍼붓는 식으로 이야기가 전개된다. 그러나 철학자 마르쿠스가 들어왔을 때, 그 광대는 몹시 당황하였으며, 어떤 흠을 잡아야 할지 몰라 쩔쩔매다가 마침내 부인에 대한 그의 인내심을 슬쩍 언급하는 정도로 끝마치고 말았다. 이 군주의 덕은 선왕 안토니누스 피우스의 덕을 계승한 것으로, 〈안토니누스〉라는 이름을 전세계에 걸쳐 신성한 것으로 만들었다. 물론 코모두스Commodus나 카라칼라 Caracalla나 헬리오가발루스Heliogabalus 등이 통치할 때에는, 〈안토니누스〉라는 이름도 푸대접을 받았다. 그들 모두가 그 이름을 싫어하였기 때문이다. 그렇지만 알렉산더 세베루스가 자신은 〈안토니누스〉 가문과 무관하다는 이유로 그 이름을 거부하였을

22) 루키우스 코모두스 베루스Lucius Commodus Verus는 마르쿠스 아울렐리우스와 함께 161–169년 동안 로마를 공동으로 통치하였다. 마르쿠스 아울렐리우스(Marcus Aurelius Antoninus, 121–180)는 177년까지 단독 황제로 통치하다가, 그 이후로 아들 코모두스와 함께 통치하였다. 마르티알리스(Marcus Valerius Martialis, 40–104)는 로마의 유명한 풍자시인이다.

23) 율리아누스Marcus Didius Salvius Julianus는 193년에 황제에 올랐다가 2개월 만에 세베루스 황제에 의해 암살되었다.

때, 원로원은 한 목소리로 〈안토니누스라는 이름도 아우구스투스라는 이름처럼 되게 할 것〉을 권하였다고 한다.[24] 당시에 아우구스투스와 안토니누스는 가장 명망과 존경을 받은 이름이었기 때문에, 원로원은 그 두 이름이 모든 황제의 공식 호칭style에 영구적으로 첨가되도록 권하였을 것이다. 끝으로, 마르쿠스 황제 시절에도 교회는 대체로 평화를 누렸다는 점을 덧붙여둔다. 지금까지 우리는 여섯 황제의 계승을 통해서, 학문이 주권자에게 미친 복된 영향을 살펴보았다. 이것은 로마 제국이라는 세계의 가장 거대한 화폭에 생생하게 그려진 영향이기도 하였다.

9. 이보다 작은 크기의 화폭에 그려진 영향으로는, 엘리자베스 여왕이 가장 탁월한 실례를 보여준 것으로 판단된다. (지금 통치하고 계신 폐하에 관해서는 감히 언급하지 않겠다.) 폐하에 바로 앞서 브리튼 섬의 이 지역[25]을 통치하신 그 여 군주는, 만일 플루타르코스가 지금도 생존하여 위인들을 비교한 전기를 다시 쓴다면, 여성 가운데서는 그녀와 비교할 만한 위인을 찾지 못해 고심하였을 그런 분이라고 생각된다. 그녀는 여성으로서는 가히 독보적이지만, 남성 군주들과 비교하더라도 대단한 학식을 갖춘 분이었다. 언어 면에서든, 옛 지식이나 새 지식에서든, 신학이나 인문학에서든, 두루 풍부한 학식을 갖춘 분이었다. 그녀는 죽을 때까지 독서를 위해 늘 몇 시간을 비워두곤 하였으니, 어떤 젊은 대학생도

---

24) 알렉산더 세베루스Marcus Aurelius Alexander Severus는 헬레오가발루스의 뒤를 이어 222-235년 동안 황제를 지냈다. 아우구스투스는 초대 황제 옥타비아누스를 지칭한다.

25) 브리튼Britain은 잉글랜드, 웨일즈, 스코틀랜드를 합친 지역 명칭이다. 〈브리튼의 이 지역〉은 잉글랜드를 뜻한다.

그녀처럼 매일, 그토록 꾸준하게 독서할 수는 없었을 것이다. 그녀의 통치로 말할 것 같으면, 잉글랜드에서 그녀가 다스린 45년 동안보다 번영을 구가한 시절은 전혀 없었다고 단언해도 과장이 아니라고 나는 확신한다. 그 시절이 평온해서가 아니라 그녀의 통치가 지혜로웠기에 얻은 번영이었다. 우선 많은 위업을 고려할 수 있다. 종교의 진리가 정립된 것, 항구적인 평화와 안녕, 사법제도의 적절한 운용, 느슨하지도 조이지도 않은 국왕 대권의 적절한 행사, 여왕의 탁월한 후원에 걸맞게 학문이 번영을 구가한 것, 왕실이든 백성이든 재부(財富)에 관해 합의를 이룬 것, 복종의 습관을 키우고 불만을 잠재운 것 등등. 그러나 이런 치적이 순조롭게 이루어진 것은 아니었다. 종교적 반목이 있었으며, 인접국들과의 갈등이 있었다. 에스파냐의 야망도, 로마 교황청의 반대도 문제였다. 당시 여왕은 고립무원의 상태에서 만사를 홀로 결정해야만 하였다. 이상과 같이 그녀의 치적과 주변의 적대적 조건을 함께 고려할 때, 엘리자베스만큼 적절하면서도 최근에 속한 사례를 찾기 힘들 것이다. 군주의 학식과 백성의 행복이 어떻게 결합하느냐 하는 문제를 해결하려는 우리의 당면 목표를 위해서도, 그녀만큼 뛰어나고 주목할 만한 사례를 구하기는 힘들 것이다.

10. 학문의 영향력은 시민을 이롭게 하고 시민의 도덕을 키우는 데 국한되지 않는다. 평화와 평화로운 통치를 위한 기술이나 기질을 양육하는 데 국한되지도 않는다. 학문은 전투와 군대를 위한 덕과 용기를 강화함에 있어서도 이에 못지 않게 힘과 영향을 미친다. 아마도 알렉산더 대왕과 독재관 케사르는 주목할 만

한 사례가 될 수 있을 것이다. 이들에 관해서는 앞서 잠시 언급한 바 있지만, 이제 적절한 기회가 되었기에 재차 논의하기로 한다. 전쟁에서 그들이 발휘한 덕이며 기술에 관해서는, 줄곧 경탄의 대상이 되어왔기 때문에 별도의 주석이나 해설이 필요치 않을 것이다. 그러나 그들이 학문에 기울인 애정과 학식의 완벽함에 대해서만은 잠시 언급해 두는 편이 좋겠다.

11. 알렉산더는 위대한 철학자 아리스토텔레스에게 배우면서 성장하였고, 아리스토텔레스는 여러 권의 철학 저서들을 그에게 바쳤다. 알렉산더의 곁에는 칼리스테네스[26]를 위시한 여러 학자들이 늘 수행하였는데, 여행에서든 원정에서든 그들은 알렉산더의 막사를 벗어나지 않았다. 그가 학문을 얼마나 가치 있게 여기고 존중하였는지는 특히 다음 세 가지 사례에서 잘 드러난다. 첫째, 알렉산더는 아킬레스에 대한 부러움을 자주 표현하곤 하였는데, 호메로스의 시처럼 훌륭한 트럼펫이 그를 찬양하였다는 이유에서였다.[27] 둘째는 다리우스Darius 대왕이 수집한 여러 보석 중 하나인 진귀한 상자에 관해 알렉산더가 제시한 판단 내지 해결책이었다. 어떤 물건이 그 상자에 넣을 만한 가치가 있느냐는 문제가 제기되었을 때, 알렉산더는 호메로스의 작품이 적합하다는 의견을 제시하였던 것이다. 셋째는 그가 아리스토텔레스에게 보낸

---

26) 칼리스테네스(Callisthenes, 기원전 약 360-327)는 아리스토텔레스의 조카로, 알렉산더 대왕의 아시아 원정 때에, 사관(史官)의 자격으로 그를 수행하였다.

27) 호메로스가 『일리아드』에서 아킬레스Achilles의 용기를 찬양한 것을 두고, 호메로스처럼 훌륭한 문인의 칭송을 받은 아킬레스를 부러워하였다는 뜻이다. 본문에서 알렉산더에 관한 이야기는 플루타르코스, 『영웅전』, 알렉산더 편에서 인용되었다.

편지이다. 이미 아리스토텔레스는 자연에 관한 몇 권의 서적을 내놓은 뒤였는데, 이 편지에서 알렉산더는 한술 더 떠 철학의 비밀이나 신비마저도 공포할 것을 권유하였다. 또한 그는 자신이 권력과 제국에서보다는 학문과 지식에서 다른 사람을 능가할 것을 더 중시한다는 점을 알리고자 노력하였다. 그 밖에도 그의 모든 연설과 응답의 구석구석에서 학문을 적절하게 이용한 증거가 드러난다. 아니, 빛나고 있다는 편이 옳다. 그의 연설과 응답은 지식으로 충만하며, 온갖 종류의 지식을 십분 활용하고 있다.

12. 이 대목에서도, 모두가 알고 있는 내용을 반복한다면, 스콜라주의 학풍처럼 보일 수 있고, 어쩌면 헛일로 보일지도 모르겠다. 그러나 어차피 내가 입증하려는 이야기가 나를 여기까지 끌고 왔다면, 나로서는 사람들이 다음과 같은 내 의도를 알아주는 것으로 만족할 작정이다. 나는 살아 있는 위인에 대해서만이 아니라, 수백년 전에 죽은 알렉산더나 케사르나 안토니누스 같은 위인에 대해서도 (굳이 사람들이 즐겨 사용하는 표현을 빌리자면) 아첨을 아끼지 않으려 한다. 왜냐하면 나는 지금 학문이 주권자에게 명예를 선물한다는 것을 입증하기 위해 골몰하고 있을 뿐, 누군가에 대한 칭송을 깎아내리려는 의도는 전혀 없기 때문이다. 이런 맥락에서 알렉산더가 디오게네스Diogenes에게 던진 말을 검토하기로 하자. 이 이야기를 통해, 과연 알렉산더는 도덕 철학의 가장 큰 문제들 중 하나의 해결을 시도하였다고 볼 수 있는지, 그리고 과연 최대의 행복이 물질적 조건에 있는 것인지, 아니면 물질적 조건을 경멸하는 데 있는 것인지를 검토해 보자. 알렉산더는 디오게네스가 가진 것 없이도 만족한다는 사실을 알고는,

그의 처지를 비웃는 사람들을 향하여, 〈짐은 알렉산더가 아니었다면 디오게네스가 되고 싶었을 것〉이라 말하였다고 한다. 그러나 세네카Seneca는 이 말을 맞받아서, 〈그의 줄 수 있는 권력보다는 디오게네스의 받기 싫어하는 권력이 더 컸다〉고 평하였다. 디오게네스는 알렉산더가 줄 수 있었을 것보다 훨씬 많은 것을 거부할 수 있었을 것이라는 뜻이다.[28]

13. 다음으로 알렉산더가 즐겨 사용하였던 것으로 알려진 표현을 검토해 보자. 그는 특히 〈잠과 욕정에서 죽음을 느낀다〉라고 자주 말하였다고 한다. 이것은 자연철학의 심연에서나 추출될 수 있는 표현으로, 알렉산더에게서 직접 유래한다기보다는 아리스토텔레스나 데모크리토스의 입을 빌려 나온 것이었을 가능성이 높다.

14. 다음으로 그의 인문학적 · 시적 표현을 살펴보자. 자신의 상처에서 피가 흘러나오자, 알렉산더는 평소 자신을 신의 반열에 치켜세우려 애쓰던 아첨꾼 중 한 명을 곁에 불러 다음과 같이 말하였다고 한다. 〈보라, 이것이 진짜 피가 아니더냐. 이것은 디오메데스가 비너스의 손을 찔렀을 때 흘러나왔다고 호메로스가 전하는 그런 액체와는 다른 것이니라.〉[29]

15. 비슷한 맥락에서 알렉산더가 논리학을 손쉽게 반박한 대목을 검토해 보자. 카산드로스가 부친 안티파트로스에 대해 불평을 늘어놓았을 때, 알렉산더가 그에게 이야기한 내용이다. 알렉산더

---

28) 세네카(Lucius Annaeus Seneca, 기원전 4-기원후 65)는 당대의 영향력 있는 정치가이자 스토아 학파 철학자였다. 인용문에서 세네카는 디오게네스의 금욕이 알렉산더의 권력욕보다 위대하다는 철학적 입장을 개진하고 있다. 인용은, 세네카, 『은혜에 대하여 *De Beneficium*』, 5. 4.

29) 호메로스, 『일리아드』, 5. 340 참조.

는, 〈저 사람들이 불평의 정당한 이유가 없는데도 불평을 늘어놓기 위해 그토록 멀리서부터 찾아왔을 것이라고 생각하느냐?〉 카산드로스는 이렇게 대답하였다. 〈지당하신 말씀이십니다. 저들은 자기들이 반박당할 리 없다고 생각했겠지요.〉 그러자 알렉산더는 웃으면서 말하였다. 〈아리스토텔레스의 오묘함이 바로 여기에 있다네. 그는 문제를 찬성쪽으로도 반대쪽으로도 끌고 갈 수 있거든.〉[30]

16. 그렇지만 알렉산더가 그 자신이 비난한 기예(논리학)를 자신의 기질에 맞추어 얼마나 잘 이용할 수 있었는지에 관해서도 주목할 필요가 있다. 그는 칼리스테네스에 대해 내심 불만을 가지고 있었다. 자신에 대한 새로운 숭배의식을 그가 반대하기 때문이었다. 어느 날 밤 연회가 열렸고 칼리스테네스도 식탁에 동석하였다. 식사가 끝난 후 누군가가 여흥을 위해 한 가지 제안을 하였다. 뛰어난 웅변가인 칼리스테네스가 임의로 주제나 쟁점을 선택하여 연설하면 좋겠다는 제안이었다. 칼리스테네스는 이에 응하여 알렉산드리아 국민에 대한 찬사를 주제로 삼아 연설하였다. 매우 훌륭한 매너로 연설하였기에 청중은 거의 혼이 빠질 지경이었다. 그러나 알렉산더는 기뻐하기는커녕, 〈그렇게 좋은 주

30) 카산드로스(Cassandros, 기원전 358-297)는 알렉산더 대왕의 부하였는데, 부친 안티파트로스Antipatros와는 폴리페르콘Polyperchon의 계승 문제를 놓고 대결하였다. 결국 부친에 승리하여(318) 마케도니아와 그리스를 통치하였다. 안티파트로스는 알렉산더의 부친 필리포스 2세의 측근 참모였고 알렉산더 대왕과는 친구로 지낸 사이였다. 카산드로스의 불평에 대해 알렉산더가 애매한 태도를 취한 것은, 아리스토텔레스의 〈상황 윤리〉에 따랐기 때문이기도 하지만, 그가 안티파트로스 부자 모두와 친한 사이였기 때문이기도 하다.

제로 웅변하는 것이야말로 쉬운 일이지〉라고 평하면서, 〈자네의 주제를 바꾸어서, 우리 귀에 거슬리는 이야기를 들려주게나〉라고 청하였다. 칼리스테네스는 즉시 매우 신랄하고도 생생한 어조로 연설을 수행하였다. 그러자 알렉산더는 도중에 연설을 끊고, 〈조금 전에는 선한 동기가 그를 웅변가로 만들더니, 이제는 악의가 그를 웅변가로 만들고 있구나〉라고 말하였다고 한다.

17. 수사학의 비유를 조금 더 검토하기로 하자. 알렉산더는 은유 즉 의미의 전이를 탁월하게 사용하여, 오만하고 독재적인 안티파트로스를 우회적으로 비난한 적이 있다.[31] 어느 날 안티파트로스의 친구가 알렉산더에게 그의 신중한 자세를 칭찬하였다. 다른 참모들은 페르시아인의 오만함에 물들어 자주색 옷을 입는 반면에, 오직 안티파트로스만이 마케도니아의 옛 관습을 지켜 검은색 옷을 입는다는 칭찬이었다. 그러자 알렉산더는 〈옳은 말이네만, 안티파트로스의 속마음은 온통 자줏빛이라네〉라고 답하였다. 다른 예도 있다. 알렉산더가 아르벨라 평원에 진격해 있을 때의 일이다. 휘하의 파르메니온 장군이 적정(敵情)을 보고하였다.[32] 적군이 셀 수 없을 만큼 많고, 특히 적진의 무수한 불빛은 마치 별이 총총한 하늘이 새로 생긴 것처럼 보인다는 보고였다. 파르메니온은 사정이 그러하니 야음을 틈타 기습하는 편이 좋겠다고

31) 은유가 〈의미의 전이translation〉라는 정의는 아리스토텔레스에서 유래한다. 아리스토텔레스, 『시학』, 1457b 참조.

32) 알렉산더는 이라크의 아르벨라Arbela 평원 전투에서 페르시아의 다리우스 3세에 승리하였다(기원전 331년). 파르메니온Parmenion(기원전 330년에 죽음)은 알렉산더의 아시아 원정을 수행한 장군이다. 알렉산더는 우익을, 파르메니온은 좌익을 지휘하였다.

조언하였다. 이에 대해 알렉산더는 〈짐은 승리를 도둑질하지는 않겠노라〉고 답하였다.

18. 정책의 문제에 관해서는, 알렉산더가 그의 두 친구를 구별한 대목에 유의할 필요가 있다. 이것은 이후 모든 시대에 걸쳐 인정되었을 만큼 중요한 구별이었다. 헤파에스티온Hephaestion과 크라테루스Craterus라는 두 친구를 놓고, 알렉산더는 〈전자는 인간 알렉산더를 사랑하고, 후자는 국왕 알렉산더를 사랑한다〉고 평하였다. 이는 군주의 충복들 사이의 중요한 차이를 묘사한 것이었다. 어떤 자는 애정에서 군주 개인을 사랑하지만, 어떤 자는 의무에서 군주의 권좌를 사랑하는 법이다.

19. 군주의 고문관들이 일상적으로 범하는 오류를 훌륭한 솜씨로 책망한 대목도 눈여겨볼 일이다. 고문관들은 군주의 정신과 운명에 맞추어 조언하는 것이 아니라, 그들 자신의 정신과 운명에 맞추어 조언한다는 것이다. 다리우스 3세가 대타협을 제안하였을 때, 파르메니온은 〈제가 알렉산더라면 그 제안을 받아들일 것입니다〉라고 조언하였다. 그러자 알렉산더는 〈내가 파르메니온이라면 그렇게 하겠지〉라고 응답하였다고 한다.

20. 마지막으로, 알렉산더의 신속하고도 예리한 답변을 살펴보자. 그가 친구들과 충복들에게 큰 선물을 내렸을 때의 일이다. 알렉산더는 그 자신을 위해서는 무슨 선물을 남겨놓았느냐는 질문을 받았다. 그는 〈희망〉이라고 답하였다. 그가 과연 제대로 계산하고 그런 대답을 했는지에 관해서는 꼼꼼하게 따져봐야 할 일이다. 〈희망〉은 원대한 계획을 세운 사람만이 얻을 수 있는 몫이기 때문이다. 이를테면 케사르가 갈리아를 최초로 정복한 후 그의

전 재산을 선물로 나누어주었을 때, 그에게 남은 몫은 희망밖에 없었다.[33] 비록 야망에 넋을 빼앗긴 인물이기는 하였지만, 귀즈 가문의 고귀한 군주 앙리 대공에게 주어진 몫도 비슷한 것이었다. 사람들은 그를 프랑스 최대의 약탈자라고 불렀는데, 이는 그가 전 재산을 풀어서 충성을 얻어낸 인물이었기 때문이다.[34]

21. 이제 알렉산더에 관해 결론을 내릴 차례이다. 일부 비평가들은 과장되게도 〈모든 지식을 잃더라도 베르길리우스로부터 되찾을 수 있을 것〉이라고 말하곤 한다. 마찬가지로 알렉산더에 관해 전해지는 단편적인 이야기들에서도 학문의 영향과 자취를 엿볼 수 있음은 분명하다. 그러나, 대왕으로서의 알렉산더가 아닌 아리스토텔레스의 제자로서 그를 다루는 동안, 그에 대한 존경심이 지나치게 커져서 그와는 너무 동떨어진 이야기를 늘어놓았다는 느낌이 들기도 한다.

22. 율리우스 케사르에 관해 말하자면, 그의 뛰어난 학식은 굳이 그의 교육이나 교우관계나 연설을 참조하여 입증될 필요가 없다.[35] 그 자신이 남긴 기록들과 저서들만으로도 그의 학식은 유감

---

33) 이 문단은 알렉산더에 대한 평가로부터 케사르에 대한 평가로 넘어가는 가교에 해당한다. 베이컨은 과연 알렉산더가 〈희망〉을 논할 자격이 있는 인물인지에 관해 회의적인 태도를 취하고 있다. 알렉산더에게 〈희망〉은 단순히 재치 있는 수사적 답변에 불과하지만, 케사르의 경우에 〈희망〉은 〈원대한 계획〉과 실질적으로 부합한다.

34) 〈귀즈Guise의 앙리 대공〉은 제1대 귀즈 대공(1st duc de Guise, 1496-1550)인 클로드 드 로렌Claude de Lorraine을 지칭하는 것 같다. 그는 귀즈 가문의 초석을 마련하였다. 뒤이은 2대 대공인 프랑소아 드 로렌과 그의 동생 샤를르 드 로렌(로렌 추기경)에 이르러, 귀즈 가문은 프랑스 왕권에 도전할 정도로 성장하였다.

없이 상세하게 드러나기 때문이다. 그 가운데 일부는 지금까지 남아 있지만, 불행하게 유실된 것도 있다. 현존하는 작품 중에서, 우선 우리는 그 자신이 치른 여러 전쟁을 기록한 탁월한 역사서를 알고 있다. 비록 그 자신은 〈비망록〉이라는 이름을 붙였을 뿐이지만,[36] 그 내용의 견실한 무게에 대해서는 훗날 모든 시대가 경탄을 금치 못하였다. 갖가지 사건이며 인물에 대해, 사실적 경과와 생생한 이미지를 더할 나위 없이 적절한 어휘와 명료한 해설로 표현한 것도 경탄의 대상이었다. 이것이 천부적 재능의 산물이 아니라 학문과 훈육의 산물이라는 사실은, 『유비에 관하여 *De Analogia*』라는 작품에서 입증된다. 문법 이론을 다룬 그 책에서, 케사르는 〈관습적 어휘 vox ad placitum〉를 〈적절한 어휘 vox ad licitum〉로 바꾸려 노력하였다. 즉 표현 습관을 표현의 적절성으로 환원하였으며, 이성의 힘을 발휘하여 어휘가 〔사물에 대한〕 정확한 그림이 될 수 있도록 노력하였던 것이다.[37]

23. 그 덕택에 우리는 케사르의 권력과 그의 학식을 동시에 입증하는 하나의 기념비적 업적을 물려받았다. 그 무렵에 개정된 일년 계산법이 그것이다.[38] 그의 역법(曆法)은 케사르 자신이 천

---

35) 이와 같은 정황 자료는 베이컨이 알렉산더를 평가할 때 사용한 것이다. 베이컨은 알렉산더보다는 케사르를 더욱 높이 평가한다.

36) 〈비망록〉은 〈Commentary〉를 번역한 것이다. 베이컨의 용례에서 〈Commentary〉는 주석이라는 뜻보다는, 역사서술에 비해 덜 정교한 형식의 〈메모〉나 원(原)기록이라는 뜻으로 사용될 때가 많다(본서의 2. 2. 2를 참조할 것). 케사르의 원저 이름은 『내란에 관한 비망록 *Commentarii belli cilvils*』이다.

37) 여기서 베이컨은 사물의 본성을 정확하고 명료하게 지시하는 언어를 염두에 두고 있다. 그가 말하는 〈적절한 어휘〉란 사물의 본성에 〈부합하는〉 어휘를 뜻하며, 〈적절성 congruity〉은 〈사물의 본성과 일치함〉을 뜻한다.

체의 법칙을 관찰하고 인식하는 작업을, 지상의 시민에게 법을 제정해 주는 일 못지 않게 위대한 영예로 간주하였다는 사실을 잘 보여준다.

24. 그의 『카토에 대한 반론 *Anti-Cato*』에서도, 케사르는 전쟁의 승리에 못지 않게 지적 재능에서의 승리를 열망하고 있었음을 쉽게 알 수 있다. 이 작품에서 케사르는 문필로는 당대 최고의 투사였던 웅변가 키케로에게 싸움을 걸고 있었던 것이다.[39)]

25. 그가 격언들을 모아서 편집한 『격언집 *Apophthegms*』에서도, 케사르가 무엇을 더 명예롭게 여겼는지를 다시 한번 알 수 있다. 허영스러운 군주가 의례적인 아첨에 놀아나, 자신의 한마디 한마디를 무슨 격언이나 신탁이라도 되는 듯이 신격화하려 하는 것과는 달리, 케사르는 자신의 말이 일종의 〈메모장〉으로 간주되는 것을 더욱 명예로운 일로 여겼다. 사람들이 다른 사람들로부터 지혜롭고 정곡 찌르는 말을 수집하여 적어두는 그런 메모장이 될 것을 원하였다는 말이다. 만일 내가 알렉산더를 논할 때처럼 케사르의 언행을 일일이 열거한다면, 실로 그의 말 한마디 한마디는 솔로몬이 전하듯 〈지혜자의 말씀은 찌르는 채찍 같고 회중의 스승의 말씀은 잘 박힌 못과 같다〉고 할 것이다.[40)] 그러나 나는

---

38) 케사르가 기원전 46년에 개혁한 역법은 그의 이름을 따서 〈율리우스 역법 Julian Calendar〉으로 불려지며, 근대 역법의 초석이 되었다. 이 역법은 일년을 365일+6시간으로 계산하였다(실제는 365일 5시간 46초이다). 4년에 한번씩 윤년이 돌아오는 것은 이 역법을 따랐기 때문이다.

39) 키케로(Marcus Tullius Cicero, 기원전 106-43)는 기원전 56-51년 사이에 케사르 휘하의 장군으로 활동하였으나, 삼두정치 체제가 와해되고 내전(기원전 49-47)으로 치닫자, 공화주의의 입장에서 케사르에 반대하였다.

세 가지 사례만을 인용하려고 한다. 내가 인용한 사례는 수사(修辭)에서는 그다지 탐탁한 것이 못 되지만, 활력과 설득력에서는 감탄할 만한 것이다.

26. 첫째로, 케사르가 군대반란을 한마디의 말로 진압할 수 있었다는 것은 그가 말의 대가로 대접받을 충분한 이유가 있음을 입증한다. 그 내용은 다음과 같다. 로마어법에서 장군이 군대를 향해 연설할 때에는 〈병사milites〉라는 어휘를 사용하고, 관료가 대중을 향해 연설할 때에는 〈시민quirites〉이라는 어휘를 사용하는 것이 관례였다. 어쨌거나 케사르의 병사들이 동요하여 군대를 해산시켜 달라는 선동적인 요구를 해왔다. 그들은 진정으로 해산을 원하였던 것이 아니라, 불평으로 압력을 가해 케사르로부터 다른 보상을 얻어내려 하였던 것이다. 이에 결코 양보할 마음이 없었던 케사르는 잠시 침묵을 지키다가, 〈그렇다면, 시민 여러분!〉이라는 말로 연설을 시작하였다. 이것은 군대가 이미 해산되어 있음을 인정한다는 뜻이었다. 그 호칭이 끝나기가 무섭게, 병사들은 크게 놀라 우왕좌왕하였고 혼란에 빠졌다. 그들은 그의 연설이 계속되는 것을 어떻게든 막아야만 하였기에, 그들의 요구를 철회하였고 자신들을 다시 〈병사〉로 불러달라고 간청하게 되었다.

27. 두번째 사례를 살펴보자. 케사르는 국왕Rex이라는 호칭을 매우 좋아하여, 그가 거리를 지날 때면, 일부 측근의 선창(先唱)으로 사람들이 그를 국왕으로 예우하고 환호하도록 안배하곤 하

40) 전도서, 12장 11절. 케사르의 말은 한마디 한마디가 지혜로운 〈채찍〉이거나 정곡을 찌르는 〈못〉과 같다는 뜻이다.

였다. 그러나 환호하는 사람 수가 적고 소리에 힘이 없는 것을 보고, 그는 농담 조로 〈나는 렉스가 아니라 케사르라네(Non Rex sum, sed Caesar)〉라고 말하였다고 한다.[41] 마치 사람들이 그에 대한 호칭을 잘 모르는 것처럼 행동하여 곤경을 피하였던 것이다. 그렇지만 이것은 아무리 살펴봐도 그 생명력과 충실한 의미가 잘 드러나지 않는 언행이다. 어찌 보면 그의 언행은 국왕의 칭호를 (비록 진의는 아니었지만) 거부한 것이요, 케사르라는 이름이 더 위대한 호칭이기나 한 양 무한한 자신감과 배짱을 표현한 것이었기 때문이다. 물론, 오늘날까지도 그의 수많은 위업 덕택에 케사르라는 이름이 더 널리 통용되고 있는 것은 사실이다. 그러나 그의 언행은 무엇보다 원대한 목적을 겨냥한 포석으로 해석된다. 오늘날 우리에게 〈킹 King〉이라는 성이 있듯이, 로마에는 〈렉스Rex〉라는 성이 있었던바, 케사르는 비천한 가문에게도 주어질 수 있는 그 이름을 놓고 국가가 자신과 경쟁하는 듯이 보이도록 하였던 것이다.[42]

28. 내가 다루고 싶은 마지막 사례는, 케사르가 메텔루스 Metellus에게 던진 말이다. 내전을 끝낸 뒤, 케사르가 로마 시 전체에 대한 소유권을 선언하였을 때의 일이다. 케사르는 곧바로 내실의 금고로 들어가 쌓여 있는 돈을 꺼내려 하였는데, 호민관 메텔루스가 가로막자, 〈비키지 않으면 그 자리에서 죽여버리겠

41) 인용은, 수에토니우스(Gaius Suetonius Tranquillus, 약 69–122), 『케사르 전기 *De vita Caesarum*』, 100. 70.

42) 케사르가 진정으로 원한 것은 〈렉스〉라는 호칭을 얻는 일보다는 실제로 국왕이 되는 일이었다는 뜻이다.

다!〉고 소리쳤다. 이어서 조금 누그러진 목소리로, 〈여보게 젊은이, 나로서는 그렇게 말하는 것이 정말로 그렇게 행하는 것보다 어려운 일이라네〉라고 덧붙였다고 한다.[43] 최대의 공포와 최대의 자비를 뒤섞은 이런 표현은 인간의 입에서는 도저히 나올 수 없는 것이었다.

29. 이제 원래의 주제로 되돌아가 케사르에 관해 결론을 내리기로 하자. 그는 자신이 학문에서 완벽함을 잘 알고 있었으며, 그렇게 자처하였음이 분명하다. 이 점을 잘 보여주는 사례가 있다. 어떤 사람이 루키우스 술라가 독재권dictature을 포기한 것은 참으로 이상한 결정이라고 평가하였을 때, 케사르는 자신의 우월함을 뽐내면서 그를 나무랐다. 〈술라는 글을 쓸 줄 모른다네. 그러하니 독재하는dictate 법을 모르는 것도 당연하지 않겠는가.〉[44]

30. 무용(武勇)과 학식을 겸비하는 문제에 관해서는 이쯤에서 끝내는 편이 좋겠다. (알렉산더와 케사르 두 사람 이후로 그러한 은총을 받은 예를 또 어디서 찾을 수 있겠는가?) 다만 나는 아주 보기 드문 특수한 사례를 하나만 더 첨가하려고 한다. 이것은 지독한 비난이 지극한 경탄으로 돌변하는 사태만큼이나 특수한 사례로, 철학자 크세노폰이 바로 여기에 해당한다. 그는 소크라테스의 학원

---

43) 인용은, 플루타르코스, 『영웅전』, 케사르 편.

44) 여기서 베이컨은 〈dictate〉라는 동사가 〈받아쓰다〉와 〈명령하다〉라는 두 의미로 사용된다는 사실에 착안하여, 글을 모르기에 〈받아쓸 수 없다〉는 뜻을 〈독재할 수 없다〉는 뜻으로 전이하고 있는 것 같다. 술라(Lucius Sulla Cornelius, 기원전 138-78)는 로마 공화정의 전통을 무너뜨리고 82년에 종신 독재관에 올랐으나, 곧이어 80년에 은퇴하였다. 인용은, 수에토니우스, 『케사르 전기』, 100. 77.

을 나온 뒤 아시아로 갔다. 아르타크세르크세스 왕에 도전한 연소 키로스의 원정에 합류하였던 것이다.[45] 당시 크세노폰은 청년이었고 참전한 경험도, 군대를 지휘한 경험도 없었다. 단지 친구인 프로크세노스Proxenus의 곁에서 사랑과 대화를 나누기 위해 지원병으로 따라나선 것뿐이었다. 어쨌든 키로스가 패하여 전사한 후 페르시아 국왕의 사자 팔리노스Phalynus가 그리스 진영에 전언을 가지고 왔을 때, 크세노폰도 마침 그 자리에 있었다. 수적으로 열세인 그리스 군대는 페르시아 국왕의 영토 한가운데 남겨졌거니와, 그들의 조국으로부터도 너무 멀리 떨어진 터였다. 그리스까지는 배로 건너야 할 강이 여러 개요, 남은 육로도 수백 마일이었다. 사자의 전언은, 무기를 넘기고 페르시아 국왕의 처분에 따르라는 내용이었다. 전언에 대한 답신을 보내기 전에, 그리스 군대의 여러 인사들이 우호적인 태도로 사자 팔리노스와 협상을 거듭하였다. 이때 우연히도 크세노폰은 다른 인사들 사이에 끼어 발언할 기회를 잡았다. 〈왜 그래야 하지요? 팔리노스 님, 우리에게 남은 것이라곤 무기와 용기밖에 없습니다. 만일 우리가 무기를 포기한다면, 무슨 수로 우리의 용기를 사용할 수 있겠습니까?〉 그러자 팔리노스가 미소를 지으며 대답하였다. 〈젊은 양

---

45) 크세노폰(Xenophon, 기원전 약 430-355)은 역사가로 더 잘 알려진 인물이다. 그는 그리스의 〈일만 마일 대군Ten Thousand〉에 합류하여 페르시아에 갔다(〈일만 마일 대군〉이란 그리스로부터 그만큼 멀리 떨어진 곳까지 원정한 군대라는 뜻이다). 당시 페르시아는 다리우스 2세의 뒤를 이어 아르타크세르크세스Artaxerxes 2세가 왕위를 계승한 참이었다(404년). 이때 그의 이복형제인 연소 키로스Cyrus the Younger가 왕위에 도전하였는데, 그리스의 〈일만 마일 대군〉은 키로스의 편을 들어 참전하였다가 패배하였다(401).

반, 내가 틀리지 않았다면 당신은 아테네 사람이겠군요. 또한 내가 생각하기에 당신은 철학을 공부한 분입니다. 당신의 말이 무척 아름답기 때문이지요. 그러나 만일 당신이 당신의 용기로 우리 국왕의 권력을 감당할 수 있다고 생각한다면, 당신은 크게 착각한 것입니다.〉[46] 팔리노스의 대답은 분명히 책망이었다. 그러나 결과는 경탄이었다. 협상 도중에 〔페르시아의〕 배신으로 모든 지휘관들이 살해되었건만, 그 젊은 철학자는 페르시아 군대에 조금도 굴하지 않은 채 〈일만 마일 대군〉을 이끌었고, 페르시아의 중앙 지대를 통과하여 바빌로니아로부터 그리스로 안전하게 귀환하였던 것이다. 이것은 세상이 놀란 사건이요, 훗날 그리스인들이 번갈아가면서 페르시아의 여러 왕조를 침공할 수 있도록 자신감을 북돋아준 사건이었다. 데살리아 출신의 이아손Jason이 침공을 꿈꾼 것, 스파르타 출신의 아게실라오스Agesilaus가 침공을 시도한 것, 마케도니아의 알렉산더가 침공해서 성공한 것 등은 모두 그 젊은 철학자의 행위에 근거를 둔 것이었다.

46) 인용은, 크세노폰, 『아나바시스*Anabasis*』, 2. 1. 12.

제8장

1. 이제 학문이 통치며 군대와 관련된 덕을 배양하는 문제로부터, 학문이 개인의 도덕을 키우는 문제로 논의를 진척시켜 보자. 우선 아래 시구에 들어 있는 확실한 진리를 검토하기로 하자.

> 학문의 성실한 연마는
> 매너를 부드럽고 인간다운 것으로 만든다.[1)]

학문은 인간 정신으로부터 거칠고 야만적이고 난폭한 성질을 제거한다. 하지만 강조해야 할 것은 〈성실한fideliter〉이라는 어휘이다. 자칫 피상적인 학문은 그 정반대의 결과를 낳을 수도 있기 때문이다. 학문은 온갖 문제점들과 난관들을 풍부하게 연상할 수 있게 하여,[2)] 경박함이며 성급함이며 자기과신 따위의 성질을 제거한다. 학문은 〔적대적인〕 양편의 이유를 골고루 헤아리는 자세, 그리고 정신에 처음 떠오른 착상에 집착하지 않고 오직 시험과

---

1) 인용은, 오비디우스, 『흑해에서 온 편지 *Epistulae ex Ponto*』, 2. 9. 47.

2) 〈연상suggestion〉은 수사학의 발견법에서, 어떤 사람이 이전에 얻은 지식을 상기하도록 자극하는 과정이나 기능을 뜻한다. 이러한 의미에서는 〈회상〉으로도 번역될 수 있다.

검증을 거친 것만을 수용하는 자세에 인간 정신을 익숙하게 한다. 학문은 모든 나약함의 뿌리인 헛된 경탄을 물리친다. 사람들이 경탄하는 대상은 새로운 것 아니면 위대한 것이다. 새로움에 관해서는, 학문이나 명상에 깊이 천착한 사람이라면 누구나 〈태양 아래 새로운 것은 없다〉는 명구를 가슴 깊이 새기고 있을 것이다.[3] 인형극의 경우가 그러하다. 커튼 뒤에서 인형의 움직임을 조종하는 사람에게는 하등 새롭고 신기한 일이 없을 것이다. 그렇다면 위대함은 어떠한가? 알렉산더 대왕의 예를 들어보자. 그가 그리스로부터 몇몇 전투와 교전services에 관해 보고를 받았을 때의 일이다. 보고서에 적힌 내용은 대체로 군대의 이동이나 요새에 관한 것, 혹은 성벽으로 둘러싸인 도시에 관한 것이 고작이었다. 이미 알렉산더는 대군을 지휘하여 아시아의 광대한 영토들을 정복한 뒤였기에, 그 사소한 보고서들에 관해, 〈마치 옛날 이야기에 나오는 개구리와 생쥐의 싸움을 듣는 것 같구나〉라고 평하였다고 한다.[4] 이와 마찬가지로, 자연의 보편적 구조에 관해 깊이 명상한 사람에게는, 인간이 거주하는 지상은 (영혼의 신성함을 예외로 하자면) 개미들이 사는 곳에 지나지 않을 것이다. 먹이를 나르는 개미, 자식을 데리고 가는 개미, 헛걸음치는 개미 등 모두가 이리저리 움직이는 작은 티끌에 불과하다는 말이다. 헛된 경탄을 물리치는 것 외에도, 학문은 죽음이나 불행에 대한 공포를 물리치거나 진정시킨다. 실로 그러한 두려움이야말로 덕을 방해하는 최대 장애물이요 매너를 불완전한 것으로 만드는 원흉이다.

3) 전도서, 1장 9절.

4) 플루타르코스, 『영웅전』, 아게실라우스 편, 15. 6.

사람이 만물의 필멸성(必滅性)이나 타락한 본성에 천착하면 할수록, 그는 그만큼 쉽게 에픽테토스의 견해에 동조하게 될 것이 뻔하기 때문이다. 어느 날 에픽테토스는 한 여인이 흙 주전자를 깨뜨리고 우는 것을 보았고, 다음날에는 한 여인이 죽은 아들을 놓고 우는 것을 보았다. 그러자 그는 〈어제는 깨질 수밖에 없는 것이 깨어짐을 보았고, 오늘은 죽을 수밖에 없는 것이 죽음을 보는구나〉라고 한탄하였다고 한다.[5] 이에 반하여, 베르길리우스는 원인을 인식하는 것과 공포를 정복하는 것을 〈동반자concomitantia〉로 짝지었으니, 참으로 심오하고 탁월한 통찰이었다.

> 존재하는 모든 사물의 원인을 아는 자는 얼마나 행복한가.
> 그는 모든 공포, 냉혹한 운명을 발 아래 두고,
> 지하에서 굉음을 내며 흐르는 탐욕스런 아케론 강물 위에,
> 평화롭게 서 있노라.[6]

---

5) 에픽테토스(Epictetus, 약 50-120)는 그리스의 스토아 학파 철학자이다. 그가 원래 강조한 것은 감정을 벗어나 진정한 자유를 추구하는 것이었고, 그리함으로써 그는 섭리와 운명에 의해 결정되는 세상사에 대해 개인의 내면적 〈평정〉을 유지하는 법을 가르치고자 하였다. 그러나 에픽테토스의 개인주의는 16세기 동안 유행한 회의론적 인문주의에 편승하여 인간이 종국적 진리를 인식할 수 없고 따라서 옳고 그름을 판단하는 것도 불가능하다는 체념적인 주장으로 변형되었다. 베이컨은 이러한 체념적, 방관적 태도를 겨냥하여 에픽테토스를 공격하고 있는 듯이 보인다. 인용은, 에픽테토스, 『엔케리디온 *Encheiridion*』, 8. 33.

6) 베르길리우스, 『지오르직스 *Georgics*』, 2. 490. 베이컨이 자주 인용한 이 작품은 기원전 37-30년 사이에(즉 로마 내란 말기의 혼란한 정치 상황에서) 작성된 것으로, 이탈리아의 전통적 농경생활의 회복을 노래하였다. 아케론Acheron은 죽음의 신 하데스Hadez가 지키는 황천의 강이다.

2. 학문이 마음의 온갖 질병에 대해 제공하는 치료제는 그 수가 너무 많아서 일일이 거론하기 힘들 지경이다. 학문은 나쁜 체액(기질)을 몰아내기도 하고, 답답함을 풀어주기도 하고, 소화를 돕기도 하고, 의욕을 증진하기도 하고, 정신의 상처며 멍울을 치료하기도 한다. 모든 치료제를 일일이 거론하지 않고 〈전체의 요지 rationem totius〉를 살려 결론을 내리자면, 학문은 정신의 골격을 잡아준다는 것이다. 정신이 그 자체의 결함에 못박힌 채 안주하지 않고, 지속적인 성장과 개선에 편입될 수 있도록 해주는 것이 바로 학문이라는 뜻이다. 반면에 학식이 없는 자는 스스로의 내면을 성찰할 수도, 스스로를 평가할 수도 없으며, 따라서 〈일신우일신〉의 기쁨을 맛볼 수 없다.[7] 학식이 없는 자도 자기의 장점을 십분 과장하고 그것을 교묘하게 이용하는 법을 배울 수는 있겠지만, 자신의 장점을 더욱 계발하지는 못한다. 자신의 결점을 감추고 채색하는 법은 배울 수 있겠지만, 그 결점을 고치지는 못한다. 낫질에는 능숙해도 낫을 가는 법은 모르는 정원사처럼 말이다. 그러나 학식이 있는 자는 이와 정반대로 행한다. 그는 정신을 바로잡고 교정하는 것과 정신을 활용하고 쓸모 있게 적용하는 것을 언제나 함께 수행한다. 전체적으로 요약해서 말한다면, 〈진리〉와 〈선〉은 구별되지만, 그 차이는 찍힌 자국seal과 찍는 모형print의 차이에 지나지 않음이 분명하다. 선은 진리에 뒤따르는 자국이라는 뜻이다. 그러니, 격정과 동요로부터 나오는 것은 오류의 먹구

---

7) 〈일신우일신(日新又日新)〉은 베르길리우스의 라틴어구, 〈suavissima vita, indies sentire se fieri meliorem〉(*Georgics*, 2. 490)를 의역한 것이다. 〈그가 매일 어제보다 나은 인간이 되었음을 느낀다〉는 뜻이다.

름이 될 수밖에 없다.[8)]

3. 도덕의 문제로부터 권력과 통치의 문제로 넘어가보기로 하자. 올바른 추론에 입각할 때, 과연 지식이 인간 본성에 보답으로 주는 선물에 비견될 만한 것이 있는지를 따져보기로 하자. 우리가 알다시피, 통치의 위엄은 통솔되는 자의 위엄에 따르게 마련이다. 그렇기에 목동처럼 짐승을 다스리는 것은 하찮은 일에 지나지 않는다. 학교 선생처럼 어린이를 통솔한다는 것은 조금만 명예로울 뿐이다. 갤리 선(船)의 노예를 다스린다는 것은 명예이기는커녕 오히려 치욕이다. 정신의 온유함을 잃어버린 대중을 폭군이 통치하는 것도 이보다 나을 것이 없다. 독재국에서의 명예보다 자유군주국이며 공화국에서의 명예가 더욱 가치 있게 여겨짐은 이 때문이다. 즉 공화국에서는 시민의 역할과 의무에 대해서만이 아니라, 시민의 의지에 대해서까지 통치가 확장된다는 점에서, 통치를 명예롭게 여기는 것이다. 이런 맥락에서 베르길리우스는 아우구스투스 케사르에게 인간으로서는 최상의 명예를 부여하면서, 그의 명예를 이렇게 칭송하였다.

> 그 승리자는 자발적으로 따르는 무리에게 법률을 주고,
> 스스로는 올림포스의 길로 향한다.[9)]

---

8) 〈선 bonitas〉이 〈진리 veritas〉의 자국이라는 베이컨의 주장은, 지식의 두 기능에 대한 그의 입장을 단적으로 보여준다. 지식은 진리로서의 기능과 사회적 효용(선)으로서의 기능을 갖는데, 후자는 전자를 따라야 한다는 것이다. 또한 이것은 진리를 추구하는 자(혹은 과학자 집단)가 효용을 추구하는 자(혹은 기술자 집단)를 이끌어야 한다는 그의 일관된 입장을 반영하는 것으로도 볼 수 있다.

그렇지만 지식을 다스리는 일은 의지를 다스리는 일보다도 훨씬 고귀하다. 이것은 (의지가 추종해야 할 법을 만드는 정신의 최고 기능인) 인간의 이성이며 신념이며 오성을 다스리는 일에 해당하기 때문이다.[10] 실로 인간의 영혼 속에, 나아가서는 인간의 사고와 상상과 의견과 신념 속에, 국가의 권력과 권위를 공고하게 확립하는 권력은, 학문이나 지식 외에는 존재하지 않는다. 이단의 종주(宗主)나 거짓 예언자나 사기꾼에게 가증스러운 쾌락을 가져다 주는 것도 비슷한 이치이다. 그들은 세인의 신앙과 양심을 장악하였음을 확신할 때 더할 나위 없는 쾌락을 느끼는바, 그 쾌락은 너무도 큰 것이어서, 일단 한번 맛보고 나면 어떠한 고문이나 박해로도 그것을 줄이거나 포기하도록 만들 수 없을 정도이다. 이러한 이치를 가리켜 『요한계시록』의 저자는 〈사탄의 깊은 것〉이라 부른다.[11] 그러나 정반대의 논증도 성립될 수 있다. 올바르게 해석된 진리의 힘을 빌려 인간의 오성에 대해 정당하고 합법적인 주권을 정립하는 일이야말로, 하나님의 통치와 가장 닮은 것이다.[12]

---

9) 베르길리우스, 『지오르직스』, 4. 561, 562. 피정복자들은 케사르에게 자발적으로 예속되었고, 그 덕택에 케사르는 신의 반열에 올랐다는 뜻이다.

10) 베이컨이 독재국보다 공화국을 선호하였음은 분명하다. 물론 이것을 오늘날 의미에서 〈민주적〉이라고 평가할 수는 없다. 그러나 베이컨이 시민의 〈의지〉를 다스리는 일보다 시민의 〈지식〉을 다스리는 일을 더욱 가치 있게 여겼다는 점에 주목할 필요가 있다. 즉 그는 〈자발적 예속〉이라는 봉건관행을 옹호한 복고론자가 아니라, 시민의 〈이성〉에 맞춘 통치를 강조한 개혁론자였다는 뜻이다.

11) 요한계시록, 2장 24절.

12) 베이컨이 거짓 예언자나 협잡꾼을 비난하면서도, 이를 빌미로 기독교 정통교

4. 학문에 의한 행운과 출세를 살펴볼 차례이다. 학문의 혜택은 국가와 국민에게 행운을 가져다주는 것으로 국한되지 않는다. 학문은 특정 개인에게도 행운을 선물한다. 오래전에 이미 주목되었던 일이지만, 호메로스로부터 재산을 물려받은 사람의 숫자는 그 누구로부터 재산을 얻은 사람의 숫자보다 비교가 되지 않을 만큼 많다. 술라나 케사르나 아우구스투스가 방대한 군단에 막대한 금품과 기부금을 주었고 토지 분배를 시행하였다고는 하지만, 호메로스의 선물에는 미치지 못한다. 더 많은 사람을 출세시킨 것이 군대냐 아니면 학문이냐를 따지기 힘들 정도이다. 주권의 문제를 놓고 보자면, 군대나 혈통이 정치적 출세에서 유리하게 작용하였다면, 학문은 성직에서의 출세에 유리하게 작용하였다고 할 수 있다. 성직자들이 국가와 경쟁을 벌여온 것은 이 때문이었다.

5. 지식과 학문이 제공하는 쾌락과 즐거움에 관해서 말할 것 같으면, 이는 다른 모든 쾌락을 능가한다. 감정의 기쁨이 감각의 기쁨을 능가한다면, 예컨대 갈망하던 바를 이루거나 승리를 얻는 것이 노래 한 자락이나 저녁식사 한 끼를 능가한다면, 지성이나 오성의 쾌락이 감정의 쾌락을 능가하는 것도 당연한 이치이다. 다른 모든 쾌락에서는 포만감이 뒤따르며, 따라서 일단 채워지고 나면 그 신선함을 잃고 만다. 이로부터 우리는 그것이 진정한 쾌락이 아니라 쾌락의 기만에 불과함을 잘 알 수 있다. 이런 종류의

리의 공고화를 시도하지는 않는다는 점에 주목할 필요가 있다. 오히려 지식의 진보가 사회 질서를 확립할 수 있는 최선의 방안으로 채택되고 있다. 이것은 종교적 갈등으로 인한 사회적 혼란을, 〈제대로 해석된 진리〉, 즉 자연연구를 통해 획득되는 새로운 진리의 힘을 빌려 안정으로 되돌릴 수 있다는 베이컨의 입장을 반영한다.

쾌락은 실질(實質, quality)로부터 얻는 것이 아니라 단지 새로움으로부터 얻는 것이다. 감각적이고 관능적인 쾌락을 추구하던 사람이 탁발수도사로 돌변하는 것, 야망의 감정을 따르던 군주가 우울한 군주로 바뀌는 것은 이 때문이다.[13] 반면에 지식에는 결코 포만감이 따르지 않는다. 지식에서는 만족과 불만이 늘 함께 하며 끊임없이 교차하는바, 이 점에서 지식은 그 자체만으로도 선한 것이요, 결코 착각이나 우발적인 측면을 수반하지 않는 것 같다. 그렇다고 해서 지식의 쾌락이 인간 정신에 주는 효험과 만족이 적다고는 할 수 없다. 시인 루크레티우스가 아름답게 읊었듯이, 〈해변에 서 있거나 거닐면서 바다의 폭풍에 시달리는 배를 본다는 것, 혹은 요새의 탑 꼭대기에 앉아 평원 위로 두 군대가 대열을 지어 부딪치는 싸움을 본다는 것은 얼마나 즐거운 구경거리인가. 그러나, 인간 정신이 진리의 확실성 속에 정착하여 요새를 구축한 뒤에, 그 높은 곳에서 다른 사람들의 오류, 혼란, 고생, 방황을 알고 바라본다는 것은 그 무엇과도 비견될 수 없는 쾌락이리라〉.[14]

6. 지금까지는 다소 범속한 논거들을 이용하였다. 이제 범속한

---

13) 쾌락의 종류는 인간 정신의 위계에 따라, 감각적인 것, 감정적인 것, 지성적인 것으로 차등화된다. 탁발수도사의 금욕과 청빈함은 감각적 쾌락에 지친 자가 추구하는 〈새로움〉으로 해석된다. 야심 많던 군주의 우울증은, 정복이라는 감정적 쾌락을 추구하던 군주가 더 이상 〈새로움〉을 찾을 수 없을 때 발생하는 증세로 해석된다.

14) 루크레티우스(Titus Lucretius Carus, 기원전 약 94–55)는 로마의 에피쿠로스 학파 철학자이자 시인이다. 인용은, 『사물의 본성에 관하여 *De rerum natura*』, 2. 1–10. 이 시집은 에피쿠로스 학파의 자연관을 잘 보여주는 작품으로, 베이컨을 위시한 16–17세기 자연연구자들에게 큰 영향을 미쳤다.

논거들을 떠나, 마지막으로 검토할 것이 남아 있다. 인간은 학문에 의해 인간을 넘어선다는 것이 바로 그것이다. 인간이 짐승보다 우월하듯이, 학문을 통해 인간은 육체로는 갈 수 없는 하늘과 하늘의 운행에로 상승한다.[15] 그렇다면 이제 지식과 학문의 존엄성과 탁월함으로 결론을 맺기로 하자. 지식과 학문이 존엄하고 탁월한 이유는, 인간 본성이 가장 염원하여 마지않는 불멸성 내지 지속성을 가진 것이기 때문이다. 실로, 출산하려는 것, 가문을 일으키려는 것, 건물을 짓고 기구를 설립하고 기념비를 세우려는 것, 기념이며 명성이며 찬양을 갈망하는 것 등, 인간의 모든 강한 욕망은 불멸성과 지속성을 추구한다. 그러나, 재능과 학문의 기념비가 권력이나 손으로 세운 기념비보다 얼마나 오랫동안 지속되는지를 우리는 잘 안다. 호메로스의 시편은, 한 음절, 한 철자도 잃지 않은 채 2,500여 년을 견디었지만, 그 사이에 얼마나 많은 궁전이며 사원이며 성이며 도시가 무너져 폐허로 변하였던가? 키로스며 알렉산더며 케사르를 참되게 묘사한 초상이나 조각을 손상 없이 유지하는 것은 불가능하다. 그 이후의 많은 왕이나 위인에 대해서도 마찬가지이다. 진품은 훼손 없이 오래 지속될 수 없거니와, 모조품은 생명력과 진실성을 결여한 것이기 때문이다.

15) 이 대목은 베이컨에게 많은 영향을 미친 피코(Pico della Mirandola, 1463-1494)의 『인간 존엄성론 *De hominis dignitate oratio*』(1486)을 연상시킬 수 있다. 그러나 베이컨은 육신을 버리고 〈하늘과 하늘의 운동〉에로 초월하려는 르네상스 비학의 형이상학을 답습하지 않는다. 그는 〈하늘의 운동〉을 〈불멸성〉이라는 속성으로 대체하며, 인간이 불멸할 수 있는 길을 지식에서 구한다. 지식은 완성(충만)되는 것이 아니라 끊임없이 지속되는 속성을 지닌다는 것이다. 베이컨은 지식의 진보를 역사진보의 축으로 삼는, 세속적 진보관을 피력하고 있다.

그러나 재능이며 지식의 이미지는 책으로 유지되는 덕택에, 세월의 침해로부터 벗어날 수 있고, 나아가서는 계속 거듭날 수 있다. 따라서 지식의 이미지를 〈이미지〉라는 이름으로 부르는 것은 적절하지 않다. 그것은 계속해서 다시 태어나기 때문이요, 타인의 정신에 씨앗을 뿌려, 후속 세대의 수많은 행동과 의견을 자극하고 야기하기 때문이다. 선박의 발명이 고귀한 이유는 재화와 상품을 이리저리 운반하여 가장 멀리 떨어진 지역조차 그 결실을 나눌 수 있도록 연결해 주었기 때문일 것이다. 그렇다면 학문에 대해서는 이와는 비교할 수 없을 만큼 높은 영예가 주어져야 마땅할 것이다. 학문은 마치 선박처럼 시간이라는 광대한 바다를 가로질러, 동떨어진 시대들이 서로 지혜며 지적 재능이며 발명을 나눌 수 있도록 하지 않는가?[16] 그뿐만이 아니다. 철학자 중에는, 신성한 것에 무관심하고 감각적인 것에만 몰두한 나머지, 영혼의 불멸성을 부정하는 자가 있다. 그러나 이런 부류의 철학자들조차도 때로는 우리와 동일한 결론에 도달한다. 인간 영혼이 육체적 기관 없이도 수행할 수 있는 운동은, 그것이 무엇이든지 사후에 지속될 수 있다는 것이요, 감정의 운동은 그럴 수 없고 오성의 운동만이 그럴 수 있다는 것이다. 결국 그 철학자들도 지식에 대해서만은 타락하지 않는 불멸의 것으로 여겼던 셈이다. 물론, 우리는 그들이 감각을 기초 원리로 삼은 것을 인정할 수 없다. 우리는

16) 이 결론 부분은 베이컨의 진보 개념을 가장 충실하게 드러낸다. 지식의 진보는 a) 〈지속성 immortality〉을 대전제로, b) 〈수정 가능성 perpetual renovation〉, c) 〈확장성 cast their seeds in the minds of others〉, d) 〈교환 가능성 to participate of wisdom, illuminations, and inventions, the one of other〉 등에 기초한다.

하나님의 계시가 오성만이 아니라 감정도 정화하고, 영혼만이 아니라 육체도 변화시켜 불멸로 나아가게 할 것임을 잘 알고 있기 때문이다.[17] 그러나, 마지막 요점을 논의하고 있는 지금에 이르러—앞서 논의된 다른 대목에서도 상기할 필요가 있을지 모르겠지만—나로서는 다음과 같은 사실을 상기시키고 싶다. 지식 혹은 학문의 존엄성에 대한 논증에서, 나는 처음부터 신적 증거와 인간적 증거를 구별하여 두 종류의 증거를 별도로 취급해 왔거니와, 그런 구분은 이 철학자들을 논의하는 지금도 유지되고 있다는 점이다.

7. 그럼에도 불구하고, 나는 이솝이야기에서 수탉의 판단, 혹은 미다스 왕의 판단, 혹은 파리스의 판단을 뒤집을 생각이 전혀 없다. 내가 아무리 내 판단을 앞세워도, 그들의 판단을 뒤집는 것은 불가능하다. 이솝의 수탉은 보석보다 보리쌀을 좋아하지 않았던가. 미다스 왕은 뮤즈 여신들을 이끄는 아폴론과 범속한 무리를 이끄는 판 사이에서 우열을 결정하는 재판관으로 뽑혔을 때, 거느린 수가 많은 판의 편을 들지 않았던가. 파리스는 지혜와 권력 대신에, 아름다움과 사랑을 편들어 재판하지 않았던가.[18] 아그리

17) 여기서 겨냥한 〈철학자들〉은 에피쿠로스 학파, 특히 루크레티우스의 영향을 받은 〈유물론〉 철학자들로 보인다. 당시 유물론자들은 영혼의 존재를 부정하기보다는, 육체와 영혼을 분리하는 입장을 취하였다. 베이컨은 그들에 대한 반감을 표현하는 형식으로, 그들의 입장을 소개하고 있다. 이것은 이단의 혐의를 피하기 위해 자주 사용된 수법이다. 그러나, 하나님의 계시에 의해 영혼과 육신이 함께 불멸로 나아갈 것이라는 베이컨의 묵시록적 표현은, 이단의 혐의를 피하기 위한 눈가림이라고는 보기 힘들다.

18) 뮤즈 여신들Musae은 〈모든 과학과 기예〉를 관장한다. 미다스Midas는 프리지아의 왕(기원전 738-696)으로, 아폴론과 판Pan의 음악 대결에서 재판을

피나의 판단도 비슷하였다. 그녀에 관해서는, 〈그〔네로〕가 황제가 되게 하려면 그로 하여금 어머니를 죽이도록 하라〉는 말이 나돌 정도로, 비열하기 짝이 없는 수단을 동원하여 제국을 선택하였던 것이다.[19] 〈불멸보다 늙은 부인을 선택한〉 율리시즈의 판단이 또한 그러하였다. 그는 뛰어난 치적보다 관습과 습관을 앞세웠던 모든 자의 귀감이라 할 수 있을 것이다.[20] 이 밖에도 비슷한 대중적 판단은 많이 있다. 이런 사례들은 옛날부터 있어왔듯이, 앞으로도 계속될 것이다. 그러나 반대로, 〈지혜는 그녀의 자식들에 의해 입증된다〉는 말도 있다.[21] 이것은 학문이 늘 의존해 온 원리로서, 앞으로도 계속될 것이요, 전혀 틀림이 없을 것이다.

맡았는데, 무식하고 군중의 여론에 민감하였던 미다스는 판의 음악이 우월하다고 판결하였다. 아폴론은 처벌로 미다스에게 〈당나귀 귀〉를 주었다고 한다. 파리스Paris는 『일리아드』에서 트로이 왕 프리암Priam과 헤쿠바Hecuba 사이에 태어난 아들로 등장한다. 그가 지혜와 권력보다 아름다움과 사랑을 선택하였다는 것은, 그가 세 여신(Hera, Athena, Aphrodite)의 싸움에서 〈사랑과 미의 여신〉 아프로디테의 손을 들어준 사건을 말한다.

19) 아그리피나Agrippina the Younger는 네로의 모친으로, 자신의 남편인 클라우디우스 1세를 독살하고 네로에게 황제권을 넘겨주었으나 다시 아들 네로에 의해 살해되었다(59년). 인용문은 네로가 들은 말로, 타키투스, 『연보』, 14. 9에 등장한다.

20) 『오딧세이』에서 주인공 율리시즈Ulysses는 방랑 끝에 원래 자신이 왕으로 다스리던 이타카Ithaca로 돌아와 늙은 부인 페넬로페Penelope와 재결합하는데 성공하였다. 〈불멸보다 늙은 부인을 선택한〉이라는 구절은, 율리시즈가 방랑 기간에 이룬 불멸의 치적들과 말년의 안착을 대비한 구절로 해석된다.

21) 마태복음, 11장 19절 참조.

신적 · 인간적 학문의 번영과 진보에 관한
프란시스 베이컨의 제2권

국왕 폐하 전상서

1. 영명하신 국왕 폐하, 흔히 간과되곤 하지만 매우 적절하다고 생각되는 이치부터 말씀드리기로 하겠습니다. 많은 자식을 낳고 후손의 핏줄로 자신의 불멸성을 유지한다는 통찰을 가진 사람이 더 나은 미래를 위해 더 많이 걱정한다는 것은 인지상정의 이치입니다. 그런 사람에게는 미래야말로 가장 소중한 자식을 믿고 맡겨야 할 곳이기 때문입니다. 엘리자베스 여왕의 치세 기간은 축복받은 시대였습니다만, 여왕 자신은 독신으로 세상에 잠시 머물다 가신 분이었습니다. 여왕의 훌륭한 통치가 남긴 인상은, 그녀에 대한 행복한 추억과 함께, 지금도 살아남아 상당한 영향을 미치고 있지만 말입니다. 그러나, 폐하의 경우에는 이미 많은 왕손들을 거느리는 축복을 받으셨거니와, 왕손들은 폐하를 영원히 계승하고 대신할 자격을 충분히 갖추었습니다. 게다가 폐하의 활기차고 정력 넘치는 침실은 앞으로도 여러 왕손이 새로 태어나리라는 것을 약속하고 있습니다. 이로 미루어 판단하자면, 폐하께서는 선한 통치를 위한 잠정적 조치만이 아니라, 일관되고 영속적인 조치도 염두에 두시는 것이 적절하고도 마땅한 일이라 생각됩니다. 제가 감정에 흔들려 판단력을 잃은 것이 아니라면, 영속적인 조치 중에서도 가장 가치 있는 것은, 건실하고 결실 풍부한

지식을 세상에 더욱더 많이 유포하는 일입니다. 왜 몇 되지 않는 기성 저자들이 헤라클레스의 두 기둥처럼 버티고 있어야 한단 말입니까? 폐하처럼 밝고도 온유한 별이 우리를 인도하여 이끌고 계실진대, 우리가 두 기둥을 벗어나 멀리 항해하여 발견을 이룩하지 못할 이유가 어디 있단 말입니까?[1] 이제 원래의 주제로 되돌아가서, 학문의 증진과 진보를 위해 역대 국왕과 그 밖의 여러 인물이 어떤 종류의 조치를 취하여왔고 수행하여 왔는지를 검토하고자 합니다. 또한 이 문제에 관해서는 여담이나 부연 설명이 없이 단도직입적으로 진언드릴 생각입니다.

2. 그러기 위해서는 먼저 기초 원리가 정립되어야 하겠습니다. 어떠한 작업에서든 성취를 이루기 위해서는 보상이 충분할 것, 지도direction가 올바를 것, 노동이 협동적으로 진행될 것 등 세 조건이 필요합니다. 첫번째 조건은 헌신적인 노력을 증대시키고, 두번째 조건은 오류에 빠지지 않도록 막아주며, 세번째 조건은 인간의 결점을 보충해 주기 때문입니다. 그 중에서 제일 중요한 것은 지도입니다. 〈바른 길로 절뚝이며 가는 절름발이가 길을 벗어나 뛰어가는 자를 이긴다〉는 말도 있지 않습니까. 현명하게도 솔로몬은 이 점을 적시하여, 〈무딘 철 연장을 갈지 아니하면 힘이

---

1) 〈헤라클레스의 두 기둥Hercules' columns〉은 지브롤터 해협을 말한다. 지브롤터 해협은 지리적으로 세계의 끝을 말하듯이, 인간 지식의 한계를 상징하는 것이었다. 훗날 베이컨은 『신 기관』의 표지화에 헤라클레스의 두 기둥과 그것을 벗어나 항해하는 범선을 그렸다. 범선 위에는 전통적으로 지식의 한계를 뜻하던 〈더 이상은 아닌ne plus ultra!〉이라는 상투어를 겨냥하여, 지식의 성장을 재촉하는 〈더욱더plus ultra!〉라는 구절이 새겨졌다. 베이컨이 말하는 〈위대한 부흥〉은, 헤라클레스의 두 기둥을 벗어나 지식의 진보를 이루려는 계획이었다.

더 드나니, 오직 지혜만이 성공하기에 유익하니라〉라고 하였습니다.[2)] 노력을 강제하거나 모으는 것보다는 적절한 수단을 발견하거나 선택하는 것이 더 효과적이라는 뜻입니다. 제가 이렇게 말씀드리는 데는 그만한 이유가 있습니다. 학문의 현재 상태에 기여해 온 공로자들의 고귀한 의도를 굳이 폄하하려는 것은 아닙니다만, 제가 보기에 그들의 업적과 활동은 진보와 번영을 추구한 것이라기보다는, 명성을 얻고 기억되기 위한 것에 불과합니다. 그렇기 때문에 학자의 수가 늘어나는 만큼 학문의 양은 증가하는 경향이 있었습니다만, 지식을 바르게 정립하고 고양시키려는 노력은 상대적으로 부족하였던 것입니다.

3. 학문에 유익한 업적이나 활동은 세 대상과 관련이 있습니다. 학문하는 장소, 학문을 위한 책, 그리고 학문하는 사람이 그 세 가지라고 하겠습니다. 학문하는 장소부터 살펴보자면, 그것은 물에 비유할 수 있을 것입니다. 하늘에서 내려온 이슬이든 땅에서 솟아난 샘물이든, 물은 어떤 그릇에 저장되지 않으면 곧 땅속으로 스며들어 사라지고 맙니다. 그릇이 있어야만 물을 합칠 수 있고 물을 유지 보존할 수 있는 것입니다. (이러한 이유에서, 사람들은 수원지, 수도관, 저수탱크, 저수지 등을 만들기 위해 근면을 다해왔으며, 나아가서는 이런 시설이 단지 효용과 필요에서 만들어진 것일 뿐만 아니라, 선정(善政, magnificence)의 치적이요 국가의 위업이라고 입이 마르게 찬양해 왔던 것입니다.) 지식이라는 고귀한 용액도 이와 다를 바 없는 것이라 하겠습니다. 신성한 계시로부터 내려온 것이든 인간

2) 전도서, 10장 10절.

의 감각으로부터 솟아오른 것이든, 지식 역시 저장되지 않으면 곧 시들어 사라지고 만다는 이야기입니다. 마땅히 지식은 책이며 전승(傳承)이며 토론 속에, 그리고 대학이며 칼리지며 학교 같은 지정된 장소에 저장되고 보존되어야 할 것입니다.

4. 학문하는 장소와 관련된 사업에는 네 가지가 있습니다. 기구를 설립하고 건물을 짓는 일, 고정 수입을 얻을 수 있는 자산을 기부하는 일, 각종 면제 혜택과 특권을 부여하는 일, 관리를 위해 정관과 내규를 만드는 일 등이 이에 해당합니다. 이 모든 사업은 학문 활동이 온갖 걱정과 번거로움으로부터 벗어나 조용하고 개인적으로 이루어질 수 있도록 하기 위한 것입니다. 베르길리우스가 꿀벌 키우기에 적합한 곳으로 권한 장소가 이에 비유될 수 있을 것입니다.

> 먼저 꿀벌을 위해 조용한 장소를 찾고,
> 그곳에 바람이 들지 않도록 하라.[3)]

5. 책과 관련된 사업은 두 가지입니다. 첫째는 도서관입니다. 도서관은 참된 덕으로 충만한 옛 성현의 유물이 기만이나 거짓 없이 보존되어 안치된 사당(祠堂)과도 같은 곳입니다. 둘째는 여러 저자에 대해 새로운 판본을 내는 일입니다. 새로운 판본에서는 더욱 정교한 인쇄, 더욱 충실한 번역, 더욱 유익한 주석, 더욱 근면한 해설이 첨가되어야 할 것입니다.

---

3) 베르길리우스, 『지오르직스』, 4. 8.

6. 학자에 관한 사업은, 학자의 지위를 높이고 학자를 후원하는 것 같은 일반적인 사업 외에도, 두 가지가 더 있습니다. 첫째는 이미 발견된 지식을 가르치는 교수readers를 임명하고 보수를 지급하는 일이며, 둘째는 아직 충실하게 다듬어지지 못한 학문 분야에 관해 저술하고 연구할 학자를 임명하고 보수를 지급하는 일입니다.

7. 이상에서 간략하게 논의된 사업 및 활동은, 여러 위대한 군주들과 유력자들의 치적에서 엿볼 수 있는 것입니다. 그렇지만 그들을 한 사람씩 지목하여 기념하지는 않겠습니다. 키케로도 모든 사람을 묶어 한꺼번에 감사를 표하면서, 〈모든 사람을 빼놓지 않고 회상하기는 어렵지만, 한 사람이라도 빼먹으면 모독이 된다〉고 말하지 않았습니까.[4] 그러니, 성서의 말씀을 따라,[5] 이미 걸어온 길을 되돌아보는 것보다는 우리 앞에 놓여 있는 길에 주의를 기울이는 편이 나을지도 모르겠습니다.

8. 우선 유럽 내에 설립된 다수의 유명한 칼리지들부터 살펴보기로 하겠습니다. 그것들이 하나같이 전문 직업을 위하여 설립되었을 뿐,[6] 기예와 과학을 마음껏 두루 섭렵할 수 있도록 설립되지는 않았다는 것이 제게는 무척 기이해 보입니다. 학문이 실용을 지향해야 한다는 판단은 그 나름대로 타당한 것입니다. 그러나 이러한 판단에서 사람들은 옛 우화가 전하는 오류에 빠지곤 합니

4) 키케로, 『복권 후 원로원에서 행한 연설 *Post reditum in Senatu*』, 7. 30.

5) 빌립보서, 3장 13절. 〈뒤에 있는 것은 잊어버리고 앞에 있는 것을 잡으려고…….〉

6) 〈전문 직업profession〉이란 특정 학문 분과의 전문 지식을 활용하는 직업을 말하며, 전통적으로는 신학, 법학, 의학을 뜻한다.

다. 신체의 다른 부위들은 위장이 아무 일도 하지 않는다고 생각하였습니다. 위장은 팔 다리처럼 운동의 직무를 수행하지도, 머리처럼 감각의 직무를 수행하지도 않는다는 것이었습니다. 하지만 위장이야말로 양분을 소화하여 신체의 다른 모든 부위에 나누어주는 것 아닙니까. 철학이나 보편학도 이와 같다고 하겠습니다.[7] 만일 누군가 철학과 보편학을 나태한 학문이라고 생각한다면, 모든 전문 직업이 철학과 보편학으로부터 도움과 자양분을 얻는다는 사실을 고려하지 못한 탓입니다. 저는 이러한 몰지각이야말로 학문의 진보를 방해해 온 큰 원인이라고 생각합니다. 그런 탓에, 철학 같은 기본 지식은 단지 여가를 틈타 연구되어 온 것입니다. 어떤 나무에 종전보다 많은 열매가 맺히도록 하고 싶다면, 나뭇가지에 대해 조치할 일은 별로 없습니다. 기존의 흙을 파내고 좋은 새 흙을 뿌리 주위에 넣어서 나무에 작용하도록 해야만 할 것입니다. 마찬가지로, 직업적 학문을 위하여 기구를 설립하고 기부를 행한다는 것은 지식의 성장에 악영향을 미칠 뿐만 아니라, 국가와 정부에 대해서도 손해를 입힌다는 점을 명심해야 하겠습니다. 그 결과 군주들은 국사(國事)를 보좌할 인재를 구하기 힘든 상황에 처하게 되는 것입니다. 이는 무엇보다도 대학에 자유로운 교육[8]이 부재한 탓이라고 하겠습니다. 자유로운 교육을

7) 〈보편학universality〉은 베이컨의 특수한 용법으로, 〈제1철학prima philosophia〉과 자주 병기된다(본서의 1. 5. 5 참조). 이것은 보편적인 관점에서 사물을 연구하는 학문을 뜻한다.

8) 〈자유로운 교육education …… which is free〉은, 전통적인 일곱 〈자유 학예 liberal arts〉, 즉 3학(문법, 수사학, 논리학)과 4학(기하학, 대수학, 천문학, 음악) 외에도, 르네상스 인문주의의 영향으로 추가된 역사학, 현대어, 정치학, 윤

적절하게 받은 자는, 각종 역사들, 현대어들, 정책 및 사회문제 등을 다룬 책들을 두루 섭렵함은 물론, 그 밖에도 국무(國務) 수행에 필요한 다른 능력들을 배양하기 위해 헌신할 것입니다.

9. 이치로 보자면, 대학의 설립자는 나무를 심는 역할을 하고, 강좌의 개설자는 물 주는 역할을 담당하는 셈이기 때문에, 대학 강의[9]에 있어서의 문제점부터 말씀드리는 것이 올바른 순서라고 하겠습니다. 대부분의 대학에서 강의의 대가로 주어지는 보수나 봉급이 너무 적고 낮다는 것이 문제입니다. 자유 학예를 위한 강의든 전문 직업을 위한 강의든 사정은 마찬가지입니다.[10] 사실 학문이 진보하기 위해서는 가장 유능한 적임자를 교수로 발탁하는 것이 꼭 필요합니다. 지식을 그때그때 응용하는 일보다는 새로운 지식을 개발하고 유포하는 일에 적합한 인물이 적임자가 될 수 있을 것입니다. 이를 위해서는, 가장 유능한 인물이 전심전력을 다하여 그런 직무와 소명에 평생을 바치겠다고 다짐하기에 충분할 만큼, 근무조건과 보수가 개선되어야 할 것입니다. 교수의 조건과 보수는, 다른 전문직업인이 기대하는 수준보다 크지도 작지도 않게, 적정한 수준으로 주어져야 할 것입니다. 만일 폐하께서 진정으로 학문을 진흥하려는 생각을 가지고 계신다면, 다윗 왕의

리학 등을 포괄한다.

9) 〈대학 강의pubic lecture〉란 칼리지 수준의 강의와는 달리, 대학university 전체의 수준에서 수행되거나 인정되는 강의를 뜻한다.

10) 대학 단위의 강의는 크게 〈학예arts〉에 대한 강의와 〈전문 직업profession〉에 대한 강의로 나뉘어진다. 전자는 〈자유 학예liberal arts〉의 강의를 뜻하는데, 여기에는 전통적인 7과목과 앞서 언급된 인문주의적 과목들이 포함된다. 후자는 주로 신학, 법학, 의학에 관련된 강의이다.

군법(軍法)을 준수하시면 좋을 것입니다. 다윗 왕은 〈전장에 내려갔던 자의 몫이나 군수품 곁에 머물렀던 자의 몫이 같을지니 똑같이 분배할 것이니라〉라고 하였습니다.[11] 그렇게 하지 않는다면, 누가 군수품을 제대로 돌보겠느냐는 배려였습니다. 실로 학문의 교수는 지식의 창고와 그 저장물을 지키는 수호자입니다. 실무에 종사하는 사람은 이 창고로부터 필요한 지식을 공급받습니다. 따라서 교수와 전문직업인은 동등한 대우를 받아야 합니다. 그렇지 않고 지식의 아버지들이 가장 무능한 부류로 구성되거나 적절치 못한 대우를 받는다면, 〈굶주린 부모로부터 허약한 자식이 태어나는〉 것은 정한 이치입니다.[12]

10. 제가 주목하고자 하는 또 다른 문제점은, 어떤 연금술사로부터 힌트를 얻은 것입니다. 그 연금술사는 사람들에게 그들이 소유한 책들을 팔아서 용광로를 건설하라고 요구합니다.[13] 미네르바 여신이며 뮤즈 여신들은 불임(不姙)의 처녀이니 그만 단념하고, 그 대신이 불카누스에 의존하라는 것입니다.[14] 많은 과학들, 특히 자연철학과 의학physic 분야에서, 깊이 있고 결실 있고

---

11) 사무엘상, 30장 24절.

12) 인용은, 베르길리우스, 『지오르직스』, 3. 128. 〈부모의 허약함이 자식의 허약함에서 반복된다Et patrum invalidi referent jejunia nati〉는 뜻이다.

13) 베이컨이 언급한 연금술사는 파라켈수스(Paracelsus, 1494-1541)나 파라켈수스파의 일원인 것으로 보인다.

14) 이 대목에서 베이컨은 파라켈수스파 연금술사의 편을 들어주고 있는 것처럼 보이지만, 그는 항상 지혜의 여신 미네르바Minerva를 대장장이 신 불카누스Vulcanus(즉 Hephaistos)보다 우위에 두었다는 사실을 기억할 필요가 있다. 『신 기관』(2. 7)에서는 〈불카누스로부터 미네르바로 나아가야 한다〉는 점을 명시하고 있다.

효험 있는 연구를 위한 도구가 될 수 있는 것은 서적만이 아닙니다. 연구자들의 자비로운 마음이 부족해서 연구가 진척되지 못한 것이라고 말하기도 힘듭니다. 우리가 알다시피, 책뿐만 아니라, 천구의(天球儀), 지구의(地球儀), 천체관측의(天體觀測儀), 지도 같은 것도 천문학 및 우주연구의 보조도구로 사용되어 왔습니다. 마찬가지로, 의학적인 목적으로 설립된 시설 중에는 모든 종류의 약초 표본을 갖춘 식물원을 편리한 부대시설로 갖춘 곳이 더러 있으며, 사체를 해부용으로 이용하도록 권장하는 곳도 있습니다. 그러나 이러한 사례들은 극히 일부분에 지나지 않습니다. 갖가지 실험에 투입되는 모든 비용이 전체적으로 충당되지 않는다면, 자연을 해명하는 작업에서 큰 진척을 이루기 힘들 것입니다. 불카누스의 실험이든 디달로스의 실험이든,[15] 즉 용광로의 실험이든 기계엔진의 실험이든, 모든 비용이 보조되어야 합니다. 군주나 국가에 고용된 비서들과 정보원들이 정보비 청구서를 제출하듯이, 자연의 첩자들과 정보원들도 비용청구서를 제출할 수 있도록 허용하셔야 할 것입니다. 그래야만 좋은 정보를 얻을 수 있을 것입니다.

11. 알렉산더 대왕은 사냥꾼이며 새잡이며 어부 같은 사람들에게 지급하도록 상당한 금액을 아리스토텔레스의 처분에 맡겼고, 그 덕택에 아리스토텔레스는 자연사를 편집할 수 있었습니다. 그렇다면 기예로 자연을 괴롭히는 사람들은 사냥꾼 등이 받은 것보다 더 많은 대우를 받아야 옳을 것입니다.[16]

---

15) 불카누스가 대장장이를 상징한다면, 디달로스Daedalus는 기계기술자를 상징한다. 이런 맥락에서 디달로스의 실험이란 기계를 사용한 실험을 뜻한다.

12. 또 다른 문제점을 지적하기로 하겠습니다. 대학의 관리자들이 협의를 중단하거나 게을리하는 것, 그리고 군주들이나 고관들이 대학에 대한 시찰을 중단하거나 게을리하는 것이 문제입니다. 협의와 사찰이 제대로 수행되어야만, (옛날에 시작되어 줄곧 지속되어 온) 교수법이며 실습 등 많은 학문 관행이 과연 제대로 수행되고 있는지를 면밀하게 따지고, 이를 토대로 부적절한 구석을 개선하거나 개혁할 수 있을 것입니다. 폐하께서도 매우 현명하고도 군주다운 격언으로 다음과 같이 말씀하신 적이 있습니다. 〈모든 관행이며 선례에 대해서는, 그것이 처음 시작된 시대를 참작하여야 한다. 만일 시작된 시대가 쇠약하거나 무지한 시대라면, 관행의 권위는 크게 손상되며 의심의 여지가 있는 것이 된다.〉 이 말씀에 비추어보면, 대학들에서 통용되는 관행과 제도의 대부분은 매우 몽매한 시대에 정립된 것으로, 재검토될 필요가 있다고 하겠습니다. 이런 종류의 관행과 제도 중에서, 저는 가장 명백하고도 잘 알려진 실례를 한두 가지만 들기로 하겠습니다. 우선 아주 오래전에 시작되었고 지금도 널리 퍼져 있지만 제게는 오류라고 생각되는 실례를 살펴보기로 하겠습니다. 그것은 대학에서 학생들이 너무 빨리, 너무 미성숙한 조건에서 논리학과 수사학을

16) 〈기예로 자연을 괴롭히는 사람들they …… that travail in Arts of Nature〉이란 여러 가지 실험적 기예를 사용해서 자연을 바꾸는 자(연금술사, 기술자, 기계공 등)를 뜻한다. 사냥꾼이나 어부는 자연을 그대로 이용하지만, 베이컨의 기술자는 자연을 인간에게 유리하게 개선한다. 같은 맥락에서, 사냥꾼이나 어부의 정보에 기초한 아리스토텔레스의 자연사보다는, 기술자의 정보에 의존하는 베이컨 자신의 자연사가 더 가치 있을 것이다(베이컨은 기예의 역사를 자연사에 포함시켰다).

배우고 있다는 점입니다. 논리학과 수사학은 어린이나 신입생보다는 졸업생에게 더 어울리는 기예입니다. 물론 이 두 학문은 제대로만 배운다면 모든 지식 중에서 가장 권위 있는 지식이요, 기예 중의 기예라 할 수 있습니다. 논리학은 판단을 위한 것이고 수사학은 장식을 위한 것이기 때문에, 두 학문을 배우면 어떻게 내용을 제시하고 배열할 것인지에 대한 모든 규칙과 지침을 익힌 셈이 된다고 하겠습니다. 그러나, 다양한 내용으로 채워지지 못한 탓에 아직 헛되고 공허한 정신이 두 학문부터 배우기 시작한다는 것은 위험하기 짝이 없는 일입니다. 키케로가 말한 〈나무 Sylva〉와 〈가구Supellex〉,[17] 즉 재료와 다양한 사물을 근면하게 수집하지 않은 자가 두 학문부터 시작한다는 것은, 바람의 무게와 크기를 재거나 바람을 그림 그리는 짓처럼 헛될 뿐입니다. 그것은 두 학문의 위대하고 보편적인 지혜를 경멸거리로 만들며, 두 학문을 유치한 궤변과 우스꽝스러운 과시로 타락시킬 뿐입니다. 더욱이, 이렇듯 시의적절하지 못한 조기 학습은 두 학문을, 어린이의 능력에 적합하기는 하지만 피상적이고 무익한 형태로 가르치고 저술하는 결과를 낳기도 합니다. 또 하나의 실례를 들어보겠습니다. 그것은 대학의 실습과목에서 제가 발견한 결함으로, 발견법과 기억법을 동떨어진 것으로 만든다는 문제입니다.[18]

---

17) 키케로, 『웅변론 *De oratore*』, 3. 26.

18) 〈발견법〉과 〈기억법 memory〉은 고전수사학의 5기예 중에서 각각 첫번째와 네번째 것에 해당한다. 나머지는 〈배열법 disposition〉, 〈표현법 elocution〉, 〈연술법 pronunciation〉이다. 키케로는 이 다섯 기예를 다음과 같이 정의하고 있다. 〈발견법은 어떤 자의 주장을 그럴 듯하게 만들기 위해 내용res을 발견하는 것이다. 배열법은 그렇게 발견된 것을 순서대로 배열한다. 표현법은 발

이런 이유 때문에, 토론 실습이 〈미리 준비된 말에 따라in verbis conceptis〉 진행되는 경우에는, 새로운 내용을 발견할 여지가 없어지며, 토론 실습이 즉흥적으로 진행되는 경우에는 기억할 내용이 별로 남지 않게 되는 것입니다. 그러나 실제 생활과 행동에서는 둘 중 하나만으로는 별 소용이 없는 법입니다. 오히려 유용한 것은, 미리 생각해 두는 일premeditation과 발견하는 일invention, 즉 메모와 기억을 병행하는 것입니다. 현재의 실습은, 실천에 부적합할 뿐만 아니라 실제 생활에도 맞지 않습니다. 실습이 실제와 가깝도록 진행된다는 것은 언제나 지켜야만 할 규칙입니다. 그렇지 않으면 실습은 정신의 움직임과 기능을 순조롭게 하기는커녕 왜곡할 뿐이기 때문입니다. 제 말이 명백한 진실임은 학생들이 전문직업인으로 활동하든지 여타 사회생활에 참여해 보면 쉽게 알 수 있는 일입니다. 사회생활을 해보면, 학생 스스로도 그런 문제점을 파악하겠지만, 남들이 더 빨리 파악하기 때문입니다. 이쯤에서 대학의 제도 및 관습을 개선하는 문제에 대한 논의를 마치기로 하겠습니다. 다만 결론을 대신하여, 케사르가 오피우스Oppius와 발부스Balbus에게 보낸 편지의 한 구절을 인용하도록 하겠습니다. 〈이 문제가 어떻게 처리될 수 있는지에 관해 내게 떠오른 몇 가지 궁리가 있지만, 더 많은 것이 궁리될 수도 있을 것이니, 자네들도 그 문제를 검토해 보기 바라네.〉[19)]

견된 것에 적합한 단어를 부착한다. 기억법은 내용과 단어를 정신 속에 확고하게 잡아두는 것이다. 연술법은 내용과 단어의 위엄에 맞게 음성과 규모를 조절한다.〉

19) 인용은, 키케로, 『아티쿠스 서한』, 10. 7. 베이컨 자신이 좋은 방안을 제시하였지만, 독자들도 더 좋은 방안을 궁리해 보라는 뜻이다.

13. 지금까지 논의한 것보다 수준을 높여 문제점을 살펴보기로 하겠습니다. 학문의 번영이 한 국가나 한 왕권에 속한 대학 단체들 및 대학 기구들에 크게 의존하는 것은 분명하지만, 만일 유럽의 현존하는 모든 대학들이 서로 많은 정보를 교환한다면, 학문은 더욱 크게 진보할 수 있을 것입니다. 우리가 알다시피, 대학 밖에서는 많은 단체들과 기구들이 서로 계약이나 형제관계나 교류협정을 맺고 교류하고 있습니다. 그것들은 설령 각기 서로 다른 주권과 영토에 소속된 채 분리되어 있더라도, 지회provincials와 총회generals를 두어 교류할 때가 많습니다. 실로 자연은 가족적 형제애를 만들고, 기계기술은 공동체의 형제관계를 이끌며, 하나님의 신성한 기름〔聖油〕은 왕과 교황 사이의 형제 관계를 가능하게 합니다.[20] 마찬가지로 학문과 계도에서도 그러한 형제애가 있어야 할 것입니다. 빛의 계도 아래에서, 즉 〈빛의 아버지〉로 불리시는[21] 하나님으로부터 나오는 부권(父權) 아래에서, 학문의 형제애가 이루어져야 할 것입니다.

14. 제가 지적하고자 하는 마지막 문제는, 불충분하게 연구된 학문 분야에서 저술하고 연구할 적임자를 공적으로 임명하는 일이 전혀 없거나 아주 드물다는 점입니다. 이러한 문제점을 다루기 위해서는, 먼저 어떤 학문 분야가 왕성하게 추진되어 왔고 어

20) 가족을 이루는 것이 자연 본성이고, 공식 길드나 프리메이슨단 같은 비밀결사가 기계기술을 중심으로 협력한다면, 교황이 황제의 머리에 성유를 붓는 의식(塗油式)을 통해, 교권과 왕권은 긴밀한 협력관계를 유지하게 되었다는 뜻이다.

21) 야고보서, 1장 17절. 〈각양 좋은 은사와 온전한 선물이 다 위로부터 빛의 아버지께로부터 내려오나니…….〉

떤 분야가 소홀하게 다루어졌는지를 면밀하게 따져보는 편이 유익하리라고 생각됩니다. 이미 충족되었다는 여론이 부족함의 원인이 될 때가 있고, 연구서의 양적 팽창이 부족함을 메운다는 인상보다는 오히려 과잉으로 흐른다는 인상을 줄 때도 있기 때문입니다. 이러한 과잉 공급surcharge은 무작정 책이 많다고 해서 치료될 일이 아닙니다. 모세의 뱀이 다른 마술사들의 뱀들을 모두 삼켜버리듯이,[22] 무용한 책들을 모두 삼켜버릴 만큼 유용한 책을 늘리는 것만이 치료제가 될 수 있을 것입니다.

15. 앞에서 열거된 모든 문제점을 제거하는 것은 〈국왕의 일 opera basilica〉입니다. 제가 마지막으로 지적한 문제점에서, 좋은 책을 쓰는 일은 학자의 몫이므로 제외가 되겠지만, 적임 연구자를 임명하는 중요한 역할 역시 국왕이 할 일입니다. 다만 〈국왕의 일〉에 대해 사사로이 개인이 할 수 있는 것은, 교차로에 이정표를 표시하는 정도일 것입니다. 비록 이정표는 길을 지시할 뿐 그 길로 나아갈 수는 없는 것이지만, 학문을 전체적으로 답사한 뒤 만든 이정표는 학문의 방향을 이끄는 역할을 수행한다는 점에서 중요합니다. 그리고 그 역할은 한 개인의 노력만으로도 수행될 수 있는 것입니다. 이러한 이유에서 저는 지금부터 학문을 전체적이고도 충실하게 답사하고자 합니다. 어떤 학문 분야가 인간의 근면한 노력에 의해 개간되지 않은, 미지의 황무지로 남아 있는지에 관해서도 함께 검토하기로 하겠습니다. 이런 계획을 수립

---

22) 출애굽기, 7장 10절. 모세는 아론의 지팡이를 뱀으로 변하게 하였고, 다른 마술사들도 비슷한 술법을 써서 각자의 지팡이를 모두 뱀으로 변하게 하였으나, 모세의 뱀이 다른 뱀들을 모두 잡아먹었다는 내용이다.

하여 기록으로 남기면, 적임자를 공적으로 임명하는 데 참조할 수 있고, 학자들의 자발적인 헌신을 자극하는 데 도움을 줄 수도 있다는 것이 제가 궁극적으로 의도하는 바입니다. 그렇지만 이 책에서는 오늘날까지 주목하지 못한 것과 결여된 것만을 지적하기로 하겠습니다. 지금까지 범한 오류나 불완전한 추구에 대해 반론을 제기하지는 않겠습니다. 개간되지 않은 땅을 가리킨다는 것은, 이미 개간된 밭에서 잘못된 경작법을 교정하는 일과는 전혀 별개의 문제이기 때문입니다.

이런 과업을 다루고 수행함에 있어, 저는 제 자신이 무엇을 제안하고 목표하는지를 잘 알고 있습니다. 제가 제안한 목표를 감당하기에는 제 능력이 너무 부족하다는 것 또한 모르지 않습니다. 그러나 설령 제게 지나친 면이 있더라도, 학문을 너무 사랑한 탓이라고 너그러이 양해하여 주시기 바랍니다. 〈사랑에 빠져도 지혜로울 수 있는 사람은 없다〉는 말이 있지 않습니까. 다만, 저로서는 남이 제게 행해도 제가 허용할 수 있는 범위를 벗어나지 않으려고 최선을 다할 따름입니다. 제 판단의 자유를 남용하지 않도록 하겠다는 뜻입니다. 〈방랑자에게 바른 길을 제시하는 것〉[23]은, 제 스스로가 그 길을 제시하든 다른 사람이 제시한 길을 제가 받아들이든, 똑같이 기쁜 일이 아닐 수 없습니다. 그것은 인간으로서의 의무이기 때문입니다. 물론, 지금까지 주목하지 못한 것과 결여된 것으로 제가 파악하여 열거한 학문 분야들에 대해서도, 그 일부는 이미 완성된 형태로 존재한다는 비판이 있을 수 있

23) 인용은, 키케로, 『의무론 *De officiis*』, 1. 16.

습니다. 일부는 호기심이나 채워줄 뿐 거의 쓸모 없는 것이라는 비판도 있을 수 있습니다. 일부는 어려움이 너무 많아 추진하고 이룩하기 힘들다는 비판도 있을 수 있습니다. 앞의 두 비판에 대해서는 본문에서 상세하게 언급하도록 하겠습니다. 다만, 불가능성과 관련된 마지막 비판에 관해 잠시 언급해 두고자 합니다. 모든 사람이 하기 힘들어도 특별한 사람만은 할 수 있는 일이 있습니다. 혼자는 할 수 없어도 여럿이 협동하면 수행할 수 있는 일도 있습니다. 한 개인의 평생이라는 유한한 시간 동안에는 할 수 없어도, 여러 시대를 이어가는 동안 이룩될 일도 있습니다. 사생활을 쪼개서는 이룰 수 없지만 공적으로 임명되면 이룰 수 있는 일도 있습니다. 어쨌든, 〈사람들은 가능하다고 생각하는 것만을 가능하다고 여긴다〉는 베르길리우스의 생각보다는, 〈게으른 자는 밖에 사자(獅子)가 있다고 말한다〉는 솔로몬의 생각이 더 옳을 수도 있는 것입니다.[24)] 저로서는 제 노력이 희망으로서는 그런 대로 적절한 것이라는 평가만 받아도 만족할 작정입니다. 희망이 무모한 것이 되지 않으려면 적절하게 이해될 필요가 있기 때문입니다. 이것은 적당한 지식이 있어야 엉뚱한 질문을 제기하지 않는 것과도 같은 이치라고 하겠습니다.

---

24) 인용은 각각, 베르길리우스, 『아에네이드*Aeneid*』, 5. 231, 그리고 잠언, 22장 13절. 베이컨이 자주 인용한 『아에네이드』는 로마의 전설적 시조에 관한 서사시로, 세계를 신의 인도로 문명화하여야 할 로마인의 사명을 강조한 작품이다. 베르길리우스로부터의 인용문은 인간의 가능성을 제한하는 반면에, 솔로몬으로부터의 인용문은 그 가능성을 열어주고 있다는 점에서 베이컨은 후자를 더 옳은 것으로 평가한다.

제1장

1. 인간적 학문에는 크게 세 분야가 있는데, 각 분야는 학문을 주관하는 인간 오성의 세 기능과 각기 관련된다. 〈역사학〉은 인간의 〈기억력〉과, 〈시〉는 인간의 〈상상력〉과, 〈철학〉은 인간의 〈이성〉에 각기 상응한다. 신적 학문도 동일한 방식으로 분류된다.[1] 비록 신탁(神託)을 통한 계시와 감각을 통한 계시가 서로 다르기는 하지만, 인간 영혼 역시 학문을 주관하는 것이기 때문이다. 따라서 신학도 교회의 〈역사〉, 신성한 시(詩)인 〈비유담〉,[2] 그리고 거룩한 〈교리〉나 〈계율〉 등 세 분야로 구성된다. 〈예언〉은 이 세 분야에 포함되지 않는 것으로 흔히 간주되지만, 실제로는 〈성사(聖史)〉의 일부이다. 〈성사〉는 사후에 기록될 수도 사전에 예언될 수도 있는바, 어떤 경우든 인간적 역사보다는 높은 특권을 가진 것이다.[3]

2. 〈역사학〉에는 자연에 관한 것, 시민사회에 관한 것, 종교에

---

1) 여기서 〈인간적 학문〉은 세속 학문으로, 〈신적 학문〉은 종교적 학문으로 바꾸어도 무방하다.

2) 〈비유담parables〉이란 비교나 비유를 사용한 담론, 혹은 알레고리 형식의 담론이다. 이를테면 구약성서의 〈잠언〉이 이에 해당한다.

3) 〈성사Divine History〉는 앞서 언급된 〈교회의 역사〉와 비슷한 뜻이다. 이런 맥락에서 베이컨은 〈예언〉을 〈교회의 역사〉에 편입시키고 있다.

관한 것, 그리고 문필(학문)활동에 관한literary 것이 있다. 이 네 종류의 역사학에서 앞의 세 종류는 현존하지만, 네번째 것은 아직 결핍된 상태라고 생각된다. 자연이며, 시민사회의 상태며, 종교의 상태 등에 관해서는 많은 사람들이 작품을 썼지만, 학문의 전반적인 상태가 시대순으로 충실하게 기술되어 있다고 자신 있게 말한 사람은 아직 한 명도 없었기 때문이다. 그러나 내가 보기에, 학문의 역사가 빠진 역사는 외눈마저 뽑힌 폴리페모스의 모습과도 같다.[4] 사람의 영혼과 생명력을 가장 잘 드러내는 부위인 눈이 빠져 있다는 말이다. 물론 나는, 법학, 수학, 수사학, 철학 등 다양한 지식 분야에서, 이런저런 학파며 저자며 서적에 관해 약간의 기록이 전승되어 왔음을 잘 알고 있다. 또한 각종 기예나 지침상에서의 발명을 취급한 기록이 빈약하나마 남아 있다는 것도 모르지 않는다.[5] 그러나 학문의 진정한 역사는 아직까지 존재하지 않는다고 단언할 수 있다. 다양한 지식 분야에 대해, 각 분야의 태고적 기원과 분파, 각 분야의 발명과 전승, 각 분야에 대한 공적 관리 및 경영, 각 분야의 번영, 각 분야에 대한 적대와 억압, 각 분야의 쇠퇴와 망각과 소멸 등—이 모든 내력을 세계사의 모든 시대에 걸쳐서, 그 지식들이 발생한 원인 및 조건과 함께, 그리고 학문과 관련된 그 밖의 다른 사건들과 함께, 충실하게 기록한 학문의 역사는 아직 존재하지 않는다. 나는 이 모든 것을 포괄

4) 〈폴리페모스Polyphemus〉는 『오딧세이』에 등장하는 외눈박이 거인들Cyclops 중 하나이다.

5) 〈기예arts〉나 〈지침usages〉상에서의 발명을 다룬 기록들이란, 베이컨 시대에 유행한 기술 매뉴얼들을 지칭하는 것 같다. 베이컨은 이러한 기예나 지침이 작업현장이나 실습에서는 유용하지만, 규칙이나 방향을 결핍한 것으로 본다.

하는 학문의 역사를 구성하고자 하는바, 내 작업의 효용과 목적은 학문애호가들에게 만족을 주거나 호기심을 자극하는 것이 아니라, 이보다 무겁고 심각한 것이다.[6] 한마디로 말해, 학자들이 학문을 이용하고 관리함에서 보다 현명해지도록 만드는 것이 나의 목적이다. 신학자를 현명하게 만드는 것은 성 아우구스티누스나 성 암브로시우스의 작품이라기보다,[7] 교회사를 빈틈없이 읽고 관찰하는 일이듯이, 학문에도 동일한 이치를 적용할 수 있다고 하겠다.

3. 〈자연의 역사〉에는 세 종류가 있다. 〈정상 경로〉에 있는 자연을 다루는 역사학, 〈정상 경로를 벗어난erring〉 자연을 다루는 역사학, 그리고 〈변화된〉 혹은 개조된 자연을 다루는 역사학이 그것들이다. 이 셋은 각각 〈일반 피조물의 역사학〉, 〈경이로운 변이(變異)의 역사학〉, 〈기예의 역사학〉으로 부를 수도 있다. 첫번째 것은 분명히 현존하며, 게다가 거의 완성된 형태로 존재한다. 반면에 나머지 두 역사학은 너무 빈약하고 거의 쓸모 없는 것으로 취

---

6) 〈학문애호가lovers of learning〉는 학문과 기술에 대해 아마추어적 관심을 가진 사람들, 즉 〈딜레탕트dilettante〉와 비슷한 뜻이다. 특히 르네상스 시대에 인문주의 취향의 군주나 귀족 중에는, 〈호기심을 자극하는 것들curiosita〉의 수집과 연구에 열의를 보인 인사들이 많았으며, 따라서 당연히 자연연구도 그들의 호기심을 자극하는 방향으로 발전하였다. 베이컨은 이러한 상태를 겨냥하고 있다.

7) 성 아우구스티누스(Aurelius Augustinus, 약 354-430)는 라틴 서방의 4대 교부 중 한 사람으로, 알제리아의 히포Hippo의 대주교를 지냈고, 삼위일체론을 비롯한 기독교 핵심 교리를 정립하였다. 암브로시우스(Ambrosius, 약 340-397)는 밀라노의 대주교로 테오도시우스 황제의 기독교 공인(390)에 대해서는 물론, 아우구스티누스의 기독교 개종에 대해서도 큰 영향을 미쳤다.

급되는바, 나로서는 그것들이 아예 없다고 말하고 싶을 정도이다. 실제로, 나는 생식, 생산, 운동 등에서 정상 경로를 이탈한 자연의 작품을 충실하고도 적절하게 수집한 사례를 알지 못한다. 특정한 장소와 지역에 국한된 기이한 피조물이든, 특정한 시간과 기회에 발생하는 낯선 사건이든, 아직 알지 못하는 원인에서 비롯된 결과이든, 일반적인 종류로부터 벗어난 예외적 사례든, 적절한 수집이 수행되지 못한 점에서는 모두 마찬가지이다. 물론 나는 실험과 비밀을 우화처럼 포장하여 기술한 책, 즐거움이나 색다른 경험을 제공하기 위해 뻔한 사기를 늘어놓은 책이 널려 있다는 것을 잘 안다. 그러나, 자연의 〈변이들heteroclites〉이나 불규칙한 것들irregulars을 엄밀하게 검토하여 기술한 편찬서는 찾기 힘들다. 우화적인 문체며 천박한 오류에 대한 비판을 곁들인 편찬서는 더 말할 나위도 없다. 그렇기 때문에, 면밀한 검토에는 소홀한 대신, 태고성을 가장한다든지 비유와 장식으로 가득한 표현을 이용하여 의견을 개진하는 수법이 오늘날 유행하게 되었는데, 이런 상황에서 자연에 대한 거짓 진리untruth는 일단 확산되기 시작하면 좀처럼 진정시키기 어렵다.[8)]

4. 자연의 변이들에 대한 연구는 아리스토텔레스의 선구적인 연구 덕택에 명예를 얻은 것으로, 많은 기담 편집자들Mirablaries이 그러하듯, 호기심 많고 허황한 사람의 욕구를 채우는 데 이용

---

8) 여기서 베이컨이 주로 비판하고 있는 대상은 르네상스 마술 전통이다. 마술은 〈예외적이고 색다른 것〉을 추구하며 실험에 의해 자연의 〈비밀〉을 폭로한다는 점에서는 〈과학〉과 유사해 보이지만, 연구성과를 비유적이고 장식적인 우화로 포장하고 〈태고적부터 전승된 진리〉임을 가장한다는 점에서는 과학과 구별된다는 것이다.

될 가능성도 없는 것은 아니다.[9] 그렇지만 이런 연구에는 보다 중요한 두 가지 대의가 있다. 첫째는, 평범하고 익숙한 사례에만 의존하여 구성되는 공리나 견해의 편파성을 교정하는 일이다. 둘째는 자연의 경이(驚異)야말로 경이로운 기예를 정립하기 위해 가장 근접한 정보와 통로를 선물한다는 점이다. 따라서 우리는 이런 연구를 통해 이리저리 방황하는 자연의 자취를 마치 사냥개처럼 추적해 두었다가, 방황이 끝난 뒤에 자연을 원래의 자리로 이끌 수 있다.[10] 자연의 경이를 기록한 역사학의 경우에, 나는 마술이며 주술이며 환영(幻影)이며 점복(占卜) 따위의 미신적인 해설조차도, 사실적 보증과 명백한 증거만 있다면, 완전히 배제될 필요는 없다고 생각한다. 미신 탓으로 돌려지는 많은 사례와 놀라운 효과 가운데, 과연 어떤 사례와 효과가 자연적 원인으로부터 발생한 것인지는 아직 알려진 바 없기 때문이다. 미신적인 해설을 수행하는 것은 비난받아 마땅한 일이지만, 그 해설을 주의 깊게 검토하면 빛을 얻을 수도 있다. 죄지음의 원인을 헤아리는 혜안을 얻을 수 있을 뿐만 아니라, 자연의 보다 깊은 곳을 드러내는

9) 여기서 베이컨이 말하는 기담 편찬서는 아리스토텔레스의 이름을 차용한 아랍계의 자연사 연구(특히 *De Mirabilibus Auscultationibus*)와 르네상스 시대의 자연마술 서적을 두루 포함한다. 본서 1. 4. 10 참조.

10) 아리스토텔레스 이래로, 〈기예는 자연의 모방〉이었다. 이런 개념은 중세 스콜라주의는 물론 르네상스 마술과 베이컨에게도 계승되었다. 그러나 자연의 일상적 경로가 아닌 자연의 경이나 기적을 모방하려는 노력은 르네상스 마술로부터 본격적으로 시작되었다. 〈방황하는 자연〉(자연의 변덕)까지도 모방할 수 있어야만 비로소 자연을 제대로 통제할 수 있고, 그리하여 실락원 이후의 인류의 고통스러운 삶을 극복할 수 있다는 베이컨의 견해는, 르네상스 마술의 영향을 받은 것이기는 하지만, 마술의 과시욕과 허장성세를 배제하고 자연연구를 보다 공적 · 사회적인 사업으로 정당화한 일대 혁신이었다.

통찰을 얻을 수도 있다는 말이다.[11] 누구도 진리의 견지에서 미신적인 해설을 심문inquisition하는 일에 주저해서는 안 된다. 국왕 폐하 자신이 그 모범을 보이셨다.[12] 폐하께서는 종교와 자연철학이라는 두 개의 맑은 혜안으로 미신적 해설의 그림자를 꿰뚫어 보셨지만, 당신 스스로는 마치 아무리 더러운 곳을 지나가도 원래의 순수함을 고스란히 유지하는 태양빛 같은 본성을 지닌 분임을 입증하셨다. 어쨌든 미신과 뒤섞인 이러한 해설을 체로 걸러내서, 오로지 자연적 사실에 대해서만 수행되는 해설과 뒤섞이지 않도록 하는 것은 꼭 필요하다. 종교적인 기사(奇事)와 기적을 다룬 해설의 경우는, 참이라는 것이 입증될 수도, 자연적이라는 것이 입증될 수도 없으므로, 자연사 서술에는 부적합하다고 하겠다.

5. 〈만들어진 자연〉, 즉 〈가공된mechanical 자연〉을 다루는 역사학을 살펴보기로 하자. 농업 및 수공기예manual arts에 관해 몇 권의 편찬서가 이미 존재한다는 것을 나도 알고 있다.[13] 그러

---

11) 베이컨은 마술이 이룩한 성과를 〈미신〉이라는 이름으로 싸잡아 공격하기보다는 실험에 회부할 필요가 있다고 주장한 과학자들의 선조이다. 실험을 통해 마술의 자연적 원인이 규명된다면, 이는 과학의 진보에 이바지할 것이다. 더 나아가, 실험은 자연적 원인이 밝혀지지 않은 마술을 추종하는 것이 우상숭배나 미신의 죄임을 분명하게 알려줄 것이다.

12) 제임스 1세의 마술 비판서, 『귀신론 *Daemonologie*』(1603)에 대한 언급이다.

13) 베이컨은 〈mechanical〉이라는 용어를 다양한 의미로 사용한다. 형용사로는 ① 〈손 조작이나 수공기예와 관련된〉, 혹은 ② 〈기계의 제작이나 고안과 관련된〉이라는 의미로 사용하기도 하고, ③ 〈비천한〉이라는 의미로 사용하기도 한다. 명사(복수)로는 ④ 〈기계 제작에 관한 지식〉이라는 뜻으로 사용한다. 원문 〈history of nature mechanical〉은 ①의 의미를 따라, 〈(기예에 의해) 가공된 자연에 관한 역사학〉으로 번역하였다. 〈가공된 자연〉은 〈제2의 자연〉 즉

나 대체로 이런 편찬서는 친숙하고 평범한 실험을 배제하는 경향이 있다. 수공기예에 관한 주제를 연구하거나 깊이 성찰한다는 것은, 학문에 대한 모독으로 여겨지는 탓이다. 예외가 없는 것은 아니다. 비밀스럽거나 희귀하거나 극히 불가사의한 주제가 그런 예외로 간주될 수 있을 것이다. 그러나, 이처럼 예외적인 주제는, 플라톤이 적절하게 풍자하듯이, 헛되고 오만한 망상에서 비롯된 것이다. 플라톤은 거만한 소피스트 히피아스Hippias가 진실하고 가식 없는 진리 탐구자 소크라테스와 벌인 논쟁을 소개하고 있다. 논쟁의 주제는 아름다움에 관한 것이다. 소크라테스는 귀납법을 따라 여러 사례들을 찾아다닌 끝에, 아름다운 처녀를 첫 사례로 제시하였고, 다음에는 아름다운 말〔馬〕, 다음에는 아름답게 채색된 항아리를 제시하였다. 그러자 히피아스는 화를 내면서 말하였다. 〈예의상 어쩔 수는 없지만, 이렇듯 천하고 더러운 예를 드는 사람과는 논쟁을 벌이기 싫다〉는 것이었다. 이에 대해 소크라테스는, 〈일리 있습니다, 당신같이 복장이 단정한 사람에게는 잘 어울리는 말이네요〉라 답하고는, 비슷한 반어법irony을 계속 사용하였다.[14] 어쨌거나 이 일화가 전하는 진리는, 가장 고상한 사례들이 가장 확실한 정보를 제공하는 것은 아니라는 점이다. 고개를 치켜들고 별을 응시하다가 물에 빠졌다는 어떤 철학자의 잘 알려진 일화에서도 똑같은 진리가 표현되고 있다.[15] 만일 그가

〈기예〉로 바꿀 수 있다. 한편, 〈수공기예〉는 회화, 조각, 기계기술, 사냥, 어획(漁獲) 등 〈손〉을 사용한 모든 기술을 뜻한다.

14) 인용은, 플라톤, 『대 히피아스*Hippias Major*』, 291.

15) 〈어떤 철학자〉는 탈레스Thales를 말하며, 이 일화는 플라톤, 『테아이테토스

아래를 보았더라면 물에 비친 별을 볼 수도 있었겠지만, 위를 쳐다보는 동안 별 속에서 물을 보았을 리는 없다. 흔히 일어나는 일이지만, 큰 것으로 작은 것을 발견하기보다는, 천하고 보잘것없는 것으로 위대한 것을 발견하는 경우가 더 많다. 아리스토텔레스는 이를 적시하여, 〈사물의 본성은 그 가장 작은 부분에서 가장 잘 파악할 수 있다〉고 말한다.[16] 실제로 그는 이런 이치에 따라 국가의 본성을 연구하였다. 여느 오두막집에서도 볼 수 있는, 부부관계, 부자관계, 주종관계 등 가족의 단순한 관계를 먼저 연구한 것이다. 마찬가지로, 세계라는 이 거대한 도시의 본성을 파악하고, 그 도시의 조화로운 통치를 이해하기 위해서는, 먼저 미세한 조화나 작은 부분이 연구되어야 할 것이다. 자연의 비밀을 발견하는 것도 이와 다르지 않다. 우리가 알다시피, 자석을 갖다대면 쇠붙이를 북쪽으로 향하게 만들 수 있다는 비결은, 쇠막대기 아닌 쇠바늘을 이용해서 발견된 것이었다.

6. 내 판단이 얼마간 무게를 가진 것이라면, 〈수공기예의 역사학〉은 무엇보다도 자연철학을 위해 근본적인 용도를 갖는다. 내가 말하는 자연철학은 미묘한 사색이나 숭고한 사색이나 즐거운 사색 속에 증발되어 버릴 것이 아니라, 인간 삶에 은총과 이익을 줄 수 있는 것을 지칭한다. 특히 수공기예의 역사학은 두 가지 용도를 갖는다. 우선 그것은 한 사람이 각종 비기(秘技, mysteries)에서 축적된 경험을 검토하여, 어떤 비기에 대한 관찰결과를 다른 비기로 옮겨 응용하는 데 도움을 준다. 그리하여 그것은 오늘날

Theaetetus』, 174에 나온다.

16) 인용은, 아리스토텔레스, 『물리학』, 184.

모든 직업 현장에서 이루어지는 다양한 기술적 응용을 위해 도움과 통찰을 제공할 수 있다. 뿐만 아니라, 그것은 〔자연의〕 원인들 및 공리들에 대해서도, 기존의 설명보다 훨씬 더 참되고 실질적인 설명을 제공할 수 있을 것이다. 인간의 참모습은 그를 완벽하게 구속할 때 비로소 인식된다. 프로테우스Proteus도 붙잡아 결박해 두기 전까지는 모습을 계속 바꾸지 않았던가. 자연에 대해서도 마찬가지이다. 자연의 진행과정과 변화는 자연을 자유롭게 놔둘 때는 잘 드러나지 않지만, 기예로 시련과 구속을 가할 때 비로소 충실하게 드러나는 것이다.[17)]

---

17) 여기서 직업기술의 역사가 편찬되어야 할 이유는 두 가지이다. 하나는 기술축적이 직업현장의 기술 개선에 도움이 된다는 것이다. 다른 하나는 〈자연철학〉의 고유한 작업, 즉 자연의 원인을 구명하고 공리를 정립하는 데 도움이 된다는 것이다. 전자는 16-17세기에 다양한 형태로 편집된 〈기술 매뉴얼들〉에서 이미 강조된 원리였다. 베이컨은 후자를 더욱 강조하는데, 이 경우 기술은 그 〈지식〉으로 자연철학에 도움을 주는 것이 아니다. 오히려 그는 기술이 자연에 대해 〈시련과 구속〉을 가하는 〈방법〉에 주목한다. 이를테면 연금술사가 광물에 계속 열을 가하여 연금액을 획득하려는 시도가 그러하다. 자연에 대한 지속적인 실험이 언젠가는 근본적인 〈원인〉과 〈공리〉를 제공할 것이라는 베이컨의 믿음은, 연금술사의 그것을 닮았다.

제2장

1. 〈시민사회의 역사학civil history〉에는 세 종류가 있다. 세 종류의 그림이나 조각에 비유해 보는 것도 그리 부적절하지는 않을 것이다. 그림이나 조각에는 미완성품도 있고, 완성품도 있고, 훼손된 작품도 있다. 이와 마찬가지로, 우리는 세 종류의 〈역사학〉을 구별할 수 있다. 〈원(原)기록〉, 〈완전한 역사학〉, 그리고 〈유물〉이 그것들이다.[1] 〈원기록〉은 미완성된 역사학, 즉 역사학의 초벌그림에 해당한다. 〈유물〉은 훼손된 역사, 혹은 시간이라는 난파선을 운 좋게도 벗어난 역사의 잔존물이다.

2. 〈원기록〉, 즉 예비적 역사학은 두 종류로 구성된다. 하나는 〈비망록commentaries〉, 다른 하나는 〈의사록registers〉이라 불려질 수 있는 것이다. 〈비망록〉은 어떤 사건이나 행동의 추이를 진행된 그대로 적어둔 것이다. 그 행동에 있어서의 동기, 계획, 조언, 설득, 구실, 조건, 에피소드 같은 것은 모두 배제된다. 비망록의 참된 본성은 바로 여기에 있다. 비록 케사르는 세계에서 가장

1) 〈원(原)기록memorials〉은 원래 기록된 그대로 보존된 기록물을, 〈완전한 역사학perfect history〉은 스토리의 구성요소를 완전하게 갖춘 기록물을 각각 지칭한다. 〈유물antiquities〉은 옛날부터 전승된 고문서, 어휘, 기념물, 유적 등을 포괄하는 개념이다.

훌륭한 역사를 서술하고도, 자랑 섞인 겸양의 표현으로, 그것에 〈비망록〉이라는 이름을 임의로 붙인 적이 있지만 말이다. 〈의사록〉은 회의의 결정사항, 재판 기록, 국가의 선언 및 공한(公翰), 공공 연설 등 다양한 공적 행위를 집성한 것이다. 여기에는 이야기의 서두를 계속 끌고 가면서 짜임새 있게 구성하는 완전한 서술 형식이 들어설 여지가 없다.

3. 〈유물〉 즉 역사의 잔존물은 앞서 언급되었듯이, 〈난파선의 파편 같은〉 것이다. 근면한 사람들이 기념물, 이름, 어휘, 속담, 전승, 사사로운 기록과 증거, 이야기의 편린, 역사와 무관한 책의 일부 등을 엄밀하고 꼼꼼하게 탐색하고 관찰하여, 난파된 시간으로부터 구제하고 회복한 것이 바로 〈유물〉이라고 하겠다.

4. 나로서는 이 두 종류의 불완전한 역사에서 어떤 결함을 지적할 생각이 없다. 양자는 원래부터가 〈불완전하게 구성된 것들 tanquem imperfecte mista〉이요, 따라서 그것들의 결함은 바로 그것들의 본성이기 때문이다. 다만, 건전한 판단력을 지닌 많은 사람들이 고백하듯이, 역사학을 타락시키고 좀먹는 〈요약본 epitomes〉을 이용하는 일만은 사라져야 마땅할 것이다. 〈요약본〉은 많은 탁월한 역사기록의 건전한 신체를 파먹고 부식시켜, 비천하고 무익한 찌꺼기로 만든 원흉이기 때문이다.[2)]

5. 〈규범적 just〉이고 〈완전한〉 역사학에는 세 종류가 있는데, 각 종류는 그것이 표현하고자 하는 대상에 따라 구별된다. 〈시간(시대)〉을 대상으로 삼는 것, 〈사람〉을 대상으로 삼는 것, 그리고 〈행

---

2) 예컨대, 고전 라틴 문학의 쇠퇴기에 등장한 〈요약본〉이 그러하다. 베이컨은 〈자의적인 추상화〉를 거부하는 입장에서 〈요약본〉을 비판한다.

동〉을 대상으로 삼는 역사학이 있다. 첫째는 〈연대기chronicles〉, 둘째는 〈전기lives〉, 셋째는 〈서사(敍事, narrations)〉나 〈보고(報告, relations)〉라 부를 수 있을 것이다. 셋 중에서 가장 완벽하고 절대적인 종류의 역사로 높은 평판과 영예를 얻은 것은 〈연대기〉이다. 그러나, 유용성과 효용성 면에서는 〈전기〉가 연대기를 능가하며, 진실성과 성실성 면에서는 〈서사〉가 연대기를 능가한다. 실제로, 시대를 다루는 역사학은, 위엄 있는 행동을 표상하고 여러 위인의 공적 얼굴과 태도를 묘사하는 데 치중한 나머지, 사람이든 사건이든, 보다 미세한 과정과 운동에 대해서는 침묵으로 지나쳐 버리기 일쑤이다. 하지만 하나님은 가장 무거운 것을 가장 가벼운 줄로 매다는 방식으로 일하신다. 그 분은 〈가장 가벼운 것으로 가장 무거운 것을 매다신다〉는 말이다.[3] 이 점에서, 시대를 다루는 역사학은 어떤 일을 그 내부에서 결정하는 참된 원인을 제시하기보다는, 그 일의 외적 화려함을 과시하는 데 머무르는 경향이 있다. 이와 대조를 이루는 것이 〈전기〉라고 하겠다. 제대로 작성된 〈전기〉라면, 어떤 인물의 행동을—큰 것이든 작은 것이든, 공적인 것이든 사적인 것이든—빼놓지 않고 표현할 수 있을 것이요, 그 결과 한층 참되고 그의 본성에 어울리는 모습을 생생하게 전할 수 있을 것이기 때문이다. 이런 성질에서는, 펠레폰네소스 전쟁이나 연소 키로스의 원정이나 카틸리나의 음모 같은 행동을 다룬 〈서사〉나 〈보고〉도 다를 바 없다.[4] 〈서사〉나 〈보고〉가 시

---

3) 욥기(26장 7절)에서 하나님이 〈땅을 공간에 매단다〉는 구절을 염두에 둔 표현이다.

4) 펠로폰네소스Peloponnesus 전쟁은 기원전 431-404 기간 동안 아테네와 스파

대를 다루는 역사학에 비해 훨씬 순수하고 엄밀한 진실성을 가지는 것은 당연하다. 왜냐하면 그것은 저자가 직접 목격하고 배운 범위 내에서 이해할 수 있는 논거만을 채택하기 때문이다. 반면에, 어떤 시대, 특히 긴 시대를 이야기하려는 자는, 이야기를 구성하는 동안 많은 공백과 허점에 봉착하지 않을 수 없으며, 그 공백과 허점을 자신의 재능과 추측으로 메울 수밖에 없는 것이다.

6. 내게는 〈시민사회의 역사학〉의 일부로 보이는 〈시대사History of Times〉로 말하자면, 그것을 주관해 온 것은 하나님의 섭리이다. 하나님께서 기꺼이 군대, 학문, 도덕, 정치, 법률 등 모든 분야에서 세계의 가장 모범적인 두 국가, 즉 그리스와 로마를 세우시어 귀감으로 보이신 것은 그 증거라고 하겠다. 이 두 국가의 역사는 시간의 흐름에서 〈중간 부분〉을 차지하는바, 그보다 오래된 역사는 세계사의 〈태고 시대antiquities〉라는 공통의 이름으로 불려질 수 있고, 그 이후의 역사는 〈근대사modern history〉라는 이름으로 불려질 수 있을 것이다.[5)]

7. 이제 〈시대사〉의 결점을 살펴볼 차례이다. 〈이교(異教)의 태고 시대〉에 관해서는, 그 결점을 찾으려 하는 것 자체가 헛수고이

르타가 그리스 패권을 놓고 벌인 전쟁이다. 연소 키로스Cyrus Minor(기원전 401년에 죽음)는 페르시아 왕 다리우스 2세의 차남으로, 펠로폰네소스 전쟁에서 스파르타를 도와 아테네를 파괴한 인물이다. 카틸리나Lucius Sergius Catilina(기원전 약 108-62)는 로마의 악명 높은 음모 정치가로, 술라며 키케로 등 여러 정적(政敵)들에 대해 음모를 꾸몄다.

5) 역사를 고대, 중세, 근대로 나누는 삼분법은 1469년 이탈리아의 조반니 안드레아Giovanni Andrea로부터 시작되었다고 한다. 베이컨은 그리스와 로마 시대를 중세로 삼고, 그 이전의 〈태고(太古) 시대〉를 고대로 설정하는바, 이 점에서 전형적인 삼분법과 다소 차이를 보여준다.

다. 그 역사학이 거의 신화와 파편만으로 구성된다는 점에서 결점이 없을 수 없지만, 그런 결점은 수정될 수 있는 성질의 것이 아니다. 태고 시대는 〈머리를 구름 속에 감춘 채〉 떠도는 풍문과도 같아서,[6] 그 감추어진 머리를 볼 수 없기 때문이다. 반면에 〈모범적인 두 국가〉의 역사학은 거의 완전한 상태로 남아 있다. 나로서는, 테세오스로부터 (그리스의 정세가 로마의 위세에 눌려 꺼져가고 있었던 시대의) 필로포이멘에 이르는 그리스 역사에 대해, 완전한 역사 진행경과를 알았으면 좋겠다는 바람을 가진 적이 한 번도 없을 정도이다.[7] 로물루스로부터 (최후의 로마인이라 불리는) 유스티니아누스에 이르는 로마의 역사에 대해서도 마찬가지이다.[8] 그리스 역사의 연속에 관해서는 투키디데스와 크세노폰의 원전이 남아 있고, 로마 역사의 연속에 대해서는 리비우스, 폴리비우스, 살루스티우스, 케사르, 아피아누스, 타키투스, 헤로디아

---

6) 인용은, 베르길리우스, 『아에네이드』, 4. 177.

7) 테세오스Theseus는 아테네 건국신화의 영웅으로, 에게 해(海)를 제패하고, 크레타 국왕 미노스가 미로에 가두어둔 괴물 미노타우로스Minotauros를 죽이는 공을 세웠다. 아티카Attica 지방에 산재한 공동체들을 연방으로 묶은 개혁으로도 유명한 인물이다. 필로포이멘Philopoemen(기원전 약 252-183)은 그리스 정치가이자 장군으로, 기원전 209년에 아테네 기병대장으로 아에톨리아Aetolia와 엘레아Elea를 격파하고 〈아테네 동맹〉의 사령관이 되었다. 그리하여 스파르타의 독재를 무너뜨렸으나, 기원전 183년 메세나Messena의 반란으로 죽었다. 역사가 폴리비우스Polybius가 아테네의 애국자로 칭송한 인물이다.

8) 로물루스Romulus는 로마 건국신화의 영웅으로, 기원전 753년에 로마를 건설한 것으로 전한다. 유스티니아누스Justinian(483-565)는 동로마제국의 황제(재위 527-565)로, 반달족으로부터 아프리카를 회복하고 동고트족으로부터 이탈리아를 회복하여, 로마 몰락 후 동로마의 로마계승권을 확립하였다. 그를 〈최후의 로마인 Ultimus Romanorum〉으로 평가한 것은 타키투스이다.

누스 등 여러 역사가의 원전이 남아 있다. 이들의 기록은 조금도 훼손되지 않은 채 완전하게 보존되어 있기 때문에, 조금씩 첨가해 가며 계속 유지하면 될 일이다. 그러나, 이처럼 정보량을 늘리는 작업은, 권고될 수는 있어도 꼭 필요한 것으로 요구될 수는 없다. 지금 우리가 논의하고 있는 것은 군더더기 정보를 추가하는 문제가 아니라, 학문의 필수 분야들을 보충하는 문제이기 때문이다.[9)]

8. 다음으로 〈근대사〉에서는 극소수의 역사기록만이 가치가 있을 뿐, 대부분은 평균 수준 이하이다(나는 〈외국 문제에 쓸데없이 참견하는 자〉[10)]가 되고 싶지 않기 때문에, 외국 역사를 다루는 일은 외국에 일임하기로 하겠다). 나는 잉글랜드 역사에 논의를 국한하여, 폐하께 그 역사의 대부분이 얼마나 가치 없는 것인지, 그리고 내가 검토한 역사가들 중 가장 최근에 가장 방대하게 작업한 저자가 스코틀랜드 역사만을 떼어내서 서술한 것이 얼마나 편파적이고도 불공평한 일인지를 말씀드리지 않을 수 없다.[11)] 현재 이 위대한 브리튼 섬이 미래의 시대를 위해 왕국으로 통합되어 있듯이, 과거 시대에 대해서도 하나의 역사로 함께 기록되었더라면, 그것은 폐하께 명예일 뿐만 아니라 그 자체로서도 기억될 만한 작품이

9) 위에서 언급된 고대 역사가들의 기록을 보충하기보다는, 고대 역사가들 사이에서 간과된 학문 분야를 보충할 필요가 있다는 뜻이다. 특히 베이컨은 고대인들이 〈방법〉이나 〈원리〉를 결여하였다는 데 주목한다.

10) 인용은, 키케로의 『의무론』, 1. 34.

11) 스코틀랜드 인문주의자, 조지 부캐넌(George Buchanan, 1506-1682)을 가리킨다. 그는 제임스 1세가 스코틀랜드 국왕 제임스 6세로 있던 시절(1570-1578)에 그의 가정교사를 지내기도 하였으나, 베이컨 당시에는 국왕의 총애를 잃은 상태였다. 언급된 작품은, 부캐넌의 『스코틀랜드 역사 *Rerum Scoticarum historia*』(1582)이다.

될 수 있었을 것이기 때문이다. 실로 성서가 역사를 기록한 방식이 그러하였던바, 성서는 먼저 10부족의 역사를 적은 뒤에 두 부족의 역사를 마치 쌍둥이처럼 함께 다루었다. 어쨌든 잉글랜드 역사의 경우에는—내 작업이 너무 포괄적이어서 그리 꼼꼼하게 다룰 수는 없겠지만—비교적 단기간에 걸친 뛰어난 시대가 있었다. 붉은 장미와 흰 장미의 통합으로부터 두 왕국의 통합에 이르는 기간이 그러하였다.[12] 내가 알기로, 이 짧은 기간은 일찍이 유례가 없는 변화의 시대였다. 과거의 어떠한 세습 왕조도 비슷한 수의 왕위를 계승하는 동안 경험하지 못한 변화무쌍함을 경험한 시대였던 것이다. 우선 이 시대는 국왕이 군대의 최고사령관이자 최고의 사법권을 가진 자의 지위에 오른 것으로 개막되었다. 그 지위는 전쟁으로 시작되어, 결혼으로 정립된 것이었기에,[13] 마치 폭풍우 뒤의 바다처럼 극심한 풍랑은 없지만 높은 파도가 넘실대는 시대였다. 그렇지만 역대의 가장 유능한 국왕 중 하나〔헨리 7세〕가 선장이 되어 파도가 거센 바다를 지혜롭게 헤쳐갈 수 있었던 것이다. 그 뒤를 이은 국왕〔헨리 8세〕의 치세에서, 국왕의 조

---

12) 대략 1485-1603의 기간을 말한다. 붉은 장미는 랑카스터Lancaster 가문의 문장(紋章)이고 흰 장미는 요크York 가문의 문장이었다. 두 가문이 30년(1455-1485)에 걸쳐 벌인 왕위 계승전쟁을 가리켜 〈장미 전쟁〉이라고 부른다. 결국 랑카스터 가문의 헨리 7세가 왕위를 계승하고 요크 가문의 엘리자베스와 결혼함으로써, 튜더 왕조가 시작되었다. 또한 〈두 왕국의 통합〉이란 잉글랜드와 스코틀랜드의 〈왕권 통합〉을 말한다. 엘리자베스 사후, 스코틀랜드의 제임스 6세가 잉글랜드의 제임스 1세로 등극함으로써(1603) 두 왕국의 왕권 통합이 이루어졌다. 의회의 통합을 비롯한 두 왕국의 실질적인 통합United Kingdom of Great Britain은 앤 여왕 치세기인 1707년에 이룩되었다.

13) 랑카스터 가문의 헨리 7세가 요크 가문의 엘리자베스와 결혼한 것을 말한다.

치는 비록 단호한 것이기는 하였지만, 유럽 정세와 불가분의 관계로 엮여 있었다. 그러므로 국왕의 조치는 유럽의 정세와 균형을 이룰 때도 있었지만, 유럽 정세의 변화에 따라 무시로 변화하는 양상을 보여주었다. 뿐만 아니라 그의 치세 동안, 교회의 형편에서 일대 변화가 시작되었다.[14] 변화가 본 궤도에 올랐던 것은 아니지만 말이다. 다음에는 어린 국왕의 치세가 뒤따랐다.[15] 다음에는 〈잠시 지나가는 열병febris ephemera〉에 지나지 않았지만 왕위찬탈의 기회가 있었다.[16] 다음에는 외국인과 결혼한 여왕의 치세가 뒤따랐다.[17] 다음에는 결혼하지 않고 독신으로 산 여왕(엘리자베스 1세)의 치세가 뒤따랐다. 그렇지만 그녀의 통치는 실로 남성적인 것이어서, 외국에 미친 작용과 영향이 외국으로부터 받은 것에 비해 훨씬 컸다. 그리하여 마침내, 브리튼 섬이 다른 나라의 영향을 받지 않고 오직 혼자의 힘으로 통일을 이루는, 이 행복하고도 영광스러운 결말이 찾아왔다. 아에네아스가 받은 휴식의 신탁, 즉 〈네 옛 어머니를 찾아라〉는 신탁이, 오늘날 잉글랜드와 스코틀랜드 국민에 의해 성취된 셈이다. 이제 양 국민은 브리

14) 헨리 8세의 〈수장령Act of Supremacy〉 반포(1534)를 비롯한, 일련의 종교개혁 조치를 말한다.

15) 에드워드Edward 6세를 말한다. 그는 9세에 등극하여 6년(1547-1553) 동안 통치하였다.

16) 에드워드 6세가 15세의 어린 나이로 죽은 뒤에, 메리(훗날 메리 1세)를 위시한 가톨릭 세력의 복귀를 두려워하여, 에드워드 6세의 사촌이자 실력자 노섬버랜드Northumberland 대공의 며느리인, 제인 그레이Jane Grey를 여왕으로 추대하려는 시도가 있었다. 그녀는 불과 9일 동안 여왕에 올랐다.

17) 메리Mary 1세(재위 1553-1558)는 1554년에 에스파냐의 펠리페 2세와 결혼하였고, 에스파냐의 힘을 빌려 가톨릭교로의 복귀를 시도하였다.

튼이라는 옛 어머니의 이름으로 재결합하여, 불안정과 방황으로 점철된 시대에 종지부를 찍은 것이다. 마치 육중한 물체가 한참 동안 진동을 겪은 뒤에야 비로소 고정되어 안정을 되찾는 것처럼, 이 왕국도 하나님의 섭리에 의해 예비적인 동요와 변화를 겪고 나서야 폐하의 치세에 이르러 안정을 찾게 되었다(희망컨대, 이 왕국은 폐하의 후손들에게서도 영원히 지금처럼 확고하게 정립되어 있을 것이다).

9. 〈전기〉를 살펴볼 차례이다. 오늘날의 세태에 대해 내가 이상하다고 여기는 면이 있다. 시대를 대표하는 덕에 존경을 표하는 경우가 별로 없고, 따라서 전기 서술도 예전처럼 빈번하지 않다는 점이다. 물론, 영방(領邦) 국가들의 대부분이 군주국으로 통합된 상태에서는, 강력한 군주나 절대적인 지배자가 그리 많지 않은 것이 당연하다. 그러나 산만한 기록이나 허황한 찬사의 대상으로 머물기에는 아까운 위인들이 여전히 많다. 이 점에 관해서는, 이미 작고한 한 시인의 작품이 적절한 암시를 제공한다. 그는 고대의 우화를 더욱 풍부하게 꾸미고 있다.[18] 그가 꾸민 이야기에서, 모든 인간은 각자의 생명줄 즉 생명의 거미줄 끝에 각자의 이름을 적은 작은 메달을 달고 있다. 〈시간〉은 그 줄을 끊을 가위를 기다리다가, 줄이 끊어지자마자 메달을 받아 망각의 강 〈레테 Lethe〉로 가져간다. 강둑에는 수많은 새들이 위아래로 날고 있다. 새들은 메달을 낚아채 부리에 물고 잠시 날다가 그 강물에 떨어

18) 〈작고한 시인〉은 이탈리아 시인 아리오스토(Ludovico Ariosto, 1474-1533)를 말한다. 그의 서사시, 『광인 오를란도 *Orlando Furioso*』의 34권 말미와 35권 서두에 등장하는 내용이다.

뜨린다. 다만, 강물 위로 백조 몇 마리가 떠다니다 혹시 어떤 이름을 건지면 그 이름을 가져가 신전에 안치한다는 것이다. 무릇 인간이 죽을 운명의 존재인 것은 육신 때문이라기보다 욕망 때문인즉, 이름을 남기고 기억에 남으려는 욕망을 존중한다는 것은 헛되고 허무한 짓에 불과할 수도 있다. 이로부터 〈높은 칭송을 바라지 않는 영혼〉[19]에 대한 의견이 형성된다. 이런 의견은 〈인간은 더 이상 칭송할 가치가 없다고 여기면 칭송을 비난으로 바꾼다〉는 생각에 그 뿌리를 둔 것이다.[20] 그러나, 이런 의견이 솔로몬의 현명한 판결을 뒤집을 수는 없다. 〈의인을 기념할 때에는 칭찬하거니와, 악인의 이름은 썩으리라〉는 것이다.[21] 의인의 이름은 무성하게 자라지만, 악인의 이름은 금방 잊혀지거나 악취 나는 것으로 바뀐다는 뜻이다. 〔추모사에서 죽은 자의 이름 앞에〕 〈행복한 기억의felicis memoriae〉, 〈경건한 기억의piae memoriae〉, 〈좋은 기억의bonae memoriae〉 같은 구절을 첨가하는 방식이 널리 채택되어 사용되어 온 것은 이 때문이라고 하겠다. 이런 추모관행에서 이미 우리는 키케로가 데모스테네스로부터 인용한 금언, 〈명성은 죽은 자가 소유할 수 있는 재산의 전부〉라는 금언을 인정하고 있는 셈이다.[22] 바로 그 전 재산에 해당하는 것이 오늘

19) 인용은, 베르길리우스, 『아에네이드』, 5. 751.

20) 인용은, 연소 플리니우스Gaius Plinius Caecilius Secundus(61/62-113), 『서간집 *litterae curiosius scriptae*』, 3. 21. 칭송과 비난은 변화무쌍한 것이니 칭송에 연연하지 말자는 의견이 형성된다는 뜻이다.

21) 잠언, 10장 7절.

22) 키케로, 『필리피카에 *Philippicae*』, 7. 5. 10. 이 작품은 총 14편의 연설로 구성된다. 〈필리피카에〉라는 이름으로 불리게 된 것은, 키케로의 연설이 마케도니아의

날 너무 피폐해졌다는 점에서, 나로서는 그 결핍을 지적하지 않을 수 없다.

10. 특정한 행동을 전하는 〈서사〉와 〈보고〉의 경우에도, 더욱 근면하게 분발할 것이 요구된다. 위대한 행동에는 반드시 훌륭한 기록이 수반되어야 한다는 점에서 그러하다. 물론, 역사를 훌륭하게 서술한다는 것은, 그런 서술이 몇 개 되지 않는다는 데서도 알 수 있듯이, 평범치 않은 재능을 요구한다. 그렇지만, 어떤 행동이 수행되는 동안 그 행동에서 기억될 만한 세부사항을 일일이 기록하고 보고하는 것은 끈기만 가지고도 할 수 있는 일이다. 이런 작업이야말로 시대사의 토대로, 편찬의 적임자만 있다면 완전한 시대사에 대한 기대감을 높일 수 있다. 이런 보고들을 모아 편찬하는 작업은 묘목원에서 자란 나무들을 적당한 시기에 격조 높은 정원으로 옮겨 심는 일과도 같기 때문이다.

11. 소홀히 대접해서는 안 될, 또 하나의 역사학 분야가 남아 있다. 로마 역사가 타키투스가 〈연보annals〉와 〈일지journals〉로 짝지은 분야가 그것이다. 타키투스가 생각하기에, 〈연보〉는 국가의 일에 어울리는 것이고, 〈일지〉는 비교적 사소한 행위나 사건에 어울리는 것이었다. 예컨대, 그는 한 장엄한 건물의 건축을 가볍게 언급하고 넘어가면서, 그 이유를 다음과 같이 덧붙였다. 〈로마 시민의 위엄에 어울리려면, 그들의 연보에는 위대하고 주목할 만한 것만을 적어두고, 이런 일〔건물의 건축〕은 그 도시의 일지 기록에 남겨두는 편이 오히려 적합하다고 생각된다〉는 이유였다.[23)]

필리포스 2세를 비판한 데모스테네스의 연설을 모방한 것이었기 때문이다.

시민사회의 문제에서든 명상의 문제에서든, 문장관직(紋章官職) 같은 어떤 것은 반드시 필요하다.[24] 위계서열이 혼란하면 국가의 위엄이 크게 손상되듯이, 국가의 문제를 개선행렬이나 의식(儀式)이나 뉴스거리 따위와 혼동하는 것은 역사의 권위를 적지 않게 손상시킨다. 그렇다고 해서 〈일지〉가 아무 쓸모 없다는 말은 아니다. 〈일지〉는 시대사에도 유용하지만, 인물의 역사〔전기〕, 그 중에서도 주요 조치의 역사에 크게 유용하다. 고대에 군주들은 자신의 명예로운 조치며 정책에서 매일 일어난 일을 일지에 적어두도록 하였다. 예컨대, 아하수에루스 왕은 잠이 오지 않을 때 그 앞에서 연대기를 읽게 하였는데,[25] 그 연대기에는 당시의 현안뿐만 아니라 그의 치세에서 오래전에 일어난 일, 얼마 전에 일어난 일도 포함되어 있었다. 이에 비해, 알렉산더 가문의 일지는 아주 사소한 세부사항에 이르도록 낱낱이 기록하였고, 심지어는 그의 사적인 일과 궁중 내의 일까지도 적어두었다. 어쨌든, 원정 전쟁이며 항해 같은 기억될 만한 사업에서, 일이 진행된 순서대로 〈일지 diary〉를 유지하는 것은 오늘날에도 흔한 관행이 되어 있다.

12. 한편, 일부 현명하고 신중한 사람들이 사용해 온 기록 형식이 있다. 나 역시 모른다고는 할 수 없는 형식이다. 이런 기록 형식 중에는, 그들이 각기 기억할 만한 가치가 있다고 여긴 조치를

---

23) 타키투스, 『연보 *Annals*』, 13. 31.

24) 〈문장관직 heraldry〉이란 공식 의례에서 가문의 문장에 따라 위계를 정하고 자리를 지정하는 직책이다. 이러한 비유를 통해, 베이컨은 정치에서든 학문에서든, 중요한 문제와 사소한 문제를 가릴 필요가 있음을 강조하고 있다.

25) 아하수에루스Ahasuerus는 페르시아 왕 크세르크세스Xerxes를 히브리어로 표현한 것이다. 에스더, 6장 1절 참조.

산만한 형태로 기록한 형식이 포함된다. 이 형식은 각종 조치에 대한 정치적 논평과 관찰을 역사서술에 통합하지 않고 별도로 분리하여 삽입하는바, 이런 논평과 관찰은 각 조치의 의도를 밝히는 데 주안을 둔 것이다.[26] 〈반성적 역사학ruminated history〉의 일종이라 할 수 있는 이런 기록은, 역사 서적에 어울리기보다는, 조금 뒤에 논의할 정치학 서적에 더 어울리는 것으로 보인다. 역사학의 참된 직분은, 사건 자체를 조언과 함께 표상하는 데 있기 때문이다. 사건을 나름대로 관찰하여 결론을 내리는 일은 개개인의 판단력과 판단의 자유에 맡기는 편이 옳다. 그러나 사건에 대한 표상과 사건에 대한 판단이 뒤섞인, 비정상적인 혼합물에 대해서는, 어느 누구도 명쾌한 정의를 내리기 힘들 것이다.

13. 이와 비슷하게 여러 학문 분야를 뒤섞은 역사학에는 또 다른 형식도 있다. 〈우주지(宇宙誌)의 역사학〉이 그것이다. 이 역사학에서는, 지리적 의미에서 지역을 다루는 자연사가 주민의 통치 · 주거 · 풍속 등을 다루는 시민사회의 역사와 혼합되며, 기후와 별자리를 계산하는 수학도 뒤섞여 있다(수학은 최근 들어 가장 크게 진보한 학문 분야이다).[27] 사실상 우리 조상의 시대는 물론 우리 시대까지도, 세계라는 이 거대한 건물 내부를 관통할 빛은 마련된 적이 없다. 그러나 실로 이러한 상황은, 우리 시대가 명예를

---

26) 마키아벨리의 저작들, 특히 그의 『리비우스론*Discorsi sopra Livio*』(1531)을 겨냥한 진술이라고 한다. 『키친의 판본』, p. 79, n. 1 참조.

27) 〈우주지의 역사학history of cosmography〉이란, 천문학이나 지리학에서 다루는 특정한 지역의 내력이 아닌, 우주 전체나 지구의 보편적인 내력을 기록한 것을 말한다. 베이컨은 이 역사학을 자연사와 지리학과 천문학의 혼합물로 보고 있다.

얻을 수 있는, 그리고 고대와 선의의 경쟁을 벌일 수 있는 기회임이 분명하다. 우리 조상도 대척지(對蹠地)를 알고는 있었지만, 그들의 지식은 다음과 같은 정도가 고작이었기 때문이다.

> 저 멀리 동쪽에서 신선한 태양빛이 우리 위로 가쁜 숨을 내쉬는 동안,
> 서편의 붉게 타버린 노을빛은 초저녁별을 비추고 있겠지.[28)]

이런 지식은 추론적 증명에 의해 얻은 것이지, 사실적으로 확인된 것이 아니다. 여행으로 치자면, 지구의 절반만을 항해해서 얻은 지식에 불과하다. 천체가 지구를 돌듯이 지구를 한 바퀴 도는 여행은, 얼마 전까지는 수행된 적도, 계획된 적도 없었다.[29)] 따라서 오늘날 올바로 가슴에 새겨야 할 말은, 〈더 이상은 아닌non ultra!〉이라는 표어가 아니라, 〈더욱더plus ultra!〉라는 표어이다.[30)] 〈천둥번개를 모방할 수는 없다〉는 케케묵은 말 대신에, 〈천둥번개도 모방할 수 있다〉는 말을 가슴에 새겨야 한다. 〈아무도 흉내낼 수 없는 폭풍이며 천둥번개 같은 것을, 바보들이나 모방하는 것〉은 결코 아니다.[31)] 하늘은 모방할 수 있다. 천체가 지구를 도는 방식을 따라, 기억에 길이 남을 대 항해가 여러 차례 시

---

28) 인용은, 베르길리우스, 『지오르직스』, 1. 250.

29) 베이컨은 천체가 지구 주위를 회전한다는 프톨레마이오스의 전통적 관점을 그대로 수용하고 있다. 그는 코페르니쿠스의 지동설을 몰랐든지, 알면서도 받아들이지 않았다. 반면에, 마젤란의 세계일주(1522)를 비롯한 대탐험 항해의 성과에 대해서는 어느 정도 알고 있었던 것으로 보인다. 어쨌든 베이컨의 진술은 세계의 구석구석을 탐사해야 할 필요성을 강조한 〈비유〉였다.

30) 〈plus ultra!〉는 원래 신성로마제국의 칼 5세가 제시한 모토였다.

31) 인용은, 베르길리우스, 『아에네이드』, 6. 590.

도되지 않았던가.

14. 이렇듯 항해와 발견에서의 진척은, 지식 전반에 걸쳐서도 진보와 확장에 대한 기대감을 키워줄 수 있다. 사실 하나님은 그 두 종류의 진보가 함께, 한 시대에 만나도록 예정하신 듯이 보인다. 이런 맥락에서, 선지자 다니엘은 오늘날의 상황을 다음과 같이 예언하였다. 〈많은 사람이 빨리 왕래하며, 지식이 더하리로다.〉[32] 세계가 개방되어 어디든지 마음대로 다닐 수 있게 되는 것은, 지식이 증가하는 것과 한 시대에 함께 하도록 예정되어 있다는 뜻이다. 실제로 우리는 이런 상황에 거의 근접해 있다. 오늘날 학문은 고대의 양대(兩大) 학문 전성기인 그리스 시대와 로마 시대에 비해, 그리고 고대 학문의 부흥기에 비해, 별 손색이 없는 것이다.

32) 다니엘, 12장 4절. 〈다니엘아, 마지막 때까지 이 말을 간수하고 이 글을 봉함하라. 많은 사람이 빨리 왕래하며, 지식이 더하리라.〉

제3장

1. 〈종교의 역사학history ecclesiastical〉은 시민사회의 역사학과 동일한 구분법에 귀속되지만,[1] 그 특성상 또 다른 분류가 가능하다. 우선 잘 알려진 이름인 〈교회사〉가 있고, 다음으로는 〈예언의 역사〉와 〈섭리의 역사〉가 있다. 〈교회사〉는 싸우는 교회[2]의 내력을 서술한다. 따라서 그것은 노아의 방주처럼 요동치는 모습일 수 있고, 황야의 성궤처럼 이리저리 옮겨지는 모습일 수도 있으며, 성전에 안치된 성궤처럼 안정된 모습일 수도 있다.[3] 즉 교회사는 박해받는 교회, 옮겨다니는 교회, 평화로운 교회 등 교회의 여러 상태를 기술한 것이다. 나로서는 이 분야에 부족한 면이 있다고 말하기 힘들다. 다만 이 분야에서 축적된 양과 크기에 어울리는 질과 진실성이 있기를 바랄 따름이다. 어쨌든 지금 내가 할 일은 결함을 꼬집는 것이 아니라 무엇이 간과되었는지를 살피는

1) 시민사회의 역사학을, 〈원(原)기록〉, 〈완전한 역사학〉, 〈유물〉 등 세 분야로 나눈 것을 말한다.

2) 〈싸우는 교회Church militant〉란 악의 세력에 맞서 싸우는 선한 세력으로서의 지상의 교회를 말한다.

3) 〈성궤ark〉는 일반적으로 율법을 담은 나무 궤짝을 뜻한다. 가장 성스러운 곳에 고정적으로 안치되는 것이 보통이지만, 모세의 율법을 담은 함처럼 이동 가능한 특수한 사례도 있다. 〈황야의 성궤ark in wildness〉는 이처럼 이동 가능한 궤짝을 말한다.

것이다.

2. 두번째로 〈예언의 역사〉는 예언과 성취라는 서로 관련된 두 항목으로 구성된다. 이 역사의 본성이 이러하기 때문에, 성서의 모든 예언은 세계사의 전 시대에 걸쳐 각각의 예언을 성취한 사건과 일일이 대조되어야 할 것이다. 이것은 신앙을 더욱 돈독하게 하기 위해서도 필요하지만, 아직 성취되지 않은 예언을 교회가 보다 분명하게 이해하도록 하기 위해서도 필요한 일이다. 그렇지만 우리가 신성한 예언을 다루기에 적합한 범위를 정하기는 무척 어렵다. 예언의 원(原)저자이신 하나님께는 천년이 하루이기에,[4] 모든 예언이 정한 시간에 한꺼번에 성취되는 것이 아니라, 여러 시대에 걸쳐 샘솟고 싹터서 차츰 성취에 도달하기 때문이다(물론 예언들은 특정 시대에 집중적으로 완성되거나 절정에 이를 수도 있다). 이와 같은 문제를 감안한 작업은 아직 결핍된 것으로 보인다. 하지만 이런 작업은 각별한 지혜와 경건함과 존경심으로만 수행될 수 있는 것으로, 그렇지 않으면 전혀 접근이 불가능하다.

3. 세번째는 〈섭리의 역사〉이다. 이 역사를 검토해 보면, 하나님이 계시하여 드러내신 의지와 하나님이 비밀로 감추신 의지 사이에 놀라운 상응성이 있음을 알 수 있다. 물론, 하나님의 비밀스러운 의지는 깊이 감추어져 있으므로, 대부분의 범인은 그것을 읽기 힘들다. 신성한 장막[5] 안에서 그것을 바라보는 자들도 읽기

---

4) 창조의 하루가 인간사의 천년에 해당한다는 것은 기독교 세계에 널리 퍼진 믿음이었다. 그 근거로는 〈주께는 천년이 하루 같고 하루가 천년 같다〉(베드로후서, 3장 8절)는 구절이 주로 인용되었다.

힘들기는 거의 마찬가지이다. 그렇지만 때때로 하나님은 우리가 더욱 독실한 믿음을 가지고, 당신을 믿지 않는 세상 사람들을 논박할 수 있도록, 당신의 비밀스러운 의지를 텍스트 속에 굵은 철자로 뚜렷하게 적어놓으시곤 한다. 한 예언자가 말하듯, 〈달려가는 자도 읽을 수 있게〉 적어놓으시곤 한다는 말이다.[6] 그렇기 때문에, 하나님의 심판에 주의를 집중하지 못한 채 황급히 달려가는 경솔한 자들조차도, 내기하듯 달려가는 가운데, 하나님의 비밀스러운 의지를 분별하게끔 되어 있는 것이다. 하나님이 심판이며 징벌이며 구원이며 축복으로 행하신 굵직한 사건들과 사례들이 그러하다고 하겠다. 이 점에 관해서는 많은 사람들이 노력을 경주해 왔기 때문에, 나로서는 결핍된 측면을 제시하기 힘들다.

4. 그 외에도, 〈역사의 보조appendices to history〉에 해당하는 분야들이 있다. 무릇 인간이 외적으로 수행하는 모든 일은 말과 행위로 구성되는데, 역사학은 그 중에서 주로 행위를 기억에 담고 유지하는 데 치중한다. 그렇지만 말이 행위를 자극하고 행위로 이어지는 경우에는, 말 역시 역사학에 어울리는 것으로 볼 수 있다. 이런 이치에 맞추어, 오직 말만을 별도로 유지하고 저장하기에 적합한 서적이나 기록이 존재한다. 이런 종류의 서적이나

---

5) 〈신성한 장막Tabernacle〉은, 하나님의 신성한 율법을 비롯한 여러 약속들이 보관된 장막을 뜻한다. 유태인들은 황야를 방황하는 동안 텐트 형식으로 이동식 성소를 만들고 그 안에 그것들을 보관하였다. 그러나 베이컨은 이러한 유태교 관습만을 지칭한 것은 아니고, 우상숭배, 심지어는 오직 성서에만 의존하여 하나님의 비밀 의지를 파악하려는 모든 태도를 겨냥하고 있는 것으로 보인다.

6) 하박국, 2장 2절. 〈너는 이 묵시를 기록하여 판에 명백히 새기되, 달려가면서도 읽을 수 있게 하라.〉

기록은 역시 세 종류이다. 첫째는 〈웅변〉이고 둘째는 〈편지〉이며 셋째는 〈토막 연설brief speech〉이나 〈금언〉이다. 웅변에는 변론, 조언, 칭송, 비난, 변명, 질책, 기념식사orations of formality 등이 포함된다. 편지는 다양한 기회에 맞추어 작성된다. 경고, 충고, 지시, 제안, 청원, 추천, 탄원, 설득 같은 것을 위하여 작성되는 편지도 있지만, 아첨이나 의례적 인사로 작성되는 편지, 단순히 즐거움이나 대화를 위해 작성되는 편지, 그 밖에 여러 조치를 담은 편지도 있다. 내가 생각하기에, 사람의 모든 말 중에서 최상의 것은 현자가 기록해 둔 말이다. 현자의 말은 웅변이나 공식 연설보다는 자연적인 것이요, 단순한 대화나 즉흥 연설보다는 신중한 것이기 때문이다. 그렇기 때문에, 현자에게 부과되거나 위임된 공무를 기록한 편지야말로, 다른 어떤 것보다도 역사학을 위해 최상의 정보를 제공하며, 근면한 독자에게는 최상의 역사학 그 자체가 될 수 있는 것이다. 마지막으로, 〈금언apophthegms〉의 경우에는, 케사르의 위대한 책을 잃어버린 것이 참으로 안타깝다. 그가 우리에게 남긴 것은 역사서와 몇 통의 편지, 그의 것으로 알려진 몇몇 금언이 전부이지만, 어느 누가 남긴 것보다도 탁월하다. 마찬가지로 그가 직접 편집한 금언집도 그러하였을 것이라고 쉽게 짐작할 수 있다. 그러나, 케사르 외에 다른 사람들이 편집한 금언집들은 전혀 그렇지 못하다. 그것들은 내게 별 흥미를 주지 못하는 것이든지, 편집이 부적절한 것이든지 둘 중 하나이다. 어쨌든 역사학을 보조하는 세 종류의 기록에 관해서는 더 이상 논의하지 않겠다. 그것들의 부족한 측면으로 언급할 만한 것이 별로 없기 때문이다.

5. 이쯤에서 역사학에 관한 논의를 마치기로 한다. 역사학은 인간 정신을 구성하는 세 칸의 방(혹은 집)에서 한 칸을 채워주는 학문 분야이다. 인간 정신의 〈기억〉 기능에 상응하는 분야라는 뜻이다.

제4장

1. 〈시〉는 그 표현의 정형과 리듬에서는 대체로 제한되지만, 나머지 측면에서는 대단히 자유롭다. 이 점에서 〈시〉는 상상력에 상응하는 학문 분야라고 할 수 있다. 물질의 법칙에 구속되지 않는 상상력은, 자연이 분리해 놓은 것을 결합하는가 하면 자연이 결합해 놓은 것을 분리한다. 마찬가지로 시도 사물을 자기 마음대로 결합하고 분리한다. 〈화가와 시인은 자기가 하고 싶은 대로 행한다.〉[1] 시는 표현의 견지에서 정의할 수도 있고, 내용의 견지에서 정의할 수도 있다. 전자의 의미에서 시는 일종의 〈문체〉요 표현 기예arts of speech에 속하는바, 이 문제는 지금 논의할 성질의 것이 아니다. 반면에 후자의 의미에서 시는 앞서 언급되었듯이 학문의 주요한 일부요, 운문 형식으로 기록된 것이든 산문 형식으로 기록된 것이든, 〈허구로 포장된 역사〉라고 할 수 있다.[2]

---

1) 〈pictoribus atque poetis, etc.〉 원문은 호라티우스의 『시의 기법 *Ars poetica*』, 9에서 생략된 형태로 인용되었지만, 역자는 『스페딩의 판본』(p. 343)에 번역된 전문을 옮겼다.

2) 예컨대 운문 형식으로 기록된 신화가 그러하다. 베이컨은 〈허구로 포장된 역사〉인 신화를 정확한 해석에 의해 역사 기록으로 환원할 수 있다는 입장을 견지하였으며, 이 점에서 17세기에 유행한 유헤메리즘Euhemerism의 신화해석법을 추종하였다. 그러나 이 단락에서는 〈진실한 역사〉가 수행할 수 없는 기능을 보

2. 이 〈허구로 포장된 역사〉의 용도는, 인간 정신을 그림자 같은 만족감으로 채워주는 것이었다. 세계가 영혼에 비해 열등한 탓에 사물의 본성으로는 채워줄 수 없는 만족감을, 그 역사가 대신해서 채워주었던 것이다. 인간 영혼은, 사물의 본성에서 구할 수 있는 것보다 훨씬 거대한 것, 훨씬 선한 것, 훨씬 다양한 것에 대해서야 비로소 만족감을 느끼지 않는가? 〈진실한 역사〉가 전하는 행동이나 사건으로는 이처럼 인간 영혼을 만족시킬 수 없기에, 〈시〉는 그 행위와 사건을 보다 위대하고 보다 영웅적인 허구로 포장하는 것이다. 〈진실한 역사〉로는 어떤 행동의 자초지종을 기술하면서 덕의 귀결과 악덕의 귀결을 대조적으로 부각시킬 수 없기에, 〈시〉가 허구를 사용하여 그 귀결을 더욱 공정하게, 그리고 계시된 섭리에 부합되게 꾸미는 것이다. 〈진실한 역사〉는 일상적이고 거의 변화 없는 행동이나 사건에 주안을 두는 것이기에, 〈시〉가 나서서 그것의 희소성을 덧칠하고, 예기치 못한 변화라든지 혹시 발생할 수도 있었던 변화를 덧붙이는 것이다. 이러한 이치로, 시는 위대함과 도덕성과 즐거움을 배가하여 선물하는 듯이 보이게 되며, 언제나 신성한 속성을 분유(分有)하는 것으로 여겨지게 된다. 이성은 정신을 사물의 본성으로 향하게 하여 정신을 사물의 본성에 맞추는 반면에, 시는 정신을 높이 고양시켜, 사물의 모습을 정신이 원하는 대로 보이게 만든다. 이렇듯 시는 〔사물의 본성을〕 인간 본성과 쾌락에 맞게 유인하여 일치시킬 뿐만 아니라, 음악처럼 만족과 위안까지 제공한다는 점에서, 무지로 가

충하는 〈시〉의 기능에 주안을 두고 있다.

득한 시대에 야만적인 지역에서 널리 유행하였고 높이 평가되었다. 이런 곳에서는 다른 학문이 발을 붙일 수 없을 정도였다.

3. 시의 속성에 가장 어울리는 방식으로 시를 분류하면, 〈서사시poesy narrative〉, 〈극시(劇詩, poesy representative)〉, 〈비유시 poesy allusive〉 등이 있다. (이와는 달리, 역사학의 분류를 따라 허구적 연대기와 허구적 전기로 분류할 수도 있고, 역사학 보조분야의 분류를 따라 허구적 편지와 허구적 웅변 등으로 분류할 수도 있다.) 앞에서 언급하였듯이, 〈서사시〉는 역사학을 과장된 형태로 모방한 것에 불과하다. 여기서는 대체로 전쟁과 사랑 같은 것이 주제로 선택되며, 국가를 주제로 삼는 경우는 거의 없다. 때로는 쾌락이나 즐거움을 주기 위한 것도 있다. 〈극시〉는 시각적 효과를 노린 역사학이라고 할 수 있다. 역사학이 그 본성상 과거에 속한 행동을 다룬다면, 극시는 과거의 행동을 마치 현재의 것처럼 이미지로 바꾸어 제시한다는 말이다. 〈비유시〉는 오직 특별한 목적이나 의도를 표현하기 위해서만 사용되는 서사 형식이다. 이런 종류의 비유적 지혜는 고대에 더욱 널리 사용되었는데, 이솝우화, 7현인의 금언,[3] 상형어의 사용[4] 등을 예로 들 수 있겠다. 비유적 지혜가

3) 〈7현인the Seven〉은 고대 그리스의 뛰어난 정치가이자 정치철학자였던 일곱 명을 말한다. 그들이 누구인지에 관해서는 다양한 견해가 있으나, 대체로 비아스Bias, 킬론Chilon, 클레오불로스Cleobulus, 페리안드로스Periandrus, 피타코스Pittacus, 솔론Solon, 탈레스Thales 등을 지칭한다.

4) 베이컨 시대에 〈상형어〉의 원형은 이집트 그림문자였고, 이집트 상형어는 심오한 비밀에 대한 〈비유〉로 이해되었다. 이러한 이해는, 1419년에 크리스토포로 Christoforo de' Buondelmonti가 호루스 아폴로(호라폴로Horapollo)의 『상형어 해제 *Hieroglyphica*』의 필사본을 발견하면서부터 시작되었다. 호라폴로의 진

사용된 것은, 사람들이 다양한 실례들을 알지 못하였고 예리한 통찰력도 결여하였던 시대에는 불가피한 일이었다. 범인의 이해를 벗어난 날카롭고 예리한 추론에서는, 요점을 그런 방식으로 표현할 필요가 있었던 것이다. 실로 상형어가 알파벳 문자 이전에 있었듯이, 비유는 이성적 논증보다 먼저 존재하였다. 그럼에도 불구하고, 비유는 오늘날을 포함한 모든 시대에 걸쳐 풍부한 생명력과 활력을 유지한다. 감각에 부합하는 이성적 추론을 행하는 것, 그리고 꼭 들어맞는 실례를 찾는 것은 어느 시대에나 힘든 일이기 때문이다.

4. 그러나 〈비유시〉는 방금 언급한 용도와는 정반대로 사용되기도 한다. 앞서 논의한 용도가 교육하거나 전달할 내용을 증명하고 예시하는 데 있었다면, 또 다른 용도란 그 내용을 감추어서 알기 힘들게 만드는 것이다. 종교나 정치나 철학의 비밀과 신비를 우화나 비유담으로 포장하는 경우가 그러하다.[5] 우리가 알다

본은 기원후 4세기에 작성된 것으로 추정되는데, 189개의 그림과 해제만이 수록되었고 문법적 해설은 결여되어 있었기 때문에, 태고의 신비한 비유 형식으로 오해되었던 것이다. 베이컨 역시 상형어를 이중적 전언으로 간주하였다. 즉 상형어는 현자의 심오한 지혜를 대중이 쉽게 이해할 수 있도록, 아니면 그 신성한 지혜에 대중이 범접하지 못하도록, 〈의도적으로〉 고안된 언어로 간주되었던 것이다.

5) 앞 단락부터 이 단락까지, 베이컨은 〈비유시〉의 두 용도를 논의하였다. 하나는 비유(은유)가 〈결핍과 필요〉의 산물이라는 것이다. 축적된 경험이 일천하여 〈실례들〉이 풍부하지 못하고, 예리한 이성적 추론 능력을 결여한 조건에서는, 비유를 통해 추론의 요점을 전하는 것이 필요하였다는 것이다. 이러한 관점은 키케로 이래의 긴 고전적 전통을 가진 것이며, 훗날 잠바티스타 비코에 의해 체계화되었다. 이 수준에서 비유는 의도적인 것이 아니다. 반면에 베이컨은 비유가 무식자의 범접을 막고 비전(秘傳)을 유지하려는 의도에서 사용될 수 있

시피, 이러한 용법은 종교 관련 시에서 그 권위를 널리 인정받는 편인데, 특히 이교 세계의 시에서는 우화적 해설이 성공적으로 시도된 예가 많다. 이를테면 거인들이 신들과의 싸움에서 패배하자, 거인들의 어머니인 〈대지Earth〉가 복수로 〈소문Fame〉을 낳았다는 우화가 그러하다.

> 사람들이 전하기를, 어머니인 〈대지〉는 신들에게 분노하여,
> 거인 코에오스와 그의 형제 엔케라도스를 위해,
> 한 누이〔Fame〕를 마지막으로 낳아주었다고 한다.[6)]

이 우화는 다음과 같이 해설된다. 군주나 군왕이 공개적으로 발생한 실제 반란을 진압하고 나면, 반란의 어머니인 대중의 악의가 다시 국가에 대한 비방, 중상모략, 비난을 낳는데, 이런 중상모략은 반란과 동일한 성질을 갖지만, 반란보다 여성적이라는 것이다.[7)] 다른 예로는, 주피터를 나머지 신들이 결박할 음모를 꾸

다는 것을 인정한다. 특히 종교의 비밀, 정치의 비밀, 자연의 비밀 등 3대 〈금단의 지식Forbidden knowledges〉에서 그 신성함을 타락시키지 않으려면 비유로 포장하여 표현할 필요가 있다는 관점은, 르네상스 마술에서 유행한 것이었지만, 17세기와 그 이후에도 지속적으로 명맥을 유지하였다.

6) 베르길리우스, 『아에네이드』, 4. 178-180. 대지의 여신은 가이아Gaia를 말한다. 그녀와 우라노스Uranus(하늘) 사이에는 외눈 거인족Cyclops, 백수(白手) 거인족, 거인족Titans 등 여러 자식이 있었다. 〈코에오스Coeus〉는 〈거인족〉에 속하는 자식이고, 〈엔케라도스Enceladus〉는 〈백수 거인족〉에 속하는 자식이다.

7) 베이컨은 〈남성적masculine〉과 〈여성적feminine〉을 자주 대조한다. 대체로, 남성적임은 강건하고 공개적이고 진취적인 성질, 여성적임은 유약하고 은밀하고 회고적인 성질을 함축한다.

몄을 때, 팔라스가 주피터를 위해 백수(白手) 거인 브리아레오스의 도움을 요청하였다는 우화가 있다.[8] 이것은 힘있는 신하들이 국왕의 절대권력을 제한하려 할 때, 국왕이 이를 두려워할 필요가 없다는 뜻으로 해석되곤 한다. 국왕이 지혜로 백성의 마음을 사로잡고 있는 한, 백성은 국왕의 편을 들게끔 되어 있기 때문이라는 것이다. 또 다른 예로는, 아킬레스가 반인반마(半人半馬) 형상의 키론에 의해 양육되었다는 우화가 있다.[9] 마키아벨리는 이 우화를 독창적이기는 하지만 잘못 해석한 바 있다. 군주를 교육하고 훈련하는 데는, 인간이 덕과 정의에서 수행하는 역할뿐만 아니라 사자가 폭력에서, 여우가 꾀에서 수행하는 역할도 모두 배우도록 할 필요가 있다는 해석이었다.[10] 그렇지만 이런 우화들을 비롯한 많은 비슷한 예에서, 내 견해는 조금 다르다. 내가 보기에는, 윤리적 해설이 먼저 만들어지고 우화가 나중에 꾸며졌다기보다는, 우화가 먼저 만들어지고 해설은 나중에 고안된 것 같다. 이런 의미에서, 크리시포스가 스토아 학파의 학설을 태고적 시인들의 우화로 소급시키려고 무진 애를 쓴 것은,[11] 헛수고의 해

---

8) 팔라스Pallas는 아테나Athena 여신을 말하는데, 『키친의 판본』(p. 84, n. 2)에 의하면, 도움을 요청한 것은 팔라스가 아니라 테티스Thetis이다. 브리아레오스Briareus는 가이아와 우라노스 사이에서 태어난 아들로, 백수 거인족에 속한다.

9) 키론Chiron은 크로노스의 아들로, 절반은 인간, 절반은 말의 모습을 가진 켄타우르Centaur였다. 현자이자 의사이자 예언자로 명성을 누렸으며, 헤라클레스, 아킬레스, 아스클레피우스 등이 그의 제자였다.

10) 마키아벨리의 『군주론』(18장)에 나오는 내용이다.

11) 크리시포스(Crysippus, 기원전 약 280-207)는 그리스의 스토아 학파 철학자로, 클레안테스Cleanthes의 뒤를 이어 〈아테네 학원〉의 수장이 되었으며, 스

묵은 사례라고 하겠다. 그렇다고 해서, 내가 태고적 시인들의 우화와 허구는 모두 비유가 아니라 오직 쾌락을 위한 것이었다는 견해를 취하겠다는 것은 아니다. 물론, 오늘날까지 전해지는 태고적 시인들, 심지어는 호메로스에 대해서조차도 나는 그의 우화가 어떤 깊은 뜻을 의도한 것은 아니었다고 단언할 수 있다. 비록 그의 작품은 훗날 그리스의 여러 학원에서 마치 성서처럼 여겨졌겠지만 말이다. 그러나, 호메로스의 우화가 그보다 더 오래된 원래의 전승(傳承)에서는 어떤 깊은 뜻을 가지고 있었는지 확실하게 말할 수 없다. 그 우화의 대부분은 호메로스 자신이 발명한 것이 아니었기 때문이다.[12)]

5. 학문의 세번째[13)] 분야인 시의 경우, 나로서는 어떠한 부족함도 지적할 수 없다. 시는 정상적인 씨앗이 없어도 대지의 활력에 힘입어 싹트는 식물처럼 태어나서, 다른 어떤 종류의 학문보다도 널리 번식되었다. 그렇다고 해서 우리가 시에 적합한 기능이 무엇인지를 결정할 수 없다는 뜻은 아니다. 사랑, 감정, 타락, 풍습 같은 것을 표현하려 할 때, 우리는 당연히 철학자의 작품보다 시

토아 학파를 창시한 제논Zeno 다음으로 그 학파에 중요한 업적을 남겼다. 특히 그는 스토아 학파의 통일성과 정당성을 확보하고, 학설을 체계화하는 데 뛰어난 업적을 이룩하였다.

12) 베이컨은 호메로스의 시대에 이미 태고적 비유시의 전통이 쇠퇴한 것으로 파악한다. 호메로스의 서사시는 그의 발명품이 아니라 산재한 전승을 편집한 것에 불과하다. 따라서 원래의 전승은 어떤 〈숨은 의미〉를 가지고 작성되었는지를 알 수 없다. 베이컨은 본서의 라틴어판(1623)에서는 판Pan, 페르세오스Perseus, 디오니소스Dionysus 등의 신화에 들어 있는 〈숨은 의미〉를 해석하고 있으며, 『고대인들의 지혜』(1609)에서도 비슷한 작업을 시도하였다.

13) 〈세번째〉는 〈두번째〉의 오기(誤記)로 보인다. 첫번째는 역사, 두번째는 시, 세번째는 철학이다.

인의 작품을 많이 참조한다. 하물며, 재치나 미사여구를 배우려고 웅변가의 딱딱한 공식 연설을 참조할 사람이 어디 있겠는가. 그러나 극장에 너무 오래 머무르는 것은 좋은 일이 아니다. 이제 정신의 법정, 혹은 정신의 궁정으로 나아가기로 하자. 이곳은 우리가 더욱 큰 경외와 주의력을 지니고 접근하여 살펴보아야 마땅할 장소이다.

제5장

1. 무릇 인간의 지식은 물과도 같아서, 위로부터 흘러내리는 것도 있지만 밑에서 솟아나는 것도 있다. 전자가 하나님의 계시에 의해 주입되는 지식을 뜻한다면, 후자는 자연의 빛에 의해 얻어지는 지식을 뜻한다. 자연의 빛은 오직 정신적 관념과 감각 자료로만 구성된다. 인간이 교육을 통해 얻는 지식은 모두가 누적적인cumulative 것이지 본원적인original 것은 아니기 때문이다. 이는 발원지 이외의 다른 샘들과 물줄기들이 가세하여 물이 불어나는 것과 같은 이치라고 하겠다. 이렇듯 지식은 두 개의 서로 다른 광원(光源) 내지 근원으로부터 나오는바, 이 근본 원리에 따르면, 지식은 우선 〈신학〉과 〈철학〉으로 구분된다.

2. 〈철학〉에서 인간의 명상은 하나님의 높이까지 올라가거나, 자연을 향해 집중되거나, 인간 자신에게로 반사되어 되돌아온다. 이 세 종류의 연구로부터 세 종류의 지식이 발생한다. 〈신에 대한 철학〉, 〈자연에 대한 철학〉, 그리고 〈인간에 대한 철학〉 즉 〈인간학humanity〉이 그것들이다. 실제로 모든 사물에는, 이와 같은 세 특징, 즉 신적 권능과 자연적 특성과 인간적 효용이 마치 세 겹의 글자처럼 새겨져 있다. 그렇지만 지식이 분포되고 분할되는 양상은, 여러 선분들이 한 점에서 만나 오직 한 개의 접점만을 공유하

는 양상과는 다르다. 오히려 지식은 한 나무로부터 뻗어난 가지들처럼 분할된다. 나무는 큰가지와 잔가지로 분할되기 전에 밑줄기에서는 합체되어 있는바, 이 밑줄기야말로 전체적이고 연속적인 차원과 크기를 갖는 것이다. 마찬가지로, 지식의 분포를 논의하기 전에, 〈제1철학〉이나 〈근본철학〉이나 〈종합철학summary philosophy〉이라는 이름으로 하나의 보편학을 정립하고 구성할 수 있다면 유익할 것이다. 이것은 우리가 여러 갈래로 나뉜 길에 도달하여 헤어지기 전에, 함께 걸어온 공통의 큰길에 해당하는 지식이라고 하겠다. 나로서는 우리가 이러한 지식을 갖추고 있다고 해야 할지 그렇지 못하다고 해야 할지 참으로 곤혹스럽다. 자연신학,[1] 논리학의 여러 부분, 자연철학에서 원리와 관련된 부분, 정신이나 영혼과 관련된 자연철학의 다른 부분 등 온갖 요소를 기이하고도 혼란스럽게 뒤섞은 잡동사니는 도처에 존재하기 때문이다.[2] 그러나, 이러한 잡동사니는 면밀하게 검토해 보면, 그 스스로가 어떤 견고함이나 실체성을 가진 것이기는커녕, 일정한 높이로 성장하고 고양된 다른 지식들을 약탈한 것에 지나지 않는다. 물론 나도 오늘날 유행하는 구분법을 모르는 바 아니다. 동일

---

1) 〈자연신학natural theology〉이란 자연세계에 대한 지식에 인간적 추론을 결합하여 수행되는 신학을 말한다. 이것은 계시에 의존하는 신학 즉 〈계시신학revealed theology〉과 대비되며, 앞에서 언급된 〈신성한 철학〉과는 동일한 개념이다.

2) 여기서 〈잡동사니rhapsody〉는 르네상스 시대에 유행한 제설절충적syncretic 연구성과, 특히 마술의 유산을 겨냥하고 있다. 베이컨 시대에도, 인문주의적 박학(博學, erudition)을 추구하든 마술적 점복divination을 추구하든, 고대와 현대의 여러 학문 분야들과 학설들을 자의적으로 선택하고 결합하여 자기 논리를 구성하는 제설절충의 관행이 지속되고 있었다.

한 학문 분야가 관점에 따라 이렇게 취급되기도 저렇게 취급되기도 한다. 논리학을 예로 들 수 있겠다. 논리학은 관념 속에 있는 것들을 고려하기도 하지만, 자연 속에 있는 것들을 고려하기도 한다. 사물을 보이는 대로 고려하기도 하지만, 사물을 존재하는 대로 고려하기도 한다는 말이다. 그러나 내가 생각하기에, 이런 구분은 따르기보다 개선되어야 마땅한 것이다.[3] 만일 철학자들이 〈양〉이며 〈유사성〉이며 〈다양성〉 같은 사물의 여러 외적 특징을 —철학자답게—자연 자체 속에서 고려하였더라면, 그들의 연구는 지금과는 전혀 다른 수준에 도달할 수도 있었을 것이라고 생각되기 때문이다. 오늘날, 〈양〉의 문제를 다루는 철학자 중에서 어느 누가 결합력을 언급하고, 그 결합력이 어떻게, 얼마만큼이나 덕을 증진하는지를 언급한 적이 있단 말인가?[4] 자연에서 어떤 사물은 왜 그리 흔하고 수량도 많은 반면에, 어떤 사물은 왜 그리 드물고 수량도 적은가? 누가 그 이유를 설명한 적이 있는가? 〈유사성〉과 〈다양성〉을 취급하면서, 쇠가 더 유사한 쇠에 이끌리지 않고 덜 유사한 자석에 이끌리는 원인을 누가 확실하게 결정한 적이 있단 말인가? 사물들의 다양성에도 불구하고 왜 일정한 〈공통 요소〉,[5] 즉 어떤 종류에 속한다고 분명하게 말하기 힘든 애매

---

3) 여기서 베이컨은 논리학이 〈말의 학문〉에 머물기보다는 〈자연 속의 사물〉 즉 사물의 본성을 탐구하는 학문이 되어야 한다고 주장하고 있다. 이런 입장은 『신 기관』에서 체계화되었다.

4) 〈결합력 force of union〉은 이질적인 사물들을 결합하는 물리적 힘을 말하지만, 베이컨은 개인, 집단, 국가 사이의 결합 같은 인간적 · 생물학적 관점에서 이 개념을 사용하고 있다. 이질적인 사물들의 〈덕들〉이 결합하여 서로의 〈덕〉을 증진한다는 주장은 베이컨의 생기론적 관점을 예시하는 것으로 볼 수 있다.

한 요소가 존재하는가? 사물들을 결합하는 이 공통의 연결고리가 실제로 자연에서 어떻게 기능하며 어떤 본성을 지니는지에 관해서는 깊은 침묵이 흐를 뿐이요, 그것의 위력과 효용은 그저 말이나 논증에서 되풀이하여 언급될 뿐이다. 본서와 같은 성격의 저술에서는 세부적인 진술을 피하는 것이 상례이므로, 이 근본적인 보편철학에 대해 내가 의미하는 바를 평범하고 간략하게 적어두기로 한다. 보편철학이란 〈어떤 특정한 철학 분야나 특정한 지식의 범주에 속하는 것이 아니라 보다 공통적이고 더욱 높은 단계에 속하는 모든 유익한 관찰들 및 공리들을 담을 그릇〉에 해당한다고 하겠다.

3. 사실상 이런 종류의 관찰과 공리는 무수히 많다. 예를 들어보자. 〈같은 것에 같지 않은 것이 더해지면, 전체는 같지 않은 것이 된다〉는 규칙[6]은 수학에서만이 아니라 재판에서도 공리에 해당한다. 대수학 및 기하학에서 말하는 비례는, 재판에서 말하는 교환적 정의나 배분적 정의와 거의 일치한다.[7] 〈동일한 것에 대해 같은 것들은 서로에 대해서도 같다〉는 규칙도 있다. 이 규칙은 수학에서 취한 것이지만, 모든 삼단논법의 기초가 될 만큼 논리학에서도 강력한 영향력을 가진 것이다. 〈만물은 변화하지만, 잃

---

5) 〈공통 요소들 participles〉은 두 가지 이상의 상이한 유적(類的) 속성들을 함께 가지고 있는 인간이나 동물이나 사물을 뜻한다.

6) 유클리드의 기하학 공리 중 하나로, 서로 다른 조건들 각각에 동일한 양을 더해도, 그 조건들은 서로 다른 값으로 남는다는 뜻이다.

7) 아리스토텔레스에 의하면, 〈교환적 정의 commutative justice〉는 〈사람 사이의 교환을 바로잡는 정의〉를 말하며, 〈배분적 정의 distributive justice〉는 이해 당사자들의 공과에 비례하여 몫을 배분하는 정의를 말한다.

는 것은 없다〉는 관찰도 있다.[8] 이것은 자연의 〈질량〉이 영원하다는 철학적 관찰이지만, 자연신학에도 그대로 적용된다. 어떤 것을 완전히 무로 사라지게 만들려면, 태초에 무로부터 어떤 것을 창조하였던 바로 그 전능한 권능이 필요하다는 뜻이다. 이와 관련하여 성서에서는 〈무릇 하나님이 행하시는 것은 영원히 있을 것이라 더할 수도 없고 덜할 수도 없나니〉라고 적고 있다.[9] 한편, 마키아벨리가 통치에 관해서 현명하고도 포괄적으로 언급한 근본 원리가 있다. 정부를 수립하고 유지하기 위해서는 정치를 〈원소들〉로 낱낱이 분해할 필요가 있다는 것이다.[10] 이것은 시민 행정에서뿐만 아니라 종교와 자연에서도 규칙이 될 만한 것이 아닐까? 페르시아의 마술은 자연의 원소 및 구성원리architectures를 통치 원리와 정책에 어울리게 바꾼 것이 아닌가? 불협화음이나 거친 화음을 멀리하고 협화음, 즉 향기로운 화음에 힘쓰라는 음악가의 가르침은, 감정에서도 똑같이 진실이 아닐까? 곡조의 갑작스러운 종지부 즉 카덴스[11]를 피하거나 길게 늘리는 음악의 기법은, 사람들의 기대를 어긋나게 만드는 수사학의 비유법과 비슷하지 않은가? 음악에서 끝맺기 직전에 바이브레이션을 행하는 즐거움은 물 위에서 빛이 반짝이며 노니는 것과도 같지 않은가? 〈저 떨리는 빛 아래, 바다가 반짝인다네〉라는 시구처럼 말이

8) 이 명제는 오비디우스, 『변신』, 15. 165에 등장하며, 자연에서 〈질량 불변〉의 원리를 언급한 것이다.

9) 전도서, 3장 14절.

10) 마키아벨리, 『리비우스론』, 3. 1.

11) 〈카덴스cadence〉는 곡조를 마칠 때 또는 악절을 일단락지을 때 사용하는 특별한 화성 연결을 말한다.

다.[12] 그런가 하면, 감각 기관 중에는 반사 기구 같은 것이 있다. 눈은 거울과, 귀는 동굴이나 좁게 막힌 해협과도 비슷하지 않은가? 이렇듯 많은 사례들은 편협한 관찰력을 지닌 자가 흔히 오해하듯이, 단순한 유사성에 불과한 것이 결코 아니다. 그것들은 자연이 여러 주제나 물질 위에 남긴 동일한 발자국이다. 내가 알고 있는 바로는, 이러한 공통의 발자국에 대한 지식 즉 보편지식은 아직 결핍되어 있다고 말하는 편이 옳다. 물론, 나는 깊은 통찰을 지닌 일부 학자들이 특정한 문제를 논의하는 가운데, 이 보편지식이라는 우물로부터 그들이 당장 사용할 물을 한 동이씩 길어내곤 한다는 것을 모르지 않는다. 그러나, 자연의 해명을 위해서든 기예의 단축을 위해서든 더할 나위 없이 유용한, 그 우물의 수원지는 아직 한번도 방문을 받은 적이 없는 것 같다.

12) 베르길리우스, 『아에네이드』, 7. 9.

제6장

1. 따라서 이 보편지식은 무엇보다 만물에 대한 공통의 부모라는 위상을 갖는바, 마치 하늘의 많은 것, 〈천상과 높은 하늘에 거주하는 모든 것〉을 낳은 베레킨티아 여신과도 같은 위치라고 하겠다.[1] 그러면 지금부터 앞서 구분된 세 철학, 〈신에 대한 철학〉, 〈자연에 대한 철학〉, 〈인간에 대한 철학〉 등에 대한 논의로 되돌아가기로 하자.

〈신에 대한 철학divine philosophy〉 곧 〈자연신학〉은 하나님에 대한 지식, 또는 하나님에 대한 지식의 기초를 말한다. 이런 지식은 하나님께서 창조하신 피조물을 명상하여 얻을 수 있는 것으로, 지식의 대상을 기준으로 하면, 〈신에 대한 철학〉이라고 불러야 옳을 것이요, 지식의 근원을 기준으로 하면, 〈자연신학〉이라고 불러야 옳을 것이다. 이런 지식은 무신론을 정복하기에는 충분한 것이지만, 종교를 세우지는 못한다는 점에서 한계가 있다. 실제로 무신론자를 개종시키기 위해 하나님이 기적을 일으키신 적은

1) 베레킨티아Berecynthia는 베레킨다이Berekyndai, 즉 키벨레Cybele 여신을 말한다. 이 여신은 프리지아나 리디아 같은 고대 아시아 지역에서 대지와 농업, 나아가서는 지상의 만물을 낳은 대모(大母, Great Mother)로 추앙되었지만, 그 신화적 의미가 확장되어 모든 천체의 어머니로 해석되기도 하였다. 인용은, 베르길리우스, 『아에네이드』, 6. 787.

없었는데, 이는 자연의 빛만으로도 무신론자로 하여금 어떤 신의 존재를 알도록 이끄실 수 있기 때문이었을 것이다. 반면에 우상숭배자나 미신숭배자를 개종하기 위해서는 늘 기적이 일어나곤 하였다. 자연의 빛만으로는 하나님을 향한 열망과 참된 신앙을 고백하도록 이끌 수 없기 때문이다. 어떤 장인의 작품에서 우리가 볼 수 있는 것은 그의 이미지가 아니라 그의 권능이요 기술이다. 마찬가지로 하나님의 모든 작품 역시 이미지가 아닌, 그 제작자의 전능함과 지혜를 보여준다고 하겠다. 바로 이 점에서 이교세계의 견해는 신성한 진리와 구별된다. 이교도들이 상상한 바에 따르면, 세계는 신의 이미지요, 인간은 다시 그 세계의 복사판 내지는 요약본이었다.[2)] 그렇지만 성서는 세계에 대해 하나님의 이미지로서 명예를 부여한 적이 없다. 세계는 〈주께서 손으로 만드신 작품〉이라는 의미에서[3)] 명예를 부여받고 있을 뿐인즉, 성서에서 언급된 하나님의 이미지는 오직 인간뿐이다. 자연에 대한 명상은 하나님을 인정하도록, 반드시 인정하도록 만드는 일, 나아가서는 하나님의 권능과 섭리와 선하심을 증명하는 일로 국한된다.[4)] 이것은 매우 탁월한 논증법으로, 이미 많은 사람들에 의해 훌륭하게 수행되어 왔다.

---

2) 베이컨 시대에 파라켈수스파의 영향 아래 유행한 〈대우주-소우주의 유비〉를 예로 들 수 있겠다. 소우주로서의 인간이 대우주로서의 세계를 꼭 닮은 (동형구조의) 요약본이라는 입장은, 르네상스 시대에 신플라톤주의(혹은 헤르메스주의)의 부활에 힘입어 형성되었다.

3) 창세기, 1장 ; 시편, 8편 3절, 6절 등 참조.

4) 자연을 신의 이미지로 여기는 자연연구는 〈우상숭배〉로 귀결될 위험이 높은바, 자연에서 신의 권능이며 섭리며 선하심을 파악하는 것이 〈자연신학〉에 적합한

그렇다고 해서, 자연에 대한 명상이라든가 그 밖의 다른 어떤 인간적 지식을 근거로 삼아, 신앙의 문제에 관해 진리를 피력하거나 설득력을 발휘하려고 한다면, 이런 시도는 내 판단으로는 안전한 것이 못 된다. 〈신앙에 속한 것은 신앙에 맡기는〉 편이 옳다.[5] 이 점에서는 이교도들도 비슷한 결론을 내린 적이 있는데, 황금 사슬을 다룬 성스럽고도 훌륭한 우화가 그러하다. 〈사람들과 신들이 주피터를 지상으로 끌어내리지는 못하였지만, 그 반대로 주피터는 그들을 하늘로 끌어올릴 수 있었다〉는 것이다.[6] 따라서 우리가 하나님의 신비한 비밀을 우리 이성에로 끌어내리거나 종속시키려 해서는 안 된다. 반대로 신성한 진리를 향해 우리의 이성을 고양하고 다가가게 해야 마땅할 것이다. 이쯤에서 신에 대한 지식과 관련된 학문 분야에 관한 논의를 마치기로 한다. 나로서는 이 분야에 어떤 부족함이 있다고 생각하지 않는다. 오히려 넘치는 것이 문제이다. 그럼에도 불구하고 내가 잠시 옆길로 빠져 이 분야를 길게 논의한 것은, 종교와 철학이 자주 혼동되어 왔고,[7] 이로 인해 종교와 철학 양편이 모두 엄청난 손해를 입었으며, 앞으로도 입을 것이 우려되기 때문이다. 그러한 혼동으로 인해, 이단 종교는 물론 우화처럼 몽상적인 철학이 창궐할 것

연구라는 뜻이다.

5) 누가복음, 20장 25절 참조. 〈하나님의 것은 하나님께 바치라.〉

6) 호메로스, 『일리아드』, 특히 8. 19-22 참조. 주피터는 트로이 전쟁 동안 중립적인 위치에서 전쟁을 주재하였다. 황금 사슬은 주피터가 자의적으로 지상의 인간들과 신들을 하늘로 끌어올리는 〈운명〉의 도구로 사용한 것이다.

7) 〈신에 대한 철학〉이나 〈자연신학〉이 종교와 신앙의 문제를 다룬 것이 아니라는 점에 주목할 필요가 있다. 그것은 오히려 사물에 새겨진 세 겹의 진리 중 최상위의 진리(자연적인 것도 인간적인 것도 아닌 진리)를 다룬다.

은 불을 보듯 뻔하다는 말이다.

2. 한편, 천사며 영(靈)의 본성에 관해 말하자면, 이는 계시신학[8]과 자연신학 양편 모두에 붙어다니는 꼬리와도 같은 것으로, 원칙상 가르칠 수도 금할 수도 없는 것이다. 성서는, 〈누구든지 그가 알지도 못하는 것에 의지하여 천사 숭배에 관한 숭고한 말로 너희를 속이지 못하도록 하라〉고 명하기 때문이다.[9] 하지만 이 계율을 자세히 검토해 보면, 금지되고 있는 것은 단지 두 가지뿐임을 알 수 있다. 하나는 천사를 우상처럼 섬기는 일이요, 다른 하나는 천사에 대해 근거 없는 의견을 늘어놓는 일이다. 천사 역시 피조물인즉, 피조물에 합당한 지위 이상으로 천사를 높이려 해서는 안 된다는 뜻이요, 천사에 대한 인간의 지식을 근거 있는 지식 이상으로 높이려 해서는 안 된다는 뜻이다. 반면에 근거에 충실한 건전한 연구는 금지된 적이 없다. 성서의 기록에 기초하여, 혹은 자연의 등급에 기초하여[10] 천사를 연구하는 데는 제한이 없는 것이다. 타락한 악령에 대해서도 똑같이 말할 수 있다. 다만, 영과 교통하거나 영을 이용하는 것은 금지된다. 영을 숭배하는 것은 더 더욱 있을 수 없는 일이다. 성서나 이성에 기초하여, 영의 본성과 권능, 영이 일으키는 환각 등을 연구해 얻은 지식만이 종교적 지혜의 일부를 이룰 수 있다. 이와 관련하여, 사도 바

---

8) 여기서 〈계시신학〉은 〈divine theology〉를 번역한 것이다. 이 용어는 〈revealed theology〉나 〈inspired theology〉와 동일한 의미로 사용되었다.

9) 골로새서, 2장 18절.

10) 전통적으로 자연의 등급들gradations은 9천사의 위계서열에 상응하는 것이 보통이었다. 그렇지만 베이컨이 실제로 자연의 등급과 천사의 위계를 연관짓는 전통적 스타일에 충실하였는지는 분명하지 않다.

울은 〈우리가 사탄의 책략을 알지 못하는 바가 아니로다〉라고 전한다.[11] 악령의 본성에 대한 연구는, 자연에서 독극물의 위력을 연구하는 것, 혹은 윤리에서 죄와 악의 본성을 연구하는 것과 마찬가지로, 불법이 아니라는 말이다. 어쨌든 나는 천사 및 영을 다루는 분야에 어떤 부족함이 있다고 생각하지 않는다. 이 일에 종사해 온 사람 역시 넘치도록 많기 때문이다. 다만 나는, 이 분야의 많은 저자들이 우화처럼 근거 없는 이야기를 퍼뜨려왔다는 점을 문제로 삼고 싶을 따름이다.

11) 고린도후서, 2장 11절.

제7장

1. 이쯤에서 신에 대한 철학 즉 자연신학을 끝내기로 하겠다. (여기서 내가 논의한 것은 신학의 본령인 계시신학이 아니다. 인간이 수행하는 모든 명상의 피난처요 안식처라고 할 수 있는 이 분야는 맨 마지막에 다루기로 하겠다.) 이제부터는 자연철학을 논의하기로 하자.

데모크리토스는 〈자연의 진리는 깊은 광산들과 동굴들 속에 감추어져 있다〉고 말한 적이 있다.[1] 이와 비슷한 맥락에서, 연금술사들은 불카누스가 제2의 자연이요, 자연이 오랜 시간 동안 질질 끌면서 수행하는 일을 요령 있게 단축하여 모방하는 일임을 힘주어 강조한다.[2] 만일 이런 명제들이 참이라면, 자연철학을 광산과 용광로로 나누어 보아도 좋을 것이다. 자연철학자가 하는 일이나

---

1) 데모크리토스(Democritus, 기원전 약 460–370)는 아낙사고라스나 엠페도클레스 같은 선대의 자연철학자들이 자연에 대한 형이상학적 추상화에 치중하였음을 비판하면서, 자연에 대한 원자론적 · 기계론적 설명을 제시하였다. 근대 초 유럽에서 발전한 원자론적 기계론은 데모크리토스의 원전이 재발견된 것과 깊은 관련이 있다. 인용은, 디오게네스 라에르티오스, 『저명한 철학자들의 전기』, 9. 72.

2) 불카누스, 즉 그리스의 헤파이스토스Hephaestus는 대장장이 신으로 기술을 상징한다. 〈기술은 자연의 모방이지만 자연이 오랜 시간에 걸쳐 행하는 일을 짧게 단축하여 모방한다〉는 것은 르네상스 자연마술과 연금술의 상투어였다.

직업을 둘로 나누면, 광부의 역을 맡는 자가 있고 대장장이의 역을 맡는 자가 있다는 뜻이다. 전자가 찾아 캐낸다면, 후자는 제련하고 무두질한다. 비록 이런 식으로 분류하는 것도 나쁘지는 않지만, 좀더 익숙하고 학문적인 용어를 사용해서 자연철학의 두 부분을 나눌 수도 있다. 〈원인에 대한 탐구〉와 〈결실의 생산〉으로 나눌 수도 있고, 〈사변적〉 지식과 〈시술적 operative〉 지식으로, 혹은 〈자연과학〉과 〈자연적 지혜〉[3]로 나눌 수도 있을 것이다. 정치 문제에서든 자연 문제에서든, 〈지혜〉는 이성적으로 계산하는 지혜와 실천지침을 제공하는 지혜를 두루 포괄한다. 자연문제에서 특히 실천지침을 제공하는 지혜와 관련하여, 나는 다음과 같이 요구하고 싶다. 지금까지 잘못 사용되어 온 〈자연마술〉이라는 이름을 부활하고 재정립할 필요가 있다는 점이다. 그것으로부터 미신적이고 허황한 의미를 제거하고, 그것이 고대에 통용된 의미를 그대로 취한다면, 자연마술이란 바로 〈자연적 지혜〉에 해당하는 것이기 때문이다.[4] 물론, 원인과 결과가 상호작용하듯이, 사변적 지식과 시술적 지식 사이에도 깊은 관계가 존재한다는 것을 나 역시 모르지는 않는다. 그러나, 참되고 결실 있는 자연철학에는 언제나 이중의 계단이나 사다리가 함께 하게 마련이다. 실험

3) 원문 〈natural science〉는 자연현상의 원인에 대한 체계적 지식이라는 의미로 사용되었기 때문에 〈자연지식〉보다는 〈자연과학〉으로 번역하는 편이 옳은 것으로 생각된다. 또한 〈자연적 지혜 natural prudence/natural wisdom〉는 자연지식을 기술적으로 응용할 수 있는 능력을 뜻한다.

4) 『신 기관』(2. 9. 51)과 이 책의 라틴어판에서 베이컨은 〈자연마술〉에 그것이 고대에 가지고 있던 명예로운 의미를 되돌려줄 필요성을 역설하고 있다. 이 경우 자연마술은 자연철학의 〈응용 분야〉가 된다.

으로부터 상승하여 원인의 발견에 이르는 사다리가 있는가 하면, 원인으로부터 하강하여 새로운 실험의 발견에 도달하는 사다리도 있다. 이러한 이치를 감안하여 판단컨대, 우선 필요한 것은 두 분야를 분리해서 하나씩 검토하는 일이다.

2. 우선 〈자연과학〉 즉 〈자연에 대한 이론〉은 〈물리적인 것〉과 〈형이상학적인 것〉으로 구분된다. 여기서 내가 말하는 〈형이상학〉은 기존의 의미와 다른 의미를 지닌 것임을 유념해 주었으면 좋겠다. 판단력을 갖춘 자라면 누구에게나 쉽게 드러나겠지만, 나는 지금의 맥락에서만이 아니라 다른 많은 맥락에서도, 설령 내 착상이나 관념이 옛것과 다를지라도 옛 용어들을 그대로 유지하기 위해 노력하고 있다. 그 이유는 내가 전달하려는 내용을 너무 논리 정연하고 명석하게 표현하는 것이 자칫 불러일으킬 수도 있는 오해를 피하기 위해서이다. 이런 이유에서 나는 진리와 지식의 진보에 어긋나지 않는 한, 용어에서든 견해에서든, 옛것으로부터 크게 벗어나지 않으려고 주의를 기울이고 있는 중이다. 이 문제와 관련하여, 나는 철학자 아리스토텔레스에 대해 경악을 금할 수 없다. 그는 옛것이라면 무조건 차별하고 반박하는 정신으로 작업을 진행하였다. 학문의 신조어를 제멋대로 꾸며냈음은 물론, 옛 지혜를 모두 파괴하여 말살하고자 획책하였다. 그가 옛 저자를 거론하거나 옛 학설을 언급한 것은, 오직 논박하거나 비난하기 위해서였을 뿐이다.[5] 영예를 얻고 추종자를 거느릴 심산이

---

5) 『신 기관』(1. 63. 67)에서는 아리스토텔레스가 터키인에 비유되기도 한다. 터키의 국왕은 왕위에 오르면 왕위를 노릴 만한 왕족의 씨를 말린다는 것이다. 실제로 아리스토텔레스는 『니코마코스 윤리학』(1. 6. 1)에서, 진리를 위해서는

었다면, 그는 옳은 길을 택한 셈이었다. 오늘날 인간적 진리로 통용되고 확고하게 자리잡은 진리 중에서 최고의 진리로 기록되고 천명된 것은 바로 다음과 같은 경구이기 때문이다. 〈나는 내 아버지의 이름으로 왔으매 너희가 영접치 아니하나, 만일 다른 사람이 자기 이름으로 오면 영접하리라.〉[6] 그러나 이 신성한 아포리즘은 주의 깊게 검토할 필요가 있다. (원래 이것이 최대의 기만자인 적그리스도에 적용된 경구였음을 기억하기로 하자.) 오히려 우리는 이 경구로부터, 어떤 사람이 옛 사람이나 선조를 전혀 개의치 않고 오직 〈자기 이름으로 온다〉는 것은, 비록 영접받는 그 자신의 운과 성공에는 도움이 되는 것일지 몰라도, 진리를 위해서는 결코 좋은 징조가 못 된다는 사실을 배운다. 물론, 아리스토텔레스라는 뛰어난 인물에 대해, 나는 그가 제자[알렉산더 대왕]로부터 그런 기질을 배운 것은 아닐까 하고 생각한다. 실로 제자를 경쟁적으로 모방하였던 듯이 보인다. 제자가 모든 민족을 정복하려 하였듯이, 그 자신은 모든 학설을 정복하려 하였던 것이다. 일부 혹평가들이 아리스토텔레스에게 그의 제자의 칭호와 비슷한 칭호를 부여한 것도 무리는 아니다. 이를테면 그의 제자에게

> 세상에 지극히 무익한 선례를 남긴,
> 운 좋은 대지의 약탈자

때로 옛것을 일소할 필요가 있음을 역설하기도 하였다.

6) 요한복음, 5장 43절. 이 성구는 아리스토텔레스가 오직 자기의 새로움을 강조하여 세인의 명성과 다수의 추종자를 얻은 것에 비유되고 있다.

라는 칭호가 부여되었듯이, 아리스토텔레스에게는

운 좋은 학문의 약탈자

라는 이름이 주어질 수 있을 것이다.[7] 내 입장은 이와는 정반대이다. 나는 옛것과 미래의 진보 사이에 친근한 교류가 이루어지는 것을 염원하며 그렇게 되도록 펜으로 할 수 있는 최선을 다할 작정이다. 이를 위해서는, 〈무덤에 들 때까지〉[8] 옛것을 지키고, 옛 용어들을 유지하는 것이야말로 가장 바람직한 일로 생각된다. 비록 내가 용법이나 정의를 조금씩 바꾸는 일은 있겠지만, 그런 경우에도 적절한 행정 절차를 따르듯이 바꿀 것이다. 설령 다소의 변경이 있더라도, 타키투스가 현명하게 적시한 것처럼, 〈동일한 관직명 eadem Magistratuum vocabula〉을 준수하겠다는 뜻이다.[9]

3. 그러면 이제 〈형이상학〉이라는 용어를 내 경우에는 어떻게 사용하며 어떤 의미로 받아들이고 있는가의 문제로 되돌아가기로 하자. 내 생각으로는, 앞서 언급된 바 있는 〈제1철학〉(혹은 종합철학)과 형이상학은 지금까지는 동일한 것으로 혼동되어 왔지만, 지금부터는 별개의 판명한 두 분야로 구별될 필요가 있다. 나

---

7) 인용은, 루카누스Marcus Annaeus Lucanus(39–65), 『파르살리아 *Pharsalia*』, 10. 20.

8) 〈무덤에 들 때까지 usque ad aras〉라는 구절은, 『스페딩의 판본』(p. 253)에 따르면, 〈더 높은 의무를 침해하지 않는 한〉으로 의역될 수 있다.

9) 타키투스, 『연보』, 1. 3. 관직의 기능상에서 다소간 변화가 있더라도, 옛 관직명을 그대로 준수한다는 뜻이다.

는 전자에 대해서는 지식 전체를 낳은 부모 내지 공통의 조상이라고 규정한 바 있으며, 후자에 대해서는 방금 자연과학의 한 분과 내지 지류로 분류한 바 있다. 비슷한 맥락에서, 나는 모든 학문 분야들에 무차별적으로 적용되는 공통의 원리들 및 공리들을 〈종합철학〉에 할당한 바 있다. 또한 나는 〈양〉, 〈유사성〉, 〈다양성〉, 〈가능성〉 같은 상대적이고 부가적인 성질을 연구하는 임무를 〈종합철학〉에 부여하면서, 이런 성질을 논리적으로 취급하기보다는 자연 내에서 작용하는 방식 그대로 취급하여야 한다는 단서조항을 붙이기도 하였다. 뿐만 아니라, 나는 지금까지 〈형이상학〉과 혼동되어 온 〈자연신학〉에 대해서도, 그 경계와 범위를 명백하게 설정한 바 있다. 그렇다면 이제 〈형이상학〉을 위해서는 무엇을 남겨둘 것인가 하는 문제만이 남는 셈이다. 이 문제에 대해, 나는 대체로 옛 관점을 아무 편견 없이 유지하려고 한다. 옛 관념에 따르면 〈물리학〉은 물질에 내재하는, 그렇기에 일시적인 것을 연구하는 반면에, 〈형이상학〉은 물질로부터 분리된(추상화된), 그렇기에 영원한 것을 연구한다. 물리학이 자연을 단지 존재와 운동의 견지에서 취급한다면, 형이상학은 한 걸음 나아가 자연에서 이성이나 오성이나 밑그림에 해당하는 것을 취급한다는 말이다. 이렇듯 옛 분류에서 뚜렷하게 명시된 차이는, 우리에게도 매우 친숙하고 쉽게 이해될 만한 것이다. 우리는 이미 자연철학 전체를 〈원인에 대한 탐구〉와 〈결실의 생산〉으로 구분하였거니와, 이제는 원인 탐구와 관련된 분야를 다시 한번 기존에 정립된 원인 분류법[10)]에 따라 세분할 차례가 되었다. 이 원인 분류법에 따르면, 물리학 분야는 〈질료인〉과 〈작용인〉을 연구하고 다루는 것이요, 형이상학 분야는 〈형상인〉과 〈목적인〉을 다루는 것이라고 하겠다.

4. 우리는 방금 〈물리학〉이라는 용어를, 흔히 관용적으로 사용되듯 〈의학〉이라는 의미로 사용하는 대신, 그것의 어원적인 의미에서 사용하였다.[11] 이 경우에 물리학은 〈자연사〉와 〈형이상학〉 사이의 중간쯤에 위치한다. 자연사가 다양한 사물을 취급한다면, 물리학은 원인을 다루되 가변적이고 상대적인 원인만을 취급하며, 형이상학은 고정되고 불변적인 원인을 취급한다. 이를테면,

> 똑같은 불로 부드러운 진흙을 딱딱하게 만들기도 하고,
> 단단한 양초를 녹이기도 한다.[12]

불은 진흙에 대해서만 단단하게 만드는 원인이요, 양초에 대해서만 녹이는 원인으로 작용한다. 불이 무엇이든 단단하게 만들거나 무엇이든 녹이는 불변적 원인이 될 수는 없는 것이다. 이렇듯 물리적 원인은 질료에 따르는 것(질료인)이요, 질료에 따라 다르게 작용하는 것(작용인)에 불과하다. 물리학은 세 분야로 나뉘는

---

10) 〈기존에 정립된 원인 분류법〉은 아리스토텔레스의 4원인 분류법(질료인, 형상인, 작용인, 목적인)을 말한다.

11) 〈physique〉나 〈physic〉 같은 용어는 중세부터 베이컨 시대에 이르기까지 〈인체에 관한 지식〉, 특히 〈인체의 질병 및 치료에 관한 지식〉이라는 의미에서 널리 사용되었다. 그러나 베이컨은 어원(physis: 자연, 혹은 physica: 자연에 대한 지식)의 견지에서 그 용어를 다시 정의하고 있다. 이러한 의미에서는 〈물리학〉보다 〈자연학〉이라는 번역이 더 적합한 것일 수도 있다.

12) 베르길리우스, 『농경시 *Ecologues*』, 8. 80.

데, 이 중에서 두 분야는 통합되거나 집합된 자연을 연구하며, 세 번째 분야는 흩어지거나 분산된 자연을 연구한다. 자연에서 집합이 이루어지는 방식은 두 가지이다. 하나의 완전한 총체로 집합되기도 하지만, 원리나 씨앗에 해당하는 것들만이 집합되기도 한다. 이런 맥락에서 보면, 물리학의 첫째 분야는 사물의 짜임새 contexture나 구성 configuration을 〈전체적인 것으로 de universitate rerum〉 다룬다. 둘째는 사물의 원리들이나 시간적 근원들을 다루는 분야이다. 셋째는 사물의 다양성과 특수성에 관한 분야로, 개별 실체를 다루든지, 각 실체의 성질이나 본성을 다룬다. 이 셋째 분야는 자연사 기록에 첨가되는 주석이나 부연설명 같은 것에 지나지 않기 때문에, 더 자세히 설명할 필요는 없겠다. 이상에서 언급한 물리학의 세 분야는 결핍되어 있다고는 보기 힘들다. 다만, 각 분야가 과연 얼마나 완전하고 진실하게 연구되고 있느냐는 것이 문제인데, 이에 관해서는 당장 판결을 내리지는 않겠다. 어쨌든 각 분야에 대해 사람들이 노력을 게을리하지 않았다는 것만은 분명하다.

5. 〈형이상학〉에 대해서는, 이미 앞에서, 형상인 및 목적인에 대한 연구라는 역할을 부여한 바 있다. 이 중 형상인에 대한 연구는 쓸모 없고 헛된 것으로 보일 수 있다. 기존의 뿌리 깊은 편견을 좇아, 인간의 연구능력으로는 본질적인 〈형상들〉 즉 진정으로 차별적인 특징들을 발견하는 것이 불가능하다고 생각할 수도 있기 때문이다. 이런 편견에 반하여, 나는 형상의 발견이야말로—발견될 수만 있다면—모든 지식 분야를 통틀어 가장 가치 있는 일이라고 생각한다.[13] 발견 가능성을 놓고 말하자면, 바다만 보인

다고 해서 육지가 존재하지 않는다고 믿는 무능한 항해사의 잘못된 전철을 따르지 말아야 할 것이다. 이와 관련하여, 플라톤은 그의 이데아론에서 〈형상이야말로 진정한 인식 대상〉임을 천명한 바 있다.[14] 실로 자신의 재능을 높은 절벽 위로 끌어올린 인물다운 견해였다. 그럼에도 그의 견해는 결실을 거두지 못하였는데, 이는 그가 형상을 질료로부터 완전히 분리된 것으로 고려한 탓이었다. 그는 형상이 질료에 의해 제한되거나 결정되지 않는다는 생각에서 신학으로 관심을 돌렸으며, 이로 인해 그의 자연철학은 온통 신학의 영향을 받게 되었던 것이다. 그러나, 형상을 밝히는 것은 인류의 현 상태를 위해 풍부한 결실을 약속하는 중요한 일인바, 형상이 무엇인지를 판단하고 통찰할 수 있으려면, 실천과 시술 쪽으로, 그리고 지식의 활용 쪽으로 눈을 떼지 않고 주도 면밀하게 관찰하려는 노력이 필요할 것이다. 이제부터 나는 실체의 형상을 논의하되, 인간의 형상은 논외로 하겠다. 인간의 형상에 관해서는 〈여호와 하나님이 흙으로 사람을 지으시고 생기를 그 코에 불어넣었다〉라고 언급된바, 이 점에서 인간은 〈물로 하여금 낳게 하고〉, 〈땅으로 하여금 낳게 한〉 다른 피조물들과는 뚜렷이 구별되기 때문이다.[15] 오늘날 실체의 형상은 합성이며 이식(移

---

13) 베이컨이 말하는 〈형상〉이 무엇을 뜻하는지에 대해서는 아직도 논란이 진행되고 있다. 그것은 〈근대적 자연법칙〉의 다른 이름이라는 견해도 있지만, 아리스토텔레스의 〈형상〉 즉 본질 개념을 벗어난 것이 못 된다는 견해도 있다. 베이컨은 『신 기관』, 2권의 첫 20장에 걸쳐 〈형상〉의 문제를 상세하게 논의하고 있다.

14) 플라톤, 『국가』, 10. 1 참조.

15) 창세기, 2장 7절 ; 1장 20절과 24절.

植) 같은 작용으로 인해 그 수효가 당혹스러울 정도로 늘어났기 때문에, 모든 형상을 빠짐없이 연구하기는 거의 불가능한 상태이다. 마치 알파벳 문자들을 합성하고 그 순서를 이리저리 바꾸는 과정에서 거의 무한한 수로 늘어난 단어들을 놓고, 각 단어를 만드는 음성의 형상을 빠짐없이 찾아내는 일이 불가능하거나 무망한 것과도 같은 이치라고 하겠다. 그렇지만 역으로, 각각의 알파벳 철자를 만드는 음성의 형상을 연구하는 것은 비교적 쉬운 일로, 일단 그런 형상들을 인식하게 되면, 철자들로 구성되고 합성된 모든 어휘들의 형상들도 판명하게 제시할 수 있을 것이다. 물론 이런 방식으로 사자(獅子)의 형상이나 떡갈나무의 형상이나 금의 형상을 연구하려는 것은 헛된 시도에 불과하다. 물의 형상이나 공기의 형상에 대해서는 더 말할 것도 없다.[16] 그러나, 감각, 자발적 운동, 섭생, 색채들, 무거움과 가벼움, 밀집과 희박, 열과 냉(冷), 그 밖의 다양한 본성들 및 성질들에 대해서는, 그 각각의 형상을 연구할 필요가 있다. 알파벳 철자와 마찬가지로, 이런 본성들은 그 수효도 많지 않거니와, 모든 피조물의 본질은 바로 그 본성들로 구성되기 때문이다. 이런 의미에서 나는 그 본성들의 참된 형상들을 연구하는 것이야말로 우리가 지금 정의하고 있는 형이상학의 몫이라고 말하고 싶다. 물리학도 물론 그러한 본성들을 연구 검토한다. 그러나 어떤 방식으로 검토하는가? 물리학은

16) 베이컨은 분류학적 종(種)이나 속(屬)의 견지에서 〈형상〉을 정의한 것이 아니라, 마치 알파벳처럼 만물을 구성하는 〈기본 단위〉로서 정의한다. 이 점에서 그의 형상 개념은 아리스토텔레스-스콜라주의에서 말하는 〈형상〉과는 뚜렷하게 구별되지만, 근대적 자연 〈법칙〉과도 거리가 있다.

그 본성들의 〈질료인〉 및 〈작용인〉을 다룰 뿐, 〈형상들〉을 다루지는 않는다. 예를 들어, 물거품이나 눈〔雪〕이 흰색인 원인을 연구한다고 하자. 만일 누군가가 공기와 물의 미묘한 혼합이 그 원인이라고 말한다면, 이를 틀렸다고는 할 수 없다. 그렇지만 그것을 흰색의 형상이라고 할 수 있을까? 그렇지 않다. 그것은 작용인에 해당하는바, 작용인은 〈형상의 운반자vehiculum formae〉일 뿐,[17] 형상 그 자체가 될 수는 없다. 내가 보기에, 형이상학의 이러한 역할은 충실하게 수행된 적이 없다. 그리 크게 놀랄 일도 아닌 것이, 지금까지 사용되어 온 발견 방법으로는 형상을 발견하는 것 자체가 불가능하기 때문이다. 무엇보다도 오류의 뿌리는 인간이다. 사람들은 개별 사례들로부터 너무 동떨어진 곳에 틀어박힌 채, 아무 준비 없이 너무 성급하게 출발하곤 하였던 것이다.

6. 내가 방금 결핍을 지적한 형이상학의 역할은, 다음 두 측면에서 특히 탁월한 효용성을 갖는다. 첫째, 무한에 가까운 개별 경험들을, 진리가 허용하는 범위 안에서 간단하게 요약하는 작업은, 모든 학문의 의무이자 미덕이라는 사실을 기억할 필요가 있다. 이런 작업은 〈인생은 짧고 학문은 길다〉는 불평을 치료하기 위해서도 필요하다. 모든 학문 분야에서 형성된 착상들 및 관념들을 종합하는 일이야말로 그런 불평을 치유할 수 있을 것이기 때문이다. 실로 모든 학문은 삼단 피라미드 형태로 엮인다. 그 밑바탕에 해당하는 것이 역사로, 자연철학의 경우에는 자연사가 맨 밑바탕을 이룬다. 다음 단계에는 물리학이, 그 다음 단계인 정점

17) 『신 기관』(2. 3)에서는 작용인과 질료인이, 〈불안정한 원인들이요 …… 형상을 실어 나르는 운반자들〉로 명시되고 있다.

에 형이상학이 각각 자리잡는다. 정점에 해당하는 형이상학은 〈하나님이 그 시작부터 끝까지 주관하시는 일〉로서, 자연 전체를 요약하는 법칙이다. 우리로서는 과연 인간의 연구가 거기까지 도달할 수 있는지 알지 못한다. 그렇지만 이 세 가지는 지식의 참된 세 단계이다. 물론 이 세 단계는 타락한 자에게는 마치 거인들이 쌓아올린 산과도 같다.

> 그들은 세 차례에 걸쳐 노력하였으니, 먼저 펠리온 산 위에 오사 산을 얹으려 하였고,
> 다음에는 오사 산 위에 나뭇잎 무성한 올림포스 산을 포개려 하였다.[18)]

반면에 만사를 하나님의 영광으로 돌리는 사람에게는, 그 세 단계가 마치 〈거룩하다, 거룩하다, 거룩하다!〉는 세 번의 찬미와도 같다.[19)] 하나님의 작품들을 기술하고 확장한다는 점에서 거룩하고, 그것들을 연관지어 함께 엮는다는 점에서 거룩하며, 그것들을 영원하고 통일적인 법칙 속에 통합한다는 점에서 거룩하니, 세 번 거룩하다는 말이다. 이런 의미에서 보면, 만물이 단계적으

18) 이것은 베르길리우스가 『지오르직스』(1. 281-282)에서 언급한 그리스 신화이다. 이 신화에 의하면, 올림포스 신전의 신들에게 두 명의 거인(Otus와 Ephialtes)이 도전하였다. 이 거인들은 펠리온pelion 산 위에 오사Ossa 산을, 오사 산 위에는 올림포스 산을 쌓아올려서, 하늘에 도달하려고 하였다. 결국 그들은 아폴론에 의해 살해되었는데, 그들의 사악함으로 인해 지옥의 저주를 받았다고 전해진다. 따라서 〈펠리온 산 위에 오사 산을 포갠다〉는 말은 거창하지만 수포로 돌아간 과업을 뜻한다.

19) 요한계시록, 4장 8절.

로 통일성까지 상승한다는 파르메니데스와 플라톤의 사색은, 비록 사색에 그치고 말았지만, 매우 뛰어난 것이었다.[20] 이들에 따르면, 가장 높은 지식은 복수성이나 다양성을 가장 적게 가진 지식일 것인즉, 사물의 제일 단순한 형상이나 차별적 특징을 연구하는 형이상학이야말로 바로 이런 지식에 해당하는 것으로 보인다. 형이상학은 극소수의 형상들만을 고려하는바, 사물의 다양성은 그 형상들이 배분된 정도에 따라, 그리고 그것들이 서로 협조한 결과로 형성된다고 하겠다.

둘째, 형이상학의 역할에 가치와 신뢰를 부여하게 되는 두번째 측면은, 그것이 인간의 권력을 해방한다는 점이다. 형이상학은 인간이 수행하는 일과 그 결과에 대해, 최대의 자유와 최대의 가능성을 선물한다. 사실, 물리학은 변덕스럽기 짝이 없는 자연의 일상 경로를 모방하는 가운데, 사람들을 좁고 제한된 길, 온갖 우연적인 장애들로 점철된 길로 인도할 따름이다. 그러나 이와 대조적으로, 〈현명한 자에게는 어디에나 넓은 길이 열려 있는 법이다〉.[21] 이미 고대에 지혜는 〈신적인 것과 인간적인 것에 대한 지식〉이라고 정의되었거니와,[22] 지혜로운 자에게는 늘 선택의 여지

20) 플라톤, 『파르메니데스*Parmenides*』, 165와 166 참조. 파르메니데스는 기원전 6세기에 활동한 그리스 철학자로, 엘레아 학파Eleatic school를 창시하였다. 그의 존재론은 우주를 구성하는 단일하고 영원한 실재를 가정한다. 이러한 가정에 근거하여, 그는 발생, 파멸, 변화, 운동 같은 현상의 비실체성을 논증하였으며, 플라톤의 〈이데아론〉에 깊은 영향을 미쳤다.

21) 잠언, 15장 19절. 〈정직한 자의 길은 대로니라.〉

22) 키케로가 『의무론』(1. 43)에서 정의한 내용이다. 지혜가 〈신사(神事)에 대한 지식〉과 〈인간사(人間事)에 대한 지식〉을 겸비하는 것이라는 정의는 르네상스 시대의 상투어였다.

가 열려 있다는 뜻이다. 물리적 원인이 〈비슷한 질료〉라는 한계 내에서만 새로운 발견을 가능하게 한다면, 형상을 아는 자는 어떠한 질료에 대해서든지 그 본성〔형상〕을 덧씌우는 최대의 가능성을 인식한 셈이다. 그렇기에 그는 큰 제약을 받지 않고 질료인이라는 토대, 혹은 작용인이라는 조건에 작용하여 변화를 시킬 수 있는 것이다. 이러한 지식과 비슷하되 한층 신성한 종류의 지식을 염두에 두고, 솔로몬은 다음과 같이 우아하게 표현하고 있다. 〈다닐 때에 네 걸음이 곤란하지 아니하겠고, 달려갈 때에 실족하지 아니하리라.〉[23] 이처럼 지혜의 길은 특수나 우연에 얽매이는 법이 없다.

7. 형이상학이 수행하는 또 하나의 역할은 〈목적인에 대한 연구〉이다. 나는 이 분야에 대해서는 그것이 결핍되었다기보다는 자리가 틀렸다고 말하고 싶다. 자리가 틀렸다는 말은 순서가 틀렸다는 뜻이 아니다. 순서가 틀렸다면 내가 굳이 언급할 필요도 없을 것이다. 순서란 지식의 본체에 속하는 것이 아니라 단지 해설상의 문제에 불과한 것이기 때문이다. 자리를 잘못 잡았다는 말은, 지식 그 자체에 결함을 야기해 왔다는 뜻이요, 혹은 지식에서 미성숙의 원인이 되어왔다는 뜻이다. 지금까지 목적인은 물리학 연구의 대상인 다른 원인〔질료인, 작용인〕과 무분별하게 뒤섞여 취급되어 왔는바, 이런 혼동은 실제 물리적 원인에 대한 엄밀하고 근면한 연구를 방해하였을 뿐만 아니라, 나아가서는 사람들이 거짓 원인에 안이하게 머무른 채 더욱 심원한 발견을 단념하고 심

23) 잠언, 4장 12절.

지어 방해하게 만드는 기회를 제공하였던 것이다. 이런 혼동의 예는, 〔먼바다로 항해하지 못하고〕 늘 해변에만 머물러 있던 플라톤에게서도 찾을 수 있지만, 아리스토텔레스며 갈레노스 같은 부류에게서도 발견된다. 잡다하고 헛된 원인의 수준에 안주한 점에서 그들은 너나 할 것 없이 똑같다. 몇 가지 예를 들어보자. 〈속눈썹은 시력을 지켜주는 울타리이자 방호벽이 된다〉, 〈생물의 피부와 가죽이 단단한 것은 극심한 추위나 더위로부터 생물을 보호하기 위한 것이다〉, 〈뼈대는 생물의 몸과 골격을 세워주는 기둥이나 틀이 된다〉, 〈나뭇잎은 과실을 보호하기 위한 것이다〉, 〈구름은 지상에 물을 주기 위한 것이다〉, 〈땅이 고체인 것은 생물이 머물고 거주할 수 있도록 하기 위해서이다〉 등등. 이러한 사례는 형이상학에서 충분히 연구되고 수집된 것들이지만, 물리학에는 적합하지 않다.[24] 아니, 오히려 그것들은 배의 심원한 항해를 가로막아 지연시키는 장애물들에 지나지 않는바, 이런 장애로 인해 물리적 원인에 대한 연구를 소홀히하거나 침묵으로 넘기는 일이 다반사로 일어났던 것이다. 내가 보기에, 물리적 원인을 낱낱이 구명한 점에서는 아리스토텔레스나 플라톤의 자연철학보다는 데모크리토스 같은 학자들의 자연철학이 더욱 실질적이고 훌륭하다. 우리에게 전승된 인용들recitals 및 단편들에 의존해서 판단컨대, 데모크리토스를 위시한 일부 학자들은 사물의 본성 속에 어떤 정신이나 이성이 들어 있다고 생각한 것이 아니라, 자연에 대한 무

---

24) 위의 사례들은 크세노폰, 『메모라빌리아 *Memorabilia*』(1. 4. 2-8)에서 인용되었으며, 모두 존재의 원인을 목적론적으로, 즉 목적인의 견지에서 해설한 것들이다. 즉 질료인이나 작용인이 목적인과 혼동된 사례들이다.

수한 실험essay과 증명을 통해서 그 스스로 유지되는 사물의 형상을 찾으려고 애썼다. (그들은 그러한 형상을 가리켜 〈운명〉이라 불렀다.) 반면에 아리스토텔레스와 플라톤은 목적인의 연구를 각기 자신이 좋아하는 학문의 일부로 보았다. 플라톤은 신학의 일부로, 아리스토텔레스는 논리학의 일부로 삼았다는 말이다. 나는 목적인들이 그것들의 고유한 영역 안에 유지되어야 한다고 생각한다. 그 이유는 그것들이 참되지 않다든지 연구할 가치가 없기 때문이 아니라, 그것들이 물리적 원인의 경계 안까지 침투하여 물리적 원인의 파멸vastness과 소멸을 야기해 왔기 때문이다. 그러나, 각각의 원인에 대해 고유한 영역과 경계를 부여한다고 해서, 목적인과 물리적 원인 사이에 어떤 적대감이나 혐오감이 존재한다고 생각한다면, 그것은 아주 잘못된 생각이다. 예컨대, 〈속눈썹은 시력을 보호하기 위해 존재한다〉고 밝혀진 원인〔목적인〕은, 마치 〈이끼 낀 샘muscosi fontes〉처럼 〈털은 습기 찬 구멍에서 돋아나기 쉽다〉고 밝혀진 원인〔물리적 원인〕을 결코 배격하지 않는다. 〈가죽의 단단함은 극심한 더위와 추위에 대해 몸을 보호하기 위한 것〉이라고 밝혀진 원인도, 〈낯설거나 이질적인 몸들에 거의 맞닿아 있을 때, 몸의 가장 바깥 부위〔피부〕에서 모공의 수축이 일어나기 쉽다〉고 밝혀진 원인을 배격하지 않는다. 그 밖에도, 두 종류의 원인이 모두 진실이고 양립할 수 있는 사례는 많이 있다. 한 원인이 〈의도intension〉를 밝힌 것이라면, 다른 원인은 오직 〈결과〉만을 밝힌 것이다. 이렇듯 의도되고 목적된 바를 밝히는 일은 하나님의 섭리를 의문시하거나 낮추려는 것이 아니라, 오히려 그것을 증명하고 높이려는 것이다. 통치 행위에도 같은 이치가 적용될 수 있다. 위대하고 심오하다는 평가를 받는 정치가는, 다른 사람들을 자신의 의지나 목적의 도구로 삼되, 이용당하는 사람들에게 자신의 의도를 알리기보다는 자신의 목적을 그들이 알아채지 못하도록 할 수 있어야 한다. 그에게 이용되는 자들은 그의 목적을 실천하면서도 자신들이 무엇을 수행하고 있는지 알지 못하도록 하여야 한다는 말이다. 하나님의 지혜가 바로 그러하다. 하나님께서 개별 피조물들과 운동들에 대해 일일이 섭리의 글자와 표지를 새겨넣으실 때보다는, 자연의 의도와 섭리의 계획이 어긋날 때, 하나님의 지혜는 더욱 존경을 받을 수 있는 것이다. 이쯤에서 형이상학에 대한 논의를 끝맺기로 한다. 형이상학의 이 뒷부분, 즉 목적인에 대한 연구가 현존한다는 것은 나 역시 인정한다. 다만 그것이 적절한 영역으로 한정되기를 바랄 뿐이다.

제8장

1. 자연철학에는 하나의 분야가 더 남아 있다. 수학이 그것이다. 수학 역시 주요 분야로 간주되어, 물리학의 특수 분야 및 형이상학과 나란히 자리잡는 것이 보통이다. 그렇지만 내가 생각하기에, 수학은 형이상학에서 파생된 분과로 보는 편이 이치로 보나 순서로 보나 더욱 어울린다. 수학이 다루는 주제 자체가 〈양〉이요(여기서 말하는 양은 방금 제1철학의 주제로 다룬 상대적이고 미결정적인 양이 아니라, 결정된 즉 몫이 확정된 양이다), 〈양〉은 사물의 본질적 형상들 중 하나라고 생각되기 때문이다. 실제로 수학이 다루는 〈양〉은 자연에서 여러 결과를 낳는 원인으로, 이런 견지에서 데모크리토스 학파와 피타고라스 학파는 모두 수를 중시하였다. 전자는 수치(數値)가 사물을 낳는 첫째 씨앗이라 보았으며, 후자는 수(數)가 사물을 구성하는 근본 원리이자 원소라고 보았던 것이다.[1)] 양은 우리가 알고 있는 모든 형상들 중 질료로부터 가장 추상화되고 가장 동떨어진 형상이라는 점에서도, 형이상학

1) 데모크리토스는 원자의 수치figure 즉 원자의 개수에 따라 사물이 결정된다고 보았으며, 피타고라스는 수적 관계가 사물의 본성에 해당한다고 보았다는 뜻이다. 후자처럼 수를 사물의 내재적 본성으로 보는 견해는 수비학(數秘學, numerology)의 근본을 이루는데, 베이컨이 이런 견해를 수용하였던 것은 아니다.

에 매우 적합한 것으로 볼 수 있다. 그렇지만 바로 이런 이유 때문에, 〈양〉이라는 형상은, 질료와 더욱 깊숙이 결합된 다른 형상들에 비해 많이 연구되어 온 것이기도 하다. 그도 그럴 것이—지식에는 극도로 해로운 일이지만—인간 정신은 개별 사례라는 좁은 영역에서 즐거워하는 것이 아니라, 마치 평원처럼 넓고 일반적인 것에서야 자유의 기쁨을 맛보기 때문이다. 이런 욕망을 채워줌에 있어서는 수학이 다른 어떠한 학문보다 유용한 분야라고 할 수 있지만, 자연철학의 위상을 결정함에서 수학은 그리 비중 있는 분야가 못 된다. 다만, 우리는 자연철학의 제 분야를 구분함에 있어서, 각 분야가 서로에게 빛을 던져줄 수 있도록 한 분야도 생략하지 않는, 일종의 종합적 관점을 유지하기 위해 노력하고 있는 중이다.[2)]

2. 수학에는 〈순수한〉 것이 있고 〈혼합된〉 것이 있다. 자연철학의 어떠한 공리와도 절연된 채, 〈제한된 양〉을 다루는 학문은 순수수학에 속한다. 기하학과 대수학이 그러한데, 기하학이 연속적인 양을 다룬다면 대수학은 비연속적인 양을 다룬다. 반면에 〈혼합된〉 수학, 즉 응용수학[3)]은 자연철학의 일부 공리들 및 분야들을 주제로 삼아, 그 공리들이나 분야들에 대한 보조적·부속적 역할의 견지에서 〈이미 결정된 양〉을 고려한다. 실제로 응용수학

2) 여기서 〈종합적 관점 perspective〉은 어떤 주제의 부분들이 정신에 의해 조망되는 관계를 말한다. 베이컨 자신이 굳이 수학을 언급한 이유는 수학이 중요해서라기보다, 자연철학의 다른 분야에 도움을 줄 수도 있기 때문이라는 뜻이다.

3) 〈혼합된 수학 mixed mathematics〉은 〈응용 수학 applied mathematics〉과 비슷한 뜻으로 사용되고 있다. 순수수학이 이론에 치우친 것이라면, 혼합된 수학 즉 응용수학은 실제 사물을 다루는 수학을 말한다.

의 도움과 개입이 없이는, 자연의 많은 부분들을 아주 미세한 구석에 이르기까지 발견할 수도, 충분히 명료하게 증명할 수도, 만족할 만큼 능숙하게 이용할 수도 없을 것이다. 이러한 종류의 수학에 속하는 것으로는, 원근법, 음악, 천문학, 우주지, 건축학, 기계학 등 다양한 분야가 있다.[4)]

나로서는 수학에서 특기할 만한 결점을 발견할 수 없었다. 다만 사람들이 순수수학의 탁월한 용도를 제대로 이해하지 못하고 있다는 점을 지적해 두고 싶다. 순수수학은 지적 능력에서 많은 결함을 치료해 줄 수 있는 것이다. 순수수학을 배우면, 지적 재능이 둔한 자는 재능을 예리하게 가꿀 수 있을 것이다. 너무 산만한 재능은 집중할 줄 아는 재능으로, 감각에 깊이 매몰된 재능은 감각으로부터 벗어나 추상화하는 재능으로 바뀔 수 있을 것이다. 테니스 경기를 예로 들 수 있겠다. 테니스는 그 자체로는 아무 효용도 없는 게임이지만, 민첩한 눈과 어느 자세나 취할 수 있도록

---

4) 중세 이래의 학문 분류에서 〈4학quadrivium〉 즉 기하학, 대수학, 천문학, 음악은 모두 수학적 분과이다. 베이컨은 기하학과 대수학을 순수수학으로, 천문학과 음악을 응용수학으로 구분하고 있다. 그 밖에 원근법perspective, 우주지cosmography, 기계학enginery 등 르네상스 시대 이래로 발전한 수학적 분과들을 응용수학의 영역에 새로 편입시키고 있다. 〈원근법〉은 빛과 시각의 상호작용에 따라 변화하는 명암과 원근을 충실하게 표현하려는 시각예술 기법으로, 이미 르네상스 시대에 (특히 레오나르도 다 빈치의 노력에 힘입어) 4학에 편입되었고, 이후 광학optics의 발전을 자극하였다. 〈우주지〉는 천상과 지상을 모두 포함하는 우주 전체의 지형적 · 영적 특징을 기술하는 전근대 과학으로, 흔히 천문학과 지리학의 유사과학으로 간주되지만, 실제로는 천문학과 지리학의 영역을 침범하지 않고 학문적 독립성을 유지하였다. 〈기계학〉이란 기계나 무기를 제작하는 지식과 기술로, 베이컨은 이를 〈machinaria(mechanics)〉와 비슷한 의미로 사용한다.

유연한 몸을 만들어준다는 점에서는 더할 나위 없이 유용하다. 마찬가지로, 수학에서도 부차적이고 간접적인 효용이 일차적이고 의도된 효용에 못지 않은 가치를 지닌다고 하겠다. 응용수학에 관해서는, 자연에 대한 해명이 진척되면 될수록, 응용수학의 종류도 그만큼 다양해질 것이라는 예측으로 결론을 대신하겠다. 이것으로 자연과학, 즉 자연철학의 사변적 분야에 대한 논의를 마치기로 한다.

3. 이제부터는 자연철학의 시술적 분야, 즉 자연적 지혜Natural Prudence를 살펴보기로 하자. 우리는 이 분야를 다시 실험적인 것, 철학적인 것, 마술적인 것 등 세 분야로 나눌 수 있다.[5] 모두 능동적인 성격을 지니는 이 세 가지는, 방금 논의한 사변적 자연과학의 세 분야인 자연사 · 물리학 · 형이상학에 각각 상응하며, 서로 유사점을 지닌다. 실제로 시술 중에는, 우연히 발견된 것도 있고, 의도적인 실험에 의해 발견된 것도 있다. 의도적 실험에 의해 발견된 시술 중에는, 동일한 실험을 여러 번 반복해서 발견된 것도 있지만, 이리저리 다양한 실험을 시도한다든지 여러 실험을 뒤섞어 수행하는 가운데 발견된 것도 있다. 이런 종류의 발견은 주로 소박한 임상가(臨床家)[6]의 수준에서 즐겨 수행된다. 사람들이 사색하는 가운데 한쪽 눈을 효용과 실천에 붙들어매둔다면,

---

5) 라틴어 번역판에서는 자연적 지혜Natural Prudence를 생략하고, 단지 〈시술적인 분야〉라고만 번역되었다. 그리고 이 분야도 세 분야 아닌 두 분야로 구분된다. 〈철학적인 것〉은 생략되었고, 〈기계적인 것〉과 〈마술적인 것〉만이 남았다.

6) 〈임상가empiric〉는 이론을 결핍한 채, 오직 경험에 의존하는 임상의(臨床醫)를 주로 말하지만, 베이컨은 이 용어를 의사뿐만 아니라 기계공, 연금술사, 자연마술사 등에 폭넓게 적용한다.

나름대로 물리적 원인을 인식할 수 있을 것이요, 이렇게 얻은 지식은 새로운 개별 사례에 적용할 다양한 단서와 지침을 제공하기도 한다는 말이다.

그러나 이런 작업은 〈울퉁불퉁한 해안을 고지식하게 따라 걷는〉 행위에 지나지 않는다.[7] 내가 보기에, 실험상의 행운이나 시행착오에 의해서든, 물리적 원인이 제공하는 빛이며 단서에 의해서든, 자연 내의 근본적인 일대 변화나 혁신을 기대하기는 어렵다. 그렇다면 이제, 자연 내의 혁신이며 변화와 관련해서, 자연마술의 문제점을 검토할 필요가 있겠다. 조금 전에 형이상학의 문제점을 검토하였듯이 말이다. 오늘날 많은 서적이 자연마술을 언급하고 있으나, 언급된 내용은 공감, 반감, 숨은 속성 따위에 대한 맹신적이고 미신적인 착상과 관찰이 고작이며, 본성상 기이한 것이라기보다 이상한 가면을 쓴 탓에 기이한 것이 되어버린 경박한 실험이 고작이다. 자연의 진리에 비추어볼 때, 이런 내용은 우리가 필요로 하는 지식과는 너무 거리가 멀다. 역사의 진리에 비유하자면, 브리튼의 아서 왕이나 보르도의 휴[8]가 남긴 이야기가 케사르가 남긴 비망록에 결코 필적할 수 없는 것과도 같다고 하겠다. 케사르는 이 전설적인 두 영웅의 부풀려진 업적보다 훨씬 위대한 업적을 〈진짜로〉 이룩하였지만, 자신의 위업을 우화처럼 기록하지 않았던 것이다. 이러한 맥락에서 익시온의 신화는 흥미로운 비유를 제시한다. 익시온은 원래 권력의 여신인 유노를 취하

7) 인용은, 호라티우스, 『송시 *Odes*』, 2. 10. 3.

8) 〈보르도의 휴Hugh of Bordeux〉는 중세 프랑스의 기사 이야기에 등장하는 샤를마뉴 대제 휘하의 기사이다.

려 하였으나, 그녀 대신에 구름과 교접하여 켄타우르며 키메라 같은 괴물을 낳았다는 것이다.[9] 이렇듯, 진리를 공들여 성실하게 연구하기보다 뜬구름처럼 헛된 상상을 즐기는 자는, 기괴하고 불가능한 형태의 희망과 믿음을 얻을 수 있을 뿐이다.

그러므로 우리는 이렇듯 인간의 상상과 믿음을 온통 사로잡는 학문, 이를테면 타락한 자연마술이며 연금술이며 점성술 같은 학문에서 다음과 같은 점을 주목할 필요가 있다. 이런 부류의 학문이 제시하는 명제에서는, 수단에 대한 기술(記述)이 언제나 의도나 목적에 대한 기술보다 기괴하다는 점이다. 몇 방울의 약〔연금액〕을 투입해서 엄청난 분량의 수은이나 다른 물질을 순식간에 금으로 바꾸겠다는 제안을 예로 들 수 있겠다. 이런 제안보다는, 내가 앞서 언급한 본성들〔형상들〕을 산출하는 절차에 따라, 금의 본성 및 형상을 다른 금속에 덧붙이는 편이 개연성을 높일 수 있을 것이다. 〈무게〉의 본성과 〈색채〉의 본성에 대해서는 물론이고, 무두질 작업에서는 〈유연성〉과 〈강도〉, 용광로 작업에서는 〈휘발성〉과 〈고착성〉 같은 본성들에 대해 잘 아는 사람이 성공할 확률이 높다는 뜻이다. 수명을 연장하고 청춘이나 활력을 회복하는 문제에 대해서도 비슷하게 말할 수 있다. 몇 방울의 용액이나 비

9) 익시온은 자신의 의부를 죽인 죄를 범하였으나, 제우스가 용서하여 올림포스에 초대하였는데, 이 기회에 제우스의 부인 헤라를 유혹하였다. 제우스는 익시온이 구름을 헤라로 착각하게 만들었고, 그리하여 구름과 익시온 사이에서 괴물들(Centaurs/Chimeras)이 태어났다. 유노Juno는 헤라의 라틴어 이름이다. 그러나 그리스 신화의 헤라가 주로 여인의 가정생활(특히 성생활)을 보호하는 역할을 하였다면, 훗날 로마 종교에서는 유노를 국가권력의 여신으로 숭배하였다.

방(秘方)을 사용해서 그런 일을 수행하는 것보다는, 노화arefaction의 본성, 양분을 흡수하는 동화작용의 본성, 생기가 증가하고 줄어드는 방식, 생기가 체액을 위시한 주요 부위에 침투하는 방식 등을 아는 것이 가능성을 높여준다. 이런 지식을 갖춘 사람은, 식사조절, 목욕, 찜질, 약, 운동 등 간접적인 방식으로 수명을 늘리고 젊음을 되찾을 가능성이 높다는 말이다. 따라서, 나는 참된 형이상학이 아직 존재하지 않듯이, 참된 자연마술도 아직은 존재하지 않는다고 결론을 내리지 않을 수 없다. 형상들에 대한 지식에 의존하여, 자유롭고도 폭넓게 시술할 수 있는, 참된 자연마술은 아직 존재하지 않는다.

이 분야에서 만일 허풍이나 그럴듯한 말에 귀기울이지 않고 신중한 자세를 취하기만 한다면, 우리는 형이상학으로부터 직접 시술방법을 이끌어내고 연역해 내는 것 외에도, 매우 유망한 두 가지 지침을 얻을 수 있다. 하나는 준비작업과 관련된 것이며, 다른 하나는 작업방향과 관련된 것이다. 첫째는 일종의 목록kalendar을 만드는 작업이다. 이 목록은 개인의 재산명세서를 닮은 것으로, 자연이나 인공에 의해 기왕에 만들어진 모든 작품과 결실, 즉 현존하거나 예전에 소유한 적이 있는 모든 발명품을 등재한 목록이다. 이 목록으로부터 자연스럽게 일종의 비망록, 즉 아직 불가능하다고 여겨지거나 아직 발명되지 않은 것을 모두 적어두는 비망록이 작성될 수 있을 것이다. 이 비망록을 더욱 정교하고 유익하게 만들기 위해서는, 불가능하다고 가정된 것마다, 그것에 가장 근접한 현재의 진척 정도를 덧붙여두면 좋을 것이다. 이처럼 우리가 염원하는 것들optatives과 가능성 있는 것들을 함께 적어두면, 우리의 연구는 원인에 대한 사색으로부터 작업의 출발점을 잡을 수 있을 만큼 성숙해질 것이다. 바로 이것이 두번째 지침에 해당한다. 눈앞에 당장 쓸모가 있는 실험만이 존중되어서는 안 된다는 말이다. 다른 실험들의 발견에 기초가 되는 실험, 그리고 원인의 발견에 밝은 빛을 제공하는 실험은 무엇보다 존중되어야 한다. 항해에 비유하자면, 방향을 제시하는 나침반의 발명이 동력을 전달하는 돛의 발명에 못지 않게 항해에 유익한 것과도 같은 이치라고 하겠다.

4. 지금까지 나는 자연철학과 그 부족한 면을 논의하였다. 설령 내 논의가 기존의 옛 학설과 상충하여 반론을 야기한다 하더라도, 나로서는 불만을 토로할 생각이 없다. 내 목적이 논쟁에 있는 것은 아니기 때문이다. 만일 그것이 진리라면,

> 숲의 모든 피조물이 화답할 터, 우리가 귀머거리에게 노래하고 있는 것은 아니라네.[10)]

인간의 목소리가 동의하든 말든 상관없이, 자연의 목소리만은 동의할 것이라는 뜻이다. 알렉산더 보르지아가 프랑스군의 나폴리 원정에 대해 자주 언급하였듯이, 프랑스군은 싸울 무기를 들고 온 것이 아니라, 〔이탈리아 내의 우호세력이 제공한〕 주둔지를 표시할 백묵만을 들고 왔다고 한다.[11)] 나는 진리도 이와 같이 평

---

10) 베르길리우스, 『농경시』, 10. 8.

11) 알렉산더 보르지아Alexander Borgia는 로드리고 보르지아(Rodrigo Borgia, 1431-1503)를 말한다. 그는 1492년에 알렉산더 6세로 교황에 올랐으며, 그의

화롭게 점령하는 편이 좋겠다고 생각한다. 싸움이나 논쟁을 통해서보다는, 진리를 위해 숙소와 주둔지를 제공할 정신의 소유자들을 표시해 둘 백묵만을 가지고도, 손쉽게 점령이 이루어지면 좋겠다는 말이다.

5. 내가 미처 논의하지 못한 자연철학의 한 분야가 남아 있다. 이 분야는 자연철학의 내용이나 주제와는 아무 상관이 없고, 오직 연구에서 수행되는 보고형식과 관련된 것이다. 보고는 긍정적 평가의 형식을 취할 수도 있고 반성적considerative 평가의 형식을 취할 수도 있다. 어떤 형식을 취하느냐 하는 문제는, 연구가 적극적으로 주장을 내세운 것이냐, 아니면 부정적으로 의심을 피력한 것이냐에 달려 있다. 의심이나 〈미결(未決, non liquet)〉은 부분적 의심과 전체적 의심 등 두 종류로 나뉜다. 부분적 의심은 아리스토텔레스가 제기한 문제를 예로 들 수 있다. 그가 제기한 문제가 좀더 적절하게 계승되었더라면 하는 아쉬움이 없는 것은 아니지만, 어쨌든 그 요지는 분명하다. 의심을 기록해 두면 두 가지의 탁월한 용도가 있다는 것이 요지로, 그의 가르침은 가르칠 만한 것이요 배울 만한 것이다. 하나는 철학을 오류와 거짓으로부터 구제하는 용도이다. 아직 분명하지도 않은 것을 적극적인 주

아들 체자레 보르지아Cesare Borgia와 함께 〈이탈리아 전쟁(1494-1559)〉에 적극적으로 참여하였다. 샤를르 8세가 이끄는 프랑스군은 1494년에 나폴리를 침공하였다. 처음에 교황은 프랑스군에 우호적인 태도를 취하였으며, 그 덕택에 나폴리는 쉽게 점령되었다. 그러나 이탈리아 도시국가들은 곧 베네치아 중심의 〈신성동맹〉을 결성하였고, 교황청과 에스파냐가 동맹에 가담하여 프랑스군을 물리쳤다. 프랑스군이 무기 대신 백묵을 들고 왔다는 말은, 실제로 그러하였다는 뜻이 아니라, 프랑스군이 이탈리아 내에 주둔지를 제공한 우호적인 세력들에 힘입어 손쉽게 나폴리를 점령하였다는 뜻이다.

장으로 바꾸면 오류가 또 다른 오류를 낳게 되는바, 이런 우를 범하지 않기 위해서는, 분명치 않은 것을 의심으로 남겨두는 편이 좋다는 것이다. 다른 하나의 용도는, 의심을 적어두면 쓸모 있는 지식을 마치 빨판이나 스펀지처럼 흡수하여 저장하는 데 도움을 준다는 것이다. 그래서 사람들은, 의심이 없다면 경망스럽게도 소홀히 지나쳐버릴 것도, 의심의 안내와 배려를 받으면 주목하고 이용할 수 있게 된다는 것이다. 그렇지만 이처럼 유익한 두 용도가 의심이 초래하는 불행을 상쇄할 수는 없다. 의심을 제대로 막지 못하면 불행이 닥칠 수밖에 없다. 사람들은 일단 의심을 받아들이고 나면, 그것을 어떻게 극복하느냐 하는 문제보다는 어떻게 그것을 그대로 유지하느냐 하는 문제에 골몰하게 되며, 그리하여 그들의 재능을 그처럼 헛된 일에 탕진하게 되기 때문이다. 우리는 이런 사례를 법률가들에게서, 그리고 학자들에게서 자주 발견한다. 이 두 부류는, 일단 어떤 의심을 허용하고 나면, 의심에 권위를 부여하며, 권위를 부여한 뒤에는 그것을 계속 의심으로 유지하려고 한다. 그러나 우리는 재능과 지식의 진정한 용도를 따져보아야 한다. 그 진정한 용도는 확실한 것을 의심스러운 것으로 만드는 일이 아니라, 의심스러운 것을 확실한 것으로 만드는 일이라는 것을 인정해야만 한다. 내가 의심의 목록을 필수적인 것으로 추천한 이유도 여기에 있다. 따라서, 어떤 의심을 면밀하게 검토하여 해결하고 나면, 그것을 목록에서 제거하여 폐기하는 데 주의를 기울일 필요가 있다. 의심을 해결하고도 소중하게 간직하여, 사람들 사이에 의심을 더욱 키우는 우를 범해서는 안 된다. 이런 이유에서, 나는 의심이나 의문의 목록 외에도, 이와 비슷한 분량의 또 다른 목록을 덧붙일 것을 권하고 싶다. 〈대중적 오류의 목록〉이 그것으로, 나는 특히 자연사에서 이런 목록이 필요하다고 생각한다. 자연사에서는, 명백히 거짓으로 판명된 것들이 〔대중의〕 말과 생각을 사로잡고 있는 경우가 허다하기 때문이다. 이처럼 쓸모 없고 허황한 것들로 인해, 지식이 허약해지거나 견실한 토대를 상실하는 일이 있어서는 안 되겠다.

전체적인 의심이나 〈미결〉로 말할 것 같으면, 나는 그것을 견해 차이로 이해한다. 이를테면 자연의 근본 원리나 기초 원소가 무엇이냐 하는 문제를 놓고, 차별적인 견해들이 개진되어 왔고, 이런 차이는 다양한 분파, 다양한 학파, 다양한 철학을 낳았다. 엠페도클레스의 철학, 피타고라스의 철학, 데모크리토스의 철학, 파르메니데스의 철학 등이 그러하였다. 이와 같은 견해 차이에 맞서 아리스토텔레스가 등장하였다. 그는 자신이 오토만의 족속이라도 된 듯이, 먼저 형제를 모두 죽이지 않고는 주권을 장악할 수 없다고 생각하였다.[12] 그러나, 아리스토텔레스처럼 독단magistrality으로 흐르지 않으면서 진리를 추구하는 사람에게는, 자연의 근본 원리에 대한 다양한 의견을 두루 살펴보는 편이 오히려 큰 도움을 줄 수 있을 것이다. 그렇다고 해서 내가 다양한 의견과 이론으로부터 엄밀한 진리를 기대하고 있는 것은 아니다. 천문학을 예로 들어보자. 동일한 천체 현상을 두고, 기존의 천문

12) 이 책의 라틴어 번역판(3. 4)에서 편집자 엘리스Ellis는 베이컨이 오토만 제국의 마호메트 3세를 염두에 두었을 것이라고 추정한다. 마호메트 3세는 1595년에 왕위에 올랐는데, 즉위하자마자 19명의 형제를 죽였고, 부친의 아이를 임신하고 있다고 판단된 10여 명의 여인을 죽였다.

학은 천동설의 견지에서 행성들이 편심원과 주전원을 그리면서 운동한다고 설명하며, 코페르니쿠스의 이론은 지동설의 견지에서 지구가 운동한다고 설명하지만, 실제로 계산해 보면 양편 모두가 똑같이 동의할 만한 것이다.[13] 이렇듯 경험의 평범한 외양은 실로 다양한 이론과 철학에 의해 똑같이 만족스럽게 설명되는바, 참 진리를 발견하기 위해서는 보다 엄밀하고 주의 깊은 별도의 자세가 요구된다고 하겠다. 이와 관련하여 아리스토텔레스는 아기를 예로 설명한 바 있다.[14] 아기는 처음에는 모든 여인을 엄마라 부르지만, 시간이 흐르면 진짜 엄마를 구분할 수 있게 되는데, 마찬가지로 경험도 유아기에는 모든 철학을 어머니로 부르겠지만, 성숙기에 접어들면 참 어머니를 식별할 수 있게 된다는 것이다. 그러므로, 일정한 기간 동안에는 자연에 대한 여러 주석들 및 견해들을 두루 검토하는 편이 좋을 것이다. 어떤 견해든 특정한 측면에서는 나머지 견해들보다 명석한 구석이 있을 수 있기 때문

---

13) 기존의 천문학은 프톨레마이오스의 이론을 말한다. 이 구절은 베이컨이 코페르니쿠스의 수학적 천문학 이론의 진가를 잘 몰랐다는 증거로 채택되곤 하지만, 번역자는 조금 다른 해석을 제안하고 싶다. 니콜 오렘(Nicole Oresme, 1320-1382) 이래로, 스콜라주의자들은 자연연구로부터는 진리를 발견할 수 없다는 사실을 증명하기 위해, 천동설과 지동설이 모두 〈가설〉로서는 옳다는 입장을 취하곤 하였다. 즉 수학적으로 계산해 보면 천동설도 옳고 지동설도 옳으니, 자연에 대해서는 확실한 진리를 주장할 수 없다는 것이었다. 베이컨도 이와 비슷한 입장에서 프톨레마이오스 이론과 코페르니쿠스의 이론을 비교한 것으로 볼 수 있다. 그러나 베이컨은 자연에서도 확실한 진리에 도달할 수 있다고 믿은 점에서, 스콜라주의 학자들과 구별된다. 수학에 대한 베이컨의 회의적 태도는, 프톨레마이오스의 수학과 코페르니쿠스의 수학이 모두 천체 현상을 충실하게 설명해 준다는 모순에서 비롯된 것으로 볼 수 있다.

14) 아리스토텔레스, 『물리학』(1. 1)에 등장하는 이야기이다.

이다. 이런 이유에서 나는 〈옛 철학들에 대해〉 우리에게 전승된 모든 자료를 헌신적으로 수집하고 쉽게 이해될 수 있도록 편집하는 일이 필요하다고 생각한다.[15] 내가 보기에, 이런 종류의 작업은 아직 이루어진 적이 없다. 이와 관련하여 나는 한 가지 유의할 점을 환기시키고 싶다. 이런 종류의 작업은 매 작업마다 독립적으로 수행되어야 한다는 점이다. 모든 철학은 철저하게 독립적으로 수집되어야지, 플루타르코스가 수집한 방식으로 같은 제목 아래 여러 철학이 함께 엮인 채 다루어져서는 안 된다. 어떤 철학에 대해 빛과 신뢰를 제공하는 것은, 바로 그 철학의 전체적인 조화이기 때문이다. 이런 조화가 깨어져 흩어진다면, 그 철학은 한층 낯설고 기괴한 모습으로 보일 수밖에 없을 것이다. 실제로 타키투스의 작품에서 네로 황제나 클라우디우스 황제[16]의 행동을, 시대적 정황, 자극한 유인, 기회 등과 곁들여가면서 읽을 때에는, 나로서도 전혀 기이하다는 느낌을 받지 않는다. 반면에 그것들을 수에토니우스의 작품에서 읽을 때에는 기괴하고 믿을 수 없다는 느낌이 든다.[17] 그것들이 여러 제목과 항목으로 나뉘어 수집되었

15) 『스페딩의 판본』(p. 365, n. 2)에 따르면, 여기서 베이컨이 염두에 둔 것은 옛 철학자들에 대한 각종 전기들, 플루타르코스의 『영웅전』, 플라톤의 인용문들, 아리스토텔레스의 논박들, 그 밖에도 라크탄티우스며 필론의 산만한 촌평 같은 것들이었다고 한다.

16) 클라우디우스는 네로의 아들이자 티베리우스 황제의 조카인 클라우디우스 1세(Tiberius Claudius Drusus Nero Germanicus, 기원전 10-기원후 54)를 말한다. 그는 41-54년 사이에 로마 황제를 지냈다.

17) 수에토니우스(Caius Suetonius Tranquillus, 약 69-140)는 로마의 전기작가로, 특히 『케사르 가문의 전기 *De vita Caesarum*』로 유명하다. 보다 방대한 전기 편집물인 『위인전 *De viris illustribus*』은 일부만이 전해진다. 그는 모든 종류

을 뿐만 아니라, 시간 순서에 따르지도 않은 탓이다. 어떤 철학이 전체를 보고하면서도 여러 항목들로 분리되어 있다면, 이런 철학에 대해서도 똑같이 말할 수 있을 것이다.

나는 철학의 여러 유파들을 열거한 이 목록에, 비교적 최근의 견해들이 등재되는 것을 반대하지 않는다. 우선 파라켈수스의 철학이 등재될 수 있겠는데, 그의 철학은 덴마크 출신인 세베리누스의 능숙한 필력에 힘입어 조화로운 체계로 바뀔 수 있었다.[18)] 텔레시우스와 그의 제자 도니우스의 철학도 등재될 수 있다.[19)] 이들의 철학은 목가적인 것으로, 분별력은 충분하지만 깊이는 별로 없다. 프라카스토리우스의 철학도 등재될 수 있다.[20)] 그는 비록

의 일화를 무차별적으로 엮어서 풍부한 정보를 제공하였다는 평가를 받았다. 이 점에서 그는 훗날 많은 전기작가들의 모델이 되었지만, 베이컨은 바로 그러한 측면을 비판하고 있다.

18) 파라켈수스(Theophrastus von Hohenheim, 1493-1541)는 근대 화학 및 의학의 아버지로 평가되는 연금술사로, 의화학iatrochemistry을 개척하였다. 기존의 4원소설과 이에 상응하는 4체액설을 비판하면서, 〈소금, 수은, 유황〉 같은 화학적 원소들로 물질과 인체의 구성을 설명하였다. 세베리누스(Petrus Seberinus, 1542-1602)는 파라켈수스파의 대표적인 인물로, 덴마크 궁정 의사를 지냈으며 그 정치적 영향력을 빌려 파라켈수스 학설의 유포에 크게 공헌하였다.

19) 텔레시우스는 이탈리아 철학자 베르나르디노 텔레시오(Bernardino Telesio, 1509-1588)를 말한다. 베이컨은 그를 파르메니데스의 철학을 부활시킨 인물로 평가하기도 하였다. 어쨌든 그는 아리스토텔레스의 자연철학을 비판하는 가운데, 형이상학적 이론을 거부하였고 경험과 실험에 기초한 지식의 중요성을 강조하였다. 도니우스Donius는 『인간본성론 *De natura hominis*』(1581)의 저자 아우구스티노 도니Augustino Doni를 말한다.

20) 프라카스토리우스는 이탈리아의 지롤라모 프라카스트로(Girolamo Fracastro, 1483-1553)를 말한다. 그는 시인, 철학자, 의사, 천문학자, 수학자 등 다방면에서 유명한 인물이었다. 특히 의사로서의 그는 전염병의 확산 원인을

새로운 철학을 가장하지는 않았지만, 옛 철학에 대한 자신의 생각을 매우 독창적으로 표현하였다. 우리 동포 길버트의 철학도 등재될 수 있다. 그는 약간의 수정을 가하고 증명을 덧붙여 크세노파네스의 견해를 부활한 인물이다.[21] 이런 철학들 외에도 가치 있는 철학은 무엇이든 등재될 수 있을 것이다.

6. 지금까지 우리는 인간 지식의 원천인 세 줄기 빛 중에서 두 줄기를 다룬 셈이다. 하나는 〈직사광선 radius directus〉으로 자연을 말한다. 다른 하나는 〈굴절된 광선 radius refractus〉으로, 하나님의 우회적인 섭리와 관련이 있지만, 굴절작용을 일으키는 매개자의 예측 불가능한 가변성 inequality으로 인해, 충실하게 기술하기는 힘든 것이다. 이제 남은 것은 〈반사광선 radius reflexus〉이다. 인간은 이 광선에 비추어 자기자신을 바라보고 자신에 관해 명상할 수 있다.

규명한 인물로 명성을 날렸다. 그는 전염병은 작은 입자가 직간접 접촉과정에서 전달되어 발생한다고 믿었는데, 그의 연구는 전염병을 신적 처벌이 아닌 물리적 · 생리적 현상으로 연구하는 계기를 마련해 주었다.

21) 베이컨이 왜 길버트를 크세노파네스(Xenophanes, 기원전 약 570-480)와 연결짓고 있는지를 정확히는 알 수 없으나, 일단 크세노파네스의 기이한 자연철학에 대한 당대의 부정적 평가를 길버트의 자기론(磁氣論)에 적용한 것으로 볼 수 있다.

제9장

1. 이제 우리는 옛 신탁이 우리에게 전해준 지식 곧 〈우리 자신에 대한 지식〉을 다룰 차례이다.[1] 이것은 우리 자신을 밀착해서 다룬 지식인 만큼, 면밀하게 검토할 만한 가치가 있다. 이 지식은, 인간이 생각하기에는 자연철학의 종착지요 귀결점일지 몰라도, 실제로는 자연이라는 큰 그릇 안에 담겨 있는 자연철학의 작은 일부에 지나지 않는다. 그렇기 때문에 나는 사람들이 다음의 규칙을 준수하면 좋겠다고 생각한다. 지식의 작은 부분들을 각기 별개의 영역으로 간주하기보다는, 서로 이어진 선(線)과 맥(脈)으로 간주하여 지식의 연속성과 전체성이 유지되도록 한다는 규칙이 그것이다. 그 반대를 규칙으로 삼아온 탓에, 개별 학문들은 저마다 황폐하고 천박하고 오류로 점철된 지경에 빠졌을 뿐만 아니라, 그것들이 공유하는 샘으로부터 양분을 취하여 성장할 수도 없게 되었던 것이다. 웅변가 키케로는 이런 맥락에서 소크라테스와 그의 학원을 비판한 바 있다. 소크라테스야말로 철학과 수사학을 분리한, 그리하여 수사학을 헛된 말장난의 기예로 전락시킨 원흉이었다는 것이다.[2] 지동설에 관한 코페르니쿠스의 견해도 좋

1) 소크라테스가 델피 Delphi의 아폴론 신전에서 〈너 자신을 알라〉라는 신탁을 받은 것을 말한다.

은 예가 될 수 있다. 그의 견해는 어떠한 천체 현상과도 모순되지 않기 때문에 천문학 자체로는 그것을 교정할 수 없겠지만, 자연철학으로는 그것을 교정할 수도 있을지 모른다.[3)] 의학에 대해서도 비슷하게 생각할 수 있다. 자연철학으로부터 버림받고 잊혀진 의학은 한낱 임상의학의 수준으로 전락하고 말 것이다.[4)] 이러한 문제점을 전제하면서, 인간에 대한 철학(인간철학), 즉 인간학을 다루어보기로 하겠다. 그것은 두 분야로 나뉜다. 하나는 인간을 〈개별적으로〉 즉 개인적으로 고려하는 분야요, 다른 하나는 인간을 〈집단적으로〉 즉 사회 안에서 고려하는 분야이다. 따라서 인간철학은 단순하고 개별적인 것이든지, 아니면 복합적이고 사회적인 것이다.

개별 인간을 다루는 인간학은, 인간을 구성하는 두 부분에 따라, 육체에 대한 지식과 정신에 지식으로 구성된다. 하지만 이렇게 나누기 전에, 먼저 전체적 윤곽을 결정하는 것이 좋을 듯하다. 편견을 벗어나 〔인간 본성에 대한〕 지식을 독립적으로 구성하기 위해서는, 인간 본성을 전체적으로 고려하는 편이 더 적합한 것

2) 인용은, 키케로, 『웅변론 *De Oratore*』, 3. 16, 17. 키케로는 철학과 수사의 결합을 지식과 실천의 결합으로 보았으며, 이런 의미에서 실천을 결여한 지식을 공허한 철학으로 비판하였다.

3) 코페르니쿠스의 학설은 천체 현상을 충실하게 설명한다는 점에서는 천문학이라는 개별 학문에는 모순됨이 없으나, 자연철학의 형이상학적 혹은 총체적 차원에서는 수정될 수도 있다는 뜻이다.

4) 여기서 베이컨은 코페르니쿠스의 순수수학적 · 이론적 천문학과 함께, 오직 순수 경험과 임상에만 의존하는 의학을 싸잡아 비판하고 있다. 그렇지만 그는 이론과 경험의 결합을 추구하였으며, 그런 결합은 특정 개별 과학의 수준에서는 불가능하고 자연철학의 보편적 · 형이상학적 수준에서야 가능하다고 믿었던 것으로 보인다.

으로 생각되기 때문이다. 이것은 인간 본성에 일반적으로 부여되는 성질들, 이를테면 인간의 존엄함이나 연약함, 인간다운 조건과 생활 같은 성질들에 대해, 지금까지 논의되어 온 세련된 이야기들을 고려하겠다는 뜻이 아니다. 내가 주로 고려하고자 하는 것은, 정신과 육체 사이에서 서로 공감하고 조화롭게 상응하는 측면들에 대한 지식이다. 이런 지식은 육체와 정신을 혼합한 성질을 가진 것이므로, 위에서 말한 두 지식 중 어느 한쪽에 속하지 않는다.

2. 이 지식은 두 분야로 나뉜다. 모든 형태의 동맹이나 선린관계가 상호이해와 상부상조라는 두 기능으로 구성되듯이, 정신과 육체의 동맹도 이와 비슷한 두 기능을 수행한다. 하나는 서로가 서로를 드러내주는 기능이요, 다른 하나는 서로가 서로에게 영향을 미치는 기능이다. 해명과 영향이라는 말로 줄일 수 있겠다. 전자 곧 해명의 분야는 다시 두 기예를 낳는다. 이 두 기예 모두 〈예측〉이나 〈예지 prenotion〉와 관련된 것으로, 하나는 아리스토텔레스의 연구에서, 다른 하나는 히포크라테스의 연구에서 칭송된 바 있다. 훗날 사람들을 이 두 기예를 미신적, 광신적 기예들과 싸잡아 매도하게 되었지만, 만일 정화되어 원래의 참된 상태로 되돌릴 수만 있다면, 모두 자연에 견고한 토대를 가진 것이요 삶에 유익하게 이용될 만한 것들이다. 첫번째 기예는 〈관상술〉로, 육체의 외적 특징에 비추어 정신의 기질을 알아내는 것이다. 두번째 기예는 꿈과 관련된 〈해몽술〉로, 정신의 상상력에 비추어 육체의 상태를 밝히는 것이다. 내가 보기에 이 중 결함이 있는 것은 첫번째 기예이다. 비록 아리스토텔레스는 육체의 고정적 특징들

을 매우 독창적이고도 근면하게 논의하였지만, 육체의 동적 제스처들을 다루지는 못하였다. 그러나 관상술은 정적(靜的) 특징 못지 않게 동적 제스처를 파악할 수 있는바, 이런 기능이 오히려 더 큰 효용과 유익을 갖는 것이라고 할 수 있다.[5] 물론 육체의 정적 특징도 정신의 기질 및 성향을 전반적으로 드러내줄 수는 있다. 그렇지만 얼굴 표정과 사지(四肢) 동작 같은 동적 특징은 그 밖에도 더 많은 것을 드러내준다. 이를테면 정신과 의지가 지금 어떤 상태에 있고 어떤 기미를 보이는가를 알 수 있게 해주는 것이다. 폐하께서 적절하고도 세련되게 표현하셨듯이, 〈혀가 귀에게 말한다면, 제스처는 눈에게 말한다〉고 하겠다.[6] 실제로 예리한 사람들은 타인의 용모와 동작fashion을 유심히 관찰한다. 그들이 그런 관찰력에서 뛰어나기 때문이기도 하지만, 그들 스스로가 그 관찰의 이점을 잘 알고 있기 때문이다. 어쨌든 제스처에 대한 관찰이 〔타인의〕 위장이나 가식을 속속들이 파악하여, 일의 추진 방향을 정함에 더할 나위 없이 유익하다는 것은 부정할 수 없는 사실이다.[7]

---

5) 베이컨은 〈관상술〉을 점술로 이해하고 있는 것이 아니라, 인간과 동물의 육체적 특징에 비추어 그 정신적 내면을 파악하는 기예로 이해하고 있다. 뿐만 아니라, 그는 〈제스처〉를 강조함으로써, 아리스토텔레스식의 〈정신 해석〉을 넘어서, 언어 외적인nonverbal 의사소통 체계의 정립에 관상술이 활용될 수 있는 가능성을 모색하고 있다.

6) 제임스 1세, 『왕권신수설 *Basilikon Doron*』, 3.

7) 르네상스 궁정에서 궁정인들은 〈위장spezzatura〉의 매너, 즉 남들이 어렵게 하는 일을 자신만은 손쉽게 처리할 수 있는 듯이 가장하는 매너를 통해서, 유력자의 인정을 받으려 하였다. 베이컨은 〈관상술〉이 그런 위장을 간파할 수 있는 기예로도 쓸모가 있음을 논하고 있다.

3. 〈해명〉을 다루는 분야와는 달리, 〈영향〉을 다루는 분야는 어떤 기예로 집성되지 못한 채 산만하게 다루어져 왔다. 전자와 마찬가지로, 이 분야도 육체에 대한 정신의 관계, 혹은 그 역의 관계antistrphe를 다룬다. 따라서 연구는 이중적으로 수행되는바, 〈육체의 체액들이며 기질들[8]이 정신에 작용하거나 변화를 야기하는 방식과 정도〉를 검토하거나, 아니면 〈정신의 감정들이며 지각들이 육체에 작용하거나 변화를 야기하는 방식과 정도〉를 검토한다. 첫번째 방향은 의학의 일부로, 혹은 의학의 보조로 연구되기도 하지만, 종교나 미신의 일부로 더욱 왕성하게 연구되어 왔다. 물론 의사들도 광증(狂症)이나 우울증에서 정신의 치료법을 처방하고 실제로 약을 주는 척하기도 하지만, 이는 마음을 진정시키고 용기를 북돋우고 신지(神智)를 맑게 하여 기억에 확실하게 남도록 하기 위한 위장일 뿐이다. 반면에 피타고라스파 교도들이나 이단(異端)인 마니교도들 사이에,[9] 혹은 마호메트의 율법에는, 식사요법을 위시한 갖가지 양생법에 대한 의심스럽고 미신적인 주장들이 넘칠 만큼 많다. 이와 마찬가지로, 제례법(祭禮法)에서는 피와 비계를 먹는 것을 금한다든지, 육식에 적합한 짐승과 부적합한 짐승을 나눈다든지 하는 엄격한 계율이 많이 있다. 의심할 바 없이, [기독교] 신앙은 온갖 제례의 구름으로부터 벗어

---

8) 〈체액들과 기질들humours and affects〉은 서양 고대와 중세의 전통적 생리학에서 4성(性)으로 분류한, 인체를 구성하는 액체들(blood, phlegm, choler, melancholy[혹은 black choler])을 말한다.

9) 〈피타고라스파 교단sect of Pythagoreans〉은 피타고라스(기원전 약 582-507)가 설립한 비밀 종교단체이고, 마니교도Manicheans는 기원전 3세기 초에 마니Mani가 세운 신비종파를 말한다.

난, 맑고 깨끗한 것이다. 그렇지만 금식과 금욕처럼 육체를 감량하고 낮추는 관행은, 비유 아닌 실제 의미에서 여전히 통용되고 있다. 이와 같은 모든 처방의 근원적이고 핵심적인 원리는 제례가 아니다. 정신의 움직임이 육체의 체질 및 상태에 의존한다는 사실에 대한 고려야말로 그 핵심 원리에 해당하는 것이다.[10] 혹시 판단력이 부족한 사람에게는, 이렇듯 정신이 육체로부터 영향을 받는다는 사실이 영혼의 불멸성을 부정하거나 〔육체에 대한〕 영혼의 지배권을 훼손하는 것이라는 생각이 들지도 모르겠다.[11] 그러나 그런 사람을 깨우치는 데는 몇 가지 손쉬운 예로 충분할 것이다. 이를테면, 자궁 속의 태아는 모태로부터 분리될 수 있는 존재임에도 어머니와 함께 공감한다는 것, 절대군주는 신하들에게 복종하는 법이 없지만 때로 그들에게 끌려다니기도 한다는 것이 좋은 예가 되겠다.

두번째 방향, 즉 정신의 착상 및 감정이 육체에 미치는 영향과 관련된 지식을 살펴보자. 우리는 현명한 의사라면 누구나 환자를 다루면서 한결같이 〈정신 증상accidentia animi〉을 고려하여 처

10) 베이컨은 우울증이나 광증 같은 〈정신질환〉에 대해 당시의 정식 의사들이 제공하는 치료법과 치료제를, 육체와 정신의 관계에 대한 연구에 기초한 것이 아니라는 이유에서 비판한다. 그 대신에 이교(異教)와 기독교 율법에서 공통적인 〈육체-정신 수련〉에 주목하면서, 만일 〈제례의 구름〉만 벗긴다면, 그것을 육체-정신의 관계에 대한 지식의 출발점으로 삼을 수 있다는 입장을 취한다. 이러한 입장은 베이컨이 〈심신이원론자(心身二元論者)〉라는 오늘날 널리 퍼진 견해에 얼마간 유보가 필요함을 환기시켜 준다.

11) 16-17세기에 〈심신의 상호작용〉을 주장하는 사람은, 기독교 정통교리인 〈영혼의 불멸성〉을 훼손할 소지가 있다는 이유에서, 무신론자나 이단자로 종교재판소에 기소되었다. 그리고 이러한 비난은 16세기보다 17세기에 더욱 강화되었다.

방한다는 것을 잘 알고 있다. 환자의 정신 상태가 치료나 회복을 촉진하기도 하고 방해하기도 하는 큰 힘을 가지고 있기 때문이다. 이 방면에서 특히 깊이 있고 가치 있는 것은 상상력에 관한 연구인데, 이 연구는 주로 상상력이 상상하는 자의 육체를 어떻게, 그리고 얼마만큼이나 바꾸느냐 하는 문제를 다룬다. 이 문제가 중요한 것은 그만한 이유가 있다. 상상력이 해를 끼치는 힘을 가진 것은 분명하지만, 그렇다고 해서 같은 크기로 도움을 주는 힘을 가진 것이라고 결론을 내릴 수는 없기 때문이다.[12] 오염된 공기가 건강한 사람을 갑자기 죽일 수 있다고 해서, 지순(至純)한 공기가 병든 사람을 순식간에 치료할 수 있다고 결론을 내릴 수는 없는 것과도 같은 이치이다. 어쨌든, 이 방면의 연구는 소크라테스가 언급한 〈델로스의 잠수부〉[13]를 필요로 할 만큼 어렵고 심오한 것이기는 하지만, 매우 유익한 것임은 분명하다. 정신과 육체 사이의 상응관계 즉 양자의 〈공통 고리에 대한de communi vinculo〉 지식을 위해 무엇보다 필요한 연구는, 정신의 기능들이 각기 육체의 어떤 기관에 자리잡고 있는가를 검토하는 일이다.

12) 상상력 혹은 〈염력(念力)〉이 상상하는 주체와 상상된 대상에 두루 영향을 미친다는 것은 마술의 기본 원리이다. 베이컨은 이 원리를 오직 상상하는 자 개인의 정신과 육체 사이의 관계로 국한시켜 논의하고 있다. 그가 상상력이 타인이나 다른 대상에 영향을 미칠 수 있는 가능성을 인정하였는지는 분명하지 않다. 비록 상상력이 해를 끼치는 데는 유용해도 유익을 줄 수는 없다는 입장은 스콜라주의적 마술 비판을 반복한 것이지만, 베이컨은 더 나아가 선을 행하고 유익을 줄 수 있는 〈과학〉을 모색한다. 〈자선으로서의 과학〉이라는 베이컨의 이상을 엿볼 수 있는 대목이다.

13) 〈델로스의 잠수부〉는 소크라테스가 에우리피데스를 인용하여 헤라클레이토스의 작업을 평가한 말이다. 델로스 해역의 어디든지 헤엄칠 수 있는 유능함을 뜻한다.

즉, 정신의 각 기능에 상응하는 육체의 부위와 장소를 파악하는 일이다. 이런 지식은 줄곧 시도되어 왔고, 지금도 활발하게 논의되고 있지만, 더욱 심혈을 기울여 연구할 만한 가치가 있다. 예컨대, 플라톤은 오성의 장소를 뇌로, 기개의 장소를 심장으로 결정하였고(기개는 〈자부심〉과 크게 혼합된 성질이므로, 플라톤이 이를 〈분노〉라고 부른 것은 부적절하다), 정욕이나 성욕의 장소를 간장으로 결정한 바 있다.[14] 이런 결정은 경멸을 받을 정도는 아니지만, 그대로 인정하기에는 부족한 점이 많다.

이쯤에서 한 전체로서의 인간 본성에 대한 논의를 마치고자 한다. 애초에 우리가 원하고 판단한 대로, 우리는 인간 본성에 대한 연구를 독립적으로 취급되어야 마땅한 학문 분야로 다루어온 셈이다.

---

14) 플라톤, 『티마이오스』, 3. 69, 70 참조.

제10장

1. 인체에 대한 지식은, 인체의 유익함good과 똑같이 분류된다. 인체에 대한 지식들은 각기 인체의 유익한 면들에 상응한다는 뜻이다. 인체의 유익함은 건강, 아름다움, 힘, 즐거움 등 네 종류로 구성되며, 각각에 상응하여 인체에 대한 지식도 네 종류가 있다. 첫째는 의학 즉 치료의 기예이고, 둘째는 치장술Cosmetic이라 불리는 장식의 기예이며, 셋째는 체육이라 불리는 활동의 기예이다. 넷째는 쾌락의 충족을 위한 기예[1]인데, 타키투스는 이를 가리켜 〈수련을 거친 향락eruditus luxus〉이라고 불렀다. 사실상 인체라는 주제는 자연의 다른 모든 사물에 비해 가장 쉽게 해답을 찾을 수 있는 것이지만, 쉬운 만큼 오류를 범할 가능성도 가장 높다. 그 연구 주제 자체가 미묘한 것이기 때문이다. 이와 같은 미묘함은 가능성을 넓힐 기회도 되지만, 그만큼 실패를 범할 확률을 높이기도 한다. 인체에 대한 연구가 보다 정확성을 기해야 할 이유는 바로 여기에 있다고 하겠다.

2. 의학부터 논의하기로 하자. 먼저 우리가 앞서 언급한 내용을 간단히 반복한 뒤에, 논의의 수준을 차츰 높여가기로 하겠다. 인

1) 〈쾌락의 충족을 위한 기예art of Voluptuary〉란, 주로 성적 쾌락이나 사치를 충족시켜 주기 위한 기예를 뜻한다.

간이 〈소우주microcosmus〉라는 학설, 즉 인간이 우주의 압축이요 요약model이라는 학설은 아주 옛날부터 있었는데, 파라켈수스를 위시한 연금술사들은 이러한 학설을 터무니없이 왜곡하였다. 이들은 대우주 내에 존재하는 항성, 행성, 광물 등 다양한 사물들에 각각 상응하는 어떤 일치점이나 유사점이 인체 내에서 정말로 발견될 수 있는 것처럼 믿었던 것이다.[2] 그러나 자연으로부터 태어난 모든 실체들 중에서 인체야말로 가장 복잡한 실체라는 것은 자명한 진리이다. 우리가 알다시피, 풀과 나무는 흙과 물로부터 양분을 얻고, 대부분의 들짐승은 풀과 과실을 먹고 자란다. 반면에 인간은 (들짐승과 어류와 조류로부터 얻은) 육류, 풀, 곡식, 과실, 물 등 다양한 자료를, 다양한 형태로 가공하고 손질하고 요리하여 얻은 음식과 양분을 먹고 자란다. 그뿐만이 아니다. 들짐승은 비교적 단순하게 생활하며, 몸에 영향을 미치는 감정의 기복도 비교적 적은 편이다. 그렇지만 인간은 주거(住居)나 수면에서든, 활동이나 감정에서든 거의 무한한 변화를 경험한다. 인간의 〈육체〉가 만물 중 가장 복잡한 복합체라는 것은 부정할 수 없다. 이와는 대조적으로, 영혼은 모든 실체들 가운데 가장 단순한 실체이다. 실로 우아하게 표현되었듯이,

> 순수한 채로 남겨진,
> 에테르의 지성, 곧 공기와 불[3]

---

2) 베이컨의 비판에서 요점은, 연금술사들이 대우주-소우주의 관계를 〈곧이곧대로literally〉 이해하였다는 것이다. 이러한 비판은 오늘날까지도 마술, 점성술, 연금술을 비판하는 논거로 활용되고 있다.

이렇듯 본디 순수하고 높은 자리에 있던 것이 바로 영혼이다. 〈사물은 원래의 자리로 향할 때에는 빠르게 운동하지만 원래의 자리에 있을 때에는 조용하게 움직인다〉는 원리가 옳다면, 영혼에게 휴식이 없다 해서 그리 놀랄 일은 아닌 셈이다.[4] 그러나 인체는 다르다. 인체는 그것의 변하기 쉬운 구성으로 인해, 마치 악기처럼 불협화음을 내기 쉽다. 옛 시인들이 음악과 의학을 묶어서 아폴론 신에게 귀속시킨 것은 지당한 일이었다.[5] 의학이 하는 일은 인체라는 변화무쌍한 하프를 잘 조율하여 조화로운 음으로 바꾸는 일과 다르지 않기 때문이다. 같은 이치에서, 의학은 그 주제가 가변적인 만큼 불확실한 추정적 학문이 되었으며, 추정적인 학문인 만큼 협잡이 들어설 여지가 많아지게 되었던 것이다. 실제로 의학은 한 가지 중요한 점에서 다른 기예나 학문과 구별된다. 대부분의 다른 기예나 과학은, 그 행위라든가 (혹시 그렇게 불

3) 베르길리우스, 『아에네이드』, 6. 747. 전통적인 우주론에서는, 4원소(불, 공기, 흙, 물) 중 불과 공기는 대기권의 최상층부인 〈에테르의 영역〉에서 생성되는 것으로 간주되었다.

4) 아리스토텔레스에 따르면 4원소는 각기 자기의 원래 자리를 향하여 운동한다. 불과 공기는 천체계와 맞닿아 있는 에테르의 영역을 향해, 흙과 물은 지구 최하층의 원소계를 향해 빠르게 운동한다. 영혼은 가장 단순한 실체이기 때문에, 그것이 원래 있던 장소(아마도 천상계)로 향하여 빠르게 운동할 것이기 때문에, 쉴 틈이 없다는 뜻이다.

5) 아폴론은 수행하는 기능에 따라 여러 이름을 가지고 있다. 목축의 신으로서는 리케이오스Lykeios, 농경의 신으로서는 스민테오스Smintheus, 가족의 수호신으로서는 아폴론 아기에오스Apollon Agyieus 등의 이름으로 불려진다. 그가 〈신탁〉의 주신(主神)이 된 것은 특히 생명과 죽음을 관장하는 의술의 신이었기 때문인데, 이 경우 그는 뱀으로 상징될 때가 많다. 한편 음악의 신으로서는 아폴론 무사게테스Apollon Musagetes라고 불려진다. 그가 태양신으로 숭배된 것은 6세기 이후의 일이다. 인용은, 오비디우스, 『변신』, 1. 521.

러도 좋다면) 그 능력의 견지에서 평가되지, 성공이나 성취의 견지에서 평가되지는 않는다. 예컨대, 법률가에 대한 평가는 그의 변론 능력에 대한 것이지, 소송 결과에 대한 것은 아니다. 선장의 경우도 마찬가지이다. 선장은 항로를 올바르게 지휘하는 능력에 따라 평가되지, 항해에서 얼마나 많은 소득을 얻었느냐에 따라 평가되지는 않는다. 반면에, 의사나 (아마도) 정치가에게는 자신의 능력을 증명해 줄 특정한 행위가 있을 수 없다. 의사나 정치가에 대한 평가는 거의 결과event에 의존하며, 그나마 사람들이 그 결과를 어떻게 받아들이느냐에 따라 이루어진다. 어떤 환자가 사망하든지 회복된다고 치자. 어떤 국가가 보존되든지 파멸된다고 치자. 그런 결과가 기예로 인한 것인지 아니면 우연으로 인한 것인지 누가 말할 수 있겠는가? 그렇기 때문에, 협잡꾼은 득세하고 능력 있는 자는 비난받는 사태가 종종 벌어지곤 하는 것이다. 그뿐만이 아니다. 아예 심약하고 귀 얇은 사람들은 정규교육을 받은 의사보다도, 떠돌이의사나 주술사를 따를 때가 많다.[6] 이와 같이 그지없는 어리석음을 간파하여, 옛 시인들은 아스클레피우스Asclepius와 키르케Circe를 함께 묶어 태양이 낳은 오누이로 만들었다. 아래의 두 시구에서 엿볼 수 있듯이, 실로 명석한 통찰이

6) 〈떠돌이의사mountebank〉는 대학의 정규교육을 이수하지 않고, 민간 전통의 술이나 임상경험에 의존하여 비방(秘方)을 팔면서 떠돌아다닌, 약종상이며 접골사며 외과(수술)의사 등을 총칭하는 이름이다. 파라켈수스파 의사도 이런 부류에 포함되곤 하였다. 이탈리아에서는 그런 의사를 〈치아란티노ciarantino〉라고 불렀다. 〈주술사〉는 〈witch〉를 번역한 것이다. 흔히 〈마녀〉로 번역되지만, 〈witch〉 중에는 남성도 많이 있다. 〈주술사〉도 환자를 치료하고 비방을 팔기는 하지만, 접신(接神)이나 빙의(憑依) 같은 초자연적 기술에 더 의존한다. 또한 주술사는 정착하는 경우가 많았고, 이 점에서 〈떠돌이의사〉와 구별된다.

아닐 수 없다.

> 뛰어난 〔마술적〕 치료술의 발명자인 〔아폴론의〕 아들을,
> 제우스는 천둥번개로 때려 죽음의 강물에 빠뜨렸다네.

뿐만 아니라,

> 태양의 그 부유한 딸〔키르케〕은
> 아무도 들어갈 수 없는 숲속에서 〔깨어났다네〕.[7)]

어느 시대를 막론하고 대중의 여론에서는, 주술사나 늙은 무녀(巫女)나 협잡꾼 같은 부류가 의사들과 경쟁을 벌이곤 하였다. 그 결과, 무슨 일이 일어나고 있는가? 솔로몬은 〈우매자가 당한 것을 나도 당하리니, 어찌 내가 더 지혜롭고자 하겠는가?〉라고 물은 적이 있었다.[8)] 비록 이보다 저급한 수준이기는 하지만, 요즘

7) 아스클레피우스Asclepius는 그리스 의학의 신이다. 그가 뛰어난 의술로 죽은 자를 되살리자 제우스는 그를 죽음의 강(Styx 즉 Hades)에 빠뜨렸으나, 그의 부친 아폴론이 제우스를 설득하여 의학의 신으로 만들었다는 신화가 있다. 베이컨은 아스클레피우스를 의학의 선조로 인용하기도 하고 마술적 치료의 선구자로 인용하기도 하는데, 지금의 문맥에서는 후자의 의미로 인용된 것으로 보인다. 헬리오스Helios의 딸 키르케도 비슷한 맥락에서 인용되었다. 키르케는 섬에 살면서 선원들을 유혹하여 짐승으로 바꾸는 주술을 사용하였고, 그 때문에 주술의 여신이 되었다. 인용은, 각각 베르길리우스, 『아에네이드』, 7. 772와 7. 11.

8) 전도서, 2장 15절. 이 구절은, 의학과 마술이 경쟁하는 가운데, 〈현명한〉 의사들조차 자신들의 전문직에 대한 확신을 결여한 채 자조에 빠져버렸다는 맥락에서 인용되었다.

의사들이 스스로에게 되뇌는 말이 그러할 것이다. 사정이 그렇다면, 의사들이 자신들의 전문직보다 낫다고 상상한 다른 기예나 직업에 경쟁적으로 관심을 보인다 해서 그리 책망만 할 일은 아닌 셈이다. 실제로 의사들 중에는 고물(古物)연구자, 시인, 인문학자, 정치가, 상인, 성직자 등을 겸하는 사람들이 많이 있으며, 그들 가운데는 본업보다는 오히려 부업에서 뛰어난 사람들도 적지 않다. 그 이유는 자명하다. 그들이 이익이나 명성을 얻고 성공을 거두는 데에는, 그들의 의학 수준이야 평범하든 탁월하든 큰 상관이 없음을 그들은 잘 알고 있는 것이다. 사람들은 의사에게 어떤 약점이 있든 의지할 수밖에 없기 때문이다. 때로는 환자의 약한 마음이, 때로는 삶의 즐거움이, 때로는 희망을 추구하는 본성이 사람들을 의사에게 의지하도록 만드는 것이다.

그렇지만 우리가 지금까지 논의한 문제점은, 어떤 필연적인 원인에서 나온 것이라기보다는 거의가 우리의 나태와 결점에서 비롯된 것이다. 실제로, 좀더 주의 깊게 관찰해 보면, 우리의 정신이 다양한 내용이나 형식을 얼마든지 파악할 수 있는 예지의 능력을 갖추고 있음을 보여주는 사례는 지천에 널려 있다. 몇 가지 친숙한 예를 들어보자. 용모와 표정보다 변화무쌍한 것은 없음에도 불구하고, 사람들은 용모나 표정에서의 거의 무한한 차이들을 기억에 저장하지 않는가? 예리한 눈과 풍부한 상상력을 갖춘 화가는, 단지 몇 색의 물감을 가지고 모든 것을 모방하지 않는가? 옛날에 존재한 것이든, 지금 존재하는 것이든, 앞으로 존재할 것이든, 화가의 눈앞에 놓기만 하면 무엇이든 모방할 수 있다. 음성도 그렇다. 음성만큼 변화가 심한 것도 없지만, 사람들은 누구의 음성인지를 식별할 수 있다. 폐하께서 거느리고 계신 어릿광대나 성대모사꾼pantomimus은 더 말할 것도 없다. 그들은 원하기만 하면 얼마든지 자기 뜻대로 표현하지 않는가? 어휘마다 발음이 제각각 다르지만, 사람들은 모든 어휘를 소수의 간단한 알파벳으로 환원하는 방법을 발견하지 않았던가? 이런 예들로 미루어볼 때, 오늘날 〔의사들이〕 갈팡질팡하고 무능해진 이유는, 인간 정신 자체가 수준 미달이거나 부족해서가 아니라, 동떨어진 다른 일에 그들의 정신이 팔려 있는 탓이다. 동떨어진 것에 대한 감각은 오류투성이지만, 가까운 것에 대한 감각은 정확하다. 오성의 경우도 다르지 않다. 오성을 치료하는 지름길은 오성을 기민하게 만들거나 강화하는 것이 아니라, 대상에 가까이 접근시키는 것이다. 만일 의사들이 자연을 향해 참되게 접근할 수 있는 길을 배우고 이용한다면, 그들은 틀림없이 옛 시인이 말한 자세를 취하게 될 것이다.

> 병이 다양하면 〔치료〕 기술도 다양한 법,
> 질병이 천 종류면, 치료법도 천 종류.[9)]

의사들이 이렇게 행하기만 한다면, 그들의 기예는 여전히 고귀함을 유지할 수 있을 것이다. 이와 같은 의학의 고귀함을, 옛 시인들은 우화로 포장하여 표현하였다. 그들이 아스클레피우스를 태양의 아들로 표현한 것은, 태양이 생명의 첫번째 근원이라면

---

9) 오비디우스, 『사랑의 치료법 *Remedia Amoris*』, 525.

아스클레피우스는 생명의 두번째 빛stream이라는 뜻이었다. 그러나 누구보다도 의학에 명예를 부여한 귀감은 우리 구세주였다. 예수께서 가르침의 대상으로 삼았던 것이 우리의 영혼이라면, 그 분이 기적의 대상으로 삼은 것은 바로 우리의 육체였기 때문이다. 예수께서 명예나 돈에 대해 어떤 기적을 행하신 적이 있었던가? 케사르에게 세금을 내는 문제를 놓고 단 한 차례의 예외를 보여주셨을 뿐이다.[10] 그 외에는 오직 인체를 보존하고 유지하고 치료하는 문제에서만 기적을 행하셨다.

3. 우리가 앞서 언급하였듯이, 의학은 전문으로 삼는 자는 많아도 애써 노력하는 자는 드문 학문 분야이다. 그나마 어줍잖은 노력과 비교하더라도, 성과는 더욱 보잘것없다. 그 이유는 내가 판단하기에, 투입된 노력이 진척을 이루면서 앞으로 나아가기보다는 동그라미처럼 제자리를 맴돌고 있기 때문이다. 반복은 많아도, 새롭게 첨가되는 것은 적다는 말이다. 실제로 의학은 〈질병의 원인〉을, 〈발병의 정황이나 충격〉과 혼동하고 있다. 질병 자체를 연구하기보다는 질병의 부수적 증상들accidents에 매달리며, 그리하여 치료와 예방을 혼동하는 것이다. 이렇듯 의학에는 많은 결함이 있지만, 나는 비교적 명백하고 두드러진 성격을 가진 몇 가지 사례만을 언급하는 것이 좋겠다고 생각한다. 지금부터 몇 가지 사례를 열거하되 순서는 고려하지 않겠다.

4. 첫번째 결함은 고대의 히포크라테스가 보여준 신중하고 근

---

10) 마태복음, 17장 27절 참조. 〈네〔베드로〕가 바다에 가서 낚시를 던져 먼저 오르는 고기를 가져가 입을 열어보면 돈 한 세겔을 얻을 것이니, 가져다가 나와 너를 위해 〔세금으로〕 주라 하시니라.〉

면한 태도가 단절되었다는 점이다. 히포크라테스는 각 환자의 질병 상태를 꼼꼼하게 기록하였고, 아울러 질병의 경과, 환자가 회복되거나 죽었을 때 그 질병에 대한 판단 등도 적어두었다. 의학의 아버지에게서 이처럼 적절한 귀감을 찾을 수 있으니, 굳이 법률가의 지혜 같은 낯선 예를 인용할 필요는 없겠다. 다만, 의사와 마찬가지로, 법률가도 장래의 재판에 활용될 지침을 마련하기 위해, 새로운 소송과 판례를 신중하게 기록해 둔다는 점을 기억하면 될 일이다. 어쨌든, 〈의학사(醫學史)〉라 불러도 좋을 이 분야는 히포크라테스 이후로 거의 단절되었다. 내가 생각하기에, 의학사는 모든 평범한 질병을 구석구석 다룰 만큼 무한히 확장될 필요는 없지만, 그렇다고 매우 특이한 질병만을 다루는 쪽으로 제한되어서도 안 될 것이다. 증상에서는 새로워도 종류에서는 새롭지 않은 질병이 얼마든지 있을 수 있기 때문이요, 의사에게 관찰하려는 의지만 있다면 관찰할 가치가 있는 질병은 얼마든지 찾을 수 있기 때문이다.[11]

5. 해부학 분야의 연구에서도 큰 결함이 발견된다. 오늘날 해부학은 신체의 기관들, 각 기관의 성질과 형태, 각 기관의 배치 등을 연구할 뿐이다. 각 기관에서의 개인적 차이라든가, 미세한 통로의 비밀이라든가,[12] 체액들이 머무르는 장소라든가, 질병이 각

11) 모든 질병을 전부 다루려고 하기보다는, 질병의 〈종류〉를 분류할 필요가 있으며, 특이하고 경이로운 질병만을 다루려 하기보다는 질병의 중요성을 감안하여 연구할 필요가 있다는 뜻이다.

12) 〈미세한 통로passages〉란 우선 모공(毛孔)이나 기공(氣孔) 같은 것을 말한다. 그렇지만 베이컨은 보이지 않는 〈영spirit〉이 운동하는 통로 같은 것을 염두에 두었을 가능성도 있다.

기관에 남긴 자국이나 흔적 등을 연구한 예는 찾기 힘들다. 이런 결함이 발생한 이유는 간단하다. 전자의 연구는 한두 번의 해부만으로도 얼마든지 충족될 수 있는 것이지만, 후자의 연구는 꾸준한 비교와 간헐적인 발견에 의존한다는 점에서 수많은 해부를 통해서야 충족될 수 있는 것이기 때문이다. 먼저 신체 기관의 개인별 차이라는 문제를 살펴보자. 신체의 외부 기관이 사람마다 다르듯이, 내부 기관의 형태나 구조가 사람마다 다른 것도 당연한 이치이다. 이런 차이로부터 질병이 발생할 때가 많다는 점에서, 그 차이는 〈포괄적 원인cause continent〉이라고 할 수 있다. 그 차이를 관찰하지 못하면, 체액에는 별 이상이 없음에도 체액만을 문제로 삼아 씨름하는 우를 범하게 된다. 내부 기관 자체의 구조와 기능에 이상이 발생한 경우에는, 섭생법을 바꾸어 체액의 균형을 회복하려는 의학으로는 치료가 불가능하다.[13] 기관 자체의 이상은, 그에 합당한 약과 음식조절에 의해서만 조절되고 진정될 수 있을 것이다. 다음으로 인체의 미세한 통로나 구멍을 살펴보기로 하자. 이미 고대에 적시되었듯이, 그 통로나 구멍은 신체를 해부해도 드러나지 않는다는 문제가 있다. 생체에서는 열려 있으므로 관찰할 수 있지만, 사체에서는 닫혀서 숨어버리기 때문이다. 이런 이유에서 로마의 켈수스는 생체해부의 비인도성을 비

---

13) 서양 전통의학은 4체액의 균형, 불균형에 따라 건강과 질병이 발생한다고 믿은 점에서, 우리의 전통적 사상의학(四象醫學)과 유사한 점이 많이 있다. 베이컨은 전통의학이 〈개인별 해부학적 차이〉에 대한 분석을 수행하지 못한다는 문제점을 지적하고 있다. 〈섭생법을 바꾸어서 체액의 균형을 회복하려는 의학〉은 〈alterative medicine〉을 의역한 것이다. 이것은 음식을 바꾸어서 건강의 회복을 시도하는 서양의 〈대체 의학〉을 말한다.

난한 바 있다.[14] 그의 비난은 정당한 것이었지만, 생체 관찰의 크나큰 효용을 감안할 때, 그가 그토록 가볍게 체계적인 연구를 포기하고, 생체해부를 외과의사의 우연한 수술 기회로 미룬 것은 지나친 일이었다. 오히려 생체해부를 산 짐승의 해부로 대체하였더라면 좋았을 것이다. 인간과 짐승의 내부기관은 다른 점이 있기는 해도, 연구를 충족시키는 데는 큰 부족함이 없었을 것이기 때문이다. 다음으로 체액의 문제를 검토하자면, 일반적으로 해부과정에서 의사는 체액들을 다른 오물들과 함께 씻어내 버리곤 한다. 그렇지만, 신체 기관들의 어떤 구멍, 어떤 둥지, 어떤 패인 곳에서 체액들을 발견할 수 있는지, 또한 체액들이 자리잡고 담겨있는 방식에는 체액마다 어떤 차이가 있는지 등을 관찰하는 것은 꼭 필요한 일이다. 마지막으로, 질병의 흔적이라는 문제를 살펴보기로 하자. 질병은 내부 기관을 광범위하게 파괴하여, 종양, 궤양, 하수,[15] 부패, 소모,[16] 수축과 확장, 경련, 전위,[17] 폐색과 팽만 등 여러 흔적을 남긴다. 뿐만 아니라, 결석(結石), 반점, 혹, 기생충[18] 같은 이상 물질이 질병의 흔적으로 남기도 한다. 이러한

14) 켈수스(Aulus Cornelius Celsus, 기원전 약 25-기원후 약 50)는 로마의 유명한 의학자로, 8권짜리 의학 서적, 『의학에 관하여 *De re medicina*』로 유명하다. 그의 저서는 르네상스 시대에(1478) 재발견되어 근대 의학의 형성에 큰 영향을 미쳤다. 생체해부에 대한 비난은, 같은 책, 1. 1에 등장한다.

15) 〈하수discontinuation〉란 위나 장이 이완되어 수축기능을 제대로 수행하지 못하는 상태를 말한다.

16) 〈소모consumption〉란 폐병 같은 소모성 질환에서 발생하는, 내부 기관의 멸실을 뜻한다.

17) 〈전위dislocation〉는 이를테면 탈장처럼 내부기관이 제 위치를 벗어나는 증상을 말한다.

18) 베이컨은 〈기생충worms〉이 외부에서 몸으로 이식되는 것이 아니라 신체 내

흔적들은, 수많은 해부를 수행하고, 여기에 환자 개개인의 체험담을 참조하여 낱낱이 관찰되고 기록되었어야 옳았다. 또한 기록도 두 방향으로 진행되었더라면 좋았을 것이다. 하나는 현상을 발생한 그대로 적어두는 〈역사적〉 기록이요, 다른 하나는 (예컨대 사망한 환자를 해부하는 경우에) 그러한 현상으로부터 비롯되어 일어난 질병 및 증상을 꼼꼼하게 덧붙여 기록하는 〈인공적〉 기록이다. 그러나 오늘날에는, 설령 신체를 절개한다 하더라도, 질병의 흔적들에 대해서는 스쳐지나가 버리거나 침묵으로 일관하기 일쑤이다.

6. 질병의 연구에서, 의사들은 많은 경우 치료를 포기한다. 때로는 불치병에 걸렸다는 이유를 들기도 하고, 때로는 치료의 적기가 지났다는 이유를 들기도 한다. 로마시대에 술라의 삼두정치가 무고한 사람을 많이 죽였다고들 하지만, 의사들이 무식한 판결에 의해 죽인 것보다 많다고는 할 수 없다. 그러나, 로마시대에 사형선고를 받은 자는 빠져나갈 길이 없었지만, 오늘날 의사들의 사형선고는 틀리기 일쑤이지 않은가? 지금 내가, 의사들이 많은 질병, 특히 절망적인 질병을 고쳐줄 완벽한 치료법을 제시하지 못하고 있음을 지목하여, 그들의 결점이라 말하려는 것은 아니다. 다만, 의사들이 많은 질병을 불치병이라 선고할 때, 부주의하게 선고할 뿐만 아니라, 무지가 들통나서 불신받는 상황을 모면하려 한다는 것은 문제라 아니할 수 없다.

7. 나는 비단 건강을 회복하는 일만이 아니라 고통과 통증을 진

부에서 질병으로 인해 자생하는 것으로 보았다. 이는 구더기가 진흙이나 오물 속에서 자생한다고 본 것과 같은 이치라고 하겠다.

정시키는 일 역시 의사의 직무로 존중한다. 고통의 완화는 회복으로 직결되는 경우도 있지만, 편안하게 임종을 맞이하도록 도움을 주기도 한다. 이처럼 편안한 죽음, 즉 〈안락사Euthanasia〉야말로 아우구스투스 황제가 스스로에게 늘 기도하던, 작지 않은 행복이었다. 이것은 특히 안토니누스 피우스 황제에게서 사람들이 주목한 임종의 방식이기도 하였다. 그는 편안하고 달콤하게 잠든 모습으로 죽었다고 한다. 이와 관련하여, 에피쿠로스에 관해 전해지는 기록도 있다. 그의 병이 절망적이라는 선고를 받자, 에피쿠로스는 위장과 감각을 모두 마비시킬 만큼 많은 양의 포도주를 마셨다고 한다. 이를 두고 〈술에 취한 채 스티크스의 강물을 마셨노라〉라는 비문(碑文)이 새겨졌으니,[19] 그 죽음의 강물에서 쓴맛을 느끼지 못할 정도로 취해 있었다는 뜻이다. 오늘날 의사들은 절망적인 환자 곁에 머무르는 것을 일종의 타부나 금기로 여기고 있지만, 오히려 죽음의 고통과 고뇌를 덜어주기 위해 기술을 연마하고 주의를 기울이는 편이 마땅할 것으로 판단된다.

8. 질병의 치료법들을 검토하는 가운데, 나는 각각의 질병과 치료에 적합한 표준처방전receipt이 결여되어 있음을 알았다. 의사들은 제멋대로 특수처방전magistrality을 작성하여, 전통과 경험에서 축적된 결실을 무용지물로 만들어왔다. 그들의 처방전은 편리한 대로 첨가되거나 생략되었고 무시로 바뀌곤 하였던 것이다. 이렇듯 의사들이 약을 제멋대로 다스리니, 그들의 약도 병을 다스릴 리 만무하다. 오늘날 의사들은 해독제와 〈미트리다튬〉,[20] 그

19) 인용은, 디오게네스 라에르티우스, 『뛰어난 철학자들의 전기』, 에피쿠로스 편, 10. 15.

밖에 몇 가지 최근에 발명된 특효약을 제외하고는, 처방전을 엄격하고 충실하게 지키려 하지 않는다. 약방에 널려 있는 판매용 조제약들로 말할 것 같으면, 임시방편용readiness 약제일 뿐, 질병을 고치는 데는 부적합하다. 그것들은 하제(下劑), 관장약, 진정제, 체질개선제 등으로 상용될 수는 있어도, 특정한 질병에는 적합하지 않다는 뜻이다. 사정이 이렇다보니, 정규교육을 받은 의사보다는 오히려 임상의사나 늙은 노파가 제공하는 치료법이 뜻밖에도 성공을 거둘 때가 많다. 적어도 처방을 일관되게 유지함에 있어서는 이들이 더 신중하고 충실하기 때문이다. 따라서 내가 의사들의 결함으로 지적하고 싶은 것은, 그들이 각자 나름의 추정적이고 임의적인 기록 외에는, 특정 질병의 치료에서 효험이 입증된 처방전을 꼼꼼하게 기록하여 전하지 않는다는 점이다. 그들은 부분적으로는 그들 자신의 치료관행을, 부분적으로는 다른 책에 기록된 치료법을, 부분적으로는 임상의사의 전통을 답습하고 있을 뿐이다. 로마제국에서 가장 훌륭한 정치적 자세를 견지한 부류는, 민중의 편을 든 집정관이든지, 아니면 원로원의 편을 든 호민관이었다. 지금 다루고 있는 의학의 문제도 이와 비슷하다. 의학의 경우에는 정규교육을 받았으면서도 임상전통에 충실한 의사, 아니면 임상의사이면서도 학문의 방법에 충실한 의사를 가장 훌륭한 부류로 볼 수 있다는 말이다.

---

20) 〈미트리다툼mithridatum〉 혹은 〈미트리다테mithridate〉는 기원전 1세기에 폰투스Pontus의 국왕 미트리다테스Mithridates가 발명한 해독제로 알려진 약이다. 17세기까지도 모든 독을 치료할 수 있을 뿐만 아니라, 독을 막고 치명적인 질병을 예방하는 데도 효능이 있는 만병통치약으로 널리 애용되었다.

9. 약의 조제에서도, 내게는 아주 이상해 보이는 문제가 있다. 특히 광물성 약품이 높은 칭송을 받아왔고, 그나마 내부 기관보다는 외부 기관에 대해 더 안전한 것으로 칭송되어 왔다는 점을 고려할 때, 사람들이 온천수며 약수 같은 것을 기예에 의해 모방하고자 시도한 적이 없다는 것은 이상한 일이 아닐 수 없다.[21) 온천수며 약수의 효력이 광물질로부터 나온다는 것은 널리 인정된 사실이지만, 그 효력은 온천수며 약수를 구성하는 광물질들 중 한 물질(유황이나 황산염이나 철분)의 본성과는 뚜렷이 구별된다. 따라서 그 광물질들 각각의 본성을 인공 기술로 합성하여 온천수나 약수를 만들 수 있다면, 온천수와 약수의 종류를 늘릴 수 있을 것이요, 그 효력도 강화할 수 있을 것이다.[22)]

10. 내가 원래 의도한 내용과 원래 할당한 분량을 벗어나 자질구레한 이야기를 길게 늘어놓지 않으려면, 이쯤에서 마무리하는 편이 좋을지도 모르겠다. 하지만 내게 가장 중요하다고 생각되는 한 가지 결함을 덧붙이는 것으로 의학에 관한 논의를 마치고자 한다. 현재 시행되고 있는 처방은 너무 간단해서 소기의 목적을

21) 광물성 약품은 파라켈수스와 파라켈수스파의 영향으로 베이컨 시대에 널리 확산되었다. 소금, 수은, 유황 등으로 조제된 광물성 약품이 눈에 보이지 않는 내부 기관보다 눈에 보이는 외부 기관의 치료에서 효험을 널리 인정받고 있다는 진술은, 베이컨이 파라켈수스파 의학이 〈사기〉가 아니라 실제로 효험이 있다는 것을 인정한 대목으로 볼 수 있다. 또한 온천이나 약수 같은 것을 기예로 모방할 필요가 있다는 것은, 온천이나 약수에서 나오는 광물성 치료제를 대량 생산할 수 있는 인공 설비를 갖출 필요가 있다는 뜻이다.

22) 각 광물의 본성을 인식하고 그것들을 적절하게 합성하면, 종류에서든 효험에서든 천연 온천수나 약수를 능가하는 온천수나 약수를 만들 수 있다는 뜻이다. 베이컨에 있어서, 인간의 기술은 자연을 모방하지만, 동시에 자연을 더욱 〈완성된 형태〉로 바꿀 수 있다.

달성하기 힘들다는 점이 그것이다. 무슨 약을 처방하고 사용하든지 당장 환자를 치료할 수 있을 만큼 강력하고 효험이 있을 것이라고 생각한다면, 이는 헛되고 오만한 생각이 아닐 수 없다. 단번에 (혹은 여러 차례의 반복을 통해) 인간을 천성적으로 타고난 악덕으로부터 구제할 수 있는 연설이 불가능한 것과도 같은 이치라고 하겠다. 그보다 강력한 효험을 발휘할 수 있는 적절한 조치는, 약 처방에서 순서를 지키고, 지속적으로 반복해서 처방하고, 때로는 처방을 바꾸기도 하면서 진행하는 일이다. 이것은 한층 엄밀한 지식에 따르는 처방과 더욱 충실한 관찰을 요구하기는 하지만, 효과의 배가로 충분히 보상될 수 있는 조치이다. 혹시 의사가 매일 방문하기만 하면 치료에 진전이 있겠거니 하고 생각하는 사람들이 있을지 모르겠다. 그러나 정작 의사의 처방과 조치를 자세히 살펴보면, 일정한 준비나 계획을 발견하기 힘들다. 그런 탓에 모순으로 점철되고, 하루하루를 임시변통으로 때울 수밖에 없는 것이다. 물론, 바른 길을 간다고 해서 모두가 천당에 가는 것은 아니듯이, 꼼꼼하고 지극히 신중한 처방이라고 해서 모두 효과를 얻을 수는 없다. 그러나 방향의 진실성이 의무의 충실한 수행보다 선행한다는 것만은 분경하다.[23)]

11. 다음으로 검토할 것은 치장술이다. 치장술에는 사회생활과 관련된 분야도 있고, 화장과 관련된 분야도 있다. 전자는 신체의

---

23) 할 일을 충실하게 수행하는 것보다는 방향을 올바르게 정하는 것이 중요하다는 뜻이다. 이 문장은 문맥상 이해하기 힘든 측면이 있다. 〈의무〉와 〈방향〉은 정확하게 구분된 적이 없거니와, 처방을 충실하게 수행하는 것이 곧 올바른 방향인 것처럼 이야기하고 있기 때문이다.

청결함과 관련된다. 신체의 청결함이 존중되어 온 것은, 그것이 하나님에 대해서든 사회나 우리 자신에 대해서든 응당 주어 마땅한 존경심으로부터 우러나오는 것이기 때문이다. 반면에 후자는 인위적인 치장과 관련된 것으로, 여러 결함이 눈에 띈다. 특히 문제는, 그것이 사람을 속일 만큼 세련되지 못함은 물론, 어떤 유익을 제공할 수도, 사람에게 즐거움을 줄 만큼 건전하지도 못하다는 점이다.

12. 다음 주제인 체육에 대해서는, 나는 그 범위를 넓게 잡고 있다. 즉 체육은 인체를 움직여주는 모든 기능을 망라하는 것으로, 〈활동〉뿐만 아니라 〈인내〉와도 관련된다. 우선 〈활동〉의 경우에는 〈힘〉을 키우는 분야와 〈민첩성〉을 키우는 분야가 있다. 〈인내〉도 비슷하게 두 분야로 나뉘는데, 하나는 〈모든 부족과 극한 상황을 극복하는 능력〉을 키우는 분야이고, 다른 하나는 〈고통이나 고문에 견디는 능력〉을 키우는 분야이다. 우리는 곡예사와 야만인에게서, 혹은 처벌받는 자에게서 그러한 실례를 찾을 수 있다. 혹시 이러한 분류에 속하지 않는 다른 능력도 있을 수 있겠는데, 잠수 상태에서 오랫동안 호흡을 중지할 수 있는 별난 능력을 지닌 자가 그러할 것이다. 이러한 능력을 키우는 것 역시 체육에 포함된다. 어쨌든, 이런 능력들에 대해서는 많은 실례가 소개되어 왔을 뿐, 철학적 연구는 별로 진척되지 못한 상태이다. 아마도 그 이유는 사람들이 다음 둘 중 한 가지를 가정하기 때문일 것이다. 그런 능력은 학습될 수 없고 천부적 소질이 있어야만 얻을 수 있는 것이라고 가정하든지, 아니면 부단히 반복하기만 하면 얻을 수 있으니 굳이 어떤 지침을 필요로 하는 것은 아니라

고 가정한다는 말이다. 두 가정 모두가 참이 아닌 것은 분명하지만, 나로서는 문제점을 들출 필요를 느끼지 않는다. 올림픽 경기는 이미 중단된 지 오래거니와, 이런 능력은 평범한 수준만 유지해도 살아가는 데는 별 지장이 없는 것이기 때문이다. 이 분야에서 탁월한 능력은 돈벌이용 구경거리를 제공하는 것이 고작이다.

13. 〈감각적 쾌락을 충족시켜 주는 기예〉로 말할 것 같으면, 이 분야에서 중요한 결함은 그 기예를 누르고 통제하는 법률이 없다는 점이다.[24] 잘 알려져 있다시피, 시민의 덕성이 성장하는 시기에는 군사 기예가 발전하고, 시민의 덕성이 〔절정에 도달해서〕 정지한 시기에는 자유 학예가 발전하며, 시민의 덕성이 쇠퇴하는 시기에는 쾌락의 기예가 발전한다. 이런 견지에서, 나는 오늘날의 세계가 순환의 하강국면에 있다는 느낌을 받는다.[25] 어쨌거나 나는 쾌락의 기예를 어릿광대의 놀이와 짝패로 여긴다. 감각을 속여 감각적 쾌락을 준다는 점에서는 두 기예가 비슷한 면이 있기 때문이다. 다만, 기분전환을 위한 놀이는 시민 생활 및 교육에 필수적인 것으로 볼 수 있다. 이쯤에서 인체를 다루는 인간학 분

---

24) 이 책의 라틴어 번역본에서, 베이컨은 이 주제를 전혀 다른 방식으로 취급한다. 음악과 미술 같은 기예를 언급하면서, 통제되어야 할 기예가 아닌 존중되어야 할 기예로서 소개하고 있다.

25) 역사가 시민적 덕성의 상승과 하강을 반복해 가면서 순환한다는 관념은 고대 그리스 역사가 투키디데스 이래로 잘 알려진 것이며, 특히 르네상스 시대에 유행하였다. 베이컨은 이 점에서는 고대의 순환적 역사관을 답습하고 있는 것처럼 보인다. 그러나, 시민적 덕성이 순환한다는 베이컨의 생각은, 자연 지배력을 확장하여 인류의 삶의 조건을 개선하겠다는 그의 진보적 역사관에 의해 압도되고 있다.

야에 대해서는 논의를 마치기로 한다. 사실 육체란 정신이 잠시 머물다 가는 장막에 불과하지 않은가?

제11장

1. 정신에 대한 인간의 지식은 두 분야로 나뉜다. 하나는 정신(혹은 영혼)의 실체나 본성을 연구하는 분야이고, 다른 하나는 그것의 능력이나 기능을 연구하는 분야이다. 첫번째 분야에서의 고려 사항으로는, 우선 영혼의 싹이 자생적인 것이냐 아니면 외부로부터 주입된adventive 것이냐 하는 문제가 있다. 영혼은 얼마나 물질의 법칙으로부터 자유로우냐, 과연 영혼은 불멸적인 것인가 등, 그 밖의 많은 문제도 여기에 포함된다. 이런 문제를 놓고 다양한 의견이 개진되고는 있으나, 그리 철저하게 연구된 적은 없다. 혹시 고심하는 경우에도, 일정한 방향으로 노력이 집중되기보다는 이리저리 방황하고 있다는 인상을 받는다. 물론, 나는 영혼의 본성에 대한 지식이 지금까지보다는 한층 실질적이고 견실하게 추진될 수 있을 것이요, 어쩌면 〔영혼의〕 본성에 더 가까이 접근할 수도 있을 것이라는 기대를 가지고 있다. 그럼에도 불구하고 나는 이 분야의 지식이 결국은 종교에 의해 구속되어야 마땅하다고 생각한다. 그렇지 않으면 기만과 착각에 빠질 것이 뻔하기 때문이다. 실제로, 창조 때에 영혼의 실체는, 〈창조한 자〉가 내린 축복의 명령에 의해 하늘과 땅의 물질로부터 추출된 것이 아니라,[1] 하나님이 직접 숨결로 불어넣으신 것이었다. 그렇기

때문에, 영혼의 실체는, 철학이 연구하는 하늘과 땅의 법칙에 (극히 우연한 경우를 제외하고는) 종속되지 않는다. 이런 이유로, 영혼의 본성에 대한 참된 지식은 그 본성을 부여한 바로 그 신성한 숨결에 의해서만 획득될 수 있는 것이다.

영혼에 대한 지식을 다루는 이 분야로부터 점복Divination과 주문Fascination이라는 두 파생물이 나왔는데, 두 파생물은 모두 진리를 자극하는 것으로 취급되기보다는, 황당한 우화로 증발해 버리는 경향이 있다.

2. 옛적부터 점복은 기예에 의존하는 것과 자연(천성)에 의존하는 것으로 적절히 구분되어 왔다. 기예에 의존하는 점복은, 정신이 어떤 징조나 표지(標識)를 토대로 추론하여 예측하는 것을 말한다. 반면에 자연에 의존하는 점복은, 정신이 아무런 징조도 단서로 삼지 않은 채, 오직 정신 내부의 권능에 의존해서 이미지를 떠올리고 현시(顯示)하는 것을 말한다. 기예에 의존하는 점복은 두 종류이다. 하나는 원인으로부터의 추론과 비슷한 논증을 수행하는 것으로, 이성적인 점복이다. 다른 하나는 오직 결과와의 일치 여부만을 따지는 것으로, 실험적인 점복이다. 후자의 점복은 그 대부분이 미신으로, 특히 이교 세계에서 수행되는 갖가지 관찰을 예시할 수 있다. 제물로 희생된 동물의 내장을 면밀하게 살펴본다든지, 새들이 나는 방향을 관찰한다든지, 벌떼를 관찰하는

---

1) 〈창조한 자〉의 라틴어 표현인 〈producat〉는 베이컨 시대에 〈producent〉, 즉 〈생산한 자〉라는 영어 표현과 병용되었다. 창조 때에 다른 생명체는 하나님의 명령에 의해 하늘과 땅의 물질로부터 창조되었지만(창세기 1장), 인간의 영혼만은 그렇지 않다는 뜻이다.

것은 물론이려니와, 칼데아인의 점성술 같은 것도 그런 예에 속한다. 기예에 의존하는 점복 중에서 몇 가지는 특정 학문 분야와 지식을 공유하는 경우도 있다. 예컨대, 천문학자가 행성 회합이며 시좌(視座)며 식(蝕) 같은 천체 현상을 예측하는 경우가 그러하며, 의사가 사망이나 회복이나 발병 및 병세의 경과를 예측하는 경우가 그러하다. 정치가도 비슷하게 예측한다. 〈오, 이 나라에서는 모든 것을 돈으로 살 수 있으니, 구매자만 나서면 금방 팔릴 것〉이라는 예측이 그러하다.[2] (실제로 이 예측은 오래지 않아 실현되었는데, 처음에는 술라에 의해, 다음에는 케사르에 의해 실현되었다.) 그러나 이런 예측은 오늘날에는 모두 부적절하며, 재검토되어야 마땅할 것이다.

그렇다면 영혼의 내적 천성(자연)에 의존하는 점복은 어떠한가? 지금부터 이 문제를 다루어보기로 하자. 천성에서 나오는 점복은 두 종류가 있는데, 하나는 정신 자체에서 유래하는 것이고, 다른 하나는 외부로부터 유입된 것이다. 전자는, 정신이 다른 신체 기관으로 흩어지지 않고 오직 그 자체로 몰입한다면 상당한 수준으로 예언의 능력을 얻을 수 있다는 가정에 뿌리를 둔 점복이다. 따라서 이런 점복은 주로 잠잘 때나 무아경이나 임종시에 나타나며, 지각을 곤두세우고 있을 때는 거의 나타나지 않는다. 정신을 한곳으로 집중시켜 주는 금욕과 엄격한 제례가 이런 점복

---

2) 로마시민의 타락상에 비추어볼 때, 금력을 쥔 자가 로마를 통째로 지배하게 될 것이라는 예측으로, 아프리카 누미디아Numidia의 유구르타Jugurtha 국왕이 로마 방문 때에 남긴 말이라고 한다. 인용은, 살루스티우스, 『유구르트 전쟁사 *Bellum Jugurthinum*』, 135.

을 일으키고 촉진하는 것도 같은 이치라고 하겠다. 다음으로, 외부에서 유입되는 점복을 살펴보자. 이것은 인간 정신이 마치 거울처럼 하나님 및 영(靈)들의 예지(豫知)로부터 빛을 받아들일 수 있다는 가정에 뿌리를 둔 점복이다. 이 경우에도 금욕과 엄격한 제례는 큰 도움을 줄 수 있다. 정신이 스스로에게 몰입한 상태는, 신성한 빛의 유입을 가장 받아들이기 쉬운 상태이기도 하기 때문이다. 다만 두 점복 사이에는 한 가지 차이가 있다. 전자는 평정과 침묵을 수반하지만, 후자의 경우에는 (고대인들이 〈광포〉라 부른) 열광과 흥분을 수반하는 것이다.

3. 〈주문(呪文)〉은 상상의 힘과 작용을 빌려서, 상상한 본인의 육체가 아닌, 다른 육체에 영향을 주는 점복이다(상상이 상상한 본인의 육체에 작용하는 경우는 적당한 곳에서 이미 언급한 바 있다[3]). 이 주제에서 특히 파라켈수스와 그의 제자들로 구성된 일파는, 자연마술이라는 미명 아래, 상상력(염력)을 지나치게 치켜세우는 우를 범하였다.[4] 상상력은 기적을 일으키는 〔기독교〕 신앙의 힘에 버금가는 위력을 발휘한다는 것이다. 물론 한층 높은 개연성에 접근한 사람들이 없는 것은 아니다. 그들은 사물들의 숨은 통로에 주목하였고, 그 중에서도 육체들 사이의 보이지 않는 감염경로에 각별한 주의를 기울였다. 그런 가운데, 그들은 감각의 매개 없이도 영들끼리 서로 오가고 서로에게 영향을 미친다는 것이 자연의

3) 본서, 2. 9 참조.

4) 파라켈수스파는 물론 르네상스 시대의 마술가들은 모두 〈자연마술〉을 표방하여, 〈자연의 숨은 힘〉을 이용한다고 주장하였다. 그러나 어떤 자연물의 숨은 힘은 곧 그것의 〈영〉이었고, 그 〈영〉을 분리시켜 이용한다는 것은 〈초자연적인 영〉의 위력을 빌리는 것과 외견상 큰 차이가 없었다.

이치에 어긋날 이유가 없다고 생각하게 되었다. 이로부터, 타인의 영을 사로잡는다든지, 자신감이 타인에게도 위력을 발휘한다는 발상이 싹텄으며, 오늘날에는 거의 모든 시민에게 확산되기에 이르렀다. 이에 편승하여, 상상력(염력)을 어떻게 높이고 강화할 것인가에 대한 연구가 출현하였다. 강화된 상상력이 그토록 위력을 발휘할 수 있다면, 상상력을 강화하고 고양시키는 방법을 아는 것은 무엇보다 중요한 일이었기 때문이다. 그러나 바로 이 대목에서, 제식마술[5]의 대부분을 잠식해 버린, 위험하고도 왜곡된 거짓과 위선이 출현한다. 제례며 부적이며 주문이 위력을 발휘하는 것은, 악령과 밀약을 맺었기 때문이 아니라, 그것을 사용하는 자의 상상력을 강화시켜 주기 때문이라는 것이다. 예컨대 로마 가톨릭 교회에서는, 초상이나 조각 같은 이미지는 사람의 사고를 고정시켜, 그 앞에서 기도하는 자의 신앙심을 높여준다고 말한다.[6] 설령 상상력이 어떤 위력을 발휘한다는 것, 제례가 상상력을 강화하며 오직 그 목적을 위해서만 사용될 수 있다는 것을 인정한다 하더라도, 나로서는 제례의 사용을 불법으로 판결하지 않을

5) 〈제식마술 ceremonial magic〉은 종교마술 religious magic로도 불려진다. 마술은 연구 영역에 따라 3층으로 구성된다. 지상계(달 아래의 세계)를 다루는 자연마술, 천체계(달부터 항성들까지의 세계)를 다루는 천체마술, 별 위의 세계(보이지 않는 세계)를 다루는 제식마술이 있다. 제식마술은 거의 비의(秘儀)의 수준에서 은밀하게 수행된다.

6) 로마 가톨릭 교회는 교회 밖에서 어떤 이미지를 사용하는 것을 우상숭배로 금지하였다. 이미지의 사용에 〈악령과의 밀약〉이라는 혐의를 두는 것은, 중세 이래로 가톨릭 정통교리가 마술을 비판한 상투적 수법이었다. 종교개혁 이후 프로테스탄트 진영은 가톨릭 교회의 마술 비판을 답습하면서도, 제식마술과 가톨릭 교회의 성사를 싸잡아 비판하였다. 이 점에서 베이컨은 프로테스탄티즘의 신조를 보여주고 있다.

수 없다. 그것은 하나님이 인간에게 내린 최초의 명령, 즉 〈네가 얼굴에 땀을 흘려야 식물을 먹으리라〉는 명령을 거역하는 일이기 때문이다.[7] 하나님이 인간에게 노동의 대가로 얻으라고 명하신 고귀한 결실을, 단지 몇 가지 제례를 지키기만 하면 얻을 수 있다는 것은 너무 편리하고 나태한 생각이 아닐 수 없다. 나로서는 이 방면의 지식에서는 일반적인 결함 외에 크게 지적할 것이 없는데, 아직까지는 어떤 지식이 진실이고 어떤 지식이 허풍인지를 알 수 없기 때문이다.[8]

---

7) 창세기, 3장 19절. 아담을 에덴동산으로부터 추방하면서 하나님이 내린 최초의 명령이다.

8) 라틴어 번역본에서는 이 문장이 빠진 대신, 〈의지적 운동〉이나 〈감각의 작용〉 같은 주제가 구체적으로 논의되고 있다.

제12장

1. 인간 정신의 기능에 대한 지식에는 두 종류가 있다. 하나는 오성과 이성에 대한 지식이고, 다른 하나는 의지며 욕망이며 감정에 대한 지식이다. 전자의 기능으로부터 주장Position이나 판단Decree이 수행된다면, 후자의 기능으로부터는 행동이나 집행이 이루어진다. 상상력은 그 두 영역, 즉 재판관처럼 판결하는 영역과 관리처럼 집행하는 영역 사이를 매개하는 〈전령nuncius〉의 기능을 수행한다.[1] 먼저 감각이 상상력에 전달된 뒤에야 이성은 판단할 수 있으며, 먼저 이성이 상상력에 전달된 뒤에야 판단은 행동으로 옮겨질 수 있다는 뜻이다. 이런 의미에서 상상력은 언제나 의지적 운동에 선행한다.[2] 물론, 상상력은 야누스처럼 서로 다른 두 얼굴을 가지고 있다. 이성을 향한 얼굴은 진리의 인상을 띠지만, 행동을 향한 얼굴은 선(善)의 인상을 띤다. 그렇지만 그

1) 여기서 베이컨은 당시의 법률 용어를 비유적으로 사용하고 있다. 〈decree〉가 재판관의 판결이라면, 판결을 집행하는 관리(집달리)는 〈minister〉이다. 〈재판하는 영역judicial province〉과 〈집행하는 영역miniterial province〉도 비슷한 맥락에서 이해할 수 있다.

2) 이 문맥에서 〈의지적 운동voluntary motion〉은, 육체적 행동이나 이성적 판단을 자극하는 의지의 움직임을 뜻하는 것 같다. 또한 〈상상력이 선행한다〉는 것은 이러한 의지의 움직임을 가능하게 하는 것이 상상력이라는 뜻으로 해석될 수 있다.

두 얼굴은 〈자매의 얼굴이라 해도 좋을 만큼〉 닮은꼴이다.[3] 실제로 상상력은 단지 전령 역만을 수행하는 것은 아니어서, 그 자체에 적지 않은 권위가 주어지기도 한다. 아니, 상상은 전달 임무 외에도, 다른 권위를 그 스스로 찬탈한다고 말해도 좋겠다. 아리스토텔레스가 적절하게 표현하였듯이, 〈정신이 육체를 통솔하는 방식은 주인이 노예를 통솔하는 것과 비슷하지만, 이성이 상상력을 통솔하는 방식은 관리가 자유 시민을 통솔하는 것과도 같다〉.[4] 자유 시민은 그 나름대로 통치할 자격이 주어진 존재가 아닌가? 이와 마찬가지로, 우리가 상상력을 이성보다 높이 고양시킬 수도 있는 일이다. 특히 신앙과 종교의 문제에서 그러한데, 이는 종교가 비유, 상징, 우화, 환영(幻影), 꿈 등을 이용해서 인간 정신에 접근을 시도하는 원인이 되기도 한다. 뿐만 아니라, 수사적(修辭的)으로 구성되는 모든 형식의 설득, 나아가서는 이와 비슷하게 사물의 참된 모습을 채색하고 가리우는 다른 모든 표현에서도, 이성에게 권유하고 건의하는 것은 바로 상상력이다.[5] 그러나 아직은 상상력을 독립적으로 다루기에 적합한 학문 분야를 찾을 수 없으므로, 〔인간 정신에 대한 지식을 두 종류로 나눈〕 앞의 분류법을 그대로 유지할 생각이다. 혹시 시(詩)를 염두에 둘 수도

3) 인용은, 오비디우스, 『변신』, 2. 14.

4) 인용은, 아리스토텔레스, 『정치학』, 1. 5. 6. 여기서 베이컨이 말하는 〈상상력〉은 아리스토텔레스의 원문에서 〈욕망〉을 번역한 것이다.

5) 『키친의 판본』(p. 121, n. 2)에서 지적하듯이, 수사학은 냉정한 판단보다는 감정에 호소하며, 따라서 상상력이 이성을 압도할 때까지 상상력을 고양시킨다는 뜻으로 일단 해석될 수 있다. 그러나 더 나아가서는, 상상력으로 하여금 이성의 편을 들 수 있도록 수사학을 개혁하여야 한다는 입장이 피력된 것으로도 해석된다.

있겠으나, 시는 상상력의 직무나 의무라기보다, 상상력의 쾌락이나 유희에 가깝다고 보아야 한다. 비록 시는 상상력에서 나온 것이기는 하지만, 지금 논의되고 있는 주제와는 거리가 멀다. 우리가 지금 논의하고 있는 것은 상상력이 어떤 지식을 낳느냐 하는 문제가 아니라, 상상력을 분석 검토하기 위해서는 어떤 지식이 적합하냐 하는 문제이기 때문이다. 이는 우리가 이성이 낳는 학문 분야를 논의하지 않고(사실 모든 철학이 다 이성에서 태어난 것이지 않은가?), 이성의 기능을 분석 검토하는 학문 분야를 논의한 것과 같은 맥락에서 이해해도 좋겠다. 그래야만 시 역시 제자리를 찾을 수 있을 것이다. 상상력 스스로가 발휘하는 힘과 그 힘을 강화하는 방식에 관해서는, 이 주제와 깊이 관련된 〈영혼〉을 논의하면서 조금 전에 이미 언급해 두었다. 끝으로, 〈상상력과 결합된 이성〉 즉 〈설득적인 이성 insinuative reason〉은 수사학의 주제이므로, 〈이성의 기예들〉을 다룰 때 함께 논의하는 편이 좋을 것으로 생각된다. 이상의 모든 측면을 고려할 때, 우리는 기꺼이 애초의 분류법으로 돌아가, 인간 정신의 기능을 연구하는 인간철학을 두 분야, 즉 이성을 다루는 분야와 도덕을 다루는 분야로 나눌 수 있을 것이다.

2. 인간철학에서 이성을 다루는 분야는, 학자들 사이에서조차도 모든 학문 중 가장 재미없는 분야요, 구멍이 촘촘하고 잔올기가 많은 그물만큼 다루기 힘든 것으로 여겨지곤 한다. 비록 사람들은 지식이 〈영혼의 양식 pabulum animi〉이라 말하지만, 정작이 음식에 대해 그들이 느끼는 식욕의 본성을 살펴보면, 대부분의 사람들이 가진 위장과 미각은 사막을 헤매던 시절에 이스라엘

인들이 가지고 있던 것과 비슷한 듯하다. 하늘에서 내려온 만나 manna가 영양분도 적고 정력에 도움이 되지도 않아 싫증을 느끼자, 이스라엘 사람들은 굳이 원래 먹던 〈고기 항아리로〉 돌아가려 하지 않았던가.[6] 이와 마찬가지로, 사람들은 일반적으로 살과 피에 흠뻑 젖은 지식, 즉 그들의 감정이며 칭찬이며 운명을 마음껏 토로할 수 있는 지식을 선호한다. 시민사회의 역사며 윤리학이며 정치학 같은 지식이 그러한데, 이로부터 나오는 〈건조한 빛 lumen siccum〉은, 대부분의 사람들이 갖추고 있는 물처럼 부드러운 본성을 성마르게 하여 쉽게 분노하도록 만든다. 그러나, 사물의 가치에 대한 진정한 평가에 기초할 때, 이성적 지식이야말로 모든 다른 기예의 열쇠에 해당한다. 아리스토텔레스는 적절하고 세련되게 표현하기를, 〈손은 도구 중 최고의 도구요, 정신은 형상 중 최고의 형상〉이라고 말한 바 있다.[7] 같은 이유에서, 이성적 지식은 실로 모든 기예 중 최상의 기예라고 말할 수 있다. 그것은 모든 기예를 지도할 뿐만 아니라, 뒷받침해 주고 강화해 주기까지 하기 때문이다. 이는 부단한 활쏘기 연습을 통해, 과녁에 점점 가까이 맞출 수 있는 능력뿐만 아니라, 점점 더 강한 활을 사용할 수 있는 능력을 갖추게 되는 것과도 같은 이치라고 하겠다.

3. 이성적 기예는 네 가지로 구분되는데,[8] 이 분류는 각 기예가 추구하는 목표에 따른 것이다. 인간의 노력은, 우선 연구 · 논의

6) 민수기, 11장 4-6절 참조.

7) 아리스토텔레스, 『정신에 관하여 *De anima*』, 3. 8.

8) 이성적 기예는 일단 베이컨의 〈새로운 논리학〉으로 이해할 수 있다. 보다 자세한 내용은 논리학에 대한 논의가 전개된 순서에 따라, 항목별로 소개될 것이다.

되어야 할 내용을 조사하거나 발견하는 것을 목표로 삼는다. 다음에는 그렇게 발견된 것을 판단함을, 다음에는 판단된 것을 저장함을, 끝으로 저장된 것을 전달함을 각각 목표로 삼는다. 따라서 이성적 기예는, 〈연구〉나 〈발견〉의 기예, 〈시험〉이나 〈판단〉의 기예, 〈저장〉이나 〈기억〉의 기예, 그리고 〈화법〉이나 〈전달〉의 기예 등 네 가지라고 하겠다.

제13장

1. 〈발견〉은 두 개의 동떨어진 분야로 나뉜다. 하나는 〈기예와 지식〉을 발견하는 분야이고, 다른 하나는 〈표현과 논거〉를 발견하는 분야이다. 첫번째 분야는 아주 부족한 상태라고 단언할 수 있다. 이 분야에서의 부족은, 마치 죽은 자의 유산 목록을 작성하면서, 〈현금이 한 푼도 없다〉고 기재할 때 느끼는 부족과 비유될 수 있겠다. 다른 모든 상품을 구입할 수 있는 것이 현금이듯이, 이 분야의 지식은 다른 모든 지식을 구입할 수 있는 것이기 때문이다. 비록 서인도 제도는 거대한 지역이고 나침반은 자그만 자동기계motion에 불과하지만, 항해사가 나침반을 사용할 수 없었다면, 서인도 제도는 발견될 수 없었을 것이다. 같은 이치에서, 발명과 발견의 기예가 지금까지 소홀히 대접되어 왔음을 감안하면, 〔새로운〕 지식의 발견에서 별 진척이 없었던 것도 그리 이상한 일은 아닌 셈이다.

2. 이 학문 분야가 결핍되어 있음은 어렵지 않게 입증될 수 있을 것이다. 우선 전통적 논리학을 증거로 삼을 수 있다. 전통적 논리학은 지식이나 지식의 공리를 발견할 것을 표방하기는커녕, 〈각 기예에 속한 지식은 그 기예에 정통한 사람들로부터 신용을 얻어야 한다〉[1]는 입장을 취한다. 바로 이런 맥락에서, 로마의 의

사 켈수스는 임상경험에만 의존하는 고집 센 의사를 비판하면서도, 적어도 한 가지 장점만은 신중하게 인정한다. 〈약과 치료법이 먼저 발견된 뒤라야 이유와 원인이 논의된다. 원인이 먼저 발견되고 그 원인에 비추어서 약과 치료법이 발견되는 것은 아니다.〉[2] 뿐만 아니라 플라톤도 『테아이테토스』에서, 다음과 같이 적고 있다. 〈개별자의 수는 무한하기 때문에, 그보다 높은 수준의 보편자로는 방향을 충실하게 제시할 수 없다. 따라서 전문가와 비전문가를 구별해 주는 지식의 정수는 중간 명사에 놓여 있는바, 모든 개별 지식에서 중간 명사는 전통과 경험으로부터 획득된다.〉[3] 사정이 이러하므로, 사람들은 어떤 사물의 발견과 발생을 논의하겠다고 하면서도, 실제로는 그 발견과 발생을 기예의 덕택으로 돌리기보다 우연의 덕택으로 돌리게 된다. 그리하여 결국 사물의 발견과 발생은 인간의 공이 아니라 들짐승, 새, 물고기, 뱀 등의 공으로 돌려진다. 이를테면,

> 그의 어머니는 크레타 섬의 아이다Ide 산에서 박하 줄기를 딴다.
> 모피처럼 부드러운 잎새와 자줏빛 꽃으로 치장된 그 줄기를.
> 산양들이 그 식물을 모를 리 없으니,

1) 〈Cuique in sua arte credendum.〉 사람들은 각 기예의 전문가를 신뢰하여야 한다는 뜻이지만, 『스페딩의 판본』(p. 384)에서의 의역이 아리스토텔레스 논리학의 권위주의를 잘 표현한 것으로 보여 이를 따랐다. 인용은, 아리스토텔레스, 『선험적 분석학 *Prior Analytics*』, 1. 30.

2) 켈수스, 『의학에 관하여』, 1. 1.

3) 『키친의 판본』(p. 123)에 따르면, 이 인용문은 플라톤의 『테아이테토스』에서 인용된 것이 아니라고 한다. 라틴어 번역본에서는 『필레보스 *Philebus*』로 정정되었지만, 역시 출전이 불분명하다.

화살이 날아와 몸에 꽂힐 때 산양들은 그것을 먹는다.[4)]

최초의 발견자를 신성시하는 고대인의 풍습을 감안할 때, 이집트인들의 신전에 인간 모습의 우상은 거의 없고, 거의 동물 우상들로 채워져 있다는 것은 결코 이상한 일이 아닌 셈이다.

네프투누스, 비너스, 미네르바 등을 향해 짖어대는 개 형상의 아누비스같이,
온갖 형상의 기괴한 신들.[5)]

혹시 이와 같은 이집트인의 전통보다 그리스인의 전통에 더 우호적인 입장을 취하여, 최초의 발견을 인간의 공으로 돌리고 싶어하는 사람이 있을 수 있다. 그러나 프로메테우스는 부싯돌을 친 다음에 불꽃이 일어나자 놀라지 않았던가. 그렇다면 그는 불꽃을 예상하고 부싯돌을 친 것이 아니라고 해야 옳을 것이다. 뿐만 아니라, 서인도 제도에 살고 있는 프로메테우스는 유럽의 프로메테우스와 전혀 접촉하지 않은 상태에서 불을 발견하였을 것인즉, 서인도 제도에는 최초로 불을 발견할 기회를 준 부싯돌이 없기 때문이다.[6)] 이런 맥락에서, 지금까지 사람들은 외과의술에

4) 베르길리우스, 『아에네이드』, 12. 412. 화살로 입은 상처에 박하가 좋다는 사실을 알려준 것은 산양이라는 내용이다.

5) 네프투누스Neptunus 즉 포세이돈은 바다의 신이고, 비너스(아프로디테)는 미의 여신이며, 미네르바(팔라스)는 지혜의 여신이다. 아비누스는 개나 자칼의 형상을 가진 죽음의 신이다. 인용은, 베르길리우스, 『아에네이드』, 8. 698.

서는 산양을, 음악에서는 꾀꼬리를, 자연연구에서는 따오기[7]를, 대포제조술에서는 갑자기 열린 항아리 뚜껑을 주목해 온 것으로 보인다. 대체로 그들은 모든 기예와 지식의 발견을 논리학보다는 우연의 덕택으로 돌렸던 것이다. 베르길리우스가 묘사하고 있는 발견의 형식도 이와 크게 다르지 않다.

> 줄곧 생각하면서 거듭 반복하여 실행하는 가운데,
> 여러 기예들을 하나하나 만들어낸다.[8]

이 말을 잘 새겨보면, 짐승들도 만들 수 있고 실제로 사용할 수 있는 방법을 진술한 것에 지나지 않는다. 그것은 생존에 절대적으로 필요하기에 다급하게 부각된 어떤 문제를 놓고 끊임없이 생각하고 시도해 보는 방법에 불과하다. 비슷한 의미로, 키케로는 〈한 문제를 놓고 계속 노력하는 것이 자연이나 기예가 할 수 있는 것을 능가할 때가 많다〉고 말한다.[9] 이렇듯 인간에 대해 〈고된 노

---

6) 『스페딩의 판본』(p. 385, n. 1)에 따르면, 베이컨이 서인도 제도에 관한 정보를 얻은 것은, 라무시오(Giambattista Ramusio, 1485-1557)의 기념비적 편찬서, 『항해와 탐험에 관하여 *Delle navigationi e viaggi*』(1550-1559)로부터라고 한다. 이 책은 마르코 폴로부터 마젤란에 이르는 탐험가들의 기록을 집성한 것으로, 서인도 제도 원주민이 부싯돌이 아닌 나무 막대를 비벼서 불꽃을 일으키는 장면을 묘사하고 있다.

7) 따오기ibis는 이집트 종교에서 〈토트Thoth〉의 상징이다. 토트는 종종 헤르메스 트리스메기스토스와 동일시되었으며, 기록법, 기하학, 천문학 등 많은 과학과 기예의 최초 발견자로 추앙되었다.

8) 기예의 발견은 부단한 실습에서 나온다는 뜻이다. 인용은, 베르길리우스, 『지오르직스』, 1. 133.

9) 키케로, 『발부스 찬론 *Pro Balbo*』, 20.

력은 모든 것을 이겨내나니, 가혹한 조건 아래의 지독한 결핍도 능히 이겨낸다〉고 말할 수 있다면, 짐승에 대해서도 비슷한 질문을 던지지 못할 이유가 없을 것이다. 이를테면, 〈누가 앵무새에게 '안녕하세요' 라고 말하는 법을 가르친 적이 있던가?〉[10] 가뭄 때에 까마귀는 물이 들어 있는 나무 구멍에 돌멩이를 채워넣어 어느 정도 물이 올라오면 그 물을 마시는데, 누가 그런 재주를 가르쳐준 적이 있던가? 꿀벌이 광대한 대기의 바다를 항해하여 저 멀리 떨어진 들에 핀 꽃까지 갔다가 자기 집으로 되돌아오는 길을 발견할 수 있도록 누가 꿀벌에게 가르쳐준 적이 있었던가? 개미는 씨알에서 싹과 뿌리가 패지 않도록 씨알을 하나하나 깨물어서 둔덕에 묻어두는데, 그런 재주를 누구에게 배운 적이 있단 말인가? 발견이나 발명의 어려움을 뜻하는 〈망치로 두들겨 펴낸다extundere〉라는 단어와, 발견이나 발명의 느림을 뜻하는 〈천천히 paulatim〉라는 단어를 합쳐보라. 그러면 바로 옛날의 조건을 묘사하는 말이 될 것인즉, 그 말은 이집트의 신들에게도 적용된다. 이러한 조건에서는, 발견의 문제에 이성의 능력이 개입할 여지가 없으며, 기예가 할 일도 전혀 없다고 하겠다.

3. 두번째 증거로 들 수 있는 것은 전통적 논리학에서 말하는 〈귀납〉이다. 이에 대해서는 플라톤도 잘 알고 있었던 것 같은데, 이 전통적 〈귀납〉이 표방하는 바에 따르면, 모든 과학의 원리들이 귀납에 의해 발견될 수 있으며 그 원리들로부터 연역해서 중간

10) 앞의 인용은, 베르길리우스, 『지오르직스』, 1. 145, 뒤의 인용은, 페르시우스(Aulus Persius Flaccus, 34-62), 『풍자시 *Saturae*』, 8. 기예가 생존의 필요에서 발생한다는 논리는 인간과 동물에게 똑같이 적용될 수 있다는 뜻이다.

명사들을 발견할 수 있다고 한다.[11] 내가 생각하기에 이러한 형식의 귀납은 부적절할 뿐만 아니라 해로운 것이다. 실제로 이런 귀납에 의해 전통적 논리학자들의 오류는 더욱 심화되곤 하였다. 기예의 의무는 자연을 한층 완전케 하고 강화하는 일이건만, 그들은 그 반대로 자연을 훼방하고 남용하고 모욕해 왔을 뿐이다. 옛 시인이 노래한 〈하늘의 선물, 천상의 꿀〉[12]이 정원과 들에 핀 모든 꽃들로부터 채집되듯이, 어떻게 하면 모든 자연적 · 인공적 개별자들로부터 지식이라는 영롱한 이슬을 채집할 수 있는지를 주의 깊게 관찰한 사람이라면, 다음과 같은 사실을 쉽게 알아챌 수 있을 것이다. 인간 정신에 천성적으로 주어진 귀납의 능력만을 가지고도, 전통적 논리학자들이 묘사하는 것보다 훨씬 훌륭하게 귀납을 수행할 수 있다는 사실이 그것이다. 〔전통적 논리학자들이 행하듯이〕 아무런 반증 사례도 참조하지 않은 채 오직 개별자들의 열거에 의존해서 내린 결론은, 결론이 아닌 추측에 불과하다. 어떤 주제를 다루건 흔히 있는 일이지만, 한쪽에서 볼 수 있는 개별 사례들만 가지고, 보이지 않는 반대쪽에 다른 사례가 없다고 누가 단정할 수 있겠는가? 사무엘이 자기에게 데려온 이새Jesse의 일곱 아들간 접견하고 들에 나가 있던 막내아들 다윗을 보지 못하였더라면, 어떻게 되었겠는가?[13] 실로 이런 부류의

11) 라틴어 번역판에서는 플라톤과 중간 명사에 대한 언급은 생략되었다. 그 대신 간략하게, 〈논리학이 그것에 의해 모든 과학의 원리들을 발견하고 증명할 수 있다고 주장하는 그러한 형식의 귀납〉이라는 정의만이 등장한다. 『스페딩의 판본』, p. 387, n. 1 참조.

12) 베르길리우스, 『지오르직스』, 4. 1.

13) 사무엘 상(16장)에 나오는 내용이다. 선지자 사무엘이 이새의 막내아들 다윗

귀납은 엉성하기 그지없는 것이어서, 개별자를 다루기에 적합한 예리한 분별력을 지닌 학자들로서는 차마 그것을 세상에 내놓을 수 없었다. 그렇기에 그들은 서둘러 이론과 독단에 빠져들었고, 개별자들에 대해서는 전횡이나 경멸을 일삼게 되었던 것이다. 개별자들을 이용하되 단지 부관이나 시종을 부리듯 한 것이 그들의 태도였다. 그들은 개별자들의 참된 이용과 도움을 추구하기보다는, 자신들의 의견을 위한 길을 트고 여지를 남길 요량으로, 마치 행차 길을 열기 위해 시종이나 길잡이 하인whiffler을 부리듯이 개별자들을 이용하였던 것이다. 신적 진리에서든 인간적 진리에서든 유혹의 손길은 늘 동일하다. 보통 사람들이 신적 진리에서 어린아이처럼 되는 것을 잘 참지 못하듯이, 전통적 논리학자들은 인간적 진리에서 (우리가 언급하고 있는) 귀납에 주의를 기울이는 것을 다시 아기나 어린아이로 되돌아가는 일이라도 되는 듯이 여겼다는 말이다.[14] 여기서 우리는 다시 한번 종교적 외경을 경험하게 된다.

4. 세번째 증거를 살펴보자. 자연의 문제에 있어서는, 설령 올바른 귀납을 거쳐 어떤 원리나 공리가 정립된 경우라 하더라도, 그 원리나 공리로부터 삼단논법에 의해 중간 명제를 연역하는 것은 불가능하다. 그 원리를 중간 명사를 가진 원리에로 연결하고 환원하여 중간 명제를 이끌어내는 것이 불가능하다는 뜻이다. 물

을 이스라엘 민족의 구원자로 점지하는 장면이다.

14) 하나님 앞에서 어린아이가 되는 것이 올바른 자세이듯이(마태복음, 18장 3절), 귀납을 수행하는 진정한 자세도 어린아이처럼 되는 것인데, 사람들은 그것을 굴욕으로 알고 참지 못하는 경향이 있다는 뜻이다.

론, 이런 형식은 윤리학이나 법학 같은 대중적인 학문에서뿐만 아니라 (가장 단순한 것을 파악하려고 전력을 다하는 것이야말로 하나님을 기쁘시게 하는 일임을 감안한다면) 신학에서도 유용할 수 있다. 심지어 그것은 자연철학에서도 유용할 수 있다. 일단 논증이나 그럴듯한 추론에 의해 〈동의를 얻고 나면 더 이상 노력할 필요가 없다〉는 것이 옳은 이야기라면 그렇다는 말이다. 그러나 자연과 그 작용의 미묘함은 결코 이런 논증 관계로 엮어지지 않는다. 한 논증은 명제들로 구성되고 한 명제는 단어들로 구성되는바, 단어란 어떤 사물에 대해 통용되고 있는 대중적 관념의 표지나 기호에 지나지 않는다. 따라서, 만일 사람들이 가지고 있는 관념이 개별자로부터 엉성하고 변덕스럽게 잘못 추론된 것이라면, 논증의 결론이나 명제의 진리를 제아무리 공들여 검토해 봐도 그 오류를 수정하는 것은 불가능해진다. 의사들의 말로 바꾸자면, 이미 일차 소화작용에서 오류가 발생한 셈이기 때문이다.[15] 바로 이런 오류가 원인이 되어, 뛰어난 철학자들이 수없이 회의론에 빠져들었다. 그들은 지식이나 이해의 확실성을 부정하였고, 인간의 지식이란 표피적이고 개연적인 수준에 머물 수밖에 없다는 견해를 유지하였던 것이다. 물론 소크라테스가 〈무지를 가장하여 지식에 대한 사랑〉을 표현한 것은, 아이러니의 형식을 취한 것이었음이

15) 논증의 구성단위는 명제들이고 명제의 구성단위는 단어들이다. 따라서 단어는 명제와 논증의 기초 요소인바, 단어에 대한 잘못된 정의는 명제와 논증의 구성에서 오류를 수반할 수밖에 없다는 것이다. 그렇다면 단어는 어떻게 정의되어야 하는가? 단어는 사물에 대해 대중이 가지고 있는 관념의 표지이기 때문에, 사물에 맞게 정의되어야 한다. 여기서 베이컨은 논리학의 초점을 〈말〉로부터 〈사물〉로 옮겨놓고 있다.

분명하다. 그가 자신의 지식을 애써 폄하하였던 것은 그것을 과시할 목적이었음이 분명하다는 말이다. 티베리우스 황제가 치세 초기에 통치하지 않는 척하면서 통치한 것도 비슷한 태도일 것이다. 키케로가 계승한 후기 아카데미아[16]에서 유행하였던 〈나는 의심한다acatalepsia〉는 견해도 진심을 표현한 것이라고는 할 수 없다.[17] 정작 그 학원을 선택한 것은 웅변에서 가장 탁월한 능력을 지닌 자들이었기 때문이다. 더욱이 그들은 자신들의 능변 및 변화무쌍한 말솜씨에 영예를 주기에 가장 적합한 곳으로 그 학원을 선택하였으니, 그들에게 그 학원은 어떤 목적을 향한 여정으로보다는 쾌락의 일환으로 선택되었던 것처럼 보인다. 그러나 이에 못지 않게 분명한 사실은, 소크라테스의 학원에서든 키케로의 학원에서든 많은 사람들이 회의론을 진심으로 마음에 새기고 있었다는 점이다. 실제로 그들의 주된 오류는 바로 이 대목에서 발생한 것이었다. 즉 그들은 감각의 기만을 비난의 표적으로 삼았는데, 그들이 뭐라 트집을 잡든 나로서는 감각이야말로 진리를 증명하고 전달하기에 적합한 것으로 생각한다. 감각이 늘 직접적으로 진리를 증명하고 전달하는 것은 아니지만, 감각은 비교나 〔실험〕 도구의 도움을 받아서 진리를 전할 수 있다. 혹시 너무 미세하여 감각에 포착될 수 없는 사물의 경우에는, 감각이 파악할

16) 플라톤의 〈아카데미아〉는 라리사의 필론(Philo of Larissa, 기원전 약 159-83)을 경유하여, 키케로에게 이어졌다. 키케로는 필론을 계승하여, 회의론의 모든 조류들을 집대성하였다. 이 전통은 보통 〈아카데미아 회의론Academic Scepticism〉이라고 불려진다.

17) 키케로, 『아카데미아론*Academics*』, 2. 6, 18. 〈아카탈레프시아〉는 〈알 수 없음(不可知)〉을 뜻하는 그리스어이다.

수 있는 어떤 결과를 낳도록 자극한다든지, 그 밖의 다른 도움을 받아서 그렇게 할 수 있다. 이 점에서 회의론자들은 지적 능력의 허약함을 비난했어야 옳았다. 그들은 감각 자체를 비난할 것이 아니라, 감각이 전달하는 내용을 수집하여 결론을 내리는 방식을 비난했어야만 옳았다는 말이다. 내가 이렇게 말하는 것은 인간 정신을 헐뜯기 위해서가 아니라, 인간 정신을 자극하여 도움을 찾아 나서도록 하기 위함이다. 제아무리 능숙하거나 숙달된 사람이라도 손만 가지고는 원이나 직선을 완전하게 그릴 수 없지만, 자나 컴퍼스의 도움을 받으면 쉽게 그릴 수 있는 것과도 같은 이치라고 하겠다.

5. 지금 나는 지식의 발견이라는 주제를 다루고 있는 중인데, 만일 하나님께서 용납하신다면, 나는 이 분야를 다시 두 종류로 나누어서 논의하고 싶다. 하나는 〈학문적 경험〉이고 다른 하나는 〈자연의 해석〉인데, 전자는 후자의 한 단계이자 기초에 불과한 것이다. 그렇지만 이 책에서는 미래의 약속으로 남길 것에 관해 너무 오래 머물거나 너무 많이 이야기하지는 않겠다.[18)]

6. 기예와 지식의 발견에 관해서는 이쯤에서 멈추기로 하고, 표현이나 논증에서의 발견을 검토하기로 하자. 표현이나 논증에서

18) 이 두 개념으로 베이컨이 의도한 바가 무엇인지는 잘 알 수 없다. 〈학문적 경험 experientia literata〉은 간접경험, 〈자연의 해석 interpretatio naturae〉은 직접경험을 말하는 것 같다. 『스페딩의 판본』(p. 389, n. 4)에 의하면, 〈학문적 경험〉은 일종의 자연적 통찰력에 의해 한 실험으로부터 다른 실험으로 진행되는 연구 방식이고, 〈자연의 해석〉은 실험으로부터 공리로 진행되고 다시 공리에 비추어 실험으로 향하는 연구 방식이라고 한다. 〈미래의 약속으로 남길 것〉이라는 말 그대로, 후자는 훗날 『신 기관』에서 상세하게 논의되었다.

의 발견은 엄밀한 의미에서 발견이라 할 수 없다. 〈발견한다〉는 것은 우리가 알지 못하는 것을 찾아낸다는 뜻이지, 우리가 이미 알고 있는 것을 회복하거나 상기한다는 뜻은 아니기 때문이다. 후자의 의미에서 발견의 용도는 고작해야 우리 정신이 이미 소유한 지식으로부터, 당면한 목적에 어울리는 지식을 우리 앞에 끌어내거나 상기해 내는 것에 불과하다. 실로 이것은 발견이라기보다, 응용을 염두에 둔 상기나 연상이라고 말해야 옳을 것이다. 스콜라주의 교육에서 논증의 발견을 판단력 훈련을 끝낸 뒤에 가르치는 이유가 바로 여기에 있다. 그렇지만 어쨌든 지금까지 〈발견〉이라는 이름이 사용되어 왔으니, 그 명칭을 그대로 사용하기로 하자. 넓은 숲에서 사슴을 쫓는 것만이 사냥이 아니라, 울타리 친 공원 안에서 사슴을 쫓는 것도 사냥은 사냥이니까 말이다. 다만, 논증의 발견에 대해 그 범위와 목적은 분명히 해둘 필요가 있다. 이 발견은 우리의 지식을 첨가하고 확장하기 위한 것이 아니라, 단지 지식을 손쉽게 즉각 이용할 수 있도록 하기 위한 것이다.

7. 이렇듯 지식의 손쉬운 이용을 배려하기 위해서는 〈준비〉와 〈연상〉이라는 두 과정이 필요하다.[19] 이 중 준비는 지식의 일부로 보기 힘들다. 준비를 위해 요구되는 것은 근면함이지 어떤 기술적 지식은 아니기 때문이다. 이와 관련하여 아리스토텔레스는 동시대의 소피스트들을 겨냥해서 다음과 같이 비웃은 적이 있다.

---

19) 〈준비 preparation〉와 〈연상 suggestion〉은 라틴어 번역본에서는 각각 〈Promptuaria〉와 〈Topica〉로 명명되고 있다. 〈준비〉는 화제를 쉽게 사용할 수 있도록 수집하는 일(화제의 준비)을 말하며, 〈연상〉은 발견하고자 하는 화제를 탐색할 있도록 방향을 잡는 것(화제의 연상)을 말한다.

〈그들은, 마치 구두제작 기술을 전문으로 하는 자가 구두 만드는 법은 가르치지 않고 단지 각양각색의 구두를 준비하여 진열하기만 하면 되는 것처럼 주장한다〉는 것이다.[20] 재치는 있지만 험담에 가까운 조롱이다. 만일 구두제작자가 상점에 미리 구두를 진열하지 않고 주문을 받을 때만 작업한다면, 손님이 거의 없을 것이라는 반론도 제기될 수 있기 때문이다. 어쨌든 우리의 구세주께서는 하늘의 신성한 지식을 가리켜, 〈천국[의 서기관]은 새것과 옛것을 그 곳간에서 내오는 집주인과도 같다〉고 말씀하신 바 있다.[21] 우리가 알다시피, 고대의 수사학 저자들도 비슷하게 권고하였다. 〈법정 변론을 수행하는 자는, 가능한 한 다양한 토픽들[22]을 어느 때나 쉽게 사용할 수 있도록 준비해 두는 것이 좋은데, 이를테면 형평법[23]에 반하여 법조문에 충실한 해석을 주장한다든지 그 역을 주장하는 경우, 혹은 어떤 증언에 반하여 추정이나 추론을 시도한다든지 그 반대를 시도하는 경우〉에 그럴 필요가 있다는 것이다.[24] 키케로 역시 그 자신의 폭넓은 경험을 통해 가지게 된 습관이기는 하지만, 누군가가 무엇에 대해서든 연설할 기

20) 아리스토텔레스, 『소피스트론 *De sophisticis elenchis*』, 34.

21) 마태복음, 13장 52절.

22) 〈토픽들〉은 〈places〉를 번역한 것이다. 〈place〉는 그리스어 토포스(topos ; 라틴어 locus)를 영어로 옮긴 것으로, 웅변이나 연설에서 상투적으로 사용되는 〈화제〉나 〈논제〉 같은 것을 뜻하는데, 적합한 번역어를 찾기 힘들어 〈토픽〉으로 옮긴다. 논증의 발견에서 가장 중요한 것은 바로 토픽의 발견이다.

23) 〈형평법 equity〉은 성문법의 엄격성을 지정하고 법 적용의 구체적 타당성을 도모하기 위해, 대법관Chancellor의 재량을 강화하는 형태로, 16-17세기 동안 잉글랜드에서 발전한 특수한 법 관행을 뜻한다.

24) 인용 표시는 되어 있으나, 출전이 불분명하다.

회가 찾아오면, 다소 귀찮더라도 연설의 골격을 미리 생각해 두어 전체적인 윤곽을 쉽게 다룰 수 있도록 하는 것이 좋다는 점을 명시하고 있다.[25] 그렇게 해두면 실제 개별 연설에서는 해당 제목, 장소, 시간, 그 밖에 특수한 정황 등을 기입하는 것 외에는 달리 할 일이 없어진다는 것이다. 데모스테네스에게서도 엿볼 수 있는 것도 바로 이러한 근면성이다. 어떤 목표에 접근하는 데는 좋은 첫인상을 주는 것이 큰 힘을 갖는다는 생각에서, 그는 웅변과 연설을 위해 다양한 머리말prefaces을 이미 준비해 두었다고 한다. 이상의 모든 권위자들 및 선례들에 비추어볼 때, 각양각색의 옷가지로 들어찬 장롱을 버리고 옷 만드는 가위만을 남겨놓자는 아리스토텔레스의 견해는 역부족일 수밖에 없다.

8. 이러한 준비나 예비적 수집은 논리학과 수사학에서 공통적으로 수행되는 작업이기는 하지만, 수사학을 논의할 때 상세하게 다루는 편이 더 적합할 것이다. 다만, 첫 언급이니만큼 입문적 내용을 미리 소개해 두었다고 보면 될 것이다.

9. 표현이나 논증의 발견에서 두번째 과정은 내가 〈연상〉이라 부른 것이다. 이것은 우리에게 어떤 표지나 토픽을 떠올리게 하여 그쪽으로 이끌어주는 작용을 말한다. 이렇게 떠올린 토픽은 다시 우리의 정신을 자극하여, 우리의 정신이 예전에 수집해 두었던 지식을 되찾아 이용할 수 있도록 해준다.[26] 엄밀하게 말해,

25) 키케로, 『웅변론』, 14. 45.

26) 여기서 베이컨은 토픽의 기억보조적mnemonic 기능을 언급하고 있다. 이 경우 토픽은 지식을 상기해 내기 위한 기억 보조장치와도 같다. 전통적 기억술에서 기억 보조장치는 설교자나 웅변가가 말할 내용을 기억해 내기 위해 친숙한 사물이나 장소에 간단히 토픽을 적어놓는 형태로 작성되었다. 나무나 수레

연상은 다른 사람과의 논쟁에서 논증을 보강하는 데 이용될 수도 있겠지만, 우리 스스로 올바른 판단을 내릴 수 있도록 우리의 판단력을 돕는 데 이용될 수도 있다. 실제로 떠올린 토픽은 우리의 발견을 자극하는 것일 뿐만 아니라, 〔발견을 위한〕 연구의 방향을 지도하는 것이기도 하다. 토픽을 현명하게 이끌어낼 수 있다면, 그 자체만으로도 이미 지식을 절반쯤 얻은 셈이기 때문이다. 플라톤이 지적하듯이, 〈무엇인가를 구하는 자는 이미 그가 무엇을 구하고 있는지를 대강은 알고 있다. 그렇지 않다면, 정작 발견하였을 때 발견된 것이 무엇인지를 어떻게 알 수 있겠는가?〉[27] 이것은 기대치가 크면 클수록 연구도 그만큼 직접적이고 효율적이 되는 이치라고도 볼 수 있다. 어쨌든 토픽은 우리가 이미 알고 있는 것 중에서 뭔가를 되찾는 데 도움을 주는 것만이 아니다. 토픽은 우리가 경험 많은 사람과 마주할 때 무슨 질문을 제기할 것인지, 혹은 가르침을 주는 책이며 저자와 마주할 때에는 어떤 요점을 캐고 분석할 것인지를 판단하는 데도 도움을 준다. 논증과 표현에서의 발견과 관련된 이 두번째 과정을 가리켜 스콜라주의 학자들은 〈토픽학Topics〉이라 부르고 있으니, 나로서도 그것이 완전히 결핍된 상태라고는 말하지 않겠다.

10. 그렇지만 〈토픽학〉에는 일반 토픽학과 특수 토픽학 등 두 종류가 있음을 유념할 필요가 있다. 우리가 지금까지 언급한 것은 일반 토픽학과 관련된 내용이었다. 반면에 특수 토픽학은 일

바퀴나 집(특히 성전(聖殿))이나 인체의 구석구석에 토픽을 적어놓은 옛날 그림이 그러한 기억 보조장치로 볼 수 있다.

27) 플라톤, 『메논*Meno*』, 2, 80.

부 취급한 학자들이 있었지만, 대체로는 어떤 기예를 요구하는 것도 아니요 가변적 성격이 강한 것이라는 이유로 배척되곤 하였다. 그러나 나는 스콜라주의 학자들을 지배해 온 정서에 그리 연연할 필요가 없다고 본다. 그들은 자신 있게 다룰 수 있는 극소수의 문제에는 지나치리만치 능숙하지만, 나머지 문제는 완전히 도외시하는 버릇이 있기 때문이다. 오히려 나는 특수 토픽학이 모든 특수한 지식에 대해 일일이 발견과 연구를 위한 토픽이나 방향을 제공한다는 점에서 매우 유용한 것으로 받아들이고자 한다. 특수 토픽학은 모든 특수한 지식을 논리와 결합시켜 주는바, 그 덕택에 우리는 어떠한 지식에 대해서든지 〈발견의 기예를 촉진하는 것은 바로 발견〉이라는 이치를 적용할 수 있게 된다.[28] 어떤 길을 가고 있을 때, 우리는 그 길에서 지나온 부분에 대해서도 물론 알아야 하겠지만, 그 길의 남아 있는 부분에 대해서도 적절한 통찰을 지니고 있어야 할 것이다. 이와 마찬가지로, 어떤 지식에서든 진행의 각 단계는 다음 단계를 위해 빛을 제공하는바, 만일 우리가 그 빛에다 연구의 핵심 주제나 토픽을 더하여 빛을 강화할 수만 있다면, 우리의 노력은 더 큰 진척을 이룰 수 있을 것이다.

---

28) 베이컨, 『신 기관』, 1. 130 참조.

제14장

1. 그러면 이제 판단의 기예로 넘어가기로 하자. 판단의 기예는 증거제시며 증명의 본성을 다루는 것이다. 귀납에서는 판단과 발견이 일치하는 측면이 있다. 좋은 형식이든 나쁜 형식이든 모든 귀납에서는 정신의 발견 행위가 곧 판단 행위를 뜻하기 때문이다. 두 행위는 의미상에서 동일하다. 반면에 삼단논법에서 증거를 제시하는 방식은 이와 다르다. 증거는 직접적인 것으로 제시되지 않고, 중간 명사로 제시된다. 따라서 중간 명사의 발견과 결론에서의 판단은 서로 별개의 행위가 된다.[1)] 즉 중간 명사의 발견은 단지 동기를 부여할 뿐이고, 실제 검토는 결론의 판단에서 이루어진다. 그러므로, 실질적이고 엄밀한 형식의 판단에 대해서는 우리가 〈자연의 해석〉에서 언급한 형식을 참조하는 것이 좋겠다.

2. 삼단논법이 수행하는 또 하나의 판단이 있다. 이것은 인간 정신에 쉽게 받아들여질 수 있는 것인 만큼, 헌신적으로, 훌륭하

---

1) 삼단논법은 세 명사terms를 포함한다. 주명사major term는 결론의 서술어에 해당하며, 소명사minor term는 결론의 주어에 해당한다. 그리고 중간 명사는 양 전제에서 모두 나타나지만 결론에서는 나타나지 않는다. 예컨대, 〈모든 철학자는 인간이다〉, 〈모든 인간은 죽는다〉, 따라서 〈모든 철학자는 죽는다〉라는 삼단논법에서, 중간 명사는 〈인간〉이며, 〈모든 철학자〉는 소명사, 〈죽는다〉는 주명사에 각각 해당한다.

게 연구되어 왔다. 무릇 인간은 확고하고 불변하는 무언가를 자신의 오성에 저장하여 정신의 안식처이자 지주로 삼으려는 본성을 가지고 있다. 이런 이유에서 아리스토텔레스는 모든 운동에는 정지점이 있다는 것을 입증하기 위해 노력하였다. 그는 고대 아틀라스의 신화를 우아하게 해설하여, 아틀라스는 하늘의 양극이나 양축(兩軸)으로 고정되어 하늘을 떠받치고 있으며, 그 위에서 회전이 이루어진다고 주장하였다.[2] 이와 비슷하게 사람들은 마음속에 각자의 〈아틀라스〉나 축을 세워 자신이 동요됨을 막으려는 의지를 가지고 있다. 동요됨이란 그들에게는 끊임없는 추락의 위험을 뜻하기 때문이다. 그리하여 그들은 성급하게 서둘러 몇 가지 원리들을 규정하였으니, 그들 사이에서 벌어진 다양한 논쟁은 모두 그 원리들을 축으로 맴돌게 되었던 것이다.

3. 말하자면 판단의 기예는 명제를 중간 명사의 원리로 환원하는 것에 지나지 않는바, 이 원리는 모든 사람의 동의를 얻을 수 있으므로 논증할 필요가 없다. 그러나 중간 명사는 사람들 각자의 자유로운 발견에 의해 결정되며, 그 방향도 직접적 환원이나 모순적 환원 등 두 가지밖에는 없다. 전자는 어떤 명제를 일반 원리로 직접 환원하는 것으로, 보통 〈명증적 환원〉이라 불린다.[3] 후

2) 아틀라스Atlas는 그리스 신화에 등장하는 거인족의 일원으로, 이아페토스Iapetus와 클리메네Clymene 사이에서 태어난 아들이자 프로메테우스의 형제이다. 거인족이 패배하였을 때, 아틀라스는 그의 두 어깨로 하늘을 영원히 떠받치도록 저주를 받았다. 그가 떠받치고 있기 때문에 하늘이 떨어지지 않는다는 것이다. 이에 관한 아리스토텔레스의 해설은, 『동물의 운동에 관하여 *De motu animalium*』, 2. 3 참조.

3) 〈명증적 환원probation ostensive〉이란 확실하게 입증된 한 명제에 입각해서

자는 그 명제와 모순되는 명제를 그 일반 원리와 모순되는 원리로 환원하는 것으로, 보통 〈불일치에 의한per incommodum〉 환원 혹은 〈모순을 강제하는〉 환원이라 불린다. 따라서 중간 명사의 수효는, 어떤 명제가 일반 원리로부터 얼마나 떨어져 있는지를 표시하는 여러 등급들의 수효를 넘어설 수 없다.

4. 판단의 기예는 두 가지 방법에 의해 수행된다. 하나는 지도(指導)에 의한 방법이고, 다른 하나는 경계caution에 의한 방법이다. 전자의 방법은 삼단논법에서 결론에 이르기까지의 실제 형식을 결정하고 규정할 뿐만 아니라, 나아가서는 그 결론을 응용하고 적용하여 오류 및 그릇된 결론inconsequences을 엄밀하게 판단하려고 한다. 이런 형식의 구성과 절차에서는 그것을 구성하는 각 부분에 대한 면밀한 검토가 뒤따르게 마련이다. 즉 삼단논법의 부분들인 명제들, 그리고 각 명제의 부분들인 단어들에 대한 면밀한 검토가 부수되는 것이다. 이 모든 것은 〈분석학〉의 견지에서 이해되는 논리학의 일부이다.[4)]

5. 두번째 방법은 재빠른 응용을 위해, 그리고 사람들에게 확신을 주기 위해 도입되는 것으로, 추론에서 아주 미세한 오류와 혼동까지도 꼬집어서 논파한다. 이 방법은 보통 〈논파술〉이라 불린

그 명제를 포함하는 일반 원리를 제시하는 것을 말한다. 그것은 〈ostensive reduction〉과 같은 뜻으로 사용되며, 모순의 견지에서의 간접적 환원(모순대당의 원리)과 대칭적인 의미를 갖는다.

4) 아리스토텔레스의 〈분석학Analytics〉은 〈선험 분석학〉과 〈경험 분석학〉으로 나뉜다. 전자는 주로 삼단논법으로 진행되는 연역적 형식논리학을 다룬 것이며, 후자는 이 형식논리학 체계를 사용해서 엄밀한 과학적 지식에 대한 해설을 정립하는 것이다.

다.[5] 이것은 (세네카가 잘 비교하고 있듯이[6]) 마술사의 협잡같이 다소 엉성한 오류를 논파하는 데 적합하다. 이런 오류에서는 설령 우리가 어떻게 오류가 발생하였는지를 잘 알지 못하더라도, 그럴 것 같지 않다는 점만은 쉽게 파악할 수 있기 때문이다. 그러나 보다 미세한 종류의 오류에 대해서는 반박하기도 쉽지 않거니와, 그릇된 판단을 내릴 때도 많다.

6. 〈논파술〉에 관해서는 아리스토텔레스가 권고의 형식으로 훌륭하게 다루었지만, 플라톤은 실례를 동원해 가면서 더욱 훌륭하게 논의하였다. 플라톤의 실례에는 소피스트들만이 아니라 소크라테스도 포함된다. 소크라테스는 아무것도 긍정하지 않겠다고 공언하였지만, 정작 그 자신은 온갖 형식의 이론(異論)과 반론, 심지어는 잘못된 추론까지 동원하여 남들이 긍정한 모든 것을 의심스러운 것으로 만들었다.[7] 우리가 조금 전에 말하였듯이 〈논파술〉의 원래 용도는 논박을 위한 것이지만, 타락하면 트집잡기 caption나 부정(否定)만을 일삼는 용도로 전락하기도 한다. 이러한 용도에도 큰 위력이 있고 그 나름의 많은 이점이 있다는 것은 분명하다. 그러나 웅변가와 소피스트는 구분될 필요가 있다. 웅변가는 마치 경주용 개 그레이하운드 같아서 경쟁에 장점이 있는 반면에, 소피스트는 방향 전환을 잘하는 토끼와도 같은데 이것은

---

5) 〈논파술elenches〉은 아리스토텔레스 논리학에서, 삼단논법에 의해 옹호된 한 명제를 다시 삼단논법에 의해 반박하는 것을 말한다. 넓은 의미에서는 〈논리적 반박〉 일반을 지칭하기도 한다.

6) 세네카, 『도덕론*Epstulae morales*』, 45. 8-9 참조.

7) 소크라테스의 논파술 즉 〈산파술〉은 플라톤, 『테아이테토스』의 서두에서 해설되고 있다.

비교적 나약한 동물이나 가지는 장점이라고 하겠다.

7. 그렇지만 〈논파술〉은 보통 인정되는 것보다는 그 적용 범위와 폭이 넓다. 그것은 다양한 지식 영역들과 관련되는바, 일부 영역에서는 그 관련성이 충분히 부각되었지만, 일부 영역에서는 알지 못한 채 지나가고 있다. 다소 낯선 생각처럼 보일 수도 있겠지만 어쨌든 내가 생각하기에, 첫째로, 〈논파술〉은 여러 본질들에 공통으로 부수되는 성질들을 다루면서,[8] 어떤 때는 논리학에 적용되고 어떤 때는 형이상학에 적용되는 그런 분야이다. 기만적인 논증sophism 가운데서도 가장 기만적인 것은, 어휘와 어구, 특히 모든 연구에서 가장 일반적이고 빈번하게 등장하는 어휘를 애매하게 사용하는 일이다. 〈다수와 소수〉, 〈선험과 경험〉, 〈동일성과 다양성〉, 〈가능성과 실현〉, 〈전체와 부분〉, 〈존재와 결핍〉 같은 용어들을 예로 들 수 있겠다. 이런 용어들에 대해 헛된 현학이나 사변을 벗어나 오직 참되고 결실 있는 사용을 추구한다는 것은, 표현의 애매함을 제거하라는 논파술의 현명한 경고와 다를 바 없다. 우리가 〈범주들〉이라 불리는 분류체계에 따라 사물들을 나누는 것도, 〈정의(定義)〉나 〈분류〉에서 혼란을 피하라는 논파술의 경고와 다르지 않다.

8. 둘째로, 〈논파술〉은 또 다른 영역, 즉 기만의 덫을 놓지는 않지만 인상의 위력을 빌려 작용하려는 유혹의 영역에 대해서도 경계를 제공한다. 이 영역에서는, 이성의 혼란이 야기되지는 않지만, 이성이 상상력에 의해 쉽게 제압되곤 한다. 그러나 이 문제는

8) 〈여러 본질들에 공통으로 부수되는 성질들common adjuncts of essences〉 중에는 이름이나, 이름에 대한 부연어구 같은 것들이 포함된다.

수사학을 논의할 때 다루는 편이 더 적절할 것이다.

9. 마지막으로, 〈논파술〉은 인간 정신에 들어 있는 가장 중요하고도 심각한 종류의 결함들에 대해서도 적용될 수 있다.[9] 내가 보기에 이 결함들은 아직 간파되거나 탐구된 적이 없는 것들로, 올바른 판단의 문제를 다루고 있는 현 맥락에서 함께 논의해 두는 편이 좋을 것 같다. 이 결함들의 위력은, 하나하나의 특정 사안에서 사람의 이해력을 흩트리거나 기만하는 데 있는 것이 아니라, 이해력의 수준 자체를 전반적으로 오염시켜 타락한 상태로 만드는 데 있다. 실로 인간 정신은, 사물을 비추어진 그대로 반영하는 맑고 고른 거울이 아니다. 아니, 오히려 인간 정신은 적절한 지도를 받아 교정되지 않는다면, 미신과 협잡으로 가득 찬 마술 거울과도 같은 것이다. 정신의 교정을 위해서는, 먼저 정신의 본성이 우리에게 부과하는 거짓 인상부터 살펴볼 필요가 있다.[10] 몇 가지 예를 들어보자. 첫번째 예는 미신의 뿌리에 해당하는 것이다. 즉 〈모든 인간은 부정적, 소극적인 것보다는 긍정적, 적극적인 것에 더욱 쉽게 공명하는 본성을 가지며〉, 따라서 단지 몇 번의 성공이나 출세가 수많은 실패나 좌절을 상쇄할 수 있다는 착각이 그것이다. 이런 착각에 대해서는 디아고라스가 적절한 대답을 제공한 바 있다. 포세이돈 신전에서의 일이었다. 그곳에는 난파선에 탄 사람들이 포세이돈에게 맹세한 덕택에 구제된 후, 〈폭풍우 속에서 포세이돈에게 기도하는 일을 어리석다고 생각하는 자들이여,

---

9) 이 〈결함들〉이 라틴어 번역판에서는 〈우상idola〉으로 명시되었다. 베이컨의 〈우상론〉에 대한 체계적 해설은, 『신 기관』, 1. 24–31 참조.

10) 이 〈거짓 인상들〉은 〈종족의 우상idols of tribe〉에 해당한다.

이제 회개하라!〉고 외치는 모습을 그린 많은 그림이 있었다. 어떤 사람이 그 그림을 보여주자, 디아고라스는 〈좋아요, 그렇지만 익사한 사람들의 그림은 어디에 있지요?〉라고 반문하였다고 한다.[11] 또 다른 거짓 인상을 예로 들어보자. 〈인간의 영혼은 평등하고 균일한 실체로 구성되어 있기 때문에, 자연 조건에서는 현실적으로 그런 것보다 훨씬 큰 평등성과 균일성을 띠게 된다〉는 착각이 그것이다. 마치 수학자들이 나선 운동을 부정하고 편심원(偏心圓)을 제거하여, 천체의 운동을 완전한 원 궤도로 환원시켜야만 직성이 풀리는 것과도 같은 이치라고 하겠다.[12] 이런 착각으로 인해, 자연에는 〈단독으로, 오직 그 자체로〉 존재하는 것으로 생각되는 많은 사물들이 있지만, 사람들은 그 사물들 사이에 (실제로는 존재하지도 않는) 〈상관관계나 유사성이나 결합관계〉 같은 것이 있다고 상상하게 된다. 이를테면 사람들이 물〔水〕, 흙〔土〕, 공기〔氣〕 등에다가 불〔火〕의 원소를 첨가하여 4원소의 조화를 가

11) 미신은 소수가 우연히 얻은 행운을 필연으로 잘못 이해하여 다수가 그 행운을 추종할 때 발생한다. 그러나 난파선에서 구제된 소수의 행운은 (설령 그들이 포세이돈에 기도한 것이 사실이라고 할지라도) 익사한 다수의 불행을 상쇄할 수 없다는 뜻이다. 디아고라스Diagoras는 기원전 5세기 그리스의 멜로스Melos에서 활동한 시인으로 무신론자였다. 인용은, 키케로, 『신의 본성에 관하여 *De natura deorum*』, 3. 37.

12) 프톨레마이오스는 물론 코페르니쿠스도 천체의 〈완전한 원 궤도〉 운동을 가정하였다. 다만, 전자의 경우에는 운동 중심을 지구와 공유하지 않는 천체의 운동이 편심원eccentric을 그리며, 후자의 경우에는 태양과 운동 중심을 공유하지 않는 천체의 운동이 편심원을 그린다. 여기서 베이컨은 천체의 불완전 원운동 가능성과 편심원 운동 가능성을 함께 고려하고 있다. 이것은 케플러를 선구한 생각으로 볼 수도 있지만, 최소한 〈가설〉의 수준에서는 천체의 다양한 운동 가능성을 인정하였던 중세 스콜라주의의 연속으로 볼 수도 있다.

정해 온 사례가 그러하다. 이것은 믿을 수 없는 생각이다. 인간은 스스로를 〈만물의 척도〉로 삼으려는 버릇이 있어서, 사람의 행동과 기예는 자연의 작용과 유사성을 갖는 것이라고[13] 가정해 왔는 바, 이런 가정이 자연철학에 얼마나 많은 허구와 공상을 주입해 왔는지를 낱낱이 밝히기 전까지는 믿을 수 없다는 말이다. 이런 가정은 〈신인동형론자들〉[14]의 이단설보다 나을 바 없다. 그것은 신들이 사람 모습으로 변장한다는 이교 교리를 수용한 에피쿠로스 학설의 영향을 받아,[15] 무식하고 고독한 수도사들이 골방에서 꾸며낸 이단설에 불과하다. 그렇기에 에피쿠로스 추종자인 벨레이우스는 창조주가 하늘을 별로 장식한 이유를 자명한 것으로 간주하였다.[16] 그에게 조물주는 마치 로마의 대규모 공연이나 연극

13) 원문은 〈the similitude of human actions and arts〉이지만, 『스페딩의 판본』(p. 395, n. 4)에 따라, 〈사람의 행동과 기예는 자연의 작용과 유사성을 갖는다〉는 뜻으로 해석하였다.

14) 여기서 신인동형론(神人同形論, Anthropomorphism)은 기원후 4-10세기에 번성한 기독교의 이단 교리를 지칭한다. 그러나 원래 이 교리는 이교 세계로부터 나온 것으로, 신은 인간을 그의 이미지로 창조하였기 때문에, 신이 인간의 모습을 하고 있다는 원리에 입각해 있다. 여기에는 애니미즘적 · 다신론적 함축이 있을 뿐만 아니라 사랑, 미, 질투, 싸움 같은 인간적 요소들을 신에게 부여하는 경향도 있었다. 따라서 이 용어는 자연 현상이나 역사적 사건에 인성을 투사하는 경향(인성투사)을 지칭하는 보통명사로 사용되기도 한다.

15) 그리스 철학자 에피쿠로스(Epicurus, 기원전 약 331-270)는 인간의 자유의지와 지상의 지복ataraxia을 강조하는 윤리학을 제시하면서, 신화를 믿는 것이 필연적 운명을 믿는 것보다 덜 위험하다는 생각에 도달하였다. 신들은 사람들이 달랠 수 있지만, 필연적 운명을 진정시킬 수는 없다는 이유였다. 이런 맥락에서 그는 신들이 초자연적 권능을 가지고 인간사나 자연에 간섭한다는 것을 부정하였다.

16) 벨레이우스(Velleius Paterculus, 기원전 약 19-기원후 약 31)는 트로이 전쟁부터 동시대까지의 역사를 서술한 로마의 역사가이다.

을 계획하고 관장하던 조영관(造營官, aedilis)처럼 보였기 때문이다. 하지만 만일 위대한 조물주가 이처럼 인간적 기질을 가지고 있었다면, 별들을 마치 대저택의 천장에 아로새겨진 장식들처럼 좀더 즐겁고 아름다운 작품과 질서로 꾸밀 수도 있었지 않았을까? 어쨌든 우리가 그 무한한 숫자의 별들 사이에서 4각형이나 삼각형이나 직선의 모양을 찾는 것은 불가능하다.[17] 그만큼 인간 영혼에서의 조화는 자연 영혼에서의 조화와 거리가 있는 것이라고 하겠다.

10. 그러면 더 나아가, 각 개인의 천성과 습관으로 인해 우리에게 부과되는 거짓 인상을 검토해 보기로 하자.[18] 플라톤이 동굴을 비유로 삼아 가정하였듯이, 만일 어떤 아이가 성년이 될 때까지 지하 동굴에 갇혀 살다가 갑자기 밖으로 나오게 되면, 그는 터무니없는 기이한 상상을 할 것이다.[19] 우리 인간도 비록 천국을 바라보면서 살아간다지만 이와 다를 바 없다. 우리의 영혼은 각자의 기질이며 습관이라는 동굴에 갇혀 있는바, 만일 각자의 기질이며 습관이 면밀하게 검토되지 않는다면, 우리는 한없는 오류와 헛된 편견에 사로잡힌 채로 남을 수밖에 없다. 그렇지만 인간의 이런 결함이나 병든 기질 중 하나에 관해서는, 제1권에서 여러 사례를 제시한 바 있으므로, 여기서는 더 이상 논의하지 않겠다.

---

17) 데카르트며 갈릴레오 같은 대륙의 자연철학자들은 우주가 원, 삼각형, 사각형, 직선 같은 〈기하학적 구조〉로 형성되어 있다는 믿음을 확산시키고 있었다. 베이컨이 이들을 염두에 두고 있었는지는 분명치 않지만, 그 같은 믿음을 일종의 〈인성투사〉로 보았을 것이라는 추정은 충분히 가능하다.

18) 여기서 〈거짓 인상〉은 〈동굴의 우상idols of the cave〉에 해당한다.

19) 〈동굴의 비유〉는, 플라톤, 『국가론』, 7 참조.

11. 끝으로 말이 우리에게 부과하는 거짓 인상을 검토하기로 하자.[20] 특히 문제가 되는 것은, 일상적인 종류의 생각과 능력에 의해 만들어지고 사용되는 어휘가 우리에게 부과하는 인상이다. 우리는 우리 마음대로 어휘를 지배한다고 생각할지 모른다. 그래서 〈말은 범인처럼 해도, 생각은 현자처럼 한다〉고 장담하곤 한다. 그러나 말이란, 〈타타르인의 활〉처럼 최상급 현자의 오성에 대해서조차 화살을 되쏘아 판단력을 크게 교란하고 왜곡하는 원흉이다. 사정이 이러하므로, 모든 논쟁과 토론에서 수학자들의 지혜를 따라야 할지 모른다. 아예 처음부터 우리가 사용할 어휘나 용어에 대한 정의를 내려서, 그것을 우리가 받아들이고 이해하는 방식을 다른 사람도 충분히 알고, 그리하여 다른 사람이 우리와 〔그것의 용법에 있어서〕 일치하는지 일치하지 않는지를 파악할 수 있도록 배려할 필요가 있다는 말이다.[21] 이런 배려가 없

20) 여기서 〈거짓 인상〉은 〈시장의 우상idols of marketplaces〉에 해당한다. 본서에서는 4우상 중에서, 종족의 우상, 동굴의 우상, 시장의 우상만이 논의되었다. 〈극장의 우상idols of theaters〉은 훗날 『신 기관』과 라틴어 번역본(1623)에서야 언급되었다. 간단히 말해, 종족의 우상은 인간의 보편적 본성에서 유래하는 것이고, 동굴의 우상은 각 개인에게 특유한 습성에서 비롯된 것이며, 시장의 우상은 언어에서 유래하는 것이며, 극장의 우상은 다른 철학자의 영향이나 잘못된 이론 해석에서 비롯되는 것이다.

21) 여기서 베이컨은 어휘들에 대한 〈정의〉가 오류를 극복해 줄 수 있는 것처럼 말하고 있지만, 사실상 그의 입장은 양면적이다. 예컨대 라틴어 번역본에서는, 〈정의〉 자체가 어휘들로 구성되기 때문에, 우리가 어휘를 아무리 조심스럽게 사용해도 어휘 자체의 애매함을 완전히 극복할 수는 없다고 말한다. 이와 같은 양면적 태도는, 그가 때로는 〈보편언어〉의 선구자로 평가되고, 때로는 〈언어의 일상성〉을 간파한 〈일상언어학파〉의 선구자로 평가되기도 하는 결과를 낳았다.

으면, 우리는 아무리 논의를 진전시켜도 결국 원점으로 되돌아 올 수밖에 없다. 어휘에 대한 의문과 의견 차이로 귀결되지 않을 수 없는 것이다. 이런 관점에서 결론부터 말하자면, 우리가 그 같은 오류며 거짓 인상으로부터 완전하게 절연하는 것은 불가능함을 고백하지 않을 수 없다. 그것은 우리 자신의 본성과 생활 조건으로부터 필연적으로 발생하는 오류이기 때문이다. 그럼에도 불구하고, 그런 오류며 거짓 인상을 경계한다는 것은, 우리가 참된 판단을 수행하기 위해 더할 나위 없이 중요하다. (조금 전에 지적한 대로, 모든 〈논파술〉은 바로 이러한 경계의 수준에서 적용된다.) 지금까지 우리는 세 종류의 거짓 인상을 논의하였는데, 그 각각에 대한 〈논파술〉이나 경계는 거의 결핍된 상태이다.

12. 우리가 지금 논하고 있는 판단이라는 주제에 있어서, 매우 탁월한 판단의 방법이 하나 더 남아 있다. 내가 이해하고 있는 바로는, 그 방법은 아주 조금밖에는 논의된 적이 없는 것이요, 따라서 결핍된 것이나 진배없다. 주제가 다를 경우에는 증명도 달리하는 방법이 그것이다. 지금까지 알려진 증명의 종류는 네 가지 정도이다. 〈정신이나 감각의 직접적인 동의에 의한〉 증명, 〈귀납〉에 의한 증명, 〈삼단논법〉에 의한 증명, 그리고 〈일치에 의한〉 증명이 있다. 이 중 네번째 것은 아리스토텔레스가 〈비교적 더 잘 알려진 것으로부터의〉 증명이 아니라 〈순환적〉 증명이라고 명명한 것이다.[22] 지식의 문제에서 네 증명법은 각자에 고유한 주제를

22) 아리스토텔레스는 전제가 반드시 참되고, 결론보다 〈더 많이 알려진 것으로부터 notioribus〉 출발하는 연역을 논하는 가운데, 그런 연역이 옳음을 입증하기 위해서는, 그 전제가 결론보다 더 잘 알려진 것임을 입증해야 한다고 주장

가지고 있는바, 각각에 고유한 주제에 주로 적용되고 다른 주제에는 적용되지 않는 것이 마땅하다. 실제로, 어떤 주제에 대해서는 보다 엄밀한 증명을 요구하고 보다 엄격하고 신중한 자세를 취하면서도, 다른 주제에 대해서는 엉성하고 느슨한 증명에 만족하여 안주한다는 것은, 지식을 가로막고 방해해 온 최대의 원흉이라고 할 수 있다. 무엇보다 필요한 것은 지식의 속성에 따라 증명법을 달리 배분하고 할당하는 일인즉, 내가 보기에 이런 작업은 아직 결핍된 상태이다.

한다. 이러한 정당화 과정은 〈직선적〉인 것이다. 반면에 〈순환적 증명 demonstration in orb or circle〉은 전제와 결론이 완전한 〈일치 congruity〉에 의해 서로를 증명한다. 아리스토텔레스는 두 방식 모두 새로운 지식을 획득하는 데는 부적합한 것으로 평가한다. 인용은, 아리스토테레스, 『선험적 분석학』, 2. 5. 1.

제15장

1. 지식의 유지와 보존은, 기록 아니면 기억에 의존한다. 기록과 관련된 분야는 둘인데, 하나는 문자의 본성을 다루는 분야이고, 다른 하나는 기록의 순서를 다루는 분야이다. 첫째, (어휘나 사물을 표시하는) 문자나 여타의 가시적 기호를 사용하는 기예에 관해서는, 그것이 문법과 가장 가까운 기예라는 점을 감안하여, 문법을 논의할 때 함께 다루기로 하겠다. 둘째, 기록 형태로 보존되는 지식을 순서대로 배열하고 자리매기는 문제는 결국 상투적 토픽들[1]을 어떻게 적절하게 압축하여 소화하느냐 하는 문제로 귀결된다고 볼 수 있다. 물론 상투적 토픽들을 적어둔 책자를 이용하는 것이 편견을 조장할 수 있다는 문제점을 모르는 바 아니다. 그것은 독서를 더디게 만들 수도 있고, 기억을 감퇴시키거나 이완시킬 수도 있다. 그러나, 어떤 지식이 마치 상기되기를 기다리기나 하였던 듯이 손쉽게 상기된다는 것은, 깊고 넓은 기억력을 가진 사람이 아니면 불가능한 일이기 때문에, 나는 오히려 상투적 토픽들을 적어두는 편이 연구에서 매우 유용하고도 중요한 일이라고 생각한다. 이 작업은 발견에 대해서는 풍부한 재료를 제공

1) 〈상투적 토픽들common-places〉이란, 수사학에서 논증의 토대로 사용될 수 있을 만큼 일반적으로 사용되는 주제문을 말한다.

하며, 판단에 대해서는 힘을 더해준다. 그럼에도 지금까지 내가 알고 있는 상투적 토픽의 방법 중에는, 그만한 가치를 지닌 것이 전혀 없다. 기존의 방법은 각지 어떤 학파의 얼굴을 전할 뿐, 세상의 얼굴에 대해서는 아무것도 알려주지 않기 때문이다. 기존의 방법은, 피상적인 문제를 다루고 현학적인 경계선을 유지하려 할 뿐, 실생활과는 아무 관계도 없고 실천을 존중하지도 않는다.

2. 지식의 유지 보존에서 또 하나의 주요 기능인 〈기억〉으로 말할 것 같으면, 이 기능에 대한 연구는 빈약하기 짝이 없는 것으로 판단된다. 물론 기억에 관한 기예가 존재하지 않는다는 말은 아니다.[2] 그러나 기존의 기예보다 훌륭한 지침들 즉 기존의 관행보다 훌륭한 실천 지침들은 얼마든지 있다. 그것은 비록 경이로운 기억력을 과시하는 데는 부족함이 없지만, 실제 용도에서는 거의 쓸모가 없다. (기존의 기억술은 타고난 기억력에 부담이나 위협을 주는 것이라는 오해가 있는데, 사실 그것의 문제는 쓸모가 없다는 데 있다.) 어떤 일이나 기회에서 진지하게 적용될 때, 허점이 너무 많다는 뜻이다. 내가 기존의 기억술을 그리 높이 평가하지 않는 이유는 여기에 있다. 수많은 이름이나 단어를 한번만 들어도 반복할 수 있다든지, 수많은 시구나 가락을 〈즉석에서〉 암송할 수 있다든지, 무슨 일에 대해서든 풍자적인 비유를 제시할 수 있다든지, 무슨 말이든 농담으로 얼버무릴 수 있다든지, 무슨 주장이든 트집을 잡아내 오류로 만들거나 뒤집어버린다든지 하는 것. 이런 능력은 정신의 기능 속에 원래 풍부하게 들어 있는 것이려니와, 보조수

2) 〈기억에 관한 기예〉는 기억술art of memory(혹은 mnemonics)을 말하며, 여기서 언급한 것은 아리스토텔레스의 기억술이다.

단을 이용하고[3] 부단히 연습하면 경이로운 수준까지 고양될 수도 있다. 그러나 내가 보기에 그런 능력은 외줄타기 곡예사funambulo나 무용수baladine의 기교와 진배없다. 전자가 정신적 능력이고 후자가 육체적 능력이라는 점에서는 서로 다르지만, 색다르고 신기하기만 할 뿐 전혀 가치가 없다는 점에서는 동일하다는 말이다.

3. 기억술은 오직 두 가지 의도로 구성된다. 하나는 예비 관념을 위한 것이고, 다른 하나는 상징 표상을 위한 것이다.[4] 예비 관념은 우리가 기억하고자 하는 것을 무작정 찾아다니기보다는 좁은 범위 안에서 찾을 수 있도록, 즉 우리의 기억 장소와 일치하는 범위 안에서 찾을 수 있도록, 우리를 인도한다. 상징적 표현은 지적 착상을 감각 가능한 이미지, 나아가서는 기억을 한층 강하게 자극하는 이미지로 바꾸어준다. 이상의 두 원리로부터, 지금 사용되고 있는 것보다 훌륭한 기억술이 도출될 수 있으며, 두 원리 못지 않게 기억을 돕는 데 사용될 수 있는 다른 원리도 많이 있을 수 있다. 그러나 내가 처음부터 두 원리를 구분한 것은 결점을 들추어내기 위해서가 아니라, 단지 잘못 취급되고 있음을 일깨우기 위해서였다.

---

3) 〈보조수단device〉은 기억을 보조하기 위한 도해나 그림 같은 것으로, 화자에게 친숙한 장소(나무, 집, 성전, 궁전, 수레바퀴 등)가 주로 사용된다.

4) 〈예비 관념prenotion〉은 어떤 것을 실제로 경험하거나 알기 전에 그것에 대해 가지고 있는 관념을 말한다. 또한 〈상징 표상emblem〉은 그림처럼 표현될 수 있는 우화나 알레고리를 말하기도 하고, 우화나 알레고리를 표현한 실제 그림을 말하기도 하는데, 여기서는 전자의 의미로 사용된 것으로 보인다.

제16장

1. 이제는 합리적 지식의 네번째 종류를 다룰 차례인데, 이것은 지식의 전달, 즉 우리의 지식을 다른 사람에게 표현하거나 전하는 문제와 관련된 것이다. 이에 관한 지식은 일반적인 명칭을 사용하자면 전달tradition이나 전승(傳承)이라고 부를 수 있다. 전달은 세 지식 영역으로 구성된다. 첫째는 전달 수단에 관한 것이고, 둘째는 전달 방법에 관한 것이며, 셋째는 전달의 수사(修辭)에 관한 것이다.

2. 전달 수단부터 말하자면, 전달은 언어speech 아니면 표기writing를 수단으로 삼는다. 물론, 아리스토텔레스가 적절하게 지적하였듯이, 〈어휘는 관념의 이미지요 문자는 어휘의 이미지〉라고 할 수 있다.[1] 그렇지만 관념이 반드시 언어를 수단으로 표현되어야만 하는 것은 아니다. 원칙상 감각에 의해 지각될 수 있는 만큼 뚜렷하게 〔관념들 사이의〕 차이들을 표시할 수 있는 수단이라면 무엇이든 관념을 표현할 자격이 있다. 서로의 언어를 이해하지 못하는 이방인들끼리의 교류에서, 혹은 말하지도 듣지도 못하는 다양한 부류의 활동에서, 각자의 생각을 제스처로 표현하여

---

1) 아리스토텔레스, 『해석에 관하여 *De interpretatione*』, 1. 2.

비록 정확하지는 않지만 상대방에게 전달할 수 있는 것은 바로 이런 이치라고 하겠다. 뿐만 아니라, 중국을 비롯한 극동high Levant의 여러 왕국은 실물 상징[2]을 사용하여 기록하기도 한다. 이것은 문자나 말을 대신해서 표현하는 수단이 아니라, 사물이나 관념을 직접 표현하는 수단이다. 서로의 언어를 이해하지 못하는 나라들이나 지역들 사이에서도 서로의 표기를 읽을 수 있는 것은, 실물 상징이 언어보다 널리 받아들여질 수 있는 것이기 때문이다. 그런 나라나 지역에는 근원어의 수효만큼 많은 실물 상징이 존재할 것이라는 상상도 가능하다.[3]

3. 이렇듯 관념을 표시하는 표지〔기호〕에는 두 종류가 있다. 하나는 표지가 관념과 유사하거나 일치하는 종류이다. 다른 하나는 〈규약에 의한ad placitum〉 것으로, 〔표지에 대한 사람들 사이의〕 동의나 승인에 의해서만 효력을 발휘할 수 있는 종류이다.[4] 전자의 부류에는 상형어와 제스처가 있다. 상형어는 주로 태고적 민

---

2) 〈실물 상징real characters〉은 사물의 형상을 그대로 본뜬 상징 문자를 말하며, 여기서는 한자를 염두에 둔 것 같다. 실물 상징은 사물을 동작으로 표현하는 제스처나 사물과의 유사성에 의해 표현하는 상형어Hieroglyphics와는 구별된다.

3) 베이컨이 실물 상징의 수효를 대강 몇으로 계산하였는지는 알 수 없다. 그러나 뒷시대의 보편언어 이론가들에 따르면, 세계의 토대를 표현하는 〈근원어 radical words〉의 숫자는 3만-5만에 달한다(여기서 근원어는 합성어나 파생어 같은 것을 제외한 순수 뿌리에 해당하는 어휘를 말한다). 이런 이유에서 베이컨은 〈실물 상징은 그 수가 너무 많아서 기록〔표기〕에 부적합하다〉고 불평하기도 한다.

4) 전자처럼 사물과의 유사성을 갖는 언어는 〈자연 언어natural language〉이고, 후자처럼 사람들 사이의 약속에 의해 통용되는 언어는 〈규약적 언어conventional language〉이다.

족의 하나인 이집트 민족이 옛날부터 사용한 것이지만, 오늘날에는 〈임프레사〉 같은 상징 표상의 형태로 계승되고 있다.[5] 제스처는 즉흥적인 상형어로, 지속성을 결여한 것이다. 상형어를 글말이라 한다면, 제스처는 입말에 해당하는 것이라 하겠다. 그러나 양자는 모두 기호화된 것과의 유사성을 갖는다는 점에서 같은 종류에 속한다.[6] 페리안드로스에 관한 이야기를 예로 들어보자.[7] 그는 방금 찬탈한 참주 자리를 어떻게 유지하느냐 하는 문제를 논의하던 중에, 전령을 불러 자신이 행하는 바를 곁에서 지켜보고 본 그대로 만방에 전할 것을 명하였다. 그리고는 정원으로 달려가 가장 높은 위치에 피어 있는 꽃들의 줄기를 모두 잘라버렸다. 이것은 귀족과 호족grandees을 모두 잘라내서 낮추 유지하는 것이 바로 자신의 방법이라는 뜻이었다. 한편, 〈규약에 의한〉 표지에도 두 종류가 있는데, 하나는 조금 전에 언급한 실물 상징이고, 다른 하나는 어휘이다. 혹자는 기발한 연구나 착상에 근거하

---

5) 원문은 〈impress〉인데, 이 용어는 이탈리아어 〈impresa〉에서 나온 것이다. 〈임프레사〉는 이탈리아에서 호라폴로의 『상형어 해제』가 발견된(1419) 이후로 유행한 상징화(象徵畵)로, 주로 메달 속에 상징적 그림을 적절한 모토와 함께 새겨넣은 것을 말한다. 유명한 예로는 알베르티가 만든 〈월계수관을 쓴 날개 달린 눈〉 같은 것이 있다. 르네상스 시대에는 이집트 상형어를 그림에 의한 신비한 상징적 전언으로 보았으며, 임프레사나 상징 표상emblem을 상형어의 계승으로 이해하였다. 이런 관행은 〈로제타 석〉의 발견(1799)과 함께 고대 이집트어 〈문법체계〉가 이해되기 전까지 지속되었다.

6) 〈기호화된 것signified thing〉은 기의(記意, signifié), 〈제스처나 상형어의 외적 표지〉는 기표(記表, signifiant)에 각각 해당한다. 제스처나 상형어에서는 기의와 기표 사이에 유사성 내지 근친성이 존재한다는 뜻이다.

7) 페리안드로스Periandrus는 기원전 약 625-585년 사이에 코린트Corinth를 통치한 참주이다.

여 자신의 이성과 의도대로 이름을 부과하려는 자세를 취하기도 한다. 이는 세련된 사색과 추론만으로 옛것을 연구하는 자세로, 존중할 만한 것이기는 하지만, 진리와는 거의 상관이 없고 그 결실도 빈약할 뿐이다.[8)]

내가 보기에, 모든 사물과 관념을 표시할 기호를 다루는 이 지식 영역은, 제대로 연구된 적이 없으며, 많은 결함을 가진 것이기도 하다. 오늘날 알파벳 문자를 이용한 어법과 기록법이 다른 모든 방법을 능가하고 있다는 점에서, 이런 지식 영역은 별 소용이 없는 것처럼 보일 수도 있다. 그러나 이 영역은 지식에 대해 마치 화폐 같은 역할을 수행하는 것이다. 화폐가 가치를 대신 전하듯이, 어휘는 지금 유포되어 있고 통용되는 관념을 대신 전한다. 화폐가 금과 은 이외의 다른 것으로 만들어질 수 있듯이, 어휘의 경우도 문자 이외의 다른 것으로 만들어질 수 있는 가능성을 무시해서는 안 될 것이다. 이런 이유로, 나는 이 영역에 대한 연구를 한층 진척시키는 것이 유익하다고 생각한다.

4. 문법은 언어와 어휘에 대한 고려로부터 나온 지식이다. 실로 인간이란 자신의 잘못으로 인해 쫓겨난 은총의 상태로 되돌아가려고 부단히 노력하는 존재이다. 첫번째의 일반적 저주를 만회하기 위해 갖가지 기예가 발명되었듯이, 두번째의 일반적 저주 즉 언어의 혼란으로부터 벗어나려는 노력은 문법의 기예를 중심으로 추진되어 왔다.[9)] 따라서 문법은 모국어에서보다는 외국어에서

8) 예컨대 〈신조어 neologism〉를 고안하는 경우가 그러하다. 베이컨은 일관되게 〈신조어〉의 사용을 비난한다. 그는 자신의 착상이 옛것과 다를지라도, 언어는 옛것을 유지할 필요가 있다는 입장을 견지한다.

더욱 유용하지만, 외국어 중에서도 대중은 더 이상 사용하지 않고 오직 학자들의 언어로 변질된 언어에서 가장 유용하다.[10] 문법의 기능은 다음 두 성질의 일로 나뉜다. 하나는 일상적인[11] 일이고, 다른 하나는 철학적인 일이다. 전자는 어떤 저자를 이해하거나 의견을 교환하기 위해 언어를 빠르고도 완벽하게 습득하는 일을 말한다. 후자는 언어가 이성의 발자국이자 흔적이라는 견지에서 언어의 힘과 본성을 검토하는 일이다. 그러나 이성과 언어의 이러한 유사관계를 철학적으로 연구한 사례는 별로 없다. 전혀 없다고는 할 수 없어도, 파편적으로 다루어진 것이 고작이다. 따라서 이런 연구가 전혀 존재하지 않는다고 말할 수는 없겠지만, 그것이 하나의 독립적인 학문 분야로 정립되기에 충분한 가치를 가진 것임은 분명하다.

5. 문법에서 일종의 부록에 해당하는 것으로, 언어의 부수적 속성들accidents을 고려하는 연구가 있다. 이를테면 표현에서 가락과 발성, 억양, 부드러움과 딱딱함 같은 속성을 고려하는 연구가 그러하다. 이 같은 연구로부터, 수사학, 특히 그 내용이 아닌 운율의 견지에서 고려할 때의 시(詩)에 대한 여러 흥미로운 관찰이

9) 첫번째의 일반적 저주는 〈실락원〉을 말하고, 두번째의 일반적 저주는 〈바벨의 혼란〉을 말한다.

10) 문법은 외국어를 이해하여 〈바벨의 혼란〉을 극복하는 유용한 지식이요, 특히 학자들이 사용하는 고전어(라틴어, 그리스어 등)를 이해하는 데 가장 유용한 것이라는 뜻이다.

11) 〈일상적인〉은 〈popular〉를 번역한 것이다. 여기서 〈popular〉는 문법의 〈대중적 용도〉를 가리킨다기보다는 문법의 〈일상적 용도〉를 가리키는 것이다. 라틴어 번역본에서는 〈popular〉 대신에 〈문필적 literaius〉이라는 용어를 사용하고 있다.

나왔다. 사람들이 학문적인 고대어로 시를 작성하는 경우에는 고대의 운율에 속박되지만, 현대어로 작성하는 경우에는 그들 마음대로 새로운 운율을 만들어내는 것 같다는 관찰을 예로 들 수 있겠다. 이 경우, 시는 무용의 걸음걸이에 비유될 수 있다. 무용이 가락에 따른 걸음걸이인 것처럼, 시는 운율에 따른 언어표현이라는 뜻이다. 이런 분야에서는, 감각이 기예보다 더 훌륭한 재판관이 된다. 말하자면,

> 나는 만찬의 음식이
> 요리사보다는 손님을 기쁘게 하기를 원한다네.[12)]

이런 맥락에서 보면, 상관도 없고 어울리지도 않는 주제에 대해, 마치 노예처럼 고대의 운율을 적용하는 것은, 〈어울리지 않는 옛것보다 더 새로운 것은 없다〉는 이치를 따른 것이라고 하겠다.[13)]

6. 암호로 말할 것 같으면, 대개는 문자나 알파벳을 조작하여

---

12) 마르티알리스(Marcus Valerius Martialis, 40-104), 『풍자시 *The Epigrams of Martial*』, 9. 82. 시적 표현의 경우에는, 시인의 만족보다 감상자의 만족이 중요하다는 뜻으로 바꿀 수 있다.

13) 라틴어 번역본에서는 〈어울리지 않는 옛것보다 더 새로운 것은 없다Quod tempore antiquum videtur, id incongruitate est maxime novum〉는 문장이, 〈고대야말로 진정한 세계의 청춘이다Antiquitas saeculi, juventus mundi〉라는 유명한 명제로 바뀌었다. 지금 문맥에서는, 현대어 시작(詩作)에 고대 운율을 적용하는 것이 새로움을 추구하려는 시도라는 뜻으로 해석된다. 실제로 16세기 말에 현대어를 고대 운율에 맞추기 위한 검열이 시도된 바 있었다. 베이컨은 그러한 시도가 현대어의 구조에도 맞지 않을 뿐만 아니라, 귀에도 거슬린다는 비판적 입장을 취한다.

작성되지만, 단어의 조작으로 작성될 수도 있다. 그만큼 암호의 종류도 많을 수밖에 없다. 간단한 변형을 가하든지 암호문자null 나 무의미한 요소를 삽입하는, 단순한 암호작성법도 있지만, 감추기의 성질이나 규칙에 따라 바퀴 암호, 열쇠 암호, 이중 암호 등 여러 종류의 암호작성이 가능하다. 어쨌든 암호는 그 선호도를 높이려면, 다음 세 장점을 갖추어야만 한다. 쓰고 읽기에 너무 힘이 들어서는 안 된다는 것, 남이 쉽게 해독할 수 없어야 한다는 것, 그리고 (어떤 경우에는) 심지어 암호임을 눈치챌 수조차 없어야 한다는 것 등이다. 최상급의 암호는 〈모든 것을 남김없이 omnia per omnia〉 기록하는 것이다.[14] 이것은 충분히 가능한 암호작성법으로, 감추는 기록이 감추어진 기록의 다섯 배를 넘지 말아야 한다는 제한 조건이 있을 뿐, 다른 제한 조건은 전혀 필요하지 않다. 한편, 암호작성법은 암호해독법과 짝을 이룬다. 암호해독법은 불필요한 것으로 여겨질지 모른다. 제대로 작성된 암호는 해독이 불가능한 것이라고 가정한다면 말이다. 그러나 현실적으로 암호해독법은 대단히 유용하다. 암호해독법에 미숙한 자는 암호작성법에도 미숙하기 때문이다. 암호를 해독하는 사람이 미숙하고 서툴다면, 그는 중요한 문제를 빈약한 암호로 전달할 수

---

14) 라틴어 번역본에서는 〈모든 것을 남김없이〉 기록하는 암호작성법의 실례가 소개되고 있다. 이것은 진정으로 전하고 싶은 말(기록의 내피(內皮))을, 자신이 마음 내키는 대로 서술한 모든 말(기록의 외피(外皮))로 포장하여 숨기는 방법으로, 베이컨은 파리에 체류할 때 이 방법을 고안하였다고 한다. 르네상스 마술사들도 이 방법을 즐겨 사용하였는데, 예컨대 아그리파Cornelius Agrippa는 자신의 글에는 〈정수〉뿐만 아니라 〈쓰레기〉도 많이 있음을 경고한다. 베이컨이 언급한 것도 군더더기 기록(외피) 속에 핵심이나 정수(내피)를 감추는 암호작성법으로 보인다.

밖에 없다는 말이다. .

7. 지금까지 나는 사적이고 다분히 주변적인 여러 기예를 나열해 왔다. 혹자는, 내가 다양한 지식 분야를 일일이 명명하여 일종의 명부를 작성한 데 대해, 과시하고 자랑할 목적 아니면 달리 무슨 목적이 있겠느냐는 의문을 제기할 수도 있다. 그러나 판단은 각 분야의 전문가들에게 맡길 일이다. 전문가들이 나서서, 내가 여러 기예를 논의한 것이 단지 과시를 위해서였는지, 내가 언급한 그리 많지 않은 내용 가운데 진보의 씨앗이 들어 있는지를 판단해 주었으면 좋겠다. 한 가지 더 기억할 것이 있다. 각자의 고향이나 지역에서는 유지로 행세하던 자들이, 국회의원직에 오르면 평범한 의원으르 추락하여 거의 주목받지 못하는 경우가 허다하지 않은가? 마찬가지로, 내가 다룬 여러 기예도 지금 맥락에서는 중요하고 높은 지식 분야로 대접을 받고 있지만, 곧 하찮은 것으로 전락할지 모를 일이다. 그러나 어쨌든 이 방면으로 노력과 연구를 집중하겠다고 마음먹은 자에게는 그런 기예가 대단해 보일 것이다.

제17장

1. 이제 전달의 방법을 검토할 차례이다. 잘 알려져 있다시피, 이 문제를 놓고 최근에 일대 논쟁이 벌어진 적이 있다.[1] 그렇지만 사회적으로든 학문적으로든 논쟁은 연구의 진척에 별 도움이 되지 않는다. 사람들이 회합하여 토론을 시작하면 대개는 토론에 머물 뿐 그 이상의 진척을 이루지 못할 때가 많듯이, 학문의 경우에도 논쟁의 와중에는 연구가 진척되지 못할 때가 많다. 실제로 내가 보기에, 전달 방법을 다루는 지식 분야는 빈약하게 연구되어 왔을 뿐이므로, 결핍된 상태라 말해도 과언이 아니다.

2. 논리학에서 전달 방법은 판단법의 일부로 취급되어 왔는데, 이 점에서는 큰 문제가 없다. 삼단논법의 이론이 발견된 것에 대한 판단의 규칙을 포함하듯이, 전달 방법의 이론이 전달될 것에 대한 판단 규칙을 포함한다는 것은 지당한 일이다.[2] 발견이 판단에 선행하듯이, 판단은 전달에 선행한다는 뜻이다. 전달의 방법은 비단 지식의 활용을 위해 중요할 뿐만 아니라, 지식의 진보를

---

1) 이것은 프랑스의 논리학자 페트루스 라무스(Petrus Ramus, 1515-1572)가 여러 학자들(Carpentier, Cardinal D' Ossat 등)과 벌인 논쟁을 말한다.

2) 실제로, 라무스의 논리학에서, 전달 방법은 〈판단의 기예〉의 일부로 다루어지고 있다.

위해서도 중요하다. 어떤 개인이 필생의 노력을 기울여도 지식의 완성에 도달할 수 없다는 점을 감안하면, 전달의 지혜야말로 계승과 진보의 행복을 고취해 주는 것이라 할 수 있다. 전달 방법은 크게 두 종류로 나뉜다. 하나는 지식의 활용과 관련된 방법이고, 다른 하나는 지식의 진보와 관련된 방법이다. 전자는 〈교시적(教示的)〉 방법, 후자는 〈검증적〉 방법이라 각각 부를 수 있겠다.[3)]

3. 이 중에서 검증적 방법은 마치 〈내버려져 다닐 수 없게 된 길〉과도 같다. 오늘날 지식이 전달되는 양상을 보면, 전달자와 수용자 사이에 일종의 잘못된 계약이 체결되어 있는 것처럼 보인다는 말이다. 지식을 전달하는 편에서는, 지식이 제대로 검증될 수 있도록 전달하기보다는, 가장 쉽게 믿어질 수 있도록 전달하려고 한다. 지식을 수용하는 편에서는, 미래를 위한expectant 연구보다는 현재의 만족을 갈망하며, 그래서 오류를 제거하기보다는 믿고 따르기만을 즐긴다. 간단히 말해, 저자(스승)는 허영심 탓에 자신의 약점을 드러내지 않으려 하며, 독자(제자)는 게으름 탓에 자신의 힘을 인식하지 못하는 경향이 있다.

4. 마치 미궁을 빠져나갈 수 있게 해주는 실타래처럼 지식이 전달되려면, 지식은 가능한 한 그것이 발견된 것과 동일한 방법으로 인식되고 전달되어야 한다.[4)] 그래야만 지식의 학습이 가능할

3) 라틴어 번역본에서 〈검증적 방법method of Probation〉은 〈입문적initiativa〉 방법으로 대체되었다. 베이컨의 어법에서 〈교시적 방법Magistral method〉은 연구결과를 전달하는 방법을 말하며, 〈검증적〉 혹은 〈입문적〉 방법은 연구결과를 낳은 과정을 전달하는 방법을 말한다.

4) 그리스 신화에서 아리아드네Ariadne는 미궁(迷宮)을 빠져나가기 위해 실타래를 사용하였는데, 지식의 문제에서도 전달자(저자)의 방황을 수용자(독자)가

것이다. 반면에 앞에서 언급된바, 성급하게 선취된prevented 지식의 경우에는, 설령 지식을 얻었다 하더라도 자신이 그것에 어떻게 도달하였는지를 아무도 알 수 없다. 그러나, 인간은 자신이 인식하고 동의한 것에 대해 그 뿌리에 이르기까지 내려가 재검토할 수 있고, 그리하여 그것이 자신의 마음에 자리잡고 성장한 과정을 가감 없이 남에게 옮겨 심을 수 있는 존재가 아닌가? 지식에서든 나무에서든 이치는 동일하다. 당신이 어떤 나무를 목재로 이용하려 할 때는 뿌리가 중요하지 않겠지만, 나무를 이식하려 한다면 나뭇가지를 꺾꽂이하기보다 뿌리째 옮기는 편이 훨씬 안전할 것이다. 지식을 전달하는 이치도 이와 같다. 오늘날 흔히 그러하듯이, 뿌리를 무시한 채 나뭇가지만을 이용하도록 지식을 전달한다면, 이는 목수에게나 유익하지 육림가(育林家)에게는 별 소용이 없다. 만일 당신이 여러 지식 분야의 성장을 원한다면, 나뭇가지나 나무 줄기에 신경을 쓰기보다는 뿌리를 들어내는 일에 주의를 집중해야 할 것이다. 이런 종류의 전달 방법은 수학 분야에서 그 어렴풋한 기미를 찾을 수 있다. 그러나 전반적으로 보면, 나는 그 방법이 실제로 사용되거나 연구된 사례를 알지 못하는바, 결핍된 것이나 다름없다고 하겠다.

5. 이와 유사한 전달 방법이 하나 더 있다. 그것은 고대인들 사이에서는 분별력을 가지고 사용된 사례를 찾을 수 있지만, 오늘날에는 많은 허황한 자들의 협잡으로 인해 타락해 버린 방법이다. 수수께끼처럼 감추는 동시에 드러내는 전달 방법이 그것인

반복하지 않게 하려면, 인식의 〈방법〉이 가감 없이 전달되어야 한다는 뜻이다.

데, 사기꾼들은 이 방법을 사기 수법false light으로 이용해서 위조품을 파는 데 혈안이 되어 있다.[5] 그러나 이러한 가장(假裝)이 고대에 수행하였던 역할은 전혀 달랐다. 그것은 원래 범인(凡人)이 지식의 비밀에 끼여들지 못하도록 막음으로써 그 비밀이 선택된 소수, 즉 그 가장의 베일을 꿰뚫을 수 있을 만큼 예리한 능력을 지닌 청중에게만 전해지도록 하기 위한 것이었다.

6. 지식을 전달하는 방법에서 또 다른 중요한 종류로는, 아포리즘과 체계적 해설법이 있다. 우리가 알다시피, 체계적 해설법은, 어느 분야에 적용되든 단 몇 개의 공리나 관찰을 토대로 완전하고 권위 있는 기예를 만들려고 하는 잘못된 습관에 빠질 때가 많다. 그만큼 이 방법은 군더더기 담론으로 채워지고 다양한 관련 실례를 동원하는 것이 고작이다. 그러나 아포리즘의 문체는 여러 면에서 체계적 해설법으로서는 감히 필적할 수 없는 탁월한 장점을 갖춘 것이다.[6]

---

5) 라틴어 번역본에서는, 위에서 논의한 방법을 〈acromatica〉로, 지금 논의하고 있는 방법을 〈exoterica〉로 명명하고 있다. 양자는 선택된 소수(입문자)에게 지식을 전하는 방법이라는 점에서 유사하다. 그러나 전자는 공개적인 것이지만, 후자는 비전적(秘傳的)인 것이다. 베이컨은 동시대의 마술사들과 학자들이 〈비전〉이라는 이름으로 협잡을 행한다는 것을 비판하고 있다.

6) 〈아포리즘Aphorism〉은 『신 기관』의 지배적인 문체로 사용되었다. 그것은 지식의 〈핵심〉만을 명료하게 전하되, 그 〈핵심〉을 논리적으로 체계화하지 않는 문체이다. 실제로 베이컨은 그 문체에 의해 지식의 산개(散開)를 시도하면서, 이는 독자들이 현재의 지식에 만족하지 않고 지식의 진보에 힘쓰도록 하기 위한 것이라고 주장한다. 반면에 〈체계적 해설법〉은 마치 지식이 완성되어 있는 듯한 착각을 일으켜, 현재의 지식에 머물게 한다. 여기서 〈체계적 해설법〉은 〈Method〉를 번역한 것으로, 역자는 이 용어가 아포리즘과 대칭적 의미로 사용될 때에만 그렇게 번역하였다.

7. 첫째, 아포리즘은 저자가 과연 견실한지 아니면 피상적인지를 시험한다. 아포리즘은, 농담을 제외하고는, 지식의 정수와 핵심으로만 구성될 수 있는 것이기 때문이다. 해설하는 담론은 물론 실례를 동원한 해설도 배제된다. 연관 및 순서에 관한 담론도 배제되며, 실제 이용을 위한 안내도 배제된다. 오로지 적당한 분량의 관찰만이 남아 아포리즘을 채우게 되는 셈이다. 그러므로 견실하고 기초가 튼튼한 자를 제외하고는, 어느 누구도 아포리즘을 감당할 수 없을 것이요, 제정신이면 아포리즘을 작성하려 들지도 않을 것이다. 반면에 체계적 해설법에서는 다음과 같이 주장한다.

> 지극히 평범한 것들조차도 적절하게 배열하고 조합하면,
> 매우 탁월한 효과를 발휘할 수 있다.[7)]

이런 식으로 어떤 기예를 훌륭한 것처럼 보이게 만들 수는 있겠지만, 그럴듯한 외관을 해체하면 볼품없는 원래 모습으로 되돌아가고 만다. 둘째, 체계적 해설법은 동의나 믿음을 얻는 일에는 적합할지 몰라도, 실천 방향을 가리키는 데는 부적합하다. 그 방법은 일종의 순환적 증명을 수행하는 가운데, 지식의 각 부분을 서로에게 끼워맞추어서 〔전체를 구성하며〕 결국 자기만족에 이르게 된다. 그러나 개별 지식들은 서로 흩어져 있기 때문에 산개(散開)된 지침들과 가장 잘 어울린다.[8)] 마지막으로, 아포리즘은 파

7) 호라티우스, 『시론(詩論) *Ars poetica*』, 242.

편적 지식을 전달하는 덕택에 사람들을 더욱 멀리 연구하도록 이끈다. 반면에 하나의 〔완결된〕 전체라는 인상을 수반하는 체계적 해설법은, 사람들을 마치 그들이 최종점에 와 있기나 한 듯이 안심시킨다.

8. 지식의 전달 방법에는 이와 비슷한 비중을 가진 또 다른 종류가 있다. 주장과 주장에 대한 증명으로 지식을 전달하는 방법이 있는가 하면, 문제제기(반론)와 문제해결로 지식을 전달하는 방법이 있다. 이 중에서 후자의 방법은, 부적절하게 수행될 경우 학문의 진척에 장애가 될 수 있다. 그것은 마치 군대를 이끌면서 작은 요새들이나 성들을 하나씩 포위 공격하는 꼴이기 때문이다. 작전의 핵심을 유지하면서 계속 전투를 벌이다보면 작은 요새들은 저절로 굴복할 것인즉, 〔작은 요새들을 일일이 포위 공격하는 동안〕 적의 주력부대를 등뒤에 두는 우를 범해서는 안 될 것이다. 지식의 전달에도 같은 이치가 적용된다. 반론의 형식으로 지식을 전달하는 것은 아주 신중하게 수행되어야 한다. 그것이 기존의 강력한 선입견이며 편견을 제거하는 데는 도움을 줄 수 있겠지만, 분란이나 회의(懷疑)를 조장하고 자극해서는 안 된다는 말이다.

9. 취급되는 주제나 내용에 따라 전달 방법이 다를 수도 있다. 예컨대 가장 추상적인 지식 분야인 수학을 전달하는 방법은, 가장 구체적인 지식 분야인 정치학을 전달하는 방법과 크게 다르다. 내용이 아무리 다양하더라도 전달 방법은 하나로 통합되어야

8) 아포리즘은 개별 지식을 〈산개된〉 형식으로 전달하기 때문에, 각 개별 지식에 가장 적합한 실천 방향을 제공할 수 있다는 뜻이다.

한다는 주장이 없었던 것은 아니다. 그러나, 이런 주장은 그 자체로도 약점을 지닌 것이려니와 학문을 위해 전혀 도움이 되지 못한다. 그것은 학문을 헛되고 쓸모없는 보편성의 수준으로 격하시킬 뿐이다. 획일적인 전달 방법의 괴롭힘과 압력에 못 이겨, 핵심은 모두 빠져 나가버린 빈 껍질의 수준으로, 해당 분야가 격하될 뿐이라는 뜻이다. 앞에서 나는 발견법을 논의하는 가운데 특수한 토픽의 발견을 중시하였는데, 지금 전달의 경우에도 개개의 특수한 전달 방법을 존중하고자 한다.

10. 지식을 전달하거나 가르치는 방법 중에는, 판단력을 각별히 요구하는 종류의 것도 있다. 전달되는 지식의 본성뿐만 아니라, 그 지식에 대한 사람들의 선입견도 감안해 가면서 전달하는 방법이 그러하다. 물론, 기존 견해와 다른 새로운 지식을 전달하는 방식은, 기존 견해와 일치하는 친숙한 지식을 전달하는 방식과 구별되어야 마땅할 것이다. 아리스토텔레스는 〈만일 〔이미 친숙한 것과의〕 유비를 사용하지 않은 채 논박하는 것이라면〉이라는 전제를 달고, 데모크리토스를 비난한 적이 있다.[9] 그러나 이것은 비난이라기보다 칭찬에 가까운 것이었다. 왜냐하면 대중적인 견해에 뿌리를 둔 착상의 경우에는 증명 아니면 논박만이 필요하겠지만, 대중적 견해를 벗어난 새로운 착상의 경우에는 그보다 두 배의 노력이 필요하기 때문이다. 증명하려는 노력뿐만 아니라, 자신의 착상을 이해시키려는 노력도 필요하다는 말이다. 이런 맥락에서 보면, 새로운 착상을 가진 자가 스스로를 이해시키

9) 아리스토텔레스, 『니코마코스 윤리학』, 6. 3.

기 위해 유비며 은유[10)]에 의존한다는 것은 당연하고도 필수적인 일이다. 실제로 오늘날에는 하찮게 여겨지는 지식도 학문의 유아기인 야만시대에는 새로운 지식이었을 것인즉, 당시의 세계가 비유담이며 유비로 충만하였던 것은 바로 이 때문이었다. 그렇게 해서라도 표현하지 않았더라면, 당시 사람들은 그들에게 전달된 지식을 이해하거나 판단하기는커녕, 간과한 채 지나쳐버리든지, 아니면 〔자신들이 가지고 있는 지식에 대해〕 모순이라는 이유를 들어 거부하였을 것이다. 신학에서 비유담이며 수사적 표현이 그토록 빈번한 것도 비슷한 맥락에서 이해할 수 있다. 무슨 지식이든 사람들의 선입견과 잘 들어맞지 않는 경우에는, 유비의 도움을 구하지 않을 수 없다. 이것은 일종의 규칙이다.

11. 세간에 널리 알려진 전달 방법으로, 아직 몇 종류가 더 남아 있다. 이를테면 분해나 분석을 통한 전달, 구성이나 종합을 통한 전달, 암호로 감추는 전달 같은 방법이 있다. 비록 내가 주안을 둔 것은 이제껏 취급되거나 주목받은 적이 별로 없는 전달 방법이지만, 그렇다고 해서 잘 알려진 전달 방법을 무시할 생각은 아니다. 실로 나는 모든 전달 방법을 염두에 두었는데, 그 목적은 〈전달의 지혜〉를 전반적으로 검토하여 하나의 보편적 연구를 정립하는 데 있었다. 이런 종류의 보편적 연구는 아직 결핍되어 있는 것으로 보인다.

12. 그렇지만 전달 방법에 관한 지식 분야는, 건물에 비유하자면, 건물의 전체적 골격만을 다루지는 않는다. 건물의 골격을 구

---

10) 〈은유〉는 〈translation〉을 번역한 것이다. 본서(1. 7. 7)에서, 〈that excellent use of a metaphor or translation……〉의 용례를 따랐다.

성하는 여러 기둥과 대들보 역시 이 분야에 속한다. 그러나 전달 방법과 직접 관련된 것은, 기둥과 대들보의 재질이 아니라 그것들의 크기와 모양이다. 다시 말하면, 전달 방법은 어떤 논증이나 어떤 토픽의 전체적인 골격을 고려할 뿐만 아니라, 그 골격을 구성하는 명제들도 고려하는데, 이때 고려되는 것은 각 명제의 내용이나 진리가 아니라 각 명제의 구성이나 형식이라는 뜻이다. 물론, 라무스는 명제가 〈보편적으로, 우선적으로, 본질적으로 참이어야 한다〉는 원칙을 부활하였으며, 이런 조치는 그가 도입한 이분법의 폐해에 비해서는 그런 대로 훌륭한 것이다.[11] 그러나 인간사의 이치가 꼭 그런 것은 아니다. 〈가장 진귀한 것은 가장 사나운 파수꾼이 지킨다〉는 옛 신화도 있듯이,[12] 명제의 진리를 지키는 것은 바로 명제의 형식이다. 따라서 누군가 어떤 공리를 수정하려면, 반드시 적절한 전달 방법의 안내를 받아야만 할 것이다. 만일 그가 그 공리를 순환적 공리, 즉 더 이상 진척되지 못한 non-promovent 채 제자리를 맴도는 공리로 수정하려는 의도를 가진 것이 아니라, 보다 훌륭한 공리로 수정하려는 의도를 가지고 있다면 말이다.

13. 명제의 전달 방법과 관련해서, 고려할 문제는 아직 더 남아 있다. 이것은 가장 깊이 있는 명제를 다룰 때 주로 제기되는 문제

11) 〈이분법〉은 〈epitomes〉를 번역한 것이다. 이 용어의 의미는 영어판에서는 분명치 않으나, 라틴어 번역본에서는 〈그에게 특유한…… 이분법〉으로 명시되고 있다. 인용은, 라무스, 『논리학 *Dialectique*』(1555), 2. 13.

12) 그리스 신화에 나오는, 헤스페리데스Hesperides의 정원에서는 황금 사과와 처녀를 용이 지키고 있었다. 베이컨은 어떤 명제의 형식적 구성이 그 명제의 내용적 진리를 담보한다는 의미에서 이 신화를 인용한 것 같다.

이다. 이런 명제는 지식의 다른 차원에 제한을 가하는 경향이 있다. 물론 지식에서 깊이는 지식을 입체적으로 만들어준다는 점에서 지식의 진리요 실체에 해당한다. 그러나 지식은 깊이 외에도 길이와 너비라는 차원을 갖는다. 어떤 지식이 다른 지식과 연결되기 위해서는 너비가 필요하고, 실천으로 옮겨지기 위해서는 길이가 필요하지 않겠는가? 따라서 지식은 가장 넓은 일반성으로부터 가장 특수한 실천지침에 이르는 모든 차원을 갖추어야 한다.[13] 지식의 일반성은, 어떤 지식이 다른 지식과 얼마만큼이나 연관될 수 있는지에 관해 규칙을 제공하는데, 사람들이 〈명제는 본질적으로 참이어야 한다〉고 일반적으로 말하는 규칙은 바로 여기에 해당한다.[14] 지식의 특수한 실천지침은 어떤 지식이 얼마만큼이나 특수하게 응용될 수 있는지에 관해 규칙을 제공한다. 내가 보기에 후자는 더욱 중요한 것임에도 간과될 때가 많은 듯하다. 지식이란 정도의 차이는 있어도 늘 실천을 위한 여지가 남아 있어야만 한다. 구체성을 결여한 채 피상적 일반론의 수준에서 지식을 전달한다면, 실천가들의 경멸이나 받을 것이 뻔하기 때문이

---

13) 르네상스 시대 이후로 지식의 〈깊이 profundity〉는 사물에 대한 신의 〈입체적 solid〉 지식을 지칭하는 것이었고, 지식의 〈길이 longitude〉나 〈너비 latitude〉는 사물에 대한 인간의 〈평면적〉 지식을 지칭하는 것이었다. 이런 맥락에서 회의론자들은 인간의 지식에는 〈깊이〉가 없고 오직 〈길이와 너비〉만이 있을 뿐이라는 입장을 취하였다. 〈깊이〉와 〈길이와 너비〉에 대한 베이컨의 생각도 크게 다른 것은 아니다. 다만, 베이컨은 지식이 사회적 효용과 영향력도 겸비하여야 한다는 입장에서, 지식의 길이(지식을 실천으로 이끄는 전달)와 지식의 너비(지식을 다른 지식에 도움이 되도록 하는 전달)를 평가하고 있다.

14) 원문은 그리스어 〈kathauto〉로 표기되어 있는데, 『키친의 판본』(p. 145, n. 1)에 따르면, 이것은 〈명제는 본질적으로 참이어야 한다〉는 말의 약식 표현이다.

다. 이 같은 지식이 도움이 되지 않는 것은, 오르텔리우스의 세계지도가 런던과 요크를 오가는 길을 알려주지 못하는 것과도 같다.[15] 이보다 훌륭한 길잡이가 될 수 있는 규칙은, 녹슨 구리거울에 비유될 수 있을 것이다. 그 거울로 사물의 상을 비춰보려면 먼저 녹을 닦아내야 하듯이, 규칙도 실천에 의해 다듬어지고 닦여질 때에만 비로소 도움을 줄 수 있다는 뜻이다. 그러나 어떻게 규칙을 미리 수정처럼 맑게 닦아놓을 수 있느냐 하는 문제가 남는다. 이 문제에 대한 연구는 아직 결핍되어 있는 것으로 보인다.

14. 이 문제를 논의하는 가운데, 정교한 전달 방법을 제시한 사례가 없었던 것은 아니다. 그러나 그것은 합법적인 방법이라기보다는 협잡의 방법이었다. 즉 자신의 방법을 사용해서 지식을 전달하면, 무식한 자도 학식을 과시할 수 있도록 해주는 식의 효과를 얻을 수 있다는 것이었다. 라이문두스 룰리우스가 자신의 이름을 본뜬 기예를 정립하면서 쏟아부은 노력이 그러하였다.[16] 언

15) 아브라함 오르텔리우스(Abraham Ortelius, 1527-1598)는 플랑드르 지방에서 활동한 독일 출생의 지리학자이다. 그는 근대 최초의 세계지도인 「Theatrum orbis terrarum」(1570)을 제작한 인물로 알려져 있다. 세계지도가 구체적인 길을 알려주지 못하듯이, 일반적 지식만으로는 구체적인 실천지침을 얻을 수 없다는 뜻이다.

16) 라이문두스 룰리우스Raymundus Lullius(Ramon Lull, 약 1232-1316)는 카탈로니아의 모리스코morisco(회교로부터 기독교로 개종한 자)로 아랍 철학과 기독교 철학의 융합에 지대한 영향을 미친 인물이다. 여기서 베이컨이 언급하고 있는 것은 〈룰리즘Lullism〉으로 알려져 있는 〈조합술ars combinatoria〉이다. 〈조합술〉은 다음 세 가지 가정에 입각해서 정립된다. 첫째, 인간의 모든 지식은 명제들로 환원될 수 있다. 둘째, 모든 명제는 개념들의 결합으로 구성된다. 셋째, 그러므로 모든 개념들의 완전한 목록을 만들고 개념들이 기계적으로 조합될 수 있도록 배열한다면, 그 목록은 일종의 완벽한 백과사전이 될

뜻 보면 그의 연구는 개념 분류체계typocosmy를 다룬 뒷시대의 책들을 닮은 면도 있지만, 실제로는 갖가지 기예에 대한 어휘들을 잡다하게 모아놓은 것에 지나지 않는다. 어떤 기예의 전문 어휘들을 능숙하게 사용하는 자는 사람들에게 자신이 그 기예를 이해하였다는 인상을 줄 수도 있다. 그렇지만 이런 어휘들로 채워진 진열장은 헌옷이나 중고품을 파는 가게와도 같아서, 헐고 낡은 것은 수두룩해도 정작 가치 있는 것은 하나도 없다.

수 있을 것이다. 이런 가정에서, 룰리즘은 개념들의 배열과 조합이 세계 전체를 반영할 수 있을 것이라고 믿었다. 이는 훗날 보편언어 이론가들에게 큰 영향을 미쳤는데, 베이컨은 룰리즘이 사물의 세계와 절연된 말장난이라고 비판하고 있다.

제18장

1. 그러면 이제 전달과 관련된 세 분야 중 마지막인, 전달의 수사를 살펴보기로 하자.[1] 이것은 보통 〈수사학〉이나 〈수사법〉이라 불리는,[2] 중요하고 충실하게 연구된 학문에 속한다. 물론 진정한 가치라는 견지에서 보면, 수사는 지혜에 비해 열등하다. 성서에서도 모세가 수사의 능력이 부족하여 장애가 됨을 고하였을 때, 하나님께서는 모세에게 〈아론이 너를 대신하여 백성에게 말할 것이요, 너는 그에게 하나님같이 되리라〉고 말씀하셨다.[3] 그렇지만 이 말씀을 바꾸면, 보통 사람에 대해서는 수사의 능력이 더욱 강력한 힘을 발휘한다는 뜻이 된다. 이런 맥락에서, 솔로몬은 〈마음이 지혜로운 자는 명철하다 일컬음을 받고, 말이 향기로운 자는 지식을 더하게 한다〉고 전한다.[4] 지혜가 깊으면 명성이나 존경을

1) 〈전달의 수사illustration of tradition〉는 전달을 효과적으로 만들기 위해 예해(例解)를 동원하거나 그 밖의 수사적 표현을 사용하는 것을 말한다.

2) 역자는 〈수사학〉과 〈수사법〉을 다음과 같이 구분하였다. 〈수사학rhetoric〉은, invention, disposition, eloquence, memory, pronunciation 등 5가지 수사 기법을 망라한 개념이고, 〈수사법art of eloquence〉은 〈eloquence〉의 기예만을 지칭하는 개념이다. 라무스 이후로는 〈수사학〉과 〈수사법〉이 동일시되어 가는 경향이 있었다.

3) 출애굽기, 4장 16절.

4) 잠언, 16장 21절.

얻는 데 도움이 되지만, 정작 현실 생활을 지배하는 것은 수사라는 뜻이다. 어쨌든 수사학이 체계화된 것은 아리스토텔레스와 키케로를 통해서였다. 아리스토텔레스는 당시에 수사학자들과 경쟁하는 가운데, 그리고 키케로는 풍부한 경륜을 통해서, 각자의 능력보다 훨씬 뛰어난 수사학 작품을 남겼다. 여기에 데모스테네스며 키케로 등이 실제 웅변에서 보여준 탁월한 수사의 실례들이 더해져서, 수사학의 진척을 가속하였으며 수사 규칙의 완성에 기여하였다. 그러므로 지금부터 내가 지적할 결함은, 수사학의 규칙이나 용법에 관한 것이라기보다는, 마치 하녀처럼 수사학을 보좌해 줄 사례의 집성에 관한 것이다.

2. 그렇다고 해서 근본적인 문제를 한마디도 언급하지 않은 채 버릴 수는 없는 일이다. 우리가 다른 지식 분야를 다룰 때도 그러하였듯이, 수사학의 경우에도 뿌리 주변의 흙부터 헤쳐보기로 하자. 수사학은, 이성을 상상력에 할애하여 의지가 보다 선한 방향으로 움직일 수 있도록 하는 것을 임무로 삼는다. 이성은 이런 임무를 수행하는 과정에서 다음 세 가지 장애물의 방해를 받는다. 우선 논리적 함정이나 궤변이 이성을 방해하는바, 이는 논리학에 속하는 문제이다. 상상이나 인상이 이성을 교란하기도 하는데, 이는 수사학에 속하는 문제이다. 끝으로 이성은 감정이나 성정(性情)에 휩싸이기도 하는바, 이는 윤리학에 속한 문제이다. 이런 문제들로 인해, 인간은 타인과의 관계에서만이 아니라 자기자신과의 관계에서도 고통을 겪는다. 타인과의 관계에서 서로를 속이고 서로를 헐뜯고 서로에게 분노하듯이, 자기 내면과의 관계에서는 그릇된 추론 탓에 자신을 망치기도 하고, 피상적 관찰이나 인상

에 자극된 탓에 번민하기도 하며, 격정에 휘말리기도 하는 것이다. 그러나, 인간 본성을 그리 비관적으로만 볼 일은 아니다. 논리학, 수사학, 윤리학이 발휘하는 힘은 이성을 교란하는 것만이 아니라, 이성을 지탱하고 진척시키는 것이기도 하기 때문이다. 논리학이 논증법을 가르치는 것은 이성을 기만하기 위해서가 아니라 이성을 납득시키기 위해서가 아닌가? 윤리학이 감정을 배려하는 것은 이성을 공격하기 위해서가 아니라 감정을 이성에 복종시키기 위해서가 아닌가? 수사학이 상상에 호소하는 것은 이성을 억압하기 위해서가 아니라 상상력이 이성을 보좌하도록 하기 위해서가 아닌가? 이처럼 각 학문의 고유한 목적에 비추어보면, 학문의 남용은 〈길을 잘못 든 탓에〉 발생한 것으로, 우리는 이로부터 반면교사(反面敎師)의 교훈을 얻을 수 있다.

3. 이런 맥락에서 판단컨대, 수사학에 대한 플라톤의 비판은, 당시 수사학자들에 대한 정의로운 증오에서 나온 것이기는 하지만, 불공정한 것이라 아니할 수 없다. 플라톤은 수사학을 요리에 비유해 쾌락의 기예로 평가하였다. 수사학은 미각의 즐거움을 위해 이런저런 양념을 첨가함으로써, 몸에 좋은 고기를 망치고 몸에 나쁜 고기를 돕는다는 것이었다.[5] 그러나 우리가 알다시피, 말이란 본디 악한 것을 채색할 때보다는 선한 것을 장식할 때 더욱 위력을 발휘하게 마련이다. 사람의 말이 실제 행동이나 생각보다도 더 정직할 수는 없는 일이기 때문이다. 이런 맥락에서 투키디데스는 예리하게도 클레온을 겨냥하여, 〈그가 수사와 능변을 격

5) 수사학에 대한 플라톤의 철학적 비판은 그 이후 오늘날까지 모든 비판의 모델이 되고 있다. 플라톤, 『고르기아스 *Gorgias*』, 462-464 참조.

렬하게 비난한 것은, 그가 늘 나랏일에서 패배한 편을 지지한 탓〉이라고 적었다.[6] 클레온 역시 비열하고 천박한 조치가 좋게 평가될 리 없다는 이치를 잘 알고 있었다는 뜻이다. 비슷한 맥락에서 플라톤은 적절하게도 〈미덕이란 그것이 드러나기만 한다면 깊은 애정과 관심을 자극할 것〉이라고 말하였다.[7] 혹시 미덕을 구체적 형상으로 만들어 감각에 직접 제공할 수 없다면, 그 차선책은 미덕을 생생하게 표현하여 상상력에 주입하는 일이다. 만일 누군가 예리한 논증을 동원해서 미덕을 이성에 직접 전달하려 든다면, 비웃음거리로 전락하기 십상일 것이다. 크리시포스를 위시한 스토아 학파가 바로 그러하였다.[8] 그들은 예리한 논박과 결론만으로 미덕을 강요할 수 있다고 믿었지만, 사람들의 의지로부터 아무 공감도 얻지 못하였던 것이다.

4. 물론, 감정이 본성상 유순하여 이성에 쉽게 복종하기만 한다면, 굳이 설득하거나 유인해서 의지를 움직일 필요는 없을 것이다. 이 경우에 설득이나 유인의 용도는, 직설적인 주장이나 증명

---

6) 클레온Cleon은 기원전 422년에 죽은 아테네의 정치 지도자로, 페리클레스의 반대편에서 정치적 경력을 쌓았다. 투키디데스는 페리클레스의 편에서 클레온을 비난하였다. 클레온이 수사와 능변을 비난한 것은, 가혹한 법률을 달콤한 수사로 포장한다는 이유에서였다. 인용은, 투키디데스, 『펠로폰네소스 전쟁사』, 3. 42.

7) 플라톤, 『파이드로스*Phaedros*』, 250. 플라톤의 이 구절은, 수사학은 본받을 만한 귀감 사례를 제시하여 인성을 교육한다docere는 의미에서, 르네상스 수사학에서도 널리 인용되었다.

8) 크리시포스(Chrysippus, 기원전 약 280-207)는 스토아 학파의 창시자인 제논에 못지 않은 명성을 누렸다. 그는 분열 위기에 처한 그 학파의 모든 학설을 체계적으로 종합하고 증명하여 분열을 막은 인물로 알려져 있다.

의 용도만큼이나 하찮은 것이 된다. 그러나 감정이 반란과 선동을 끊임없이 부추기는 측면을 고려하지 않을 수 없다. 이를테면,

> 더 선한 것을 파악하여 찬성까지 한 사람이,
> 더 악한 것을 따른다네.[9)]

이런 경우에는, 만일 설득력 있는 수사를 동원하여 상상력을 감정의 편으로부터 빼앗고, 감정에 대항하여 이성과 상상력의 동맹을 체결하지 않는다면, 이성은 감정의 포로요 노예가 되고 말 것이다. 욕망을 선한 쪽으로 이끄는 점에서는 이성과 감정을 분간하기 힘들기 때문이다. 그러나 이성과 감정 사이에는 분명한 차이가 있다. 감정은 현재만을 감안하지만, 이성은 미래와 시간 전체를 감안한다.[10)] 현재가 상상력을 장악하면 장악할수록, 이성은 그만큼 설 자리를 잃게 된다. 반면에 수사와 설득의 위력을 빌려 먼 미래의 일을 현재의 일처럼 보이게 만든다면, 이성은 상상력의 반란〔상상력이 감정의 편을 드는 것〕을 제어할 수 있을 것이다.

5. 결론적으로 말해, 논리학을 궤변술로, 윤리학을 악덕의 학문으로 비난할 수 없듯이, 수사학이 좋지 못한 것을 채색할 뿐이라는 비난 또한 잘못된 것이다. 이 같은 비난이 모순에 불과하다는 것은 논리학에서든 수사학에서든 마찬가지이다.[11)] 다만, 논리학

---

9) 오비디우스, 『변신』, 7. 20.

10) 베이컨이 말하는 〈선〉은 〈효용utility〉과 바꿀 수 있는 개념이다. 감정은 현재의 효용만을 추구하지만, 이성은 미래의 효용까지도 계산한다는 뜻이다.

과 수사학이 용법상 서로 대조적인 분야라는 점은 염두에 두어야 한다. 논리학이 쥔 주먹처럼 엄밀하게 가두는〔체계화하는〕 것이라면, 수사학은 펼친 손바닥처럼 느슨하게 풀어준다. 이보다 더 큰 차이는, 논리학이 엄밀성과 진리를 추구하기 위해 이성을 활용한다면, 수사학은 대중의 여론과 습관에 이성을 접목하기 위해 이성을 활용한다는 데 있다. 이런 의미에서, 아리스토텔레스는 현명하게도 논리학과 윤리학(혹은 정치학) 사이에 수사학의 위치를 정하였고, 수사학이 그 두 분야의 지식을 공유하는 것으로 보았다.[12] 논리학에서의 논증과 증명은 모든 사람에 대해 무차별적이고 동일한 것이지만, 수사학에서의 논증과 설득은 청중이나 독자에 따라 달라져야만 한다. 〈오르페우스는 숲으로, 아리온은 돌고래 사이로〉 향하듯이 말이다.[13] 이렇듯 생각을 차별적으로 전하는 방식은, 어떤 사람이 동일한 관념을 여러 사람에게 전할 때 각 사람에게 따로따로 전달될 수 있을 만큼, 진척될 필요가 있다. 이러한 전달 방식은, 대인 연설의 수사법에서 정치적 부분에 해당하는 것으로,[14] 가장 위대한 웅변가들 사이에서조차 흔히 결핍

---

11) 부분적인 결점을 부각시켜 전체를 비난한다는 점에서 〈모순contraries〉이라는 뜻이다.

12) 아리스토텔레스, 『수사학』, 1. 2. 7 참조.

13) 아리온Arion은 기원전 7세기경에 코린트의 궁정음악가로 활동한 인물이다. 헤로도토스는, 그가 바다에 버려졌을 때 돌고래떼의 구원을 받았다고 전한다. 인용은, 베르길리우스, 『농경시 *Ecologues*』, 8. 56.

14) 수사학은 재판적judicial 장르, 정치적deliberative 장르, 첨언적epideictic 장르 등 세 장르로 나뉜다. 재판적 장르는 고발이나 변호를 위해 사실을 확인하거나 증명하는 것이고, 정치적 장르는 정치적 결정을 위해 설득하거나 만류하는 것이며, 첨언적 장르는 도덕적 고양을 위해 칭찬하거나 만류하는 것이다.

되곤 한다. 그들은 체계화된 연설 형식을 준수하는 동안, 적용의 탄력성을 잃어버리곤 하기 때문이다. 따라서 이 방면의 연구를 진척시키라는 권고는 결코 무리가 아니다. 연구가 수사학 분야에서 수행될 수도, 정치학 관련 분야에서 수행될 수도 있겠지만 말이다.

6. 그러면 이제 수사학에서 결핍된 측면을 검토하기로 하자. 여기서 결핍이란 내가 이미 언급한 바 있듯이, 집중적인 노력attendances의 부족을 의미한다. 첫째로, 나는 아리스토텔레스의 지혜와 근면함을 제대로 본받지 못한 측면을 지적하고자 한다. 아리스토텔레스는 선과 악을 나타내는 표지들과 색채들을, 때로는 단순하게, 때로는 비교를 통해, 수집하기 시작한 인물이었다. 그는 수사학의 기만적 논증 사례를 수집하였는데, 나 역시 비슷한 작업을 수행한 적이 있었다.[15] 이를테면,

> 기만적 논증의 사례: 사람들이 칭찬하는 것은 선하고 사람들이 비난하는 것은 악하다.
>
> 논박의 사례: 그는 자기가 팔고 싶어하는 물건을 칭찬한다.[16]
> 〔혹은〕 물건을 사는 자는 좋지 못하다 좋지 못하다 하다가,
> 집에 돌아가서는 자랑하는 법이다.[17]

---

15) 『스페딩의 판본』(p. 412, n. 3)은, 베이컨이 언급한 〈수집 작업〉을 그의 『에세이』(1597)에 수록된 논고, 「선과 악의 색채들Colors of Good and Evil」로 추정한다.

16) 호라티우스, 『서간집』, 2. 2. 11.

17) 잠언, 20장 14절.

그러나 아리스토텔레스의 노력에는 세 가지 결점이 있다. 첫째는, 널린 사례 가운데 단 몇 가지밖에는 수집하지 못하였다는 점이고, 둘째는 기만적 논증의 사례에 대해 논박의 사례를 덧붙이지 않았다는 점이다. 셋째는 각 사례의 용도를 극히 부분적으로만 이해하였다는 점이다. 수집된 사례가 증명을 뒷받침하는 일에만 이용되기보다는, 오히려 강한 인상을 심어주는 일에 더욱 효과적으로 이용될 수 있다는 점을, 그는 깨닫지 못하였던 것이다. 의미상으로는 동일한 형식들이 제각기 다른 인상을 줄 때가 많지 않은가? 똑같은 힘을 가해 칼로 찔러도, 무딘 칼로 찌른 깊이와 예리한 칼로 찌른 깊이는 현저하게 다르지 않은가? 예를 들어보자. 〈이것은 당신에게 나쁘다〉는 표현보다는, 〈이것은 당신의 적을 기쁘게 할 것이다〉라는 표현이 듣는 사람의 마음을 움직이는데 더욱 효과적일 것이다. 이처럼 효과적인 표현의 귀감은 아래와 같다.

> 이타카 사람이 그리 행하면,
> 이익을 챙기는 편은 아트레오스의 두 아들이라네.[18)]

7. 수사학에 결핍되어 있는 두번째 문제는, 이미 언급한 바 있는 것이지만, 여기서 다시 한번 논의하기로 하겠다. 그것은 연설

18) 베르길리우스, 『아에네이드』, 2. 104. 〈이타카 사람〉은 이타카Ithaca 왕의 아들이자 트로이 전쟁의 지휘관인 오디세오스Odysseus를 말한다. 〈아트레오스의 두 아들Atridae〉은 트로이 전쟁에서 그리스 군을 지휘한 아가멤논Agamemnon과 메넬라오스Menelaus를 말한다.

의 논거를 비축하여 발견이 손쉽게 수행될 수 있도록 미리 준비하는 작업, 즉 예비적 저장과 관련된 문제이다. 이런 작업은 두 종류로 나뉠 수 있다. 하나는 미완성품(재료)을 파는 상점을 닮은 것이요, 다른 하나는 완성품을 파는 상점을 닮은 것이다. 자주 이용되고 수요가 많은 논증에 주로 적용된다는 점에서는 두 종류가 똑같지만, 나는 전자를 〈대조 명제antitheta〉로, 후자를 〈정형(定型) 명제formulae〉로 명명하고자 한다.

〈대조 명제〉는 〈찬성과 반대〉를 위한 논증에서 논거로 사용될 수 있는 명제를 말한다. 이 부문에서는 사람들이 많은 노력을 기울여 방대한 성과를 낳았다. 그렇지만 나는 될 수 있으면 장황한 논의를 피하기 위해, 다양한 논증의 씨앗에 해당하는 것을 추출하여, 정곡을 찌르는 간단한 문장으로 바꾸려고 한다. 아래의 문장은 직접 인용하기보다는, 실타래나 실뭉치처럼 길게 풀어서 사용하면 좋을 것이다. 또한 이를 참조해서 다수의 권위 있는 논거와 사례를 얻을 수 있을 것이다.

a. 법조문의 자구 해석을 편들 경우: 〈법조문을 벗어난 해석은 해석하는 것이 아니라 점치는 것이다. 법조문을 벗어날 때, 재판관은 입법가로 변신한다.〉

b. 법조문의 의미 해석을 편들 경우: 〈각 어휘의 의미는, 먼저 모든 어휘들을 수집한 뒤에 〔그 전체적 의미에 비추어〕 해석되어야 한다.〉[19)]

19) 이것은 베이컨이 〈대조 명제〉의 원리를 이해시키기 위해 제시한 실례이다. 오

8. 〈정형 명제〉는 연설할 때에, 적절한 표현을 신속하게 옮겨와 전달하는 것이다. 〈서론, 결론, 여담, 전환, 변론 등〉 어떤 부분에서든, 각기 판에 박힌 〈정형 명제〉를 사용하면 큰 도움을 얻을 수 있다. 건물로 비유하자면, 계단, 입구, 문, 창문 등을 제대로 세워야만 즐거움이 크고 쓸모가 있듯이, 연설에서도 적절한 표현을 옮겨와 전달하는 것은 멋진 장식이 될 수 있을 뿐만 아니라 효과도 높일 수 있을 것이다. 예컨대, 〈결론〉 부분에서 사용될 수 있는 〈정형 명제〉로는 다음과 같은 것이 있다.

토론의 종결을 고려한 결론의 사례:

〈그렇게 하면, 우리는 과거의 잘못을 고칠 수 있을 뿐만 아니라 미래의 불편도 예방할 수 있다.〉[20]

늘날 우리 법에서는, a)처럼 법조문의 자구에 충실한 해석을 〈문리해석(文理解釋)〉으로, b)처럼 법 의미에 충실한 해석은 〈논리해석(論理解釋)〉으로 부른다.

20) 이것은 누구도 반론을 제기할 수 없도록 결론을 내리는 〈정형 명제〉의 사례이다.

제19장

1. 지식의 전달과 관련해서, 아직 두 개의 보충할 문제가 남아 있다. 하나는 교정의critical 문제이고, 다른 하나는 교육의 문제이다. 지식이란 선생의 가르침에 의해 전달되든지, 아니면 사람들 각자의 개인적인 노력에 의해 얻어지게 마련이다. 그러므로, 책을 쓰는 일이 지식 전달의 주요 부분이라면, 책을 읽는 것도 이에 못지 않게 중요한 부분이라 할 수 있다. 책을 쓰는 일에서는, 저자에 대한 충실한 교정과 편집이 특히 중요하다. 이 방면에서 부주의한 태도는 많은 폐해를 낳아왔다. 실제로 교정자는 자기가 이해하지 못하는 내용이 나오면 저자가 잘못 기재한 것으로 오해하곤 한다. 〈그는 광주리에 담겨 밑으로 내려졌다Demissus est per sportam〉는 사도 바울의 원문을 예로 들어보자.[1] 〈광주리sporta〉라는 어려운 단어를 이해하지 못한 사제는 이 원문을 〈그는 문을 통해 밖으로 내보내졌다Demissus est per portam〉로 교정하게 되는 것이다. 비록 이만큼 명백하고 우스꽝스러운 오류는 아니지만, 교정자가 범하는 오류는 대체로 이런 종류에 속한다. 교정을 가장 많이 거친 책이 정확성을 가장 결핍한 책이라는 지

1) 사도행전, 9장 25절.

적이 나오는 것도 무리는 아닌 셈이다.

둘째로, 책을 읽은 일에서 중요한 문제는, 작품에 대한 적절한 해설과 해제이다. 이런 작업은 주석 및 주해의 형식으로 수행되는데, 이 방면에서도 큰 결함이 발견된다. 애매한 대목은 슬쩍 넘겨버리는 반면에, 평범한 대목에서는 상세한 해설을 덧붙이는 일이 너무 흔하다. 그 밖에도, 셋째로 저작 연대에 관련된 문제가 있다. 저작 연대는 참된 해석을 위해 도움을 줄 때가 많이 있다. 넷째로는 저자들에 대한 간단한 비평이나 판단과 관련된 문제가 있다. 이런 비평이나 판단은, 사람들이 무슨 책을 읽을 것인지를 선택하는 데 큰 도움을 줄 수 있다. 다섯째로는 독서의 순서 syntax나 차례와 관련된 문제가 있는데, 이것은 어떤 순서와 단계를 거쳐서 책을 읽을 것인지를 일러준다.

2. 그러면 이제 교육 문제를 검토하기로 하자. 지식의 교육은, 특히 청년에게 적합한 전달의 특징이 무엇이냐 하는 문제를 포함한다. 이 문제는 여러 각도에서 고려될 수 있으며, 그 성과도 적지 않을 것이다.

첫째, 지식을 전하고 성숙시키는 적기(適期)를 파악하는 것이 중요하다. 어떤 지식부터 교육하기 시작할 것이며, 어떤 지식에 대해서는 당분간 유보해 둘 것인지를 고려할 필요가 있다는 말이다.

둘째, 어떤 학습과정에서는 가장 쉬운 지식으로부터 점차 어려운 지식으로 진행하고, 어떤 학습과정에서는 먼저 어려운 지식을 주입하고 나중에 쉬운 지식으로 전환할 것인지를 파악하는 것이 중요하다. 전자의 방법이 튜브를 이용해서 수영을 가르치는 법에 비유될 수 있다면, 후자의 방법은 무거운 신발을 신겨 무용을 가르치는 법에 비유될 수 있겠다.

셋째, 〔피교육자의〕 재능에 어울리게 학문을 적용하는 것이 중요하다. 지적 능력에서 무슨 결함이 있든, 적절한 학습에 의해 치료하지 못할 것은 없다고 생각된다. 예컨대, 새처럼 산만한bird-witted 탓에 집중력을 결여한 아이에게는 수학이 치료제를 제공할 수 있을 것이다. 수학에서는 정신이 조금만 흐트러져도 처음부터 다시 시작해야 하기 때문이다. 이렇듯 다양한 지식 분야가 각각에 고유한 치료와 도움의 기능을 수행하듯이, 사람의 다양한 재능도 각기 뛰어난 능력을 발휘하거나 재빨리 이익을 창출할 수 있는 지식 분야에 대해 친밀감을 느끼게 마련이다. 따라서 어떤 종류의 재능이나 천성이 어떤 종류의 지식 분야에 대해 유능하고 적합한지를 검토할, 큰 지혜가 요구된다고 하겠다.

넷째는 실습의 체계화와 관련된 문제이다. 실제로 실습의 영향은 매우 커서, 사람을 망칠 수도 있고, 도울 수도 있다. 키케로가 적절하게 지적하였듯이,[2] 만일 사람들이 적절한 지도를 받지 못한 상태에서 각자의 임무를 수행한다면, 각자의 오류를 반복해서 실행하게 될 것이고, 그리하여 좋은 습관만이 아니라 나쁜 습관도 얻게 될 것이 뻔하다. 실습을 계속할 것인지 중단할 것인지를 결정함에 뛰어난 판단력이 요구되는 것은 바로 이 때문이다. 이 문제에 대한 논의는 수많은 세부적 내용을 포함하며, 각 내용은 비록 하찮아 보이기는 해도 저마다 특별한 영향력을 가진 것이

2) 키케로, 『웅변론』, 1. 33.

다. 그렇지만 그 모든 내용을 낱낱이 고려하자면 논의가 너무 길어질 우려가 있기 때문에, 한 가지 사실만을 기억해 두기로 한다. 씨앗이나 묘목은 처음부터 부주의하게 다루느냐 소중하게 다루느냐에 따라 이후 성장이 결정된다는 사실이 그것이다. 맹아기의 로마제국에서 초대 여섯 황제가 실로 대가의 반열에 든 인물이었기에, 이것이 원인이 되어 훗날 제국은 엄청난 위업을 이룰 수 있었다. 마찬가지로, 청년 시절에 정신을 계발하고 단련하는 일은, 그 이후에는 아무리 긴 시간을 노력해도 상쇄할 수 없을 만큼 (눈에 띄지는 않지만) 강력한 영향을 미친다. 뿐만이 아니다. 교육을 통해 얻는 능력은 그 자체로는 작고 하찮은 것일지 몰라도, 일단 위대한 인물의 수중에 들어오거나 큰 문제에 적용되면, 크고도 중요한 영향을 미친다. 이런 이치와 관련하여, 타키투스는 주목할 만한 실례를 제공한다. 그가 전한 사례는, 뛰어난 연기력으로 파노니아 주둔군[3)]을 극도의 혼란과 동요에 빠뜨린 두 연극배우, 페르케니우스Percennius와 비불레누스Vibulenus에 관한 이야기이다. 아우구스투스 황제가 죽은 직후 그곳 군대에서 반란이 일어났을 때, 총독인 블라에수스Blaesus는 반란 주동자들을 투옥하였다가 석연치 않은 이유로 풀어주었다고 한다. 그러자 비불레누스는 모든 사람들이 들을 수 있도록 목청껏 외쳤다고 한다. 〈이 불쌍하고 무고한 죄수들에게 잔혹한 사형이 기다리고 있었지만, 당신은 다시 빛을 볼 수 있도록 해주었습니다. 그렇다면 제 형님

3) 파노니아Pannonia는 현재의 헝가리와 유고 사이에 걸쳐 있는 로마의 옛 영토이며, 〈파노니아 주둔군〉은 그곳에 주둔한 로마 군단을 말한다. 타키투스, 『연보』, 1, 16-22 참조.

을 제게 돌려줄 사람은 누구란 말입니까? 게르마니아 군단으로부터 공통 사안[사형집행]을 처리하기 위해 이곳에 사자로 파견된 제 형님의 생명은 누가 되찾아줄 수 있단 말입니까? 어제 저녁에 형님은 반란 병사들의 사형을 집행할 무사들과 자객들을 주변에서 대기토록 하였습니다. 그런데 그들의 일부가 형님을 살해하였던 것입니다. 블라에수스여, 대답하십시오. 형님의 시체를 어떻게 처리했습니까? 아무리 철천지원수라도 시체의 매장까지 거부하지는 않는 법입니다. 형님의 시체에 눈물로 입맞춤하는 제 마지막 임무가 끝나거든, 저를 형님 앞에서 죽이도록 명령하십시오. 로마 군단에 대한 우리 형제의 선의와 충성을 아는 제 동료들이, 우리를 매장하고 떠날 수 있도록 말입니다.〉 비불레누스는 이러한 호소를 통해, 군대를 극도의 분노와 흥분으로 몰아넣었다. 그런데 사실인즉 그에게는 형님이 없었고 그런 일이 일어난 적도 없었다. 단지 그는 무대에서처럼 연기력을 발휘하여 총독을 궁지에 빠뜨렸던 것이다.

3. 이제 원래의 주제로 되돌아갈 차례가 되었다. 지금 우리는 합리적 지식 분야에 대한 논의에서 결론을 내릴 시점에 와 있다. 이제까지의 논의과정에서 비록 나는 기존의 분류법과는 다른 분류법을 자주 사용하였지만, 그렇다고 내가 사용하지 않은 모든 분류법을 부정한 것으로 오해되지는 않기를 바란다. 사실 내가 기존의 분류법에 변화를 가한 것은 내게 이중의 필요성이 주어졌기 때문이다. 첫째로, 성질 면에서 서로 관련된 것들을 분류하는 작업은, 용도 면에서 서로 관련된 것들을 분류하는 작업과 구분될 필요가 있었다. 두 분류작업은 각기 목적이나 의도가 다른 것

이었기 때문이다. 국무대신이 문서를 분류하는 작업을 예로 들어 보자. 그는 집무실이나 일반 서류함 속에는, 서류를 각각의 성질에 따라, 조약 관계 서류, 훈령 관계 서류 등으로 분류하여 보관할 것이다. 반면에 그의 개인 서류함에는, 성질은 서로 달라도 함께 사용될 수 있는 서류들이 분류, 보관될 것이다. 지식의 분류도 같은 이치로 생각할 수 있다. 모든 지식 분야를 전체적으로 다룰 때에는, 지식의 성질에 따른 분류법을 채택하는 것으로 족하였다. 그러나 어떤 특정 지식 분야를 다룰 경우에는, 그것의 이용과 가장 깊이 관련된 지식 분야들을 총망라하여 고려하는 것이 옳다고 생각되었다. 둘째로, 내가 결점을 차례대로 지적하는 동안, 나머지 〔결점을 지적하기보다는 증명할 필요가 있는〕 지식 분야에 대한 논의는 순서를 뒤로 미룰 수밖에 없었다. 결과적으로 순서를 바꾸어 논의한 셈이 되었다. 그러나, 큰 모순이 있는 것은 아니다. 예컨대 증명을 기다리는 지식이 15분야, 결함을 가진 지식이 20분야가 있다고 치자. 두 수는 나누는 수가 서로 다르다. 15는 3과 5로 나누어지는 반면에, 20은 2, 4, 5, 10으로 나누어진다는 말이다. 이런 이유 때문에 두 종류를 함께 논의할 수 없었을 뿐이지, 나의 논의에 큰 모순이 있었던 것은 아니다.

제20장

1. 이제 우리는 인간의 욕망과 의지를 고려하는 지식을 검토할 차례가 되었다. 이와 관련하여 솔로몬은, 〈내 아들아, 다른 무엇보다 네 마음을 지켜야 할 것이니, 여기서 생명의 근원이 나옴이니라〉고 말한다.[1] 그렇지만 내가 보기에, 이 분야의 지식에 관해 저술해 온 사람들은, 마치 글쓰는 법을 가르치면서 알파벳과 철자에 대한 모범적 필체를 제시할 뿐, 손을 어떻게 움직이고 철자를 어떻게 결합하는지에 관해서는 전혀 지침을 제공하지 않는 교사와도 같다. 말하자면 그들은 〈선, 덕, 의무, 행복〉 같은 것을 상세하게 그린 멋진 사례와 모범을 작성하였을 뿐이요, 그 귀감 사례를 인간의 의지와 욕망이 따라야 할 참된 목표이자 범위로 묘사하여 설명하였을 뿐이다. 이 탁월한 귀감에 어떻게 도달할 수 있는지, 이 목표를 진실로 따르도록 만들기 위해서는 인간 의지를 어떻게 바꾸고 굴복시켜야 할지 같은 문제는, 아예 간과되기 일쑤였다. 이 문제를 조금 다룬 경우라 하더라도 별 도움이 못 되기는 마찬가지였다. 예컨대, 윤리적 미덕은 자연 아닌 습관에 의해 인간 정신에 자리잡는다는 비판만으로 이 문제를 해결할 수는

1) 잠언, 4장 23절.

없다. 정신이 관대한 사람은 교육과 설득으로 사로잡을 수 있지만, 저속한 정신의 소유자는 보상과 처벌에 의해서만 사로잡을 수 있을 뿐이라는 구분만 가지고도, 이 문제를 해결할 수는 없다.[2)] 이렇듯 산발적인 비판으로는, 이 분야에서의 결핍을 메우기 힘들다.

2. 결핍의 원인을 찾자면, 나는 어떤 암초 같은 것이 원인이라고 생각한다. 다른 분야에서 그러하듯이, 이 분야의 지식도 암초에 걸려 난파된 쪽배와 같다. 사람들이 일상적이고 평범한 일에 능숙해짐을 경멸한다는 것. 이것이 바로 암초이다. 인생이 신기한 일이나 불가사의한 일로 점철되는 것이 아니라면, 일상적이고 평범한 일을 현명하게 지도할 수 있는 원리야말로 가장 현명한 원리일 것이다. 그럼에도 불구하고, 사람들은 주로 화려하고 빛나는 소재를 축적하여 지식을 구성해 왔는바, 이런 소재는 논박의 예리함에 영예를 부여하기 위해, 아니면 담론을 치장하기 위해 선택된 것에 불과하다. 이런 종류의 수사에 대해, 세네카는 탁월한 비판을 가하고 있다. 〈수사가 사람의 관심을 사물로부터 이반(離反)시켜 말 자체로 향하게 할 때, 그것은 큰 불행을 초래한다.〉[3)] 무릇 교육이란 학생들이 가르친 자(선생)보다는 배운 내

2) 아리스토텔레스, 『니코마코스 윤리학』, 2. 1 참조. 대중에 대해서는 〈보상과 처벌〉 즉 상주기와 벌주기에 의해 가르치고, 엘리트에 대해서는 원리와 이론을 교육하는 것만으로 충분하다는 입장은, 아리스토텔레스로부터 중세 스콜라주의를 거쳐 17세기까지도 지속된 전통이다.

3) 세네카, 『서간집』, 「루킬리우스에게 보낸 편지ad Lucilium」, 52. 베이컨의 의도를 살려 의역을 시도하였다. 베이컨은 수사법이 인간의 노력을 사물로 향하지 않게 하고 오직 말을 향하도록 해서는 안 된다는 경구적 의도에서, 이 문장

용을 더 사랑하도록 진행되는 것이 마땅하다. 지식의 전달은 독자에게 도움이 되어야지 저자에 대한 칭송을 유도하는 것이어서는 곤란하다는 말이다. 이런 맥락에서, 데모스테네스가 조언의 요점으로 결론지은 것은, 어떤 종류의 교육이 올바른 것인지를 판단하기 위한 결론도 될 수 있다. 〈만일 당신이 이 조언에 따른다면, 당신은 조언자에 대해서 못지 않게 당신 자신에 대해서도 칭찬하게 될 것입니다. 조언자에 대해서는 지금 당장 칭찬하겠지만, 당신 자신에 대해서는 오래지 않아 당신의 형편이 좋아진 것을 보고 칭송하게 될 것입니다.〉[4]

3. 이처럼 탁월한 역량을 갖춘 사람은 성공 앞에 머뭇거릴 이유가 없었다. 시인 베르길리우스는 바로 그런 성공을 약속하였거니와, 실제로 성공을 거두었다. 그가 수사며 재치며 학식으로 명성을 얻은 것은, 아에네아스의 영웅적 행적을 표현한 작품에서만이 아니었다.[5] 농경에 대한 관찰을 표현한 작품에서도 이에 못지 않게 명성을 얻었다. 실제로,

> 오, 그토록 평범한 것을 말의 매력을 이용해 칭송하는 것이
> 얼마나 어려운 일인지를 나는 잘 알고 있다네.[6]

을 인용하고 있다.

4) 인용은, 데모스테네스, 『오린티아쿠스 *Olynthiacus*』, 2. 8. 지식은 그것을 제공한 사람과 얻은 사람 모두에게 유익함을 줄 수 있어야 한다는 뜻이다.

5) 아에네아스Aeneas는 안키세스Anchises와 아프로디테Aphrodite 사이에서 태어난 아들로, 트로이 군을 지휘하다가 트로이가 함락되자 늙은 아버지를 등에 업고 카르타고로 탈출하였다. 그곳에서 디노Dino 여왕과 함께 머물다가 이탈리아로 갔는데, 그의 후손들이 로마를 세웠다고 전한다. 그의 역정은 베르길리우스의 서사시, 『아에네이드』의 주제이다.

만일 사람들이 여가 시간에 읽을 거리를 한가하게 작성하는 것이 목적이 아니라, 행동과 능동적 삶을 교육하고 지도하려는 것이 목적이라면, 농경이며 경작을 다룬 베르길리우스의 〈지오르직스〉를 정신에 적용하는 작업, 즉 〈정신의 지오르직스〉는 미덕이며 의무며 행복에 대한 영웅적 묘사에 못지 않게 가치를 지닌 것임이 분명하다. 이런 맥락에서 윤리지식의 중요하고 근본적인 두 영역을 구분하자면, 하나는 선(善)의 귀감이나 모형을 다루는 것이요, 다른 하나는 정신의 양육이나 배양을 다루는 것이다. 전자가 선의 본성을 제시한다면, 후자는 인간의 의지를 어떻게 그 선한 본성에 귀속시키고 어울리게 하느냐 하는 규칙들을 규정한다.[7)]

4. 선의 모형이나 본성을 다루는 영역에는 두 입장이 있다. 하나는 선을 단순본성에 따라 고려하여 선의 종류를 따지는 것이요, 다른 하나는 선을 비교 수준에서 고려하여 선의 등급을 따지는 것이다. 특히 후자의 입장에서 무수한 논쟁이 발생하였다. 사람들이 지복(至福), 지선(至善), 혹은 최고선이라 부르는 선의 최고 등급이 과연 무엇이냐에 관한 논쟁이었다. 그러나 기독교 신앙은 이런 논쟁에서 파생된 갖가지 학설을, 이교 신학을 추방하

---

6) 베르길리우스, 『지오르직스』, 3. 289. 기원전 30년에 완성된 이 작품은 헤시오도스의 『노동과 나날』처럼, 실제 생활과 농경의 매력을 예찬한 전원시의 형태를 취하고 있다.

7) 베이컨이 말하는 〈정신의 지오르직스Georgics of mind〉는 일단 마키아벨리의 상대주의적인 상황윤리학을 닮은 것으로 평가된다. 그렇지만 베이컨은 인간의 욕망을 상황에 따라 조절하는 방법뿐만 아니라 선의 본성 자체에 대한 분석 역시 시도하고 있다. 그의 윤리학은 윤리적 판단의 항구적 기준 내지 규칙을 인정한다는 점에서, 마키아벨리의 윤리학과는 구별된다.

듯 추방한다. 추방의 이유는 자명하다. 아리스토텔레스가 적절하게 말하듯이, 〈청년은 행복할 수 있지만, 희망이 없다면 결코 행복할 수 없기〉 때문이다.[8] 따라서 우리는 현재의 미성숙을 기꺼이 인정하고, 진정한 행복은 미래 세계에 대한 희망에 의해서만 도달할 수 있다는 이치를 수용해야 마땅할 것이다.

5. 그렇다면 이제 우리는 철학자들이 전하는 하늘〔至福〕의 학설을 벗어던져야 하겠다. 그들은 인간 본성을 실제보다 훨씬 높이 치켜올리는 우를 범하였기 때문이다. (일례로 세네카는 매우 우아한 문체로, 〈인간적 나약함과 신적 확고함이 한 인간에게 함께한다는 것은 실로 얼마나 위대한 일인가〉라고 적고 있다.[9]) 하지만 철학자들로부터 배울 것이 전혀 없다는 말은 아니다. 우리는 보다 성실하고 진실한 자세로, 그들의 연구와 노력에서 일부를 수용할 필요가 있다. 그들은 특히 선의 단순한(혹은 실증적) 본성을 탁월하게 규정해 놓았다. 말하자면 그들은 덕이나 의무의 다양한 형식을, 각 형식에 어울리는 상황이며 태도를 곁들여 기술하였다. 아울러 그들은 그 모든 형식을 종류, 요소, 영역, 실천, 관리법 등의 견지에서 분류하였으며, 매우 예리한 논증법과 우아한 설득력을 발휘하여 그 각각을 인간의 본성 및 정신에 권고하였다. 그 모든 형식이 타락하고 천박한 견해에 물들지 않도록 담론으로 만들 수 있는 최대의 요새와 방호벽을 구축하였음은 더 말할 것도 없다.[10] 뿐만

8) 아리스토텔레스, 『수사학』, 2. 12. 8과 『니코마코스 윤리학』, 8. 10 등 참조.

9) 세네카, 「루킬리우스에게 보낸 편지」, 53. 12.

10) 덕이나 의무의 모든 형식들에 관해 개진하는 가운데, 그것들이 대중의 천박한 여론에 물들지 않도록 담론을 구성하였다는 뜻이다. 심오한 비밀을 대중에게 공개하면 타락하기 때문에 〈드러내는 동시에 감추는〉 문체를 사용해야 한다

아니라 그들은 선의 등급 및 비교 가능한 성질에 대해서도 탁월한 연구를 남겼다. 선의 세 부류를 적절하게 다루었고, 명상적 삶과 능동적 삶을 잘 비교하였고, 흔들리는 덕과 확고해진 덕을 구별하였고, 명예honesty와 이윤을 대조하였고, 덕과 덕의 균형을 도모하였다.[11] 그만큼 이 방면의 연구는 훌륭하게 진척되어 온 것으로 일단 평가할 수 있겠다.

6. 그렇지만 그들이 선과 악의 뿌리들, 그리고 그 뿌리들의 갈래를 세심하게 연구하는 일에 조금 더 오래 머물러 있었더라면, 후대에게 큰 도움을 줄 수 있었을 것으로 보인다. 그들은 미덕과 악덕, 쾌락과 고통에 대해 너무 성급한 결론에 도달하였으니, 오늘날 널리 수용된 관념들은 모두 그들의 결론에서 비롯된 것이다. 무엇보다도 그들은 선악의 본성을 잘 살펴보았어야만 하였다. 그렇게 하였더라면, 그들의 학설은 장황함을 줄이는 대신 심오함을 배가할 수 있었을 것이다. 선악의 뿌리며 갈래며 본성 등을 다룸에 있어, 그들은 많은 것을 생략하였을 뿐만 아니라, 잦은 혼동을 범하기도 하였다. 우리가 지금부터 이 문제를 더욱 명료한 방식으로 재론하여 제시할 필요는 바로 여기에 있다고 하겠다.

7. 모든 사물에 들어 있는 선의 형상은 이중적 본성을 갖는다. 하나는 모든 사물이 각기 독립적인 실체나 전체로서 가지는 본성

는 비학(秘學)의 지식전달 방법을 지칭한 것이다.

11) 아리스토텔레스는 선의 세 부류를 나누어, 외적인external 선, 육체의 선, 정신의 선으로 명명하였다. 『니코마코스 윤리학』, 10. 6-8 참조. 또한 명예와 이윤의 대조, 명상적 삶과 능동적 삶의 비교, 덕과 덕의 균형 등은 르네상스 인문주의자들 사이에서 널리 논의된 토픽이었다.

이요, 다른 하나는 각 사물이 거대한 실체의 일부나 일원으로서 가지는 본성이다. 비교하자면 두번째 본성이 더욱 중요하고 값진 것이다. 그것은 자기보다 보편적인 형상의 유지에 기여하기 때문이다. 쇳조각과 자석의 관계를 비유로 들 수 있겠다. 쇳조각은 특별한 공감을 느껴 자석을 향하지만, 그것이 일정한 크기를 넘어서면 자석을 향한 사랑을 포기하고는, 마치 고향을 그리워하던 사람good patriot처럼, 무거운 물체들이 태어난 장소이자 고향인 지구 중심을 향하게 된다.[12] 우리가 알다시피, 무거운 물체들과 물은 지구 중심으로 향하는 것이 정상이기 때문이다. 그러나 자연의 정상경로에서 어떤 파탄을 겪게 되면, 그것들은 지구 중심으로부터 지면으로 솟아올라 세상을 위한 의무를 수행할 뿐, 지구 자체에 대한 의무는 포기하게 될 것이다. 이렇듯 선은 서로 비교될 수 있는 이중의 본성을 갖는바, 인간이 타락하기 전에는 그 이중적 본성이 인간에게 더욱 뚜렷하게 새겨져 있었다. 타락하기 전의 인간에게는 공공에 대한 의무를 유지하는 것이 자신의 생명과 존재를 유지하는 것보다 훨씬 고귀한 일이었다. 이와 관련하여 폼페이우스 마그누스는 명언을 남겼다. 당시 그는 로마의 기근을 구제하는 책임을 수행하고 있었는데, 어느 날 그가 악천후를 무릅쓰고 바다로 나가려 하자, 측근들이 그럴 필요는 없다고 격렬하게 반대하였다. 이에 대해 그는 간단히 〈지금 내게 필요한

12) 베이컨의 전통적 우주관을 엿볼 수 있는 대목이다. 전통적 우주관에 따르면, 만물은 자기가 태어난 곳을 향하는 성질을 가지고 있다. 불이 가장 높은 곳에서 태어나 그곳을 향하는 속성을 가지고 있듯이, 쇠는 암석과 마찬가지로 지구 중심의 깊은 곳에서 생성되며 늘 그곳을 향하는 성향이 있다.

것은 살아남는 것이 아니라 나가는 것이라네〉라고 응답하였다고 한다.[13] 그렇지만 공동체적인 선(공공선)을 뚜렷하고 높이 고양시키는 동시에 사적이고 특수한 선을 억제함에서 숭고한 신앙에 필적할 만한 것은 없다. 널리 인정되듯이, 어떠한 철학, 어떠한 종교, 어떠한 교육도 숭고한 신앙에 필적할 수는 없다. 이러한 사실은 무엇보다 하나님 자신의 의지에서 적절하게 천명되고 있다. 앞서 언급된 바 있지만, 무생명의 피조물들에게 자연의 법칙을 주신 것은 인간에게 기독교 법을 주신 바로 그 하나님이 아니었던가? 실제로 하나님이 선택한 성자들은 자비의 열락(悅樂)이며 무한한 교감을 추구하는 가운데, 차라리 그들 자신이 생명의 책으로부터 제외되고 지워지는 것을 원하지 않았던가?[14]

8. 기독교 신앙은 사적인 선보다 공공선이 우선함을 적절하게 규정하고 확고하게 정립하였는바, 이를 근거로 우리는 도덕철학에서 발생하는 거의 모든 논쟁을 판결하고 결정할 수 있다. 첫째로, 우리는 명상적 삶을 선호하느냐 능동적 삶을 선호하느냐에 관한 문제를 결정할 수 있다. 우리는 아리스토텔레스에 반(反)하여 그 문제를 결정하려고 한다. 아리스토텔레스는 명상적 삶을

---

13) 폼페이우스 마그누스(Cnaeus Pompeius Magnus, 기원전 106-48)는 케사르의 정치적 경쟁자로 제1차 삼두정치를 주도하였으나, 케사르에 패배한 로마의 장군이다. 인용은 플루타르코스, 『영웅전』, 폼페이우스 편, 50.

14) 기독교 성서에서 〈생명의 책book of life〉은 영원한 생명을 누릴 사람들의 이름이 적힌 명단을 말한다(빌립보서, 4장 3절; 요한계시록, 20장 12절 등). 이 〈생명의 책〉에서 제외되는 것을 무릅쓰고 형제와 이웃에 대한 사랑을 실천하겠다는 성자의 다짐은, 사도 바울의 예에서 찾을 수 있다. 〈나의 형제 곧 골육의 친척을 위하여 내 자신이 저주를 받아 그리스도에게서 끊어질지라도 원하는 바로라.〉(로마서, 9장 3절)

선호하면서 여러 이유를 제시하였는데, 그 이유는 사적인 것이 전부였다. 한 개인의 즐거움과 위엄에 관련된 이유만을 제시하였던 것이다(이런 측면만을 고려한다면 명상적 삶이 우월한 위치를 차지하는 것은 너무도 당연하다). 피타고라스 역시 비슷한 방식으로 비교를 수행하면서 철학과 명상을 예찬하였다. 〈당신은 무슨 일을 하는 사람인가?〉라는 질문에, 피타고라스는 다음과 같은 우회적 답변을 제시하였다고 한다. 〈히에론은 올림픽 경기에 참석하였을 때 자신이 취할 태도를 잘 알고 있었지요. 입상해서 자신의 운을 시험하기 위해 온 사람도 있었고, 물건을 팔기 위해 상인으로 온 사람도 있었고, 축제를 즐기고 친구를 만나기 위해 온 사람도 있었지만, 단순히 구경하러 온 사람도 있었습니다. 그런데 히에론은 구경하러 온 사람 가운데 하나였지요.〉[15] 그러나, 인생이라는 극 무대를 구경꾼처럼 관조(명상)할 자격은 오직 하나님과 천사에게만 있다는 점을 명심하여야 할 것이다. 이 점에 관해서는 교회도 의심을 품은 적이 없었다. 〈성도가 죽는 것은 여호와께서 보시기에 귀하다〉라는 말씀은,[16] 사회를 위한civil 성도의 죽음과 규칙적인 신앙활동을 높이 평가한 말씀으로 해석되는 것이 옳다. 이런 맥락에서 교회는 수도원의 삶을 변호한다. 수도원의 삶이란 명상적인 것만이 아니라, 끊임없는 기도며 간원(懇願)의 의무에

15) 키케로, 『투스쿨룸 반론 *Tusculanae disputatioes*』(5. 3)에서 인용된 것이지만, 키케로의 원문에서는 시라쿠스Syracuse의 참주 히에론Hieron이 아니라, 플리우스Phlius의 참주 레오Leo가 언급되었다고 한다. 『키친의 판본』, p. 157. n. 1 참조. 철학에서 올바른 자세는 올림픽 경기를 관망하는 구경꾼의 자세라는 뜻이다.

16) 시편, 116편 15절.

충실한 삶이요, 하나님의 법에 관해 집필하거나 집필을 교육받는 의무에 충실한 삶이기도 하다는 것이다. 실제로 기도와 간원은 교회의 주요 임무로 존중되어 온 일이요, 하나님의 법에 관해 쓰고 가르치는 것은 모세가 산상에 오래 머물면서 수행한 일이었다. 마찬가지르 아담의 7대 손인 에녹Enoch은 비록 하나님과 함께 거닐면서 명상한 최초의 명상가였지만, 유다가 인용하고 있듯이,[17] 교회를 위해 예언을 선물하는 일 또한 게을리하지 않았던 것이다. 반면에 사회에 빛을 선물하지 못한 채 한낱 명상에 그치는 명상에 대해서는, 신학은 이를 인정한 적이 없다.

9. 둘째, 우리는 행복에 관한 일련의 논쟁에 대해서도 결론을 내릴 수 있다. 이 논쟁에서 한편은 제논과 소크라테스로부터 그들의 여러 학파와 계승자로 이어진 진영이었고, 다른 한편은 키레네 학파[18]와 에피쿠로스 학파로 구성된 진영이었다. 전자의 진영은, 행복이란 오직 덕에서 비롯되거나 덕에 수반되는 것이고 덕의 실천은 주로 사회를 배려하고 위하는 것이라는 입장을 견지하였다. 반면에 후자의 진영은 행복을 쾌락에 두면서 덕을 시종에 지나지 않는 것으로 간주하였다. (마치 실수 코미디[19]에서 여주

17) 유다서, 1장 14절.

18) 〈키레네 학파Cyrenaics〉는 키레네Cyrene의 아리스티포스Aristippus를 시조로, 기원전 4세기 말과 3세기 초에 번성한 그리스의 여러 군소 철학 유파들 가운데 하나이다. 아리스티포스는 개인의 현재적 쾌락이 최상의 선이요, 각 개인이 느끼는 쾌락을 보편적으로 잴 수 있는 보편적 척도는 존재하지 않는다고 주장하였다. 이 유파는 훗날 에피쿠로스에게 큰 영향을 미치지만, 그의 학설에 흡수되기 시작하면서 급속한 쇠퇴를 겪게 된다.

19) 〈실수 코미디comedies of errors〉는 우스꽝스러운 실수에 의해 관중의 폭소를 자아내는 코미디이다. 셰익스피어의 초기 코미디 중에는 「Comedy of

인과 하녀가 서로의 옷을 바꾸어 입은 격이 아닌가?) 쾌락이 있기에 쾌락을 시중드는 덕도 있다는 것이 그들의 주장이었다. 이 진영을 개혁한 에피쿠로스 학파의 개혁파도 비슷한 입장을 취하였다.[20] 개혁파는 행복이 정신의 평정 즉 동요로부터의 해방에서 비롯되는 것으로 보았다. 그들은 마치 주피터를 권좌에서 몰아내고 사투르누스를 복권시켜 태초의 시대를 회복하기나 하려는 듯한 입장을 취하였다. 여름과 겨울, 봄과 가을의 구분 없이 오직 하나의 기후와 계절만이 있던 시대로 돌아가려 하였다는 말이다.[21] 이런 맥락에서 헤릴로스는 행복이란 정신에서 논쟁의 불씨를 제거하는 것이라고 주장하였다. 그는 선과 악의 고정적인 본성을 상정하지 않았으며, 오히려 욕망(혹은 주저)의 순수함을 기준으로 사물을 평가하였다.[22] 이런 견해는 〈재세례파〉의 이단설에서 부활하였는바, 그들 역시 영혼의 운동〔의지〕에 따라 사물을 평가하였다.[23] 이 모든 입장은 사회 문제를 도외시한 채, 개인의 사적인

Errors」(1594)라는 제목을 가진 작품이 있다.

20) 〈에피쿠로스 학파의 개혁파〉란 스토아 학파를 말한다.

21) 그리스의 크로노스Kronos 즉 로마의 사투르누스Saturnus가 지배하던 최초의 황금시대에 관해서는, 오비디우스, 『변신』, 1. 107 참조.

22) 헤릴로스Herillus는 스토아 학파의 창시자인 제논의 제자이다. 스토아 학파는 네 가지의 근본 감정(욕망, 공포, 쾌락, 고통)을 설정한다. 이 중 욕망은 〈무엇인가를 향하는 비합리적 충동〉으로, 선을 낳을 수 있는, 잠재적으로 유익한 것으로 간주된다.

23) 〈재세례파Anabaptists〉는 종교개혁 운동에서 일종의 〈극단적 좌파〉였다. 그들의 교리는 독일 농민전쟁의 주요 이데올로기였고 덴마크, 네덜란드, 스위스, 모라비아 등에서 위력을 떨쳤다. 베이컨 시대에 잉글랜드에서는 재세례파 운동이 미약하였으나, 이후 내란을 거치면서 〈란터파Ranters〉 같은 과격파에게 영향을 미쳤다. 베이컨은 재세례파의 〈의지 자유론〉을 비판하고 있는데,

안정과 만족을 지향할 뿐이다.

10. 셋째, 비슷한 맥락에서 우리는 에픽테토스의 철학에 대해서도 비판적 검토를 수행할 수 있다.[24] 그의 철학은, 오직 우리의 힘으로 행할 수 있는 것 안에서만 행복이 추구되어야 한다고 가정한다. 우리가 운명에 의지하거나 정신의 동요에 휘말리지 않으려면 그렇게 해야만 한다는 것이다. 공공을 위해 선하고 덕스러운 목표를 추구하다 실패로 끝나는 것이 행복할 리 없듯이, 우리에게 주어진 운명에 맞추어 우리가 바라는 전부를 얻는다고 해도 그리 행복할 수는 없다는 식이다. 그러나, 에스파냐의 장군 곤살보는 나폴리를 가리키며 병사들에게, 자신은 〈일보 후퇴하여 생명을 부지하느니 일보 전진하여 죽음을 택하겠노라〉고 외쳤다고 한다.[25] 이와 관련하여, 저 지혜로우신 천상의 지도자께서는, 〈마음이 즐거운 자는 늘 잔치하느니라〉고 확고하게 결론을 내리신 바 있다.[26] 선의로 충만한 양심은 일의 성패를 떠나 인간 본성에

실제로 그 종파는 〈하나님의 선민이라면 영혼의 의지에 따를 때 결코 잘못을 범할 리 없다〉는 입장에서 인간의 온갖 의지와 욕망을 정당화하는 경향이 있었다.

24) 에픽테토스(Epictetus, 약 50-138)는 프리지아Phrygia의 스토아 학파 철학자로, 외적인 선행에 대해서는 무관심하였고, 참된 선은 오직 개인의 내면에서만 찾을 수 있는 것이라고 주장하였다.

25) 곤살보Gonsalvo는 에스파냐 군의 지휘관이던, 페르난데스 곤찰로(Gonzalo Fernandez de Cordoba, 1453-1515)를 말한다. 그는 프랑스가 나폴리를 침공하자, 에스파냐 이사벨라 여왕의 명을 받고 프랑스의 샤를르 8세에 대항하여 나폴리를 지키는 군대를 지휘하였다(1495-1498). 프랑스와 에스파냐가 나폴리를 분할 점령한 뒤에, 그는 프랑스 군을 몰아내고 1507년까지 총독의 임무를 수행하였다.

26) 잠언, 15장 15절.

지속적인 기쁨을 제공하는바, 이로부터 얻을 수 있는 기쁨은, 개인의 안녕과 휴식을 위한 어떠한 준비가 줄 수 있는 것보다도 지속적인 기쁨을 제공한다는 뜻이다.

11. 넷째로, 우리는 철학의 잘못된 용법에 대해서도 비슷한 비판을 가할 수 있다. 철학은 에픽테토스의 시대 이래로 하나의 직업이나 전문직으로 변화하는 가운데, 이미 널리 오용되기 시작하였다. 직업적 철학의 목적은 고민거리에 저항하거나 고민거리를 제거하는 데 있는 것이 아니라, 마치 고민거리의 원인으로부터 도망치고 피하는 데 있는 것처럼, 또한 그럴 수 있도록 특별한 종류의 생활 방식을 고수하는 데 있는 것처럼 되어버렸다. 이런 목적으로 도입된 정신 건강법은, 아리스토텔레스가 헤로디코스 Herodicus를 겨냥해서 말한 육체 건강법과도 같다. 헤로디코스는 평생토록 몸의 건강을 염려하는 일 외에는 한 일이 없었다지 않는가.[27] 그러나, 사회에 대한 의무에 헌신하는 사람의 경우, 가장 건강한 정신은 아무리 큰 유혹과 고민도 능히 이겨낼 수 있는 정신이다. 온갖 변화와 극단적 조건을 가장 잘 견뎌낼 수 있는 육체가 가장 건강한 육체이듯이 말이다. 이런 견지에서 볼 때, 디오게네스의 입장은 존중될 만한 것이다. 그는 무조건 금욕하고 삼가는 인간을 칭찬하지는 않았다. 그가 칭찬한 인간은 위험에 처해서도in praecipitio 능히 견디고 자제할 수 있는 인간이요, 승마술(乘馬術)에서 그러하듯이 정신을 최단거리에서 멈추고 회전시킬 줄 아는 인간이었다.[28]

---

27) 아리스토텔레스, 『수사학』, 1. 5, 10.

12. 마지막으로, 우리는 가장 존경받는 고대 철학자들의 일부를 비판적으로 검토할 수 있다. 그들에게는 응용력이 미약하거나 결핍되어 있었다. 비난당하거나 번잡함에 휘말리는 것을 피하기 위해, 너무도 쉽게 사회 문제를 등진 탓이었다. 그러나 진실로 도덕적인 인간이라면 결단에 앞서 (위에 언급된) 곤살보가 군인의 명예로 삼은 것을 따를 필요가 있다. 모름지기 군인은 〈올이 굵은 그물e telâ crassiore〉을 닮아야 하는바, 올이 너무 섬세하면 무엇이든 걸려들어 그물을 견딜 수 없게 만들 뿐이다.

28) 디오게네스가 아니라, 아리스티포스가 한 말이다. 디오게네스 라에르티우스, 『뛰어난 철학자들의 전기』, 「아리스티포스」, 2. 75.

제21장

1. 그러면 이제 〈사적인 선〉 즉 〈특수한 선〉의 문제로 돌아가기로 하자. 그것은 〈능동적 선〉과 〈수동적 선〉으로 구분된다. 양자의 차이는 로마인들이 〈프로무스〉와 〈콘두스〉라는 가계 출납의 친숙한 용어로 구분한 차이와 크게 다르지 않다.[1] 양자는 모든 사물에 〔양면처럼〕 함께 하지만, 특히 생물에 내재하는 두 종류의 욕망에서 가장 잘 드러난다. 하나는 자신을 보존하고 유지하려는 욕망이요, 다른 하나는 자신을 확장하고 확대하려는 욕망이다. 더욱 가치 있게 보이는 것은 후자이다. 자연에서 능동자의 역할을 수행하는 것은 더욱 가치 있는 천체요, 지상은 그보다 못한 수동자의 역할을 담당하기 때문이다.[2] 생물의 쾌락 가운데 번식의 쾌락은 식사의 쾌락보다 큰 법이다. 〈주는 것이 받는 것보다 복되다〉는 교리도 있다.[3] 마찬가지로, 살아가는 동안 인간의 영혼은

---

1) 프로무스Promus는 물건을 내거나 돈을 지출하는 일이고, 콘두스Condus는 물건을 들이거나 돈을 거두는 일이다. 보통 출납을 담당하는 집사가 이 두 가지 일을 함께 수행한다.

2) 천상계의 계획이 지상에 실현되는 것은, 천체들이 능동자agent 혹은 대행자로 작용하기 때문이라는 전통적 우주론을 엿볼 수 있는 대목이다. 하늘의 능동자(별의 영향)와 지상의 수동자(만물)를 결합한다는 것은 르네상스 자연마술의 상투어이기도 하였다.

단순한 수동적 쾌락에 머물기보다, 그의 욕망에 훨씬 확고하게 정립된 무엇인가를 능동적으로 실현하기 위해 심혈을 기울인다. 적어도 이 점에서는 인간의 영혼을 나약하다고 할 수 없을 것이다. 오히려 우리의 존재가 죽음에 이를 수밖에 없고 운명에 맡겨져 있다는 사실을 고려할 때, 능동적 선이 우선함은 더욱 분명해진다. 우리가 어떤 확실하고도 영속적인 쾌락을 유지할 수 있다면, 그런 쾌락의 존재는 당연히 쾌락의 가치를 높여줄 것이기 때문이다.[4] 물론, 〈우리가 가장 소중히 여기는 것은 죽음을 미루는 일이다〉라든가, 〈너는 내일 일을 자랑하지 말지니, 하루 동안에 무슨 일이 일어날는지 네가 알 수 없음이니라〉 같은 말이 없는 것은 아니다.[5] 그러나, 우리는 바로 그렇기 때문에 시간으로부터 벗어난, 확고한 무엇인가를 이루려는 욕망을 가지게 된다. 그리고 〈저들의 작품이 저들을 따른다〉는 말씀처럼, 우리의 행적과 작품만이 그 확고한 것이 될 수 있다.[6]

능동적 선이 우월함을 뒷받침하는 또 다른 것은, 인간 본성에 내재하는 변화와 진보에 대한 애정이다. 수동적 선의 주요 부분인 감각적 쾌락에서는 이런 종류의 애정이 거의 들어설 여지가

---

3) 사도행전, 20장 35절.

4) 능동적 선은 확실하고도 영속적인 쾌락을 제공한다는 점에서, 쾌락의 가치를 높여줄 수 있다는 뜻이다.

5) 앞의 인용은, 세네카, 『자연의 문제 *Naturales quaestiones*』, 2. 59. 7. 뒤의 인용은, 잠언, 27장 1절.

6) 요한계시록, 14장 13절. 사람들은 그들의 〈일〉과 〈작품〉에 대한 보상으로, 노동을 그치고 영원한 안식을 누리게 된다는 뜻이다. 베이컨은 인간의 〈행적들과 작품들〉을 꾸준히 축적하면 종말 이전에 실락원을 완전히 회복할 수 있을 것이라는 관점에서, 이 묵시적 구절을 재해석하고 있다.

없다. 세네카는 이렇게 말한다. 〈인간은 같은 일을 얼마나 지루하게 반복하는가. 먹고 자고 활동하고, 또다시 먹고 자고 활동하는 것을 되풀이한다. 이 점을 고려한다면, 당신은 한 인간이 죽음을 맞이하기까지는 용기도, 고난도, 지혜도 모두 불필요한 것이라 여기게 될 것이다. 누구든 살아 있음의 피곤함에 지쳐 죽고 싶어질 것이기 때문이다.〉[7] 그러나 삶에서 목표와 계획을 세우고 추진하는 과정은 변화로 점철되며, 사람들은 그런 변화에서 쾌락을 맛볼 수 있다. 착수하고, 진행하다가, 반성을 거쳐, 계획을 재수립하고, 그리하여 목표에 접근하여 결국 달성하는, 매 단계의 변화마다 기쁨을 맛볼 수 있다는 것이다. 이런 의미에서 〈목표를 추구하지 않는 삶은 지루하고 따분하다〉는 말이야말로 지당한 것이라고 하겠다.[8]

그렇다고 해서 능동적 선이 사회적 선과 전적으로 동일시될 수 있는 것은 아니다. 서로 일치할 때도 많기는 하지만 말이다.[9] 능동적 선은, 비록 자비로운 행동을 수반할 때도 많지만, 결국은 개인의 권력, 영예, 출세, 권세의 유지와 관련된 것이기 때문이다. 이런 속성은 능동적 선이 적대자와 부딪칠 때 가장 명료하게 드러난다. 세상을 혼란의 소용돌이로 몰아넣는 거인들의 정신 상태가 바로 그러하다. 루키우스 술라는 물론이지만 그보다 사소한 사례는 무수히 많다. 그들은 만인을 친구 아니면 적으로 나누어,

7) 세네카, 『서간집』, 「루킬리우스에게 보낸 편지」, 77. 6.
8) 같은 책, 95. 46.
9) 베이컨이 말하는 〈사회적 선good of society〉은 〈공공선public good〉 혹은 〈공동체적 선communicative good〉과 비슷한 뜻이다.

만인의 행, 불행을 결정하려 들었다. 그들은 각자의 기분에 맞추어 세상의 모습을 바꾸려 하였다. (이것은 실로 하나님에 대한 도전이 아닐 수 없다.) 그들은 능동적 선을 가장하고 추구하였지만, 이는 사회적 선, 즉 우리가 보다 높은 차원의 선으로 규정한 바 있는 선과는 거리가 먼 것이었다.

2. 수동적 선을 검토할 차례이다. 그것은 다시 보존적인 선과 완성적인 선으로 세분된다. 여기서 잠시 지금까지 이야기한 내용을 정리해 보기로 하자. 우리는 제일 먼저 사회적 선을 논의하였다. 이를 위해 인간 본성의 형상(본질)을 다루었는데, 그것은 개개인에 고유한 형상이 아니라 우리 모두가 일원으로서 공유하는 본성의 형상이었다. 사적이고 특수한 선에 관해서는, 능동적 선을 그 일부로 방금 논의한 참이다. 우리의 논의는 실로 적절하다. 만물에는, 각기 자기애(自己愛)로부터 나오는 삼중의 욕망이 새겨져 있기 때문이다. 첫째는 각자의 형상을 보존하고 유지하려는 욕망이요, 둘째는 각자의 형상을 보다 발전시켜 완성하려는 욕망이요, 셋째는 각자의 형상을 다른 사물로 넓히고 늘리려는 욕망이다. 이 중에서 우리가 능동적 선이라는 이름으로 다룬 것은, 각자의 형상을 다른 사물로 확장하려는 욕망, 혹은 그 욕망이 다른 사물에 새겨넣은 서명이다.[10] 그렇다면 이제 남은 문제는 두 가지이다. 하나는 형상의 보존과 관련된 문제이고, 다른 하나는 형상의 완성이나 고양과 관련된 문제이다. 이 중에서 형상의 완성은

10) 〈서명 signature〉은 어떤 것이 다른 것에 미친 〈영향의 흔적〉이라는 의미로, 베이컨 시대에 빈번하게 사용된 용어이다. 예컨대 만물에는 각기 조물주의 〈서명〉이 새겨져 있기 때문에, 세상은 〈신성한 서명들〉로 충만하다는 식이다.

수동적 선의 최상급 수준에 해당한다. 형상을 정체 상태로 유지하는 것보다는 진보 상태로 유지하는 것이 훨씬 높은 수준이기 때문이다. 다른 무엇보다 모범적인 사례는 바로 인간이다.

> 이 씨앗들이 그것들 안에 간직한 힘은 불꽃과도 같으니,
> 그것들의 기원은 신성한 하늘에서 유래한다.[11)]

〔이렇듯 인간의 싹은 신성한 기원을 갖기에〕 실로 인간이 신성한 천사의 본성에 접근해서 그 본성을 닮으면 그의 형상도 완성되겠지만, 천사의 선한 본성을 잘못 닮거나 거짓으로 닮으면 그의 인생은 폭풍우 한가운데 놓이게 된다. 사람 중에는 형상이나 본질의 향상을 바라는 본능에서, 위치(지위)의 변화를 추구하는 자가 많다. 이는 치료법을 찾지 못한 환자가, 마치 장소를 바꾸면 자신의 병세도 바뀌기나 하는 듯이, 이곳저곳을 허겁지겁 찾아다니는 것과도 같다. 야망을 품은 자도 마찬가지이다. 자신의 본성을 향상시킬 수단을 찾을 수 없을 때, 그는 자신의 위치(지위)를 높이기 위해 늘 동분서주하게 되는 것이다. 바로 이런 맥락에서 우리는 수동적 선을 평가할 수 있다. 앞서 이야기된 것처럼, 수동적 선은 〔형상의〕 보존 혹은 완성을 지향한다.

3. 보존이나 자족comfort에 관련된 선을 먼저 검토하기로 하자. 이 선은 우리의 본성에 잘 부합하는 것을 소유하여 즐기는 상태fruition를 일컫는다. 그것은 가장 순수하고 자연스러운 쾌락이

---

11) 베르길리우스, 『아에네이드』, 6. 730.

지만, 동시에 가장 연약하고 가장 낮은 쾌락이기도 하다. 이런 종류의 선에도 어떤 특징이 있음은 분명한데, 그 특징이 무엇인지는 충실하게 판단된 적도, 연구된 적도 없다. 소유에서 얻는 쾌락이나 만족은 〔양립하기 힘든〕 두 이유에서 선한 것이기 때문이다. 즉 그것은 순수함과 불변성으로 인해 선한 것이기도 하지만, 빠른 변화와 활기로 인해 선한 것이기도 하다는 말이다. 첫번째 선이 늘 동일한 양으로 주어지는 것이라면, 두번째 선은 수시로 변화하는 양으로 주어진다. 전자는 악에 물들 가능성이 적은 것이요, 후자는 선의 인상을 강화하기에 유리한 것이다. 둘 중 어떤 선이 더 중요하냐 하는 문제를 두고 많은 논란이 있었다. 그러나 과연 인간 본성이 두 가지 선을 함께 허용할 수 있느냐 하는 문제는 아직 연구된 적이 없다.[12]

4. 두 종류의 선 중에서 무엇이 더 중요하냐 하는 문제를 놓고, 소크라테스와 소피스트들이 논쟁을 벌인 적이 있었다. 소크라테스는 행복을 정신의 한결같고 지속적인 평화에 두었던 반면에, 소피스트들은 많이 원하고 원한 만큼 즐기는 것에 두었다. 양편이 논쟁에서 출발하였지만 상호비방으로 빠져든 것은 그 때문이

12) 다소 애매하게 표현되었지만, 베이컨의 의도는 다음과 같이 해석된다. 인간 생존에서 최소한의 필요를 충족시켜 주는 선은 늘 〈동일한 양equality〉으로 주어지지만, 변화를 갈망하는 선은 〈무시로 변화하는 양vicissitude〉으로 주어진다. 따라서 전자가 악에 물들 가능성이 낮다는 장점을 갖는다면, 후자는 진보를 도모할 수 있다는 장점을 갖는다. 역으로 말하면, 전자는 정체라는 약점을 갖지만, 후자는 악에 물들 가능성이라는 약점을 갖는다. 토마스 모어 같은 전통적 유토피아론자들이 전자의 장점에 초점을 맞추었다면, 베이컨은 후자의 장점을 강조한다. 다만, 진보를 추구하되 어떻게 악한 방향을 피할 수 있느냐 하는 것이 문제로 남는바, 베이컨은 이 문제에 천착하고 있다.

었다. 소피스트들은 소크라테스가 말하는 행복이란 돌부처의 행복에 불과한 것이라 평하였으며, 소크라테스는 소피스트들이 말하는 행복이란 가려운 곳을 긁는 것 외에는 달리 할 일이 없는 옴병 환자의 행복에 불과한 것이라 평하였다.[13] 양편의 의견은 각자 나름대로 지지자를 얻었다. 〔쾌락을 중시한〕 에피쿠로스 학파조차도 소크라테스의 의견에 전폭적인 지지를 보냈다. 그들에게 행복의 큰 부분을 차지하는 것은 여전히 덕이었다. 이 경우에, 덕은 욕망을 포용하기보다는 〔욕망에서 비롯된〕 동요며 번민을 정화하는 일에 더욱 요긴하게 쓰이는 것임이 분명하다. 반면에 소피스트들의 의견은 우리가 조금 전에 소개한 입장, 즉 진보적인 선은 단순히 보존적인 선보다 위대하다는 입장으로부터 지지자를 얻었다. 이런 입장에서는 욕망을 달성한다는 것이 곧 진보를 이룩한 것으로 판단된다. 이는 어떤 운동이 원을 그리고 있을지라도 매 지점에서는 진척되는 듯이 보이는 것과도 같다고 하겠다.

5. 그러나 더욱 중요한 것은 두번째 문제〔인간 본성이 두 가지 선을 동시에 허용할 수 있느냐 하는 문제〕이다. 이 문제를 적절하게 해결한다면, 첫번째 문제〔어떤 선이 더 우월하냐 하는 문제〕는 불필요해질 것이기 때문이다. 과연, 쾌락을 즐길 때에는 남보다 더 많은 쾌락을 느끼지만, 그 쾌락을 잃거나 그것에서 벗어나더라도 남보다 덜 괴로워하는 사람은 존재할 수 없는 것일까? 〈만일 당신이 욕망을 느끼지 않기 위해 쾌락을 삼가고, 두려워하지 않으려고 욕망을 삼간다면, 이는 소심한 겁쟁이의 특징〉이라는

13) 플라톤, 『고르기아스』, 492-494.

말이 있다.[14] 실제로 지금까지 철학자들이 제시해 온 학설들의 대부분은, 세상을 살아가는 데 필요한 것보다 지나치게 겁이 많고 경계심이 강한 것들로 보인다. 철학자들은 죽음의 공포에 대한 치료법을 제공하였지만, 실제로는 그 공포를 더욱 증대시켜 왔을 뿐이다. 그들은 인간의 한 평생을 죽음을 위한 훈련 내지 준비에 지나지 않는 것으로 삼으려 하였으니, 이는 사람들이 죽음을 두려운 적, 즉 아무리 준비해도 극복할 수 없는 무서운 적으로 여기도록 만들 필요에서 나온 것이었음이 분명하다. 이를테면, 한 시인이 적절하게 표현하였듯이,

> 삶의 끝은 자연의 은총으로 여겨져야 마땅할 것이니.[15]

이런 식으로 철학자들은 인간 정신을 지나치게 통일적이고 갈등 없는 것으로 만들려 하였을 뿐, 그 반대로 향하는 인간 정신을 충분히 제어하지는 못하였다. 그 이유는 그들이 사적이고 자유롭고 비실천적인 삶의 여정에 몸바친 자들이었기 때문인 것 같다. 류트 같은 현악기의 연주를 예로 들 수 있겠다. 기초 멜로디로 구성된 곡ground은 여러 변화 가운데에서도 조화를 추구하지만, 그렇다고 해서 무대 곡set song이나 즉흥곡의 색다르고 까다로운 변주나 종지부를 완전히 배제하는 것은 아니다. 철학과 시민 생활 사이의 거리도 바로 이런 방식으로 좁혀져야 한다. 이를 위해

---

14) 플루타르코스, 『영웅전』, 솔론 편, 7.

15) 로마의 풍자시인 유베날리스(Decimus Junius Juvenalis, 기원후 1-2세기경의 인물), 『풍자시 *Saturae*』, 2.

서는 보석세공사의 지혜를 배울 필요가 있다. 원석(原石)에 다른 알갱이나 광택을 흐리게 하는 것이나 유사한 수정체ice가 끼어 있다면, 이런 이물질을 제거함에 있어 원석을 크게 훼손하지 않아야만 보석에도 도움이 될 것이다. 원석을 지나치게 많이 깎아 내면, 보석세공사는 원석을 보석으로 바꿀 수 없기 때문이다. 사람의 도리도 이와 같아서, 관대함을 파괴하면서까지 자신의 평정을 얻으려 해서는 안 될 것이다.

6. 우리는 인간의 사적인 특수한 선에 관해, 그 선이 적합하다고 여겨지는 최대한의 범위까지 추론해 온 셈이다. 그러면 이제 사회와 관련된 인간의 선으로 되돌아가기로 하자. 이런 종류의 선은 〈의무〉라 불러도 좋을 것 같다. 〈의무〉라는 용어는 다른 사람을 향해 기울어져 있는 정신 상태를 지칭하는 데 적합한 것이기 때문이다. 이는 정신이 그 자체로서 적절하게 형성되고 구성되어 있는 상태를 가리켜 〈덕〉이라는 용어가 사용되는 것과 좋은 대조를 이룬다. 그렇지만, 사회와 관련짓지 않고는 덕을 이해할 수 없듯이, 내면의 상태를 전혀 고려하지 않은 채 의무를 이해할 수도 없을 것이다.

의무를 다루는 이 분야는 언뜻 시민철학이나 정치학에 속한 것으로 보일 수 있다. 하지만 세심하게 관찰해 보면 그렇지 않다는 것을 알 수 있다. 왜냐하면 이 분야는 인간이 각자 다른 사람 아닌, 자기자신을 어떻게 제어하고 다스릴 수 있느냐 하는 문제와 관련된 것이기 때문이다. 건축술이며 각종 기계기술mechanicals을 예로 들어보자. 기둥이며 대들보 같은 건축자재를 만들기 위한 지침이 모든 자재를 결합하여 건물을 세우는 방법과 같을 수 없지 않은가? 어떤 도구나 기계를 제작하기 위한 지침이 그것을 작동하고 이용하는 방법과 동일할 수는 없는 것이 아닐까? (그럼에도 불구하고 많은 사람들은 양자를 혼동하여, 한쪽을 표현해야 적합한 대목에서 다른쪽을 표현하곤 한다.) 같은 맥락에서, 어떻게 사람들을 사회로 결합하느냐 하는 문제는, 사람들을 어떻게 사회에 따르도록 하느냐 하는 문제와 구별되어야 마땅할 것이다.

7. 〈의무〉를 다루는 이 분야는 다시 두 분야로 세분된다. 첫째가 국가의 성원으로서 모든 개인에게 공통된 의무를 다루는 분야라면, 둘째는 각 개인이 각자의 전문(專門), 천직, 지위 등에 따라 수행하는 특별한 의무를 다루는 분야이다. 앞서 언급한 바 있듯이, 전자는 이미 적절하게 연구된 분야이다. 후자의 경우에도, 결핍된 상태라기보다는 산만하게 흩어진 상태라고 말하는 편이 옳다. 또한 나로서도 이런 종류의 논증을 수행한 저술이 산만하게 흩어질 수밖에 없다는 것을 최대한 인정해야만 한다. 전문이며 천직이며 지위 등의 다양함을 감안할 때, 과연 누가 그 모든 것에 고유한 의무, 덕, 주장challenge, 권리 등을 일일이 규정하겠다고 나설 수 있겠는가? 물론 선수보다 관람객이 경기를 더 잘 볼 수 있고, 〈계곡을 보려면 언덕 위로 올라가라〉는 속담도 없는 것은 아니다. 그러나 이런 자세는 성실하기는커녕, 교만한 것이다. 누구든 각자의 전문 영역에서야 가장 훌륭하고 실질적이고 충실하게 집필할 수 있다는 것은 틀림없는 사실이다. 그렇기에 사색에 치중하는 사람들이 현실 문제에 관해 집필하면, 경험이 풍부한 사람들로부터 몽상이나 헛소리라는 평을 받기 십상인바, 이를테면 전쟁에 대한 포르미온의 논증이 한니발에게 그렇게 들렸던 것

같다.[16] 전문적인 입장에서 집필하는 사람에게 약점이 없다는 말은 아니다. 특히 자신이 쓴 내용을 지나치게 높이 평가한다는 점이 그렇다. 그러나 일반적으로 말해, 적극적인 활동가가 집필하거나 집필할 수 있다면, 이것이야말로 바람직한 현상이요, 학문을 참으로 견실하고 결실 풍부하게 만들어주는 것이기도 하다.

8. 이런 종류의 집필을 예시함에 있어, 영광스럽게도, 국왕의 의무에 관한 우리 국왕 폐하의 탁월한 저서를 언급하지 않을 수 없다.[17] 이 작품은 신학, 윤리학, 정치학으로 풍부하게 엮어진 것이려니와, 그 안에는 다른 많은 학문들도 폭넓게 산재되어 있다. 나로서는 당연히 그것을 내가 지금까지 읽은, 가장 견실하고 유익한 작품들 중 하나로 여기고 있다. 새로운 발견으로 흥분에 들뜬 구석도 없지만, 사소한 것이라고 하여 무시하는 냉정함도 없다. 어수선한 논리로 이랬다 저랬다 하는 자의 현기증도 찾을 수 없다. 한정된 지면에 부적절한 문제를 무리하게 끼워넣는 자의 억지convulsion도 보이지 않는다.[18] 자연이 독자에게 주는 즐거

---

16) 포르미온Phormio은 한니발이 카르타고Cartago에서 에페소스Ephesus로 퇴각하였을 때, 전술에 관해 한니발과 토론한 아리스토텔레스파의 철학자이다. 그의 주장을 한니발은 공리공론으로 여겼다고 한다. 인용은 키케로, 『웅변론』, 2. 18, 75.

17) 제임스 1세의 〈통치술〉이 피력된 저서, 『국왕이 받은 은총*Basilicon Doron*』을 가리킨다. 이 작품은 그가 스코틀랜드의 제임스 6세로 재위할 시절에, 아들 헨리의 제왕 수업을 위해 작성한 것이다. 원고는 1598년에 완성되었고 이듬해에 출판되었다.

18) 라틴어 번역본에서는 〈부적절한 문제를 논하기 위해 방향을 바꾸는 자들처럼, 여담에 빠지지 않는다〉는 뜻으로 번역되었다. 이런 맥락에서, 역자는 〈convulsion〉을 논리상의 〈억지〉로 번역하였다.

움보다 더 많은 즐거움을 주기 위해 노력하는 자에게서나 느낄 수 있는, 향수(香水)나 채색의 기미도 찾을 수 없다.[19] 이렇듯 건강한 정신으로 무장된 덕택에, 폐하의 작품은 진리에 부합할 뿐만 아니라 행동으로도 쉽게 옮길 수 있다. 조금 전에 나는 각자의 전문 분야만을 주제로 삼아 집필하는 자들에 대해, 그들의 천성적인 결점, 즉 자신들이 집필한 내용을 지나치게 높이 평가하는 결점을 지적한 바 있다. 폐하의 작품은 이런 결점과도 거리가 멀다. 실로 폐하께서 집필하신 자세는, 과시의 영예를 추구한 앗시리아 국왕이나 페르시아 국왕의 자세를 닮은 것이 아니라, 백성의 목자(牧者)됨을 추구한 모세나 다윗의 자세를 닮은 것이었다. 나는 폐하께서 바로 그 신성한 통치정신으로 재판의 위대한 원리에 관해 말씀하신 것을 한번도 잊은 적이 없다. 〈하나님께서 자연의 법으로 통치하시듯이, 국왕은 국왕의 법으로 통치한다. 따라서 국왕은 그의 대권을 좀처럼 사용해서는 안 되는바, 이는 하나님께서 당신의 권능으로 기적을 행하시는 일이 드문 것과도 같다.〉 그렇지만 이런 말씀에도 불구하고, 폐하께서는 〈자유로운 군주free monarchy〉에 관한 작품도 아울러 집필하셨다.[20] 이 책에서 당신은 자신에게 주어진 직무 및 의무의 한계뿐만 아니라, 자신이 행사할 수 있는 수많은 권력 및 권리도 잘 알고 계신다는 사실을 사람들이 이해할 수 있도록 하셨다. 이러한 이유에서 나는

19) 제임스 1세의 수사학은 〈자연〉 즉 천품에서 나오는 것으로, 인위적인 꾸밈의 수사학보다 강력한 영향을 발휘한다는 뜻이다.

20) 〈자유로운 군주〉란 재량권을 자유롭게 행사하는 절대군주를 뜻한다. 이 작품은 제임스 1세의 〈왕권신수설〉이 피력된, 『자유로운 군주의 참된 법 *True Law of Free Monarchy*』(1598)을 가리킨다.

이 탁월한 저서야말로 특수한 상대적 의무를 다룬 책자들의 가장 뛰어난 귀감이라고 감히 단언할 수 있다. 만일 폐하의 작품이 천 년 전에 집필된 것이었다 하더라도, 나로서는 똑같이 말할 수밖에 없었을 것이다. 하지만 나로서는 궁정의 표현 예절에 따른다는 오해를 피하고 싶다. 궁정 예법에서는 면전에서 칭송하는 것을 아첨이라 평하지만, 원래 아첨이란 없을 때 칭송하는 것을 말한다. 말하자면 덕이 사라진 뒤에, 혹은 기회가 사라진 뒤에 칭송하는 것이 아첨이다. 진리의 견지에서 보든 기회의 견지에서 보든, 그러한 칭송은 자연스러운 것이 아니라, 무리한 것이다. 이와 좋은 대조를 이루는 작품이 키케로의 웅변, 『마르켈루스 변론』이다.[21] 이 작품을 읽어보면, 그것은 케사르의 덕을 그의 면전에서 칭송한 웅변임을 알 수 있다. 때를 놓친 관찰자들[22]에 비해 훨씬 현명한 인물의 예는 키케로 외에도 많이 있다. 어쨌든, 〔칭송의 대상이〕 살아 있든 죽었든, 좋은 기회에 맞추어 공정한 칭송을 수행하여야 한다는 데는 의문이 있을 수 없다.

9. 이제 원래의 문제로 돌아가기로 하자. 우리는 전문 영역과 직업에서의 의무를 논의하던 중이었다. 이 분야에서 파생된 또

---

21) 마르켈루스(Marcus Claudius Marcellus, 기원전 45년에 죽음)는 키케로의 친구로, 조영관(造營官), 집정관 등 고위 공직을 지냈다. 그는 원로원 편의 투사로서, 내란기에 케사르의 적이 되었다. 케사르가 그를 추방하였을 때, 키케로는 그를 사면하여 로마로 돌아올 수 있도록 해달라고 케사르에게 청원하였는데, 이때 키케로가 수행한 연설이 바로 『마르켈루스 변론 *Pro Marcello*』이다. 케사르는 결국 그를 사면하였다.

22) 라틴어 번역본에서는 〈때를 놓친 관찰자들observers〉의 예로, 연소(年少) 플리니우스가 언급되고 있다. 그는 트라야누스 황제가 죽은 뒤에 그의 송덕문을 작성하였다는 것이다.

다른 문제가 있다. 각 전문 직업에서 의무와 반대되는 측면, 이를테면 거짓이나 기만이나 사기나 악덕에 관련된 문제가 그것이다. 이런 문제점이 지금까지 논의되지 않은 것은 아니다. 그러나 어떻게 논의되어 왔는가? 신중하고 현명하게 취급되기보다는, 풍자적이고 냉소적으로 취급되어 왔다. 아니, 오히려 사람들은 전문 직업에서 선한 측면을 비웃고 헐뜯는 일에 기지를 발휘하기 일쑤였다. 그만큼 예리한 판단력을 동원하여 타락한 측면을 발견하고 잘라내는 일은 등한시되었던 셈이다. 솔로몬이 말하듯이, 무릇 경멸하고 비판하는 마음으로 지식을 추구하는 자는, 자기의 기분에 맞는 재료를 찾을 수는 있어도, 자기가 배울 재료를 구할 수는 없는 법이다. 〈교만한 자는 지혜를 구하여도 얻지 못하거니와 명철한 자는 지식을 얻기가 쉽다〉는 것이다.[23] 나로서는 이 주제를 성실하고 진실되게 다룬 사례를 아직 발견하지 못하였는바, 만일 제대로 다루어지기만 한다면, 정직과 미덕의 뿌리를 내릴 수 있는 최선의 방책이 될 수 있을 것으로 판단된다. 바실리스크의 전설은 좋은 비유를 제공한다.[24] 그 괴물이 당신을 먼저 쳐다보면 당신이 죽을 수밖에 없겠지만, 당신이 그 괴물을 먼저 발견하면 괴물이 죽는다. 온갖 기만이며 사악한 기예도 마찬가지이다. 그것을 먼저 찾아내면 그것이 생명을 잃겠지만, 그것이 앞지르면 큰 위험을 초래하게 된다. 이 점에서 우리는 마키아벨리를 위시

23) 잠언, 14장 6절.

24) 바실리스크basilisk는 전설적인 뱀, 코카트리스cockatrice를 말한다. 수탉의 알로부터 부화된 뱀이어서 머리와 다리와 날개는 수탉을 닮았고 꼬리와 몸통은 뱀을 닮았다고 한다. 이 동물이 먼저 쳐다본 생물은 치명적인 독에 감염되어 죽는다고 전한다.

한 일부 학자들의 입장을 존중해야만 한다. 그들은 인간이 무엇을 행해야만 하는가(당위)를 중시한 것이 아니라, 인간이 실제로 무엇을 행하고 있는가(현실)를 중시하였기 때문이다. 우리가 뱀의 모든 조건을 정확하게 알지 못한다면, 어떻게 뱀의 지혜와 비둘기의 순수함을 결합할 수 있겠는가?[25] 배로 기어다니는 음흉함, 이리저리 방향을 바꾸는 변덕과 민첩성, 질투심과 독 이빨. 뱀의 이러한 속성은 모두 악의 형상이요 본성이다. 이런 본성을 알지 못한다면, 덕은 무방비로 노출되어 보호받을 수 없을 것이다. 이렇듯 악에 대한 지식의 도움을 받지 못한다면, 정직한 인간이 사악한 자들에게 선을 베풀어 옳은 길로 인도할 수 없다는 것은 불을 보듯 뻔하다. 타락한 정신의 소유자는 정직성을 폄하한다. 정직성이란 목사나 교사의 그럴듯한 말을 쉽게 믿는 단순한 태도에서나 형성되는 것으로 가정한다는 말이다. 그러므로, 만일 당신이 그들의 타락한 생각을 속속들이 알고 있음을 그들에게 주지시킬 수 없다면, 그들은 도덕 전체를 싸잡아 경멸하려 들 것이다. 실로 〈어리석은 자는 당신이 먼저 그의 심중을 간파하여 말하지 않는다면, 지혜의 말을 들으려 하지 않을 것이다〉.[26]

10. 개별적 의무를 다루는 이 분야에는, 남편과 아내, 부모와 자식, 주인과 하인이 서로에 대해 수행하는 여러 의무도 포함된다. 우정의 의무, 감사의 의무, 각종 결사 · 단체 · 정치조직 내에

25) 마태복음, 10장 16절. 〈그러므로 너희는 뱀같이 지혜롭고 비둘기같이 순결하라.〉

26) 잠언, 18장 2절. 『불가타 성경 *Vulgate*』의 라틴어 원문을 옮겼기 때문에, 기존의 성서 번역과는 많은 차이가 있다.

서 성원들 사이의 상호 의무, 이웃간의 의무 등 다양한 의무가 포함된다. 그렇지만 지금까지 나는 이런 의무를 통치와 사회구성의 요소로 다루지 않았고, 개개인의 정신을 형성하는 요소로서만 다루었다.

11. 사회에 선을 행하는 문제를 다루는 지식도, 독립적으로 취급되기보다는 상대적으로 취급되는 편이 바람직하다. 이 분야에 포함되는 것으로는, 공인(公人)과 사인(私人), 공적인 일과 사적인 일 사이에서 의무의 경중을 따지는 문제가 있다. 루키우스 브루투스가 자신의 두 아들을 기소한 사건은 좋은 예가 되겠다.[27] 이 사건은 높이 칭송되었지만, 다른 평가도 있었다. 이를테면,

> 후세가 그의 조치에 대해 뭐라 판단하든, 그는 얼마나 불행한 사람인가![28]

사건의 성격이 이처럼 애매한 만큼, 평가도 양편으로 나뉘게 되었던 것이다. 또 하나의 예는 마르쿠스 브루투스와 카시우스에 관해 전해지는 사건이다.[29] 어느 날 저녁, 두 사람은 자신들과 비

---

27) 루키우스 브루투스(Lucius Junius Brutus, 기원전 6세기경의 인물)는 로마 공화정의 시조들 중 하나로 전해지는 인물이다. 전설에 따르면, 그는 집정관 시절에 7대 국왕 타르퀴니우스Lucius Tarquinius Superbus를 몰아내고 기원전 509년경에 공화국을 세웠다고 한다. 그는 두 아들을 재판에 회부하여 사형시켰는데, 그것은 두 아들이 타르퀴니우스의 후손과 공모하여 왕조의 부활을 시도하였기 때문이라고 전한다.

28) 리비우스, 『로마사』, 2. 5. 또한, 베르길리우스, 『아에네이드』, 6. 822 참조.

29) 마르쿠스 브루투스(Marcus Junius Brutus, 기원전 85-42)는 카시우스Caius Cassius Longinus와 함께 케사르의 암살을 주도하였다.

슷한 의견을 가진 인사들을 만찬에 초대하였다. 그들이 동지로 적합한지를 떠볼 생각이었다. 그래서 두 사람은 초대 손님들을 향해 권좌를 찬탈한 독재자를 죽이는 것이 옳으냐라는 문제를 던졌다. 손님들의 견해는 양분되었다. 일부는 독재자 밑에서 노예처럼 살아가는 것은 최악의 불행이라고 답하였지만, 일부는 내란을 겪느니 차라리 독재가 낫다는 입장을 피력하였다.[30] 의무의 상대성을 보여주는 사례들은 그 밖에도 많이 있다. 그 중 가장 빈번한 사례는, 작은 부정으로부터 큰 선을 얻는 문제와 관련된 것이다. 이런 맥락에서 테살리아의 이아손은 진리에 모순되게도, 〈많은 일이 정의롭게 수행되려면, 적은 일은 부정하게 수행될 수밖에 없다〉고 결정하였다.[31] 그러나 이런 결정에 대해서는, 〈현재 수행되고 있는 정의는 당신의 권력 안에 있지만, 훗날 수행될 정의는 그렇지 못하다〉는 대답이 적절할 것이다.[32] 즉 인간은 현재에 정의로운 것을 추구할 뿐, 미래에 대해서는 하나님의 섭리에 맡겨야 한다는 말이다. 이쯤에서 선을 예시하고 기술하는 일에 대한 일반적인 지식을 그만 논의하고, 다음 문제로 넘어가기로 하자.

---

30) 베르길리우스, 『아에네이드』, 6. 823 참조.

31) 테살리아의 이아손Jason of Thessalia은 고대 그리스, 테살리아 지역의 왕으로 기원전 370년 페르시아에 침입하려다 암살당하였다고 한다. 그에 관한 베이컨의 언급은 플루타르코스, 『교훈집 *Moralia*』, 24로부터 인용된 것으로, 큰 이익을 얻기 위해서는 작은 부정이 필요하다는 뜻이다.

32) 현재에 실현되어 있는 정의는 인간이 좌지우지할 수 있지만 미래에 어떤 정의가 실현될 것인지는 인간이 알 수 없다는 뜻이다.

제22장

1. 지금까지 우리가 삶의 결실을 논의하였다면, 이제부터는 그 결실을 가능하게 해줄 재배법을 논의할 차례이다. 재배법을 모른다면, 결실은 그림의 떡에 지나지 않을 것이다. 그런 결실은 감상하기에 좋은 멋진 그림이나 조각품은 될 수 있을지 몰라도, 생명과 운동을 결핍한 것이기 때문이다. 이 문제를 두고, 다름아닌 아리스토텔레스 자신이 남긴 말이 있다. 〈덕에 관해서는 그것이 무엇인가를 판단하는 것만이 아니라, 그것이 무엇으로부터 나오는가 역시 판단할 필요가 있다. 덕을 획득하는 방법 및 수단을 인식하지 못한다면, 덕을 안다는 것만으로는 아무 소용도 없을 것이다. 따라서 우리는 덕이 무엇인가라는 문제와 아울러, 덕을 어떻게 소유할 수 있는가 하는 문제도 고려해야만 한다. 사실 우리는 어떤 사물에 대해서든 그 자체를 인식하는 것과 동시에 그 사물의 소유자가 되는 것을 원한다. 이러한 욕망이 충족되려면, 그 사물이 무엇인가뿐만 아니라 그 사물이 어떻게 나오는가 역시 알아야만 할 것이다.〉[1] 이렇듯 아리스토텔레스는 덕의 배양이라는 문제를, 반복 강조해 가면서 충실하고도 인상 깊게 다루었다. 비슷

1) 아리스토텔레스, 『위대한 도덕 *Magna moralia*』, 1. 1. 이 작품은 아리스토텔레스의 이름을 빌린 위작이다.

한 맥락에서 키케로는 연소 카토에 대한 찬사를 아끼지 않았다. 카토는 철학에 맞추어 살았다. 즉 〈그는 철학자처럼 말하였던 것이 아니라, 철학자로서 살았다〉는 것이다.[2] 물론 이 문제는 오늘날 소홀히 여겨지고 있다. 자신의 삶을 전체적으로 개혁하는 일에 관심을 가진 사람이 거의 없는 현실에서, 이 분야의 지식은 피상적인 것처럼 보일 수 있다. 세네카가 훌륭하게 지적하였듯이, 〈모든 인간이 삶의 부분들에 대해서는 신경을 써도, 삶 전체를 고려하는 사람은 없다〉고 할 수 있을지도 모른다.[3] 그러나 나는 히포크라테스의 아포리즘이야말로 결론을 삼을 만한 것이라고 생각한다. 〈심각한 병에 걸렸으되 통증을 느끼지 못하는 자는 정신이 병든 자이다.〉[4] 이런 환자에게는 증상을 개선하기 위한 약만이 아니라 신지(神智)를 일깨우기 위한 약도 필요하지 않겠는가? 혹시 인간 정신의 치료가 신성한 신학의 몫이라 말한다면, 이 말도 틀린 것은 아니다. 그러나 도덕철학이 현명한 시종처럼, 겸손한 하녀처럼 신학에 봉사할 수 있다면, 금상첨화가 아니겠는가? 『시편』도 〈여종의 눈은 늘 안주인을 향한다〉고 전하는바,[5] 여종에게 위임된 것은 바로 안주인의 의중을 파악할 수 있는 특별한 분별력이다. 마찬가지로 도덕철학은 신학의 교의에 대해 늘 주의를 집중하여야겠지만, 적절한 한계 내에서 그 스스로 건전하고 유익한 많은 지침을 정립할 수 있을 것이다.

---

2) 키케로, 『무레나 변론』, 30. 62.
3) 세네카, 『서간집』, 「루킬리우스에게 보낸 편지」, 71. 2.
4) 인용은, 히포크라테스(Hippocrates, 기원전 약 460-377), 『아포리즘 *Aphorisms*』, 2. 6.
5) 시편, 123편 2절.

2. 이 분야가 그만큼 중요한 것임을 감안할 때, 이 분야의 저술이 별로 없다는 것은 이상한 일이 아닐 수 없다. 어쩌면 이 분야의 지식은 대체로 말과 행동이 일치하는 내용으로 구성된다는 점에서, 별도의 저술이 불필요하였을지도 모르겠다. 실제로 이 분야에서는, 사람들의 평범한 말이 그들의 저술보다 현명한 사례가 비록 드물기는 하지만 이따금씩 발견되곤 한다. 그렇지만 우리에게는 이 분야의 지식을 한층 주의 깊게 해설하여야 할 의무가 있다. 우선은 그런 해설 자체가 가치 있는 일이기 때문이지만, 우리 자신으로서도 그것이 결여되어 있다고 지적한 데 대한 책임을 벗어날 필요가 있기 때문이다. 우리의 지적이 황당하게 여겨질 수도 있다는 점, 그리고 이 분야에서 저술해 온 자들이 다른 생각이나 의견을 가질 수도 있다는 점을 두루 감안하겠다는 뜻이다. 먼저 우리는 이 분야의 몇몇 주제나 요점을 열거하기로 하겠다. 그리하여 과연 이 분야의 현 수준이 더 나은 것으로 보일 수 있는지, 과연 이 분야가 진정으로 존재한다고 말할 수 있는지를 따져볼 참이다.

3. 첫째, 실천을 지향하는 다른 모든 분야에서 그렇듯이, 이 분야에서도 우리는 우리 힘으로 무엇을 할 수 있고 무엇을 할 수 없는지를 먼저 나눌 필요가 있다. 우리가 할 수 있는 것에 대해서는 변화와 개선을 시도할 수 있겠지만, 할 수 없는 것에 대해서는 오직 순종application할 수 있을 뿐이기 때문이다. 평범한 농민이 토지의 본성이나 계절의 변화를 바꿀 수 없듯이, 의사가 환자의 체질적 조건을 바꾸거나 모든 우발적 증상을 치료한다는 것도 불가능한 일이다. 인간 정신을 배양하고 치료하는 문제에 있어서

도, 우리 마음대로 해결할 수 없는 두 문제가 있다. 하나는 본성과 관련된 문제이고, 다른 하나는 운명과 관련된 문제이다. 실로 인간 본성이라는 토대, 그리고 운명이라는 조건은 우리의 작업을 구속하고 제한하며, 따라서 인간은 그 두 조건에 순종하는 것이 최선일지도 모른다. 그러나,

> 모든 운명은 시련과 인내에 의해 반드시 정복된다.[6)]

같은 이치로 보면,

> 모든 자연(본성)은 시련과 인내에 의해 반드시 정복된다.

여기서 우리가 말하는 시련과 인내란, 단지 우둔함과 게으름으로 참고 견딘다는 뜻이 아니라, 지혜롭고 근면한 자세로 참고 견딘다는 뜻이다. 이런 자세를 견지함으로써, 적대적이고 모순적인 듯이 보이는 운명이나 자연(본성)으로부터 효용과 유익을 이끌어낸다는 뜻이다. 바로 이것이 우리가 〈적응한다〉든지 〈순종한다〉고 부른 속성이다. 그렇지만 순종의 지혜는, 우리가 순종하기에 앞서 어떤 정신상태와 성향을 가지느냐에 따라, 얻을 수도 있고 얻지 못할 수도 있다. 몸의 치수를 먼저 재지 않고는 옷을 맞출 수 없는 것과도 같은 이치라고 하겠다.

4. 이런 견지에서 볼 때, 이 분야에서 제1조에 해당하는 지식

---

6) 베르길리우스, 『아에네이드』, 5. 710.

은, 인간의 다양한 자연(본성)과 성향에 관한 지식이 될 수밖에 없다. 인간 본성 및 성향의 다양한 특징들과 기질들을 참되고도 견실하게 분류하고 기술하는 작업이 선행될 필요가 있다는 말이다. 다양한 기질들 중에서도 특히 주목해야 할 것은, 다른 기질들의 원인이자 근원이 될 만큼 근본적이면서도 가장 빈번하게 다른 기질들과 함께 발생하고 섞이는, 그러한 기질이다. 그저 몇 가지 기질들을 예로 들어 그 중용의 덕이 무엇인지를 간단히 논의하는 것만으로는, 우리의 의도를 충족시킬 수 없다. 그러면 이제부터 인간 본성의 중요한 기질들을 보다 상세하게 검토해 보기로 하자. 우선 어떤 사람은 큰 일에 이끌리고 어떤 사람은 작은 일에 이끌린다는 것은 충분히 고려할 만한 가치가 있는 주제이다. 아리스토텔레스는 이를 〈관대함〉이라는 이름으로 다룬 바 있다.[7] 이 주제와 연관시켜, 여러 가지 일에 관심을 가진 사람도 있고 단 몇 가지 일에만 관심을 가진 사람도 있다는 점을 고려할 수 있다. 늘 많은 일로 분주한 사람이 있는가 하면, 적은 일만을 선택해서 능숙하게 잘 처리하는 사람도 있다. 전자가 무기력한 사람을 낳는다면, 후자는 편협한 사람을 낳는다. 다른 정신의 유형도 생각해 볼 수 있다. 어떤 사람은 즉시, 혹은 짧은 시간 안에 처리될 수 있는 일에 이끌리지만, 어떤 사람은 아주 일찍부터 시작해서 긴 시간의 노력을 통해서야 완수될 수 있는 일에 이끌리기도 한다.

7) 아리스토텔레스의 어법에서 〈관대함magnanimity〉은, 사람이 자신의 업적을 정확하게 의식한 상태에서, 타인의 칭송에 대해서는 그것이 받아들일 만한 가치가 있을 때를 제외하고는 무관심한 태도를 취하는 것을 말한다. 아리스토텔레스, 『니코마코스 윤리학』, 4. 7 참조.

〈그 계획이 요람에 있을 때부터 정성스럽게 키웠다네〉라는 시구처럼 말이다.[8] 이런 정신적 기질은 〈인고(忍苦, longanimity)〉라 불릴 수 있는 것으로, 〈관대함〉과 마찬가지로, 하나님으로부터 받은 기질이라고 이해된다. 아리스토텔레스는 또 다른 구분법도 소개하였는데, 이것 역시 충실하게 검토할 만한 가치가 있다. 〈대화 당사자와 전혀 관계 없는 사안을 놓고 대화가 진행될 때, 〔상대방에〕 동의하고 즐겁게 하는 기질도 있지만, 역으로 반대하고 충돌하는 기질도 있다.〉 이와 비슷하게 고려할 만한 가치가 있는 구분도 소개된다. 〈단순한 대화가 아니라, 심각한 (그러나 반드시 누구 편을 들어야만 하는 것은 아닌) 문제를 논의할 때, 상대방의 유익에서 즐거움을 취하는 기질이 있는가 하면, 상대방의 유익에서 혐오를 느끼는 기질도 있다.〉[9] 실제로 우리가 선한 본성이나 악한 본성, 선의나 악의 같은 이름으로 부르는 것은 모두 이런 기질들이다.

나로서는 인간 본성의 다양한 기질들을 다루는 이 분야가 윤리학과 정치학에 한결같이 결핍되어 있다는 데 놀라지 않을 수 없다. 이것은 윤리학과 정치학 모두를 위해 큰 도움과 유익함을 제공할 수 있는 지식이기 때문이다. 혹시 점성술 전통에 의지하려는 사람이 있을지도 모르겠다. 점성술은 별의 영향력이라는 견지에서 인간 본성을 매끈하고도 손쉽게 분류하는바, 이를테면 〈조용함을 좋아하는 자, 행동을 좋아하는 자, 승리를 좋아하는 자, 명예를 좋아하는 자, 쾌락을 좋아하는 자, 기예를 좋아하는 자,

8) 베르길리우스, 『아에네이드』, 1. 22.
9) 아리스토텔레스, 『니코마코스 윤리학』, 4. 6.

변화를 좋아하는 자〉 등으로 분류하는 방식이 그러하다. 점성술 전통에서 그나마 가장 현명한 것을 꼽자면, 이탈리아인들이 교황 선출회의에서 행하는 분류가 있다. 회의에서는 날마다 여러 추기경들의 본성들이 멋지고도 생생하게 묘사된다. 지명하는 이유도 각양각색이다. 〈감수성이 풍부하다, 메마른 성격이다, 형식적이다, 실질적이다, 분위기를 잘 맞춘다, 엄격하다, 첫인상이 좋은 사람이다, 끝인상이 좋은 사람이다〉 등등. 그러나 이런 종류의 관찰은 말(언어) 속을 헤매고 있을 뿐, 실질적인 연구로 정착될 수 없다. 여러 기질이 구분되지만, 근거 없는 것이 대부분이다. 이런 지경에 처하게 된 데는 우리의 잘못이 크다. 우리의 일상 경험은 물론, 시(詩)와 역사도 이렇듯 피상적인 관찰이 성장하기에 좋은 텃밭이 되고 있기 때문이다. 우리는 피상적 관찰들을 꽃다발처럼 엮어서 손에 쥐고 있을 뿐, 그 꽃다발을 받은 자가 삶에 유용하게 쓸 수 있도록 그것을 풀고 다시 엮어줄 수 있는 사람confectionary에게 가져가지는 않는다.[10)]

5. 이와 유사하게 피상적인 분류법이 또 있다. 사람들이 성별, 나이, 지역, 건강과 질병, 아름다움과 추함 등을 토대로 정신에 떠올리는, 인간 본성에 대한 인상들이 그러하다. 이런 인상들이 외적 요소보다는 내적 요소로부터 떠올린 것들이라면, 외적 조건

10) 일상 경험세계나 역사와 시를 잘 분석하고 재구성하면, 인간 본성에 대한 지식을 얻을 수 있다는 뜻으로 해석된다. 베이컨은 라틴어 번역본에서, 이러한 분석-재구성의 사례를 특히 역사서술 방면에서 제시한다. 아프리카누스 Africanus 및 연로(年老) 카토에 대한 리비우스의 서술, 여러 로마 황제에 대한 타키투스의 서술, 15-16세기 유럽의 여러 국왕에 대한 기치아르디니 Guicciardini의 서술 등으로부터, 인간 본성의 여러 유형이 추출되고 있다.

으로부터 떠올리는 인상들도 있다. 군주 신분, 귀족 신분과 천한 태생, 부유함과 빈곤함, 공직 생활과 은둔 생활, 출세와 역경, 지속적인 운수와 변화무쌍한 운수, 비약적 출세와 단계적 출세 등, 외적 조건으로부터 얻는 인상들이 그러하다. 이런 인상들로부터 그릇된 판단이 발생한다. 몇 가지 예를 들어보자. 플라우투스는 노인의 관대함을 이상한 것으로 착각하여, 〈그 노인은 마치 청년처럼 관대하구나〉라고 말하였다.[11] 사도 바울은 크레타인의 본성을, 〈크레타인들은 항상 거짓말쟁이이고 악한 짐승이며 배만 위하는 게으름뱅이〉라고 간주하여, 〈그들을 엄히 꾸짖을 것〉, 즉 그들에게 엄한 규율을 적용할 것을 명하였다.[12] 살루스티우스는 왕들에게 모순을 즐기는 성향이 있음에 주목하여, 〈왕들은 폭력적인 만큼 변덕도 심하여, 자기모순에 빠질 때가 많다〉고 말하였다.[13] 그런가 하면, 타키투스는 운명조차 본성을 교정하기는 힘들다는 견지에서, 〈모든 황제 중에서 좋은 쪽으로 바뀐 것은 오직 베스파시아누스 황제뿐〉이라 평하기도 하였다.[14] 또한 핀다로스는 큰 행운이 갑작스럽게 찾아오면 사람을 망칠 때가 많다고 말하면서, 〈그로서는 큰 행복을 소화해 낼 수 없기〉 때문이라고 단정하였다.[15] 비슷한 맥락에서, 『시편』은 재산을 늘리는 것보다는

---

11) 플라우투스(Titus Maccius Plautus, 기원전 약 254-184)는 로마의 희극작가이다. 인용은, 『오만한 군인 *Miles gloriosus*』, 3. 1, 640.

12) 디도서, 1장 12-13절.

13) 살루스티우스, 『유구르타 전쟁사』, 113.

14) 타키투스, 『역사 *Historiae*』, 1. 50.

15) 핀다로스Pindarus는 고대 그리스의 서정시인 핀다르(Pindar, 기원전 약 518-438)를 말한다. 인용은, 『올림포스 송가 *Olympian Odes*』, 1. 55.

지금의 재산에 만족하면서 절제를 유지하는 편이 오히려 쉽다고 전한다. 〈재물이 늘어도 이에 마음을 쓰지 말지어다.〉[16)]

이상의 다양한 관찰들을 내가 통째로 부정하려는 것은 아니다. 그것들은 아리스토텔레스의 『수사학』에서 일부 다루어진 바 있고, 그 밖에도 몇 편의 논고에서 단편적으로나마 취급되었다. 다만 내가 문제로 삼는 것은, 이 관찰들이 도덕철학에 삽입된 적이 없다는 점이다. 그것들은 본질적으로 도덕철학의 영역에 속한다. 이는 다양한 토질들에 대한 지식이 농업의 영역에, 다양한 체질들에 대한 지식이 의학의 영역에 속하는 것과 다를 바 없다. 환자가 누구든지 똑같은 약을 처방하는 돌팔이의사의 무분별함을 따를 작정이라면 사정은 다르겠지만 말이다.[17)]

6. 이 분야의 지식에서 제2조에 해당하는 것은, 감정 affections에 대한 연구이다. 육체의 치료과정에 비유하자면, 먼저 다양한 체질을 인식하고 다음에는 질병, 마지막으로 치료법을 인식하는 것이 바른 순서일 것이다. 정신의 치료과정도 이와 같다. 치료하기에 앞서, 인간 본성의 다양한 기질을 인식하고 정신의 다양한 질병이나 연약함을 인식하는 것이 바른 순서라는 말이다. 여기서 정신의 질병이란 곧 감정의 동요와 무질서를 일컫는다. 실제로 고대 공화국의 정치가들은 대중을 바다에, 웅변가를 바람에 즐겨 비유하였다.[18)] 바람이 파도를 일으키지 않으면 바다도 조용하듯

---

16) 시편, 62편 10절.

17) 엉터리 의사가 모든 병을 오직 한 가지의 〈만병통치약〉으로 치료하려 하듯이, 인간 본성의 다양성에 대한 지식을 결여한 윤리학자는 오직 하나의 본성에만 초점을 맞추어 인간을 교육하려 들 것이라는 뜻이다.

이, 선동적 웅변가들이 부추기지 않으면 대중도 평화롭고 유순할 것이라는 뜻이었다. 정신에 대해서도 비슷하게 말할 수 있다. 만일 감정이 마치 바람처럼 정신에 혼란과 동요를 야기하지만 않는다면, 정신은 원래의 본성에 맞게 절제와 평정을 유지할 것이다. 이런 이치로 미루어볼 때, 아리스토텔레스가 (앞의 사례에서도 그러하였듯이) 여러 편의 윤리학 저서를 집필하였음에도 불구하고, 윤리학의 핵심 주제인 감정의 문제를 다루지 않았다는 것은 이상한 일이 아닐 수 없다. 오히려 그는 감정을 수사학에서, 그나마 부차적으로 다루었다. 말을 우선시하기 때문에, 말에 의해 움직이는 감정은 이차적인 문제로 남을 수밖에 없는 수사학에서, 그는 감정을 다루기에 적합한 장소를 발견하였던 것이다. 비록 그는 이 문제를 적절한 분량으로 다루기는 하였지만,[19] 진정으로 다루어야 할 대목(윤리학)에서는 그냥 지나치고 말았다고 하겠다. 더욱이, 쾌락과 고통에 대한 아리스토텔레스의 주장은 감정에 대한 우리의 연구를 충족시킬 수 없다. 이는 빛의 본성을 전반적으로 다룬 자가 색채의 본성을 다루었다고 말하기 힘든 것과도 같다. 빛이 색채의 본성보다는 개별 색채들에 관련된 것이듯이, 쾌락과 고통은 특수한 감정에 불과한 것이기 때문이다. 우리가 간접적으로 얻은 증거로 미루어 판단하자면, 이런 방식의 논증에 더욱 충실한 사례는 오히려 스토아 학파에게서 찾을 수 있다. 그

---

18) 『키친의 판본』(p. 171, n. 2)에 따르면, 여기서 베이컨은 피시스트라토스 Pisistratus에 대한 솔론의 언급을 염두에 둔 것 같다고 한다.

19) 아리스토텔레스는 『수사학』의 2권, 전반부(1-11)에서 감정의 문제를 다루고 있다.

러나 이 학파의 방법을 살펴보면, 그들의 논증은 폭넓은 능동적 관찰과 기술에 기초한 것이었다기보다는 세밀한 정의(定義)에 기초한 것이었음을 알 수 있다. (이런 종류의 주제에 대해 세밀한 정의를 시도한다는 것은 신중함이 지나친 탓이 아닐까?) 그 외에도 나는, 분노의 감정, 역경을 이기는 감정, 수줍음의 감정[20] 등 특수한 감정을 훌륭하게 다룬 저술들을 알고 있다. 그러나, 이 분야의 지식에서 최고의 전문가는 시인과 역사가이다. 이들은 감정의 구석구석을 매우 생생하게 묘사하였다. 이를테면 감정은 어떻게 불붙고 고조되었다가, 어떻게 진정되고 억제되며, 그리하여 행동이나 그 이상으로 나가지 못하고 결국 감금되는지. 감정은 어떻게 작용하며 어떻게 변화하는지. 감정은 어떻게 서로 결합하여 서로를 강화하는지. 한 감정이 어떻게 다른 감정 안에 밀봉되는지. 어떻게 감정은 서로 싸우고 대항하는지. 등등.

이렇듯 다양한 개별 사례 중에서도, 윤리 및 정치 문제에서 각별한 용도를 가진 것은 마지막 사례이다. 즉 어떻게 감정을 감정에 대항시켜, 한 감정에 의해 다른 감정을 제어할 수 있는가?[21]

---

20) 〈수줍음〉은 〈tenderness of countenance〉를 번역한 것이다. 라틴어 번역판에서는 플루타르코스의 소책자 『해로운 수줍음에 관하여 *de inutili verccundia*』를 인용하고 있다. 『스페딩의 판본』(p. 438, n. 2)은 불어 〈mauvaise honte〉에 해당하는 용어로 추정하고 있는바, 역자는 스페딩의 추정을 따랐다.

21) 이것은 〈감정들을 서로 대항시키는 원리〉라고 부를 수 있겠다. 이 원리는 베이컨 이후 잉글랜드와 유럽 전역에서 정치학의 기초 원리로 정착되었다. 예컨대 토마스 홉스는 〈죽음에 대한 공포의 감정〉이 다른 모든 감정을 상쇄할 수 있는 가능성을 모색하였고, 애덤 스미스는 돈벌이를 위한 〈이기적 감정〉이 다른 〈유해한〉 감정들을 상쇄할 수 있는 가능성을 모색하였다. 이 모든 시도는, 국가와 사회의 안정을 위해서는 인간의 감정이 제어되어야 한다는 믿음에서

우리는 짐승으로 짐승을 사냥하고, 새로 새를 뒤쫓곤 하는데, 그렇게 하지 않으면 쉽게 사냥할 수 없을 것이다. 바로 이러한 토대 위에서, 시민사회를 유지해 온 원리인 〈보상praemium〉과 〈처벌poena〉의 탁월한 용법이 정립된다. 즉 나머지 감정들을 제어하기 위해 공포(처벌)와 희망(보상)이라는 지배적 감정을 이용하는 것이다. 국가의 통치에서 때로는 한 당파를 다른 당파로 제압할 필요가 있듯이, 인간 정신의 내면에서도 그럴 필요가 있다고 하겠다.

7. 그렇다면 다음으로 논의할 문제는, 우리 힘으로 할 수 있는 범위를 정하는 것이다. 과연 우리는 얼마나 우리의 정신에 힘을 발휘하고 작용하여, 의지와 욕망을 다스리고 태도를 바꿀 수 있는 것일까? 이 문제를 해결하려면, 마땅히 습관, 활동, 습성, 교육, 추종할 귀감, 모방, 경쟁, 동료, 친구, 칭찬, 비난, 권유, 명성, 법률, 책, 연구 등을 두루 다루어야 옳을 것이다. 기존의 윤리학은 이런 요소들의 용도를 극히 제한적으로 논의하고 있을 뿐이지만, 실제로 인간 정신은 이 모든 요소들로부터 직접적인 영향을 받는다. 인간의 치료라는 견지에서 보자면, 정신을 건강하고 좋은 상태로 회복하거나 유지해 줄 처방이며 규칙은, 이런 요소들을 모두 종합적으로 기술하여야만 할 것이다. 그렇지만 우리는 이 중에서 한두 요소만을 선택하여, 나머지 요소들의 귀감으로 삼고자 한다. 모든 요소들을 일일이 다루자면 논의가 너무 길어질 것이기 때문이다. 습관과 습성에서부터 이야기를 전개하기로

나온 것이었다.

하자.

8. 아리스토텔레스는 천성적으로 고정된 것이 습관에 의해 바뀔 수 있는 여지를 인정하지 않았는데, 그의 견해는 주의력이 부족한 것으로 보인다. 그는 돌을 예로 들었다. 돌을 천번 이상 위로 던져봐도 돌 스스로 올라가는 법을 깨우칠 수는 없듯이, 우리가 아무리 자주 보고 들어도 더욱 잘 보거나 잘 듣는 법을 배울 수는 없다는 식이었다.[22] 이런 원리는 그 본성이 확고하게 고정된 사물에 대해서는 (왜 그렇게 고정되는지에 관해서는 논의할 시간이 없지만) 진리일 수 있다. 그러나 그 본성이 변화를 폭넓게 허용하는 사물에 대해서는 그렇지 못하다. 실제로 아리스토텔레스가 관찰하였더라면 좋았을 사물은 많이 있다. 손에 꼭 끼는 장갑도 사용하다 보면 점점 편해지지 않는가? 원래는 곧게 자랐던 막대기도 사용하다 보면 구부러지지 않는가? 자주 목소리를 내다보면 더욱 더 굵고 강한 목소리를 낼 수 있지 않은가? 열기나 냉기에 견디기를 자주하면, 점점 더 잘 참을 수 있게 되지 않는가? 이 마지막 사례는 아리스토텔레스가 사용한 예보다도, 습관이라는 그의 주제에 더 근접한 것으로 볼 수 있다. 한편, 인간의 습성은 미덕과 악덕으로 구성된다는 아리스토텔레스의 결론은 수용할 만한 것이지만, 마땅히 그는 어떻게 그런 습성이 덧붙여지는지를 더욱 자세하게 가르쳤어야만 하였다. 정신의 훈련을 올바르게 지도하는 현자의 지침이 많이 있다면, 당연히 육체에 대해서도 훈련을 올바르게 지도하는 지침도 그만큼 많아야 하지 않겠는가? 이런 지

22) 아리스토텔레스, 『니코마코스 윤리학』, 2. 1. 2.

침에 해당하는 몇 가지를 살펴보기로 하자.

9. 첫째는 처음부터 긴장을 너무 높이거나 너무 낮추지 않도록 주의하라는 지침이다. 긴장이 너무 고조되면, 소심한 본성을 가진 사람은 낙담하기 쉽고, 자신만만한 본성을 가진 사람은 너무 안이하게 생각하여 태만해지기 쉽다. 그래서 어떤 본성을 가진 사람이든, 자신에게 적절한 정도를 벗어난 기대를 가지게 될 것이며, 결국은 만족하지 못하게 될 것이다. 반면에 긴장이 너무 약하면, 어려운 과제를 수행하거나 극복한다는 것을 아예 염두에 두지 못할 수도 있다.

10. 둘째는 시기를 둘로 나누어 일을 행하라는 지침이다. 한번은 정신이 가장 내킬 때 일을 수행하고, 다른 한번은 가장 내키지 않을 때 수행하는 것이다. 전자를 통해서는 일의 큰 진전을 얻을 수 있을 것이다. 후자를 통해서는 정신의 속박과 장애를 제거하여, 어중간한〔썩 내키지도, 안 내키지도 않은〕 때에도 쉽고 즐겁게 일할 수 있을 것이다.

11. 세번째 지침은 아리스토텔레스가 다른 이야기를 하던 중에 잠시 언급한 것으로, 우리의 본성이 이끄는 방향과 정반대를 향해야 한다는 지침이다.[23] 이는 물살을 거슬러 배를 저어간다든지, 원래 굽은 막대를 반대로 구부려서 곧게 펴는 일과도 같은 이치라고 하겠다.

12. 네번째 지침은 정신을 더 나은 상태로, 더 즐겁고 행복한 상태로 옮기는 일과 관련된다. 그럴 수 있으려면, 원래의 의도(목

---

23) 같은 책, 2. 9. 5.

표)를 앞세우기보다는 〈마치 딴청을 부리듯이〉 행하여야 한다. 인간 정신은 꼭 해야 한다는 강박이나 구속을 혐오하는 본성을 가지고 있기 때문이다. 이상의 네 지침 외에도, 훈련과 습관을 지도하는 일과 관련된 많은 규칙이 있다. 훈련과 습관은 제대로 지도되기만 한다면, 원래의 본성을 다른 본성으로 바꿀 수 있을 것이다. 반면에 훈련과 습관이 우연에 지배된다면, 마치 원숭이처럼 어떤 본성의 모방으로 귀결될 것이요, 그리하여 볼품없는 모조품밖에는 낳을 수 없을 것이다.

13. 이렇듯, 정신적 태도에 미친 영향과 작용이라는 견지에서 여러 책과 연구성과를 두루 검토해 보면, 실로 다양한 지침이 존재하며 각 지침마다 큰 교훈과 방향이 제시되고 있음을 알 수 있다. 예컨대, 어떤 교부(教父)는 격앙된 어조로 시를 〈악마가 권하는 술〔酒〕〉이라 평하면서,[24] 시는 유혹이며 동요며 헛된 의견을 키울 뿐이라는 이유를 제시하였다. 아리스토텔레스의 견해, 즉 〈청년은 도덕철학의 청중으로 적합지 않은바, 그들은 끓어오르는 감정의 열화로부터 진정되지도, 세월과 경륜으로 길들여지지도 않았기 때문〉이라는 견해도 주목할 만한 가치가 있다.[25] 사실 이런 이유로 인해, 고대 저자들의 탁월한 저서며 담론이 청년들을 정직한 삶으로 이끄는 데 별 효과가 없었던 것이 아닐까? (실제로 그들의 저서며 담론은 덕을 장엄한 모습으로 재현하여 강렬한 설득을 시

24) 〈어떤 교부〉는 성 아우구스티누스(Augustinus, 354-430)를 지칭하는 것 같다. 아우구스티누스, 『고백 *Confessiones*』, 1. 16 참조.

25) 아리스토텔레스, 『니코마코스 윤리학』, 1. 3. 5. 아리스토텔레스의 원문에서는 〈도덕철학〉이 아닌 〈정치철학〉이 언급되고 있다.

도한 반면에, 덕을 위반한 속된 의견에 대해서는 기생충의 옷을 입혀 경멸받고 조롱되기 쉬운 것으로 표현하였다. 그럼에도 불구하고 별 효과를 낳지 못하였던 것은, 그들의 작품이 성인층 사이에서 읽혀지고 회자되기보다는, 주로 소년이나 초보자에게만 교육되었기 때문이다.) 그러나, 청년들이 먼저 종교며 윤리학에 깊이 감화되지 않는다면, 그들은 정치 문제에서는 더욱 부적합한 청중이 될 수밖에 없지 않겠는가? 먼저 감화되지 않는다면, 그들의 판단력은 타락하여, 만사는 효용과 운명에서만 다를 뿐, 다른 면에서는 전혀 차이가 없다는 착각에 빠질 것이 뻔하다. 이처럼 타락한 생각을 보여주는 시구(詩句)들이 있다.

> 덕이란 성공한 범죄를 일컫나니.

혹은

> 같은 죄를 저질러도 어떤 자는 형벌을 당하고 어떤 자는 왕관을 쓴다네.[26)]

이처럼 냉소적인 시구들은 덕이 훼손되는 것을 참다못해 시인들이 홧김에 한 말로 볼 수도 있다. 그러나 정치학 서적들의 어조는 훨씬 심각하고 적극적이다. 마키아벨리의 말을 빌려보자. 〈케사르가 패배하였더라면, 그는 카틸리나보다도 더 증오심에 불타

---

26) 앞의 시구는 세네카, 『분노한 헤라클레스 *Hercules furens*』, 251, 그리고 뒤의 시구는 유베날리우스, 『풍자시』, 13. 105.

는 인간이 되었을 것이다.〉[27] 그렇다면, 욕망과 피비린내로 점철된 카틸리나의 분노와, 세상에서 가장 탁월한 케사르의 기개가 같은 종류란 말인가? 양자 사이에는, 불운과 행운이라는 차이 외에 아무 차이도 없단 말인가? 윤리학의 일부 학설에 대해서도 비슷한 주의를 기울일 필요가 있다. 그렇지 않으면, 그런 학설은 지나치게 엄격하거나 교만하거나 남과 어울릴 줄 모르는 사람을 만들어낼 것이 뻔하기 때문이다. 키케로는 바로 이 문제점을 카토에게서 발견하고 있다. 〈마르쿠스 카토에게서 엿볼 수 있는 신성하고 빛나는 덕성은, 그의 본성에 고유한 것이지만, 때로 발견되는 결점은 그의 본성에서 나온 것이 아니라 그의 선생들 탓에 생긴 것이다.〉[28] 배움과 훈련이 인간의 정신적 태도에 침투하여 형성하는 속성과 결과에 관해서는, 그 밖에도 많은 금언과 조언이 있다. 동료, 명성, 법률 등, 우리가 윤리학에 대한 논의의 서두에서 잠깐 언급하였을 뿐인 주제들을 다룬 금언과 조언도 많이 있다.

14. 그러나 다른 무엇보다 정확하고 정밀하게 검토되어야 할 것은, 정신의 교화culture와 관련된 문제이다. 그 이유는 인간 정신이 어떤 때는 비교적 완전한 상태에 있지만 어떤 때는 타락한

---

27) 카틸리나(Lucius Sergius Catilina, 기원전 약 108-62)는 로마의 음모 정치가이다. 그는 정치적 좌절을 겪을 때마다 정적을 암살하거나 무력으로 제거할 음모를 꾸몄다. 대표적인 것이 키케로에 대한 음모(기원전 68)이다. 이 사건으로 그와 공모한 자들이 체포되었을 때, 케사르는 그들의 관용을 호소한 바 있다. 인용은, 마키아벨리, 『리비우스론 *Discorsi sopra la prima deca di Tito Livio*』, 1. 10.

28) 키케로, 『무레나 변론』, 29. 61.

상태로 빠져든다는 데 있다. 그러므로, 이 문제를 검토하는 목적도 정신이 선한 때를 붙들어 소중하게 키우도록 하는 한편, 정신이 악한 때를 지워서 축출하도록 하는 데 있다고 하겠다. 선을 붙들어두는 일은 지금까지 주로 두 가지 방식으로 수행되어 왔다. 하나는 맹세나 지속적인 다짐으로 선을 붙들어두는 것이요, 다른 하나는 부단한 수행과 단련으로 선을 붙들어두는 것이었다. 두 방식은 모두 그 자체로서 중요하다기보다는, 정신을 지속적인 복종상태로 묶어둔다는 점에서 중요한 것이다. 한편, 악을 지우고 축출하는 일 역시 두 가지 방식으로 수행되어 왔다. 하나는 과거의 악에 대해 일종의 대속(代贖)이나 속죄를 행하는 것이요, 다른 하나는 미래를 향한 새로운 출발이나 계획을 행하는 것이었다. 그러나 이 문제는 결국 신성한 종교의 영역에 속한다고 보는 편이 옳을 듯하다. 앞에서도 언급한 바 있지만, 선한 도덕철학은 종교의 하녀에 불과하기 대문이다.

15. 그렇다면 이제 우리는 마지막 요점으로 결론을 대신할 차례가 되었다. 인간 정신을 덕과 선이 충만한 상태로 바꿈에 있어, 가장 고귀하면서도 효과적인 수단, 즉 가장 종합적이면서도 간명한 수단은 과연 무엇인가? 이것은 결국 어떻게 선하고 덕스러운 삶의 목표를 개개인의 자아에 자극하고 제안하되, 합리적인 사람이라면 충분히 도달할 수 있을 정도로 자극하고 제안하느냐 하는 질문이다. 우리가 가정할 수 있는 경로는 두 가지이다. 첫째, 누군가가 정직하고 선한 목표를 설정하고, 게다가 그 목표에 대해 단호하고 지속적이고 진실한 태도를 견지한다고 치자. 그는 자신을 한꺼번에 덕스러운 모습으로 바꿀 수 있겠지만, 이것은 자연

(본성)이 한 일이나 다름없다. 둘째, 이와는 달리 손작업과 비슷한 경로를 생각해 볼 수도 있다. 조각가가 입상을 조각한다고 치자. 그는 자신이 손댄 부분만을 특정한 모습으로 바꿀 수 있을 뿐이다(그가 얼굴만을 조각한 상태라면, 신체에 해당하는 나머지 부분은 조각가가 손댈 때까지 원재료 그대로 남아 있을 것이다). 자연은 꽃을 창조하든 생물을 창조하든, 그 모든 부분의 기초들(싹들)을 한꺼번에 만든다. 사람도 마찬가지여서, 누군가가 절제를 통해 후천적인 덕을 얻는다 해도, 위엄fortitude을 크게 늘리지는 못할 것이다. 하지만 그가 선한 목적에 지속적으로 헌신한다면, 그 선한 목적을 추구하기 위해 그에게 무슨 덕이 요구되든 간에, 스스로를 그 덕에 맞출 수 있는 성향은, 그에게 미리 주어져 있는 것이다.[29)] 정신의 이러한 상태를 멋지게 표현하여, 아리스토텔레스는 덕성이라 부를 것이 아니라 신성(神性)이라 불러야 마땅할 것이라고 말한다. 우선 그는, 〈동물적인 악덕에 대해 초인적인 덕, 즉 영웅적 덕이나 신적인 덕을 대립시키면 좋을 것〉이라고 말한다. 그렇지만 조금 뒤에 그는, 〈악덕이나 덕은 야수에게서도, 신에게서도 발견할 수 없는바, 신의 본성은 덕보다 우월하며, 동물의 본성은 악덕과는 다른 종류의 것이기 때문〉이라고 덧붙인다.[30)] 우리는 연소(年少) 플리니우스가 트라야누스 황제의 추도사에서 황제에게 지극히 높은 위엄을 부여한 것은 바로 이런 맥락이었음을 알

---

29) 인간에게는 모든 덕성들의 싹들이 미리 주어져 있기 때문에, 선한 목적을 지속적으로 추구하는 동안 그 싹들을 키울 수 있다는 뜻이다.

30) 아리스토텔레스, 『니코마코스 윤리학』, 7. 1. 1. 그렇기 때문에 미덕과 악덕은 모두 인간의 선택에 달려 있을 것이다.

수 있다. 〈신들이 트라야누스만큼 선한 주인으로 계속 남아 있기만 한다면, 사람들은 신들에게 달리 기도할 필요가 없을 것이다.〉[31] 말하자면 트라야누스는 단지 신의 본성을 흉내낸 인물이라기보다는 오히려 신들의 귀감이 될 만한 인물로 표현되었던 것이다. 그러나 아리스토텔레스나 연소 플리니우스의 주장은 이교(異敎) 세계의 불경한 이야기로서, 진정 신성한 정신상태에 비하면 그 그림자에 지나지 않는다. 종교와 참된 신앙만이 사람들을 그런 상태로 인도하여 그들의 영혼에 사랑을 새겨넣는다. 이 자비로운 사랑이 〈완성의 띠〉로 불리는 것은 지극히 당연한바,[32] 사랑은 모든 덕들을 함께 붙들어 매주는 띠이기 때문이다. 이와 상반된 헛된 사랑, 즉 신성한 사랑의 거짓 모방에 불과한 사랑조차도 소중하다. 이와 관련하여 메난드로스는 〈서투른 선생보다는 사랑이 삶에 더 유익하다〉고 말한다.[33] 참으로 탁월한 통찰이다. 삶의 이치를 가르치는 일에는 선생이나 소피스트[34]보다도 사랑이

31) 연소 플리니우스(Plinius Secundus, 61/62-113), 『송덕문 *Panegyricus*』, 74. 베이컨은 이 작품이 트라야누스 사후에 작성된 것으로 오해하였으나, 실제로는 황제 생전에 작성된 것이었다. 라틴어 번역본에서는 〈황제의 추도사에서〉라는 구절이 삭제되었다.

32) 골로새서, 3장 14절. 〈이 모든 것 위에 사랑을 더하라. 이는 온전하게 매는 띠이니라.〉

33) 메난드로스(Menandrus, 기원전 약 342-291)는 그리스 시인이자 희극 작가로 〈관능적 사랑〉을 주제로 많은 작품을 남겼다. 그러나 『키친의 판본』(p. 177, n. 2)에 따르면, 인용된 구절은 메난드로스의 것이 아니라, 아낙산드리데스 Anaxandrides의 것이라고 한다.

34) 베이컨의 용례에서, 〈소피스트〉는 고대 그리스에서 지식을 추구하거나 전수한 사람들, 특히 급료를 받고 윤리적, 지적 문제를 교육하던 〈선생〉을 지칭한다.

적합하다는 것이다. 여기서 〈서투른 선생〉이라는 표현은, 선생이 아무리 많은 규율과 교훈을 가지고 있어도, 사람을 능숙하게 교화하거나 사람에게 자중자애(自重自愛)하여 스스로를 다스릴 수 있는 능력을 줄 수는 없다는 뜻이다. 사랑만이 그렇게 할 수 있다. 하물며 누군가의 정신이 자비로운 사랑으로 불타오른다면, 그 순간부터 사랑이 그를 더욱 완전한 상태로 이끌고 갈 것은 자명한 이치라고 하겠다. 이에 비하면, 윤리학은 모든 학설을 총동원하더라도 서투른 선생의 역할을 넘어서지 못한다. 그뿐만이 아니다. 크세노폰이 적시하였듯이, 사랑도 다른 감정들과 마찬가지로 정신을 흥분시키지만, 다른 감정들은 정신을 혼돈이나 격정 같은 왜곡되고 부적절한 상태로 이끄는 반면에, 사랑만은 정신을 그렇듯 고양된 상태에서도 안정시키고 진정시킬 수 있다.[35] 자비로운 사랑도 마찬가지이다. 다른 모든 미덕들은 본성을 고양시키되 과도해지기 쉽지만, 오직 자비로운 사랑만이 과도함을 허용하지 않는 것이다. 우리가 잘 알다시피, 천사들은 권력에서 하나님처럼 됨을 열망하다가, 즉 〈가장 높은 구름에 올라 지극히 높은 자와 비기려〉 하다가, 계율을 범하여 추방되지 않았던가? 그런가 하면 인간은 지식에서 하나님처럼 됨을 열망하다가, 즉 〈선악을 아는 하나님처럼 되려고〉 하다가, 계율을 범하여 낙원에서 추방되지 않았던가?[36] 그러나, 선함이나 사랑에서 하나님과 비슷해질 것을 열망하다가 계율을 범한 인간이나 천사는 지금껏 없었거니와 앞으로도 없을 것이다. 오히려 선함이나 사랑에서만은 우리

35) 크세노폰, 『심포지움 *Symposium*』, 1. 9-10.

36) 이사야, 14장 14절. 그리고 창세기, 3장 5절.

가 하나님을 닮을 것이 요구된다. 〈너희 원수를 사랑하고 너희를 증오하는 자에게 선을 베풀고 너희를 핍박하는 자를 위하여 기도하라. 이같이 한즉 하늘에 계신 너희 아버지의 아들이 되리니, 하나님은 그 태양이 악인과 선인에게 비취게 하시며, 의로운 자와 불의한 자에게는 비를 내리시니라.〉[37] 이런 맥락에서 이교도들은 신성(神性)의 본래 의도며 계획을 〈최선이자 최대Optimus Maximus〉라고 부르며, 거룩한 성경은 〈여호와께서는 그가 지으신 모든 것 위에 긍휼을 베푸신다〉고 전한다.[38]

16. 이제 나는 정신을 교화하고 통솔하는 윤리학 분야에서, 결론을 내릴 참이다. 혹자는 내가 지금까지 열거한 요소들을 검토하면서, 내 노력은 남들이 지금까지 상식이나 경험의 문제로 홀대해 온 것들을 하나의 지식 분야로 집성하려는 일에 불과하다고 생각할지 모른다. 이런 판단이 틀렸다고는 할 수 없다. 그러나 필로크라테스가 데모스테네스를 향해 농담 조로 말하였듯이, 〈아테네 시민 여러분, 데모스테네스와 내가 의견이 다르다고 놀라지 마십시오. 그는 물을 마시고 나는 포도주를 마시니까 말입니다〉.[39] 또한 〈잠자는 동안 열리는 두 대문〉이라는 옛 비유에서도 비슷한 내용을 읽을 수 있다.

> 잠자는 동안 두 개의 대문이 열린다네.

---

37) 마태복음, 5장 44-45절. 그리고 누가복음, 6장 27-28절 참조.

38) 시편, 145편 9절.

39) 필로크라테스Philocrates와 데모스테네스Demosthenes는 모두 기원전 4세기 중반에 아테네 민주정 편에서 활동한 정치 웅변가이다. 인용은, 데모스테네스의 『기만적인 외교사절에 관하여 *De Falsus Legationis*』, 355.

하나는 뿔로 만든 문인즉, 진짜 환영(幻影)들이 그 문을 통과한다네.
다른 하나는 상아로 정교하게 만든 문이니, 윤기 있고 새하얀 그 문을 통해서는
가짜 꿈들이 높은 세계로 전해진다네.[40]

신중하고 주의 깊게 검토한다면, 여기서 우리는 지식에서의 확실한 원리를 얻을 수 있다. 포도주의 달콤함이 더하면 더할수록 헛됨도 그만큼 커진다는 것이요, 상아 대문의 윤기가 더하면 더할수록 가짜 꿈도 그만큼 늘어난다는 것이다.[41]

17. 어쨌든 방금 우리가 결론에 도달한 인간철학의 영역은, 인간을 개인 수준에서 육체와 정신의 결합체로서만 고찰하는 일반적 영역에 속한다. 이 영역에는 주목할 만한 또 다른 측면이 있다. 정신의 선함과 육체의 선함 사이에는 밀접한 상응 관계가 있는 것 같다는 점이 그것이다. 육체의 선한 상태에 관해, 건강, 아름다움, 힘, 즐거움 등으로 분류할 수 있다면, 이성적 · 도덕적 지식 분야들에서 연구되는 정신의 선한 상태도 이와 유사하게 분류될 수 있다. 정신을 동요나 혼란 없이 건전하게 만드는 것, 정신을 균형 잡힌 아름다운 모습으로 만드는 것, 정신을 삶의 모든 의무에서 강하고 민첩하게 만드는 것 등을 정신의 선한 상태로 볼

40) 베르길리우스, 『아에네이드』, 6. 894.

41) 필로크라테스와 데모스테네스, 포도주와 물의 차이에 대한 언급은 라틴어 번역본에서는 생략되었다. 아마도 『신 기관』(1. 123)에서 언급한 내용과 어긋나기 때문이었을 것으로 보인다. 본서에서는 포도주를 헛된 주장에, 물을 견실한 주장에 비유하였지만, 『신 기관』에서는 물을 대중적인 철학에, 포도주를 그 자신의 탁월한 철학에 비유하고 있다.

수 있다는 말이다. 이 세 요소(건강, 아름다움, 힘)는 육체에서는 물론 정신에서도, 좀처럼 결합하지 않거니와, 대개는 분리되어 있는 편이다. 그 실례는 쉽게 찾을 수 있다. 지성과 용기 면에서는 능력을 갖추었으되, 동요로부터 벗어나 건전함을 유지하지도, 행동에서 아름다움이나 품위를 갖추지도 못한 사람이 얼마나 많은가? 행동은 우아하고 세련되었지만, 건강한 정직함이나 실질적인 유능함을 갖추지 못한 사람도 있다. 정직하고 거듭난 정신의 소유자이지만 볼품도, 수완도 없을 수 있다. 세 요소 가운데 두 요소가 결합하는 경우는 더러 있지만, 셋 모두가 결합하는 경우는 거의 없다. 끝으로, 우리는 즐거움에 관해서도 비슷한 결론에 도달한 바 있다. 정신이 무감각한 마비상태에 빠지지 않으려면, 일정한 즐거움을 유지해야만 한다는 것이었다. 다만, 즐거움은 다소 제한될 필요가 있는데, 그 강도나 활기 면에서보다는 무엇을 즐기느냐 하는 문제에서 제한되어야 한다.

제23장

1. 이제부터 다룰 시민사회에 관한 학문은, 다른 어떤 분야보다도 내용 면에서 구체적이요, 따라서 원리를 추출하기도 여간 힘든 것이 아니다. 그렇지만 감찰관 카토는 이렇게 말한 적이 있다. 〈로마인들은 양떼 같다. 그들 전체를 몰고 가는 것이 한 사람만을 몰고 가는 것보다 쉽기 때문이다. 떼지어 다니는 무리의 경우에는, 그 일부를 제대로 인도하면 나머지는 따르게 마련이다.〉[1] 이 점에서는 오히려 윤리학이 정치학보다 다루기 힘든 학문이다. 윤리학은 개개인의 내면에 선을 정립하는 것을 주업으로 삼지만, 시민사회에 대한 학문은 사회를 유지하기에 필요한 만큼의 외적인 선을 요구할 뿐이기 때문이다. 선정(善政)의 시대에도 흉사(凶事)가 빈발하는 것은 이런 이유에 기인한다. 성서에서 읽을 수 있듯이, 국왕은 선하였으나, 〈백성이 오히려 마음을 정하여 그 열조(列祖)의 하나님께로 돌아오지 않았다〉고 덧붙이지 않았던가.[2] 하지만 국가는 마치 거대한 기계와도 같은 것이어서, 느리게 움직이며 금방 부서지지도 않는다. 이집트에서 7년의 좋은 해가 7

1) 플루타르코스, 『영웅전』, 카토 편, 8.
2) 역대하, 20장 33절.

년의 나쁜 해를 보상해 주었듯이, 한동안 굳건한 토대 위에 유지되던 정부는, 뒤이은 실정(失政)들을 능히 견디어낼 수 있다. 개인의 결심이 한순간에 뒤바뀌는 것과는 좋은 대조를 이룬다. 이러한 측면을 고려할 때, 우리는 시민사회에 대한 학문이 원래 가진 커다란 난점을 어느 정도 줄일 수 있을 것이다.

2. 시민사회를 다루는 이 학문은 세 분야로 나뉘는데, 각 분야는 세 가지 주요한 사회 활동인 대화conversation · 사업negotiation · 통치government에 상응한다. 무릇 인간이 사회 즉 결사(結社)에서 추구하는 것은 안락 · 효용 · 안전으로 환원될 수 있기 때문이다. 이로부터 서로 다른 본성을 가진 세 지혜, 즉 행동의 지혜, 사업의 지혜, 국가의 지혜가 나온다. 세 지혜는 분리되어 있을 때가 많다.

3. 대화(행동)의 지혜는 너무 소중히 여겨져도 안 되겠지만, 경멸되는 것은 더욱 곤란하다. 이 지혜는 그 자체로서 중요할 뿐만 아니라, 사업 및 통치에도 영향을 미치는 것이기 때문이다. 한 시인이 말하듯이,

> 그대의 표정이 그대의 말을 배신하지 않도록 하라.[3)]

실제로 사람은 자기 표정을 잘못 관리한 탓에, 말의 위력을 반감시킬 수 있다. 이런 맥락에서 키케로는 동생에게 정중하고 붙임성 있는 태도를 권하였다. 아마도 동생의 행동을 두고 한 말이

---

3) 오비디우스, 『사랑의 기술*Ars amores*』, 2. 312.

었을 것이다. 〈문을 열어주어도 얼굴을 닫고 있으면 소용이 없다네.〉[4] 사람들에게 문을 열어주어도 서먹서먹하고 굳은 표정으로 맞이하면 아무것도 얻을 수 없다는 말이었다. 그런가 하면 아티쿠스는, 임박한 내전을 앞두고 케사르와 키케로가 첫번째 회담을 벌였을 때, 키케로를 위해 심각하게 충고하였다.[5] 아티쿠스의 충고 역시 그의 표정과 태도에 관한 것이었다. 이렇듯 표정 관리가 큰 영향을 미친다면, 더욱 큰 영향을 미치는 것은 대화에서 언행과 외관carriage을 바르게 관리하는 일이다. 내가 보기에 그 관리의 모범을 가장 잘 보여준 인물은 리비우스이다. 꼭 그런 의도에서 한 말은 아니었겠지만, 그는 이렇게 말한다. 〈나는 교만해 보이기도, 비굴해 보이기도 싫다. 교만이 남의 자유를 망각한 자의 태도라면, 비굴함은 자신의 자유를 망각한 자의 태도이다.〉[6] 행동의 요체는 남의 자유를 침해하지 않으면서 자기자신의 존엄성을 유지하는 데 있다는 뜻이다. 반면에 행동과 외관에 지나치게 신경을 쓰다보면 가식(假飾)으로 흐르기 쉽다. 〈자신의 삶을 연극처럼 꾸미는 것보다 흉한 일이 또 어디 있겠는가?〉 설령 이처럼 극단으로 흐르지는 않는다 하더라도, 그것은 시간을 잡아먹을 뿐

---

4) 여기서 〈키케로〉는 퀸투스 툴리우스 키케로(Quintus Tullius Cicero, 기원전 약 102-43)이다. 그는 웅변가 키케로의 형으로, 동생의 브리튼 정복을 도운 장군이다. 그러나 훗날 동생 키케로와 함께 케사르에 의해 처형되었다.

5) 키케로(Marcus Tullius Cicero, 기원전106-43)는 케사르의 강력한 정적으로, 폼페이우스 편에서 로마 내전(기원전 51년)에 가담하였다. 아티쿠스(Atticus, 기원전 109-32)는 로마의 유명한 문인이자 키케로의 친구였다. 인용은, 키케로, 『아티쿠스에게 보낸 편지 *Epistulae ad Atticum*』, 9. 12.

6) 리비우스, 『로마사』, 23. 12.

만 아니라 정신까지도 빼앗아버린다. 우리가 청년 학생들에게 늘 하는 충고로 〈친구는 시간의 도둑〉이라는 말이 있듯이, 행동거지에 너무 신경을 쓰는 것은 명상의 큰 도둑임이 분명하다. 만일 누군가가 즐거운 대화 시간에 푹 빠진다면 그는 여기에 만족하여 더 높은 덕을 열망하지 않겠지만,[7] 그럴 시간이 없는 사람은 평판에서 만족을 추구할 것이다. 평판이 높으면 만사 형통이지만, 평판이 부족하면 사소한 행동pluto과 비위맞춤compliment으로 이를 보충하려 드는 것이 인지상정이 아니겠는가? 이런 측면을 고려할 때, 체면치레에 지나치게 신경을 쓰고 시시때때로 바뀌는 체면의 규칙을 지키려고 하는 것이야말로 실천의 가장 큰 장애물이라 아니할 수 없다. 솔로몬은, 〈풍세를 살펴보는 자는 파종하지 아니할 것이요, 구름을 바라보는 자는 거두지 아니하리라〉고 말한다.[8] 실로 사람은 기회를 자주 발견하기 위해 노력하는 것만큼 스스로 기회를 만들기 위해서도 노력하여야 마땅할 것이다.

결론적으로 말해, 내게 행동이란 정신의 의복이요 의복으로서의 조건을 충분히 갖춘 것으로 보인다. 행동이 시류에 맞게 수행되어야 함은 분명하지만, 너무 신중해서는 곤란하다. 다만 행동

---

7) 원문은 〈such as are accomplished in that hour of urbanity please themselves in name, and seldom aspire to higher virtue〉이다. 여기서 〈hour〉는 1605년 판에서는 〈howr〉로, 1629년 판에서는 〈forme〉로 기록되어 있다. 스페딩은 이 단어가 〈honour〉일 것이라고 추정한다. 그러나 역자는 전후 문맥을 고려하여, 〈hour〉의 의미를 그대로 살렸다. 반면에 원문의 〈in name〉을 키친은 〈in it〉으로, 스페딩은 〈in the same〉으로 추정하였는데, 역자 역시 키친과 스페딩의 주석을 따랐다. 『키친의 판본』, p. 180, n. 4와 n. 5. 그리고 『스페딩의 판본』, p. 446, n. 2와 n. 3 참조.

8) 전도서, 11장 4절.

은 〔정신의 의복답게〕 정신의 선한 면을 드러내고 추한 면을 가리는 식으로 수행됨이 마땅할 것이다. 행동이 편협하게도 영향력이나 외적 작용에만 치우쳐서도 안 되겠지만 말이다. 어쨌든 시민사회에 관한 지식에서 이 분야는 훌륭하게 연구되어 온 것이므로, 나 역시 이 분야가 결핍되어 있다고는 말하지 않겠다.

4. 이와는 달리, 일이나 사업에 관련된 지혜는 지금까지 저술로 집성된 적이 없는바, 이는 학문과 학문의 교사들에게 큰 장애가 되고 있다. 이것이 원인이 되어, 학문과 지혜는 거의 일치하지 않는다는 (우리가 마치 금언처럼 여기는) 주장이나 의견이 발생한다. 실제로, 우리가 시민생활에 관한 것으로 규정한 세 지혜 중에서, 우선 행동의 지혜에 대해서는 대부분의 식자층이 덕에 비해 열등하고 명상에 방해가 된다는 입장을 취한다. 통치의 지혜로 말할 것 같으면, 그것을 필요로 하는 사람은 누구든지—비록 그 숫자는 적어도—그럭저럭 잘 해낼 수 있다. 그러나 일의 지혜는 사정이 다르다. 일이 인간 삶의 대부분을 차지함에도, 일의 지혜를 다룬 책은 한 권도 없다. 단편적인 지침들advertisements이 있기는 하지만, 이 주제의 중요성을 감안하면 턱없이 부족한 형편이다. 다른 주제의 경우와 마찬가지로 이 주제에 관해서도 저서들이 집필된다면, 나는 이렇게 장담할 수 있다. 학문을 갖추었으되 경험이 풍부하지는 못한 자는 경험이 풍부하되 학문을 결핍한 자를 훨씬 능가할 수 있을 것이요, 자신의 학문 분야에서도 큰 진척을 얻을 수 있을 것이라고 말이다.

5. 이 분야의 지식이 어떤 규칙이나 지침으로 포괄할 수 없을 만치 다양하고 가변적이라는 데는 이의가 있을 수 없다. 그렇지

만 이 지식에 비해 거의 무한히 다양한 정치학의 영역에서조차도 (뒤에서 검토하겠지만) 체계화와 부분적인 환원이 이루어진다는 점을 감안할 필요가 있다.[9)] 아무래도 일의 지혜에 관해서는 고대 로마에서 가장 질서 있고saddest 현명한 시절의 몇몇 인물을 스승으로 삼아야 할 것 같다. 그도 그럴 것이, 키케로에 따르면 그 무렵에는 현자로 널리 명성과 평판을 누리던 원로원 의원들이 시민들에게 직접 조언을 제공하였다고 한다.[10)] 코룬카니우스, 쿠리우스, 라에리우스[11)] 등 여러 의원이 일정한 시간에 광장에 나가 그들의 조언을 들으러 온 시민들의 말에 귀를 기울였으며, 시민들은 그들에게 다가와 딸의 결혼 문제, 자식의 취직 문제, 물건을 사고 파는 문제, 소송 문제, 그 밖에 살면서 부딪치는 갖가지 문제를 놓고 조언을 들었다는 것이다. 이렇듯 지극히 개인적인 문제에서조차 자문이나 조언의 지혜가 요구되는바, 기실 이런 지혜는 세상사에 대한 보편적 통찰로부터만 나올 수 있다. 조언의 지혜가 적용되는 것은 특수하게 제기된 개별 문제이지만, 그 지혜를 갖추려면 비슷한 성질을 가진 개별 사례들을 두루 관찰하고

---

9) 따라서 일의 지혜에 대한 지식은, 당연히 어떤 규칙이나 지침으로 환원될 수 있을 것이라는 뜻이다.

10) 키케로, 『웅변론』, 3. 33 참조.

11) 코룬카니우스Coruncanius는 이름 외에는 별로 알려진 것이 없다. 쿠리우스Marius Curius Dentatus는 기원전 270년경에 죽은 로마의 장군으로, 290년경에는 집정관을 지냈으며 청렴하고 소박한 생활로 평판이 높았다고 한다. 라에리우스Caius Laelius Sapiens는 로마의 유명한 장군 카이우스 라에리우스의 아들로, 기원전 140년에 집정관을 지냈으며, 스키피오 아프리카누스Scipio Africanus Major와의 깊은 우정으로 유명한 인물이다. 키케로는 그를 기려, 『라에리우스 : 우정에 관하여 *Laelius*: *sive, De amicitia*』라는 작품을 썼다.

집성하여야 한다는 말이다. 형 키케로가 동생 키케로를 위해 집필한 책, 『집정관직에 오르는 비결 *De petitione cosulatus*』이 바로 귀감적인 사례에 해당한다. (내가 알기로 이 책은 사업을 주제로 고대인들이 집필한 유일한 작품이다.) 이 책의 관심은 일시적으로 필요한 특정 조치에 있지만, 그 내용은 지혜롭고 적절한 공리들로 채워져 있다. 이 공리들은 시민의 투표로 결정되는 어떠한 선거에서든 늘 적용될 수 있는 보편적 지침이지, 일시적인 지침은 아니다. 그렇지만 우리는 솔로몬 왕이 집필한 여러 신성한 저술에 특히 주목할 필요가 있다. (솔로몬 왕을 두고, 성서는 그의 마음이 마치 바닷가의 모래알 같아서, 세상과 세상의 모든 문제를 두루 헤아릴 수 있노라고 증언하고 있다.[12]) 그의 저술에 수록된 아포리즘들로부터, 우리는 심오하고 탁월한 훈계며 지침이며 주장을 적지 않게 찾을 수 있다. 그것들은 모두 다양한 상황이나 사례에 두루 확대 적용될 수 있다. 잠시 그의 아포리즘들에 머물면서, 몇 가지 모범적인 사례를 고찰해 보기로 하겠다.

6. 〈무릇 사람의 말을 들으려고 마음을 두지 말라. 염려컨대 네 종이 너를 저주하는 것을 들으리라.〉[13] 이 아포리즘의 요점은, 우리가 알아봐야 불쾌한 것에 대해서는 아예 알지 않겠다고 미리 결정하는 편이 좋다는 것이다. 폼페이우스 마그누스가 세르토리우스의 서류를 읽지 않고 불태워 버린 것도 이런 종류의 큰 지혜로 간주되었다.[14]

---

12) 열왕기상, 4장 29절.

13) 전도서, 7장 21절.

14) 세르토리우스Quintus Sertorius는 마리우스 휘하의 장군으로, 페르페르나

〈지혜로운 자와 미련한 자가 다투면 지혜로운 자가 노하든지 웃든지 그 다툼이 그치지 않느니라.〉[15] 이 아포리즘은 어떤 현자가 그보다 못한 자와 일을 도모하여 얻는 불이익을 묘사하고 있다. 이런 관계에서 발생하는 문제는, 누군가가 농담으로 얼버무리든지 분노한다고 해결될 수 없거니와, 심지어 누군가가 자신의 태도copy를 바꾼다 해도 제대로 해결될 수는 없다는 것이다.

〈종을 어렸을 때부터 곱게 양육하면 그가 나중에는 자식인 체 하리라.〉[16] 이 아포리즘이 의미하는 바는, 사람이 처음부터 지나치게 우호적이면 배은망덕으로 귀결되기 십상이라는 것이다.

〈네가 자기 사업에 근실한 사람을 보았느냐. 이러한 사람은 왕 앞에 설 것이요 천한 자 앞에 서지 아니하리라.〉[17] 이 아포리즘에는, 명예를 얻으려면 모든 덕 중에서도 신속한 일처리가 으뜸이라는 관찰이 들어 있다. 실제로 높은 지위의 사람은, 너무 깊이 있고 능력이 넘치는 자보다는 민첩하고 근면한 자를 선호하는 경향이 있다.

〈해 아래서 다니는 인생들이 왕의 버금으로 대신하여 일어나 소년과 함께 있으매.〉[18] 이 아포리즘에서는, 술라가 처음으로 주

Perperna에 의해 기원전 72년에 암살되었다. 폼페이우스는 페르페르나를 진압하는 과정에서, 세르토리우스를 돕던 로마의 요인들이 적힌 서류를 얻었지만, 그것을 읽지 않고 불태움으로써 정적(政敵)과 시민의 불안을 덜어주었다고 한다. 인용은, 플루타르코스, 『영웅전』, 폼페이우스 편(20)과 세르토리우스 편(27).

15) 잠언, 29장 9절.

16) 잠언, 29장 21절.

17) 잠언, 22장 29절.

18) 전도서, 4장 15절. 백성들이 왕 대신에 한 소년을 따른다는 뜻이다.

목하였고 그 뒤를 이어 티베리우스 황제가 주목한 이치, 즉 〈지는 태양을 보는 자보다는 뜨는 태양을 보는 자가 많다〉는 이치가 표현되고 있다.[19]

〈주권자가 네게 분을 일으키거든 너는 네 자리를 떠나지 말라. 순종이 큰 허물을 작게 하느니라.〉[20] 이 아포리즘에서는, 모욕을 당할 때 자리를 떠나는 것이 가장 부적절한 방식이라는 경고가 주어지고 있다. 최악의 상태에서 떠나게 되면, 그 상태를 개선할 방도를 스스로 박탈하는 셈이 될 것이기 때문이다.

〈어떤 작고 인구가 많지 않은 성읍에 큰 임금에 와서 에워싸고 큰 흉벽을 쌓고 치고자 할 때에, 그 성읍 가운데 가난한 지혜자가 있어 그 지혜로 성읍을 건진 것이라. 그러나 이 가난한 자를 기억하는 사람이 없었도다.〉[21] 이 아포리즘에서는 국가의 타락이 언급되고 있다. 즉 국가는 어떤 덕과 공훈을 이용하고 나면, 더 이상 존중하지 않는다는 것이다.

〈유순한 대답은 분노를 쉬게 한다.〉[22] 이 아포리즘이 적시하고 있는 것은, 대답을 하지 않거나 거칠게 대답하면 분노를 돋구지만, 즉시 유순하게 대답하면 분노를 가라앉힌다는 이치이다.

〈게으른 자의 길은 가시울타리와도 같다.〉[23] 이 아포리즘은 게으른 자가 결국 얼마나 고생하게 되는지를 실감나게 보여준다.

---

19) 플루타르코스, 『영웅전』, 폼페이우스 편, 14. 2. 그리고 타키투스, 『연보』, 6. 46.

20) 전도서, 10장 4절.

21) 전도서, 9장 14-15절.

22) 잠언, 15장 1절.

23) 잠언, 15장 19절.

아무 준비도 없이, 일을 미룰 수 있을 때까지 미루다보면, 걸음걸음이 모두 가시밭길이요 장애여서 긁히고 막힌다는 것이다.

〈연설의 끝은 시작보다 중요하다.〉[24] 이 아포리즘은 형식적으로 말하는 자의 헛됨을 비판한다. 그런 자는 연설의 결론과 결실보다는, 서론과 권유에 더 신경을 쓴다는 것이다.

〈재판에서 사람의 낯을 보아주는 것이 좋지 못하고, 한 조각 떡으로 인하여 범법하는 것도 그러하니라.〉[25] 이 아포리즘에서는, 인정에 끌리는 재판관보다는 차라리 뇌물받는 재판관이 낫다는 점이 지적된다. 부패한 재판관이 줏대 없는 재판관보다는 쉽게 죄를 범하지 않는다는 것이다.

〈가난한 자를 학대하는 가난한 자는 곡식을 남기지 아니하는 폭우 같으니라.〉[26] 이 아포리즘은 빈민에 대한 강제 징수의 횡포를 표현한 것이다. 이 점은 배부른 거머리와 배고픈 거머리에 대한 옛 우화에서도 비유적으로 표현된 바 있다.

〈의인이 악인 앞에 굴복하는 것은 우물의 흐리어짐과 샘의 더러워짐 같으니라.〉[27] 이 아포리즘에서는 정의의 샘을 더럽히는 원흉이 지목된다. 세인의 면전에서 버젓하게 자행되는 불공평한 재판과 선례는, 우리가 보지 못한 채 지나치곤 하는 수많은 범법행위들보다 정의의 샘을 훨씬 크게 더럽힌다는 것이다.

〈부모의 물건을 도적질하고 죄가 아니라 하는 자는 멸망케 하

---

24) 전도서, 7장 8절.

25) 잠언, 28장 21절. 여기서 〈한 조각 떡으로 인하여 범법한다〉는 것은 작은 뇌물을 바라고 재판에서 공정성을 잃는다는 뜻이다.

26) 잠언, 28장 3절.

27) 잠언, 25장 26절.

는 자와 동류이니라.〉[28] 여기서 지적된 것은, 사람들이 보통 절친한 친구나 친지에 대해서는 마음대로 행동해도 되는 듯이 착각하여, 잘못을 범하고도 그 잘못을 가볍게 여기는 경향이 있다는 점이다. 그러나 이것은 오히려 잘못을 무겁게 만들어, 처음에는 가벼운 모욕에 불과하던 것을 심각한 불경으로 바꾼다.

〈노여움을 품은 자와 사귀지 말며, 울분한 자와 동행하지 말지니라.〉[29] 이 아포리즘은 친구를 사귐에서 특히 인내심을 결여한 자를 피하라는 경고를 제공한다. 그런 자는 친구를 파벌이나 싸움에 휩쓸리게 만든다는 것이다.

〈자기 집을 해롭게 하는 자의 소득은 바람〔風〕이니라.〉[30] 이 아포리즘은 가정사에서의 착각을 적시하고 있다. 사람들은 이혼이나 가정파탄을 자행하면서 장차 마음을 추스르고 즐겁게 살겠다고 스스로에게 다짐하지만, 이런 기대는 빗나가게 마련이요 곧 바람처럼 날아가 버린다는 것이다.

〈지혜로운 아들은 아비를 기쁘게 하거니와, 미련한 아들은 어미의 근심이니라.〉[31] 여기서는 아버지와 어머니가 구분되고 있다. 세상의 아버지들은 자식의 좋은 품성proof을 가장 기뻐하지만, 어머니들은 자식의 좋지 못한 품성을 가장 근심한다는 것이다. 이는 여성이 덕의 분별력에서는 약한 반면에, 운의 분별력에서는 강한 탓이다.

---

28) 잠언, 28장 24절.
29) 잠언, 22장 24절.
30) 잠언, 11장 29절.
31) 잠언, 10장 1절.

〈허물을 덮어주는 자는 사랑을 구하는 자요, 그것을 거듭 말하는 자는 친한 벗을 이간하는 자이니라.〉[32] 여기서는 화해를 위한 경구가 제공된다. 용서하고 지난 일을 잊는 편이 그 어떤 변론이나 변명보다도 화해를 위한 지름길이라는 것이다.

〈모든 수고에는 이익이 있어도 입술의 말은 궁핍을 이룰 뿐이니라.〉[33] 이것은 말과 담론이 게으름이나 궁핍이 만연된 곳에서 번성한다는 이치를 지적한 아포리즘이다.

〈송사에 원고의 말이 바른 것 같으나, 그 피고가 와서 밝히느니라.〉[34] 여기에는 어떠한 송사에서든지 먼저 한 말이 우위를 점한다는 관찰이 들어 있다. 따라서, 그 먼저 한 말로 인해 생긴 편견은 그 내용에서의 오루나 과오를 규명하지 못한다면 좀처럼 제거되지 않는다는 것이다.

〈남의 말 하기를 좋아하는 자의 말은 별미(別味)와도 같아서 뱃속 깊은 데로 내려가느니라.〉[35] 여기서는 아첨 내지 은밀한 설득을 두 종류로 구분하고 있다. 인위적이고 의도가 뻔히 드러나는set 종류는 그리 깊이 영향을 미치지 못하지만, 자연스럽고 자유롭고 단순함을 가장하는 종류는 깊이 침투한다는 것이다.

〈거만한 자를 징계하는 자는 도리어 능욕을 받고 악인을 책망하는 자는 도리어 흠을 잡히느니라.〉[36] 이 아포리즘에서는 교만하여 남을 경멸하는 자를 꾸짖을 때 주의하여야 할 점이 제시된

32) 잠언, 17장 9절.
33) 잠언, 14장 23절.
34) 잠언, 18장 17절.
35) 잠언, 18장 8절.
36) 잠언, 9장 7절.

다. 그런 자는 꾸지람을 받을 때 이를 모욕으로 여겨 앙갚음하려 한다는 것이다.

〈지혜 있는 자에게 교훈을 더하라. 그가 더욱 지혜로워질 것이다.〉[37] 여기서는 두 종류의 지혜가 구분되고 있다. 하나는 이미 생활습관이 된 지혜요, 다른 하나는 말뿐인 지혜, 혹은 머릿속에서만 맴돌고 있는 지혜이다. 전자는 기회가 주어질 때마다 더욱 활성화되고 배가되지만, 후자는 둔화되고 혼란스러워진다.

〈물에 비추이면 얼굴이 서로 같은 것처럼, 사람의 마음도 서로를 비추이느니라.〉[38] 여기서는 현자의 정신을 거울에 비유하여, 다양한 본성과 습관의 모든 이미지를 비추는 것으로 이야기된다. 이렇듯 모든 것을 비출 수 있는 능력으로부터 다음과 같이 탄력적인 적응력이 나온다.

> 현자라면 어떠한 성격을 지닌 자에게든 적응할 수 있는 법을 알리니.[39]

7. 지금까지 나는 솔로몬의 현명한 판단들에 다소 오래 머물러 있었다. 한 사례를 다루는 데 적합한 몫을 초과한 셈이다. 이 분야의 지식이 아직 결핍되어 있음을 감안하여, 하나의 탁월한 실례에 의해 이 분야에 권위를 부여하려는 욕심에 끌린 탓이었다. 또한 나는 솔로몬의 판단들 하나하나에 간단한 관찰을 덧붙였는

---

37) 잠언, 9장 9절.

38) 잠언, 27장 19절.

39) 오비디우스, 『사랑의 기예』, 1. 760.

데, 적어도 내가 이해하기로 나의 관찰은 원문의 의미를 곡해하지 않은 것이다. 물론 그 판단들이 더욱 신성한 용도로 쓰일 수 있음을 나도 모르지는 않는다. 신학에서조차 어떤 해석이나 저술은 마치 독수리처럼 다른 해석이나 저술에 비해 훨씬 높이 날아오르지 않는가? 그러나 나는 솔로몬의 판단들을 삶의 교훈 정도로 다루었던바, 만일 내가 추론과 실례를 덧붙여가면서 그것들을 분석하고 예시하였더라면, 그것들은 더욱 폭넓은 이야기로 받아들여졌을지도 모를 일이다.

8. 히브리인들만이 이런 지혜를 사용하였던 것은 아니다. 그 지혜는 히브리인보다 오래된 태고 시절에서도 널리 발견된다. 태고 시절의 사람들 역시, 삶에 유익하다고 생각되는 어떤 관찰들을 이룩하면, 그것들을 모아서 비유담이나 아포리즘이나 우화의 형식으로 표현하곤 하였다. 그러나 본디 비유담이란 실례가 부족할 때 그 대용이나 보충으로 사용된 것이었으니, 오늘날같이 역사적 실례들이 풍부한 시대에는 오히려 과녁mark이 사실적일 때 더 효과적으로 목표를 향할 수 있을 것이다.[40] 따라서 사적 · 공적인

---

40) 태고적 〈지혜 문학wisdom literature〉에 대한 베이컨의 견해를 엿볼 수 있는 대목이다. 르네상스 시대 이래로, 서구 인문학은 히브리 전통보다 오래된 이교 전통에서 〈비길 데 없는〉 심오한 지혜를 발견하기 위해 노력하였다. 한편으로 베이컨은 이러한 르네상스 인문학의 전통을 계승하고 있다. 뿐만 아니라 그는 그 지혜가 아포리즘이나 비유담이나 우화 속에 〈유비적으로〉 표현된 것이 고대인들의 〈의도〉라고 생각한 점에서, 유헤메리즘의 오랜 전통을 따르고 있는 듯이 보이기도 한다. 그러나, 곧이어 베이컨은 비유란 실례가 부족할 때 사용하는 것이요, 생생한 〈실례들〉로 풍부한 오늘날에는 비유보다는 생생한 문체가 더 필요하다고 주장한다. 이는 고대의 비유담을 언어의 부족에 기인한다고 보는 입장으로, 태고적 지혜는 심오한 〈의도〉의 산물이 아니라 〈삶의 필

일이라는 이 광범위하고 변화무쌍한 주제를 다룸에 있어 가장 적합한 문체는, 마키아벨리가 현명하고 적절하게도 정치 문제를 위해 선택한 문체, 즉 역사나 실례에 의거한 담론이라고 할 수 있겠다. 내 생각에는, 개별 사례들로부터 생생하게 얻은 지식이야말로 다시 개별 사례들로 향하는 최상의 길을 알려주는 것이다. 또한 그런 지식은 실례가 담론에 종속될 때보다는 담론이 실례에 종속될 때 실천을 위해 한층 큰 생명력을 갖는다.[41] 이것은 언뜻 보면 순서의 문제이지만, 곰곰이 따져보면 실질적인 내용의 문제임을 알 수 있다. 그 이유는 다음과 같다. 실례가 역사 대부분을 뒷받침하는 토대가 되는 경우에는, 모든 구체적 상황들(즉 때로는 그 안에서 구성되는 담론을 통제하기도 하고 때로는 그 실례를 행동의 모델로 제공하기도 하는 모든 상황들)도 실례를 중심으로 구성될 것이다. 반면에 실례가 담론에 덧붙여지는 경우에는, 실례는 전체적으로 충실하게 인용될 수 없고, 따라서 구체성을 결핍하게 될 것이다. 실례는 담론을 꾸미기 위해 사용될 뿐이요, 담론에 대한 시종의 역할에 머물 수밖에 없을 것이다.

9. 그러나 반드시 유념하여야 할 한 가지 차이가 있다. 마키아벨리가 다룬 정치 담론에서는 시대사history of Times가 최상의 토대를 제공하였지만, 이제 사업에 관한 담론에서 가장 적합한 토대를 제공하는 것은 전기적(傳記的) 역사라는 점이다. 사업에

요〉에서 형성된 것이라는 잠바티스타 비코의 통찰을 예비하고 있다.

41) 〈실례〉 그 자체가 실제 응용에 훨씬 도움이 되며, 그 실례를 분석하고 해설하는 담론은 실례를 보조할 뿐이라는 뜻으로 해석된다. 이것은 실례가 이론이나 방법에 선행한다는 뜻으로 확장될 수 있는바, 이는 귀납의 정신을 표현한 것이기도 하다.

대한 담론은 사적인 행동과 밀접한 관계가 있는 것이기 때문이다. 아니, 시대사와 전기 모두를 능가하는 토대가 있을 수도 있다. 사업과 관련된 문제에서는 편지를 토대로 한 담론이 더 적합할 수도 있다는 말이다. 지혜롭고 중요한 편지에 의존해서 작성된 논고로는, 키케로의 『아티쿠스에게 보낸 편지』를 위시한 많은 작품이 남아 있다. 실제로 사업을 전함에 있어서, 편지는 연대기나 전기보다 훨씬 방대하면서도 구체적일 수 있다. 지금까지 우리는 시민사회에 대한 지식 중에서 일과 관련된 분야를 놓고, 이 분야의 내용과 형식을 모두 논의하였다. 이 분야가 아직 결핍되어 있음을 지적해 두고자 한다.

10. 그렇지만 이 분야에는 아직 우리가 다루지 않은 특수한 부분이 남아 있다. 이 부분은 우리가 조금 전까지 논의한 부분과는 상당히 다르다. 양자의 차이는 〈지혜를 발휘하는 것sapere〉과 〈지혜롭게 되는 것sibi sapere〉의 차이라고도 할 수 있겠다. 원(圓)에 비유하자면, 전자는 원주를 향하는 지혜요, 후자는 중심을 향하는 지혜이다. 즉 전자가 남을 위한 조언의 지혜라면, 후자는 자기자신의 운명을 개척하는 지혜라고 할 수 있을 것이다. 두 지혜는 가끔 만날 때도 있지만 서로 떨어져 있을 때가 훨씬 많다. 그런 까닭에, 혼자의 길에서는 현명해도 통치나 조언에서는 형편없는 사람이 많은 것이다. 이런 사람은 개미에 비유될 수 있겠다. 개미는 혼자로는 지혜롭지만, 정원에 대해서는 해롭기 그지없는 곤충이 아닌가? 어쨌든, 로마인들은 자신의 운명을 스스로 개척하는 종류의 지혜에 상당한 식견을 가지고 있었던 것 같다. 이를테면 한 희극작가는 〈진정으로 지혜로운 자는 자신의 운명을 스

스로 만든다〉고 말하였는데,[42] 이것은 〈만인은 각자 자기 운명의 건축가〉라는 속담으로 발전하였다. 또한 리비우스는 연로 카토(감찰관 카토)를 평하여, 〈이 사람에게서 엿보이는 뛰어난 정신력과 천재성은, 그가 어떠한 조건에서든 스스로 자신의 운명으로 만들었을 것이라는 생각이 들게 하는 그런 것이었다〉라고 말하였다.[43]

11. 물론, 이런 발상이나 주장을 공공연히 내세우는 것은 현명하기는커녕, 불행한 일이 아닐 수 없다. 아테네의 티모테오스가 그런 인물이었다. 그는 정치가로서 국가에 수많은 뛰어난 기여를 하였고, 시민들에게 자신이 기여한 바를 일일이 설명하였는데, 그때마다 〈이 일에서 운명은 아무 역할도 하지 않았노라〉는 말로 결론을 내렸다고 한다.[44] 그가 착수한 어떤 일에서도 끝내 성공을 거두지 못한 것은 당연한 이치였다. 그는 너무 자신만만하고 교만하였던 것이다. 선지자 에스겔이 이집트 왕 바로Pharaoh에게 한 질책이 생각난다. 〈너는 스스로 이르기를 이 강은 내 것이라, 내가 나를 위하여 만들었다 하는구나.〉[45] 같은 맥락에서 또 다른 선지자는 사람들이 각자의 그물과 초망 앞에 제사지내는 것을 언

---

42) 〈한 희극작가〉는 로마의 유명한 희극작가 플라우투스(Titus Maccius Plautus, 기원전 약 254-184)를 말한다. 그는 그리스의 신희극New Comedy을 수용하였으나, 이를 중하층 서민을 위한 대중적 표현으로 바꾸어 성공을 거둔 인물이다. 인용은 그의 희극, 『트리누무스 *Trinummus*』, 2. 2, 48.

43) 리비우스, 『로마사』, 39. 40.

44) 오로지 자신의 힘으로 업적을 성취하였다는 뜻이다. 티모테오스Timotheus는 기원전 345년경에 죽은 아테네의 정치가이자 장군이다. 인용은, 플루타르코스, 『영웅전』, 술라 편, 100. 6.

45) 에스겔, 29장 3절.

급하였다.[46] 그런가 하면 한 시인은 이렇게 읊조린다.

> 내가 믿는 신은
> 나의 오른손이요 나의 창이나니![47]

이런 종류의 자신감은 언제나 불경한 것으로 간주되었고 축복받은 적도 없었다. 실제로 위대한 정치가로 성공한 사람들은 언제나 그들의 성공을 각자의 수완이나 덕에 기인하는 것이 아니라 축복에 기인하는 것으로 돌렸다. 술라가 자신에게 붙인 별칭은 〈위대한Magnus〉이 아니라 〈축복받은Felix〉이었다. 케사르가 한 선장에게, 〈자네는 케사르와 그의 운명을 함께 싣고 있다네〉라 말한 것도 같은 뜻이었다.[48]

12. 그럼에도 불구하고 우리는 그렇듯 자신만만한 주장이 교만의 불꽃이 아닌, 근면의 박차로 간주되고 이해된 측면을 고려해야만 한다. 가령 〈만인은 각기 자기 운명의 건축가이다〉, 〈현자는 자신의 별을 다스린다〉,[49] 〈덕이 지나지 못할 길은 없다〉[50] 같은 명제는, 본디 결의를 다지는 말이었지 잘난 체하거나 외부에 자

---

46) 하박국, 1장 15-16절 참조. 〈그가 낚시로 모두 취하며 그물로 잡으며 초망으로 모으고 인하여 기뻐하고 즐거워하여, 그물에 제사하며 초망 앞에 분향하니, 이는 그것을 힘입어 소득이 풍부하고 식물이 풍성케 됨이니이다.〉

47) 베르길리우스, 『아에네이드』, 10. 773.

48) 플루타르코스, 『영웅전』, 케사르 편.

49) 자신의 운명을 별의 점성술적 영향에 맡기는 것이 아니라 스스로 그 별의 영향을 조절하고 다스릴 수 있다는 뜻. 이것은 코그나토스Cognatus가 프톨레마이오스에게 한 말이다.

50) 오비디우스, 『변신』, 14. 113.

랑하는 말은 아니었다. 그렇기에 이 같은 명제는 건전하고 선한 것으로 간주되어 왔으며, 모든 위인의 정신에 예외 없이 새겨졌다. 다만, 그것을 너무 깊이 정신에 새긴 위인의 경우에는, 그것을 혼자만의 정신에 간직하는 데 만족할 수 없었던 것 같다. 아우구스투스 케사르에게서 실례를 찾을 수 있다. (아우구스투스는 율리우스 케사르와 다른 종류의 인물이었을 뿐, 덕이 부족한 인물은 아니었다.[51]) 그는 임종시에 친구들에게 〈갈채〉를 요구하였는데, 이는 스스로를 마치 무대에서 배역을 능숙하게 수행한 배우처럼 여겼다는 의미로 해석될 수 있겠다.[52] 나는 이 분야의 지식도 결핍된 상태라고 말하지 않을 수 없다. 그 지식이 실천된 적이 없다는 뜻이 아니라, 아직 저술로 체계화된 적이 없다는 뜻이다. 그래서 혹자는 이 분야의 지식이 공리에 의해서는 파악될 수 없는 것이라는 인상을 받을 수도 있겠는데, 이 같은 인상을 피하려면, 우리가 먼젓번 분야에서 그렇게 하였듯이, 이 분야에서도 몇 가지 주제나 이에 대한 간단한 해설을 덧붙일 필요가 있다.

13. 이 분야에서, 사람들에게 각자의 운명을 스스로 개척하고 만들어가는 법을 가르친다는 것은 일견 새롭고 신선한 주제처럼

---

51) 아우구스투스 케사르, 즉 옥타비아누스는 원래 율리우스 케사르의 누이의 손자였으나, 케사르의 유언에 따라 율리우스 가문에 입적되었다. 『스페딩의 판본』(p. 455, n. 3)에 따르면, 베이컨은 아우구스투스가 율리우스 케사르에 비해 정신의 힘은 연약하지만 정신의 아름다움과 건전함에 있어서는 오히려 우위에 있는 것으로 보았다고 한다.

52) 〈갈채 plaudite〉는 로마 시대에 연극이 끝나고 배우들이 인사하면 관중이 환호와 박수로 이에 화답하는 것을 지칭한다. 아우구스투스는 운명이라는 무대 위에서 최선을 다한 배우로 기억될 것을 요구하였다는 뜻으로 해석된다. 인용은, 오비디우스, 『변신』, 14. 113.

보일 수 있다. 어쩌면 사람들이 자진해서 그런 가르침에 입문하려 들 수도 있다. 하지만 그들은 이내 난관에 봉착하게 될 것이다. 그들은 이를테면 운명도 덕에 못지 않게 무거운 짐을 지운다, 혹은 참된 정치가가 된다는 것은 참된 도덕가가 되는 것만큼이나 어렵고 까다로운 일이다 같은 난점을 파악하게 된다는 말이다. 따라서 이 주제를 논의하는 것은 학문의 명예를 위해서든 학문의 실제 내용을 위해서든 매우 중요하다. 우선 명예의 측면에서는, 실무 종사자들practical men 사이에 만연된 학문에 대한 편견을 물리치는 데 중요하다. 그들은 학문이란 종달새처럼 높은 곳에 올라 지저귀며 스스로 즐거워할 뿐, 다른 일에는 전혀 도움이 되지 않는다고 생각한다. 그들에게 학문이란 날랜 매와도 같아서, 높이 솟구칠 수도 있지만 땅으로 내려와 먹이를 덮칠 수도 있다는 점을 알릴 필요가 있다. 둘째로, 학문의 내용적 측면에서도 이 주제는 중요하다. 수정 천구 안에 존재하지 않는 것, 즉 형상으로 존재하지 않는 것이 질료의 영역에도 존재할 수 없다는 것은 진리 탐구의 불변적 법칙이다.[53] 이 법칙을 풀어 말하면, 모든 존재와 행동 가운데 학문적 명상과 원리로 집성되고 환원되지 않는 것은 없다는 뜻이 된다.[54] 이 점에서 학문은 운명

53) 〈수정 천구 안에 존재하지 않는 것which should not be …… in the globe of crystal〉이라는 번역은 전통적 우주론에 따른 것이다. 즉 수정 천구에 순수 〈형상〉이 있고 이것이 지상의 〈질료〉와 결합하여 사물을 구성한다는, 따라서 형상이 없이는 질료도 없다는 뜻으로 번역되었다.

54) 하늘의 형상이 지상의 질료를 지도하고 이끌듯이, 운명의 개척이라는 주제에서도 이론과 원리는 실제 행동과 존재를 이끌 수 있고, 또 이끌어가야 한다는 뜻으로 해석된다.

이 만든 것을 열등한 작품으로 간주하지는 않지만, 그것에 찬탄하지도 않는다. 어떤 사람에 대해서든, 운명이 그가 목적을 실현할 때까지 주관한다는 것은 있을 수 없는 일이기 때문이다. 오히려 위인들 가운데는, 보다 선한 목적을 위해 기꺼이 행운을 포기한 사례도 많이 있다. 운명이 고려할 만한 가치가 있는 것이라면, 이는 덕과 업적을 실현하기 위한 도구라는 측면에서일 뿐이다.

14. 그러므로, 운명을 다스림에 있어 내가 가장 중요하게 여기는 첫번째 지침은, 모모스 신이 요구하였던 바로 그 창문을 얻으라는 것이다.[55] 모모스는 사람의 가슴속에 다양한 모퉁이들과 숨은 구석들이 들어 있음을 알고는, 그것들을 들여다볼 창문이 없다면 아주 잘못된 일이라고 생각하였다. 그 창문은 결국 개개인의 특수한 면들에 대해 유익한 정보를 제공할 것이다. 이를테면 우리는 그들의 본성, 그들의 욕망과 목표, 그들의 습관과 태도, 그들이 줄 수 있는 도움과 장점, 그들이 각별히 소중하게 여기는 것을 파악할 수 있다. 거꾸로 우리는 그들의 약점과 단점처럼 뻔히 드러나 공격받기 쉬운 면, 그들의 친구와 당파처럼 그들이 의지하는 대상도 파악할 수 있다. 나아가, 우리는 그들을 반대하는 자, 그들을 시기하는 자, 그들이 좋아하는 분위기와 시간, 이를테

55) 그리스 신화에서 모모스Momus는 신들이 하늘나라에 오르는 자격을 심사하는 검열의 신이요, 이런 맥락에서 비판 혹은 냉소의 신으로 불렸다. 장인(匠人)의 신 헤파이스토스Hephaistos, 아니면 제우스가 인간을 창조하였을 때, 모모스는 인간의 가슴에 창문을 만들지 않았다는 이유로 비판하였다고 전한다. 인용은 루키아노스(Lucianus, 약 120-180)의 『헤르모티모스 *Hermotimus*』, 20.

면 〈당신만이 아는, 그들에게 가장 접근하기 좋은 시간과 장소〉[56]는 물론, 그들이 원칙과 규칙으로 준수하는 것까지도 파악할 수 있다. 이러한 지식은 사람 자체에 대한 것일 뿐만 아니라, 실제 행동에 대한 것이기도 하다. 그래서 이런 지식을 가지고, 우리는 어떤 때에 무슨 일이 일어났던가, 그 일은 어떻게 진행되었고, 어떻게 지지를 얻었고, 어떻게 반대에 부딪쳤던가, 그 일은 어떤 중요성을 지니는가 등을 파악할 수 있다. 즉각적인 행동에 대한 지식은 그 자체로서도 중요한 것이지만, 그것 없이는 사람에 대한 지식이 오류에 빠질 수밖에 없다는 점에서 더욱 중요하다. 인간은 행동에 따라 변화하는 존재요, 사람과 행동은 일이 진행중일 때에는 일치하지만, 일이 끝나 각자의 본성으로 되돌아갈 때 비로소 분리되기 때문이다.

이러한 지식은 사람과 행동을 그 특수한 면면에서 파헤쳐 얻을 수 있는 것으로, 삼단논법으로 말하면 소전제와도 같다. 대전제에서의 관찰이 아무리 뛰어난 것일지라도, 소전제에서 오류나 실수가 발생하면, 그 관찰로는 결론을 뒷받침할 수 없다는 이치에서 그러하다.

15. 우리는 이러한 지식이 가능하다는 보증을 솔로몬에게서 얻는다. 솔로몬은 이렇게 말한다. 〈사람의 마음에 있는 모략은 깊은 물 같으니라. 그럴지라도 명철한 사람은 그것을 길어내느니라.〉[57] 물론 이런 지식은 개별자들에 대한 것이므로 어떤 일반적인 가르침으로 수렴되기는 힘들지만, 그 지식을 얻기 위한 구

56) 인용은, 베르길리우스, 『아에네이드』, 4. 423.
57) 잠언, 20장 5절.

체적 지침들instructions이 그 가르침 속에 들어 있을 가능성은 충분하다고 하겠다.

16. 그러면 이제 고대인의 의견을 좇아, 지혜의 힘은 믿음과 불신을 신중하고 느리게 행하도록 만들어준다는 가르침부터 논의하기로 하자. 이 가르침은 말보다 표정이나 행동거지에 더 많은 신뢰가 주어져야 한다는 뜻이요, 말 중에서는 의도적으로 다듬은 말보다 엉겁결에 튀쳐나온 말이나 의표를 찔려 갑자기 나온 말에 더 신뢰가 주어져야 한다는 뜻이다. 〈사람의 얼굴은 믿을 것이 못 된다〉는 의견이 없는 것은 아니지만,[58] 그리 염려할 일은 아니다. 그 의견은 외적인 행동을 싸잡아 표현한 것이지, 표정과 제스처의 은밀하고 미묘한 움직임과 특징까지 고려해서 언급한 것은 아니기 때문이다. 오히려 후자를 두고, 퀸투스 키케로는 〈마음의 창 animi junua〉이라고 멋지게 표현한 바 있다.[59] 타키투스가 갈루스에게 한 말도 좋은 사례이다. 그는 갈루스에게 〈그의 표정으로 볼 때 그는 기분이 몹시 상한 상태였다〉라고 전하였는데, 이는 누구보다 심중을 드러내지 않기로 유명한 티베리우스 황제를 두고 한 말이었다.[60] 그는 티베리우스가 게르마니쿠스와 드루수스를 원로원에 추천하면서 보인 판이한 성격과 태도를 지적하기도 하였다. 즉, 게르마니쿠스를 추천한 티베리우스의 연설에 대해서는, 〈그가 정말 그렇게 느꼈다고 간주하기에는 그것은 너무 세련

58) 유베날리우스, 『풍자시』, 2. 8.

59) 퀸투스 키케로, 『집정관직에 오르는 비결』, 11. 44.

60) 갈루스Gaius Asinius Gallus는 기원전 1세기에 활동한 로마의 정치가이자 문필가였다. 그는 티베리우스의 전처와 결혼하여 미움을 샀으며, 결국 티베리우스에 의해 투옥되어 감옥에서 죽었다. 인용은, 타키투스, 『연보』, 4. 52.

되고 꾸며진 연설이었다〉라고 지적한 반면, 드루수스를 추천한 연설에 대해서는, 〈말수는 적으나 훨씬 진지하고 성실한 태도의 연설이었다〉라고 평하였던 것이다.[61] 그런가 하면, 타키투스는 티베리우스가 자비롭고 인기 있는 일을 수행할 때의 화법을 언급하기도 하였다. 티베리우스는 다른 일에서는 〈억지로 말하듯〉 말하였으나, 〈자비로운 일을 의도할 때에는 거침없이 말하였다〉는 것이다.[62] 이렇듯 아무리 가장을 잘하고 표정을 잘 감추는 사람의 경우라도, 그의 가장된 말로부터 몇 가지 차별적인 태도를 이끌어내는 것은 그리 어렵지 않은 일이다. 즉 가볍고 경솔한 태도, 판에 박힌 형식적인 태도, 귀찮아하면서 딴생각하는 태도, 혹은 냉정하고 엄격한 사람으로부터만 나오는 태도 등을 파악할 수 있다.

17. 그러나 행동 자체만으로 파악할 수 있는 것은 극히 제한적이다. 행동만으로는, 그 행동의 위엄과 본성을 꼼꼼하게 고려하지 않고도 믿을 수 있을 만큼 확실한 보증을 얻을 수 없기 때문이다. 리비우스의 말처럼, 〈사기꾼은 먼저 작은 일로 신용을 얻고 나서, 나중에 더욱 큰 이득을 도모한다〉고 하지 않는가?[63] 이탈

61) 게르마니쿠스(Germanicus Caesar, 기원전 약 15-기원후 19)는 티베리우스 황제의 조카이자 로마의 장군이었다. 칼리굴라 황제의 부친이기도 하다. 드루수스(Drusus Caesar, 기원전 약 15-기원후 23)도 유력 가문 출신의 장군으로 티베리우스의 총애를 받았으나, 세야누스Sejanus의 이간으로 멀어졌다. 그는 부인 아니면 세야누스에 의해 독살되었다고 한다. 인용은, 타키투스, 『연보』, 1. 52.

62) 타키투스, 『연보』, 4. 31.

63) 리비우스, 『로마사』, 28. 42.

리아인은 물건을 샀다가 되팔 시점에 이르면, 뚜렷한 이유도 없이 그 물건에 평소보다 더 애착을 갖는다지 않는가? 이렇듯 사소한 일에 집착한 나머지, 사람들은 경계심과 근면함 모두를 잃은 채 깊은 잠에 빠지곤 한다. 이 같은 집착을 가리켜, 데모스테네스는 〈게으름을 살찌우는 사탕〉[64]이라 불렀다. 무티아누스가 안토니우스 프리무스에 대해 자행한 특별한 조치는 또 다른 실례를 보여준다.[65] 우리는 이 사례를 통해, 행동만을 보고 판단하는 것이 얼마나 틀릴 수 있는지를 새삼 깨닫게 된다. 서로를 신뢰하지 않던 두 사람은 잠시 불성실한 화해를 이룬 적이 있었는데, 그 틈에 무티아누스는 안토니우스 주변의 많은 친구들을 출세시켰다. 즉 〈그의 친구들을 총독이나 호민관으로 발탁하였다〉는 것이다.[66] 겉으로는 안토니우스의 세력을 강화해 주는 척하였지만, 실제로는 안토니우스를 고립시켰고 그의 측근들을 빼앗아버렸던 것이다.

18. 다음으로 말의 경우를 검토하기로 하자. 의사의 진단에 비유하자면, 말이란 기만과 불확실함으로 가득 찬 분비물waters처럼 보일지 모르겠다. 그렇지만 이런 경멸은 부당한데, 특히 말이 격정과 감정에 미치는 영향을 감안할 때 그러하다. 이를테면, 아

---

64) 스페딩에 의하면, 베이컨은 울프H. Wolf의 번역에 의존하여, 데모스테네스의 이 구절을 인용하였을 것이라고 한다. 인용은, 데모스테네스, 『오린토스 3부작 *Olynthiacs*』, 3. 33.

65) 무티아누스Mutianus와 안토니우스 프리무스Antonius Primus는 도미티아누스 황제(Titus Flavius Domitianus, 재위 81~96)의 시절에 활동한 정치가들이다. 안토니우스 프리무스는 전임 황제 베스파니아누스를 도운 공으로 도미티아누스 치세 초기에 로마 집정관을 역임하기도 하였으나, 결국 무티아누스의 음모로 실각하였다.

66) 타키투스, 『역사』, 4. 39.

그리피나의 통렬하고도 자극적인 말이, 감정을 숨기기로 유명한 티베리우스로부터 가장(假裝)의 가면을 조금 벗길 수 있었던 것은 좋은 실례이다.[67] 그녀의 비난에 대해, 티베리우스는 〈그대가 권좌에 오르지 못하여 마음이 상한 것 같군요〉라고 답하였다고 한다. 이를 두고 타키투스는 다음과 같이 논평하였다. 〈그녀의 말은 티베리우스에게서 좀처럼 듣기 힘든, 가슴 깊숙이 비밀로 묻어두었던 목소리를 이끌어내었다. 그는 그리스어로, 그녀의 비난은 그녀의 마음이 상한 탓에 나온 것이라고 통박하였던 것이다.〉[68] 바로 이런 맥락에서 한 시인은 감정이란 사람으로 하여금 비밀을 털어놓게 하는 고문이라고 말한다.

> 술과 분노가 고문을 가하나니.[69]

일상 경험에서 알 수 있듯이, 사람들은 평소에는 일관성과 평정을 유지하다가도 돌연히 심중을 드러내게 되는 경우가 많다. 열이 오르거나 칭찬에 고무되거나 환대를 받을 때도 그러하겠지만, 정신적 고민이 있거나 심약함 탓에 그럴 수도 있다. 무엇보다 위선에 대한 공격counter-dissimulation이 가해질 때 그러할 것

---

67) 아그리피나 1세Agrippina the Elder는 아우구스투스의 손녀이자, 게르마니쿠스 케사르의 아내였다. 남편이 독살당하자(19년), 그녀는 티베리우스 황제를 독살의 원흉으로 비난하였고, 이때부터 황제와 불화를 지속하다가 망명하여 굶어죽었다고 한다. 정치적 야망이 큰 여인이었고 결국 그녀의 아들 칼리굴라Caligula가 황제에 올랐다.

68) 타키투스, 『연보』, 4. 52.

69) 호라티우스, 『서간집』, 1. 18. 38.

인즉, 이를 두고 에스파냐의 한 속담은, 〈거짓으로 떠봐야 진심을 알 수 있다〉고 전한다.

19. 다른 사람의 평가에 의존해서, 간접적으로 사람을 파악하는 문제를 살펴보기로 하자. 사람의 약점과 결점은 그의 원수로부터, 사람의 덕과 능력은 그의 친구로부터, 사람의 습관과 여가 시간은 그의 하인으로부터, 사람의 생각과 의견은 그가 제일 자주 만나 이야기하는 측근으로부터 가장 잘 알 수 있다. 널리 떠도는 풍문은 별로 가치가 없다. 상사나 경쟁자equals의 평가는 틀리기 쉽다. 상사나 경쟁자 앞에는 가면을 쓰고 나타나는 것이 인지상정이기 때문이다. 그러므로 〈사람에 대한 진정한 평가는 그를 집 안에서 본 자들로부터 나온다〉고 하겠다.[70)]

20. 그러나 사람의 본모습을 드러내고 설명함에 있어 가장 견실한 방법은, 그의 본성과 목적에 비추어 드러내고 설명하는 것이다. 약점이 많은 사람의 경우에는 그의 본성의 견지에서, 현명한 사람의 경우에는 그의 목적의 견지에서 가장 잘 파악된다. 교황청에서 파견된 한 외교사절의 이야기를 예로 들 수 있다. 그가 진심으로 한 말은 아니었겠지만, 농담 속에 지혜를 담은 이야기임은 분명하다. 그가 어떤 나라에 대사로 근무하다 복귀하였을 때, 사람들은 그의 후임을 지명하는 문제를 놓고 그에게 의견을 물었다. 그는 누구를 보내든 좋으나 너무 현명한 사람을 보내지는 않았으면 좋겠다고 답하였다. 지나치게 현명한 사람은 그 나라 사람들이 무슨 일을 추진하려고 하는지를 상상할 수 없다는

70) 퀸투스 키케로, 『집정관직에 오르는 비결』, 5. 17. 〈집 안에서 본 자들〉은 가족만이 아니라, 하인과 절친한 친구 등도 포함된다.

것이 이유였다. 사람들이 자주 범하는 오류 중에는, 현실을 안이하게 파악한 나머지, 과녁을 놓쳐 실제보다 훨씬 심오하고 원대한 목적이 숨어 있으리라고 상상하는 오류도 있다. 이런 맥락에서 이탈리아의 한 속담은 진실에 가까운 이치를 멋지게 표현하고 있다.

> 돈도, 지혜도, 신의도
> 사람들이 있다고 믿는 것보다는 부족하게 마련이다.

대개의 경우, 사람들 계산하는 수준에 비하면, 돈도 지혜도 신의도 늘 못 미칠 수밖에 없다는 뜻이다.

21. 사사로운 개인을 이해하고자 할 때는 그의 목표를 파악하는 것이 중요하지만, 군주는 그의 본성에 비추어볼 때 제대로 이해될 수 있다. 군주는 인간적 욕망을 다스리는 위치에 있으며, 따라서 욕망에 자극되어 어떤 목표를 열망하지 않기 때문이다. 대체로 우리는 어떤 사람이 추구하는 특정한 목표가 그의 나머지 행동이나 욕망과 얼마나 떨어져 있느냐를 잣대로 삼아 그를 평가하곤 한다. 이것은 우리가 군주의 마음을 헤아릴 수 없는 여러 이유들 중 하나이기도 하다.[71] 그러나 사람들의 목표와 본성이 얼마나 다양한지를 아는 것만으로는 충분하지 않다. 우리는 무엇이 지배적인 목표와 본성인지에 관해서도 알아야 한다. 누구에게 어떤 기질이 가장 도드라지고 어떤 목표가 집중적으로 추구되고 있

71) 잠언, 25장 3절. 〈왕의 마음은 헤아릴 수 없느니라.〉 베이컨은 이 구절을, 군주는 특정한 목표를 추구하지 않기 때문에, 그가 어떻게 행동할 것이고 어떤 욕망을 가지고 있는지를 알 길이 없다는 뜻으로 해석하고 있다.

는지를 알아야 한다는 말이다. 티겔리누스는 좋은 실례이다. 그는 자기가 네로의 눈 밖에 난 것이 페트로니우스 투르필리아누스가 네로의 쾌락적 기질을 독차지한 탓임을 간파하고는, 네로의 불안한 기질을 자극하였다. 그는 네로의 불안 심리에 파고들어, 경쟁자의 목을 잘랐던 것이다.[72)]

22. 어쨌든, 이 방면의 모든 연구에서 지름길은 다음 세 가지로 압축될 수 있다. 첫째, 세상을 두루 경험하고 주도면밀하게 관찰한 사람들과 널리 사귀고 친하게 지내라는 것이다. 특히 사업이 다양하고 사람도 다양함을 감안할 때, 각 부문의 사업에 정통한 친구를 최소한 한 명씩은 만들어, 사적 교분과 대화를 지속할 필요가 있다. 둘째는 표현의 자유와 기밀유지 사이에서 중용을 유지하라는 것이다. 대체로는 터놓고 자유롭게 말하되, 꼭 필요할 때는 기밀을 유지하는 것이 좋다. 누군가 자유롭게 표현하면 상대방도 자유롭게 말하게 되어, 서로에게 많은 지식을 더해 준다. 반면에 기밀유지는 서로간에 신용과 친밀감을 더해 준다. 셋째는 어떠한 회의나 행동에서든 자신이 말하고 행동하는 이유와 의도를 명료하게 밝힐 수 있도록, 늘 깨어 있고 명정(明淨)한 상태를 유지하라는 것이다. 이런 맥락에서, 에픽테토스는 모름지기 철학자는 행동할 때마다, 〈나는 이것을 행하려 하며, 내가 선택한 길

---

72) 타키투스, 『연보』, 14. 57 참조. 티겔리누스Tigellinus와 페트로니우스 투르필리아누스Petronius Turpilianus(즉 Petronius Arbiter)는 모두 네로의 측근이었다. 페트로니우스는 네로가 좋아하는 것(특히 사치)을 충족시켜 총애를 얻었는데, 이에 대해 경쟁자인 티겔리누스는 네로의 정반대 기질인 공포심과 불안을 자극하여 페트로니우스를 물리쳤다. 페트로니우스는 체포 명령이 떨어지자 자살하였다고(66년) 전해진다.

을 지키려 한다〉고 스스로에게 다짐할 것을 권고하였다.[73] 현명한 사람도 비슷하게, 〈나는 이것을 행하려 하며, 이로부터 무언가를 더 배우려 한다〉는 다짐이 필요할 것이다.

지금까지 나는 유익한 정보를 얻기 위한 지침의 문제를 꽤 길게 다루었다. 이 문제는 연구 전체의 핵심일 뿐만 아니라, 연구의 나머지 부분에 대해서도 단서를 제공하는 것이기 때문이었다. 그러나 우리가 무엇보다 우선해서 명심하고 유념하여야 할 사항이 있다. 이 분야의 많은 지식이 아무 문제에나 무차별적으로 적용되어서는 안 된다는 점이다. 가볍고 성급한 적용은 불행한 결과를 낳기 일쑤이다. 결론적으로 말해, 이 방면의 다양한 지식은 사람이 자신에게 중요한 행동을 보다 유익하고 자유롭게 선택하여, 잘못된 길로 빠지지 않고 한층 지혜롭게 행동할 수 있도록 해주는 방향으로만 한정되어야 할 것이다.

23. 운명의 개선과 관련된 지식에서 두번째 지침은, 인간에 관해 유익한 정보를 취하여 인간 자신을 잘 이해하라는 것이다. 성 야곱St. James이 말하듯이, 사람은 비록 자주 거울에 자신을 비추어보지만 금방 자기를 잊어버리기 때문에, 하나님의 말씀을 신성한 거울로 삼아야 한다.[74] 마찬가지로, 지혜의 거울에 해당하는 것은, 우리가 살아가는 세상이나 시대의 모습이다. 우리는 바로 이 거울에 우리 자신을 비추어보아야 할 것이다.

24. 그 이유는 사람이 자신의 덕과 능력에 대해서만이 아니라,

---

73) 에픽테토스, 『엔케이리디온 *Encheiridion*』, 9.

74) 야고보서, 1장 23-24절 참조.

결핍과 장애에 대해서도 공평하게 관찰할 필요가 있기 때문이다. 이를 위해서는 덕과 능력은 되도록 작게 여기고, 결핍과 장애는 되도록 크게 여기는 것이 바람직하다. 이 같은 전망과 평가의 견지에서, 다음 몇 가지 사항을 고려할 필요가 있겠다.

25. 첫째, 각자 자신의 본성이 구성된 양태가 시대의 일반적 상태와 얼마나 어울리는지를 고려할 필요가 있다. 시대의 상태에 잘 부합하고 어울리는 사람은, 모든 면에서든 더욱 많은 기회 scope와 자유를 얻겠지만, 어긋나고 어울리지 않는 사람은 삶의 모든 구석에서 더욱 폐쇄적이고 은둔적이고 제한적이 될 것이다. 이 점에서 티베리우스와 아우구스투스 케사르는 좋은 대조를 이룬다. 티베리우스는 한번도 연극을 보러 간 적이 없었거니와, 치세 말 12년 동안에는 원로원에도 참석하지 않았다. 반면에 아우구스투스는 늘 사람들의 눈에 띄는 곳에서 살았으니, 타키투스는 이를 두고 〈티베리우스는 전혀 다른 방식으로 살았다〉고 평하였다.[75]

26. 둘째, 각자 자신의 본성이 자신의 직업 및 생활방식과 얼마나 어울리는지를 고려할 필요가 있다. 그래야만 아직 정해지지 않은 사람은 선택을 할 수 있고, 이미 정해진 사람은 일찌감치 다른 길을 택할 수 있을 것이다. 발렌티노아 공작[76]이 바로 그러하

75) 로마시대에 연극은 황제가 시민들과 만나는 기회였고, 원로원은 황제가 여론을 청취하는 기회였다. 그만큼 티베리우스는 폐쇄적이고 은둔적으로 살았다는 뜻이다. 인용은, 타키투스, 『연보』, 1. 54.

76) 발렌티노아 공작Duke Valentine은 체자레 보르지아(Cesare Borgia, 1476-1505)를 말한다. 그는 교황 알렉산더 6세의 아들로 추기경에 임명(1493)되었으나 사직하고, 프랑스의 루이 12세에 협조하여 실제 장군이자 정치가로 활

였다. 그는 부친의 지명으로 성직에 올랐으나, 자신의 기질과 소질을 고려하여 곧 사직하였다. 그렇지만 그의 기질과 소질이 과연 군주에 맞지 않는 것이었는지, 성직자에 맞지 않는 것이었는지는 사람으로서는 결정하기 힘든 문제이다.

27. 셋째, 자신의 본성을 어떤 방식으로 경쟁자가 될 만한 사람들에게 대응시킬 것인지를 고려할 필요가 있다. 그래야만 남달리 홀로 노력하는 가운데 독보적인 인물로 부상할 만한 진로를 선택할 수 있기 때문이다. 율리우스 케사르가 바로 그런 인물이었다. 그는 정계나 법정의 웅변가로 출발하였으나, 키케로, 호르텐시우스, 카툴루스 등 수사능력에서 뛰어난 경쟁자들이 많이 있음을 알고는 진로를 바꾸었다.[77] 그는 전쟁에서 명성을 얻은 인물이 폼페이우스 외에는 거의 없기에 국가도 그에게 의존하지 않을 수 없다는 점을 간파하고는, 시민과 대중의 인기를 추구하던 당초의 진로를 포기하고, 근대와 무훈(武勳) 쪽으로 계획을 옮겨갔던 것이다.

28. 넷째, 친구며 추종자를 선택함에 있어 자기의 본성과 기질에 맞는 자인지를 고려할 필요가 있다. 케사르의 사례에서 볼 수

동하였다. 그는 마키아벨리 이후로 오랫동안 르네상스 군주의 모델, 즉 명민하고 기회주의적이고 음모적이고 잔인한 군주의 모델로 간주되었다.

77) 호르텐시우스(Quintus Hortensius, 기원전 114-50)는 당시 로마에서 빈번하게 발생하던 뇌물수수나 횡령 사건에서 특정 당파의 편을 들어 명성을 날린 법정 웅변가(변호사)르 유명하나, 그의 유고는 한 편도 남아 있지 않다. 카툴루스Quintus Lutatius Catulus는 마리우스의 집정관직을 보좌한 인물이었지만 나중에 술라의 편을 들었다. 이로 인해 기원전 87년에 암살되었다. 그는 유명한 작가이자 철학자이기도 하였으며, 키케로는 그의 웅변술을 극찬하였다고 한다.

있듯이, 그의 친구들과 추종자들은 한결같이 능동적이고 실천적인 자뿐이었지, 헛되이 무게를 잡거나 명성이 높은 자는 없었다.

29. 다섯째, 어떻게 선례의 도움을 받아 스스로를 이끌어갈 수 있는지, 각별한 주의를 기울일 필요가 있다. 자기 스스로는 남이 한 것을 본받아 행동한다고 생각할지 모르겠지만, 본성이나 처세면에서 그는 남과 크게 다를 수 있기 때문이다. 이 방면에서의 오류는 폼페이우스에게서 찾을 수 있을 것 같다. 키케로에 따르면, 폼페이우스는 〈술라도 할 수 있었는데 나라고 못할쏘냐?〉라는 말을 자주 되뇌였다고 한다.[78] 아주 잘못된 생각이었다. 그 자신과 그의 본보기인 술라는 서로 달라도 너무 다른 본성과 행동방식을 가지고 있었기 때문이다. 술라가 잔인하고 난폭하고 일을 서두르는 편이었다면, 폼페이우스는 위엄을 지키고 형편을 살피는 편이었다. 그렇기에 모방은 그리 효과적일 수 없었던 것이다. 지금까지 우리는 우리 자신을 현명하게 인식하는 문제에 대한 지침들을 논의해 왔다. 미처 논의하지 못한 지엽적인 지침들이 많이 남아 있지만, 이를 일일이 거론하지는 않기로 하겠다.

30. 사람이 자신을 제대로 이해하고 남과 구별하는 문제 다음에는, 당연히 자기자신을 어떻게 제대로 내보이고 드러내느냐 하는 문제가 따른다.[79] 우리가 알다시피, 남보다 유능한 사람이 남

---

78) 키케로, 『아티쿠스에게 보낸 편지』, 9. 10.

79) 라틴어 번역본에서는, 다음 세 기예가 구별되고 있다. 첫째는 〈자신에게 유리한 조건을 만드는 법 se ostentare〉, 둘째는 〈자신을 남에게 이해시키는 법 se declarare〉, 셋째는 〈자신을 기회에 맞추어 변신시키는 법 flectere se et effingere〉이다. 〈자신을 내보이고 드러내는〉 문제는, 첫번째인 〈가장의 기예 art of ostentation〉에 속한다.

보다 부각되지 못하는 사례는 다반사로 일어난다. 이런 현상은, 사람이 자신의 덕이며 행운이며 업적만 내세우고 약점이며 결점이며 불운을 교묘하게 감추는 것이 그만큼 큰 이점을 갖는다는 것을 말해 준다. 자신의 덕과 행운과 업적에는 오래 머물면서, 기회가 있을 때마다 크게 부각시키지만, 자신의 약점과 결점과 불운에 대해서는 모른 척 지나치든지, 혹시 드러나면 보기 좋게 꾸민다는 것. 바로 이런 맥락에서, 타키투스는 당시 가장 위대한 정치가이던 무티아누스를 두고, 〈자기가 말하고 행한 모든 것을 유리하게 과시하는 기술을 갖추었다〉고 평하였다.[80] 이런 태도가 따분하고 뻔뻔하다는 인상을 주지 않으려면, 적당히 가장하는 기술을 수반해야만 할 것이다. 여기서 가장(假裝)은, 허영의 첫 단계라는 점에서 도덕적으로는 악덕이겠지만, 정치적으로도 악덕이라 말하기는 힘들 것 같다. 정치 문제에서는 〈과감하게 비난하면 들러붙는 자가 있게 마련〉이라는 말도 있지 않은가?[81] 등신이라는 조롱을 피하는 이치도 비슷하다. 〈자신을 과감하게 내세우면, 들러붙는 자가 있게 마련〉이라는 뜻이다. 물론 가장은 비교적 무식하고 천한 부류의 사람들에게나 잘 통할 뿐, 현명하고 높은 부류의 사람들은 이를 웃음으로 넘기거나 경멸할 것이다. 하지만 다수로부터 얻은 권위는 소수의 경멸을 상쇄하는 법이다. 더욱이, 가장이 시의적절성과 위엄을 갖추고 수행될 수만 있다면, 이는 명성에도 큰 보탬이 될 수 있다. 가장이 자연스럽고 즐겁고 재

80) 타키투스, 『역사』, 2. 80.

81) 『키친의 판본』(p. 195, n. 2)에 따르면, 이것은 메디우스Medius가 알렉산더 대왕에게 충고한 말이라고 한다.

치 있을 때는 물론이지만, 가장이 군인처럼 위험하고 불안한 부류의 심리를 파고들 때에도 명성에 보탬이 될 것이다. 가장하지 않는 사람들이 질시를 당할 때에도, 가장은 명성에 도움이 된다. 사람들이 가장을 긴 시간 동안 심각하게 따지지 않고 부주의하게 지나칠 때에도 그러할 것이다. 자기비판에 충실하면서 자화자찬하는 식의 가장도 명성에 도움이 된다. 다른 사람의 오만불손함에 반격을 가하여 진압할 기회에도, 가장은 명성에 도움이 된다. 이상과 같이 자신을 부풀리지 못한 탓에, 적지 않은 사람들이 성실성에도 불구하고 거센 바람 앞에 좌절하곤 한다. 그들의 온건함으로는 편견과 불이익을 감수할 수밖에 없는 것이다.

31. 최소한 덕이 정당한 가격 밑으로 낮추 평가되거나 폄하되지 않으려면, 이처럼 덕을 치장하고 자랑하는 것을 불필요한 일로 여겨서는 안 된다. 그렇지만 덕을 지나치게 내세우다가 덕을 훼손하는 경우도 있다. 다음 세 가지 자세가 그러하다. 첫째는 자신이 남에게 받아들여지는 것만으로도 충분한 보상이 될 수 있다는 생각에서, 무리하게 자신을 내세우는 경우이다. 둘째는 잘된 일조차도 가만 놓아두지 못하고 지나치게 부지런을 떨다가 결국 권태에 빠지는 경우이다.[82] 셋째는 자신의 덕이 추천, 인정, 명예, 후원 등의 형태로 금방 결실을 맺을 것을 기대하는 경우이다. 이런 기대감을 가진 사람은 작은 일에 기뻐 날뛰게 마련인즉, 그는 다음과 같은 진리의 말에 귀기울여야만 할 것이다. 〈당신이 이처럼 사소한 일에 크게 기뻐한다면, 중요하고 큰 일에는 부적합한

82) 여기서 〈권태 satiety〉는 어떤 목표를 너무 열심히 추구한 탓에 결국은 그 목표에 대해 싫증을 느끼게 되는 상태, 즉 일종의 〈개혁 피로감〉을 말한다.

인물로 보일 수 있음을 유념하라.〉[83)]

32. 결점을 가리는 일도 장점을 내세우는 일 못지 않게 중요한데, 이것 역시 세 가지 방식으로 수행된다. 신중한 경계심에 의한 것이 있고, 채색color에 의한 것이 있고, 자신감에 의한 것이 있다. 〈신중한 경계심〉이란 사람이 슬기롭게 분별하여, 스스로 감당할 수 없는 문제를 피하고 연루되지 않는 것을 말한다. 이것은 무모하고 불안정한 영혼의 소유자가 아무 문제에나 무차별적으로 돌진하여 자신의 결점을 고스란히 노출시키는 것과 좋은 대조를 이룬다. 〈채색〉이란 자신의 잘못이나 결점에서 비롯된 결과를, 더 선한 동기가 있었다든지 원래는 다른 목적을 의도했었다는 식으로, 자기에게 유리하게 바꾸는 일을 말한다. 첫째, 선한 동기를 부각하는 구실로, 〈악덕은 그 이웃인 덕의 그늘 밑에 숨어 있을 때가 많다〉는 말이 있다.[84)] 사람에게 무슨 결함이 있든, 그는 늘 덕을 표면에 내세워 결함을 가릴 수 있음을 알아야 한다. 그가 둔한 자라면 신중한 성격을 가장하면 될 것이요, 그가 겁쟁이라면 온유한 성격을 가장하면 될 것이다. 둘째, 원래 다른 의도가 있었던 것처럼 변명하려면, 자신이 왜 최선을 다하지 않았는지, 그리고 왜 자기가 능력을 숨겼는지에 대해 그럴듯한 구실을 꾸밀 수 있어야만 한다. 그럴 수 있으려면, 세간에 널리 알려진 자신의 능력을 감추어야 할 것이요, 그리하여 자신은 정말로 최선을 다하지도 않았거니와 가장할 줄도 모른다는 인상을 심어줄 수 있어야 할 것이다. 〈자신감〉은 결점을 감추기 위한 최후의 대책이지만,[85)]

83) 키케로, 『수사학』, 4. 4.

84) 오비디우스, 『사랑의 기예』, 2. 662.

가장 확실한 처방이기도 하다. 예컨대, 자신이 얻을 수 없는 것이라면 무엇이든 헐뜯어, 이를 경멸하는 듯한 인상을 주는 경우가 그러하다. 이는 상거래의 원칙을 준수하는 것이기도 하다. 상인은 자기 상품의 가격을 높이고 다른 상품의 가격을 낮추려고 애쓰지 않는가? 그렇지만 이를 능가하는 자신감도 있다. 즉 실패한 일에서는 최선을 다한 듯이 생각하여 자신의 약점을 상쇄시키는 동시에, 오히려 자기가 가장 잘하는 일에 대해서는 무심한 듯이 지나치는 것이다. 우리는 시인들 사이에서 이러한 가장을 쉽게 찾을 수 있다. 어떤 시인이 당신에게 자신의 시를 보여주고, 당신은 특정한 시구를 지목하여 이의를 제기한다고 치자. 그 시인은 〈그 시구야말로 제가 나머지 어떤 시구보다도 공들인 것인데요〉라고 반박하면서, 오히려 다른 시구를 잘못되고 서투른 것으로 지목하겠지만, 그가 서투르다고 인정한 시구야말로 그가 시 전체에서 가장 자랑스럽게 여기는 구절일 것이다. 그러나, 이처럼 자기를 정당화하고 이롭게 하는 행동에서 가장 유념해야 할 사항은, 자신이 부드럽고 선량하고 편안한 사람임을 너무 강조한 나머지, 비난과 공격을 쉽게 허용해서 정체가 들통하지 않도록 주의하여야 한다는 점이다. 이보다는 자신의 자유와 영혼과 예리함을 섬광처럼 내비치는 정도로 그치는 편이 유리할 것이다.

이런 종류의 보호막을 치고 하는 행동은, 자신을 비난으로부터

85) 〈For confidence, it is the last but surest remedy〉라는 문장에서, 스페딩은 〈the last〉를 〈가장 가치 없는 것〉으로 주해하고 있다(『스페딩의 판본』, p. 464, n. 3). 그러나 역자는 마지막(세번째)으로 사용될 수 있는 대책이라는 축어적 의미로 해석하였다.

구제할 수 있을 뿐만 아니라, 다른 사람의 인격이나 운명에도 좋은 영향을 미칠 수 있다. 그러나 그 행동이 성공을 거두려면, 행운도 함께 해야만 할 것이다.

33. 운명을 극복하는 문제를 다루는 지식 분야에서, 세번째 지침은 정신이 상황과 기회에 탄력적으로 적응하고 순응할 수 있도록, 가능한 모든 노력을 다하라는 것이다. 실제로 인간의 운명에서 최대의 장애물은 〈더 이상 적합하지 않은 것을 그대로 유지하는〉 태도이다.[86] 상황은 바뀌었는데도 원래의 자리를 지키려 하는 것이 문제라는 말이다. 이러한 문제점을 적시하여, 리비우스는 카토를 운명의 건축가로 치켜세우면서 그에게는 〈상황에 탄력적으로 대처하는 능력versatile ingenium〉이 있다고 덧붙였다.[87] 이와 좋은 대조를 이루는 것이 무게와 위엄으로 가득 찬 학자들이다. 그들은 자신을 본모습대로 유지할 뿐 바꿀 수는 없기 때문에, 성공보다 명예에 충실하게 마련이다. 그런가 하면, 원래부터 외고집에 두문불출하는 성격이어서 쉽게 변하지 않는 사람도 있다. 어떤 사람은 이전의 경험이 유익하였음을 상기하여, 자신이 경로를 바꾸어야 할 처지임을 좀처럼 믿지 않으려 하며, 이 같은 태도를 거의 본성에 가깝게 초지일관 유지하기도 한다. 마키아벨리는 파비우스 막시무스의 사례를 빌려, 이 문제점을 현명하게 지적한 바 있다. 이미 전쟁의 성격이 바뀌어 맹공격이 필요한 시점이었음에도, 그는 지난 경험에서 얻은 편견에 사로잡힌 채 시간을 허비하고 있었다는 것이다.[88] 이런 부류 외에도, 판단력의

86) 인용은, 키케로, 『브루투스*Brutus*』, 95.
87) 리비우스, 『로마사』, 39. 40 참조.

예리함point과 통찰을 결핍한 탓에, 무슨 일이든 적절한 때가 있음을 분간치 못하고 기회가 지난 뒤에 뒷북을 치는 사람이 있다. 이런 맥락에서 데모스테네스는 아테네 시민을 굼뜬 시골뜨기에 비유하였다.[89] 아테네 시민은 검술학원에서 시합할 때, 먼저 공격을 받은 뒤에야 검을 그쪽으로 움직이지, 그 전에는 검을 전혀 움직이지 않는다는 것이다. 그런가 하면, 어떤 사람은 지난 세월의 노력이 수포로 돌아감을 두려워한 나머지, 기회를 자기편으로 끌고 올 수 있다는 착각에 빠지기도 한다. 그러다가 대책을 찾지 못하면, 그는 결국 불리한 상황에 처할 수밖에 없다. 일례로 타르퀴니우스 왕은 무녀의 예언서〔3부작〕 제3권을 무려 세 배의 가격을 지불하고 구입하였는데, 그가 처음에 샀더라면 그 돈으로 세 권을 모두 구입할 수 있었을 것이다.[90] 우리는 지금까지 정신이 운명에 탄력적으로 적응하지 못한 사례를 논의하였다. 이런 사례는 어떤 뿌리나 원인에서 나온 것이든, 지극히 해로운 성질의 것이다. 무엇보다 현명한 자세는, 우리 정신의 수레바퀴가 운명의 수레바퀴와 함께 동심원(同心圓)을 그리도록 하여, 정신과 운명이

---

88) 파비우스 막시무스Quintus Fabius Maximus Vercosus는 기원전 203년경에 사망한 로마의 집정관이자 장군이다. 인용은, 마키아벨리, 『리비우스론』, 3. 9.

89) 데모스테네스, 『필리피코스 *Philipicus*』, 1. 51, 40.

90) 로마 건국 신화에 따르면, 타르퀴니우스(Tarquinius Priscus, 기원전 약 615/616- 578/577)는 제5대 왕으로 대 광장을 건설하고 주피터 성전을 세워 에투르스키 족의 제식과 관습을 도입하였다. 이 과정에서, 그는 뛰어난 무녀들Sibylla의 예언서들Sibyline Books을 널리 수집하였다. 이 중 남은 것은 총 12권인데, 베이컨이 언급하고 있는 3부작은 그 가운데 한 작품을 가리키는 것으로 보인다.

함께 나아갈 수 있도록 만드는 일이다.

34. 네번째 지침은, 우리가 방금 언급한 지침과 유사하지만 다소 차이가 있는 것으로, 〈운명과 신에 복종하라〉는 말에서 적절하게 표현되고 있다.[91] 무릇 사람은 상황의 변화와 함께 변화할 뿐만 아니라, 그 보조도 잘 맞추어야 한다는 뜻이다. 자신의 신용과 능력을 무리하게 극한까지 쥐어짜려 할 것이 아니라, 가장 원만한 행동을 선택하라는 뜻이다. 이렇게 행동하면, 그는 좌절을 경험하지 않을 것이요, 한 가지 문제에만 너무 골몰하지 않아도 될 것이요, 매사를 적절하게 처리한다는 평판을 얻을 것이요, 가장 많은 사람을 기쁘게 할 것이요, 자신이 수행하는 모든 일에서 성공을 거듭할 수 있을 것이다. 그의 명성도 당연히 높아질 것이다.

35. 다섯번째 지침은, 세번째 및 네번째 지침과 모순을 이루는 것처럼 보일 수도 있지만, 내 생각에는 결코 그렇지 않다. 데모스테네스는 다소 격앙된 어조로 이 지침을 표현하고 있다. 〈장군이 군대를 지휘하는 것이 당연하듯이, 국사는 현자가 관리하는 것이 마땅하다. 현자는 자신이 수행함이 옳다고 판단하는 것을 수행해야지, 사건의 발꿈치나 쫓아다녀서는 안 될 것이다.〉[92] 실제로 우리가 잘 관찰해 보면, 일을 처리함에서 사람들이 발휘하는 능력은 서로 다른 두 종류임을 알 수 있다. 기회를 기민하고도 능숙하게 이용하지만, 계획을 세우는 일에는 서투른 사람이 있는가 하

91) 루카누스, 『파르살리아 *Pharsalia*』, 8. 486. 루카누스(Marcus Annaeus Lucanus, 39-65)는 세네카의 조카로 유명한 시인이었다. 총 10장으로 구성된 이 작품은 케사르와 폼페이우스 사이의 내전을 다룬 것이다.

92) 데모스테네스, 『필리피코스』, 1. 51, 40.

면, 계획을 세우고 추진하는 일에는 능숙하지만, 기민하게 대처할 줄도, 낚아챌 줄도 모르는[93] 사람이 있다. 두 종류의 능력은 함께 있어야만 완전하다. 하나가 없으면 다른 하나도 불완전할 수밖에 없다.

36. 여섯번째 지침은, 중용을 유지하는 가운데 자기자신을 드러내기도 하고 감추기도 하라는 것이다. 어떤 때는 비밀을 깊이 감춘 채 〈배가 바다를 지나가듯이〉[94] 일을 진행하는 것이 성공을 거두고 경탄을 얻는 지름길이 될 수 있다. (이런 방식을 가리켜 프랑스인들은 비밀계획sourdes menées이라 부르는데, 이는 자신을 전혀 드러내지 않은 채 일을 추진하는 것을 말한다.) 그러나 대체로는 그렇지 않다. 〈거짓 위장은 오해를 부르게 마련이며, 오해는 위장한 자를 위험에 빠뜨리기 십상〉이기 때문이다. 이런 연유로, 위대한 정치가일수록 자신의 염원을 자연스럽고도 허심탄회하게 토로하지, 주저하거나 가장하지 않는다. 우리는 술라로부터 이런 종류의 표현을 들을 수 있다. 그는 〈만인의 행복과 불행이 내 친구냐 적이냐에 따라 달라지게 되는 것〉을 바란다고 흉금을 털어놓았다.[95] 이와 비슷하게, 케사르도 갈리아에 첫 입성하였을 때, 〈로마에서 2인자가 되느니 시골 마을의 1인자가 되겠노라〉고 주저없이 말하였다.[96] 이윽고 케사르가 내전을 일으키자, 키케로는 그를 겨냥하

93) 〈기민하게 대처할 줄도, 낚아챌 줄도 모른다〉의 원문은 〈they cannot accomodate nor take in〉이다. 이 문장은 생략된 형식으로, 예기치 않게 벌어지는 사건을 기민하게 포착하여 발빠르게 대응할 줄 모른다는 뜻이다.

94) 잠언, 30장 19절. 흔적을 지우면서 지나간다는 뜻이다.

95) 플루타르코스, 『영웅전』, 술라 편, 38.

96) 같은 책, 케사르 편, 11.

여, 〈케사르는 자신이 독재자라 불리는 것을 거부하기는커녕, 어떤 의미에서는 도리어 공공연히 요구한다〉고 언급하였을 정도였다.[97] 아우구스투스도 마찬가지였다. 아티쿠스에게 보낸 키케로의 한 편지에서 읽을 수 있듯이, 집무를 막 시작하던 시절에 아우구스투스는 원로원의 사랑을 한몸에 받고 있었지만, 대중 연설에서는 〈내 아버지의 명예를 나도 얻고 싶다〉는 다짐을 거듭하였다고 한다.[98] 이것은 자신도 독재자가 되겠다는 다짐과 다를 바 없었다. 그렇지 않았다면, 아우구스투스가 광장에 서 있는 아버지 케사르의 입상(立像)을 향해 팔을 뻗어 경의를 표하였을 리 없을 것이요, 시민들이 비웃고 의심하고 수군거렸을 리도 없을 것이다. 〈그것이 가당키나 한 일이야?〉, 〈자네도 저런 이야기를 들은 적이 있는가?〉 시민들은 이런 물음으로 수군거렸다. 그러나 시민들은 아우구스투스에게 어떤 악의가 있다고 생각하지 않았고, 오히려 자신의 느낌을 적절하고도 솔직하게 토로한 것으로 여겼다. 그 덕택에 아우구스투스와 시민들은 함께 번영할 수 있었다. 이와 좋은 대조를 보여주는 것이 폼페이우스의 사례이다. 그는 아우구스투스와 동일한 목표를 추구하였으나, 한층 비밀스럽고 위선적인 방법을 선택하였다. 이를 두고 타키투스는 〈감추려 하면 할수록 점점 더 나빠졌다〉고 평하였거니와, 살루스투스도 여기에 동조하여, 〈말은 정직하나 마음은 파렴치하다〉고 평하였다.[99] 폼

---

97) 키케로, 『아티쿠스에게 보낸 편지』, 10. 4, 2.

98) 같은 책, 16. 15, 3.

99) 타키투스, 『역사』, 2. 38. 살루스투스Sallustus의 평가는, 수에토니우스, 『문법론 *De grammaticis*』(15)에서 인용된 것이다.

페이우스의 음모는 국가를 끊임없이 무질서와 혼란의 소용돌이로 몰고 가는 것이었다. 그는 국가가 다급한 필요와 보호를 위해 자신의 군대에 자발적으로 의지하게 되고, 결국 자신에게 주권을 위임하게 되는 계획을 세웠으며, 아무도 계획을 눈치챌 수 없도록 하였다. 그는 자신이 의도한 대로, 목표에 거의 근접하였다. 로마 역사상 최초로 단독 집정관의 자리에 올랐던 것이다. 그러나 그는 이 호기를 이용할 수 없었다. 그가 비밀스럽게 일을 진행한 탓에, 아무도 그를 이해할 수 없었던 탓이다. 결국 그는 케사르의 음모를 경계한다는 구실로, 군대를 수중에 넣는 평범한 길[100]을 선택할 수밖에 없었다. 깊이 가장하는 태도는, 이처럼 더디고 어긋나고 불행한 결과로 이어지게 마련이다. 이런 맥락에서, 타키투스는 가장이란 진솔한 정책에 비해 열등한 술책에 지나지 않는다는 판단을 내렸으며, 아우구스투스를 진솔한 정책의 귀감으로, 티베리우스를 가장의 귀감으로 삼았던 것 같다. 리비아를 두고, 〈그녀는 남편의 술책과 아들의 가장을 모두 겸비한〉 여인이라 평가한 대목에서 알 수 있듯이 말이다.[101] 어쨌든, 가장을 습관적으로 지속하는 것은 빈약하고 둔한 술책에 지나지 않으며, 위대한 지혜가 될 수는 없다.

37. 운명을 만드는 문제를 다루고 있는 이 지식 분야에서, 일곱

100) 〈평범한 길 beaten track〉은 사람들이 자주 밟고 다녀서 잘 다져진beaten 경로나 길이라는 뜻이다.

101) 리비아(Livia Drusilla, 기원전 약 55-기원후 29)는 티베리우스 클라우디우스 네로Tiberius Claudius Nero를 첫 남편으로 두었고, 그와의 사이에서 훗날의 티베리우스 황제를 낳았다. 인용문에서 남편은, 그 첫 남편을, 자식은 티베리우스 황제를 말한다. 인용은, 타키투스, 『연대기』, 5. 1.

번째 지침은, 우리의 특정한 목적에 부합하고 중요한 등급에 따라 사물의 상대적 비중이나 가치를 판단할 수 있도록 우리의 정신을 길들이라는 것이다. 그래야만 우리의 정신은 사물의 가치를 피상적으로 판단하지 않고 실질적으로 판단할 수 있게 된다. 실로, 정신의 추론 능력에서는 뛰어나도, 정신의 계산 능력mathematical part에서는 오류를 범하는 자가 얼마나 많은가. 그들은 결과를 판단하는 데는 능하지만, 상대적 비중이나 비율을 계산하지는 못한다. 그 이유는 그들이 실질적이고 효과적인 것보다는, 겉으로 드러나 감각될 수 있는 것을 선호하는 탓이다. 그런 탓에, 그들은 군주의 주변을 맴도는 일에 열심이거나, 아니면 대중적 명성과 환호를 추구하는 일에 헌신한다. 그들은 이런 일이 대단한 가치를 지닌 것이라 가정하지만, 결국에는 질투나 위험이나 장애를 초래할 뿐이다. 그런가 하면, 어떤 것의 가치를 측정할 때, 자신이 그것에 기울인 노력이나 인내나 성실성을 기준으로 삼는 사람도 있다. 계속 노력하기만 하면 반드시 진척과 향상이 있으리라고 그는 믿는다. 이런 사람을 두고, 케사르가 전하는 이야기가 있다. 그는 연소 카토를 겨냥해서 경멸 조로 〈그는 이 모든 것을 무척 큰 일로 여겼다〉고 언급하였다.[102] 카토가 제아무리 노력하고 노력하였어도 헛수고로 끝났다는 이야기였다. 최대의 노력이 최상의 결과를 보장한다고 잘못 생각하는 사람이 많지만, 최상의 결과는 최적(最適)의 노력에서만 나올 수 있다.

38. 사람들이 각자의 운명을 향해 나아가는 길을 올바르게 안

102) 율리우스 케사르, 『로마 내전 *Commentarii de bello civili*』, 1. 30.

내하고, 그 길이 크든 적든 실질적인 것이 될 수 있도록, 나는 다음과 같이 순서를 정하고자 한다. 제일 먼저 각자의 정신을 교정하는 일이 중요하다. 운명을 경험하고 나서 정신의 장애를 제거하는 순서보다는, 정신의 장애를 먼저 제거하는 편이 운명의 진행경로를 훨씬 빠르고도 명료하게 드러내줄 것이기 때문이다. 나는 부와 재산을 두번째 순서로 정한다. 물론 대부분의 사람들은 부와 재산이 어떠한 상황에서든 통할 것이라는 가정에서, 부와 재산을 우선시하는 경향이 있다. 나는 이런 의견을 경멸한다. 조금 다른 맥락이기는 하지만, 마키아벨리도 나와 비슷한 입장을 취하였다. 돈이 전쟁의 힘줄이라는 의견에 대해, 그는 전쟁의 진정한 힘줄은 인간의 팔의 힘줄이라고 답하였다.[103] 용감하고, 인적 자원이 풍부하고, 무예에 뛰어난 국민이야말로 전쟁의 힘이라는 뜻이었다. 이 대목에서 마키아벨리는 솔론의 권위를 빌린다. 솔론은 크로이소스가 황금으로 가득 찬 금고를 열어 보이자, 철(鐵)로 무장한 다른 사람이 오면 황금의 새 주인이 될 것이라고 답하였다는 것이다.[104] 실로 운명에 대해서도 비슷하게 말할 수 있다. 운명의 힘줄은 돈이 아니다. 예지, 용기, 자신감, 결심, 기질, 근면 같은 정신적 속성이야말로 운명의 힘줄이요 강철이다. 나는 명성을 세번째 순서에 놓는 것이 옳다고 믿는다. 명성이란 거역할 수 없는 조류나 시류를 타는 것이기 때문이다. 시류에 제

103) 마키아벨리, 『리비우스론』, 2. 10.

104) 크로이소스Croesus는 리디아의 왕(재위 기원전 560–547)이었고, 엄청나게 축재한 왕으로 유명하였다. 그는 솔론과 친한 사이였던 것으로 전한다. 결국 솔론의 예측대로, 그는 페르시아의 키로스 대왕Cyrus the Great에게 패배하여 모든 재산을 빼앗겼다.

때 편승하지 못하면 회복이 거의 불가능하듯이, 명성도 한번 지나간 뒤에는 다시 누리기 힘든 것이다. 마지막으로, 나는 명예로운 지위를 네번째 순서에 놓고자 한다. 지식에 의해 앞의 세 요소를 얻기는 힘들지만, 셋 중 한 요소만으로도 쉽게 그런 지위에 오를 수 있기 때문이다. 세 요소를 모두 갖춘다면 더 쉽게 오를 수도 있겠지만 말이다.

이상의 지침에서 결론을 말하자면, 모든 일에 순서와 우선이 있듯이, 시간에도 순서와 우선이 있다는 것이다. 일의 순서를 어겨 처음과 끝을 바꾸는 것은 가장 흔한 오류의 하나이다. 이런 오류로 인해, 사람들은 시작(싹)을 심각하게 고려하여야 마땅할 시점에, 성급하게도 끝(결실)을 향해 달려간다. 그들은 일이 진행되는 시간 순서에 따라 일을 고려하지 않거니와, 일을 긴급성에 따라 처리하기보다는 결과의 크기를 예단하여 처리한다. 한마디로 그들은 〈눈앞의 일부터 처리하라〉[105]라는 적절한 지침을 지키지 않는 셈이다.

39. 여덟번째 지침은, 시간을 너무 많이 빼앗기는 일에 종사하지 말라는 것이다. 그런 일에서는 〈일하는 사이에, 시간은 모두 날아가 버리며 되찾을 수 없다〉는 이야기를 경청할 필요가 있다.[106] 실제로, 법률가, 웅변가, 헌신적 성직자 등 중책을 직업으로 삼은 사람은 일상적인 일에 종사하는 사람과는 달리, 자신의 직업운에 대해서는 그다지 현명한 태도를 취하지 못할 때가 많다. 그에게는 개별 사례를 배울 시간도, 기회를 기다릴 시간도,

105) 인용은, 베르길리우스, 『전원시』, 9. 66.

106) 인용은, 베르길리우스, 『지오르직스』, 3. 284.

계획을 수립할 시간도 없기 때문이다.

40. 아홉번째 지침은 자연을 모방하라는 것이다. 자연이 하는 일에는 헛된 것이 없기 때문이다. 누군가 여러 일을 조화롭게 번갈아가면서 수행하는 가운데, 그가 주로 의도하는 일에만 정신을 통째로 빼앗기지 않는다면, 그런 사람은 틀림없이 자연을 모방할 수 있을 것이다. 그런 사람은 매 행동마다 그의 정신을 적절하게 옮길 수 있으며, 따라서 어떤 행동을 다른 행동으로 대신할 수 있기 때문이다. 그는 자신이 추구하는 바를 최상으로 달성할 수는 없다 하더라도, 차선이나 차차선 정도로는 달성할 수 있다. 혹시 그가 원래 목적한 바를 전혀 달성하지 못한다 하더라도, 그는 노력하는 과정에서 얻은 성과를 다른 일에 이용할 수 있다.[107] 현재에 즉각 이용될 수 있는 성과를 얻지 못한다 하더라도, 미래를 위한 싹을 심을 수는 있을 것이다. 아무 유익이나 실질을 제공하지 못한다 하더라도, 최소한 우호적인 여론을 얻을 수는 있을 것이다. 이와 같이 행동하는 사람은 매 행동마다 자기자신을 정확하게 평가하여 그 무슨 결실이든 거둬들이기 때문에, 설령 자신이 심혈을 기울인 일에 실패한다 해도 당황하거나 혼란에 빠지지 않는다. 오로지 한 가지 일에만 집중하다가 다른 일로 옮겨가는 것보다 어리석은 짓은 없다. 이렇게 행동하는 자는 그 사이에 찾아오는 무수한 기회를 놓칠 수밖에 없기 때문이다. 이런 기회는, 그가 현재에 심혈을 기울이고 있는 일과는 무관하더라도, 미래에

107) 원문은 〈yet to turn the use of it to somewhat else〉인데, 여기서 〈it〉이 지시하는 대상이 불분명하다. 『스페딩의 판본』(p. 470, n. 1)에 따라, 〈it〉을 〈노력하는 과정에서 얻은 성과〉로 의역하였다.

그가 처리할 일을 위해서는 더욱 적절하고 중요한 의미를 가질 수 있다. 이런 맥락에서 볼 때, 우리는 마땅히 〈이것도 행하고 저것도 버리지 말아야 할지니라〉라는 가르침에 충실하여야만 할 것이다.[108)]

41. 열번째 지침은, 무슨 일을 하건 그 일에서 빠져나올 수 없을 정도로 깊이 개입하지는 말라는 것이다. 물론 우연한 개입으로 보여서는 안 되겠지만, 늘 날아갈 수 있는 창문이나 물러갈 수 있는 퇴로를 마련해 두어야 한다. 이는 개구리 두 마리의 비유로 전하는 옛 우화의 지혜를 따르는 일이기도 하다. 두 개구리가 연못이 말라버리면 어디로 가야 할지를 놓고 의논하고 있었다. 한 마리가 연못 바닥의 구멍을 찾아 더 깊이 내려가자고 제안하였다. 구멍에서는 물이 마르지 않을 것이라는 이유를 들었다. 그러자 다른 한 마리가 반문하였다. 〈맞는 말이긴 하지만, 그 구멍마저 말라버리면 우리는 어디로 빠져나가지?〉

42. 열한번째 지침은, 고대 그리스의 비아스가 전하는 교훈이다. 〈친구를 사랑하되 미래의 적으로 사랑하고, 적을 미워하더라도 미래의 친구로 미워하라.〉[109)] 이 교훈의 요점은 불성실한 태도가 아닌, 신중하고 중용적인 태도라고 해석된다. 불행으로 뒤바뀔 수 있는 우정, 후회로 끝날 수 있는 증오감, 미성숙하거나 좌절한 상태에서 나오는 시기심이나 경쟁심. 이런 감정에 깊이 몰

---

108) 마태복음, 23장 23절.

109) 비아스Bias는 기원전 6세기경에 활동한 그리스의 현인이다. 그의 작품은 거의 남아 있지 않으나, 〈그리스 7현인〉 중 한 사람으로 추앙되었다. 인용은, 아리스토텔레스, 『수사학』, 2. 13. 4.

두한다는 것은 사람에게 아무 도움도 되지 않는다는 말이다.

43. 〔나는 지금까지 인간의 운명을 다루는 분야에 적합한 옛 선례들을 소개해 왔다.〕 그러나 이제 나는 선례의 울타리를 벗어나 이 문제를 계속 논의하고자 한다. 나는 앞서 이 분야의 지식이 결핍되었음을 지적한 바 있는데, 혹자는 내 지식도 가상적이고 피상적인 것, 혹은 한두 가지 관찰로 이루어진 것에 불과하지 않느냐고 오해할 수 있기 때문이다. 나의 지식은 일일이 열거하기 힘들 만큼 광범위한 관찰, 즉 시작하기보다는 끝내기가 더 어려울 정도로 많은 관찰에 기초한 것임을 알아주었으면 좋겠다. 또 다른 바람도 있다. 내가 지금까지 언급하고 규정한 지침들은, 우리가 따를 만한 귀감들patterns을 모두 다룬 것이라기보다, 극히 일부만을 다룬 것임도 유념해 주었으면 좋겠다. 마지막으로, 내 의도를 곡해하는 사람이 없기를 바란다. 나로서는, 내가 제시한 지침을 모두 실천하지 않으면 좋은 운을 만들 수 없다고 말할 의도는 전혀 없다. 어떤 사람에게는 행운이 저절로 굴러들어오기도 하고, 큰 위험에 봉착하지 않은 채 평탄하게 살아가면서 자신의 근면만으로 행운을 얻는 사람도 많이 있다는 것을 나도 잘 알고 있다.

44. 그러나, 키케로가 완전한 웅변가의 상을 제시하였을 때, 모든 변호사가 그 상에 맞추어 웅변해야 한다고 말한 것은 아니지 않은가? 군주나 궁정인을 주제로 삼는 학자들이 특정 군주나 특정 궁정인을 다룰 때에도, 논의의 전체적인 틀은 궁정의 일상 관행에 따라 구성되기보다, 그 주제를 다루는 기예를 완성한다는 견지에서 구성되는 것이 아닐까? 나는 현명한 사람, 즉 그 자신의

운명에 대해 지혜로운 사람을 서술할 때에도, 이치는 비슷하리라고 생각한다.[110)]

45. 어쨌든 우리가 제시한 지침들이 〈선한 기예들〉[111)]로 간주되고 불릴 만한 것임을 유념할 필요가 있다. 이와 대비되는 〈사악한 기예들〉에 대해서도, 사람들은 각기 나름대로 그 기본원리를 규정해 왔다. 마키아벨리가 제시한 원리는 이렇다. 〈무릇 인간은 덕 자체를 얻으려 하기보다는 덕의 겉모습만을 취하려 한다. 덕스럽다는 평판만 얻으면 족한데, 굳이 힘들여서 덕을 발휘할 필요까지는 없다고 생각하기 때문이다.〉 그는 다른 원리도 제시한다. 그가 생각하기에, 〈두려움을 주지 않고는 사람들을 적절하게 통솔할 수 없기 때문에〉, 〈모든 사람이 위협에 굴복하여 굽실대고 옴짝달싹 못하도록 묶어둘〉 필요가 있다는 것이다.[112)] 이런 기예들을 두고, 이탈리아인들은 〈가시를 박는다seminar spine〉고 말한다. 그런가 하면 키케로는 〈적을 망하게 하려면, 친구와 함께 망하게 하라〉[113)]는 시구를 인용하고 있는데, 이 시구에도 사악한 기예의 원리가 포함되어 있다. 적을 안심시키면서 죽음으로 내몰기 위해, 앞다투어 친구의 생명을 팔았던 삼두정치를 두고 한 말이었다. 루키우스 카틸리나의 불순한 주장에서도 비슷한 원리를 엿

---

110) 운명에 대해 지혜로운 특정한 사람을 다루더라도, 그것은 사사롭거나 평범한 수준에서 논의되기보다는, 보편적이고 이상적인 수준에서 논의되어야 한다는 뜻이다.

111) 〈선한 기예들Bonae Artes〉이란 정직한 기예들을 말한다. 이와 대조적으로, 〈사악한 기예〉는 부정직하고 음모적인 기예를 말한다.

112) 마키아벨리, 『군주론』, 17-18장의 내용.

113) 인용은, 키케로, 『데이오타르스 변론*Pro rege Deiotaro*』, 9. 25.

볼 수 있다. 그는 국가에 불을 질러 혼란을 야기하고, 혼란을 틈타 국가의 재산을 통째로 낚시질할 심산이었지만, 자신의 재산에 대해서는, 〈만일 내 재산에 화재가 난다면, 나는 그것을 물로 끄느니, 모두 파괴시켜 버릴 것이다〉라고 말하였다.[114] 리산드로스는 또 다른 원리를 제시한다. 〈아이는 사탕으로 속일 수 있고, 어른은 맹세로 속일 수 있다〉는 것이다.[115] 그 밖에도 사악하고 타락한 원리는 많이 있다. 세상일이 늘 그러하듯이, 악한 원리의 수는 선한 원리의 수를 능가한다. 물론, 자비며 성실을 결핍한 채 사악한 원리에 충실하게 살아간다면, 사람의 운명을 개선하려는 노력도 그만큼 빨라지고 간단해질 수 있다. 그러나, 길을 걷는 경우든 인생을 살아가는 경우든 마찬가지겠지만, 지름길이 가장 어리석은 길일 수도 있고, 그렇지 않은 길이 오히려 더 적절한 길일 수도 있는 것이다.

46. 사람에게 힘이 있으되, 그 힘을 야망을 위해 사용해서 소용돌이나 폭풍우에 휘말리지 않고, 오직 스스로를 지탱하고 유지하는 데만 사용하려면, 그가 반드시 유념해야 할 일이 있다. 첫째로, 자신의 운명을 추구하는 가운데, 우선은 세상의 전체 지도를 보는 것이 필요하지만, 구체적인 지형과 이정표도 익혀두어야 한다는 것이다. 〈내가 한 모든 일이 헛되니 영혼을 괴롭힐 뿐〉[116]이라

114) 인용은, 키케로, 『무레나 변론』, 25. 51.

115) 리산드로스Lysandrus는 스파르타 해군의 총사령관으로, 펠로폰네소스 전쟁 말에 스파르타 함대를 창설하여 아테네 군을 격파하였고, 결국 아테네를 함락시킨 후에, 아테네와 아테네 동맹도시들에 독재 정부를 수립하였다. 테베와 코린트의 지원을 받은 보에오티아Boeotia인들과 싸우다 패하여 죽었다(기원전 395년)고 한다. 인용은, 플루타르코스, 『영웅전』, 리산드로스 편, 8.

는 말이 전체 지도에 해당하는 것이라면, 불행한 존재는 저주요 위대한 존재일수록 저주도 크다는 사실, 모든 덕은 대체로 보답을 받고 모든 사악함은 대체로 처벌을 받는다는 사실은 구체적 지형과 이정표에 해당하는 것이라고 하겠다.[117] 이러한 이치를, 한 시인은 다음과 같이 우아하게 표현하였다.

> 오 친구들이여, 여러분의 공로에 어울리는 보상으로
> 어떤 종류의 것이 주어질 수 있다고 내가 생각하는 줄 아십니까?
> 가장 공정한 최상의 보답은
> 하늘의 은총이요 여러분 자신의 고귀함일 것입니다.[118]

반대로 사악함에는 그에 합당한 처벌이 주어질 것이다. 둘째로, 사람은 영원한 섭리와 하나님의 심판을 경외하여야 한다. 하늘의 섭리와 심판이야말로 사악한 음모며 사악한 상상에서 나오는 지혜를 뒤집을 수 있는 것이기 때문이다. 이를 두고 성서는 〈악한 생각을 품은 자에게는 결실이 없다〉고 전한다.[119] 의롭지 못한 행동과 사악한 기예를 삼가는 것만으로는 부족하다. 안식일조차 지키지 않은 채 자신의 운명을 쉴새없이 추구하는 것은, 우리가 하

---

116) 전도서, 2장 2절 참조.

117) 전체적으로 보면, 지상의 삶에서 모든 노력은 헛된 것일 수 있지만, 그럼에도 불구하고 삶에는 구체적인 좌표가 요구되는바, 실락원에서 비롯된 〈저주〉를 벗어나야 마땅하다는 것, 그리고 〈보상과 처벌의 원리〉가 작용한다는 것을 그러한 좌표로 삼을 수 있다는 뜻이다.

118) 베르길리우스, 『아에네이드』, 9. 252-254.

119) 성서의 원문을 정확하게 확인하기 어려우나, 욥기(15장 34-35절)에서 인용된 것으로 보인다.

나님께 쪼개 바쳐야 마땅할 시간의 봉헌을 어기는 일이다. 잘 알다시피, 하나님은 우리의 재물에 대해서는 1/10을 요구하시지만, 우리의 시간에 대해서는 더욱 엄격하게 1/7을 요구하시지 않는가? 그렇다면, 우리가 마치 뱀처럼, 얼굴만 하늘을 향해 쳐들고 있을 뿐 영혼은 쉴새없이 땅 위를 기면서 흙을 파먹는다는 것이 무슨 목적에 기여할 수 있겠는가? 이는 〈조물주의 한 줄기 숨결을 땅속에 묻어버리는〉 우를 범하는 것이 아닐까?[120] 그런가 하면, 어떤 사람은 비록 나쁜 짓으로 행운을 얻었더라도, 이를 선하게 이용하면 된다는 생각을 가지고 있다. 아우구스투스 케사르는 물론, 뒷날의 셉티미우스 세베루스도 이런 평판을 들었다.[121] 〈그들은 태어나지 말았거나, 아니면 죽지 말았어야 옳았다〉는 것이다.[122] 실제로 그들은 권좌를 향해 줄달음치던 동안에는 많은 불행을 야기하였으나, 일단 권좌에 오른 뒤에는 그만큼 많은 선정을 베풀었다. 이와 같은 보상과 배상은 현실적으로 유익한 것이기는 하나, 그렇다고 해서 그것을 목표로 삼아서는 안 될 일이다. 셋째로, 사람이 운명을 향해 달려가는 동안, 운명에 대해 어느 정

---

120) 신의 신성한 숨결로 태어난 인간이 그 숨결을 땅에 묻어버리는 격이라는 뜻이다. 인용은, 호라티우스, 『풍자시』, 2. 2, 79.

121) 셉티미우스 세베루스(Lucius Septimius Sevenus, 146-211)는 군사 쿠데타로 로마 황제에 오른 인물(재위 193-211년)이었다. 잔인하고 계산적인 독재자였지만 강력한 로마를 건설한 인물로 평가되기도 한다.

122) 태어나서 나쁜 짓을 하지 말든지, 아니면 죽지 않고 좋은 일을 계속하든지 하였으면 좋았을 것이라는 뜻이다. 아우구스투스에 대한 평가는, 아우렐리우스 빅토르Aurelius Victor, 『케사르 평전 *Epitome de Caesaribus*』, 1, 28. 그리고 세베루스에 대한 평가는 스파르티아누스Spartianus, 『세베루스 *Severus*』, 18.

도 냉정한 태도를 유지한다는 것을 잘못이라고는 할 수 없다. 신성로마제국 황제 칼 5세는 이런 생각을 멋지게 표현한 적이 있다. 국왕 수업의 일환으로 아들에게 가르침을 주던 중에 그가 한 말인데, 〈운명이란 여성적인 기질이 다분한 것이어서, 열심히 구애하면 할수록 그만큼 멀리 도망가고 만다〉는 것이다.[123] 그러나, 운명에 대해 너무 냉정하게 거리를 유지한다는 것은, 타락한 기질의 사람에게나 어울리는 대책이다. 이보다는 신학과 철학을 초석으로 삼아서 토대를 구축하는 편이 옳다. 마침 이 문제에서만은 신학과 철학이 만장일치의 의견을 보이고 있다. 〈먼저 추구하라〉는 것이다.[124] 신학에서는 〈너희는 먼저 하나님의 왕국을 추구하라, 그리하면 이 모든 것을 너희에게 더하시리라〉고 말한다.[125] 철학에서는 〈너희는 먼저 정신의 선한 상태를 추구하라, 그리하면 나머지 모든 선한 것도 너희에게 주어지든지, 아니면 적어도 부족함은 없을 것이다〉라고 말한다. 이처럼 신성한 토대는 반석 위에 세워진 것으로, 인간적 토대가 모래 위에 세워지는 것과 좋은 대조를 이룬다.[126] 모래 위에 세운 토대에 관해서는, 마르쿠스 브루투스가 연설에서 과감하게 던진 말이 있다.

---

123) 칼 5세(Karl V, 1500-1558)는 신성로마제국 황제(재위 1519-1558)와 에스파냐 국왕 카를로스(Carlos 1세, 재위 1516-1556)를 겸임하였다. 아들은 펠리페 2세로 훗날 에스파냐 국왕직을 계승하였다. 라틴어 번역본에서, 엘리스의 해설(8. 2)에 따르면, 칼 5세는 원래, 〈운명이란 여인과도 같아서, 자기가 젊었을 때는 좋아하다가, 늙으니 멀리 달아난다〉고 말하였다고 한다.

124) 〈먼저 추구하라primum quaerite〉는 요구는, 〈열심히 구애하면 할수록 그만큼 멀리 도망간다〉라는 타락한 가르침과 대비되고 있다.

125) 마태복음, 6장 33절.

126) 마태복음, 7장 24-27절 참조.

덕이여, 나는 그대를 실재하는 것으로 믿어 숭배하였건만,
그대는 헛된 이름뿐이니.[127)]

반면에, 신성한 토대는 우리가 결핍되어 있음을 지적한 지식 분야를 전반적으로 검토하는 데 도움을 줄 수 있을 것이다.

47. 그러면 이제부터 통치의 문제를 살펴보기로 하자. 통치에 대한 지식은 비밀이요 깊숙이 숨은 것이다.[128)] 흔히 사람들은 어떤 것을 비밀로 여길 때 두 이유를 들곤 하는데, 통치에 대한 지식은 두 이유 모두에서 비밀이다. 알지 못하는 탓에 비밀이기도 하지만, 발설하기에 적합지 않은 것이기에 비밀이기도 하다는 뜻이다. 우리가 알다시피, 어떤 종류의 통치든 애매하여 파악할 수 없기는 마찬가지이다.

거대한 정신이 모공(毛孔)을 구석구석 파고들어
모든 질료를 일깨우고는, 그 거대한 육체와 뒤섞인다.[129)]

---

127) 디오 카시우스(Dio Cassius, 약 150-235), 『디오 카시우스 *Dio Cassius*』, 47. 49.

128) 베이컨은 지금까지 〈운명의 건축〉을 논의하였다. 〈시민사회에 대한 지식〉에서 한 가지 주제만 빼놓고 나머지를 모두 다룬 셈이다. 이제부터는 〈시민사회에 대한 지식〉에서 마지막 주제인 통치 문제가 논의되고 있다. 라틴어 번역본에서는 이 주제를 전혀 다른 방식으로 다룬다. 통치에 관한 지식이 〈비밀〉이라는 주장을 생략한 대신, 이 주제에서 중요한 두 고려사항이 〈제국을 확장하는 문제〉와 〈보편적 정의(正義)의 문제〉임을 명시하였다.

129) 베르길리우스, 『아에네이드』, 6. 726. 만물은 각기 정신과 질료(육체)가 혼합된 형태로 존재하기 때문에, 그 〈정신〉을 분명하게 파악할 수 없다는 의미로 인용된 것 같다.

이것은 통치에 대한 묘사이기도 하다. 세상에 대한 하나님의 통치는, 우리가 그분의 통치를 다분히 불규칙적이고 혼란스러운 것으로 간주하는 동안에는, 비밀로 남아 있을 수밖에 없다. 사물의 이치가 그러하다. 육체를 움직이는 정신의 통치는 내밀하고 깊숙한 곳에서 이루어지기 때문에, 정신의 작용경로를 입증한다는 것은 불가능에 가까운 일이다. 이런 맥락에서, 고대 시인들이 그림자처럼 비유적으로 표현한 태고적 지혜[130)]는, 반란의 죄로 고문받고 고통당하는 거인들의 모습을 묘사하면서, 이를 헛수고futility라는 처벌에 비유하고 있다. 시지포스와 탄탈로스가 받은 고문과 고통이 그러하다.[131)] 비록 태고적 지혜는 개별 사례를 언급하고 있을 뿐이지만, 정치와 통치에 관한 담론의 보편적 규칙을 고려할 때에도 존경과 세심한 주의를 기울여야 마땅할 것이다.

48. 그러나 역으로, 통치자가 피통치자를 바라볼 때에는, 만사가 명백하고, 감추어진 구석이 조금도 없어야 한다. 적어도 통치자의 인간적 한계 내에서는, 모든 것이 명백하여야 마땅하다. 하

130) 여기서 〈태고적 지혜wisdom of antiquity〉는 호메로스를 위시한 고대 시인들이 아주 먼 옛날의 일(신화)에 비유하여 삶의 지혜를 가르친 문학 장르를 염두에 둔 표현이다. 이 장르는 〈지혜문학〉이라 불린다.

131) 그리스 신화에서 시지포스Sisyphus는 제우스에 대한 불경의 죄로, 무거운 바위를 가파른 산마루까지 밀고 올렸다 내려오기를 끊임없이 반복하는 처벌을 받는다. 그런가 하면 탄탈로스Tantalus는 제우스의 비밀과 신들의 음식을 훔친 죄로, 연못 위의 과일 나뭇가지에 계속 매달려 있게끔 처벌을 받는다. 그가 물을 마시려 몸을 구부리면 물이 줄어들어 마실 수 없고, 그가 과일을 따려 하면 바람이 과일을 손닿을 수 없는 곳으로 보내버린다. 베이컨은 이 신화를, 사람이 거듭 비밀을 알려고 하지만 모두 수포로 끝나는 〈헛수고의 처벌〉로 해석하고 있다. 시지포스와 탄탈로스가 처벌받는 모습은, 호메로스, 『오딧세이』, 11. 582 참조.

나님의 통치를 두고 성서가 말하듯이, 우리 인간에게는 어둡고 불투명한 물체처럼 보이는 지구도 하나님 눈에는 수정처럼 맑다 하지 않는가. 실로 〈보좌 앞에는 수정과 같은 유리 바다가 있을〉 뿐이다.[132] 마찬가지로, 군주는 물론 국가(특히 현명한 의원들과 고문들)의 눈에도, 국민 전체의 모든 구석이 명료하고 투명하게 보일 수 있어야 한다. 국민의 다양한 본성과 기질, 그들의 다양한 처지와 그들이 필요로 하는 것, 그들의 갖가지 분파와 연대combination, 그들 사이의 적대감과 불만. 이 모든 구석이 속속들이 파악될 수 있어야만 한다. 비록 군주와 국가마다, 정보수집 능력intelligence 면에서든, 주의 깊은 관찰의 지혜에서든, 감시자를 배치한 자리의 높이에서든,[133] 다소 차이가 있겠지만 말이다. 그러므로 나로서는, 이 지식 분야의 주인이시자 적절하게 보좌를 받고 계신 국왕 폐하를 향해 이 글을 쓰고 있음을 감안하여, 이 분야에 대해서는 침묵으로 넘기는 편이 옳다고 생각한다. 침묵을 지킴으로써, 나는 고대의 한 철학자가 바라마지 않았던 바로 그런 인정을 받고 싶다. 이 철학자는 다른 사람들이 각자의 능력을 과시하기 위해 설전을 벌이는 동안 줄곧 침묵을 지켰는데, 그에게는 〈적어도 한 사람만은 평화를 유지하는 방법을 알고 있었다〉는 인정을 얻는 일이 무엇보다 중요하였기 때문이다.[134]

132) 요한계시록, 4장 6절.

133) 군주들이 〈감시자를 배치한 자리의 높이the height of their station where they keep sentinel〉란, 각 국가가 정보를 수집하고 민정을 살피는 감시자에게 얼마나 높은 사회적 신분을 부여하느냐 하는 견지에서 해석할 수도 있고, 정부조직 내에서 감시기구를 얼마나 적절하게 활용하느냐 하는 견지에서 해석할 수도 있다.

49. 그럼에도 불구하고, 나는 통치에서 공적 특성이 뚜렷한 부문, 즉 법 영역에서만은 결점을 하나쯤 지적해 두어도 무방하리라고 생각한다. 지금까지 법에 관해 집필해 온 많은 사람이 철학자나 법률가로서 저술하였을 뿐, 정치가의 자격으로 저술한 경우는 없다는 점을 결함으로 지적하고 싶다. 철학자들은 가상 국가를 위해 가상 법률을 제정하는 것이 고작이다. 그들의 담론은 별에 비유하자면, 너무 높이 떠 있어서 지상에 빛을 뿌릴 수 없는 그런 별에 해당한다. 반면에 법률가들은 그들이 활동하는 현실 조건만을 감안하여 집필한다. 그들은 기존 법률에 따라 저술할 뿐, 무엇이 법률이 되어야 하는가에 대해서는 거의 고려하지 않는다. 이 점에서 입법자의 지혜는 법률가의 지혜와 전혀 다르다. 물론, 정의의 원천은 자연 속에 존재하며, 모든 종류의 시민법은 이 원천으로부터 마치 지류처럼 파생되는 것에 불과하다. 그러나, 물줄기가 통과하는 토양의 영향을 받아 물 색깔과 물 맛이 달라지듯이, 시민법도 (비록 동일한 원천에서 나온 것이기는 하지만) 어떤 지역과 어떤 정부로 이식되느냐에 따라 달라질 수 있다. 이런 견지에서 보면, 입법자는 정의의 토대에 대해서는 물론 정의의 실현방안에 대해서도 지혜를 갖추고 있어야 할 것이다. 그의 지혜에 비추어 다음 여러 문제를 고려할 필요가 있다. 어떤 수단에 의존하여 법률을 제정하고 확실하게 정착시킬 것인가? 법에 대한 회의나 의구심은 어떤 원인에서 발생하고 어떤 치료법이 있는가? 어떤 방법을 사용하면 법률을 신속하고 용이하게 수행할 수 있는

134) 고대 철학자는 제논으로 추정된다. 디오게네스 라에르티오스, 『뛰어난 철학자들의 전기』, 7. 24 참조.

가? 법률의 집행에서 장애물은 무엇이고 그 치료법은 무엇인가? 〈내 것과 네 것〉[135]이라는 사적 권리에 관한 법률은 국사(國事)에 어떤 영향을 미치는가? 어떻게 하면 법률을 손쉽고도 분란 없이 제정할 수 있는가? 법률을 어떤 형식으로 입안하고 전달할 것인가, 예컨대 〈문서texts〉로 할 것인가 〈명령acts〉으로 할 것인가, 짧게 할 것인가 길게 할 것인가, 입법 취지문preamble을 덧붙일 것인가 말 것인가? 법률을 이따금씩 수정하고 개정하려면 어떻게 하여야 하는가? 법률이 너무 방대한 분량이 되지 않으려면, 즉 법조문의 수가 너무 많고 서로 중복되는 것을 피하려면 어떤 방법이 가장 좋은가? 법률을 어떻게 해설할 것이며, 언제부터 송사(訟事)에 처음 적용하여 재판정에서 논의할 것인가? 법률의 일반적 쟁점 및 의문점에 대해서는 언제 답하고 언제 회의를 열 것인가? 법률을 어떤 강도로 적용할 것인가, 엄격하게 할 것인가 느슨하게 할 것인가? 법률은 형평성과 양심을 참작하여 얼마나 융통성 있게 운용되는 것이 좋은가? 자유재량[136]과 법의 엄격한 적용은 동일한 법정에서 뒤섞여 수행되는 것이 좋은가, 서로 다른 법정으로 나뉘어 별도로 수행되는 것이 좋은가? 법률 집행이며 법률 직업이며 법률 연구는 어떻게 감시되고 관리되는 것이 좋은가? 법을 관리하여 (굳이 내 식대로 말하자면) 법에 생명을 주기 위해서

135) 〈내 것과 네 것meum et tuum〉은 17세기에 사유재산권을 논의할 때 빈번하게 사용된 구절이다.

136) 〈자유재량discretion〉이란, 재판권을 가진 법정이나 사람이 법의 적극적 해석이 허용하는 한도 내에서, 형사소송, 민사(보상이나 배상)소송, 행정소송 등의 사안을 재판하는 것을 말한다. 영어사용권 세계에서, 심각하지 않은 범죄를 다루는 재판은 처벌에 대해 큰 자유재량을 허용하는 경향이 있다.

는 이 밖에도 많은 문제들에 답할 수 있어야 한다. 지금까지 내가 제기한 문제는 요점을 간추린 것에 불과하다. 하나님께서 내게 기회를 주신다면, 내가 방금 아포리즘 형식으로 시작한 성격의 작업을 훗날 더욱 심화시킬 작정이다. 이런 작업은 당분간 결핍된 채 남아 있을 수밖에 없겠지만 말이다.

50. 국왕 폐하의 잉글랜드법에 관해서는, 나는 주로 그 위엄을 말할 수 있을 뿐, 그 결점으로 지적할 것은 별로 없다. 통치의 적합성에서 잉글랜드법이 로마법을 능가한다는 것은 당연한 일이다. 로마법은 로마가 통치한 나라들을 위해 제정된 것이 아니었기 때문이다. 즉 로마법은 〈그런 용도를 염두에 둔 것이 아니었다〉.[137] 이쯤에서 이야기를 멈추는 편이 좋겠다. 나로서는 구체적인 실천의 문제와 보편적인 학문의 문제를 뒤섞고 싶지 않기 때문이다.

137) 베르길리우스, 『아에네이드』, 4. 647.

제24장

1. 방금 나는 시민사회에 대한 지식을 다룬 이 학문 분야의 결론을 내린 참이다. 그리하여 시민사회에 대한 지식으로 인간철학의 결론을 대신하고, 인간철학으로 철학 전체의 결론을 대신한 셈이 되었다. 여기서 잠시 멈추어 내가 지나온 길을 뒤돌아본다. 〈거울에 비친 상이 틀리지 않는다면〉, 그래서 자신의 작업을 정확하게 판단할 수 있다면, 내 글은 연주자들이 악기를 조율할 때 내는 시끄러운 소리에 불과한 것으로 보인다. 하지만 조율할 때의 불협화음은 당장은 귀에 거슬려도 조금 뒤에 더욱 조화로운 음악을 연주하는 원인을 제공하는 것이 아닌가? 내가 뮤즈들의 악기들을 조율하여,[1] 나보다 훌륭한 솜씨를 지닌 사람들이 그것들을 연주할 수 있도록 준비하는 데 만족하려는 것도 비슷한 의도라고 하겠다. 그도 그럴 것이, 오늘날의 조건에 비추어 판단컨대, 학문

1) 뮤즈들은 제우스와 네모시네Mnemosyne 사이에서 태어난 여신들로 학예를 후원한다. 원래는 셋뿐이었으나, 훗날 9여신으로 늘어났다. 칼리오페Calliope는 서사시와 수사학, 에우테르페Euterpe는 음악과 서정시, 에라토Erato는 연애시, 폴리니아Polyhymnia는 웅변이나 종교시, 클리오Clio는 역사학, 멜포메네Melpomene는 비극, 탈리아Thalia는 희극, 테르피시코레Terpsichore는 합창과 무용, 우라니아Urania는 천문학을 각각 후원한다. 베이컨이 뮤즈들의 악기를 조율한다는 말은, 모든 학예의 초석을 다진다는 뜻이다.

은 그 모든 분야에서 이미 세번째의 순환을 시작하였음이 분명하기 때문이다.[2] 오늘날 학자들의 뛰어남과 활발한 활동을 보라. 고대 작가들의 수많은 노작으로부터 우리가 얻고 있는 고귀한 도움과 통찰을 생각해 보라. 인쇄술은 어떤 부류의 사람에게든 책을 전해 주고 있다. 항해술에 의해 세계가 열림으로써, 이전에는 알지 못하던 많은 표본들이 알려졌고, 그리하여 자연사의 많은 부분이 해명되었다.[3] 게다가 우리 시대에는 사람들에게 풍부한 여가가 보장되고 있다. 그리스 도시국가들은 인구가 너무 적은 탓에, 로마제국은 국가의 규모가 너무 큰 탓에, 시민을 온통 공적인 일civil business에 동원하였던 것과는 좋은 대조를 이룬다. 더욱이 현 시점에서 우리 시대의 전반적인 추세는 평화를 향하고 있다.[4] 다른 지식에로 눈 돌릴 틈을 모조리 빼앗아버렸던 종교 분쟁

---

2) 여기서 〈순환visitation or circuit〉은 섭리나 운명의 순방을 뜻한다. 베이컨은 〈순환적〉 역사관의 견지에서, 학문의 첫번째 순방은 그리스에서, 두번째 순방은 로마에서 이루어졌고, 자신의 시대에는 세번째 순방이 진행되고 있다는 입장을 피력한다. 그러나 제3기의 학문은 앞선 1기와 2기의 것을 종합하고 발전시킨 것이라는 점에서, 베이컨은 전통적인 역사 순환론을 진보적인 틀로 바꾸고 있다.

3) 원문은 〈the openness of the world by navigation …… have disclosed multitudes of experiments, and a mass of natural history〉이다. 이 구절은, 지리상의 발견을 통해, 서구인들이 모르던 많은 동식물, 광물 표본들experiments과 자연사의 많은 부분a mass of natural history이 해명되었다는 뜻으로 해석된다. 이국의 낯선 표본들은 그것들의 성질을 알기 위한 실험이 요구된다는 점에서, 〈실험 대상들〉로 번역될 수도 있을 것이다.

4) 실제로 베이컨이 이 책을 출판한 시점(1605)은 잉글랜드와 에스파냐 사이에 평화협정이 체결된 직후였다. 이 평화협정은 유럽 내 신교 세력과 구교 세력 사이의 잠정적인 평화를 의미하는 것이기도 하였다. 그러나 이후 사태는 점차 악화되어, 끝내 30년 전쟁(1618-1648)으로 치닫게 되었다.

들로 말할 것 같으면, 뜨거운 쟁점들이 모두 소진된 상태이다. 뿐만 아니라, 폐하의 완벽한 학문은 마치 불사조처럼, 폐하를 따르는 학자들의 일제 도약vollies을 요구하고 계신 듯하다.[5] 그러므로 오늘날 우리 시대가 진리의 해명을 향해 점점 더 가까이 다가가고 있다는 것은 필연적인 추세라고 하겠다.

이 전반적인 추세를 고려할 때, 나로서는 어떤 확신에 가까운 높이로 도약하지 않을 수 없다. 우리의 세번째 시대는 그리스와 로마에서 학문이 번성하던 시대를 훨씬 능가하리라는 확신이 그것이다. 다만, 먼저 충족되어야 할 조건이 있다. 우선, 우리의 강점과 약점을 모두 알아야만 할 것이요, 강점과 약점을 차례로 살피는 동안, 비판과 부정의 불씨가 아닌 발견과 발명의 빛줄기를 찾아야 할 것이다. 그리하여 진리의 획득이 어떤 업적이나 장식으로 존중될 것이 아니라, 하나의 기획으로 존중될 수 있어야만 할 것이요, 뛰어난 재주와 능력이 평범한 일이나 대중적 평판을 위해 사용될 것이 아니라, 가치 있고 위대한 일에 사용될 수 있어야만 할 것이다. 혹시 나의 노력에 대해, 자신을 위해서든 남을 위해서든, 질책하고 싶은 사람이 있을지 모르겠다. 그런 사람에게는 〈때려도 좋지만 들어만 주십시오〉[6]라는 옛말로 인내를 부탁

5) 잘 알려져 있다시피, 불사조phoenix는 아랍 사막에서 5-600년 동안 산다고 하는 전설의 새이다. 불사조는 수명이 다하면 불에 타죽고, 죽은 뒤에 부활하여 그 생명 사이클을 반복한다. 베이컨은 국왕 제임스 1세가 자신이 언급한 〈세번째 순환〉을 주도할 인물이라는 의미에서 그를 불사조에 비유한 것으로 보인다. 또한 〈vollies〉는 〈volleys〉로 바꾸어서 번역되었다.

6) 테미스토클레스Themistocles가 에우리비아데스Eurybiades에게 한 말이다. 인용은, 플루타르코스, 『영웅전』, 테미스토클레스 편.

드리고 싶다. 내 노력을 검토하고 저울질해 주기만 한다면, 얼마든지 꾸짖어도 좋다는 말이다. 그만큼 내 요구는 (꼭 필요한 것이라고는 할 수 없어도) 정당하다. 사람들이 처음 생각할 때든 다시 생각할 때든 정당할 것이요, 가까운 미래에든 먼 미래에든 정당할 것이다.

마침내 우리는 하나님께 유래하는 신성한 신학을 다룰 차례가 되었다. 이 학문 분야는 고대의 두 시대〔그리스시대와 로마시대〕 같이 축복받지 못한 시대에는 알 수조차 없었던 것이지만, 인간의 모든 수고와 순례의 안식일이자 항구에 해당한다.

제25장

1. 하나님의 대권은 인간의 이성과 의지에 고루 영향을 미친다. 그렇기에 우리는, 우리의 의지가 주저할 때에는 하나님의 율법에 복종하게끔 되어 있고, 우리의 이성이 주저할 때에는 하나님의 말씀을 믿게끔 되어 있다. 만일 우리가 감각에 이해되는 것만을 믿는다면, 우리는 저자에 동의하지 않고 질료에 동의하는 꼴이 되기 때문이다. 이러한 동의는 의심스럽고 믿을 수 없는 증인에 대해 동의하는 것과 다를 바 없다.[1)] 그러나 아브라함이 참신앙으로 여긴 신앙은 그의 부인 사라가 비웃은 바로 그것이 아니었던가? 이 점에서 사라는 자연 이성 그대로의 모습을 보여준 셈이었다.[2)]

---

1) 여기서 〈질료matter〉는 일단 형상form과 대비되는 개념으로 사용된 것 같다. 조물주인 저자는 원래 존재하는 질료에 형상을 부여하여 사물을 만드는바, 사물의 질료적 측면을 이해하는 데 머문다면, 조물주-저자의 형상, 즉 계획이나 의도를 이해하는 수준에 오를 수 없다는 뜻이다. 베이컨은 이 형상-질료의 틀을 〈사실의 문제the matter of fact〉에 확대 적용하고 있다. 조물주-저자의 의도나 계획을 모른 채 질료에만 관심을 갖는 것은, 법정에서 증인이 〈믿을 만한 사람〉인지를 검토하지 않은 채 그의 증언만을 검토하는 것과 동일한 오류에 귀속된다. 17세기 초 잉글랜드에서, 증언에 앞서 증인의 신빙성을 검토하는 관행은, 법정으로부터 과학적 사실의 문제를 결정하는 영역으로 확장되고 있었다.

2) 로마서, 4장 22절. 그리고 창세기, 18장 22절 참조.

2. 실제로 우리가 진실한 마음을 가지고 검토해 보면, 지금 인식하고 있는 식으로 인식하는 것보다는 오히려 믿는 편이 더욱 가치가 있다. 인간 정신은 인식할 때에는 감각에 충실할 뿐이지만, 믿을 때에는 영에 충실하며,[3] 그리하여 자신보다 권위 있는 존재, 자신보다 가치 있는 매개자에 의지할 수 있기 때문이다. 그렇지만 이것이 인간의 축복받은 상태를 말하는 것은 아니다. 축복받은 상태에서는 신앙도 중지할 것이요, 우리는 〔하나님에 의해 우리가〕 인식되는 것처럼 완전한 인식에 도달할 것이다.[4]

3. 이런 맥락에서 우리는 다음과 같이 결론을 내릴 수 있다. 신성한 신학 즉 관용어법상 신성학문divinity이라 불리는 분야는, 오로지 하나님의 말씀 및 신탁에 기초할 뿐, 자연의 빛에 기초하지는 않는다는 것이다. 성서가 〈하늘이 하나님의 영광을 선포한다〉고 기록하였지, 〈하늘이 하나님의 의지를 선포한다〉고 기록하지 않은 것도 같은 이치라고 하겠다.[5] 〈마땅히 율법과 증거의 말

---

3) 베이컨은 〈영 spirit〉이라는 용어를 다양한 맥락에서 사용하고 있다. 바람처럼 느낄 수는 있지만 정확하게 포착하기 힘든 실체를 지칭할 때도 있고, 물질 내의 불가사의한 속성을 지칭할 때도 있다. 그러나 지금 맥락에서는 초자연적인 실체를 지칭하고 있는 것으로 보인다.

4) 고린도전서, 13장 12절. 〈지금은 내가 부분적으로 아나, 그때에는 주께서 나를 아신 것같이 내가 온전히 알리라.〉 현재의 지식은 자연 이성(감각)에 의존한 것으로 불완전하지만, 언젠가 인간이 하나님처럼 완전하게 인식할 수 있을 때에는 신앙도 중지할 것이라는 뜻이다. 베이컨의 종말론적 전망을 읽을 수 있는 대목이다.

5) 따라서 하나님의 말씀에 기초하는 신학과 자연의 빛(단서)을 따라 지식을 축적하는 자연철학은 구분된다. 이것은 자연연구가 신학으로부터 분리되고 자연에서 조물주의 〈의지〉를 읽으려는 중세 이래의 노력이 비판받기 시작하는 분기점에 해당한다. 인용은, 시편, 19편 1절.

씀을 좇을지니, 그들의 말하는 바가 이 말씀에 맞지 아니하면……〉이라는 구절도 비슷한 뜻을 전한다.[6] 이런 이치는 비단 하나님의 신비, 창조의 신비, 대속(代贖)의 신비 같은 신앙의 핵심 주제에만 적용되는 것은 아니다. 그것은 참되게 해석된 도덕적 율법과 관련된 주제에도 똑같이 적용된다. 이를테면, 〈너희 원수를 사랑하며, 너희를 증오하는 자를 위해 선을 베풀라. 그리하여 의로운 자와 불의한 자에게 골고루 비를 내리시는 하늘의 아버지처럼 되라〉.[7] 이 율법에 대해서는, 〈그것은 인간의 음성이 아니다〉라는 칭송이 어울린다.[8] 자연의 빛을 초월한 음성이라는 칭송을 드려야 마땅한 것이다. 우리가 알다시피, 이교세계의 시인들이 자유분방한 감정에 휘말릴 때면 언제나 법과 도덕에 대해 불평을 늘어놓는 것도 같은 이유이다. 그들은 마치 법과 도덕이 자연에 대립되고 해롭기나 한 것처럼 여긴다. 이를테면,

> 자연이 허용하는 것을,
> 질투심 많은 법률은 거부한다네.[9]

덴다미스Dendamis라는 인도 사람도 비슷한 이야기를 전한다. 그는 알렉산더 대왕의 전령들에게, 〈나는 피타고라스를 위시한

---

6) 이사야, 8장 20절. 〈그들의 말하는 바가 이 말씀에 맞지 아니하면, 그들이 정녕 아침빛을 보지 못하고 이 땅을 헤매며 곤고(困苦)하며 주릴 것이다.〉

7) 마태복음, 5장 44-45절.

8) 인용은, 베르길리우스, 『아에네이드』, 1. 328.

9) 오비디우스, 『변신』, 10. 330.

일부 그리스 현자들에 관해 다소나마 들은 적이 있고 그들을 위대한 인물들로 존경하지만, 그들에게도 한 가지 결점이 있으니, 그들이 법과 예절이라 부르는 것을 지나치게 존중하고 숭배하는 결점이 그것이다〉라고 말하였다고 한다.[10] 이런 견지에서 볼 때, 우리는 도덕적 율법의 대부분이 자연의 빛으로는 감당할 수 없는 완전한 것임을 인정하지 않을 수 없다. 그렇다면 자연이 제공하는 빛과 법칙을 가지고도 인간이 미덕과 악덕, 정의와 불의, 선과 악 등에 대해 개념과 착상을 얻을 수 있다는 주장[11]은 어떻게 처리되어야 할 것인가? 자연의 빛이 두 개의 서로 다른 의미로 사용된다는 점을 감안할 필요가 있다. 하나는 하늘과 땅의 법칙에 따라 추론, 감각, 귀납, 논증 등으로부터 나온다는 의미에서 자연의 빛이고, 다른 하나는 (인간이 태초의 상태에서 가지고 있던 순수성의 불꽃인) 양심의 법칙에 따라 인간 영혼에 일종의 내적 본능으로 새겨진다는 의미에서 자연의 빛이다. 인간이 도덕적 율법의 완전함을 다소나마 통찰하고 식별할 수 있다면, 이는 후자의 의미로 한정된다. 그러나 어떻게? 인간 영혼에 새겨진 자연의 빛은 비록 악덕을 막기에는 충분한 것이지만, 마땅히 해야 할 의무를 가르치지는 못한다. 그러므로, 종교의 교의는 윤리에 관한 것이든 비의(秘儀)에 관한 것이든, 하나님으로부터의 영감과 계시가 없으면 결코 도달할 수 없는 것이라고 하겠다.

---

10) 인용은, 플루타르코스, 『영웅전』, 알렉산더 편, 65.

11) 자연법의 입장을 말한다. 그로티우스Hugo Grotius 같은 르네상스 시대의 자연법 학자들은, 개인과 국가 모두의 행동규칙을 결정하는 것이 자연 이성과 자연법이라고 주장하였다.

4. 그럼에도 불구하고, 영적 문제에서 이성의 용도는 매우 중요하며, 이성이 적용될 수 있는 범위도 대단히 넓다. 한 사도가 종교를 가리켜, 〈우리가 하나님께 드리는 이성적인 제사〉라고 말한 것은 결코 헛말이 아니다.[12] 바로 이 점에서 태고적 율법에 기록된 다양한 제례(祭禮)와 형상(形象)은 합리적 이유 및 의미로 충만한 것인즉, 갖가지 무의미와 비합리적 상징으로 점철된 우상숭배나 마술과는 비할 것이 아니다. 그러나, 매사 그렇듯이 이 문제에서도 기독교 신앙은 각별한 주목을 받을 만한 가치가 있다. 기독교 신앙은 이교 율법과 마호메트 율법이라는 양극단 사이에서[13] 황금의 중용을 유지하고 있기 때문이다. 실제로 이교 세계의 종교는 확고한 믿음이나 끊임없는 참회를 수행하지 않고, 모든 일을 토론의 자유에 내맡겼다. 반면에 마호메트 종교는 논쟁을 완전히 금지한다. 전자가 오류에 빠지기 쉬운 것이라면, 후자는 협잡을 범하기 쉬운 것이다. 양극단 사이에서, 기독교 신앙만은 때에 따라 이의제기를 인정하기도 하고 금하기도 한다.

5. 종교에서 인간 이성의 용도는 두 가지이다. 첫째는 하나님이 우리에게 계시하는 신비들을 개념화하여 이해하는 일이요, 둘째는 이러한 개념 및 이해에 근거하여 교의체계와 지도원리를 추론

---

12) 출전이 분명치는 않으나, 로마서(12장 1절), 〈너희의 〔하나님께〕 드릴 영적 제사〉를 인용한 것 같다.

13) 여기서 〈이교heathen〉는 기독교, 유태교, 이슬람교 같은 유일신교를 제외한 모든 다신교를 지시하는 용어이다. 기독교를 제외한 나머지 모든 종교라는 의미에서 〈이교〉를 언급할 때 사용되는 용어는 〈paganism〉이다. 〈이교 율법과 마호메트 율법 사이에서〉라는 구절은, 다신교의 느슨한 율법과 이슬람교의 엄격한 율법을 대조한 것이다.

하고 정립하는 일이다. 전자는 계시된 신비의 연장선상에 있다. 그러나 어떻게? 논증에 의해 이어지는 것이 아니라, 예시를 통해서 이어진다. 증명과 논증으로 구성되는 것은 후자이다. 전자의 경우에, 하나님은 당신의 신비들을 우리가 감각할 수 있도록 우리의 능력에 맞추어 표현하시며, 당신의 계시와 거룩한 교의를 우리 이성의 관념에로 옮겨 심으신다. 그리하여 우리의 오성은 당신이 불어넣으신 영감의 힘으로 활짝 열리게 된다. 마치 자물통이 열쇠를 넣으면 활짝 열리듯이 말이다. 후자의 경우에 비로소 우리에게는 이성과 논증의 사용이 허용된다. 비록 원초적이고 절대적인 것은 못 되지만, 우리의 이성과 논증은 이차적이고 상대적인 역할을 수행한다. 〔계시에 따라〕 종교의 신조들 및 원리들이 먼저 결정되고 이 단계에서는 이성의 검토가 배제되지만, 다음 단계에서는 그 신조들 및 원리들과의 유비에 근거하여, 우리에게 보다 유익한 방향으로 가지치고 추론하는 작업이 허용되는 것이다. 이런 작업은 자연에 대해서는 수행되지 않는다. 자연 영역에서는 원리들이 어떤 매개자[14]나 삼단논법에 의해서가 아니라 귀납에 의해서 검토되기 때문이요, 더욱이 그 원리들 내지 일차 명제들은, 보다 열등한 명제들을 연역해 내려가는 이성과 그리 어긋나는 것도 아니기 때문이다. 그렇다고 해서 이런 작업이 종교에 대해서만 수행되는 것은 아니다. 그것은 크고 작은 성질의 다양한 지식 분야들, 즉 〈진술〉만이 아니라 〈집단적 결정〉도 함께 하는 지식 분야들에서는 예외 없이 수행된다. 이러한 분야들에서

14) 〈매개자medium〉는 삼단논법에서의 〈중간항middle term〉을 말하며, 따라서 증명이나 추론을 위한 근거 내지 토대를 뜻한다.

는 절대 이성이 사용될 수 없기 때문이다.[15] 그 친숙한 사례는 체스처럼 재간을 필요로 하는 게임에서 찾을 수 있다. 체스 게임에서 장기말의 이동과 그 이동 규칙은 명시적으로 규정된다. 그렇다면 어떻게? 그 규칙은 이성적 추론에 의해 검증될 수 있는 성질의 것은 아니며, 오직 〈집단적 결정〉에 의해 규정된다. 다만, 규칙에 따르되 어떻게 장기말을 가장 적절하게 운행하여 게임을 승리로 이끄느냐 하는 문제는 재능과 이성적 추론에 따르는 것이라고 하겠다. 이와 마찬가지로, 사법(司法)의 영역에서도 많은 원리들 및 공리들은, 〈법적 결정 placita juris〉이 그러하듯이 이성 아닌 권위에 의해 규정되며, 따라서 토론을 허용하지 않는다. 그렇지만 절대적이 아닌 상대적 의미에서 가장 정의로운 것은, 긴 토론을 거쳐 결정되는 공리에 따르는 일이다. 바로 이런 의미에서, 이차적 이성은 하나님의 〈승인〉에 근거하는 신학에서도 일정한 역할을 수행한다고 하겠다.

6. 여기서 내가 지적하고자 하는 신학의 결점은, 영적 문제에서 이성의 진정한 한계는 무엇이고 진정한 용도는 무엇인지를 신학적 검토대상으로 연구하고 다룬 예를 적어도 나로서는 찾을 수 없다는 점이다. 계시를 참되게 인식한다는 명분으로 계시되지 않은 것에 천착하는 사례는 비일비재하며, 추론과 모순을 해명한다는 구실로 확실한 것 positive을 캐묻는 사례도 있다. 전자는 하나님께서 즐거이 계시하신 것보다 더 많은 사물이 감각되기를 요구

15) 신학의 일부, 그리고 대부분의 지식 분야들에서는 하나님의 절대 이성이 요구되는 것이 아니라, 일반적인 추론과 〈진술 posita〉, 그리고 그 진술에 대한 사람들의 〈집단적 동의 placita〉가 요구된다는 뜻이다.

하는 오류로, 이를테면 니코데모스가 〈사람이 늙으면 어떻게 다시 태어날 수 있습니까?〉라고 물었을 때 범한 오류가 이에 해당한다.[16] 후자의 예로는, 〈조금 있으면 나를 보지 못하겠고 또 조금 있으면 나를 보리라〉는 예수의 모순된 말씀에 제자들이 당황하여 범한 오류를 들 수 있다.[17]

7. 나는 이 주제의 성스럽고도 큰 용도를 감안해서 길게 논의해왔다. 내가 판단컨대, 이 주제는 제대로 검토되고 정의되기만 한다면, 대학이 단지 호기심에서 집착하는 사색들의 헛됨뿐만 아니라, 교회가 몰두해 있는 논쟁들의 격렬함 역시 진정시키고 억제할 수 있을 것이기 때문이다. 이 주제는 사람들의 눈을 활짝 뜨이게 할 것인즉, 사람들은 대다수의 논쟁들이 계시되지 않은 것 아니면 확실한 것에 대해 진행되며, 그 밖의 논쟁들은 빈약하고 애매한 추론에서 나온다는 것을 파악할 수 있게 된다. 빈약한 추론의 경우는, 이교 민족들의 위대한 스승 사도 바울의 은혜로운 문체를 되살리자면, 〈주님이 아닌 나〉로 표현되는 편이 좋겠다. 의견을 제시하거나 조언할 때에는 〈내 의견으로는〉이라는 표현이 어울리겠지만, 진술하거나 반박할 때에는 그렇지 않다.[18] 그러나 오늘날 사람들은 이러한 문체를 제멋대로 바꾸어서 〈나 아닌 주님〉을 빙자한 표현을 남발하고 있다.[19] 더욱이 이 표현은 저주와

---

16) 니코데모스가 예수께 질문한 내용이다. 요한복음, 3장 4절.

17) 요한복음, 16장 17절.

18) 〈주님이 아닌 나ego, non dominus〉와 〈내 의견으로는secundum consilium meum〉은 모두 고린도전서(7장 12절; 7장 40절)에 등장하는 바울의 표현이다. 여기서 베이컨이 주목한 것은 인간 이성의 한계를 고려한 문체이다.

19) 고린도전서, 7장 10절. 〈명하는 것은 내가 아닌 주님이시라.〉 여기서 베이컨

파문으로 세인을 위협하고 고발하는 데 이용되어, 솔로몬에게 충실하게 배우지 못한 사람들을 공포로 몰아넣는다. 하지만 솔로몬은 〈까닭 없는 저주는 이르지 아니하느니라〉라고 가르치지 않았던가.[20]

8. 신학은 크게 두 부분으로 나뉜다. 하나는 주입되거나 계시된 내용이고, 다른 하나는 그 계시의 본성이다.[21] 지금까지 우리가 논의해 온 것과 대체로 일치하는 내용부터 검토하려면, 후자를 먼저 다루는 편이 좋겠다. 계시의 본성은 세 줄기로 구성된다. 계시의 한계, 계시의 기능, 계시를 얻거나 획득하는 일이 그 세 가지이다. 계시의 한계에 비추어 고려해야 할 사항은 다음과 같다. 한 개인이 지속적으로 계시를 받을 수 있는 한계는 어디까지인가, 교회가 계시를 받을 수 있는 한계는 어디까지인가, 그리고 이성은 어느 정도까지 사용될 수 있는가. 이 중 마지막 문제는, 내가 조금 전에 지적하였듯이, 제대로 다루어진 적이 없다. 계시의 기능에 관해서 고려해야 할 사항은 다음 두 가지이다. 하나는 종교의 토대로서 중요한 것이 무엇이냐 하는 문제이고, 다른 하나는 종교의 완성을 위해 중요한 것이 무엇이냐 하는 문제이다. 후

은 특히 주님의 이름을 빙자한 종교적 혹은 마술적 권력 테크닉을 겨냥하고 있다.

20) 잠언, 26장 2절.

21) 여기서 〈주입된 informed〉이란, 사물의 본질적 성질이나 특성이 정신에 알려지게 됨을 뜻하는 말로, 〈계시된 revealed〉이라는 용어와 함께 사용되고 있다. 따라서 역자는 〈주입됨 information〉과 〈계시 revelation〉 사이에도 큰 차이가 없다고 보아, 원문 〈information or revelation〉을 간단히 〈계시〉로 번역하였다. 베이컨의 시대에는 〈form〉이 종종 〈spirit〉을 뜻하는 용어였다는 점에서, 〈informed〉와 〈inspired〉도 비슷한 의미로 해석할 수 있다.

자는 언제 어디서나 동일한 토대 위에 어떻게 집을 짓고 완성하느냐 하는 문제로, 다시 말하면, 시간에 대한 섭리의 안배에 따라 달라지는 빛의 밝기가 신앙의 충실성에 얼마나 중요한 영향을 미치느냐 하는 문제이기도 하다.[22)]

9. 이 문제 역시 다루어진 적이 별로 없다는 지적이 가능하겠지만, 그보다는 조언을 제시하는 편이 좋을 것이다. 나는 토대로서 중요한 것과 완성을 위해 중요한 것이 구분되어야만 한다고 생각한다. 둘 사이의 지혜롭고도 경건한 구분은, 조금 전에 내가 제시한 목표와 흡사한 목표를 지향하는 주제이다. 전자의 목표가 논쟁의 숫자를 줄이는 일이었다면, 후자의 목표는 논쟁의 열기를 줄이는 일이기 때문이다. 우리가 알다시피, 모세는 이스라엘 사람과 이집트 사람이 싸우면 〈너희는 왜 싸우느냐?〉라고 묻지 않고, 즉각 검을 꺼내 이집트인을 죽였지만, 이스라엘 사람끼리 싸울 때면, 〈너희는 형제인데 왜 싸우느냐?〉고 말렸다고 한다.[23)] 만일 어떤 교리의 요지가 이집트인 같다면, 화해할 것이 아니라 영혼의 검으로 베어야 마땅할 것이요, 그 요지가 이스라엘인 같다면, 설령 잘못이 있을지라도, 〈왜 싸우느냐〉라는 식으로 말려야 옳을 것이다.[24)] 우리 구세주께서도 토대로서 중요한 사안에서는,

22) 〈시간에 대한 섭리의 안배 dispensation of times〉는 베이컨의 종말론적 전망을 엿볼 수 있는 구절이다. 종말을 향할수록 섭리의 빛은 강해지고 사람들의 신앙도 완성에 더욱 가까워질 것인즉, 교회는 기존의 토대 위에 이러한 변화를 수용할 필요가 있다는 뜻으로 해석된다.

23) 출애굽기, 2장 11-14절.

24) 교리 논쟁에 대한 베이컨의 입장을 엿볼 수 있는 대목이다. 그는 영국 국교회의 신봉자였지만, 다른 기독교 종파에 대해 관용적인 태도를 취하였다.

〈우리와 함께 하지 않는 자가 우리를 반대하는 자〉이지만, 토대로서 그리 중요하지 않은 사안에서는, 〈우리를 반대하지 않는 자가 우리를 위하는 자〉라는 식으로 편갈음하신다.[25] 우리 구세주의 옷에 꿰맨 곳이 없고[26] 성서의 교리 역시 같은 본성을 가지는 것은 이 때문이라고 하겠다. 마찬가지로 교회의 옷은 색깔이 다양할지라도 결코 분리되지는 않는다. 우리가 알다시피, 왕겨는 이삭으로부터 분리될 수 있고 또 분리되어야 마땅하겠지만, 밭에 곡식만 남기고 가라지를 모두 뽑아버릴 수는 없는 일이 아니겠는가.[27] 그렇다면, 사람들을 하나님의 교회로부터 소외시키고 추방할 만큼 중요한 것들이란 과연 무엇이고, 어떤 범위로 한정되는지를 정의하는 것이야말로 매우 유용한 일이 아닐 수 없다.

10. 계시를 얻는 일로 말할 것 같으면, 그것은 성서에 대한 참되고 건전한 해석에 의존한다. 성서야말로 생명수의 샘이기 때문이다. 성서 해석에는 두 종류가 있다. 하나가 체계적인 방법에 따라 수행되는 해석이라면, 다른 하나는 자유롭고 느슨하게 수행되는 해석이다. 사실, 여호와께서 주시는 물은 야곱의 우물물에 비할 바 없이 신성한 것이지만,[28] 그 물을 취하는 방식은 평범한 자연수를 우물이나 샘에서 긷는 방식과 다르지 않다. 말하자면 우

25) 마태복음, 12장 30절. 그리고 누가복음, 9장 50절.

26) 요한복음, 19장 23절. 예수의 처형에 입회한 로마 병사는 네 조로 구성되어 있었고, 예수의 옷 네 벌을 각기 나누어 가졌으나, 솔기 없이 한 통으로 짜여진 속옷에 이르러서는 그것을 나눌 수 없게 되자 제비뽑기를 하였다. 따라서 원문 〈coat of our Saviour〉는 예수의 속옷을 가리킨다.

27) 마태복음, 13장 29절.

28) 요한복음, 4장 12-14절.

리는 그 신성한 물을 물탱크에 가득 담아두었다가 필요할 때마다 퍼서 사용하든지, 아니면 그 물이 샘솟는 곳에서 직접 양동이나 그릇에 길어와 사용할 수 있다는 뜻이다. 전자의 방식이 더 편리해 보일지도 모르겠지만, 내가 판단하기에 이는 오히려 물을 썩히기 쉽다. 스콜라주의 신학이 보여준 방법이 바로 그러한바, 여기서 신학은 마치 물탱크 같은 학문으로 변질되었으며, 온갖 교리와 주장이 이로부터 파생되기에 이르렀다.

11. 스콜라주의 신학이라는 물탱크로부터 사람들이 길어다 쓴 것은 세 가지이다. 요약의 간결함, 정합성(整合性)의 위력, 완전한 완성이 그것들인데, 이 중 첫째와 둘째는 얻기 힘든 것이요, 셋째는 추구해서는 안 될 것이다. 우선 간결함부터 살펴보자. 모든 요약의 방법에서 그러하듯이, 사람들이 줄이려고 의도하면 오히려 늘리는 기회가 될 뿐이다. 압축에 의한 요약이나 생략은 애매함을 수반하는바, 애매함은 다시 해설을 요구하기 때문이다. 해설은 또다시 방대한 주석들로, 혹은 갖가지 주제들과 이를 다룬 논고들titles로 불어난다. 이 모두를 합치면, 원래 요약의 대상이 된 원전들에 비해 훨씬 방대한 분량으로 늘어날 수밖에 없다. 스콜라주의 학자들이 쓴 분량이 초대 교부들의 저술들보다 훨씬 방대해진 이유는 여기에 있다. 교부들의 저술들을 요약하여 집성한 첫 스승은 『교부들의 견해에 관한 네 권의 책』의 저자였다.[29)]

29) 『교부들의 견해에 관한 네 권의 책 *Sententiarum libri quatuor*』은 초대 교부들의 견해를 집성한 편찬서로, 그 저자는 페트루스 롬바르두스(Petrus Lombardus, 약 1100-1160)이다. 그는 교리논쟁을 종식시킬 의도로 초대 기독교 신학의 집성을 시도하였다. 그의 편찬서는 13세기 이후 유럽의 모든 대학들에서 주

이와 비슷한 사례는 오늘날 민법 분야의 학자들에게서도 찾을 수 있다. 이들이 집필한 분량은 고대 법률가들의 분량을 훨씬 능가하는바, 고대의 저술들로부터 요약집을 처음 편찬한 인물은 트리보니아누스였다.[30] 이렇듯 요약에서 주석으로 이어지는 과정은, 학문 체계를 분량 면에서는 늘리지만, 내용 면에서는 한층 저급한 수준으로 떨어뜨릴 수밖에 없다.

12. 다음으로 정합성의 위력이라는 문제를 살펴보자. 물론 어떤 지식이 체계적인 방법으로 바뀌게 되면 위력이 있는 것으로 여겨질 수 있다. 그 지식의 각 부분은 서로를 보조하고 지지하는 것처럼 보이기 때문이다. 하지만 이는 겉보기에 그럴듯할satisfactory 뿐 실제와는 다르다. 이런 종류의 지식은, 각 부분을 정합적으로 끼워맞추어 그럴듯하게 세웠지만 무너지기 쉬운 건물에 비유될 수 있다. 오히려 정합성은 부족해도 각 부분이 튼튼하게 세워진 건물이 이보다는 견고할 것이다. 어쨌든 분명한 것은, 우리가 기초로부터 멀어지면 멀어질수록 우리의 결론은 그만큼 취약해진다는 점이다. 자연에서도 개별 사물들을 멀리하면 멀리할수록 오류의 위험이 커지지만, 신학에서는 더 더욱 그러하다. 우리가 성서를 멀리한 채 추론과 결론에 의존하면 의존할수록, 우리

요 신학 교과서로 채택되었고, 방대한 주석이 가해졌다. 특히 그의 교리는 16세기 중반 트렌트 공의회에서 로마 가톨릭 교회의 정통교리로 채택되었고, 이를 계기로 그는 〈Master of the Sentences〉(Magister Sententiarum)라는 별명을 얻었다.

30) 트리보니아누스(Tribonianus, 545년 죽음)는 비잔틴제국 황제 유스티니아누스 1세의 명령으로 로마법을 집성한 법학자이다. 그의 주도로 집성된 『민법전 *Corpus Juris Civilis*』은, 11세기에 부활하여 중세 대학에서 널리 연구되었고 대륙법 체계의 근간이 되었다.

의 명제는 그만큼 더 허약하고 빈약해질 수밖에 없다는 뜻이다.

13. 신학에서 완성이나 완전함에 대해 말하자면, 이것은 추구해서는 안 될 것이다. 만일 추구한다면, 그렇지 않아도 인위적인 신학은 더욱 의심스러운 방향으로 나아가게 된다. 신학적 지식을 인위적 지식으로 바꾸려 하는 자는, 그 지식을 완성적이고 체계적인 것으로 만들어야 직성이 풀리기 때문이다. 그러나, 신학에서는 많은 내용이 조각난abrupt 채로 남아 있어야만 하며, 다음과 같은 말로 결론을 내려야 한다. 〈깊도다, 하나님의 지혜와 지식의 부요함이여! 그의 판단은 측량치 못할 것이며 그의 길은 찾지 못할 것이로다!〉[31] 사도 바울 또한 〈우리는 부분적으로만 인식할 뿐〉이라고 전한다.[32] 따라서 부분적인 질료만 가지고 전체에 대한 형상을 그린다는 것은, 상상과 추측의 도움을 받은 것이라고밖에는 볼 수 없다. 결론적으로 말해, 지금까지 논의한 요약 및 방법은 지식의 준비 단계에나 어울리는 것으로, 지식의 초보적 원리institutions나 입문에서 그 진정한 용도를 찾을 수 있다. 만일 우리가 요약이나 방법 속에서, 혹은 요약이나 방법으로부터의 추론을 통해서, 어떤 지식의 본령이며 실체를 다루려 한다면, 이는 모든 학문에 손해이지만, 특히 신학에서는 위험하기 짝이 없는 일이라고 하겠다.

14. 그렇다면 성서에 대한 자유롭고 느슨한 해석은 어떠한가? 실로 다양한 종류의 해석이 시도되고 고안되어 왔다. 개중에는 견실하고 승인될 수 있는 것도 있지만, 호기심만을 자극할 뿐 믿

31) 로마서, 11장 33절.

32) 고린도전서, 13장 9절.

기 힘든 것도 많이 있다. 그렇지만 우리가 반드시 짚고 넘어가야 할 요점이 있다. 저자를 기준으로 볼 때, 성서는 집필자 나름의 특색에 의존하게끔 되어 있는 다른 책과 뚜렷하게 구분된다는 점이다. 성서는 인간 이성이 아닌 계시에 의해 작성된 것이기 때문이다. 성서의 저자께서는 인간으로서는 도달할 수 없는 네 가지 비밀을 모두 알고 계셨음이 분명하다. 하나님 나라의 신비, 자연법칙의 완전함, 사람 마음속의 비밀, 모든 시대들의 미래와 교체[33)]가 그 네 가지이다. 첫째 비밀에 관해서는, 〈빛을 거역하는 자는 영광을 얻지 못하리라〉, 그리고 〈내 얼굴을 보고도 살 자가 없느니라〉라는 말씀이 전해진다.[34)] 둘째 비밀에 대해서는, 〈하나님이 하늘을 지으시고 궁창으로 해면을 두르실 때에, 내가 거기 있었다〉라고 전한다.[35)] 셋째 비밀에 대해서는, 〈친히 사람의 속에 있는 것을 아시므로 사람에 대하여 아무의 증거도 받으실 필요가 없음이니라〉고 전한다.[36)] 마지막으로 넷째 비밀에 대해서는, 〈주님은 그가 하시는 모든 일을 처음부터 알고 계신다〉고 전한다.[37)]

15. 첫째 비밀과 둘째 비밀로부터, 사람들은 성서에 대한 감각지각들과 총체적 해설들[38)]을 이끌어내 왔다. 두 부류가 모두 건전

---

33) 〈모든 시대들의 미래와 교체 future succession of all ages〉라는 구절은, 역사적인 사건에 의해 구획되는 각 시대가 장차 어떤 시대로 교체될 것인가에 대한 조물주의 선지식(先知識)과 섭리라는 의미에서 해석되었다.

34) 출애굽기, 33장 20절.

35) 잠언, 8장 29절. 〈궁창(穹蒼)으로 해면을 두른다〉는 것은 창조할 때 궁창을 경계로 윗물과 아랫물을 가른 것을 뜻한다.

36) 요한복음, 2장 25절.

37) 사도행전, 15장 18절.

38) 〈성서에 대한 감각지각들과 총체적 해설들 senses and expositions of

한 범주에 속하기는 하지만, 감각지각이 유비적인 것이라면 총체적 해설은 철학적인 것이다. 전자의 경우에, 사람은 자신의 시대를 앞지르지 않는다.[39] 〈그때에는 얼굴과 얼굴을 대하여 보겠지만, 지금은 거울로 보는 것같이 희미하게 볼 뿐〉이라는 말씀도 있듯이 말이다.[40] 그럼에도, 우리가 그 거울을 닦고 있는 동안에는, 즉 우리가 수수께끼에 대한 겸손한 해명을 시도하고 있는 동안에는, 얼마간 자유가 허용되는 것 같다. 다만, 유비를 너무 깊숙이 진척시키다 보면, 이는 사람의 영혼을 부수고 무너뜨리는 원인이 된다. 우리의 몸이 받아들이는 세 등급의 재료, 즉 음식과 약과 독을 비유로 들 수 있겠다. 음식은 인간의 자연적 신체기능이 완전히 소화하고 조절할 수 있는 재료라면, 약은 신체기능에 의해 변화하기도 하고 신체능력에 변화를 주기도 하는 재료이다. 그러나 독은 일방적으로 신체기능에 영향을 미칠 뿐, 신체기능이 독에 영향을 미칠 수는 없다. 정신의 경우도 이와 다르지 않다. 이

Scriptures〉이라는 구절에서, 번역자는 〈senses〉와 〈expositions〉의 차이를 명시한 주석을 찾지 못하였다. 두 단어를 묶어서 〈의미〉 아니면 〈해설〉이라는 한 가지 뜻으로 이해되고 있는 것이 보통이다. 그러나 번역자는 두 단어를 구별할 필요가 있다고 본다. 뒤 문장, 〈the one analogical, and the other philosophical〉과의 연결성을 감안할 때, 두 단어는 반의어로 사용되었음이 분명하다. 〈sense〉는 〈감각과 유비에 의한 지각〉을, 〈exposition〉은 〈exposure〉와 비슷하게 〈전체적인 드러냄〉을 뜻하는 것으로 해석된다.

39) 〈사람은 자신의 시대를 앞지르지 않는다man is not to prevent his time〉는 문장은, 사람이 자신을 포함한 시대의 인식 한계를 벗어나지 않는다는 뜻이다.

40) 고린도전서, 13장 12절. 문맥에 맞추어 주절과 종속절의 순서를 바꾸었다. 유비적 감각인상은 〈거울로 보듯이 희미하게 보는 것〉에 불과하며, 종말에서나 도달할 수 있는 〈얼굴과 얼굴을 마주 대하는 듯한〉 분명한 인식을 가장하지 않는다는 뜻이다.

성이 작용하여 변화시킬 여지가 전혀 없는 지식은, 독이 신체기능을 마비시키듯이, 정신의 기능을 마비시킬 뿐으로, 결국 정신과 오성을 송두리째 파괴할 위험이 높다.[41)]

16. 그렇다면 후자〔총체적 해설을 지향하는 철학〕는 어떠한가? 최근에 파라켈수스 학파를 위시한 일부 인사가 착수한 작업이 이에 해당한다. 그들은 성서 안에서 자연철학 전체의 진리를 발견하였다는 구실로, 다른 모든 철학을 이교(異敎)의 것이요 신성모독이라 헐뜯고 비난한다. 그러나, 하나님의 말씀과 하나님의 작품 사이에는 그들이 가정한 식의 적대감이 존재하지 않는다.[42)] 그들로서는 성서에 명예를 부여한다고 착각할지 몰라도 실제로는 성서의 품위를 크게 훼손하고 있을 뿐이다. 하나님의 말씀 안에서 하늘과 땅을 찾는다는 것은, 영원한 것들 사이에서 일시적인 것을 구하는 격으로, 〈하늘과 땅은 없어지겠으나 내 말은 없어지지 아니하리라〉라는 말씀과도 어긋난다.[43)] 철학에서 신학을 구하는 것이 죽은 자 가운데서 산 자를 구하는 일이듯이, 신학에서 철학을 찾는 것은 산 자 가운데서 죽은 자를 찾는 일이다. 교회의 바깥마당에 있어야 옳은 항아리와 물그릇을, 교회 안의 가장 거

41) 유비는 지식의 초보단계에서는 유익하지만, 너무 진척되면 인간을 〈우상숭배〉에 빠뜨릴 수 있다는 뜻이다. 이것은 베이컨의 〈우상들〉, 그 중에서도 특히 〈시장의 우상〉과 관련된다.

42) 파라켈수스파는 성서와 자연이라는 〈두 권의 책〉을 병행해서 읽었을 뿐, 둘 사이에 적대감을 상정하지는 않았다. 오히려 베이컨의 〈적대감enmity〉이라는 강한 표현은, 그들이 성서를 자연보다 우위에 두었다는 〈약한〉 의미로 해석되는 편이 좋겠다. 어쨌든 베이컨은 성서연구와 자연연구가 분리되어야 함을 강조하고 있다.

43) 마태복음, 24장 35절.

룩한 곳, 즉 성궤ark of testimony가 안치되어 있던 성소에서 구해서야 되겠는가? 마찬가지로, 성서에서 하나님이 의도하신 목표나 목적은 자연의 일을 표현한 것일 리 없다. 혹시 표현되고 있다면, 우연히 표현된 것이든지, 인간의 이해력에 맞추기 위하여, 그리고 윤리학이나 신학에 교훈을 주기 위하여 표현된 것일 뿐이다. 그러므로 〈어떤 저자가 그의 주제와 직접 관련이 없는 문제를 언급할 때에는 곧이곧대로 해석해서는 안 된다〉는 명제야말로 참된 규칙임이 분명하다.[44] 누군가가 꾸미거나 예시할 의도에서, 자연이나 역사로부터 대중이 쉽게 이해할 수 있는 상징을 빌려와 사용하는 경우를 가정해 보자. 예컨대, 누군가 독뱀 바실리스크Basilisk, 외뿔 동물 유니콘Unicorn, 반인반마(半人半馬) 켄타우르Centaur, 백수(白手) 거인 브리아레오스Briareus, 아홉 머리 뱀 히드라Hydra 같은 상징을 사용할 때, 그 내용이 실증적으로 참인지를 확인해 달라는 요구를 받으면, 그로서는 당혹스러울 수밖에 없지 않겠는가.

지금까지 논의한 두 종류의 해석에 관해 결론을 내리기로 하자. 하나는 유비에 의한 변환으로 애매한 것이다.[45] 다른 하나는 철학적인 해석으로 구체적인 것이다. 두 종류의 해석은 유태교 랍비들과 카발리스트들을 모방한 형식으로 계승되고 추진되어

---

44) 원문 〈auctoris aliud agentis parva auctoritas〉는 〈어떤 사람이 논의중이 아닌 문제에 대해 부수적으로 거론한 것은, 권위를 갖지 못한다〉는 뜻이지만, 역자는 『키친의 판본』(p. 234)의 의역을 따랐다.

45) 〈변환reduction〉은 은유를 사용하여 다른 상태나 형식으로 바꾼다는 뜻이다. 본서의 다른 곳(1. 5. 14)에서도 비슷한 용례를 찾을 수 있다.

왔지만,[46] 〈높은 마음을 품지 말고 도리어 두려워하라〉는 말씀대로 제한되어야 마땅할 것이다.[47]

17. 하나님은 아시지만 인간은 알지 못하는 나머지 두 비밀, 즉 사람 마음속의 비밀과 시대들의 교체에 관한 비밀은 어떠한가? 이 비밀에서도, 성서가 직접 해설하는 방식과 나머지 모든 책을 구분하는 것은 정의롭고도 온당한 일이다. 우리의 구세주 예수께서 당신께 제기된 질문들에 대해, 원래의 질문 수준과 얼마나 동떨어진 대답을 주셨는지에 주목하면 쉽게 알 수 있는 일이다. 그 이유는 다음과 같다. 사람은 사람의 생각을 직접 파악하는 것이 아니라 그의 말에 비추어 간접적으로 파악하지만, 예수께서는 사람의 말에 답하신 것이 아니라 사람의 생각에 답하셨기 때문이다. 성서의 경우도 거의 비슷하다. 성서는 인간의 마음속 생각에 대해, 그리고 모든 시대들의 교체에 대해 씌어졌다는 뜻이다. 그렇기에 성서는 온갖 이단과 반론을 예언하며, 교회, 특히 선민(選民)이 겪을 고난의 역정을 예언하는바, 성서에 대한 해석이 원문의 국지적인 의미에 따르는 것은 곤란하다.[48] 말씀이 선포된 정황

---

46) 〈랍비들 rabbins〉은 유태교 율법학자들을 말하며, 〈카발리스트들 cabbalists〉은 하나님이 모세에게 율법과 함께 주었다고 전해지는 비전(秘傳)의 연구자들을 말한다. 히브리어 카발라qubbalah의 동사원형인 〈qbl〉은 〈받아들이다〉라는 뜻으로, 유태교 랍비들이 비전을 모세로부터 구전(口傳)으로 받았음을 함축한다. 따라서 〈랍비들과 카발리스트들을 모방한 형식으로 계승되어 왔다〉는 표현은 비밀스러운 구전으로 이어지고 있다는 뜻으로 해석될 수 있다.

47) 로마서, 11장 20절.

48) 〈원문의 국지적 의미latitude of the proper sense of the place〉는 〈특정한 시간과 공간에 국한되는 의미〉라는 뜻이다. 라틴어 번역본에는, 〈주님은 현재의 사람들에 대해서만이 아니라, 복음이 설파되는 모든 시간과 장소의 사람들에

에 비추어 해석한다든지, 말씀의 전후 문맥을 검토하여 엄밀한 논리나 구성에 따라 해석한다든지, 원문의 핵심 의도만을 감안해서 해석하면 안 된다는 말이다. 성서의 모든 구절과 낱말은 전체적으로만이 아니라, 그 하나하나로도 교리의 무한한 샘이자 냇물이 되어, 교회의 구석구석을 적시기에 충분하다. 이렇듯 무수한 샘물들과 냇물들의 원류나 강물에 해당하는 것이 자구(字句)대로의 의미라면, 교회가 즐겨 마시는 샘물들과 냇물들은 주로 도덕적 의미요, 때로는 알레고리적 혹은 상징적typical 의미라고 하겠다.[49] 그렇다고 해서 알레고리가 지나쳐도 상관없고 아무렇게나 가벼이 성서를 인용해도 좋다는 말은 아니다. 다만, 범속한 책의 해석에서 사용하는 방식을 추종하는 성서 해석은 비난받아 마땅하다는 점을 지적하고 싶을 뿐이다.

18. 지금 다루고 있는 성서 해석의 영역에서, 나는 어떤 결함을 지적하기보다는, 기억나는 대로 몇 가지 관찰을 덧붙이고자 한다. 신학 서적들을 검토하는 가운데, 나는 수많은 논쟁 서적들과 마주쳤고, 갖가지 강론들과 논고들을 발견하였다. 현실의 신학에서 많은 부분이 인위적인 지식으로 바뀌었다는 것도 알았다. 성서에 대한 수많은 설교들과 강론들, 갖가지의 장황한 주석들이

게 말씀하셨다〉라는 문장이 첨가되었다.

49) 〈자구대로의 의미literal sense〉는 성서의 구절과 낱말을 자구대로 해석하여 얻는 의미로, 이를 알레고리나 상징으로 해석하여 얻는 의미와 대조된다. 여기서 베이컨은 과연 인간이 〈자구대로의 의미〉에 완전하게 도달할 수 있는지에 관해서는 언급하지 않지만, 교회의 성서해석을 〈알레고리〉나 〈상징〉으로 간주하여, 그것이 절대진리라는 주장을 부정하는 프로테스탄티즘의 논법을 이용하고 있다.

정합성과 논리에 기초하여 작성되었다는 것도 알았다. 그러나 내가 판단컨대, 신학에서의 가장 가치 있고 귀중한 저술 형식은, 성서의 특정 원문들에 대한 간결한 통찰들을 집성한 신학에서 찾을 수 있다. 이 형식은 강론처럼 장황하지 않고, 논쟁을 추구하지도 않으며, 체계적인 방법으로 환원되지도 않는다. 이와 같은 형식은, 일단 말하고 나면 곧 사라져버리는 설교에서는 자주 등장하지만, 길이 남을 책으로 집성된 사례는 아직 없다. 그렇지만 오늘날 이 형식이 크게 발전하고 있다는 것만은 분명하다.[50] 이런 상황에 비추어 나는 하나의 확신을 가지게 되었다. 성서에 대한 간결한 통찰들 중에서도 단연 돋보이는 최상의 것들은 국왕 폐하의 브리튼 섬 안에서 각종 설교를 통해 지난 40여 년에 걸쳐 산발적으로 생성되어 왔으니, 만일 이 통찰들로부터 훈계며 교훈을 전하는 상당한 부분을 삭제한 후 오래 지속될 수 있는 형태로[51] 기록해 두었더라면, 이는 예수 제자들의 시대 이래로 신학 영역에서 집필된 최상급 작품이 되었을 것이라고 나는 확신한다. (그렇다고 해서 내게 어떤 비난의 의도가 있는 것은 아니며, 옛 선인들을 헐뜯을 생각도 없다. 다만, 포도와 올리브처럼 선의의 경쟁심으로 이야기하고 있을 뿐이다.[52])

---

50) 이 형식은 〈아포리즘〉 문체를 지칭한다. 베이컨은 체계적이고 논리적인 담론보다는, 파편적이되 간결하고 명료한 담론을 선호하였으며, 그의 귀납법은 자연철학, 시민철학, 신학 등 어떤 영역에서든, 그 같은 〈파편들〉을 〈서적〉으로 집성하는 것을 추구한 프로그램이기도 하였다.

51) 〈오래 지속될 수 있는 형태로in a continuance〉는 문맥상 〈서적의 형태로〉라는 뜻으로 해석된다.

52) 〈옛 선인들antiquity〉과의 선의의 경쟁심에서 오늘날의 업적을 평가하겠다는

19. 신학이 가르치는 내용은 두 종류이다. 하나는 믿음 및 믿음의 진실성에 관한 내용이고, 다른 하나는 예배며 숭배에 관한 내용이다. 후자의 내용을 판단하고 결정하는 것은 전자이다. 믿음이 종교의 내적 정신에 해당한다면, 예배는 종교의 외적 육체에 해당한다는 뜻이다. 이런 의미에서, 이교는 단지 우상숭배일 뿐만 아니라, 그 종교가 전체적으로 우상 그 자체이기도 하였다. 이교는 영혼을 결핍한, 따라서 믿음이나 회개의 확실한 기준을 결핍한 종교였기 때문이다. 이것은 이교의 창시자들이 대체로 시인이었다는 사실만 고려해도 쉽게 알 수 있는 일이다. 이교의 신들은 분노의 신이기는커녕, 오히려 내키는 대로 편가르기를 즐기지 않았던가? 더욱이 그 신들은 겉치레의 절과 제사만 받으면 되었지, 마음의 순수성은 상관하지 않았다.

20. 어쨌든 신학의 이 두 가지 내용으로부터 신앙, 규율manners, 예배, 통치 등 신학의 주요한 네 분야가 파생한다. 신앙의 분야는 하나님의 본질, 하나님의 속성, 하나님의 하시는 일 등을 포괄한다. 하나님의 본질은 절대신성의 일체성에 소속된 삼위(三位) 즉 삼위일체이다. 하나님의 속성은 그 절대신성에 공통된 속성을 말하거나, 아니면 삼위 각각에 고유한 속성을 말한다. 하나님이 하시는 중요한 일은 두 가지로, 〈창조〉와 〈구원〉이다. 두 가지 일 모두에서, 하나님의 모든 역사(役事)는 전체적으로는 하나님의 일체성에 따르지만, 부분적으로는 삼위에 각각 연관된다.

뜻이다. 베이컨은 이른바 〈고대인과 현대인의 논쟁controversy between ancients and moderns〉에서, 〈현대인〉의 업적을 적극적으로 인정한 첫 세대의 중심 인물이었다.

창조의 경우에, 질료의 응집[53]이 성부의 몫이라면, 형상의 처분은 성자에게 맡겨지며, 존재(피조물)의 존속과 유지는 성령이 담당한다. 구원의 경우에는, 선택[54]과 권고counsel가 성부의 일이고, 전반적인 조치와 완성이 성자의 일이라면, 실제 구원은 성령에 의해 이루어진다. 예수 그리스도가 육신 안에 잉태된 것이 성령의 힘이었듯이, 선민이 영으로 부활하는 것도 성령의 힘이기 때문이다. 우리는 성령의 역사를 선민에게는 마땅히 일어나는 일로, 죄지은 자들에게는 마땅히 일어나지 않는 일로 간주하지만, 눈앞의 교회에 대해서는 눈에 보이는 대로 판단하고 있다.

21. 규율을 살펴보기로 하자. 규율에 관한 교의는 법에 포함된다. 법이야말로 죄가 죄임을 드러내주는 것이기 때문이다. 법은 무엇에 유래하는지를 기준으로 삼으면, 자연법과 도덕법과 실정법으로 구분되며,[55] 양식을 기준으로 삼으면, 부정적인 법과 긍정적인 법, 즉 금지와 권고(계율)로 구분된다. 죄의 내용은 어떤 종류의 권고를 따르지 않았느냐에 따라 구분되는 반면에, 죄의 형식은 절대신성의 삼위에 각각 관련된다. 나약함의 죄가 성부의 고유한 속성인 권능을 어긴 것이라면, 무지의 죄는 성자의 속성

---

53) 〈질료의 응집the mass of matter〉이란, 물질이 고체나 액체로 응결되었지만 아직 분명한 모양을 갖지 못한 상태를 말한다.

54) 〈선택election〉이란, 일시적 축복이나 영원한 구원에서 피조물의 일부를 다른 나머지 피조물보다 우위에 놓는 하나님의 주권행사를 말한다.

55) 〈도덕법law moral〉은 올바르고 덕스러운 행동에 요구되는 규율들의 체계를 말하며, 〈실정법law positive〉은 어떤 제도적 권위가 부과한 의무들의 체계를 말한다. 전자는 특히 모세의 율법을 지칭한다. 베이컨은 〈자연법〉과 〈도덕법〉은 하나님으로부터, 〈실정법〉은 인간으로부터 유래한다고 생각한 것 같다.

인 지혜를 어긴 것이며, 악의의 죄는 성령의 속성인 은총이나 사랑을 어긴 것이다. 죄는 그 운동방향에서는, 오른쪽으로 작용하든지 아니면 왼쪽으로 작용한다. 물불 가리지 않는 맹목적 신앙도 죄요, 불경하고 방탕한 탈선도 죄라는 뜻이다. 그런 탓에, 하나님께서 자유를 허용하신 곳에서 제한을 가하는 죄, 아니면 하나님께서 제한을 가하신 곳에서 자유를 누리는 죄가 발생한다. 또한 죄를 등급별 혹은 단계별로 나누면, 생각의 죄, 말의 죄, 행동의 죄가 있다. 나는 〔겉으로 드러나지 않는〕 속마음conscience의 경우에는, 하나님의 율법에 따를 것을 권하고 싶다. 생명의 떡에서 고작 한 조각을 취하였을 뿐인 내가 그 떡을 전부 보여줄 수는 없는 일이기 때문이다.[56] 그렇지만 지금까지 논의한 신앙의 원리와 규율의 원리가 활성화되려면, 속마음이 고양되어 진정으로 동의할 수 있어야만 할 것이다. 여기에 도움을 줄 수 있는 것으로는, 교훈집, 하나님에 대한 명상집, 기독교도의 결의(決議)에 관한 책이 있다.

22. 다음으로 예배를 살펴보자. 예배는 하나님과 인간의 상호행위로 이루어진다. 하나님의 편에서 보면, 그것은 말씀을 전하는 행위이자, 말씀을 드러내어 인간과의 약속을 확인하시는 성스러운 행위이다.[57] 인간의 편에서 보면, 그것은 하나님의 이름으로

---

56) 〈생명의 떡〉은 예수가 최후의 만찬에서 제자들에게 나누어준 떡을 말한다. 마가복음, 14장 22절 참조. 베이컨 자신은 부활과 구원의 신비를 통째로 드러낼 자격이 없다는 뜻이다.

57) 원문은 〈the sacraments, which are seals to the covenant, or as visible word〉이다. 〈약속에 대한 표지, 혹은 가시적 말씀으로서의 표지인 성사(聖事)〉를 풀어서 번역하였다. 여기서 〈sacraments〉는 성사나 성례 같은 특별한

기도하는 행위이다. 모세 율법의 시대에는 예배가 제사였고, 따라서 눈에 보이는 기도와 회개가 주종을 이루었다. 하지만 오늘날에는 예배를 〈영과 진리로〉 드리게끔 되었으므로, 〈입술로 수송아지를〉 대신하는 일밖에는 남지 않았다.[58] 비록 감사와 보답으로 바치는 그 맹세가 〔혼자만의〕 은밀한 간청의 기회로 여겨질 수도 있겠지만 말이다.

23. 마지막으로 교회의 통치를 살펴보자. 그것은 교회의 재산, 교회의 특권, 교회의 직무와 사법권, 모든 인간을 지도 관리하는 교회의 법률 등으로 구성된다. 이 모든 요소는 두 방향으로 고려될 필요가 있다. 하나는 각각의 요소 그 자체를 고려하는 방향이고, 다른 하나는 각 요소가 어떻게 국가의 통치와 양립될 수 있고 조화를 이룰 수 있느냐를 고려하는 방향이다.

24. 지금까지 논의한 신학의 내용은 두 형식으로 취급될 수 있다. 하나는 진리를 가르치는 형식이며, 다른 하나는 거짓을 반박하는 형식이다. 종교를 아예 부정하는 무신론을 제외하면, 종교로부터의 탈선은 이단, 우상숭배, 주술 등 세 부류로 나뉜다. 이단이란 참 하나님을 섬기되 거짓된 예배로 섬기는 것을 말한다. 우상숭배는 거짓 신을 참이라 착각하여 섬기는 것을 말한다. 주술은 거짓 신이 사악하고 잘못된 줄 알면서도 그를 숭배하는 것을 말한다. 국왕 폐하께서도 훌륭하게 지적하시듯이, 주술은 우상숭배 중에서도 최악의 것이다.[59] 따라서 세 부류 사이에는 정도

의식이라기보다, 성스러운 행위 일반을 뜻하는 용어로 해석된다.

58) 요한복음, 4장 24절. 그리고 호세아, 14장 2절. 베이컨의 프로테스탄트 성향을 엿볼 수 있는 인용문이다.

의 차이가 있는 것처럼 보이기도 한다. 그러나 사무엘은 하나님의 말씀에 대한 거역이라는 점에서는, 셋이 모두 한통속이라고 가르친다. 〈거역하는 것은 사술(주술)의 죄와 같고, 완고한 것은 우상에게 절하는 죄와 같음이라〉는 것이다.[60)]

25. 내가 신학의 내용을 이렇듯 간단하게 논의하고 넘어가는 데는 그만한 이유가 있다. 이에 관해 결핍된 내용으로 보고드릴 것이 없기 때문이다. 나로서는 신학에서 씨뿌리지 않은 채 비어놓은 땅을 찾을 수 없다. 좋은 씨앗을 뿌리든, 해로운 씨앗을 뿌리든 간에, 사람들이 그만큼 근면하게 노력해 왔다는 이야기가 되겠다.

* * *

지금까지 저는 제가 발견할 수 있는 한 충실하고 진실하게 지적 세계를 답사하여, 작은 지구 같은 것을 만들어보았습니다. 인간의 노력이 지속적으로 투입되지 못하였거나 제대로 가꾸지 못한 영역이 발견되면 간단한 이정표와 해설을 곁들였습니다. 혹시 제가 사람들이 일반적으로 받아들이는 것으로부터 이탈한 대목이 있다면, 더 좋은 것을 의도하였기 때문이지, 색다른 것을 의도하였기 때문은 아닙니다. 개선과 향상을 염두에 두었지, 변화와

---

59) 여기서 베이컨이 언급한 것은, 제임스 1세의 〈악령론Demonology〉이다. 베이컨은 마술magic과 주술witchcraft을 차별하여, 마술을 자연철학의 일부로 수용하지만, 주술에 대해서는 철저하게 부정적인 입장을 견지한다.

60) 사무엘상, 15장 23절.

차별을 염두에 두지는 않았다는 말입니다. 제게 남을 능가하려는 의지가 없다면, 어떻게 제가 다룬 주제에 대해 진실하고 일관된 태도를 견지할 수 있겠습니까. 그렇지만 이에 못지 않게 저는 다른 사람들도 다시 저를 능가하게 될 것을 원합니다. 제가 논쟁이나 일삼아 사람들의 판단의 자유를 선점하려 하지 않고, 제 의견을 변명 없이 진솔하게 제시해 온 것만 보아도, 제 마음을 잘 아실 수 있을 것입니다. 아주 잘 정리된 대목일지라도, 한 번 읽으면 의문을 제기하고 두 번 읽으면 해답을 마련할 수 있을 것이라는 선의의 희망이 제게는 있습니다. 적어도 제가 범한 오류를 논쟁으로 얼버무려 진리를 왜곡하는 짓은 하지 않았다고 확신합니다. 실제로 논쟁은 역효과와 부작용을 낳을 뿐입니다. 오류에 권위를 부여하는가 하면, 훌륭한 업적에 대해서는 그 권위를 파괴하기도 하는 것이 바로 논쟁입니다. 논쟁적인 문제제기는, 거짓에 대해서는 명예며 특권이 되지만, 진리에 대해서는 장애로 작용하기 때문입니다. 이 책에서 오류는 전적으로 제 탓이며 제가 책임을 지도록 하겠습니다. 그러나 무엇이든 유익한 대목이 들어있다면, 이는 마땅히 〈희생의 기름〉으로[61] 피우는 향이 되어야 합니다. 우선은 하늘의 왕이신 하나님의 명예를 위한 것이지만, 다음에는 지상에서 제게 가장 큰 은혜를 베푸신 국왕 폐하의 명예를 위해 피우는 향이 될 것입니다.

하나님께 영광을!

61) 이사야, 43장 24절.

해제

왜 다시 프란시스 베이컨인가?

이종흡

1. 베이컨의 지적 · 정치적 편력

프란시스 베이컨은 1561년 1월 22일에 템즈 강변의 요크 하우스(옥새상서의 관저)에서 태어났다. 부친 니콜라스 베이컨(Nicholas Bacon, 1510-1579)은 옥새상서와 겸직으로 이미 2년 전부터 대법관에 올라 있었다.[1] 또한 엘리자베스 여왕의 최측근으로 여왕에 버금가는 정치적 영향력을 행사한 윌리엄 세실(William Cecil, 1520-1598)은 프란시스 베이컨의 이모부였다. 어린 프란시스가 최상급의 교육과 정치적 경력을 쌓을 수 있었던 데는 가문의 후광이 크게 작용하였음이 분명하다.

그는 12세에 형 앤소니 베이컨과 함께 케임브리지 대학의 트리니티 칼리지에 입학하였으나, 2년 만에 대학생활을 마치고 곧 그레이 인Gray Inn 법학원에 입학하였다. 법학 연구에 착수하기 전에, 그는 3년 동안 프랑스 주재 잉글랜드 대사(Amias Paulte)를 보좌하면서 파리에 체류할 기회를 가졌다. 그곳에서 그는 프랑스 궁정 아카데미의 활동과 도공(陶工) 베르나르 팔리시(Bernard

1) 옥새상서와 대법관은 별도로 임명되는 것이 관례였으나, 엘리자베스 치하에서는 겸직으로 바뀌었다.

Palissy, 1509-1590)로부터 깊은 감흥을 받았다고 전해진다. 이미 케임브리지 시절부터 아리스토텔레스 학풍에 염증을 느껴왔던 터라, 자연사, 농업, 광물학, 지리학 등에서 실용성을 강조한 팔리시의 대중 강연은, 그에게 지식의 새로운 방향을 가늠할 기회를 제공하였던 것으로 보인다.

부친의 부고를 받고 귀국하면서부터(1579) 그는 그레이 인 법학원에 머물면서 법학과 철학 연구에 몰두하였다. 법관으로서의 경력은 물론,[2] 정치적 야망도 높여가고 있었다. 약관 20세(1581)에 공석이 된 콘월Cornwall 주 의원직을 승계한 그는, 특히 1580년대 후반에 왕성한 의정활동을 수행하였다. 여기에는 여왕에게 관용적인 종교정책을 조언한, 「잉글랜드 교회의 논쟁들에 관한 논고」(1589)가 포함된다. 학문과 정치. 베이컨이 평생 동안 고민하면서 오갔던 이 두 갈래 길은 그의 청년시절부터 이미 시작되고 있었던 셈이다.

베이컨의 지적 편력과 정치적 편력 사이에는 갈등이나 모순이 상정되는 것이 일반적이다. 그가 정치권력을 추구한 것은 자신의 지적 야망을 성취하기 위한 수단으로였을 뿐이라는 견해도 있지만, 베이컨이 지적 진보를 강조한 것이 그의 정치적 야망을 실현하기 위한 수단이었을 뿐이라는 견해도 있다.[3] 그러나, 분명한 것

---

2) 그레이 인 법학원은 4개의 궁정 법학원 중 하나로, 런던에 소재한 법 교육 기구였다. 그는 1579년부터 이곳에 머물렀고, 1582년에 법정 변호사utter barrister 자격을 획득하였고, 1586년에는 법학원 대표위원bencher, 1588년에는 법학원 교수reader, 1600년에는 법학원 정교수double reader가 되었으며, 이후 왕실의 법률고문으로 활동하였다.

3) 전자의 견해는, 『베이컨 전집』(1857-74)의 편집자인 James Spedding부터

은 베이컨이 언제나 두 길을 함께 갔고, 그에게 두 길은 분리될 수 있는 것이 아니었다는 점이다. 그는 이모부 세실 경에게 보낸 유명한 편지(1592)에서, 국가에 대한 자신의 충성은 군인이나 정치가로서보다는, 철학자로서 수행될 성질의 것임을 전한다.

> 제가 공무에서 추구하는 목표의 온건함에 비해, 제가 연구에서 추구하는 목표는 실로 방대한 것임을 말씀드리고 싶습니다. 저는 모든 지식을 제 영역이라고 생각해 왔습니다. 제가 지식의 영역으로부터 두 부류의 도둑을 추방할 수 있다면, 그 영역을 최상의 상태로 만들 수 있을 것이라는 희망을 가져봅니다. 한 부류가 경박한 논쟁과 논박과 말장난verbosities이라면, 다른 한 부류는 맹목적 실험이며 귓속말로 전해지는 전승과 협잡인즉, 두 도적은 참으로 많은 잘못을 저질러왔습니다. 이들을 지식의 영역으로부터 추방한다면, 근면한 관찰과 견실한 토대에 기초한 결론과 유익한 발명 및 발견을 이룩할 수 있을 것입니다. 이런 희망은 제 호기심이나 허영이나 천성에 불과한 것일 수도 있

Mark S. Neustadt, "The Making of the Instauration: Science, Politics, and Law in the Career of Francis Bacon" (Ph. D. diss., The Johns Hopkins University, 1987)에 이르기까지 베이컨 해석에서 주류를 형성하였다. 이런 견해에 따르면, 베이컨이 정치적 좌절을 경험한 1590년대부터 정치권력을 수단으로 삼아 철학적 계획을 진척시킬 수 있는 가능성을 회의하게 되었으며, 그리하여 정치적으로는 왕실에 대해 아첨에 가까운 태도를 견지하는 한편, 전혀 별개의 차원에서 학문 체계를 수립하기 시작하였다는 것이다. 후자의 견해는, 전기작가 Joel J. Epistein, *Francis Bacon: A Political Biography* (Ohio University Press, 1977)와 John E. Leary, Jr., *Francis Bacon and the Politics of Science* (Iowa University Press, 1994) 등에 의해 개진된 바 있다. 이런 견해에서는, 베이컨이 〈학문의 진흥〉이라는 무기로 끊임없이 정치적 출세의 기회를 노린 인물로 묘사된다.

고 …… 인간에 대한 사랑일 수도 있겠습니다만, 너무도 확고해서 제 정신으로부터 떼어낼 수 없다는 것만은 분명합니다. 저는 적절한 후원 countenance의 자리란 한 사람의 재능보다는 여러 사람의 여러 재능을 통솔하는 자리임을 잘 알며, 이 점을 늘 유념하고 있습니다. 이처럼 힘이 있으되 충돌이 적은 자리는 각하께서도 찾기 힘들 것입니다. 만일 저보다 각하와 각별한 사이인 누군가와 경쟁을 벌이게 될 자리를 제가 원하고 탐한다는 것을 지금이든 미래에든 발견하신다면, 그때에는 저를 거짓말쟁이라고 욕하셔도 좋습니다. 설령 각하께서 저를 기용하지 않으신다 해도 …… 저는 제 유산을 모두 처분하고 …… 모든 공직을 포기하고 …… 깊은 곳에 놓여 있는 진리의 광맥을 뒤지는 참된 선구자가 될 것입니다.[4)]

물론, 〈모든 지식이 제 영역〉이요 〈진리의 광맥을 뒤지는 참된 선구자〉가 되겠다는 베이컨의 진술을 곧이곧대로 받아들일 수는 없다. 편지를 쓴 31세에 베이컨은 이모부와 다소 서먹한 관계에 있었다. 이모부의 아들 사랑과 여왕의 총애로 출세가도를 달리던 이종사촌 동생 로버트 세실(Robert Cecil, 1563-1612)이 그의 경쟁자로 급부상하였기 때문이다. 베이컨은 다른 후견자를 찾아야만 하였고, 한 해 전부터는 에섹스의 어린 백작(Robert Devereux)과 돈독한 친분을 유지해 온 터였다. 이런 맥락에서 보면, 〈저보다 각하와 각별한 사이인 누군가와 경쟁을 벌이게 될 자리〉를 결코

---

4) Francis Bacon, "To My Lord Treasure Burghley," in Spedding et al.(eds.), *The Works of Francis Bacon* (London, 1857-74), vol. 8, p. 109. 베이컨 전집은 이후 *Works*로 약칭할 것이다.

탐하지 않는다는 진술은, 이모부의 경계심을 늦추기 위한 가장(假裝)에 지나지 않는 것일 수 있다. 그러나, 왜 하필이면 〈지식〉인가? 〈경박한 논쟁과 논박과 말장난〉에 물든 아리스토텔레스주의와 〈맹목적 실험이며 귓속말로 전해지는 전승과 협잡〉으로 점철된 마술이라는 두 도적을 지식의 영역으로부터 추방한다는 것, 그리하여 근면한 관찰과 견실한 토대 위에서 새로운 발견과 발명을 이룩한다는 것이 어떻게 정치적 출세의 대안이 될 수 있는가?

이듬해(1593)에 베이컨은 에섹스 백작의 적극적인 후원에도 불구하고, 이모부가 후원한 에드워드 코크Edward Coke와의 법무장관 경쟁에서 여왕의 지명을 얻는 데 실패하였고, 뒤이은 법무차관 지명에서도 실패하였다. 〈좌절의 10년 1591-1603〉이라 불리는 기간의 후반기에는 에섹스 백작의 몰락과 얽혀 쓰라린 정치적 굴곡을 겪기도 하였다.[5] 그러나, 이런 이유로 그가 학문의 길과 정치의 길을 분리하게 되었다는 증거는 없다. 법무장관 경선이 있기 전이든 후든, 베이컨은 여왕에게 〈학문의 진보〉를 위한 후원을 일관되게 호소하였다. 이를테면, 그는 1592년과 1594년 두 차례에 걸쳐 여왕의 여흥을 위한 가면극의 대본을 작성할 기회를 가졌는데, 두 대본은 위에 인용된 편지의 내용을 반복하고 있

5) 베이컨에게 에섹스 백작은 전형적인 후견자이자, 〈국가에 선을 행할 수 있는 최적의 도구〉였다. 그러나 백작은 1598년에 에스파냐 보물선을 나포하려다 실패하고, 1599년에는 아일랜드 반란의 진압에도 실패하여 여왕의 총애를 잃었다. 그는 이를 만회하기 위해 1601년에 무장 가신들을 거느리고 여왕과 자신의 사이를 이간하는 자들을 처단하기 위해 런던에 진입하였다가 결국 반역 재판에 회부되었다. 줄곧 베이컨을 불신하였던 여왕은, 아이러니하게도 백작의 반역죄를 담당할 검찰관들 중 하나로 그를 처음 중용하였다.

었다. 특히 1594년의 각본에서는 지식이 〈가장 가치 있는 권력〉이요, 지식의 진보를 위해서는 고대와 현대의 모든 서적을 소장한 〈도서관〉, 모든 동식물 표본이 집결된 〈식물원과 동물원〉, 정밀 기계나 기예에 의해 생산된 모든 인공물을 갖춘 〈박물관〉, 방아며 고로며 용기 등 다양한 도구를 갖춘 〈실험실〉 등, 네 기구의 설립과 후원이 필요함을 역설하기도 하였다.[6)]

베이컨에게 〈여러 사람의 재능을 통솔하는〉, 〈힘이 있으되 충돌은 적은〉 자리는 평생토록 주어지지 않았다. 엘리자베스 치하에서는 물론이지만, 그가 급속한 정치적 부침을 경험한 제임스 1세 치세(1603-1625) 동안에도 마찬가지였다. 그가 진심으로 그런 자리를 갈망하였는지도 분명치 않다. 그러나, 분명한 것은 그에게 학문의 진보를 추구하는 과업이 정치적 출세의 대안이 될 만큼 중요하고 다급한 정치 현안으로 간주되었다는 점이다. 학문이 추구하는 목표는 정치가 추구하는 목표와 구별될 수 없었다. 『학문의 진보』(1605)에서 베이컨은 정치의 최고 목표가 국가의 〈미래〉를 준비하는 일이며, 이를 위해서는 〈건실하고 결실 풍부한 지식을 세상에 더욱 많이 유포하는 일〉이 가장 중요함을 진언하였다. 그가 학문의 번영과 진보를 〈국왕의 일opera basilica〉로 규정한 것은 바로 이런 맥락이었다.[7)] 나아가, 『신 기관』(1620)에서는, 정치적 야망 중 가장 고귀한 야망이 〈우주에 대한 인류의 권력과 지배력〉이라고 명시되었다.

---

6) Bacon, *Works*, vol. 8, pp. 334-335.

7) 본서, 2권, 헌정사, 1과 15. 본서는 장과 절 단위로 인용되었다.

> 첫번째 야망은 자신들의 조국에서 그들 권력의 확장을 갈망하는 사람들의 것으로, 범속하고 타락한 종류의 야망이다. 두번째 야망은 그들 조국의 권력을 확장하여 모든 인간을 향해 조국의 지배력을 증대하려고 노력하는 사람들의 것이다. 이것은 첫번째에 비해 큰 위엄을 가진 야망임이 분명하다. 비록 탐욕에 있어서는 별 차이가 없지만 말이다. 그러나 만일 누군가가 우주에 대한 인류의 권력과 지배력을 정립하고 확장하기 위해 노력한다면, 그의 야망은 (이것을 야망이라 부를 수 있을지 몰라도) 다른 두 종류에 비해 훨씬 유익하고 고귀한 것임을 의심할 바 없다. 이제 사물에 대한 인간의 지배는 전적으로 기예arts와 지식sciences에 의존한다.[8)]

『학문의 진보』의 출판을 전후로 개선되기 시작한 베이컨의 정치 경력은, 『신 기관』을 출판할 즈음에 절정에 도달하였다. 그는 제임스가 등극한 해(1603)에 기사작위를 받았고, 이듬해에는 국왕의 법률고문learned counsel에 임명되었으며, 1607년에는 법무차관, 1614년에는 법무장관에 지명되었다. 경쟁자인 이종사촌 동생 로버트 세실이 죽고(1612), 버킹검 공(George Villiers)의 적극적인 후원이 시작되면서부터, 출세는 더욱 빨라졌다.[9)] 1617년에

---

8) Bacon, *Works*, vol. 4, p. 114.

9) 버킹검 공과 베이컨의 교분이 시작된 것은 1616년이었다. 이때 베이컨은 추밀원 고문으로, 프란시스 카Frances Carr와 서머세트Somerset 백작의 재판에 참여하였다. 이들은 토마스 오버베리Thomas Overbury의 살해 용의로 기소된 상태였다. 베이컨은 버킹검 공의 측근인 프란시스 카를 석방하고 그의 정적인 서머세트 백작을 처형하는 데 결정적으로 기여함으로써, 버킹검 공의 환심을 샀다.

는 옥새상서에 임명되어 자신이 태어난 관저로 되돌아갔고, 다음 해에는 그토록 열망하던 대법관 자리에 올랐다. 1618년에는 베룰람Verulam의 남작으로 귀족원에 입문하였고, 『신 기관』을 출판한 다음해인 60세(1621)에는 세인트 앨번스St. Albans 자작이 되었다. 이례적인 출세를 거듭하던 시기에, 베이컨은 청년시절의 단편적인 착상들을 〈위대한 부흥〉의 계획으로 엮고 있었다. 그 계획이 처음 표현된 것은 1603년의 일로, 『학문의 진보』에서 한층 구체화되었으며, 『위대한 부흥*Instauratio magna*』(1620)에서 체계적으로 표현되었다(『신 기관』은 『위대한 부흥』의 일부였다).

베이컨은 『위대한 부흥』의 헌정사에서 국왕을 〈여러 면에서 솔로몬을 닮은 당신〉으로 칭송하였다.[10] 솔로몬 왕에게 이스라엘의 무너진 성전을 재건할 사명이 주어졌듯이, 제임스는 인류의 피폐한 삶의 조건을 재건할 사명이 있다는 뜻이었다. 이 작품의 표지 그림은 헤라클레스의 두 기둥 사이로 거친 바다를 헤쳐가는 한 척의 범선을 묘사한 것이었다. 두 기둥은 지브롤터 해협으로 당시 용례로는 지식의 한계를 상징하는 것이었고, 범선은 학문을 상징하는 것이었다. 그림 밑에는 〈많은 사람이 빨리 왕래하니 지식이 더하리라〉라는 다니엘서의 묵시록적 예언(12장 4절)이 적혀 있었다. 전통적으로 지식의 억제를 뜻하던 〈더 이상은 아닌ne plus ultra〉이라는 상투어를 겨냥하여, 지식의 성장을 재촉하는 〈더욱더plus ultra〉라는 구절이 범선에 새겨졌다. 이것은 종말에 이르도록 세상을 주재할 프로테스탄트 〈구원자-왕〉으로서의 제

---

10) Bacon, "Epistle Dedicatory," *The Great Instauration*, *Works*, vol. 4, p. 12.

임스의 자기 이미지self-image에 맞춘 수사학이었음이 분명하다.[11] 제임스는 다니엘서의 인용구를 자신의 구원적 통치에 대한 찬양으로 읽었을 것이요, 어쩌면 그 범선의 주인으로 과학 연구를 주재할 사명감마저 느꼈을지도 모를 일이다.[12] 베이컨은 이 작품의 헌정본에 동봉한 편지에서도, 〈이성의 경계를 확장하고 인간의 운명에 새로운 가치를 선물하는 일이야말로, 만인 중 이성의 가장 위대한 주인이요 시혜의 주관자이신 폐하께 가장 어울리는 봉헌〉이라는 상투적 아첨을 빼놓지 않았다.[13]

제임스는 베이컨의 헌정본을 〈잠을 빼앗겨가면서까지 주의 깊게〉 읽었고, 자신이 〈위대한 부흥〉을 주재할 만큼 박식하고 유능한 국왕이라는 베이컨의 찬사에 만족감을 표시하였다.[14] 그러나 베이컨의 요구는 단순히 정치적 출세를 위한 아첨으로 보기에는

---

11) 정치 문화의 〈세속화〉 과정에서, 종말까지 인류의 구원을 인도할 성스러운 사명은 가톨릭 교회로부터 세속 권력으로 옮겨지는 경향이 있었다. 에라스무스 같은 16세기 인문주의자들과 프로테스탄트 종교개혁자들은 군주의 그러한 사명감을 고취한 주역이었다. 아우구스부르그 종교화의(1555)에서 〈군주의 종교 결정권〉이 정립된 이후로 이러한 추세는 더욱 강화되었다. 예이츠에 따르면, 프랑소와 1세와 칼 5세는 세계 황제라는 중세적 관념, 즉 임박한 종말까지 지상의 황금시대를 이끌 예수의 위임자라는 관념을 부활하였던바, 이를 프로테스탄트 입장에서 모방하여 엘리자베스와 제임스 1세는 예수의 대리인으로서의 〈구원자-왕〉을 자임하였다. F. A. Yates, *Astraea: The Imperial Theme in the Sixteenth Century* (RKP: London and Boston, 1975), pp. 54-55.

12) Charles Whitney, "Francis Bacon's Instauratio: Dominion of and over Humanity," *Journal of the History of Ideas* (vol. 50, no. 3, 1989), p. 381 참조.

13) Bacon, *Works*, vol. 8, p. 120. 본서 1권의 헌정사에서도 비슷한 표현이 등장한다.

14) Bacon, *Works*, vol. 8, 「제임스가 베이컨에게 보낸 편지」(1620년 10월 16일자), p. 122.

너무 신중한 태도와 구체적인 계산을 포함한 것이었다. 국왕이 보낸 편지에 대한 그의 답신은 하나의 예가 될 수 있다.

> 폐하께서 손수 쓰신 지난번 편지를 받고 제가 얼마나 기뻤는지 이루 말로는 다 표현할 수 없습니다. …… 만일 폐하께서 불만족스럽게 여기시는 대목을 은혜롭게도 제게 솔직히 말씀해 주신다면, 폐하께서는 저 개인에게 총애를 주신 것만이 아니라, 사업 전체를 위해서도 실질적인 도움을 주신 셈이 될 것입니다. 비록 제 작품은 그 주장과 원리면에서, 경험에 의하지 아니한 모든 시도를 거부하며 경험의 결실들을 참된 방식으로 추구하는 것이기는 합니다만, 폐하의 판단력의 예리함과 심오함만은 이 일반적 규칙의 예외라고 하겠습니다. 폐하의 질문이며 관찰이며 충고는 무한한 도움이 될 것입니다. …… 이렇듯 편안한 출발은 제게 또 하나의 희망을 가지도록 합니다. 폐하께서 자연 및 실험의 역사를 수집하기 위하여 작업할 인원을 구성하는 데 도움을 주실 것이라고 말입니다. 이 작업은 사업 전체를 위한 토대입니다만, 폐하께도 이따금씩 커다란 기쁨을 드릴 수 있을 것이라고 저는 확신합니다. …… 희망컨대, 어쩌면 폐하의 치세기간 내에, 인간의 효용을 위해 많은 고귀한 발명들이 이룩될 수도 있을 것입니다.[15]

베이컨은, 경험을 축적하는 귀납의 방법이 제임스를 위시한 귀족의 눈에 천한 작업으로 비칠 수 있음을 신중하게 계산하였다. 제임스의 〈판단력의 예리함과 심오함〉이 모든 경험을 초월한 예

15) Bacon, *Works*, vol. 8, 「베이컨이 제임스에게 보낸 편지」(1620년 10월 20일자), pp. 130-131.

외라는 아첨은 이런 계산에서 나왔을 것이다. 아첨을 대가로, 게다가 〈많은 고귀한 발명들〉에 대한 약속까지 덧붙여서, 베이컨은 〈자연 및 실험의 역사〉(자연사와 실험의 역사)에 대한 지원을 제임스에게 구체적으로 요청하였다. 이 또한 학문의 진흥에 대한 후원을 요청할 때 베이컨이 즐겨 사용한 수사였다.[16)]

그의 요구는 끝내 받아들여지지 않았다. 제임스가 베이컨의 의중을 정확하게 파악하지 못한 탓도 있었지만,[17)] 시간도 별로 없었다. 제임스와 베이컨의 밀월은 불과 7개월 뒤에 깨졌다. 1621년 5월에 베이컨은 뇌물수수죄로 체포되었고, 런던탑에 잠시 투옥되었다가 6월 23일에 고르햄베리Gorhambury의 옛집으로 돌아갔다. 이따금 진료를 받기 위해 런던에 와서 요크 하우스에 머물기는 하였지만, 거의 두문불출하면서 홀로 연구에 몰두하였다. 말년의 베이컨은 자신이 〈위대한 부흥〉의 토대로 설정한, 〈역사 연구〉에 거의 모든 시간을 할애하였다. 1622-23년에는 『헨리 7세의 역사』, 『바람의 역사』, 『삶과 죽음의 역사』를 연속 출판하였으며, 1624년에는 금언들을 모아 편찬하였다. 그의 충실한 비서 윌리엄 롤리William Rawley에 따르면, 베이컨은 자신이 〈건축가〉의 역할을 수행하여야 마땅함에도 불구하고, 〈노동자나 일꾼의 일까지

16) 본서, 1권과 2권의 헌정사 참조. 이러한 수사에서 가장 주목할 작품은 그의 사후 출판된 『새로운 아틀란티스』(1626)이다.

17) 제임스는 공개적으로는 베이컨을 칭찬하였지만, 사적으로는 그의 작품을 이해하지 못하였음을 솔직하게 털어놓곤 하였다. 이를테면 〈그의 지난번 작품은 마치 하나님께서 주관하는 평화처럼 전혀 이해할 수 없더구먼〉이라는 식의 평가였다. Lisa Jardine & Michael Silverthorne(eds.), *Francis Bacon, The New Organon* (Cambrige University Press, 2000), p. xxviii.

하지 않을 수 없는〉 처지를 불평하곤 하였다고 한다.[18] 연구 환경만이 열악한 것은 아니었다. 실각 이후로 재정적 곤경이 늘 그를 괴롭혔고, 1625년에는 아내의 불륜으로 인한 이혼에다가 건강 악화까지 겹쳤다. 같은 해에 그는 찰스의 왕위계승을 틈타 귀족원의 복귀를 시도하다가, 오히려 추밀원 고문직마저 박탈당하는 불운을 겪었다. 이런 와중에서도, 그는 〈위대한 부흥〉의 초석을 다지는 작업에 심혈을 기울였고, 일관되게 정치적 후원을 요구하였다. 『숲속의 숲 *Sylva Sylvarum*』이 자연사 연구의 최종 결실이었다면, 『새로운 아틀란티스 *New Atlantis*』는 정치권의 후원을 요청한 최후 진술로 남았다.[19]

1626년 3월에 베이컨은 눈〔雪〕을 이용해서 음식의 부패를 지연시키는 실험을 계획하였다. 진료차 런던에 갔다가 고르햄베리로 돌아오던 길에, 한 오두막에 멈추어 닭 한 마리를 죽이고 눈으로 덮어두었다. 마차를 다시 타고 나서 조금 뒤에 갑자기 병이 재발하였다. 그는 근처에 있는 아룬델Arundel 백작(Thomas Howard, 1585-1646)의 저택에 여장을 풀고 회복을 기다렸다. 아룬델 백작에게 보낸 마지막 편지에서 임박한 죽음을 예언이라도 하듯이, 그는 〈베수비우스 화산에서 실험하던 중에 죽은 연로 카이우스 필리니우스〉에 자신을 비유하였다.[20] 정치적 야망과 지적 야망을 오가면서, 자신의 정치적 · 지적 권력이 낙원에서 추방된 인류의

---

18) Bacon, *Silva Sylvarum: or Natural History. In Ten Centuries* (1626)에 붙인 「롤리의 서문」, *Works*, vol. 2, p. 335.

19) 이 두 작품은 모두 베이컨이 죽은 직후(1626), 롤리에 의해 출판되었다.

20) Bacon, *Works*, vol. 14, p. 550.

〈위대한 부흥〉 즉 부활을 위한 발판이 될 것을 꿈꾸었던 한 파란만장한 일생은, 아룬델 백작의 저택에서 끝내 멈추었다. 1626년 4월 9일, 공교롭게도 부활절 일요일의 죽음이었다.

2. 『학문의 진보』 제1권: 지식기반 사회의 정당성

학문의 진보에 대한 베이컨의 제안이 받아들여지지 않았던 것은, 그 제안이 정치적 출세를 계산한 아첨의 도구였던 탓도 아니지만, 정치권의 후원을 포기한 상태에서 소극적으로 제안된 것이었기 때문이라고 보기도 힘들다. 베이컨은 국왕에 대한 조언자로서의 자신의 역할을 분명하게 인식하였을 뿐만 아니라, 자신의 조언이 〈미답(未踏)의 새로운 영역〉에 관한 것임을 잘 알고 있었다. 우리가 그의 조언의 새로움을 이해하려면, 당시 궁정의 조언 관행부터 살펴볼 필요가 있을 것이다. 세속 군주의 권력이 급속하게 강화된 16세기에, 궁정 주변에는 각양각색의 정책 조언자들political advisors이 활동하였다. 스스로 군주가 될 수 없는 그들로서는 군주를 설득하고 군주의 권력을 빌려 각자의 철학을 구현하는 것이 차선이라고 믿을 수밖에 없었다.[21] 이런 믿음은 르네상스 인문주의가 추구한 〈능동적 삶〉의 중요한 일부였거니와, 그들은 인문주의자답게 선한 통치의 비결을 〈건전한 지식〉에서 구하

21) 16세기의 정책 조언서들advice-books이 오직 군주 개인을 위해서만 작성된 것은 아니었다. 궁정인, 귀족, 관료 등 지배 엘리트층을 겨냥한 것도 있었으며, 때로는 시민 전체를 겨냥한 것도 있었다. 세 장르에 관해서는, Quentin Skinner, *The Foundations of Modern Political Thought* (Cambridge University Press, 1978), vol. 1, pp. 213-221 참조.

였다. 그러나, 어떻게 자신의 철학이 건전한 지식임을 입증할 수 있는가? 군주를 설득하려 경쟁하는 가운데, 그들은 각기 자신의 건전한 지식을 다른 조언자의 〈아첨〉이나 〈그릇된 관념〉과 차별화하는 경향이 있었다. 이런 맥락에서 토마스 엘리어트는 군주에게 〈아첨이라는 치명적인 독약〉을 피할 것을 권고하였으며, 토마스 모어는 『유토피아』의 주인공 히슬로데우스Hythlodaeus의 입을 빌려, 유럽의 왕들은 〈어릴 때부터 그릇된 관념에 물든〉 탓에 악과 부패를 뿌리뽑을 〈유익한 수단〉을 아무리 권하여도 냉소로 지나치기 일쑤라고 비판하였다.[22)]

〈비판과 대안제시〉라는 근대 학문의 일상 구조는 이러한 인문주의적 조언 관행으로부터 형성된 것으로 볼 수 있으며, 이런 관행에서 베이컨도 예외는 아니었다. 그러나, 그의 조언을 면밀히 검토해 보면, 인문주의적 관행과의 현격한 차이점을 발견할 수 있다. 궁정 주변의 인문주의자들은 군주 자신이 마치 플라톤의 〈철학자 왕〉처럼, 아니면 마키아벨리의 〈영리한 군주〉처럼 통치에 적절한 지식을 갖추어야 하며, 그들 각자의 조언이야말로 이에 가장 적합한 지식임을 경쟁적으로 주장하였다. 반면에 베이컨은 일관되게 군주가 〈지식의 후원자〉가 되어야 함을 설득하였다. 군주 자신이 뛰어난 학식을 갖추는 것도 좋겠지만, 무엇보다 중요한 〈국왕의 일〉은 학문을 위한 시설, 양서의 출판, 학자의 양성 등

22) Thomas Elyot(1490-1546), *The Book Named The Governor*, ed. S. E. Lehmberg(London, 1962), p. 132; Thomas More(1478-1535), *Utopia*, in E. Surtz & J. Hexter(eds.), *The Complete Works of St Thomas More* (New Haven, Conn., 1965), vol. 4, p. 87.

지식의 진보를 위한 기반 조성에 심혈을 기울이는 일이라는 것이었다. 본서 『학문의 진보』 제2권의 헌정사는 그 대의를 다음과 같이 전한다.

> 영명하신 국왕 폐하 …… 많은 자식을 낳고 후손의 핏줄로 자신의 불멸성을 유지한다는 통찰을 가진 사람이 더 나은 미래를 위해 더 많이 걱정한다는 것은 인지상정의 이치입니다. 그런 사람에게는 미래야말로 가장 소중한 자식을 믿고 맡겨야 할 곳이기 때문입니다. …… 이로 미루어 판단하자면, 폐하께서는 선한 통치를 위한 잠정적인 조치만이 아니라, 일관되고 영속적인 조치도 염두에 두시는 것이 적절하고도 마땅한 일이라고 생각됩니다. …… 영속적인 조치 중에서도 가장 가치 있는 것은 건실하고 결실 풍부한 지식을 세상에 더욱더 많이 유포하는 일입니다. …… 앞에서 열거된 모든 문제점을 제거하는 것은 〈국왕의 일〉입니다. …… 〈국왕의 일〉에 대해 사사로이 개인이 할 수 있는 것은, 교차로에 이정표를 표시하는 정도일 것입니다. 비록 이정표는 길을 지시할 뿐 그 길로 나아갈 수는 없는 것이지만, 학문을 전체적으로 답사한 뒤 만든 이정표는 학문의 방향을 이끄는 역할을 수행한다는 점에서 중요합니다.[23)]

요약하자면, 국왕은 미래를 준비할 수 있어야 하며 이를 위해 가장 중요한 것은 건실한 지식을 널리 확산시키는 일인즉, 국왕은 그 길에 놓여 있는 장애물을 제거할 책임이 있으며, 베이컨 자

23) 『학문의 진보』 2, 「헌정사」, 1과 15.

신은 그 방향을 지시하는 이정표를 작성하겠다는 것이다. 국왕의 통치에 즉각적인 도움을 주기 힘든 〈미래〉를 설득의 수단으로 삼은 것부터가 인문주의적 관행에서 벗어난 일이었거니와, 그 〈미래〉가 지식의 진보와 확산에 달려 있음을 베이컨보다 명료하게 정의한 사례는 그 이전에는 없었고, 그 이후에도 좀처럼 찾기 힘들다.[24] 그는 지식의 진보와 미래를 조언 목록에 새롭게 등재하였을 뿐만 아니라, 인문주의적 조언의 〈비판적〉 태도에 대해서도 일정한 거리를 유지하였다. 이를테면, 그는 자신의 이정표로 〈오늘날까지 주목하지 못한 것과 결여된 것만을 지적하고 …… 지금까지 범한 오류나 불완전한 추구에 대해 반론을 제기하지는 않겠다〉고 말한다. 자신의 관심사는 〈이미 개간된 밭에서 잘못된 경작법을 교정하는〉 것보다는, 〈개간되지 않은 땅〉을 가리키는 데 있기 때문이라는 것이다.[25]

베이컨은 〈미답의 땅〉에서 〈미래〉를 일구는 자신의 프로그램을 〈위대한 부흥〉이라 명명하였고, 6부작 계획으로 자신의 청사진을 펼쳐 보였다. 첫째는 과학에 대한 새로운 분류체계를 정립하는 것이고, 둘째는 새로운 논리학 즉 자연의 해석을 위한 새로운 지침을 마련하는 것이고, 셋째는 철학의 기초를 위한 자연사와 실

---

24) 이탈리아의 인문주의 조언서, 예컨대 마키아벨리의 『군주론』이나 카스틸리오네의 『궁정인』은 군주나 권력자의 〈현재〉에 도움을 주기 위한 조언에 초점을 맞추었으며, 이런 관행은 유럽의 나머지 지역에서도 그대로 통용되었다.

25) 『학문의 진보』 2, 「헌정사」, 15. 이 말은 베이컨이 비판 자체를 등한시하였다는 뜻이 아니다. 그는 누구보다도 기존 학계에 대해 비판적이었다. 다만, 자신은 미답의 영역을 개척하고 있기 때문에, 다른 조언자들에 대한 비판에 의해 자신의 정당성을 입증하는 전통적 비판의 방식을 답습하지 않겠다는 뜻으로 해석될 수 있다.

험의 역사를 축적하는 것이고, 넷째는 지성의 사닥다리를 구축하는 것이고, 다섯째는 새로운 철학을 위한 예비작업이고, 여섯째는 새로운 철학(즉 능동적 과학)을 정립하는 것이었다.[26] 이 여섯 단계에서 뒤의 세 작업은 실제로 시도된 적이 없었고, 둘째에 해당하는 『신 기관』과 셋째의 〈자연사 및 실험의 역사〉를 다룬 여러 단편은 모두 미완성된 채로 남았다. 첫째 작업에 해당하는 것이 바로 본서 『학문의 진보』로,[27] 이 작품은 베이컨이 남긴 유일한 완성작이라는 점 외에도, 〈위대한 부흥〉 전체의 밑그림을 가장 충실하게 보여주는 저작이라는 점에서 주목할 가치가 있다.

본서의 제1권은 〈학문이 지금까지 받아온 불신과 불명예〉에 대한 변론으로 출발한다. 신학적 비난을 겨냥한 변론에서 베이컨은 학문의 진보가 필요한 이유를 두 측면에서 강조한다.

> 실락원을 야기한 것은 자연과 만물에 대한 순수한 지식이 아니라 선과 악에 대한 교만한 지식이었다. …… 전자의 순수한 지식은 아담이 자기 앞에 주어진 에덴 동산의 다른 피조물들에게 각 피조물의 본성에 어울리게 이름을 부여하는 데 사용한 것이었다. …… 인간의 정신을 부풀리는 것은 지식의 양이 아니다. …… 문제는 지식의 양이 아니라 지식의 질이다. 지식의 질에는 독액 같은 사악한 본성이 있기 때문에 …… 만일 적절한 치료제가 없이 섭취된다면, 뱀 독처럼 인간

---

26) Bacon, *Works*, vol. 4, p. 22.

27) 베이컨은 『신 기관』(1620)을 출판하면서, 〈지식의 영역들을 다루는 위대한 부흥의 제1부는 아직 결핍된 상태이지만, 그 영역들 중 일부에 대한 해설은 『학문의 진보』 제2권에서 찾을 수 있다〉고 명시하였다. *Works*, vol. 4, p. 35.

> 정신을 부풀려 교만케 하는 것이다. 이 적절한 치료제에 해당하는 것이 바로 사랑이다. …… 인간의 언어와 천사의 언어로 말한다는 것만으로는 결코 뛰어나다고 할 수 없다. 그것이 사랑과 단절된다면, 그리하여 인간이며 인류의 유익을 향하지 않는다면, 그것은 유익하고 실질적인 미덕이라기보다는 헛되이 울리는 허영에 지나지 않는다.[28)]

실락원 이전에 아담이 갖추었던 〈순수한 지식〉이란 그로 하여금 다른 모든 피조물을 다스릴 수 있게 해준 지식을 말한다. 〈자연과 만물에 대한〉 지식을 양적으로 확장하고 축적하는 것은, 실락원과 함께 인류가 잃어버린 그 〈권력〉을 되찾는 유일한 길이다. 바로 이것이 베이컨의 유명한 〈아는 것이 힘〉이라는 명제의 진정한 의미이다. 인류가 자연과 사회에 대한 〈순수한〉 지식을 늘리면 늘릴수록, 그만큼 자연과 사회를 통제할 수 있는 권력을 키울 수 있다는 것이다. 동시에 베이컨은 지식이 〈사랑〉 즉 〈인류의 유익〉을 지향하는 것으로 제한될 필요성을 강조한다. 지식은 하나님처럼 옳고 그름, 선과 악에 대한 최종적 판단을 위해서 필요한 것이 아니라, 이웃에 대한 사랑으로서 필요한 것이라는 뜻이다.

지식을 〈위대한 부흥〉으로 이끌 권력이자 이웃사랑으로 정당화한 뒤에, 베이컨은 정치적 비난에 대한 변론을 시도한다. 그의 변론은 지식이 정치에 얼마나 필요한 것인지를 입증하는 데 주안을 두었지만, 지식은 인간을 근면하게 만들고, 나태와 쾌락에 빠지는 것을 막아주며, 〈정부에 대해 유순하고 너그럽고 관리되기 쉽

---

28) 『학문의 진보』, 1. 1. 3.

고 적응하기 쉽게〉 만들어준다는 점도 함께 강조한다.[29] 여기서 베이컨의 의도는 분명하다. 지식은 선량한 통치를 위해서도 필요하지만 선량한 시민을 양육하기 위해서도 필수적이라는 뜻이다. 역으로, 선량한 정부와 선량한 시민은 모두 지식에 기반을 둔 사회의 산물이라고 말해도 좋겠다.

지식에 기반을 둔 사회에 대한 베이컨의 전망은, 세번째 변론에서 더욱 분명하게 드러난다. 학계 스스로가 저지른 과오에서 비롯된 학문에 대한 비난을 겨냥해서, 베이컨은 지식의 진정한 본령이 무엇인지를 명료화한다. 기존 학문의 질병은 특히 세 가지로, 각각 〈헛된 상상력〉, 〈헛된 호승심〉, 〈헛된 과시욕〉에서 나온다.

> 바로 여기에서 학문의 첫번째 질병이 발생한다. 사람들이 말은 연구하되 내용은 연구하지 않을 때 발생하는 질병이 그것이다. …… 두번째 질병은 첫번째 질병보다 본성상 더 심각하다. 헛된 내용은 헛된 말보다 나쁘기 때문이다. …… 이러한 부류의 타락한 학문은 스콜라주의 학자들 사이에서 가히 지배적이었다. …… 그들의 기지는 …… 특히 독재자 아리스토텔레스라는 골방에 갇혀 있었다. …… 그들은 자연사든 시대사든 역사에 대해서는 문외한이었다. 얼마 되지 않는 내용에다가 그들의 기지를 무한정 쏟아부어 공든 거미집을 지은 것이 그들이 일한 전부였다. …… 무릇 인간의 기지며 정신은, 내용에 의존하여 일할 때, 즉 하나님의 피조물에 대한 명상을 향할 때, 비로소 대상물에

29) 『학문의 진보』, 1. 2. 5-8.

> 맞추어 작업할 수도 있고 대상물에 의해 제한될 수도 있는 법이다. 반면에 인간의 기지와 정신이 마치 거미가 집 짓듯이 스스로에만 의지하여 작업한다면, 여기에는 결실이 있을 수 없다. 단지 학문의 거미집을 지을 수 있을 뿐인즉, 그 실과 작품의 세련됨은 경탄할 만한 것이지만, 실질이나 유익을 기대할 수는 없다. …… 학문의 세번째 질병 내지 악덕에 관해 말하자면, 그것은 기만이나 거짓과 관련되며, 모든 질병 중에서도 가장 추악한 것이다. …… 지식이란 진리의 표상인바, 진리가 진리로서 존재한다는 것과 진리로서 인식된다는 것은 결국 같은 뜻이다. …… 이런 이치에 비추어볼 때, 세번째 악덕은 두 종류로 나뉠 수 있다. 하나는 기만을 즐기는 것이요, 다른 하나는 쉽게 기만당하는 것이다.[30]

첫째는 수사에 치중하여 사람들의 상상력을 사로잡으려 할 뿐 〈내용을 연구하지는 않는〉 인문주의의 질병이다. 둘째는 아리스토텔레스가 정립한 한줌의 (그나마 그릇된) 내용을 〈거미집〉 같은 논리와 자기완결성으로 포장하는 스콜라주의의 질병이다. 셋째는 기만과 경신으로 점철된 각종 기술이나 마술(연금술, 자연마술, 점성술)의 질병이다. 베이컨이 기존 학문을 세 가지 질병으로 논파한 의도는, 지식이 〈실재〉를 향하도록 만드는 데 있다. 그에게 〈실재〉는 진리의 유일한 장소이기 때문이다. 또한 〈진리가 진리로서 존재한다는 것과 진리로서 인식된다는 것이 같은 뜻〉이라는 말은, 실재가 지각과 독립적으로 존재함을 전제로 실재에 대한

30) 『학문의 진보』, 1. 4. 3-8.

완전한 인식을 추구한다는 뜻만이 아니라, 지식이 실재를 대신할 수 있다는 뜻도 포함한다. 안토니오 페레즈라모스가 적절하게 지적하듯이, 이것은 〈만든 자의 지식maker's knowledge〉의 전통에서 형성된 관념이다. 이 전통에서는, 〈어떤 과학적 진술이 그것이 기술하고자 하는 현상을 성공적으로 복제할 수 있는지〉의 여부를, 그 과학이 참이냐 거짓이냐를 판단하는 가장 분명한 기준으로 삼는다.[31)]

이 기준에 따를 때, 지식이 실재를 향하도록 한다는 것은, 두 방향의 작업이 동시에 수행됨을 의미한다. 자연철학은 귀감 사례를 제공한다. 그는 자연철학의 두 영역을 〈광산과 용광로〉에 비유한다. 두 영역은 〈원인에 대한 탐구〉와 〈결실의 생산〉으로, 혹은 〈사변적speculative 지식〉과 〈시술적operative 지식〉으로 구분되기도 한다. 그리고는 〈실험으로부터 상승하여 원인의 발견에 이르는 사다리가 있는가 하면, 원인으로부터 하강하여 새로운 실험의 발견에 도달하는 사다리도 있다〉고 덧붙인다.[32)] 일단 자연철학이

31) Antonio Peréz-Ramos, *Francis Bacon's Idea of Science and the Maker's Knowledge Tradition* (Oxford University Press, 1988)은 20세기 후반 베이컨 연구의 최대 업적 중 하나로 평가되는 노작이지만, 베이컨이 〈만든 자의 지식〉이라는 개념을 르네상스 마술 전통으로부터 이끌어내었을 가능성을 충실하게 검토하지 못한 약점도 있다. 이로 인해, 그는 베이컨이 말하는 〈만든 것들opera〉을 화약이나 인쇄기처럼 인간 생활에 큰 영향을 미친 기술적 인공물들과 쉽게 동일시하였다. 그러나 베이컨은 그 〈만든 것들〉이 생활세계에 미치는 영향보다는, 그것들과 자연 그 자체와의 관계에 주목하였다. 예컨대 〈열이나 색채나 운동〉 같은 단순 자연들과 이들에 대한 기술적 복제 사이의 간극을 줄이는 것이 그의 주된 관심사였다. 인용은, Peréz-Ramos, "Bacon's Forms and the Maker's Knowledge Tradition," Markku Peltonen(ed.), *The Cambridge Companion to Bacon* (Cambridge University Press, 1996), p. 111.

자연실재를 지향하게 되면, 진리를 추구하는 방향과 효용을 추구하는 방향은 불가분의 관계에 놓인다. 진리를 위해 〈자연의 해석interpretation of nature〉을 시도하는 측에서는, 인류의 삶과 안락함을 위해 자연을 이용하고 〈속박하고 괴롭혀〉(즉 실험하여) 즉각적인 결실과 효용을 추구하는 기술의 세계로부터, 풍부한 경험이라는 빛을 얻을 수 있다. 그러나 〈효용〉만을 추구하는 기술은, 〈자연의 선취anticipation of nature〉라는 부정적 질곡에 빠지기 십상이다. 단지 몇 가지 관찰을 토대로 성급한 결론으로 나아갈 위험이 있다는 말이다. 이와 같은 성급함은 사람들의 욕망에 편승하여 사람들의 동의를 손쉽게 얻어내려는 단견에서 비롯된 것으로, 기술을 〈욕망의 도구〉, 나아가서는 〈죽음의 도구〉로 전락시키고 만다.[33] 기술의 세계가 이런 질곡으로부터 벗어나 장기간에 걸쳐 바른 길로 실험을 진행하고 꾸준히 경험지(經驗知)를 축적하도록 만들기 위해서는, 〈자연의 해석〉이 기준이자 길잡이가 되어야 한다. 비록 진리와 효용은 뚜렷이 구분되지만, 양자의 관계는 모순이나 대립이라기보다, 상호보완적이다. 즉 베이컨은, 지식이 실재를 향하기만 한다면, 〈진리와 효용〉은 동일한 목표로 수렴될 수 있다고 믿었던 것이다.[34]

---

32) 『학문의 진보』, 2. 7. 1.

33) Bacon, *The New Organon*, *Works*, vol. 4, p. 51; *Wisdom of Ancients*, *Works*, vol. 6, pp. 734-735.

34) Bacon, *The New Organon*, *Works*, vol. 4, p. 110. 이 아포리즘(124)에 대한 필자의 해석은 파올로 로시의 주석을 참조하였다. Paolo Rossi, "Truth and Utility in the Science of Francis Bacon," in Benjamin Nelson (ed.), *Philosophy, Technology, and Arts in the Early Modern Era* (New York: Harper, 1970), pp. 146-173, 특히 157-159 참조.

학문에 대한 그의 세번째 변론은 바로 이런 의미의 권고로 끝맺는다. 〈지식이 창조주의 영광을 위해, 동시에 인간 삶의 조건을 개선하기 위해 풍부한 창고를 제공한다는 이유에서 지식을 추구한 사람은 거의 없었다. 그러나, 만일 명상과 행동이 예전보다 더 가깝게 직선으로 회합하여 …… 결합되기만 한다면, 이런 목표야말로 지식을 위엄 있게 하고 고양하기에 적합한 것이다.〉[35] 그러나, 〈명상과 행동〉, 〈진리와 효용〉의 결합은 단지 인식론적 수준에서 바람직한 원리로 머물지 않는다. 본서 1권의 종결부는 〈학문의 진정한 위엄과 가치〉를 뒷받침할 만한 종교적 · 세속적 증거를 열거하면서, 특히 학문과 지식이 〈질서〉의 정립에 기여하는 바를 강조한다. 학문은 〈하나님의 영광을 찬양하도록 이끌고〉, 〈불신앙과 과오에 대한 유일한 치료제이자 예방책〉일 뿐만 아니라, 〈사람들 사이에서 자라나는 반목과 불화를 진정〉시키고 〈통치와 군대와 관련된 덕을 배양〉하며 〈개인의 도덕을 키우는〉 일에도 탁월한 장점을 지닌다는 것이다.[36] 이는 무엇보다 학문이 〈정신의 골격〉을 잡아줌으로써, 〈정신이 그 자체의 결함에 안주하지 않고, 지속적인 성장과 개선에 편입될 수 있도록 해주기〉 때문이다.[37] 이렇듯 지식이 개인의 도덕성을 자기개선과 진보에 유리한 방향으로 이끌어준다면, 〈지식을 다스리는 일〉이야말로 〈국가의 권력과 권위를 공고하게 확립하는〉 지름길이 될 수 있다. 바로 이런 맥락에서 베이컨은, 〈올바르게 해석된 진리의 힘을 빌려, 인간

---

35) 『학문의 진보』, 1. 5. 11.
36) 『학문의 진보』, 1. 6. 16; 1. 7. 2; 1. 8. 1.
37) 『학문의 진보』, 1. 8. 2.

의 오성에 대해 정당하고 합법적인 주권을 정립하는 일이야말로, 하나님의 통치와 가장 닮은 것〉일 수 있다고 주장한다.[38)]

개인이든 사회 전체든 지식에 기반을 둘 때, 비로소 안정과 질서 속에 진보와 번영을 구가한다. 이를 가리켜, 〈인간은 학문에 의해 인간을 넘어선다〉고 베이컨은 말한다. 인간이 원죄라는 원초적 유한성을 극복하고 사회의 진보와 번영을 이룩할 수 있다면, 이는 인간의 본성보다는, 지식의 본성에 힘입은 것이다.

> 학문을 통해 인간은 육체로는 갈 수 없는 하늘과 하늘의 운행에로 상승한다. …… 지식과 학문이 존엄하고 탁월한 이유는, 인간 본성이 가장 염원하여 마지않는 불멸성 내지 지속성을 가진 것이기 때문이다. …… 재능이며 지식의 이미지는 책으로 유지되는 덕택에 세월의 침해로부터 벗어날 수 있고, 나아가서는 계속 거듭날 수 있다. 따라서 지식의 이미지를 〈이미지〉라는 이름으로 부르는 것은 적절하지 않다. 그것은 계속해서 다시 태어나기 때문이요, 타인의 정신에 씨앗을 뿌려, 후속 세대의 수많은 행동과 의견을 자극하고 야기하기 때문이다. 선박의 발명이 고귀한 이유는 재화와 상품을 이리저리 운반하여 가장 멀리 떨어진 지역조차 그 결실을 나눌 수 있도록 연결해 주었기 때문일 것이다. 그렇다면 학문에 대해서는 이와는 비교할 수 없을 만큼 높은 영예가 주어져야 마땅할 것이다. 학문은 마치 선박처럼 시간이라는 광대한 바다를 가로질러, 동떨어진 시대들이 서로 지혜며 지적 재능이며 발명을 나눌 수 있도록 하지 않는가?[39)]

38) 『학문의 진보』, 1. 8. 3.

지식은 〈불멸성〉 즉 연속성을 전제로, 수정 가능성(〈계속 거듭 태어날 수 있음〉), 확장성(〈타인의 정신에 씨앗을 뿌림〉), 교환 가능성(〈동떨어진 시대들이 서로 지혜며 지적 재능이며 발명을 나눌 수 있도록 함〉)을 현실화함으로써, 지식에 기반을 둔 사회를 진보로 이끈다.

그렇다면 어떤 사회가 지식에 기반을 두고 진보를 지향하기 위해서는 무엇이 필요한가? 베이컨은 『학문의 진보』 2권을 시작하면서, 이를 위해서는 먼저 〈기초 원리〉가 정립되어야 함을 지적한다. 〈보상이 충분할 것〉, 〈지도가 올바를 것〉, 〈노동이 협동적으로 진행될 것〉 등 세 원리가 제시된다.[40] 우선 첫째 원리와 관련해서 베이컨은, 학문하는 장소, 학문을 위한 책, 학문하는 사람 등에 대한 행·재정적 후원이 필요함을 역설하며, 특히 대학 개혁의 필요성을 강조한다. 그러나 2권의 핵심은 어떻게 학문을 지도하고 협동을 이끌어내느냐 하는 문제이다. 그가 〈학문의 분류〉를 시도한 것은 이 문제에 대한 해답을 모색하기 위한 것으로 볼 수 있다.

3. 『학문의 진보』 제2권: 지식의 분류와 〈협동〉

베이컨은 〈방랑자에게 바른 길을 제시하는 것〉은 〈인간으로서의 의무〉임을 상기시키면서, 〈지금까지 주목하지 못한 것과 결여된 것〉으로 보이는 학문 영역을 개척하는 자신의 사업은 〈어려움이 너무 많아 추진하고 이룩하기 힘들다〉는 비판에 노출될 수 있

39) 『학문의 진보』, 1. 8. 6.
40) 『학문의 진보』, 2, 「헌정사」, 2.

음을 예상한다. 그러나 그는 지도와 협동이 제대로 수행되기만 한다면, 그 문제를 능히 극복할 수 있을 것이라고 말한다.

> 모든 사람이 하기 힘들어도 특별한 사람만은 할 수 있는 일이 있습니다. 혼자는 할 수 없어도 여럿이 협동하면 수행할 수 있는 일도 있습니다. 한 개인의 평생이라는 유한한 시간 동안에는 할 수 없어도, 여러 시대를 이어가는 동안 이룩될 일도 있습니다. 사생활을 쪼개서는 이룰 수 없지만 공적으로 임명되면 이룰 수 있는 일도 있습니다.[41)]

베이컨 자신이든 다른 사람이든 학문을 제대로 지도하여 효과적으로 협동을 일구어낼 수만 있다면, 지식의 진보, 나아가서는 사회의 진보를 이룰 수 있다는 믿음. 이러한 믿음은 2권의 주제인 〈학문의 분류〉와 어떻게 관련되는가?

베이컨의 학문 분류는 그의 범지론적(凡知論的, pansophical) 이상에 어울리게, 모든 종류의 지식을 포괄한다. 우선 그는 인간 오성의 기능에 따라 지식을 세 영역으로 분할한다. 역사학은 오성의 기억 기능에 상응하고, 시는 오성의 상상 기능에 상응하며, 철학은 오성의 이성 기능에 상응한다. 그리고 지식의 세 영역은 인간적 학문과 신적 학문에 각각 대입된다. 인간적 학문에 역사, 시, 철학이 있듯이, 신적 학문에도 그 세 영역이 존재한다. 하지만 그가 주안을 둔 것은 인간적 학문이다. 신적 학문과 이를 구성하는 역사(예언을 포함한 신성사(神聖史)), 시(성비유(聖比喩) 같은

---

41) 『학문의 진보』, 2, 「헌정사」, 15.

신성시(神聖詩)), 철학(교리와 계율 같은 영원한 철학)은 간략한 기술에 머물 뿐만 아니라, 더 이상의 세부 분류도 진행되지 않는다. 인간적 학문을 중심으로, 그의 분류 체계를 표로 만들어보았다(522-523쪽).

이 표에는 흥미로운 이야깃거리들이 많이 들어 있다. 이를테면, 수학이 자연철학의 보조학문으로 등재된 것이 그러하다. 종종 오해되듯이 베이컨이 수학을 아예 무시하였던 것은 아니다. 그는 〈수〉(혹은 양(量))를 〈형이상학〉이 추구하는 본질적 형상들 중 하나로 간주한다. 다만, 그는 수학이 자연철학의 목표인 형상의 발견을 위해 직접 이용될 수 있을 가능성을 인정하지 않는데, 그에게 수는 실재의 한 속성일 뿐 어떤 〈선험적 가치〉를 가질 수는 없는 것이었기 때문이다.[42] 그런가 하면, 개별 인간을 다루는 〈인간학Humanity〉에서는 정신에 대한 지식과 육체에 대한 지식 외에도, 정신-육체의 상응관계에 대한 지식이 별도로 분류된다. 이것은 베이컨이 심신이원론자(心身二元論者)라는 통념이 수정되어야 할 필요성을 환기시킨다. 더욱 흥미로운 것은 그 상응관

42) 그레이엄 리즈가 밝혔듯이, 베이컨은 『학문의 진보』(1605) 집필 이후에 당시 대수학의 발전 및 수학적 논쟁에 접하였다. 존 네이피어John Napier의 로그 계산법에 접하였으며, 〈질적〉 수학을 강조한 로버트 플러드Robert Fludd와 수학의 〈양적〉 특성을 강조한 요하네스 케플러 Johannes Kepler 사이의 논쟁에 관해서도 알고 있었다. 그러나 수학이 형이상학의 보조라는 베이컨의 입장은 『학문의 진보』 라틴어 번역본을 출간할 때(1623)까지 변하지 않았다. 그에게 〈수〉는 물질의 한 속성이었기 때문에, 수학이 〈선험적 가치〉를 가질 수는 없었던 것이다. Graham Rees, "Mathematics and Francis Bacon's Natural Philosophy," *Revue internationale de philosophie* (vol. 40, 1986), pp. 399-426.

계를 파악하는 학문으로 관상술과 해몽술 등이 예시되고 있다는 점이다. 관상술은 육체의 외적 특징에 의해 정신의 기질을 파악하는 학문으로, 해몽술은 정신의 상상력에 비추어 육체의 상태를 밝히는 학문으로 평가된다. 이런 맥락에서 베이컨은 비록 지금은 천박한 점술로 타락하였지만, 〈만일 정화되어 원래의 참된 상태로 되돌릴 수만 있다면〉 관상술이나 해몽술도 삶에 유익한 지식으로 바뀔 수 있다고 말한다. 본서의 도처에서 등장하는 이 온고이지신(溫故而知新)의 신조는, 르네상스 인문주의에 대한 그의 격렬한 비판에도 불구하고, 그 강력한 영향을 엿볼 수 있는 대목이다.[43]

그러나 흥미로운 이야깃거리를 일일이 거론하기보다, 베이컨의 지식 분류체계를 전체적으로 검토하면서 이를 그의 〈협동〉 개념과 연결하려 한다면, 이때 우리가 주목할 것은 역사와 철학의 관계이다. 시에 관한 베이컨의 논의는 간단할 뿐만 아니라, 역사나 철학과의 관계도 분명치 않다. 그는 철학에 가장 많은 지면을 할애하며, 철학과 역사와의 관계를 비교적 명료하게 진술한다. 우선 그는 철학을 세 영역으로 나눈다.

> 〈철학〉에서 인간의 명상은 하나님의 높이까지 올라가거나, 자연을 향해 집중되거나, 인간 자신에게로 반사되어 되돌아온다. 이 세 종류의 연구로부터 세 종류의 지식이 발생한다. 〈신에 대한 철학〉, 〈자연에

---

43) 『학문의 진보』, 2. 9. 2. 같은 맥락에서 베이컨은 자연마술도 고대의 영예로운 의미를 되찾을 수 있다면, 자연철학의 응용 분야로 재해석될 수 있다고 말한다(『학문의 진보』, 2. 7. 1). 온고이지신의 신조를 엿볼 수 있는 다른 구절로는 특히 2. 7. 2 참조.

> 대한 철학〉, 그리고 〈인간에 대한 철학〉이 그것들이다. 실제로 모든 사물에는 이와 같은 세 특징, 즉 신적 권능과 자연적 특성과 인간적 효용이 마치 세 겹의 글자처럼 새겨져 있다. 그렇지만 지식이 분포되고 분할되는 양상은, 여러 선분이 한 점에서 만나 오직 한 개의 접점만을 공유하는 양상과는 다르다. 오히려 지식은 한 나무로부터 뻗어난 가지들처럼 분할된다. 나무는 큰가지와 잔가지로 분할되기 전에 밑줄기에서는 합체되어 있는바, 이 밑줄기야말로 전체적이고 연속적인 차원과 크기를 갖는 것이다. 마찬가지로 지식의 분포를 논의하기 전에 〈제1철학〉이나 〈근본철학〉이나 〈종합철학〉이라는 이름으로 하나의 보편학을 정립하고 구성할 수 있다면 유익할 것이다.[44)]

신과 자연과 인간은 서로 분리된 채 실재를 구성하는 것이 아니라, 〈마치 세 겹의 글자〉처럼 포개진 채 실재를 구성한다. 만물은 하나하나가 신(신적 권능)과 자연(자연적 특성)과 인간(인간적 효용)으로 구성되어 있다는 말이다. 철학의 세 영역은 그 중첩된 세 층위에 상응한다. 신에 대한 철학 곧 〈자연신학〉은 사물에 새겨진 신적 권능을 향하고, 자연에 대한 철학 즉 〈자연철학〉은 사물에 새겨진 자연적 특징을 향하며, 인간에 대한 철학 곧 〈인간철학〉은 사물에 새겨진 인간적 효용을 향한다. 베이컨은 이 중에서 〈자연신학〉의 의미를 축소하는 대신, 〈세 겹의 글자〉를 완전하게 해독한 상태, 즉 〈종합철학〉이나 〈제1철학〉이나 〈근본철학〉의 정립 가능성을 힘주어 강조한다. 그의 의도는 명백하다. 기존의 자연신

44) 『학문의 진보』, 2. 5. 2.

학은 겉보기에는 최상위의 지식을 다루는 분야이지만, 아직 종교와 철학을 혼동하는 경향이 있어 종교 문제에 연루되기 쉽고, 〈신성한 진리를 향해 우리의 이성을 고양〉시키기보다는, 〈신비한 비밀을 우리의 이성으로 끌어내리는〉 우를 범하기 쉽다는 것이다.[45] 따라서 미래의 종합철학을 위해 가장 중요한 역할은 자연철학과 인간철학에 주어진다.

또한 베이컨은 인간철학보다 자연철학에 무게를 싣는다. 비록 분량에서는 인간철학을 자연철학보다 길고 자세하게 다루지만, 〈이 지식〔인간철학〕은, 인간이 생각하기에는 자연철학의 종착지요 귀결점일지 몰라도, 실제로는 자연이라는 큰그릇 안에 담겨 있는 자연철학의 작은 일부에 지나지 않는다〉고 평가한다. 이것은 인간철학보다는 자연철학이 〈종합철학〉을 위해 올바른 길을 제시한다는 뜻이요, 인간철학의 재분류와 재기술(再記述)이 자연철학의 그것을 모델로 삼는 것이 바람직하다는 뜻으로 해석된다. 왜냐하면, 곧이어 베이컨은 〈지식의 작은 부분들을 각기 별개의 영역으로 간주하기보다는 서로 이어진 선(線)과 맥(脈)으로 간주하여, 지식의 연속성과 전체성이 유지되도록 하는 것〉을 그의 재분류와 재기술의 규칙으로 정하며, 모든 학문은 서로가 공유하는 공통의 〈샘으로부터 양분을 취하여 성장할 수〉 있음을 강조하고 있기 때문이다.[46]

---

45) 『학문의 진보』, 2. 6. 1.

46) 『학문의 진보』, 2. 9. 1. 베이컨은 시민사회의 역사를 토대로 인간철학을 정립할 것을 계획하였지만, 체계적인 인간철학(도덕철학과 시민철학)을 구성하지는 못하였다. 그가 자연사와 자연철학을 먼저 다룬 것은 이 영역이 시민사회

따라서 베이컨이 제시한 지식 분류체계의 전체적 성격을 가늠하는 것은 자연철학에 대한 재분류와 재기술, 그리고 자연철학과 자연사의 관계에 대한 그의 입장이다. 특히 주목할 것은 그의 유명한 지식의 피라미드 구조이다.

> 실로 모든 학문은 삼단 피라미드 형태로 엮인다. 그 밑바탕에 해당하는 것이 역사로, 자연철학의 경우에는 자연사가 맨 밑바탕을 이룬다. 다음 단계에는 물리학이, 그 다음 단계인 정점에 형이상학이 각각 자리잡는다. 정점에 해당하는 형이상학은 〈하나님이 그 시작부터 끝까지 주관하시는 일〉로서, 자연 전체를 요약하는 법칙이다. 우리로서는 과연 인간의 연구가 거기까지 도달할 수 있는지 알지 못한다. 그렇지만 이 세 가지는 지식의 참된 세 단계이다. …… 만사를 하나님의 영광으로 돌리는 사람에게는 그 세 단계가 마치 〈거룩하다, 거룩하다, 거룩하다!〉는 세 번의 찬미와도 같다. 하나님의 작품들을 기술하고 확장한다는 점에서 거룩하고, 그것들을 연관지어 함께 엮는다는 점에서 거룩하며, 그것들을 영원하고 통일적인 법칙 속에 통합한다는 점에서 거룩하니, 세 번 거룩하다는 말이다.[47]

자연철학의 이론 영역인 물리학은 자연사를 토대로 하며, 형이상학의 아래에 놓인다. 여기서 베이컨은 형이상학을 조금 전에 언급된 〈제1철학〉 내지 〈종합철학〉과 구분한다. 제1철학은 〈지식

의 역사와 인간철학을 구성하는 데 좌표가 될 수 있을 것이라고 믿었기 때문이다.

47) 『학문의 진보』, 2. 7. 6.

전체를 낳은 …… 공통의 조상〉인 반면에, 형이상학은 자연철학의 한 분과로, 〈형상인과 목적인〉을 다룬다. (물리학은 〈질료인과 작용인〉을 다룬다.)[48] 따라서 자연사—물리학—형이상학으로 이어지는 지식의 피라미드는 어떤 연구자가 특정 주제를 연구하는 순서나 단계라기보다는, 각기 별개로 수행되면서 서로에게 도움을 주는 〈협동〉 관계에 가깝다. 세 단계가 모두 〈거룩하다〉는 구절 역시 협동을 염두에 둔 표현으로 해석된다.

물론 형이상학은 물리학이나 자연사보다 우위에 있다. 그것은 만물을 소수의 〈형상들〉로 환원하고 이 형상들의 차별적인 조합으로 사물의 다양성을 설명하며, 그리하여 〈인간의 권력을 해방한다〉. 즉 인간에게 〈최대의 자유와 최대의 가능성〉을 선물한다.[49] 그러나 형이상학적 지식에 도달한다고 해서 만사가 해결된 것은 아니다. 앞서 언급한 〈만든 자의 지식〉의 전통에 따를 때, 이론적 지식의 진리성은 〈실천과 효용〉에 의해 확인되어야 한다. 실제로 만들어보고 사용해 보아야만 이론적 진리를 확인할 수 있으며, 이론과 실천 사이의 지속적인 상호 피드백이 없이는 종국적 진리에 도달할 길이 없다는 말이다. 베이컨은 이런 맥락에서, 자연사, 물리학, 형이상학 각각에 상응하는 〈시술적 분야〉를 제시한다. 자연사에 상응하는 것이 〈실험적〉 시술이라면, 물리학에 상응하는 것은 〈철학적〉 시술이요, 형이상학에 상응하는 것은 〈마술적〉 시술이다.[50] 이 상응관계를 통해 베이컨이 전하고자 한 요점

48) 『학문의 진보』, 2. 7. 3.

49) 『학문의 진보』, 2. 7. 6.

50) 『학문의 진보』의 라틴어판에서는 〈철학적〉 시술의 분야가 생략되고, 기계술

은, 원인적 지식과 실천적 지식, 이론적 지식과 현장 지식의 결합이다. 요즘 식으로 표현하자면, 기초과학과 응용기술의 결합이라고도 말할 수 있겠다. 그는 대체로 전자가 후자를 〈지도〉해야 한다는 점을 강조하지만, 그 역도 가능하다. 이를테면 〈사람들이 사색하는 가운데 한쪽 눈을 효용과 실천에 붙들어매둔다면, 나름대로 물리적 원인을 인식할 수 있을 것이요, 이렇게 얻은 지식은 새로운 개별 사례에 적용할 다양한 단서와 지침을 제공하기도 한다〉는 것이다.[51)]

요컨대 자연사—물리학—형이상학의 피라미드가 협동을 전제한 지식의 수직 분류체계라면, 이론적 분야와 시술적 분야의 구분은 협동을 전제한 지식의 수평 분류체계이다. 이렇듯 수직, 수평으로 연결된 지식의 네트워크는 〈협동〉을 통해 제1철학 혹은 종합철학을 향한다. 여기서 〈협동〉은, 지식의 네트워크에 연루된 성원의 수가 많고 부류도 다양한 만큼, 전반적인 사회 개혁 프로그램과 연결되지 않을 수 없다. 개인과 집단을 지식의 진보에 유리한 상태로 바꾸는 인간 개선과 사회적 동원social mobilization의 계획으로 이어지는 것이다. 〈인간철학〉에 대한 베이컨의 논의는 바로 이런 기획의 견지에서 재해석될 수 있다. 훗날 베이컨이 〈신 기관novum organum〉이라는 이름으로 심화한 〈방법론〉의 밑그림에는, 본서에서 표현된 문제의식, 즉 어떻게 하면 개인과 집단을 새 시대가 요구하는 〈합리적 사고〉에 어울리도록 만들 수

---

mechanic과 마술만이 남았다. 기계술은 실험적인 것과 철학적인 것을 포괄한 개념으로 보인다.

51) 『학문의 진보』, 2. 8. 3.

있느냐 하는 문제의식이 자리잡고 있다.[52] 인간의 육체에 관한 지식들을 길게 논의한 뒤에, 베이컨은 〈인간 정신의 기능〉에 대한 지식을 크게 둘로 나눈다. 하나는 〈오성과 이성에 대한 지식〉이고, 다른 하나는 〈의지며 욕망이며 감정에 대한 지식〉이다. 전자는 그의 새로운 논리학으로, 지식의 발견, 지식의 판단, 지식의 기억(기록), 지식의 전달 등 네 기예로 구성된다.[53] 이 네 기예는 어떻게 이성을 일깨우고 이성으로 하여금 〈말보다 실재〉를 향하도록 만들 수 있는가, 실재로부터 얻은 지식을 어떻게 축적하고 효과적으로 전달할 수 있는가와 같은 문제를 다룬다. 후자는 도덕철학 혹은 윤리학으로, 인간의 욕망과 의지를 어떻게 다스릴 수 있느냐 하는 문제에 초점을 맞춘다.

논리학과 윤리학을 논의하는 가운데, 베이컨은 도처에서 자신의 의도를—평상시의 우회적인 문체와는 달리—비교적 솔직하

---

52) 〈오르가논organon〉은 아리스토텔레스의 용법에서 〈합리적 사고에 어울리는 도구〉 곧 논리학이다. 베이컨은 아리스토텔레스의 〈오르가논〉이 새로운 시대의 새로운 지식을 위해서는 부적합한 것이라는 생각에서, 〈새로운 오르가논〉을 제시한다. 아리스토텔레스의 논리학은 의심의 여지 없이 참이라 인정되는 전제에 기초하여, 그 전제와 논리적으로 모순이 없는 결론을 이끌어내는 삼단논법에 의해 확실성을 추구하였다. 이에 반해, 베이컨은 각고의 노력을 통해 수집된 기초 〈자료들〉로부터 지속적인 귀납을 통해 개연성을 높여가는 논리학을 제시한다. 『학문의 진보』는 이 방법론을 체계화하기보다는, 사람의 정신을 귀납에 어울리는 것으로 만드는 문제에 초점을 맞추고 있다. 따라서 〈노붐 오르가눔〉은 〈새로운 논리학〉이라는 뜻이지만, 지식의 새로운 생산 수단 내지 기관이라는 의미를 살린 기존의 번역어 〈신 기관〉을 그대로 따랐다.

53) 그의 새로운 논리학의 이러한 구성은, 기존의 수사학과 논리학을 묶어서 재배열한 것으로, 프랑스인 페트루스 라무스(Petrus Ramus, 1515–1572)의 논리학 개혁으로부터 영향을 받은 것이다.

게 토로한다. 몇 가지 예문을 검토해 보자.

a) 사람들은 일반적으로 살과 피에 흠뻑 젖은 지식, 즉 그들의 감정이며 칭찬이며 운명을 마음껏 토로할 수 있는 지식을 선호한다. 〔기존의〕 시민사회의 역사며 윤리학이며 정치학 같은 지식이 그러한데, 이로부터 나오는 〈메마른 빛〉은, 대부분의 사람들이 갖추고 있는 물처럼 부드러운 본성을 성마르게 하여 쉽게 분노하도록 만든다. (2. 12. 2)

b) 물론, 감정이 본성상 유순하여 이성에 쉽게 복종하기만 한다면, 굳이 설득하거나 유인해서 의지를 움직일 필요는 없을 것이다. …… 그러나 감정이 반란과 선동을 끊임없이 부추기는 측면을 고려하지 않을 수 없다. …… 만일 설득력 있는 수사를 동원하여 상상력을 감정의 편으로부터 빼앗고, 감정에 대항하여 이성과 상상력의 동맹을 체결하지 않는다면, 이성은 감정의 포로요 노예가 되고 말 것이다. 욕망을 선한 쪽으로 이끄는 점에서는 이성과 감정을 분간하기 힘들기 때문이다. 그러나 이성과 감정 사이에는 분명한 차이가 있다. 감정은 현재만을 감안하지만, 이성은 미래와 시간 전체를 감안한다. 현재가 상상력을 장악하면 장악할수록, 이성은 그만큼 설 자리를 잃게 된다. 반면에, 수사와 설득의 위력을 빌려 먼 미래의 일을 현재의 일처럼 보이게 만든다면, 이성은 상상력의 반란을 제어할 수 있을 것이다. (2. 18. 4)

c) 실천을 지향하는 다른 모든 분야에서 그렇듯이, 이 분야〔윤리학〕에서도 우리는 우리 힘으로 무엇을 할 수 있고 무엇을 할 수 없는지를 먼저 나눌 필요가 있다. 우리가 할 수 있는 것에 대해서는 변화와 개선

을 시도할 수 있겠지만, 우리가 할 수 없는 것에 대해서는 오직 순종할 수 있을 뿐이기 때문이다. …… 인간 정신을 배양하고 치료하는 문제에 있어서도, 우리 마음대로 해결할 수 없는 두 문제가 있다. 하나는 본성과 관련된 문제이고, 다른 하나는 운명과 관련된 문제이다. …… 그러나 …… 적대적이고 모순적인 듯이 보이는 운명이나 자연(본성)으로부터 효용과 유익을 이끌어낼 수도 있다. …… 〔따라서〕 이 분야에서 제1조에 해당하는 지식은, 인간의 다양한 자연(본성)과 성향에 관한 지식이 될 수밖에 없다. (2. 22. 3-4)

d) 이 분야〔윤리학〕의 지식에서 제2조에 해당하는 것은, 감정에 대한 연구이다. 육체의 치료과정에 비유하자면, 먼저 다양한 체질을 인식하고 다음에는 질병, 마지막으로 치료법을 인식하는 것이 바른 순서일 것이다. 정신의 치료과정도 이와 같다. 치료하기에 앞서, 인간 본성의 다양한 기질을 인식하고 정신의 다양한 질병이나 연약함을 인식하는 것이 바른 순서라는 말이다. 여기서 정신의 질병이란 곧 감정의 동요와 무질서를 일컫는다. …… 만일 감정이 마치 바람처럼 정신에 혼란과 동요를 야기하지만 않는다면, 정신은 원래의 본성에 맞게 절제와 평정을 유지할 것이다. (2. 22. 6)

e) 인간 정신을 덕과 선이 충만한 상태로 바꿈에 있어, 가장 고귀하면서도 효과적인 수단, 즉 가장 종합적이면서도 간명한 수단은 과연 무엇인가? 이것은 결국 어떻게 선하고 덕스러운 삶의 목표를 개개인의 자아에 자극하고 제안하되, 합리적인 사람이라면 충분히 도달할 수 있을 정도로 자극하고 제안하느냐 하는 질문이다. …… 다른 모든 미

덕들은 본성을 고양시키되 과도해지기 쉽지만, 오직 자비로운 사랑만이 과도함을 허용하지 않는다. …… 천사들은 권력에서 하나님처럼 됨을 열망하다가 …… 계율을 범하여 추방되지 않았던가? 그런가 하면 인간은 지식에서 하나님처럼 됨을 열망하다가 …… 계율을 범하여 낙원에서 추방되지 않았던가? 그러나 선함이나 사랑에서 하나님과 비슷해질 것을 열망하다가 계율을 범한 인간이나 천사는 지금까지도 없었거니와 앞으로도 없을 것이다. 오히려 선함이나 사랑에서만은 우리가 하나님을 닮을 것이 요구된다. (2. 22. 15)

a)에서 베이컨은 〈인간철학〉을 기존의 〈선동적인〉 역사학이나 윤리학이나 정치학과 구별한다. b)에서는 논리학의 목표가 감정과 욕망을 제어하는 데 있음이 분명해진다. 이를 위해 베이컨은 주로 이성적인 논증의 힘에 의존하지만, 〈상상력〉을 감정의 편 아닌 이성의 편으로 만드는 〈수사와 설득〉의 역할에도 무게를 싣는다. 즉 〈상상력의 반란〉을 예방하기 위해서는, 〈먼 미래의 일을 현재의 일처럼 보이게〉 만드는 수사가 필요하다는 말이다.[54] c)에서는 윤리학의 대의가 표현된다. 윤리학은 〈인간 본성의 치료〉를 목표로 하며, 이를 위해서는 인간 본성과 운명에 일단 순종할 필요가 있다는 것이다. 여기서 〈순종〉은 그가 『신 기관』에서 제시한 유명한 명제, 즉 〈자연을 이용하기 위해서는 먼저 자연에 복종해야 한다〉는 것과 같은 의미로 해석된다. 인간 본성의 다양한 성향을 〈이용하기〉 위해서는, 소여(所與)로서의 인간 본성에 대한 인

54) 이런 종류의 수사는 본서에서도 자주 등장하지만(예컨대, 2. 22. 1), 특히 그의 유토피아를 다룬 『새로운 아틀란티스』의 두드러진 특징이다.

정을 인식의 출발점으로 삼아야 한다는 뜻이다. d)에서는 윤리학이 목표로 하는 〈인간 본성의 치료〉가 논리학의 경우처럼, 〈감정의 무질서와 동요에 대한 치료〉임이 드러난다. e)는 자연철학과 인간철학이 만나는 접점을 표시한다. 자연철학에서는 창조주에 버금가는 지식과 권력을 추구하는 듯이 보이던 베이컨이, 이제는 인간의 유한성으로 돌아선다. 이러한 전환은 모순이 아니다. 지식과 권력의 추구가 무절제한 감정과 욕망에 편승한 탓에, 타락천사는 하늘나라에서 추방되었고 아담은 에덴에서 쫓겨났다. 그렇다면 안전하게, 그리고 지속적으로 인간의 지식과 권력을 동시에 확장할 방안이 있는가? 베이컨은 〈사랑과 선함〉에서 그 해답을 찾는다. 이웃사랑 혹은 자선으로서의 지식과 권력은 아무리 많이 추구해도 해롭지 않은 미덕으로 정당화된다. 이로부터 세 번째 〈협동〉 개념이 도출된다. 그것은 바로 자연철학과 인간철학의 〈협동〉인바, 요즘 식으로는 과학기술과 인문학의 협동이라고 말할 수 있겠다.

4. 베이컨의 유산

우리는 베이컨의 복잡한 학문 분류체계 속에서 세 수준의 〈협동〉 개념을 추출해 보았다. 철학과 역사의 협동, 이론적 지식과 실천적 지식의 협동, 그리고 자연철학과 인간철학의 협동. 이 복합적인 협동이 지향하는 목표인 〈종합철학〉이나 〈제1철학〉은, 창조의 지식에 버금가는 완전한 〈지식〉일 뿐만 아니라, 하나님의 권세에 버금가는 최고의 〈권력〉이요, 예수 그리스도의 희생에 버금가는 최대의 〈사랑〉이다. 이러한 목표는 서구 역사를 관류해 온 유토피아론의 두 요소에 대한 베이컨 나름의 종합으로 해석할 수 있다. 풍요와 다산성(多産性)을 보증하는 자연이 하나의 요소라면, 다른 하나의 요소는 숭고한 도덕률과 이타심의 원리에 기초한 평화로운 사회였다.[55] 베이컨의 동시대에 유행한 마술적 유토피아 문학이 전자에 무게를 둔 것이라면, 토마스 모어의 『유토피아』는 후자에 무게를 둔 것이었다. 그러나, 자연을 인간에 유리한 조건으로 바꾸려는 자연마술사들의 자연개조(變成, transmutation) 노력에는 (그 허황함은 차치하더라도) 인간의 욕망을 〈지속적으로〉 견제할 장치가 결핍되어 있었다. 이것은 황금과 만병통치를 약속한 자연마술사가 결국은 현세적 삶의 허망함을 비관하면서 운명의 수레바퀴에 굴복하게 되는 이유이기도 하였다.[56] 반면에 철저한 이성적 설계 아래 인간의 욕망을 순화하고 억제하여 사회적 평화와 질서를 도모하려는 모어 식의 유토피아 문학에는, 사회 갈등의 주요 원인인 물질적 결핍을 〈지속적으로〉 충족시킬 장치가 마련되어 있지 않았다. 모어는 〈유토피아〉의 완전한 평등과 안락하고 조화로운 삶을 한참 이야기한 뒤에, 이를 단지 〈염원〉이나 허구에 지나지 않는다고 말한다. 그 이유를 모어는 기존 사회의 〈총체적 전복〉이 불가능한 탓이라고 말하지만, 그 심층을 해부해 보면, 사회 갈등의 주요 원인인 물질적 결핍을 해소할 방안

55) 서구 유토피아론의 기원과 내력에 관해서는, 졸고, 「서구 과학기술적 유토피아론의 역사적 기원」, 『하곡 김남규 교수 정년기념 사학논총』(사학논총간행위원회: 마산, 2000), pp. 683-709 참조.

56) 예컨대, Tommaso Campanella, *The City of the Sun* (P. F. Collier & Sons: New York, internet ed., 1993), p. 25 참조.

을 마련하지 못한 탓도 있었을 것이다.[57]

베이컨은 〈지식〉에 의해 유토피아의 두 요소를 결합하여, 유토피아를 〈가능한 미래〉로 바꾼다. 인간의 근면과 노력은 그 가능한 미래를 일구는 기투(企投, Entwurf)로서 의미를 획득한다. 자연 지식의 진보는 자연에 대한 지배력의 확장을 뜻하며, 이 같은 권력의 확장은 풍요롭고 다산적인 자연을 약속한다. 인간 본성(자연)을 제대로 이해하면 이해할수록 이성이 욕망을 다스릴 수 있는 범위도 그만큼 커지며, 이성의 통제력이 커지면 커질수록 평화롭고 질서 있는 사회도 그만큼 가까워진다. 지식에 의해 자연과 사회를 개선한다는 생각, 그리고 지식의 진보가 〈자연의 완성〉과 〈사회의 완성〉을 주도한다는 생각은, 『학문의 진보』로부터 『새로운 아틀란티스』에 이르기까지 베이컨의 사상을 관류하는 핵심 관념이다. 이것은 단지 〈근대적〉일 뿐만 아니라, 근대 전체를 지탱해 온 주축 관념이다. 이것은 서구만이 아니라 서구의 경험을 답습한 지구촌의 대다수 주민들이 공유해 온 관념이기도 하다. 지구촌의 아주 작고 구석진 오지(奧地)만이 인간 지배력의 확장이나 진보를 염두에 두지 않은 지식 개념을 유지하고 있을 뿐이다.

옛날 집의 높이 6m 흙벽돌 담 위에서 벽돌공 두 명이 맨발로 쭈그려 앉은 채 벽돌을 쌓고 있다. …… 벽돌 한 장이라도 놓쳐서 좁은 흙길 아래로 떨어뜨리는 법이 없고 두 사람 모두 한번도 몸의 균형을 잃는 적이 없다. 말리 공화국의 도시 제네를 찾은 외국인이 이런 모습을

57) Thomas More, *Utopia*, ed. Edward Surtz (Yale University Press, 1964), p. 152.

보면 기술이라 부를지 모르지만, 이곳 벽돌공들은 마술이라 부른다. 〈전 세계에서 우리만큼 흙집을 잘 지을 수 있는 사람은 없을 겁니다. 우리는 흙에 대해 잘 알고 있어요.〉 제네의 벽돌 명인 베레 요누의 말이다. …… 〈스승의 말을 귀담아듣는 제자들은 배워도, 그렇지 않은 제자들은 못 배웁니다.〉 그러나 벽돌공의 전통에는 기술에 대한 열정과 연장자에 대한 존경심 말고도 필요한 것이 더 있다. 〈훌륭한 벽돌공이 되려면 공부를 해야 합니다. 코란을 알아야 돼요.〉 …… 벽돌공 기술의 터득은 코란을 얼마나 아느냐에 달렸고, 코란을 알면 능력을 얻게 된다. 그는 내 눈을 들여다보더니 손가락으로 땅을 가리켰다. 〈나는 집 밖으로 나가지 않고도 사람이 해놓은 것을 무너뜨릴 수 있어요. 그리고 사람 손을 다치게 해서 낫지 않게 할 수도 있고, 또 낫게 할 수도 있습니다.〉 …… 〈아무나 집을 지을 수 있는 게 아니에요. 그건 집주인과 벽돌공 사이의 비밀이지요.〉

그〔비아비아라는 이름의 회교 수사〕는 …… 제네가 …… 〈지식〉이라는 한 가지 요소를 근간으로 …… 지속돼 왔다고 설명했다. 〈제네는 다른 어느 도시와도 닮은 데가 없어요. 모든 게 주민들의 '지식' 정도에 달려 있기 때문이지요. 이 도시는 대단한 '지식'의 소유자가 세웠습니다. 오늘날까지 그분의 발자취를 좇아온 이들은 모두 위대한 '지식인'들이었습니다. '지식'의 분야는 학문, 목축, 어로, 공예 등 다양합니다. 그리고 대대로 전수되지요. 주민들이 떠나고 외지인들이 들어옴에 따라 변화가 있기는 합니다. 그래도 변하지 않는 것은 이 도시의 정체성이지요. 제네 사람은 언제나 제네 사람일 뿐입니다.〉[58]

---

58) *National Geographic*(한국판, 2001년 6월호), pp. 52-62.

제네라는 아프리카 오지의 한 도시는 100년 전, 아니 1,000년 전에도 비슷한 〈정체성〉을 유지하였을 것이다. 그곳 주민들의 〈지식〉 관념 탓이다. 그들에게는 흙벽돌로 세계에서 가장 멋진 회교사원을 지을 수 있는 〈기술〉이 있다. 도시의 시조로부터 면면히 이어진 〈위대한 지식인들〉의 계보도 있다. 그러나 스승이 제자에게 〈비결〉로 전수하는 기술, 코란의 위대한 〈진리〉에 의해서만 정당화되는 지식, 그 진리를 터득한 자에게만 주어지는 주술적 능력. 이 모든 요소들이 결합하여, 베이컨 시대의 서구인 대다수가 공유하였던, 그래서 베이컨이 〈마술〉이라는 이름으로 비판에 착수하였던, 지식 개념을 구성한다.

물론 제네 주민들에게도 흙의 속성을 인식한다는 것은 흙을 다스리고 이웃에 유익하게 흙을 사용할 수 있는 능력의 원천임이 분명하다. 그러나 그들의 지식은 개선과 진보에 귀속되지 않는다. 지식의 전승은 벽돌공으로부터 회교 수사를 거쳐 코란의 진리로 연결되는 좁은 수직통로 안에 갇혀 있기 때문이다. 베이컨은 이 좁다란 지식의 통로를 〈대항해〉에 비유되는 넓은 공간으로 펼쳐놓는다. 베이컨이 즐겨 인용한, 〈많은 사람이 빨리 왕래하니 지식이 더하리로다〉라는 성구는 지식이 끊임없이 교환되는 바다, 지식이 개선과 진보에 귀속되는 조건(plus ultra!)을 지시한다. 지식이 넓은 바다에 편입된다는 것은 그 자체로 중요한 사건이지만, 항해의 〈규칙〉을 정립할 기회를 제공한다는 점에서도 중요하다. 어떻게 지식을 교환하고 공유하며 축적할 수 있는가? 베이컨에게 논리학 개혁은 지식의 순조로운 소통과 견실한 축적을 위한 필수조건이다. 그리고 논리학이 〈말verba〉 아닌 〈사물res〉을 다루어야 한다는 그의 신조는 통용되고 축적될 자격이 있는 지식과 그렇지 못한 지식을 가르는 보편 규칙을 제공한다. 실제로 베이컨이 동시대의 마술, 스콜라주의 철학, 인문학을 각기 〈환상적 학문〉, 〈논쟁적 학문〉, 〈사치스러운 학문〉으로 비판하였을 때, 그가 적용한 잣대는 〈실재라는 규칙 rule of reality〉 이외의 다른 것이 아니었다.[59)]

지식에 기반을 둔 진보에 대한 베이컨의 전망은 완성이나 종결의 문제에서 난관에 봉착하는 듯이 보일 수 있다. 지식의 완성이 곧 실재의 완성을 뜻한다면, 완성된 실재를 인식할 수 있는 지식은 어떤 종류의 것인가? 나아가, 그런 종류의 지식은 어떻게 진리임을 보증받을 수 있는가? 물론, 베이컨에게는 〈자비로운 조물주〉에 대한 확고한 믿음이 있었다. 에덴 동산, 그 완전한 자연에서 아담이 누렸던 행복은 베이컨의 이상이었다. 아니, 그는 더욱 완전한 에덴을 꿈꾸었던 것처럼 보인다. 베이컨의 새로운 에덴에서 살아갈 아담은 더 이상 이브의 유혹에 넘어가지 않으리만큼 충분히 〈이성적 존재〉일 것이기 때문이다. 그러나 동시대의 다른 종말론적 논의들과 비교할 때, 베이컨의 유토피아적 전망에는 특별한 면이 있다. 무엇보다 베이컨에게는 〈종말〉에 대한 다급한 기대감이 없다. 캄파넬라 같은 유토피아론자들이 〈남은 100년〉 내에 유토피아를 건설하려는 다급함에 사로잡혀 있었던 것과는 좋은 대조를 이룬다.[60)] 이렇듯 다급한 기대감은 코젤렉 교수가 지적하듯

59) 『학문의 진보』, 1. 4. 2.

60) 캄파넬라며 크리스티안 안드레애 Christian Andreä 같은 17세기 초의 유토피아론자들은 종말까지의 남은 시간을 100년 정도라고 계산하고 있다. 그 대표

이, 미래를 임박한 종말에 고정시킴으로써 〈시간을 파괴하는〉 경향이 있다.[61] 반면에 베이컨의 유토피아는 종말 곧 완성에 이르기까지 인류의 헌신을 집중시키기에 충분한 시간을 필요로 하며, 그 시간의 흐름을 주관할 〈기획〉을 요구한다.

> 그러므로 오늘날 우리 시대가 진리의 해명을 향해 점점 더 가까이 다가가고 있다는 것은 필연적인 추세이다. 이 전반적인 추세를 고려할 때, 나로서는 어떤 확신에 가까운 높이로 도약하지 않을 수 없다. 우리의 세번째 시대는 그리스와 로마에서 학문이 번성하던 시대를 훨씬 능가하리라는 확신이 그것이다. 다만, 먼저 충족되어야 할 조건이 있다. 우선, 우리의 강점과 약점을 모두 알아야만 할 것이요, 강점과 약점을 차례로 살피는 동안, 비판과 부정의 불씨가 아닌 발견과 발명의 빛줄기를 찾아야 할 것이다. 그리하여 진리의 획득이 어떤 업적이나 장식으로 존중될 것이 아니라, 하나의 기획으로 존중될 수 있어야만 할 것이다.[62]

희망찬 미래를 향한 기획은 〈시간을 생산한다〉. 현재로부터 〈가능한 미래〉에 이르는 시간 너비는, 종말에 대한 막연한 기대나 두

적인 실례는 〈로젠크로이츠파Rosicrusians〉의 성명서로 유포된, 「형제단의 명예Fama Fraternitatis」에서 찾을 수 있다. 이 팸플릿은 F. A. Yates, *The Rosicrusian Enlightenment* (ARK: London, 1972)의 부록에 수록되어 있다. 이 책의 p. 243 참조.

61) Reinhart Koselleck, "Modernity and the Planes of Modernity," in *Futures Past. On the Semantics of Historical Times* (MIT Press, 1985), p. 14.

62) 『학문의 진보』, 2. 24. 1.

려움으로 인해 좁아드는 것이 아니라, 이성적 계산과 예측의 덕택으로 점점 늘어나는 경향이 있다는 뜻이다.[63] 견실한 〈발견과 발명〉만을 축적하는 과정은 현실에 대한 냉정한 반성에서 출발하지만, 부정적인 비판과 논쟁에 치우쳐 시간을 낭비하지 않는다. 유토피아를 앞당기려는 베이컨의 노력은 이 정도를 넘어서지 않는다. 따라서 그의 기획에서는 초월자가 돌연히 개입할 여지는 크게 줄어든 대신, 〈이마의 땀방울〉을 전제한 사회적 동원 프로그램이 두드러진 특징으로 부각된다.

비슷한 맥락에서, 베이컨은 지식의 최종 단계를 성급하게 예단하지 말 것을 권고한다. 비록 그가 지식이 완성된 유토피아 상태를 미리 그리지 않은 것은 아니지만, 이는 그의 전망을 전체적으로 고려할 때 그리 큰 모순을 야기하지 않는다. 베이컨은 사람들이 현재의 효용(감정)에 휩쓸려 〈미래와 시간 전체〉(이성)를 무시하는 우를 범하지 않도록 하려면 그들의 상상력이 〈이성〉을 편들도록 설득하여야 하며, 이를 위해서는, 〈먼 미래의 일을 현재의 일처럼 보이게 만들〉 필요가 있음을 역설하고 있기 때문이다.[64] 미래를 그리는 행위는 현재의 무분별한 감정이나 욕망을 제어하기 위한 〈수사〉의 일환으로 허용될 따름이다. 이런 입장은 지식의 전달방법에 대한 베이컨의 생각에 의해 뒷받침된다. 그는 〈아포리즘〉 형식으로 지식을 전달하는 것이 지식의 〈체계적 해설법 Method〉보다 바람직한 이유를 다음과 같이 제시한다.

---

63) Koselleck, 앞의 책 참조.

64) 『학문의 진보』, 2. 18. 4.

> 어떤 개인이 필생의 노력을 기울여도 지식의 완성에 도달할 수 없다는 점을 감안하면, 전달의 지혜야말로 계승과 진보의 행복을 고취해 주는 것이라 할 수 있다. …… 체계적 해설법은 동의나 믿음을 얻는 일에는 적합할지 몰라도, 실천 방향을 가리키는 데는 부적합하다. 그 방법은 일종의 순환적 증명을 수행하는 가운데, 지식의 각 부분을 서로에게 끼워맞추어서 〔전체를 구성하며〕 결국 자기만족에 이르게 된다. 그러나 개별 지식들은 서로 흩어져 있기 때문에 산개(散開)된 지침들과 가장 잘 어울린다. …… 아포리즘은 파편적 지식을 전달하는 덕택에 사람들을 더욱 멀리 연구하도록 이끈다. 반면에 하나의 〔완결된〕 전체라는 인상을 수반하는 체계적 해설법은, 사람들을 마치 그들이 최종점에 와 있기나 한 듯이 안심시킨다.[65]

〈종합철학〉에 도달하지 못한, 아직 불완전한 지식의 조건에서, 완벽한 논리와 정합성을 가지고 지식을 전달하는 것은, 사람들에게 지식의 최종단계에 와 있는 듯한 착각을 일으킨다. 이것은 타인의 동의를 구하고 자기만족을 얻는 데는 적합할지언정, 지식의 진보를 위해서는 오히려 방해가 된다. 반면에 아포리즘은 구체적인 실천 지침으로만 구성되기 때문에, 실천을 통해 검증될 수 있고, 그리하여 검증을 거친 〈파편적〉 지식들을 모아서 더욱 견실한 일반화로 나아갈 기초를 제공한다.[66]

이런 맥락에서 판단할 때, 베이컨의 진보관은 종말까지 얼마 남지 않은 시간 안에 세상을 총체적으로 변혁하고 새로운 유토피

65) 『학문의 진보』, 2. 17. 2와 7.
66) 『학문의 진보』, 2. 17. 3과 13 참조.

아를 건설하려 한 천년왕국주의자들의 그것과는 뚜렷하게 구분된다. 굳이 요즘의 용어로 바꾸어 표현하자면, 그의 관점은 〈무한 진보〉에 대한 신념에 가깝다.[67] 미래는 조건적이요 〈미결정적〉이다. 〈지금부터 일정한 방향으로 인식과 실천이 이루어질 것〉이라면, 그리고 〈그 인식과 실천이 지속적으로 자연과 인간을 바꾸어 갈 것〉이라면, 누가, 어떻게 그 인식과 실천의 미래를 결정적인 모습으로 그릴 수 있겠는가? 이 책의 말미에서 베이컨은 자신의 요구가 〈사람들이 처음 생각할 때든 다시 생각할 때든 정당할 것이요, 가까운 미래에든 먼 미래에든 정당할 것〉이라는 자신감을 표현한다.[68] 이때 정당성의 근거는, 목표의 합리성과 수단이나 과정의 효율성이지, 결과나 결실의 확실성은 아니다. 그렇기에, 그

---

67) 정통 성서연대기에 따르면, 창조로부터 종말까지는 약 6,000년이 걸린다. 17세기에도 이 기본 골격은 유지되었으며, 특히 잉글랜드 내란기에 천년왕국 신봉자들은 이러한 셈법을 이용하여 임박한 마지막 천년을 위한 급진 개혁을 주장하였다. 이들 가운데는 베이컨의 유토피아, 특히 『새로운 아틀란티스』에서 느슨하게 묘사된 유토피아상을 새로운 천년의 모습으로 바꾼 인물들이 많이 있었다. 반면에 왕정복고기의 베이컨 추종자들은 베이컨으로부터 이러한 급진적 개혁의 이념을 제거하고 한층 보수적인 베이컨상을 구축하였다. 베이컨에게 이 상반된 특징이 공존함은 분명하다. 그러나 『학문의 진보』만을 놓고 보면, 베이컨은 유토피아를 앞당기려는 노력보다는, 유토피아를 실현할 수 있는 구체적 수단과 방법에 더 무게를 싣고 있는 것으로 보인다. 한편, 지상의 삶과 지구에 주어진 6,000년의 시한부 수명은 18세기에는 (특히 칸트를 거치면서) 200만 년 정도로 늘어났다. 〈무한 진보〉의 개념은 이 늘어난 시간 너비에서야 공고화될 수 있었다. 그러나 베이컨은 그 시한부 수명 안에서 동시대의 누구와도 비교할 수 없을 만큼 먼 미래를 계획한다. 그의 진보관은 정통 기독교 연대기의 〈외부〉나 바깥쪽에 〈무한 진보〉를 위한 새로운 시간 차원을 열고 있었던 것으로 평가된다. 졸고, 『마술 과학 인문학: 유럽 지적 담론의 지형』(서울; 지영사, 1999), pp. 172-188 참조.

68) 『학문의 진보』, 2. 24. 1.

는 자신의 제안마저도 개선과 진보의 과정에 편입됨을 역설하는, 인간 유한성에 대한 실로 깊고도 지혜로운 반성으로, 〈위대한 부흥〉을 향한 밑그림을 마무리한다.

> 지금까지 저는 제가 발견할 수 있는 한 충실하고 진실하게 지적 세계를 답사하여, 작은 지구 같은 것을 만들어보았습니다. …… 혹시 제가 사람들이 일반적으로 받아들이는 것으로부터 이탈한 대목이 있다면, 더 좋은 것을 의도하였기 때문이지, 색다른 것을 의도하였기 때문은 아닙니다. 개선과 향상을 염두에 두었지, 변화와 차별을 염두에 두지는 않았다는 말입니다. 제게 남을 능가하려는 의지가 없다면, 어떻게 제가 다룬 주제에 대해 진실하고 일관된 태도를 견지할 수 있겠습니까. 그렇지만 이에 못지 않게 저는 다른 사람들도 다시 저를 능가하게 될 것을 원합니다. …… 아주 잘 정리된 대목일지라도, 한 번 읽으면 의문을 제기하고, 두 번 읽으면 해답을 마련할 수 있을 것이라는 선의의 희망이 제게는 있습니다.[69]

* * *

베이컨의 사상을 짧은 글로 요약하는 일이 그러하듯이, 그의 사후 오늘날까지 전세계에 남긴 방대한 유산을 요약하는 것 역시 거칠고 무리한 일반화를 수반할 수밖에 없다. 그러나 적어도 19세기 이전의 베이컨은 〈영웅〉이라는 한 단어로 요약될 수 있다.

---

69) 『학문의 진보』, 2. 25. 마지막 단락.

잉글랜드 내란기에 그가 사회개혁의 올바른 방향을 제시한 급진적 선각자로 추앙되었다면, 왕정복고기에는 실험철학의 선조로서만이 아니라, 항구적인 법칙을 정립하여 자연과 사회에 대한 안정화를 시도한 보수사상가의 귀감으로 존경받기도 하였다. 18세기, 계몽의 시대에 베이컨은 잉글랜드를 넘어, 프랑스, 스코틀랜드, 독일, 이탈리아와 에스파냐 등 전 유럽의 영웅이 되었다. 프랑스의 관변(官邊) 〈과학 아카데미〉는 데카르트의 편에서 베이컨을 홀대하는 경향이 있었지만, 프랑스 계몽철학자들 사이에서 베이컨은 〈위대한 뉴턴〉의 스승이자 〈근대〉의 문을 연 장본인으로 높이 평가되었다. 특히 달랑베르를 위시한 프랑스 백과사전파는 베이컨의 전(全) 포괄적 지식 개념의 충실한 추종자였다.[70] 데이비드 흄과 애덤 스미스 같은 스코틀랜드 계몽주의자들도 〈인간 조건의 개선〉을 위한 베이컨의 선구자적 노력에 찬사를 아끼지 않았다. 독일 계몽주의의 주역, 칸트 자신이 베이컨을 주요한 선조로 인용하였거니와, 베이컨은 그의 〈사고 혁명〉에 포괄적인 패러다임을 제공한 인물로 평가되기도 한다.[71] 그런가 하면, 동시대

70) 볼테르를 비롯한 프랑스 계몽주의자들이 〈영국광(英國狂)〉이었음은 잘 알려진 사실이다. 특히 백과사전파에게 베이컨의 범지론적 이상은 지대한 영향을 미쳤으며, 프랑스 계몽주의의 정신을 가장 잘 표현한 작품으로 알려진, 달랑베르의 『백과사전을 위한 서설』(1751)은 베이컨을 네 명의 선구자 가운데 첫 번째 인물로 거론하였다.

71) 칸트Immanuel Kant, 『순수이성비판*Kritik der reinen Vernunft*』(2판, 1787). 「2판 서문」을 수록한 판본의 표지그림에는, 베이컨에 대한 헌사("BACO DE VERULAMIO Instauratio Magna, Praefatio")가 포함되어 있다. 칸트의 〈사고 혁명〉에 미친 베이컨의 영향에 관해서는, Harvey Wheeler, "Francis Bacon's 'Verulamium': the Common Law Template of the Modern in English Science and Culture," *Angelaki* (vol. 4, no. 1, 1999), pp. 7-26 참조.

의 과학과 계몽주의 사조를 향해 심오한 비판과 반성을 시도한 이탈리아의 잠바티스타 비코도, 베이컨에 대해서만은 존경심을 감추지 않았다.[72)]

이러한 분위기는 19세기, 〈방법의 시대〉에 반전되기 시작하였다. 〈귀납 과학〉의 아버지로서의 베이컨의 위상이 공고화되던 동안, 존 허셸John Herschel, 윌리엄 휘웰William Whewell, 존 스튜어트 밀John Stuart Mill 등 우호적인 동포들이 없었던 것은 아니지만, 베이컨의 방법론적 취약점은 비판의 단골메뉴가 되었다. 메리 헤세가 지적하듯이, 〈갈릴레오가 아니라는, 혹은 뉴턴이 아니라는 이유에서〉 베이컨은 일종의 사냥감으로 전락하였던 것이다.[73)] 영국 내에서조차 〈위대한 뉴턴〉을 〈귀납적 규칙이라는 쓰레기〉로부터 떼어놓으려는 노력이 경주되는 가운데, 베이컨은 〈가설〉의 중요성을 채 깨닫지 못한 미숙한 자연철학자의 이미지로 고착되어 갔다. 저명한 철학자 윌리엄 제본스William B. Jevons는, 〈베이컨의 방법론은 과학의 위대한 대가들이 결코 그것을 따른 적이 없다는 사실에 의해 역사적으로 평가될 수 있다〉고 단언하였다. 갈릴레오, 길버트, 데카르트, 뉴턴, 라이프니츠, 호이헨스 등 과학사에 위대한 발자취를 남긴 인물은 한결같이 베이컨과

---

72) 비코는 『자서전』에서 플라톤, 타키투스, 베이컨, 그로티우스 등 4명을 자신의 지적 스승으로 언급하였다. 특히 베이컨은 〈평범한 지혜에서든 심오한 지혜에서든 더없이 지혜로운 인물〉이요, 〈이론과 실천을 겸비한 보편적 인물〉이요, 〈보기 드문 철학자〉였다고 평하였다. Vico, *The Autobiography of Giambattista Vico*, trans. Max H. Fisch & Thomas G. Bergin (Cornell University Press, 1963), p. 139(나머지 세 명에 관해서는 pp. 138, 154 참조).

73) Mary Hesse, "Francis Bacon," in D. J. O'Conor(ed.), *A Critical History of Western Philosophy* (London: Collier-Macmillan, 1964), p. 149.

는 〈정반대의 방법〉을 채택하였다는 것이다.[74] 프랑스의 클로드 베르나르Claude Bernard나 독일의 유스투스 폰 리비히Justus von Liebig 등 19세기 말의 유럽 내 일류 학자들도 비슷한 평가를 내렸다. 베르나르는 근대 실험과학이 베이컨의 〈방법〉과 무관함을 강조하였고, 폰 리비히는 심지어 베이컨이 격렬히 비판하였던 무식한 〈임상의사 Wuderdoktor〉의 수준으로 그를 끌어내렸다.[75] 『베이컨 전집』이 출판된 1870년대의 지적 분위기가 이러하였기에, 편집자 중 한 사람인 로버트 엘리스Robert L. Ellis는, 베이컨의 공헌이 〈과학의 본성 및 진보〉에 대한 그의 견해에 있는 것이 아니라, 당시의 권위나 도그마와 맞서 싸운 그의 〈기개〉에 있다는 애매한 평가에 머물 수밖에 없었을 것이다.[76]

20세기에도 베이컨에 대한 〈방법론적〉 비판은 지속되었다. 과학적 발견에서 가설과 이론의 역할에 무지한 〈아마추어 과학자〉라는 이미지는, 칼 포퍼Karl Popper와 임레 라카토슈Imre Lakatos 같은 최상급 과학철학자들을 통해 더욱 널리 유포되었다. 여기에 또 다른 종류의 비난이 가세하였다. 과학적 〈방법〉의 수준에서는 〈선조〉의 자격을 박탈당한 베이컨이, 이번에는 근대 과학의 부정적 결과를 책임져야 할 〈선조〉로 부각된 것이다. 막스 호르크하이머Max Horkheimer와 테오도르 아도르노Theodor

74) William Jevons, *The Principles of Science: A Treatise on Logic and Scientific Method* (1874); Antonio Pérez-Ramos, "Bacon's Legacy," in Markku Peltonen (ed.), *The Cambridge Companion to Bacon* (Cambridge University Press, 1996), p. 326에서 인용.

75) 같은 책.

76) Bacon, *Works*, vol. 1, p. 64.

Adorno는 베이컨에게서 〈근대 과학의 전형적인 정신〉을 발견하였다. 과학과 기술공학을 결합하여, 진리를 도외시한 채 성공적인 절차와 조작에만 심혈을 기울이는 효용추구적 utilitarian 과학의 원흉이 베이컨이라는 평가였다.[77)]

그렇지만 20세기 후반은 베이컨 복권 운동이 활발하게 전개된 시기이기도 하였다. 파올로 로시 Paolo Rossi는 〈마술 전통으로부터 과학으로의 이행〉에서 베이컨의 결정적인 역할을 논증함으로써, 과학혁명에서 베이컨이 차지하는 비중이 데카르트나 갈릴레오의 그것과 대등함을 성공적으로 부각시켰다.[78)] 피터 어바크 Peter Urbach는, 베이컨에 대한 기존의 방법론적 비난이 두 세기 넘도록 지속되어 온 현상을, 이해하기 힘든 〈미스터리〉라고 일축한다. 무차별적 사실 수집가 베이컨이라는 〈신화〉를 논파하는 가운데, 그는 소박한 귀납법의 아버지로서의 베이컨을, 〈가설-귀납적 방법 hypothetico-inductive method〉이라는 〈적절하고도 독창적인〉 방법의 제창자로 바꾼다.[79)] 이러한 이미지 전환에서 누구

77) Horkheimer & Adorno, 『계몽의 변증법』, 김유동 외 옮김(서울: 문예출판사, 1995), p. 25. 나아가, 아도르노는 『부정변증법』, 홍승용 옮김(서울: 한길사, 1996), p. 115에서, 베이컨과 데카르트를 싸잡아, 〈인식의 대상들을 매개하는 계기인 전통이 인식 자체에 내재적이라는 점을 간과한다〉고 지적한다. 이러한 비판은 적어도 베이컨에게는 해당되지 않는다. 본서, 『학문의 진보』에서 베이컨은 자신의 생각이 옛것과 다를지라도 옛 용어를 사용하는 이유를, 언어 전통이 자신을 포함한 동시대인의 의식을 사로잡고 있기 때문이라고 말하기 때문이다.

78) 〈결코 잊지 말아야 할 명백한 한 가지 사실이 있다. 17-18세기의 과학은 갈릴레오적인 동시에 베이컨적인 동시에 데카르트적이었다는 사실이 그것이다.〉 Paolo Rossi, *Francis Bacon: From Magic to Science*, trans. Sacha Rabinovitch (London: Routledge, 1968), p. 172.

보다 결정적인 역할을 수행한 인물은 안토니오 페레즈라모스 Antonio Peréz-Ramos였다. 그는 베이컨이 당시에 직면해 있던 〈문제 상황〉을 재구성하는 동시에, 〈형상form〉, 〈작품work〉, 〈귀납〉 같은 베이컨의 핵심 개념들을 그의 원전 전체의 맥락에서 재해석하였다. 그리하여 그는 베이컨의 동시대적 의미를 되살리고, 나아가 〈소박한 귀납주의자〉라든가 〈무분별한 효용론자〉라는 그간의 오해를 성공적으로 씻어낼 수 있었다. 베이컨의 체계에서 〈가설-연역〉의 기능이나 〈만든 자의 지식〉 전통의 영향이 명백한 사실로 인정되기 시작한 것은, 이러한 노력에 힘입은 바 크다.[80] 베이컨의 복권은 인식론적 수준에서는 물론, 서구의 〈과학 문화〉 전반에서 베이컨이 차지하는 비중을 반추할 기회도 제공하였다. 찰스 휘트니Charles Whitney, 마르쿠 펠토넨Markku Peltonen, 줄리언 마틴Julian Martin, 게르노트 뵈메Gernot Böhme 등 여러 학자들이 정치가이자 과학 · 교육 개혁자로서 베이컨이 제안한 〈근대적 프로그램〉의 특징을 다각도로 검토해 왔다.[81]

파올로 로시 이후 최근까지 전개된 베이컨의 재해석 과정에서,

---

79) Peter Urbach, *Francis Bacon's Philosophy of Science: An Account and a Reappraisal* (La Salle: Open Court, 1987), p. 15.

80) Antonio Peréz-Ramos, *Francis Bacon's Idea of Science* (Oxford: Clarendon Press, 1988), passim.

81) Charles Whitney, *Francis Bacon and Modernity* (Yale University Press, 1986); Markku Peltonen, "Politics and Science: Francis Bacon and the True Greatness of States," *Historical Journal* (vol. 35, 1992), pp. 279-305; Julian Martin, *Francis Bacon, the State, and the Reform of Natural Philosophy* (Cambridge University Press, 1992); Gernot Böhme, *Am Ende des Baconischen Zeitalters* (Frankfurt: Suhrkamp, 1993).

핵심 의제는 늘 〈진보〉의 문제였다. 이것은 우연이 아니다. 동시대적 맥락에서 검토하든, 오늘날의 의의라는 견지에서 검토하든, 베이컨은 3세기가 넘도록 서구인들이 유지해 온 〈진보〉 개념의 형성에서 누구보다도 중요한 인물이었기 때문이다. 그간 무수히 제기된 질문, 〈진보의 본질적 내용이 무엇이냐〉라는 질문에 대해 모범 답안에 해당하는 것이 있었다면, 여기서 한번도 빠진 적이 없는 요소는 〈자신의 환경을 지배하고 변형하며 이용하는 능력〉이었다.[82] 이러한 능력을 획득하고 확장하는 일이 전적으로 지식과 지식의 축적에 의존한다는 믿음은 도전을 받은 적이 별로 없었다. 지식의 획득과 축적을 가능하게 하는 인간적 능력으로서의 〈이성〉에 대한 신뢰는, 간헐적인 도전에도 불구하고, 무너진 적이 없었다. 이런 의미에서 〈근대는 베이컨의 시대〉라고 말할 수 있다.

근자에 들어, 근대를 관류해 온 베이컨적 진보 개념에 대해 다양한 도전이 제기되고 있다. 혹자는 〈의도와 결과의 차이〉에 주목한다. 아무리 선한 과학을 의도하여도, 예상치 못한 부정적 결과는 얼마든지 가능하다는 주장이다. 환경 재앙은 더 말할 것도 없지만, 과학기술이 원래의 의도와 무관하게 사악한 목적으로 이용될 가능성은 널려 있다. 베이컨도 일찍이 간파하였듯이, 과학기술이 〈죽음의 도구〉로 전락할 위기에 처하여 있다는 것은 누구도 부정하기 힘든 현실이다. 그러나 이것이 베이컨적 진보 개념을 무의미한 것으로 논파할 근거는 될 수 없다. 과학의 〈선함〉을 논의할 때, 베이컨은 서로 다른 수준의 두 의미를 염두에 두었다.

82) 우리 사회에 가장 널리 알려진 서구의 대표적인 사례는, E. H. Carr, 『역사란 무엇인가』, 김택현 옮김(서울: 까치), p. 177.

하나는 〈불임(不姙)의 과학〉, 혹은 〈이마의 땀방울〉을 회피하는 나태한 과학은 죄악이라는 것이었다. 즉 〈선함〉은 〈사악함〉의 반대말이 아니라, 〈쓸모없음〉이나 〈나태함〉의 반대말이다. 이 수준에서 〈선함〉은 실재를 인간적 효용을 위하여 이해하고 이용하려는 노력을 일컬으며, 전통적인 〈직접적 자선〉의 미덕이 새로운 〈간접적 자선〉의 미덕으로 전환되는 하나의 접점을 표시한다.[83] 그러나 효용이 전부는 아니다. 실재는 〈인간적 효용〉만이 아니라 인식되지 못한 것(신적 권능)과 인식과정에 있는 것(자연적 특징)도 함께 구성하는 것이기 때문이다. 이 〈세 겹〉의 구성물이라는 수준에서, 〈선함(효용)〉은 〈옳음(진리)〉에 종속된다. 〈선함〉은 동정심이나 연민 같은 즉각적인 감정의 산물이 아니라, 진리를 향해 먼 〈미래〉를 계산하는 이성의 산물이 되어야 한다. 이성은 인간이 현재의 효용에 안주하지 않고 〈인식과정에 있는 것〉과 〈아직 인식되지 못한 것〉으로 향할 수 있도록 해주는 힘이자, 진리의 편에서 효용을 지속적으로 체크하는 기재이다. 이런 맥락에서 판단할 때, 베이컨의 진보 개념은 〈의도와 결과〉 사이에서 발생하는 간극을 이성의 힘으로 좁혀가는 프로그램을 함축한다.

이 프로그램은 서구 이성주의의 판명한 특징이요, 베이컨 자신

---

83) 기독교 세계에서 구빈(救貧)이나 기부 같은 〈직접적 자선 direct benevolence〉이 노동을 통한 사회에의 공적 기여라는 〈간접적 자선〉으로 바뀌기 시작한 것은 종교개혁부터이지만, 〈자기이익 self-interest〉과 〈공공선 public good〉의 조화는 데이비드 흄과 애덤 스미스의 시대에 이르러서야 자본주의 담론 속에 체계화된다. 베이컨은 지식 활동을 간접적(혹은 보편적) 자선의 행위로 규정함으로써, 이 장기적인 발전과정에서 일대 전기(轉機)를 마련한 것으로 평가된다.

의 용어를 빌리더라도, 〈남성적 masculine〉인 것임이 분명하다.[84] 그의 〈이성〉은 나약함이나 게으름이나 〈불구 혹은 불임(不姙)〉을 혐오하고, 인식과정에서 〈협동〉을 주관하며, 지식의 쓰임새를 결정한다. 이런 종류의 〈가부장적〉 이성은 절대왕정의 목자적(牧者的, pastoral) 권력 테크닉의 짝패로, 오늘날의 민주화된 사회에는 어울리지 않는다. 〈혐오〉는 좀더 너그러운 형태로, 〈협동〉은 좀더 수평적인 형태로, 이성의 지도(指導)는 좀더 느슨한 형태로 바뀌어야 하며, 또 바뀔 수밖에 없다. 그럼에도 불구하고, 지식의 획득과 축적이 이성의 안내를 따르며 사회 진보가 지식의 진보에 기반을 둔다는 베이컨의 기본 명제마저 견딜 수 없는 것은 아니다. 왜 그런가? 베이컨에게 실재는 이성이 지향해야 할 곳이자, 인간 이성의 유한성을 끊임없이 상기시키는 곳이기 때문이다. 인간이 이성적인 존재라는 말은, 인간 본성을 포함한 실재를 인식하려 노력하는 존재요, 그 지식에 의해 실재를 통제할 권력을 추구하는 존재라는 뜻이지만, 동시에 자신의 지식과 권력이 실재에 미치지 못함을 늘 반성할 줄 아는 존재라는 뜻이기도 하다. 이러한 반성에는 끝이 있을 수 없다. 인간의 지식과 권력은 끊임없이 조물주의 〈절대지 · 절대선 · 절대권력〉을 참조하지만, 이는 인간적 지식의 결함을 반성하고 수정하기 위한 것일 뿐, 그 절대성에 도달하였음을 확인하고 자만하기 위한 것은 결코 아니다. 절대성

84) 본서에서도 〈남성적〉이라는 용어는 긍정적인 의미로 사용되고 있지만, 베이컨이 〈위대한 부흥〉이라는 용어를 처음 사용한 작품은, 『시대의 남자다운 탄생, 혹은 우주에 대한 인간 지배력의 위대한 부흥 *Temporis partus masculus, sive instauratio magna imperii humani in universum*』(1603)이다.

을 향한 진보는 낙원에서 추방된 인간에게 주어진 숙명일 뿐 그 이상도 이하도 아니다.

베이컨에게는 전지전능한 조물주가 전제되어 있었다. 그리고 그의 절대성은 〈세 겹〉의 실재 안에 〈한 겹〉으로 각인되어 있었다. 실재에 내장된 이 층위를, 〈인식되지 못한 것unknown〉, 아니 좀더 강력하게, 〈사고 불가능한 것unthought〉이라는 범속한 용어로 바꾸어보자. 자연주의자naturalist는 이 층위를 〈자연적 특징〉으로 환원하려 하며, 구성주의자constructivist는 이를 〈인간적 효용〉으로 바꾸려 한다. 이러한 환원이 자연주의자에게는 〈절대진리〉를 약속하는 듯이, 구성주의자에게는 〈절대진리의 부재〉를 입증하는 듯이 보일 수 있다. 그 와중에서 〈사고 불가능한 것〉이 들어설 여지는 점차 줄어들고 있는 것처럼 보일지도 모른다. 그러나 이것이 베이컨에 대한 이야기는 아니다. 그에게 실재는 신과 자연과 인간의 결합체요, 실재에 대한 지식은 세 층위의 상호작용이었다. 이 상호작용의 의미를 파악하는 일이야말로 왜 근대 내내 〈진보〉의 개념이 그토록 강인한 생명력을 유지할 수 있었는지를 이해하는 또 하나의 출발점이 될 수 있을 것이다.

최근에 〈포스트모던〉이라는 이름으로 베이컨적 지식 및 권력 개념에 대한 역전이 시도된 바 있다. 베이컨이 실재에 대한 권력으로 정의하였던 지식은 〈타인〉에 대한 권력으로 재정의된다. 사람들의 관심을 〈말〉로부터 〈사물〉로 옮기려 하였던 베이컨의 헌신적인 노력은, 〈언어학적 전회linguistic turn〉 혹은 〈수사학적 전회rhetorical turn〉에 직면하여 원점으로 되돌려진다. 〈실재라는 게임의 규칙〉은 무시된 채, 지식의 세계는 말과 말, 수사와 수사가 부딪치는 격전장으로 묘사된다. 진리란 〈승리한〉 지식이라는 근거에서, 진리를 〈만드는〉 것은 수사라는 주장이 힘을 얻는다. 베이컨은 〈무게와 추(錘)〉 곧 〈사물〉을 등한시한 채, 〈깃털〉 즉 〈말〉에 귀기울이는 자를 〈지식의 탕녀(蕩女)〉라 불렀다. 그에게 지식은 〈다른 사람〉에 대한 권력이기 이전에 〈사물〉에 대한 권력이어야만 하였다. 포스트모던 전망이 우리에게 근대를 전체적으로 반성할 기회를 주었다면, 그것은 모든 근대적 가치의 단념이나 포기를 권유하는 얄팍한 수사의 기회가 아니라, 근대가 축적한 과학적 지식의 본성을 더욱 두텁고 꼼꼼하게 읽을 기회일 것이다. 『학문의 진보』는 바로 그런 기회를 우리에게 선물한다.

프란시스 베이컨 연보

1561년 1월 22일 옥새상서의 관저인 런던의 요크 하우스에서 태어남. 부친인 니콜라스 베이컨 경은 옥새상서와 대법관직을 겸직하고 있었고, 모친인 앤 쿠크Anne Cooke는 엘리자베스 여왕의 총신 벌리Burghley 경, 즉 윌리엄 세실Willian Cecil의 처제요 급진 프로테스탄트 진영의 유명인사였음. 이들이 낳은 둘째아들이 베이컨이었음(부친과 전처 사이에는 이미 세 명의 자식이 있었음.

1573-5 1573년 10월 10일, 케임브리지 대학의 트리니티 칼리지에, 2살 위인 형 앤소니 베이컨Anthony Bacon과 함께 입학하였고, 그곳에서 훗날 캔터베리 대주교에 오른 존 휘트기프트John Whitgift에게 사사함. 당시에 대학생은 10살쯤에 입학해서 8년 정도의 교육을 받는 것이 보통이었지만, 베이컨은 2년 만에 대학 생활을 마감하였음.

1576 형 앤소니와 함께 법학을 배우기 위해 그레이 인 법학원에 입학함.

1576-9 주 프랑스 대사 애미스 폴렛Amias Paulet를 수행하여 파리에 체류하면서, 궁정인으로서의 자질을 키움. 파리에서 엘리자베스 궁정 초상화가인 니콜라스 힐리아드Nicholas Hilliard가 그의 초상화를 그렸음.

1579 잉글랜드로 돌아와 그레이 인 법학원에서 법 연구에 몰두하던 중, 부친의 갑작스러운 사망을 계기로, 직업 법관으

로서의 경력을 시작함(부친은 베이컨에게는 거의 유산을 남기지 않았음). 형 앤소니는 월싱햄Walshingham이 주도하던 국제 첩보활동을 위해 프랑스로 떠남.

1580 단기간 개최된 의회에서, 콘월 주의 보시니Bossiney 지역을 대표하는 서민원 의원으로 활동함.

1582 법정 변호사utter barrister 자격을 획득함.

1584 웨이머스Weymouth와 멜콤 레지스Melcombe Regis 지역을 대표하는 서민원 의원으로 선출됨(이 자리는 엘리자베스 여왕의 조카였던 베드포드Bedford 백작이 후원한 것임). 최초의 정치 논고인 『엘리자베스 여왕께 드리는 조언의 편지』를 집필함.

1585 구빈(救貧) 예산 문제를 놓고 첫 의회 연설 기회를 가짐.

1586 그레이 인 법학원의 대표위원bench, 그리고 서머세트 주의 탄턴Taunton 지역 서민원 의원이 되었음. 의회에서 스코틀랜드 메리 여왕의 처형을 주장함(이 연설은 폴렛 경의 후견 아래 수행되었음).

1587 스코틀랜드 메리 여왕이 런던탑에서 처형됨.

1588 법학원의 교수Reader가 되었고, 기존 법령을 재검토하기 위한 전문위원회의 위원으로 위촉됨. 이 해에 레스터Leicester의 백작이 사망하자, 베이컨은 에섹스 백작의 서클에 가입함(그의 형 앤소니는 엘리자베스의 첩보담당관 월싱햄이 죽자 1592년에 프랑스로부터 귀환하여 이 서클에 가입함).

1589 월싱햄의 후견으로 리버풀의 서민원 의원직을 차지함. 『잉글랜드 교회의 내분에 대한 견해』를 집필함. 벌리 경은 베이컨에게 차기 성실청(星室廳) 서기직 계승권을 부여함(이 직책은 고액의 연봉을 받는 자리였지만, 베이컨은 20년 뒤에나 그 직책을 계승함).

1592 한 예수회 수사의 반정부 비난에 대처하여, 『어떤 자유사상가에 대한 관찰』의 집필을 위임받음. 그레이 인 법학원의 연회를 위한 여흥용 연설 대본, 「조공에 관하여」를 집필함. 에섹스 백작을 위한 작품으로 추정됨.

1593 형 앤소니가 그레이 인 법학원 내 베이컨의 숙소로 이주함. 에섹스 백작이 추밀원 의원으로 추대됨. 베이컨은 의회에서 엘리자베스 여왕에 대한 의회의 특별보조금 지급을 반대하는 연설을 수행함. 벌리 경은 그에게 여왕이 진노하였음을 알려줌.

1594 엘리자베스의 법률고문(개인적인 법률자문역)으로 임명됨. 그레이 인 법학원의 가장무도회를 위해 대본을 작성하였고, 『대역죄에 관한 보고』를 작성함.

1595 법무장관Attorney General을 내심 바랐으나, 여왕은 에드워드 코크Edward Coke를 지명하였고, 에섹스 백작의 적극적인 후원에도 불구하고 법무차관Solicitor General에도 지명되지 못함. 이 해 11월 17일 여왕의 탄신연회에서, 베이컨은 에섹스를 위한 연설문을 작성하기도 하였지만, 그 후로는 공개적으로 그를 멀리하였음.

1596 『법의 원칙들』을 집필함.

1597 입스위치Ipswich 지역의 서민원 의원으로 선출됨. (필사본 형태로 유통되고 있던) 그의 『에세이』를 공식으로 첫 출판함. 『종교적 명상』과 『선의 색채와 악의 색채』도 함께 출판함.

1600 (봉건 영주의 편에서 1535년에 제정된) 재산처분권에 관한 법령Statute of Uses을 평석함.

1601 입스위치의 의원직을 유지함. 에섹스 백작의 반란으로 많은 연루자들이 처형되었으나, 베이컨은 위기를 모면하고, 반역죄 재판에서 에섹스를 기소한 검사들 중 한 명으로 지

명됨. 이와 관련하여, 『고(故) 에섹스 백작 로버트가 기도하고 저지른 반역에 대한 고지』를 출판함. 반란에 가담한 형 앤소니는 건강 악화로 기소를 면하였지만 곧 사망함.

1602 『신앙 고백』을 집필함.

1603 제임스 1세의 등극과 함께 기사작위를 받음. 이때부터 베이컨은 국왕의 총애를 받기 시작함. 여기에는 형 앤소니의 후광이 크게 작용하였는데, (동생과는 달리) 에섹스 백작을 끝까지 추종한 앤소니에 대해 국왕 제임스가 남다른 호감을 가지고 있었기 때문임. 스코틀랜드 출신의 국왕을 위해, 베이컨은 『잉글랜드 왕국과 스코틀랜드 왕국의 행복한 연합에 관한 논고』를 집필함. 인류의 〈위대한 부흥〉을 겨냥한 자연철학의 혁신을 염두에 두고, 『시대의 남성적인 탄생』과 『자연 해석의 발레리우스 테르미누스』 등을 출판함(발레리우스 테르미누스Valerius Terminus는 베이컨이 가공으로 상정한 저자임).

1604 입스위치의 의원직을 유지함. 국왕의 법률고문으로 임명됨. 『고 에섹스 백작을 둘러싼 험담들에 대한 변론』과 『잉글랜드 교회의 평화와 계도에 관한 견해』를 출판하였고, 『자연세계에 대한 단상들』과 『인간학에 관한 단상들』을 집필함.

1605 『학문의 진보』를 출판함(원 제목은 〈신적 · 인간적 학문의 번영과 진보에 관한 두 권의 책〉).

1606 앨리스 바넘Alice Barnham과 결혼함. 베이컨은 45세의 중년이고 부인은 14세의 소녀로 세인의 관심을 끌었으며, 매우 성대한 결혼식이었다고 전함.

1607 의회에서 잉글랜드와 스코틀랜드의 통합을 지지하는 연설을 수행함. 법무차관에 임명됨. 『자연해석에 관한 단상과 결론』과 『미로의 실』 등을 집필함.

1608 칼뱅 재판에 관해 의견을 피력함. 『아일랜드의 플랜테이션에 관한 논고』, 「엘리자베스 여왕 추모사」, 『브리튼 왕국의 참된 위대함에 관하여』 등과 같은 정치적 논고 외에도, 『제 철학에 대한 논박』을 집필함.

1609 『고대인들의 지혜』를 출판함.

1610 모친 사망(모친은 몇 년 전부터 정신질환을 앓고 있었음).

1612 『에세이』의 2판이 출판됨. 『원리들과 기원들에 관하여』, 『지성계(천사들의 세계)에 대한 묘사』, 『천체론』 등을 집필함.

1614 법무장관에 임명됨. 케임브리지 대학을 대표하는 서민원 의원에 선출됨. 서머세트의 백작 로버트 카Robert Carr와 프란시스 하워드Frances Howard의 결혼을 축하하는 〈꽃밭의 가장무도회〉를 기획함. 『결투 관행에 대한 비난』을 출판함.

1616 추밀원 의원으로 선출되어, 토마스 오버베리Thomas Overbury의 살인죄로 기소된 프란시스 카와 서머세트에 대한 재판을 관장함. 서머세트는 처형되었지만 프란시스 카는 풀려남. 이를 계기로 제임스 1세의 총신 버킹검 대공의 호감을 얻음.

1617 버킹검 대공의 급부상에 힘입어, 옥새상서에 임명되었고, 옥새상서의 관저이자 자신이 태어난 곳이기도 한 런던의 요크 하우스로 되돌아감.

1618 1월에 대법관에 임명됨. 7월에는 베룰람의 남작으로 작위를 받고 귀족원에 진출함. 그 사이에 월터 롤리Walter Ralegh 경을 기소하여 처형함.

1619 베이컨과 국왕이 모두 담석증에 걸림.

1620 『위대한 부흥』의 초판을 출판함(『신 기관』은 그 안에 수록되었음). 『자연사와 실험의 역사를 위한 준비』도 출판함.

1621 1월에 세인트 올번스St. Albans의 자작으로 작위를 받음. 그러나 5월 1일에 귀족원에서 뇌물수뢰 혐의로 탄핵을 당함. 5월 말까지 투옥되었다가, 6월 2일에 출옥하여 가택 연금 상태에 들어갔고, 6월 23일에는 고르햄베리의 고향집으로 이주함. 그 이후로는 이따금 치료를 위해 런던에 갈 때 요크 하우스에 들렀을 뿐, 주로 시골의 자택에 머물렀음.

1622 『헨리 7세의 역사』를 출판함(이 책의 필사본은 1621년 10월에 제임스에게 이미 헌정된 바 있음). 『바람의 역사』와 『생명과 죽음의 역사』를 잇따라 출판함.

1623 『학문의 진보』의 라틴어 번역본인 『학문의 존엄과 진보에 관하여』를 출판함. 『밀집과 희박의 역사』를 집필함.

1624 『금언집』과 『시편의 영시 번역』을 출판함. 『스페인과의 전쟁에 관한 논고』, 『새로운 아틀란티스』, 『숲속의 숲』 등 여러 작품을 집필함.

1625 제임스 1세가 죽고 찰스 1세가 왕위를 계승함. 4월에 베이컨은 추밀원 의원직을 공식적으로 상실함. 『에세이』 2판을 크게 증보한 3판을 출판함. 아내의 불륜으로 이혼상태에 들어감.

1626 신병치료를 위해 런던의 요크 하우스를 방문하고 고르햄베리의 집으로 돌아오는 길에, 갑작스러운 발병으로 런던 하이게이트에 있는 아룬델Arundel 백작의 저택에 병든 몸을 기탁함. 이곳에서 4월 9일에 사망함. 미망인 앨리스는 죽은 남편의 의전관이었던 존 언더힐John Underhill과 재혼함. 베이컨의 비서였던 윌리엄 롤리William Rawley는 베이컨을 추모하는 라틴어 시집을 출판함. 베이컨의 미출판 논고들 중, 『숲속의 숲』과 『새로운 아틀란티스』 역시 롤리의 편집으로 출판됨.

필수 저작선

1. 베이컨의 저작

베이컨 전집의 표준판은 J. Spedding, R. L. Ellis and D. D. Heath(eds.), *The Works of Francis Bacon* (7vols., London, Longman et al., 1857–9)이다. 이 전집은 라틴어 원본과 영어 원본, 그리고 주요 라틴어 작품들에 대한 영어 번역본들로 구성되어 있다. 전집 편찬작업을 주도한 스페딩은, 19세기에 널리 퍼져 있던 베이컨의 악명, 즉 교활한 정치꾼이자 우정의 배신자라는 낙인을 염려하여, 철학자 베이컨과 정치가 베이컨을 분리하는 것이 좋겠다고 판단하였다. 이런 이유에서 그는 베이컨의 정치활동 및 사생활과 관련된 문헌을 별도의 전집으로 편찬하였다. Spedding(ed.), *Letters and Life of Francis Bacon* (7vols., London, Longman et al., 1861–74)이 그것으로, 스페딩은 이 전집에 베이컨을 변호하는 긴 서문을 수록하였다. 첫번째 전집에서 영어로 번역되지 않은 라틴어 논고들 중 세 편("Temporis partus masculus," "Cogitata et visa," 그리고 "Redargutio philosophiarum")은 B. Frarrington, *The Philosophy of Francis Bacon: An Essay on Its Development from 1603 to 1609* (Liverpool University Press, 1964)에 번역 수록되었다. 또한 M. S.

Neustadt, *The Making of the Instauration: Science, Politics and Law in the Career of Francis Bacon* (Ph.D. diss, Johns Hopkins University, 1987)에는, 베이컨의 법 원리를 담은 라틴어 논고("Aphorismi de jure gentium maiore sive de fontibus justiciae et juris")의 영어 번역이 수록되었다.

1996년부터 새로운 베이컨 전집이 단계적으로 출간되고 있다. 리자 자르딘Lisa Jardine과 그레이엄 리즈Graham Rees가 주도하고 있는 〈옥스퍼드 베이컨 시리즈Oxford Francis Bacon Series〉가 그것이다. 이 새로운 전집은 스페딩 등의 전집과는 달리, 베이컨의 공적인 작품과 사적인 작품을 통합하여 편찬한 것이며, 스페딩 이후로 발견된 필사본들도 모두 망라한 것이다. 이 시리즈에서 처음 출간된 것은 제6권인, Graham Rees and Michael Edwards(eds.), *Philosophical Studies, c. 1611–c. 1619* (Oxford, Clarendon Press, 1966)이다. 이 책은 스페딩의 전집에는 없는, 『위대한 부흥』의 철학 논고들을 라틴어-영어 대역으로 편집한 것이다. 베이컨은 원래 『위대한 부흥』을 6부작으로 계획하였다. 이 중 3부–5부에 대한 영어-라틴어 대역본도 시리즈의 일환(제13권)으로 출판되었다. Graham Rees(ed.), *The Instauratio Magna: Last Writings* (Oxford, Clarendon Press, 2000)가 그것이다. 원래 1985년에 출간되었던 Michael Kiernan(ed.), *Sir Francis Bacon: The Essays or Counsels, Civill and Morall* (Oxford, Clarendon Press, 2000)도 시리즈에 새로 포함되었다. Kiernan(ed.), *The Advancement of Learning* (Oxford, Clarendon Press, 2000)은 시리즈의 제4권으로 출판되었다. 역자의 번역이 이 새로운 판본 출판 전에 완료된 터라,

그 책에 수록된 유용한 주석을 적절하게 활용하지 못한 것을 유감스럽게 생각한다. 본 역서의 개정판을 출판할 때, 키넌 교수의 주석을 반영하기로 하겠다. 2002년 말까지로 예정된 〈옥스퍼드 베이컨 시리즈〉의 완간은 베이컨 연구에서 일대 혁신의 기회가 될 수 있을 것으로 기대된다.

『학문의 진보』가 〈위대한 부흥〉 시리즈의 밑그림에 해당하는 작품이라면, *Novum Organum*은 그 구체적인 방법론을 다룬 작품이다. 이 책의 한글 번역본, 『신 기관: 자연의 해석과 인간의 자연지배에 관한 잠언』(진석용 옮김, 한길사, 2001)이 첫선을 보인 것은 축하할 일이다. 이 책의 라틴어 원본에 대한 주석은, 스페딩의 전집으로부터 Lisa Jardine & Michael Silverthorne(eds.), *Francis Bacon. The New Organon* (Cambridge University Press, 2000)에 이르는 영어 번역판들 외에도, 다양한 유럽어 번역판들을 참조할 수 있다. M. Fattori, *Lessico del 'Novum Organum' di Francesco Bacone* (2 vols., Rome, Edizioni dell'Ateneo, 1980), M. Malberbe and J.-M. Pousseur, *Francis Bacon: Novum Organum* (Paris, Presses Universitaires de France, 1986), Wolfgang Krohn, *Neues Organon* (Hamburg, Felix Meiner Verlag, 1999) 등.

2. 베이컨 연구 성과

베이컨에 대한 연구는 너무 풍부하고 다양해서 일목요연하게 정리하기 힘들다. 대략 17세기부터 18세기 중반까지 수행된 베이컨 연구 성과는, R. W. Gibson, *Francis Bacon, A Bibliography of His*

Works and Baconiana to the year 1750 (Oxfordshire, the Scrivener Press, 1950)에 정리되어 있다. Fulton Anderson, *The Philosophy of Francis Bacon: The First Systematic Treatment of All of Bacon's Philosophical Works* (University of Chicago Press, 1948)는 20세기 초반까지의 연구 성과를 소개하고 있다. 1980년대 이후로 근대성에 대한 반성이 서구학계를 휩쓸면서, 베이컨 연구도 질적, 양적으로 크게 증가하였다. Brian Vickers, "Francis Bacon and the Progress of Knowledge," *Journal of the History of Ideas* (vol. 53, no. 2, 1992, pp. 495–518)는 대표적인 연구 성과들을 비평적 시각으로 개관한 것이다. Markku Peltonen(ed.), *The Cambridge Companion to Bacon* (Cambridge University Press, 1996)도 최근 연구 경향을 가늠할 척도를 제공한다. 이 책의 참고문헌 목록 역시 유용하다.

베이컨의 체계에 종합적으로 접근한 선구적 연구로는, Benjamin Farrington, *Francis Bacon of Industrial Science* (New York, Henry Schuman, 1949)와 Paolo Rossi, *Francesco Bacone: Dalla Magia alla Scienza* (Bari, 1957)가 돋보인다(후자의 영역본은, *Francis Bacon, From Magic to Science* (London, Routeledge & Kegan Paul, 1968)). Lisa Jardine, *Francis Bacon: Discovery and the Art of Discourse* (Cambridge University Press, 1974)와 Antonio Peréz-Ramos, *Francis Bacon's Idea of Science and the Maker's Knowledge Tradition* (Oxford, Clarendon Press, 1988) 등도 베이컨의 체계를 포괄적으로 이해하는 데 중요한 작품이다. Perez Zagorin, *Francis Bacon* (Princeton University Press, 1998) 역시 유용한 종합을 제공한다.

베이컨의 귀납법은 영미 과학철학의 비옥한 토양에서 널리 연구되었다. C. D. Broad, *The Philosophy of Francis Bacon* (Cambridge University Press, 1926)을 위시하여, G. H. von Wright, *The Logical Problem of Induction* (개정판, Oxford, Blackwell, 1957), M. B. Hesse, "Francis Bacon's Philosophy of Science," in Vickers(ed.), *Essential Articles for the Study of Francis Bacon* (pp. 115-139), Karl Popper, *The Logic of Scientific Discovery* (London, Hutchinson, 1977), L. J. Cohen, *The Philosophy of Induction and Probability* (Oxford, Clarendon Press, 1989) 등을 대표작으로 꼽을 수 있다. Peter Urbach, *Francis Bacon' Philosophy of Science: An Account and a Reappraisal* (La Salle, IL, Open Court, 1987)은 〈귀납법의 선구자이지만 아직은 미숙한 방법론자〉라는 그간의 지배적 편견을 뒤집고, 〈가설적-귀납적 방법〉의 독창적인 창안자로 베이컨을 새롭게 자리매김하는 계기를 마련한 노작으로 평가된다.

베이컨 전기는, 법률가이자 정치가이자 철학자로서의 복잡한 개성, 그와 프리메이슨 단과의 관계, 셰익스피어 희곡의 진정한 저자가 누구냐 하는 문제, 그의 뇌물수수 사건에 얽힌 정치 음모 등 재미있는 이야깃거리들에 힘입어 대중적 인기를 누려왔다. 특히 베이컨 전기작가들의 관심은 정치가로서의 베이컨의 모습을 명료하게 재구성하는 일에 모아졌다. 동시대인들 사이에서조차 베일에 가려져 있던 베이컨의 사생활은 오늘날 전기작가들에게 상상력의 풍부한 원천이 되고 있다. Jonathan Marwil, *Trials of Counsel: Francis Bacon in 1621* (Wayne State University Press, 1976), Joel Epistein, *Francis Bacon: A Political Biography* (Ohio State University Press, 1977), John E. Leary, Jr., *Francis Bacon and the*

Politics of Science (Iowa State University Press, 1994) 등은, 전기적인 맥락에서 베이컨의 정치적 입장과 과학 정책을 이해하는 데 도움을 준다. L. Jardine and A. Stewart, *Hostage to Fortune: The Troubled Life of Francis Bacon* (London, Gollancz, 1998)은 가장 객관적이면서도 완성도가 높은 전기라는 평가를 받고 있다.

잉글랜드의 과학혁명기를 전체적으로 조감할 때, 베이컨의 영향력은 거의 절대적이라고 할 만큼 크다. 그러나, 영향을 미친 〈양상〉은 정치 · 사회적 변화의 두 단계 사이에 극적인 대조를 보여준다. 스튜어트 왕조 후반부터 공위기에 이르는 첫 단계에서는 베이컨의 〈변혁적 · 유토피아적 이상〉이 각광을 받았지만, 왕정복고기에는 과학의 〈사회 안정화 기능〉에 대한 베이컨의 사색이 주목을 받았다. 전자에 관해서는, Charles Webster, *The Great Instauration: Science, Medicine, and Reform 1626–1660* (London, Duckworth, 1975), 후자에 관해서는 Michael Hunter, *Science and Society in Restoration England* (Cambridge University Press, 1981)가 대표적인 연구로 평가된다.

베이컨은 셰익스피어와 함께 〈근대 영어〉의 시조로도 유명한 인물이다. 그런 만큼, 그의 문체와 수사에 대한 연구 역시 풍부한 성과를 낳았다. J. Stephens, *Francis Bacon and the Style of Science* (University of Chicago Press, 1975), J. C. Briggs, *Francis Bacon and the Rhetoric of Nature* (Harvard University Press, 1989), Charles Whitney, *Francis Bacon and Modernity* (Yale University Press, 1986) 등은 베이컨의 문체와 〈근대성〉의 문제를 깊이 있게 다룬 작품들이다. 브라이언 비커스가 학생용 〈옥스퍼드 저자 시리즈 Oxford

Authors Series〉의 일환으로, 풍부한 주석과 함께 엮은 베이컨 문선집(文選集), *Francis Bacon* (Oxford University Press, 1996)은 베이컨의 문체를 기초적으로 이해하는 데 큰 도움이 된다.

베이컨의 역사학에 관해서는, Stuart Clark, "Bacon's Henry VII: A Case-Study in the Science of Man," *History and Theory* (vol. 13, 1974, pp. 97-118), 그의 법학에 관해서는, D. R. Coquillette, *Francis Bacon* (Stanford University Press, 1992), 그의 정치학에 관해서는, Julian Martin, *Francis Bacon, the State, and the Reform of Natural Philosophy* (Cambridge University Press, 1992), 그의 윤리학에 관해서는 K. R. Wallace, *Francis Bacon and the Nature of Man* (University of Illinois Press, 1967) 등이 특히 유용하다.

베이컨에 대한 연구 성과를 일람하기에 편리한 논문 선집 중 대표적인 것은 다음과 같다. Brian Vicker(ed.), *Essential Articles for the Study of Francis Bacon* (Hamden, CT, Archon, 1968). M. Fattori (ed.), *Francis Bacon: terminologia e fortuna nel XVII secolo* (Rome, Edizioni dell'Ateneo, 1984). M. Malherbe & J.-M. Pousseur (eds.), *Francis Bacon: science et méthode* (Paris, J. Vrin, 1985). W. A. Sessions(ed.), *Francis Bacon's Legacy of Texts: The Art of Discovery Grows with Discovery* (New York, AMS Press, 1990), Markku Peltonen(ed.), *The Cambridge Companion to Bacon* (Cambridge University Press, 1996).

찾아보기

ㄹ

ㅁ

ㅂ

ㅈ

ㅌ

ㅍ

ㅎ

이종흡
고려대학교 사학과를 거쳐 동 대학원에서 박사학위를 받았다.
현재는 경남대학교 역사학과 교수로 재직하면서, 서구 근대의 형성 과정을 지성사 · 과학사의 관점에서 조명해왔다. 프랜시스 베이컨, 토머스 홉스, 스코틀랜드 계몽주의, 잠바티스타 비코, 르네상스 비학(마술), 포스트모더니즘, 환경사, 기록학 등 다양한 주제에 관해 논문을 발표했다.
주요 저서로는 『마술 과학 인문학: 근대 초 유럽의 지적 지형』(1999)이 있으며,
최근 번역서로는 『서양과학의 기원들』(2009)과 『종교, 그리고 마술의 쇠퇴』(근간)가 있다.

학문의 진보

대우고전총서 004

1판 1쇄 펴냄 | 2002년 2월 28일
1판 6쇄 펴냄 | 2022년 6월 13일

지은이 | 프랜시스 베이컨
옮긴이 | 이종흡
펴낸이 | 김정호
펴낸곳 | 아카넷

출판등록 2000년 1월 24일(제2-3009호)
10881 경기도 파주시 회동길 445-3 2층
전화 031-955-9510(편집) · 031-955-9514(주문) | 팩스 031-955-9519
www.acanet.co.kr

철학, 서양철학, 영국철학, 베이컨 KDC 164.12

Printed in Seoul, Korea.

ISBN 978-89-89103-76-9
ISBN 978-89-89103-56-1 (세트)